སྤོ་བོའི་ལོ་དེབ་མེ་ལོང་།

波密年鉴

2018（总第3卷）

中共波密县委员会
波密县人民政府 主办
中共波密县委办公室 编

方志出版社
Publishing House of Local Records

图书在版编目（C I P）数据

波密年鉴. 2018 / 中共波密县委办公室编. -- 北京：方志出版社，2019.6

ISBN 978-7-5144-3637-2

Ⅰ.①波… Ⅱ.①中… Ⅲ.①波密县 - 2018 - 年鉴 Ⅳ.①Z527.54

中国版本图书馆CIP数据核字(2019)第119972号

波密年鉴（2018）

编　　者：中共波密县委办公室
责任编辑：王　娜

出 版 者：方志出版社
地址　北京市朝阳区潘家园东里9号（国家方志馆 4 层）
邮编　100021
网址　http://www.fzph.org
发　　行：方志出版社图书经销中心
电话（010）67110500
经　　销：各地新华书店
印　　刷：河南金雅昌文化传媒有限公司

开　　本：889×1194　1/16
印　　张：32
字　　数：774千字
版　　次：2019年6月第1版　2019年6月第1次印刷
印　　数：001～500册

ISBN　978-7-5144-3637-2　定价：350.00元

数字波密 2017

全境面积：16700平方公里

辖区乡镇：3个乡7个镇

村（居）委会：85个

总人口：37926人

平均海拔：3300米左右

年均气温：10℃

年均降水量：929.8毫米

年均日照时长：1472小时

无霜期：204天

年生产总值：19.53亿元

第一产业：2.53亿元

第二产业：6.27亿元

第三产业：10.73亿元

财政公共预算收入：0.62亿元

社会固定资产投资：22.88亿元

社会消费品零售总额：2.28亿元

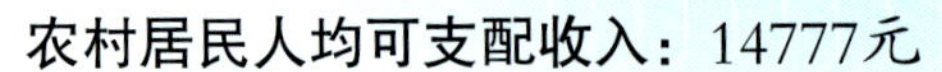

农村居民人均可支配收入：14777元

森林面积：574902.823公顷

森林覆盖率：34.3%

林地面积：630329.999公顷

耕地面积：5252.14公顷

牧地面积：11109.566公顷

水域（含冰川雪山）面积：28290.698公顷

建筑用地面积：2783.994公顷

未利用土地面积：991579.775公顷

草场面积：464.9312万亩

可利用草场面积：441.642万亩

注：

1.森林面积、森林覆盖率、牧地面积、水域（含冰川雪山）面积、建筑用地面积、未利用土地面积以二类调查数据为依据。

2.草场面积、可利用草场面积以林芝地区建立草原生态保护补助奖励机制领导小组关于印发《林芝地区建立草原生态保护补助+奖励机制2011年度实施方案》的通知（林草补奖办发〔2011〕22号）为依据。

文化波密

西藏自治区级非物质文化遗产项目——波卓表演

一、自治区非物质文化遗产

1.波密波卓：2007年被列入西藏自治区非物质文化遗产名录。

波密波卓是波密人民自创的一个舞蹈。传说一千多年前在波密倾多修建了一座叫卡娃拉康寺庙，修建完寺庙后举行了一次非常隆重的庆祝仪式，当时，当地的农牧民群众自编、自唱地跳起了丰富多彩的舞蹈。从此波密波卓在波密辖区内广为流传。波密波卓作为在西藏区内的一种独特的舞蹈形式，受到相关部门的重视，1960年，波密易贡地区波卓业余演出队代表林芝专区前往拉萨进行波密“波卓”表演，受到了一致的好评。

波密“波卓”以地、土、山、水、生产生活等作为比喻对象来表达人民对家乡的热爱和祝福，对丰收的祝愿、对人无疾病、田地无灾害、家乡无战争、牲畜无疾病的祝福，起到了倡导人们之间尊老爱幼、和谐相处的作用。

2.波密“白”（说唱）　2007年被列入西藏自治区非物质文化遗产名录。

波密“白"（说唱）是波密县独有的一种曲艺表演形式，是在社会发展过程中人们表达自己的愿望和信念的一种表现形式。大多数属于单人相声类型，主要在节庆、婚嫁和祈福等活动上表演。通过说“白”把一些文明健康的内容融于其中，教育年轻一代怎样做人、做事，成为在农牧区进行宣传、教育的一个很好的手段，受到了老老少少的欢迎。波密曲艺说“白”主要分布在多吉乡、玉普乡、松宗镇等。

3.波密易贡藏刀制作技艺　于2007年被列入西藏自治区非物质文化遗产名录。

易贡，藏语意为“美丽”。易贡乡位于波密县西北方向，距县城130公里，易贡河谷海拔最低1900米，最高2300米，年均气温11.4℃，年降水量960—1100毫米。境内的地

说白传承人——索朗益西

易贡藏刀成品

质活动十分活跃，地形地貌千奇百怪、摄人魂魄。

易贡藏刀藏名为“易贡波治加玛”，拔出后刀面可以看到三道彩虹。易贡藏刀最大的特点是刀长、刀细、轻便、锋利无比、从来都不会生锈、波纹永在，其工艺技术扬名藏区。在旧社会人们把拥有易贡藏刀作为是否拥有财富的一种象征。传说这种刀除了波密县易贡以外，其他地区都无法打炼，因为打刀的铁是三个地方的铁矿石即“易贡妞日铁”“帕根森布铁”“工布扎松铁”三种融合冶炼而成，其他的铁无法打炼。

目前，一把普通的易贡藏刀即易贡波治加玛最低市场价达到了2000—4000元左右，最贵的能卖到上万元。

波密县“八盖木制锁”

4.波密八盖木制锁制作技艺　2007年被列入西藏自治区非物质文化遗产名录。

八盖乡位于波密县西北部，地处森林峡谷地带，距县城195公里，平均海拔2882米，属藏东南温带半湿润季风气候，森林覆盖率为40.7%，均为原始森林，是波密县最完整、最原始的林区之一。茂密的森林，峡长的河谷，奇险的道路构成了八盖特殊的地形地貌。

八盖木制锁是八盖村民勤劳智慧的结晶，历史悠久，代代相传，直到现在部分村民还在使用自制的木制锁具。木制锁具制作工艺十分独特，主要由桦树树根或整节青岗树树根制作完成，每把钥匙都只能打开对应的锁。

5.波密波央　2009年被列入西藏自治区非物质文化遗产名录。

“波央”是勤劳勇敢的波密人民表达自己的生产生活和思想感情的一种波密民间民歌。波央所演唱的歌词大多取材于农牧民群众自身的生产生活和思想感情，歌词多为赞美家乡、赞美山水、赞美幸福生活和赞颂伟大人物、感谢父母养育之恩等。除此之外，“波央”还可以在各种庆祝活动时即兴演唱，即兴表达举办庆祝活动的意义和作用，表达自己喜悦之情。“波央”不同于一般的文学艺术品，它是当地群众在生产生活中自创的歌曲，对于丰富群众文化生活起到了良好作用，有着特殊的文化内涵。

波密波央传承人——次宗卓玛

6.波密多吉帕雄热巴舞：于2009年被列入西藏自治区非物质文化遗产名录。

帕雄是多吉乡政府辖区的一个行政村，位于波密县境内的帕隆藏布河之东岸，距县城约60公里。当地村民有个习俗就是每年的藏历十一月十日过“帕雄热巴节”，其间要开展很多形式多样的活动，其中帕雄热巴舞是节日上表演的一项重要舞蹈。帕雄热巴舞是由铃鼓舞、杂技组成的综合表演艺术，是民间艺人在旧社会谋生的一种主要手段。帕雄热巴舞由男女艺人约16人组成，男子左手拿铃，右手持牦牛尾巴，腰系热巴绳，女子手持热巴鼓，边跳边敲，并做各种高难度动作，舞姿变化多样，给观众以优美、舒畅、振奋的感觉。

帕雄热巴舞表演队多次参加地、县、乡组织的文艺活动，受到了广大观众的喜爱和各级领导的赞扬，通过帕雄热巴舞表演队伍的发展壮大，人们逐渐了解到帕雄热巴舞不同于其他热巴的独特魅力，这一民间传统不断得到发扬光大。

7.波密竹编制作技艺　2009年被列入西藏自治区非物质文化遗产名录。

“竹编筐”是波密人民利用当地竹林资源，在生产生活中发明的一种常用工具，其制作过程全部由手工完成，不仅样式多样，而且很精致，深受广大农牧民的喜爱。

除“竹编筐”外，波密人民还会制作很多竹具，如：生产用的簸箕、筛子；装酥油、肉的竹盒等。

波密竹编制作

8.波密达颇夏卓　也叫“战胜舞”，于2009年被列入西藏自治区非物质文化遗产名录。

波密达颇夏卓主要在马术节上表演，是马术表演及波密“百人百马”马术比赛活动时的最后一个表演项目。

波密县各乡村一般都有开展马术节和马术比赛活动的习惯，时间大约为藏历四五月份。参加此项活动均为百人百马。据传说，有一次波密地区和其他地区发生战争，刚好是藏历四月份，波密勇士们打完战争，凯旋而归。从此，为了纪念这一天，波密各乡村每年的四五月份都要举行一次百人百马的赛马活动。

波密达颇夏卓表演

“波密达颇夏卓”是整个节日上的一个重要舞蹈。主要内容是向胜利归来的勇士们祝愿，祝他们势头更高，神灵永远保佑他们。跳舞时，男士或骑手们围成一个圈，以豪迈的舞步，高亢的歌声抒发心中的祝福，歌词一般为歌颂胜利，赞美勇士们的风采和祝愿勇士们今后生活更加幸福顺利等。与此同时，跳“波密达颇夏卓”也是人们对赛马活动安全、圆满结束，一年里风调雨顺的一种祈福。因此它的舞步、跳法、队形变换、演唱风格及歌词内容都具有比较严格的要求，跳完“战胜舞”后，整个活动就圆满结束。

藏族舞蹈中，一般的民间舞蹈基本上都有女性参与，但在跳“波密达颇夏卓”时，自始至终都没有女性参与的习惯，这为骑手们展现风采提供了大好时机。

斗熊表演

9.波密西巴斗熊节　2009年被列入西藏自治区非物质文化遗产名录。

西巴斗熊节是波密县多吉乡西巴村的一个传统民俗节日，每年藏历六月十五日至十六日内举行。西巴斗熊节所拍摄的录像曾获得过国家文化部、少数民族文化司、国家民委文化宣传司、中国民间文艺家协会联合举办的第二届全国民俗民艺录像片汇映“康远杯”三等奖。曾在中央电视台《森林之歌》栏目中播出。也曾多次被广东等内地省市前来拍摄。

传说西巴斗熊节在三百年前是烧香求佛的一项民间活动。每次举行这项佛事活动时，当地群众以自娱自乐的形式表演一种由一个人扮演一位乞丐（小丑），到每一顶帐篷里乞讨食物，由几个年轻小伙子来扮演狗，追咬这位乞丐（小丑）的游戏。有一年，游戏表演正在进行时，突然间一条花狗从森林中赶来了七头狗熊。当时人们对此现象心存疑虑，特意询问了当时在场的喇嘛，喇嘛也对此事的好坏不敢确定。后来专门派人前往拉萨向当时的第五世达赖喇嘛罗桑嘉措进行卜风问吉凶，并得出这是一件好事的结论。从此以后当地居民就把这项活动改名为“西巴斗熊节”，每年的藏历六月十五日定为“西巴斗熊节”，从而延续到现在。西巴斗熊节是非常古老的民间无剧本（现已形成文字性剧本）戏剧（小品），历史悠久，表演形式引人发笑，内容主要以宣传生态保护、保持生态平衡、遵纪守法、互帮互助的观念为主。

为了保护和发展波密西巴斗熊节文化，在每届举办的波密县民间民俗文化艺术节上均安排西巴斗熊戏表演队参加表演，以此提高农牧民群众对西巴斗熊节传统文化艺术的理解和认识。

帕雄热巴舞表演

二、林芝市非物质文化遗产

达大赛马节、牓贡肉制作技艺、易贡砖茶制作技艺于2017年被列入林芝市第一批非物质文化遗产名录。

（一）达大赛马节

“达大”是位于波密县多吉乡辖区的一个行政村，流传着许多历史传说和动人故事。“达”的藏意为“箭”，“大”的藏意为“马”，因此达大马术节主要是开展射箭赛马比赛的一种群众活动。据传说，格萨尔王骑着马，腰的左右佩戴宝刀和箭筒、弓袋，从空中飞越时箭筒里掉下了一把箭，刚好落在了“达大”这个地方，留下了箭落地的痕迹。从此以后，当地村民为了纪念这一事，决定在每年藏历十二月十五日举行马术节。

达大赛马节骑手

节日那天，装扮骑手和马匹是每户人家的头等大事。骑手们都要头戴红缨帽，身穿豹子皮、水獭皮镶边的服装，脚穿具有波密特色的藏靴，还用彩绫子在左右胳膊上结起彩带，在双肩背后还要插上彩旗和彩带，并在腰间左右挂起豹皮和老虎皮制的箭筒和弓袋，腰前佩戴宝刀，背上背着金银制成的护身佛和猎枪。穿戴整齐以后，骑手们骑上自己的马匹，带上祭品、经幡，到村庄的最高处去烧香祈福。

（二）膀贡肉制作技艺

膀贡肉是波密人民保存猪肉的一种最佳方式。做好的膀贡肉一年甚至几年都不会腐烂。在波密，膀贡肉已成为亲戚朋友送礼、请客时最好的礼品。

波密膀贡肉的做法主要是杀完猪后，掏出内脏部分，然后上盐，再把猪肚缝上，之后放在很平的地板上，并用板子压好压实，放上一段时间（2个月左右）。压到定型后倒放在太阳底下晒上一到两天，然后存放在小麦、青稞中，直到需要食用时才拿出来食用。膀贡肉既可以生吃，也可以煮着吃、烤着吃。

（三）易贡砖茶制作技艺

“易贡砖茶”生长于易贡藏布下，是世界上最高有机茶叶，也是西藏自治区唯一的自产藏茶。易贡茶田基地平均海拔为2228米，年均气温为11.4度，年降水量960—1100毫米，冬无严寒夏无酷暑，湿度大。茶厂盛产的雪域高原茶叶，茶叶的水浸出物含量高达48%（国际标准为32%），茶多酚含量为35%，高出国内其他上品茶叶的一倍，汤色明亮，香气持久，味醇回甘。

“易贡砖茶”由纯粹茶叶原料精制而成，其主要制作方法及加工工序如下：取高山小叶种和中叶种秋茶为原料，嫩叶和嫩梗为配料并按比例混合，经过杀青、蒸揉、渥堆、深度反复发酵、干炒、进行筛选拼配、在高温杀菌后紧压成型等工序完成，制作时间为50天。“易贡砖茶”商标系列产品具有生津止渴、提神醒脑、防止动脉硬化、抗老防衰、抗癌等作用。茶中的芳香物质，还可以溶解脂肪，帮助消化，补充维生素。

膀贡肉成品

易贡砖茶

波密县委书记　朱正辉

波密县委副书记、政府县长　边　巴

波密县人大常委会主任　郑　都

波密县政协党组书记、主席　巴　桑

2017年8月3日，中共中央宣传部副部长、国务院新闻办公室副主任崔玉英（前）一行在波密县考察县委中心红楼。西藏自治区党委常委、宣传部部长边巴扎西（前排左一），波密县委书记朱正辉（右一）等陪同

2017年10月2日，西藏自治区党委书记吴英杰（中排右二）在波密县扎木镇调研精准扶贫工作

2017年5月24日，西藏自治区党委副书记、自治区政府主席齐扎拉（二排右二）一行在波密县考察调研易贡茶场产业发展情况

2017年6月20日，广州市委副书记、市长温国辉（中）与波密县党政领导交流援藏工作并合影留念

2017年5月25日，西藏自治区党委常委、组织部部长曾万明（左二）一行在波密县看望第一批专招大学生

2017年4月29日，西藏自治区党委常委、统战部部长、区政协党组副书记、副主席旦科（左四）在波密县扎木镇巴琼村检查指导工作

2017年10月12日，西藏自治区人大常委会副主任李文汉（右二）在波密县玉普一级公安检查站督导检查工作

2017年12月22日，西藏自治区人大常委会副主任许雪光（左三）在波密县玉普乡米堆村调研指导旅游产业促精准扶贫工作

2017年11月24日，西藏自治区政府副主席其美仁增（二排中）在波密县易贡乡指导检查工作

2017年7月20日，西藏自治区政协副主席、党组成员金世洵（左五）在波密县调研扶贫工作

2017年3月14日，西藏自治区政协副主席次旺多布杰（中）在波密县多东寺督导检查维稳工作。林芝市政协副主席扎西达杰（左二），波密县委常委、政法委书记、公安局局长旺青（右三）陪同

2017年10月5日，西藏自治区政协副主席参木群（前排右三）在波密县易贡乡调研。波密县委常委、常务副县长全保卫（前排右二）陪同

2017年4月10日，国家民委经济发展司司长乐长虹（中）在波密县易贡乡实地调研少数民族发展项目情况。西藏自治区党委统战部常务副部长、区民宗委党组副书记、主任赤列多吉（右四），自治区民宗委宗教一处副处长才丹加（右五），波密县政府副县长阿朗（右一）陪同

2017年10月3日，林芝市委书记马升昌（右二）一行在松宗镇检查指导工作。波密县委副书记、政府县长边巴（左二）等陪同

2017年5月18日，林芝市委副书记、市长旺堆（左一）在波密县玉普乡检查指导阿西果园项目建设工作

2017年4月17日，广州市政府副市长黎明（右四）在波密县人民医院调研医疗对口支援帮扶工作

2017年7月20日，波密县委书记朱正辉（前排左二），波密县委副书记、政府县长边巴（前排左三）一行在多吉乡达大村调研

2017年7月15日，波密县委书记朱正辉（右二），县委常委、统战部部长加布（右一），县委常委、副县长沈光银（左一）一行实地调研西藏易贡藏布国家生态公园资源普查与总体规划

2017年10月16日，波密县委书记朱正辉（前）在松宗镇格尼村检查指导维稳和精准扶贫工作

2017年7月22日，波密县委副书记、政府县长边巴（左二）出席援藏医疗队欢送仪式，县委副书记、常务副县长李伟成参加活动并讲话

2017年11月1日，波密县委副书记、政府县长边巴（右二）调研产业园区天麻种植情况

2017年6月19日，波密县委常务副书记李锋（左四），县委副书记、常务副县长李伟成（右五）带领县商务局工作人员参加鲁朗展会

2017年4月1日，中国共产党第九届波密县纪律检查委员会第二次全体会议第二次会议召开

2017年7月4日，波密县召开“七·一”表彰暨基层党建与党风廉政建设工作推进会

2017年9月5日，波密县召开九届县委第一轮巡察工作动员部署会

2017年2月21日，中国人民政治协商会议第九届波密县委员会第二次会议召开。图为县党政军主要领导在主席台就座

2017年11月6日，波密县召开米堆冰川景区创建国家AAAA级景区规划评审会

2017年10月29日，波密县人民医院举行创建“二级乙等”医院评审反馈会

2017年7月9日，波密县举行全区首单国寿“脱贫保”签约仪式

2017年3月28日，波密县举行“3·28”西藏百万农奴解放纪念日升旗仪式

2017年10月17日，波密县工商联积极组织22家会员企业参加波密县委、县政府举办的“慈善献爱心 真情暖人心 扶贫济困 攻在当代 利在千秋 喜迎党的十九大”全国扶贫日活动，募捐资金108500元

2017年3月12日，波密县直机关干部职工在倾多镇开展义务植树活动

2017年7月16日，广州大学党委副书记、纪委书记张强（前排右七）一行与波密县政府举行教育结对共建签约揭牌仪式

2017年6月，波密县民间艺术团文艺骨干同林芝市民族艺术团一同在北京参加了《魅力中国城》晋演节目，图为录制现场所有演员合影留念

2017年7月10日，CCTV外语频道在波密县多吉乡拍摄少儿热巴舞专辑，图为CCTV外语频道节目组工作人员与少儿热巴舞表演者合影留念

2017年11月27日，中央电视台、新华网、西藏电视等8家媒体对波密县中学践行“四讲四爱”优秀传统文化进校园、进课堂活动进行联合采访

多吉乡秋景（旦增　摄）

冬日嘎朗村（海茵　摄）

国道318线沿线的雪山桃花藏村（朱伟　摄）

《深秋》（阿旺仁青　摄）

八盖乡龙普岗沧龙巴（田治国　摄）

朗秋冰川（张静　摄）

草湖（波密县旅发委提供）

帕龙藏布河（宋举浦　摄）

荣誉榜

全国平安建设
先进县(市、区、旗)
2013-2016
中央综治委

交通一总队第二支队
基层建设标兵支队
中国人民武装警察部队
二〇一七年一月

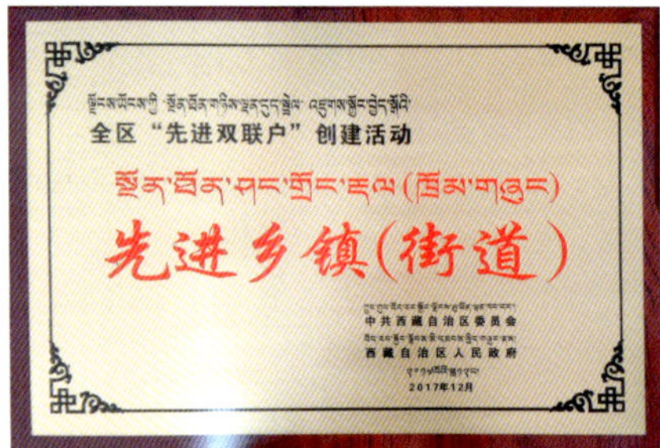
全区“先进双联户”创建活动
先进乡镇(街道)
中共西藏自治区委员会
西藏自治区人民政府
2017年12月

西藏自治区司法厅系统
先进基层团组织
中共西藏自治区司法厅机关委员会
共青团西藏自治区司法厅委员会
二〇一七年五月四日

2017年度信息报送工作
先进集体
西藏自治区残疾人联合会
2017年10月

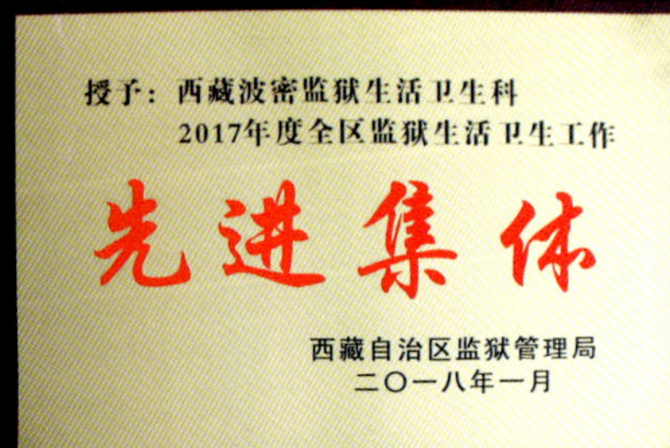
授予：西藏波密监狱生活卫生科
2017年度全区监狱生活卫生工作
先进集体
西藏自治区监狱管理局
二〇一八年一月

授予：波密监狱狱政科
集体嘉奖
西藏自治区监狱管理局
二〇一八年三月

爱国拥军模范单位
西藏自治区双拥工作领导小组
西藏自治区民政厅
西藏军区政治工作部
二〇一七年七月
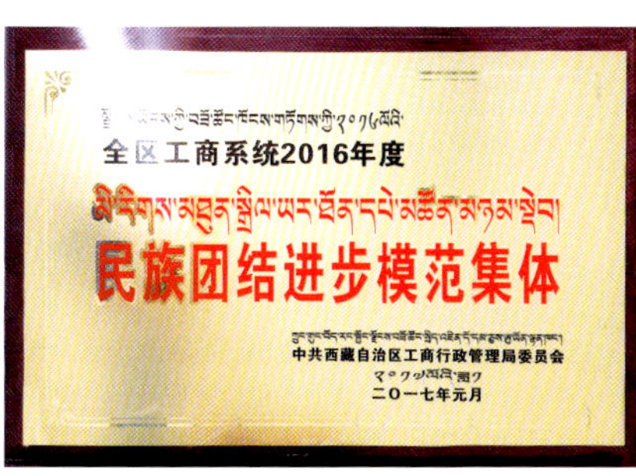
全区工商系统2016年度
民族团结进步模范集体
中共西藏自治区工商行政管理局委员会
二〇一七年元月
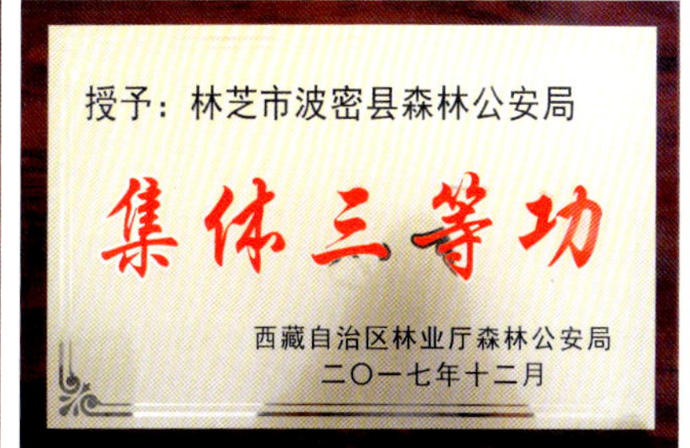
授予：林芝市波密县森林公安局
集体三等功
西藏自治区林业厅森林公安局
二〇一七年十二月
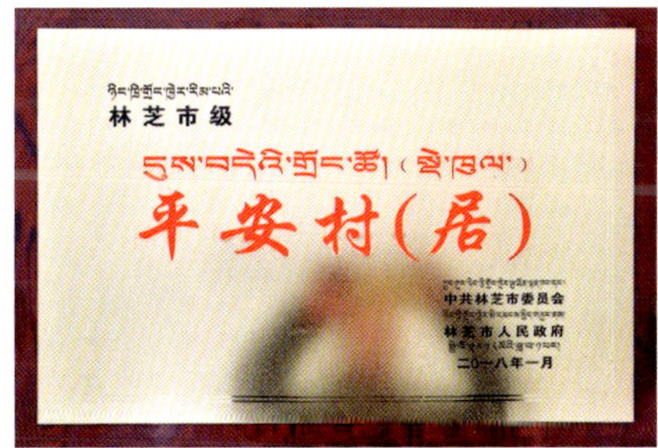
林芝市级
平安村（居）
中共林芝市委员会
林芝市人民政府
二〇一八年一月

林芝市创先争优强基础惠民生活动
先进驻村（居）工作队
中共林芝市委员会
林芝市人民政府
2017年12月

2017年度林芝市民族团结进步模范集体
中共林芝市委员会
林芝市人民政府
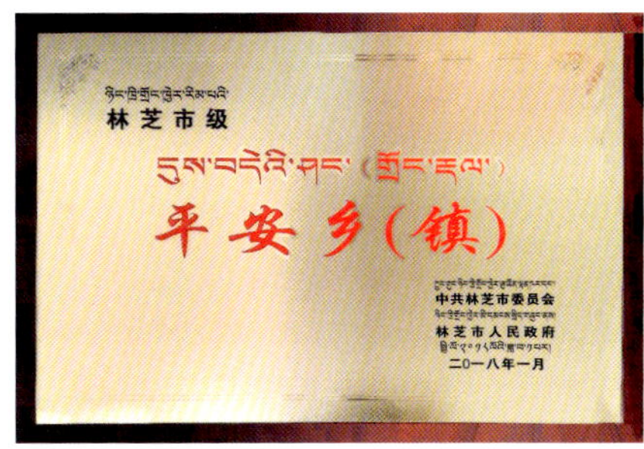
林芝市级
平安乡（镇）
中共林芝市委员会
林芝市人民政府
二〇一八年一月
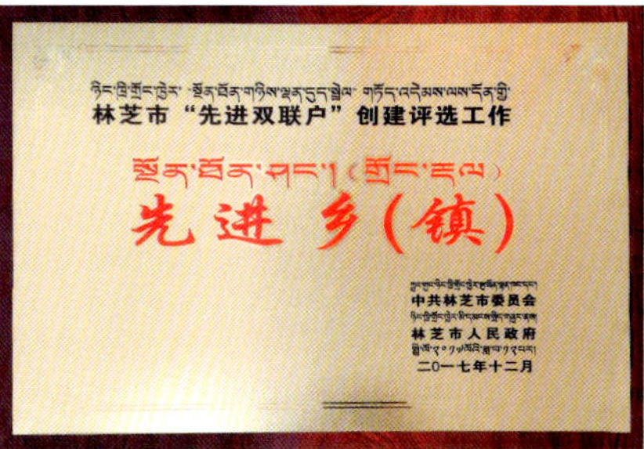
林芝市“先进双联户”创建评选工作
先进乡（镇）
中共林芝市委员会
林芝市人民政府
二〇一七年十二月
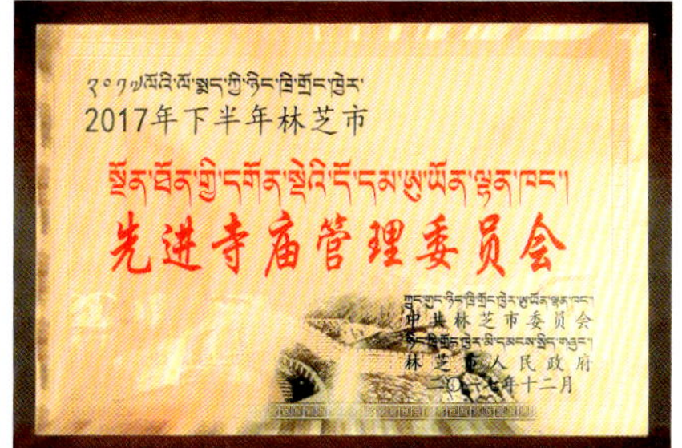
2017年下半年林芝市
先进寺庙管理委员会

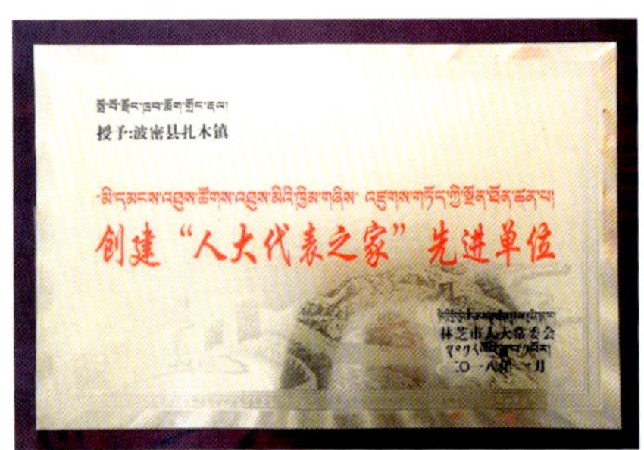
授予:波密县扎木镇
创建"人大代表之家"先进单位
林芝市人大常委会

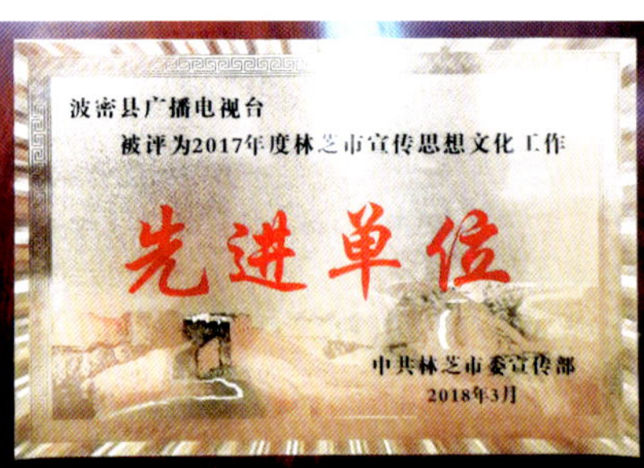
波密县广播电视台
被评为2017年度林芝市宣传思想文化工作
先进单位
中共林芝市委宣传部
2018年3月

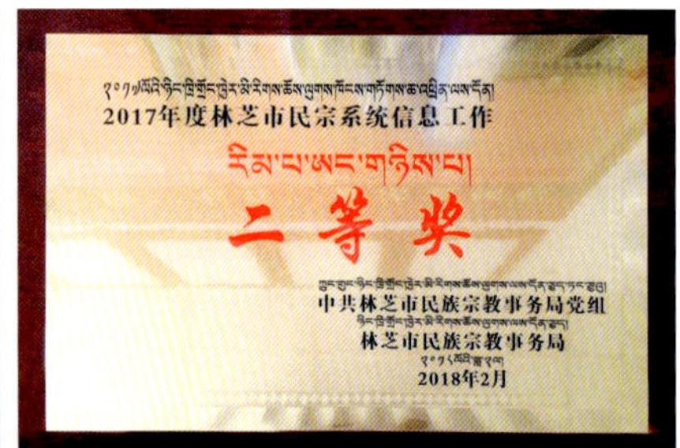
2017年度林芝市民宗系统信息工作
二等奖
中共林芝市民族宗教事务局党组
林芝市民族宗教事务局
2018年2月

林芝市2017年度少先队工作
优秀奖

奖：2017年度林芝市国土资源工作
先进集体
林芝市国土资源局
2018年3月

波密县文化局
被评为2017年度林芝市基层服务工作
先进集体
林芝市文化局
二〇一八年五月

2017年教育管理年工作
先进单位
林芝市教育体育局
2018年3月

授予：波密县农牧局
2017年度畜牧业良种推广及防疫工作
二等奖
林芝市农牧局
二〇一八年三月

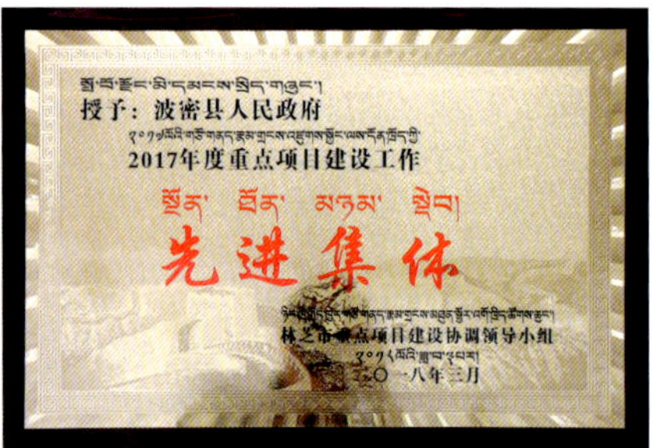
授予：波密县人民政府
2017年度重点项目建设工作
先进集体
二〇一八年三月

《波密年鉴（2018卷）》编纂委员会

《波密年鉴（2018卷）》编辑部

编辑说明

一、《波密年鉴》2017年开始编纂，每年出版1卷，2018年卷为第2卷。

二、《波密年鉴》以马克思列宁主义、毛泽东思想、邓小平理论、“三个代表”重要思想、科学发展观、习近平新时代中国特色社会主义思想为指导，坚持辩证唯物主义和历史唯物主义的立场、观点、方法，始终坚持“实事求是、质量第一、存史资政、服务大众”的办鉴宗旨，全面、系统、翔实地记述波密县上一年度政治、经济、文化、社会等各项事业的基本情况，为社会各界与国内外人士了解和研究当今波密县提供翔实资料。

三、《波密年鉴》分为正文与彩页两部分。正文采取分类编辑法，以类目、分目、条目为主要框架结构，个别包含多方面资料的条目，则在段落间加插楷体标题提示，方便读者查阅全书。

四、《波密年鉴（2018）》载录波密县2017年经济社会发展的基本资料，设有特载、综述、大事记、政治、群团、援藏工作、军事、法治、经济管理、财政・税务、社会事业、农林牧水电、城市建设・环保、交通・通信、金融、乡（镇）概况、附录等内容。

五、《波密年鉴》的编辑宗旨，在于求真务实，力求真实生动地反映林芝波密县在改革开放和现代化建设中取得的崭新成就。

六、《波密年鉴》所提供的内容和数据，分别来自于林芝波密县各有关部门和乡（镇）人民政府，经各级领导审核，但由于口径与统计方法不同，恐有不一致之处，使用时应以县统计局提供的数据为准。本书中农田土地面积的计量单位部分使用“亩”。

《波密年鉴》编辑部

2018年9月1日

目 录

特 载

综 述

大事记

政 治

中共波密县委员会

波密县人民代表大会常务委员会

波密县人民政府

中国人民政治协商会议波密县委员会

中共波密县纪律检查委员会（波密县监察局）

中共波密县委办公室

中共波密县委巡察办（组）

波密县民族宗教事务局

中共波密县直属机关工作委员会

波密县创先争优强基础惠民生活动领导小组办公室

群　团

波密县工会妇女委员会

共青团波密县委员会

武警林芝支队二大队

波密县公安消防大队

西藏林芝军区77550部队

武警波密县森林中队

法　治

中共波密县委政法委员会（综治办）

波密县公安局

波密县人民检察院

波密县卫生和计划生育委员会

波密县卫生服务中心

波密县藏医院

波密县文化局

波密县档案局（馆）

西藏自治区新闻出版广电局波密中波转播台

波密县教育体育局

波密县中学

波密县完全小学

波密县中心幼儿园

波密县第二幼儿园

波密县气象局

波密县粮食局

农牧林水电

波密县农牧（科技）局

波密县扶贫开发（农业综合开发）办公室

波密县林业局

波密县水利局

波密县供电有限公司

中国大唐集团西藏波堆水电站

波密县自来水有限公司

城市建设·环保

波密县住房和城乡建设局

波密县环境保护局

波密县城管监察大队

交通·通信

波密县交通运输局

扎墨公路养护管理段

西藏公路局林芝公路分局扎木机械化养护队

中国电信集团公司波密县电信局

中国移动通信集团西藏有限公司林芝波密县分公司

中国联合网络通信有限公司林芝市分公司波密县营业部

金　融

中国农业银行股份有限公司波密县支行

中国邮政集团公司林芝市波密县分公司

乡（镇）概况

扎木镇

倾多镇

松宗镇

古 乡

玉许乡

八盖乡

多吉乡

康玉乡

玉普乡

易贡乡

附 录

彩页目录

特　　载

在波密县村（居）组织换届选举工作动员部署会上的讲话

波密县委书记　朱正辉

（2017年8月22日）

根据有关法律法规和区党委、市委安排部署，我县将进行村（居）党支部、村（居）民委员会、村（居）务监督委员会等村级组织换届选举。区党委、市委高度重视村（居）组织换届工作，先后组织召开换届工作电视电话会议和业务培训会，对换届工作进行了周密的部署安排，吴英杰书记作出重要批示，马升昌书记对全市换届工作提出具体要求，大家一定要在思想上引起重视，在行动中积极高效，在落实上不打折扣。刚才，张斌同志就工作重点和程序要求进行了细致讲解，稍后，林芝市赴波密县第四指导检查组组长次仁塔杰同志将提出指导意见。动员会后还要作专门的业务辅导，同志们一定要认真学习，深刻领会，严格落实。

下面，我就贯彻落实习近平总书记关于党的基层组织建设重要思想，贯彻落实吴英杰书记重要批示精神和马升昌书记在动员部署会议上讲话精神，如何依法依规做好这次村（居）组织换届工作讲三点意见。

一、充分认识做好村（居）组织换届工作的重要意义

村（居）是反分裂斗争的第一线、扶贫攻坚的主战场、服务群众的最前沿，抓好此次村（居）组织换届工作，是推进全面从严治党、夯实党的执政基础的有力抓手，是牢牢掌握反分裂斗争主动权、实现社会局势持续稳定长期稳定全面稳定的现实需要，是打赢脱贫攻坚战、决胜全面建成小康社会的组织保障。对激发广大党员群众干事创业热情，凝心聚力建设活力波密、幸福波密、祥和波密、美丽波密、法治波密都具有十分重要的意义。

（一）做好村（居）组织换届选举是夯实党的执政基础有力抓手。十八大以来，以习近平同志为核心的党中央把全面从严治党纳入战略布局，全面从严治党，农村基层党建是重要方面，农村基层党组织建不强、抓不好，全面从严治党要求就难以真正落地。近年来，我县牢固树立大抓基层的鲜明导向，坚持人往基层走、钱往基层投、政策往基层倾斜，推动了基层党组织建设全面加强，基层组织的核心领导作用显著提升。但是，我们必须清楚地认识到，随着我县城镇化建设步伐加快、农牧民思想观念深刻变化、利益诉求多元多样化，在为社会发展增添动力的同时，也对村（居）组织工作提出了更高要求。我们还要看到，由于历史原因，一些村干部学历偏低、能力偏弱，工作方式方法比较单一；部分村干部思想观念落后，主动作为意识淡薄，村集体经济发展薄弱；一些村（居）后继乏人等问题较突出。我们要从巩固党的执政基础的高度出发，牢牢抓住此次村（居）组织换届有利契机，围绕建强农村基层组织工作目标，选好、用好、管好村（居）干部队伍，特别要把那些靠得住、有本事、肯干事，群众公认的优秀人才充实到基层党组织书记岗位，不断增强村（居）组织政治功能，真正推动全面从严治党向纵深发展，在农牧区落地生根。

（二）做好村（居）组织换届选举是抓好改革发展稳定各项工作的现实需要。村（居）组织是党在农村全部工作的基础，要贯彻落实好吴英杰书记对林芝工作“五个走在前列”指示精神，推动波密城乡经济社会持续健康发展，必须要有坚强有力的基层组织和领导班子。实践证明，村级组织建设得好，地方经济就发展得快、社会管理就更加有序、公共秩序就更加和谐。当前和今后，村（居）班子的工作任务必然也必将越来越重，对村（居）干部的素质要求必然也必将越来越高，从一定意义上讲，村（居）领导班子是否坚强有力，村党支部带头人能力是否突出，直接关系到党和国家各项方针政策能否在基层得到有效落实。只有村（居）班子配强了，农村基层组织建强了，干部群众才会齐心协力、同心同向干事创业，推动经济社会长足发展和长治久安。

（三）做好村（居）组织换届选举是打赢脱贫攻坚战，决胜全面建成小康社会的迫切需要。习近平总书记在中央第六次西藏工作座谈会上指出，西藏同全国其他地区一样，已经进入全面建成小康社会决定性阶段。这次换届后，新一届村（居）班子任期的三年，正好是确保到2020年实现全面建成小康社会宏伟目标关键的三年。就我县而言，此次村（居）组织换届选举中村（居）班子能否选优配强，是我县能否如期打赢脱贫攻坚战，实现脱贫摘帽目标的关键所在。去年以来，我县脱贫攻坚工作已取得了明显成效，全县912户3430人建档立卡贫困户中，425户1756人已于2016年底实现脱贫，但是，余下的都是脱贫攻坚战中最难啃的“硬骨头”，需要花费之前数倍乃至数十倍的绣花功夫去攻坚克难。各乡（镇）、各部门务必深刻认识到当前全县精准扶贫工作的艰巨性、重要性、紧迫性，真正选拔出一批致富有道、领导有方、公心公正的能人强人进入班子，打造出一支能征善战的扶贫尖兵队伍。

二、积极稳妥推进村（居）组织换届选举工作有序开展

村（居）组织换届选举是一项政治性、政策性、程序性很强的工作，稍有不慎就可能引发各种矛盾和各类问题。我们要深入贯彻中央精神和区党委、市委有关部署要求，严之又严夯实责任，实之又实做好准备工作，细之又细抓好统筹协调，紧扣规定的进度安排，倒推时间、倒排任务，列出详细的时间进度表，做到既防冒进，又防拖后腿，既讲效率，又重质量，做到换届工作每一个步骤、每一个环节依法依规有序操作，确保换届工作在今年10月底前全面完成。具体来说，要做到以下几点：

（一）牢牢把握换届选举工作主导权。各级党组织要把加强党的领导贯穿换届工作全过程，努力排除村（居）组织换届过程中宗教宗族等势力的消极影响，从源头上把好村（居）干部“入口关”，使换届工作部署周密，安排有序，执行有力，牢牢掌握换届工作的领导权和主导权，努力建设一支听党话、感党恩、跟党走、敢担当、会作为、有威望的村（居）干部队伍。各级党组织要充分发挥领导核心作用，进一步增强执行力，严格按照村（居）组织换届相关法律法规，特别是实行等额选举方式，认真做好宣传动员、组织实施各项工作，实现组织意图和群众意愿的有机统一。广大党员在换届工作中要充分发挥模范带头作用，增强组织观念，遵守党的纪律，带头贯彻执行党组织的决议。

（二）严格标准，拓宽视野，选优配强班子。要围绕市委提出的建设学习型、服务型、创新型、引领型、战斗型“五型”农牧区党组织目标，选优配强村（居）班子。始终把政治标准放在首位，坚持德才兼备原则，做到好中选优、优中选强。具体来说要做到“五要”：一要坚持标准不放松。区党委已明确提出了村（居）班子成员候选人应具备的基本条件，各乡（镇）要结合实际，研究细化候选人资格条件，从政治立场、工作能力、群众信任程度和道德品行等方面认真把关，明确提出不宜提名的具体情形，明确告诉党员群众选什么样的人、不选什么样的人。必须坚决把好班子成员的“政治关”，要把政治上靠得住作为选人用人的首要条件，特别是要坚决执行“四个凡是”要求，真正把那些立场坚定、坚决跟党走、敢抓敢管、群众基础好、愿意为群众服务的党员选进村（居）组织班子。要把“两委”班子中党员比例达到100%作为硬任务，确保班子成员全部是中共党员。二要拓宽选人用人渠道。注重从党员致富带头人、技术能手、复员退伍军人、“先进双联户”、返乡大中专毕业生和外出务工经商人员、民族团结家庭、文明家庭的党员中推选村（居）干部；注重从统战人士及其后代，在西藏和平解放、民主改革等重大历史事件中给予我们无私支援、鼎力相助的群众及牺牲群众的后代中，推选是党员的同志担任村（居）干部；注重从内地引进的优秀种粮养畜大户、致富能手和有适合当地经济发展一技之长的当地落户群众中推选村（居）干部。个别能力强、威望高、群众公认的非党员特别是县级以上非党员人大代表、政协委员，可推选进村（居）务监督委员会。村（居）党组织书记确实没有合适人选的，可采取县乡党员干部下派、跨村选派或从第一书记、离退休老干部、聘用干部、优秀大学生村官中推选。三要优化班子结构。坚持因村选人、因事择人。维稳任务重的，就选那些善于处理复杂问题、群众工作经验丰富的强人，发展任务重的，就要选那些有头脑、有思路、敢想敢干的能人。要坚持“老中青”结合，既注意保留在反对分裂、维护稳定、促进发展中发挥作用突出的老同志，又注重充实文化程度较高、年富力强、懂法律熟悉政策、致富带富能力强的优秀年轻同志，形成合理的梯次结构，确保工作连续性和生机活力。要进一步提高“两委”班子成员的文化程度，尤其要提高具有初中以上学历的村（居）党组织书记、村（居）民委员会主任的比例。确保每个村“两委”班子中至少配备1名以上妇女干部和40岁以下的年轻干部，村（居）班子中不得有配偶、直系血亲同时任职。四要严格进行把关。坚持谁提名、谁负责，谁把关、谁负责的原则，做好提名工作。要广泛征求驻村工作队、第一书记、党代表、“三老”人员和群众意见建议，认真考量推荐人选具体情况。人事安排方案经乡（镇）党委会议研究同意后，报县委组织部审核把关，听取纪检机关和公安（国安）、综治、民政、信访等部门意见，提交县委常委会议研究确定，并报市委组织部审核、区党委组织部备案后，才能按程序进行选举。五要注重培养后备力量。在换届中，要通过班子考核、党员群众推荐等渠道，注重发现一批政治素质好、有服务群众意愿和能力的优秀人才，将其列入后备人选，采取交任务、压担子等方式，加大对后备干部的培养力度，实现村村都有3—5名后备干部，确保农牧区基层组织党的事业后继有人。

（三）坚持依法依规组织换届选举。区党委明确，先进行村（居）党组织换届，再进行村（居）民委员会、村（居）务监督委员会和共青团、妇代会等配套组织换届。要不折不扣地按规定程序办事，各项操作程序必须环环相扣，步步到位，切实做到应有的程序一点也不能变，该走的步骤一步也不能少，不能怕麻烦、图省事，更不能走过场，要使严格程序真正成为选好干部、配强班子、维护稳定的坚强保障。在每个阶段及环节中，都要按时公布，把具体操作程序、政策法规、选民公布、候选人公示、选举结果等公之于众。在处理涉及选举的每一个具体问题上，都要严格遵守法定原则和程序，不能马虎应付，更不能说一套，做一套，愚弄群众。

三、全面加强村级组织换届选举工作保障力度

此次村（居）组织换届选举工作涉及面广、工作量大，时间紧、任务重、要求高。各级党组织务必要高度重视，把这项工作摆上重要议事日程，加强领导，精心组织，确保换届选举工作圆满完成。

（一）加强组织领导，强化工作推动。一是健全组织机构。县委已成立了村（居）组织换届工作领导小组和指导检查组并下设办公室，负责全县换届工作的总体安排、统筹协调、督促落实。各乡（镇）要成立相应的组织工作机构，向每个村（居）派驻换届选举工作指导员，全程指导换届选举工作。二是落实工作责任。乡（镇）党委书记要切实担负起直接责任人的责任，亲自抓、直接抓、具体抓；乡（镇）党政班子成员要建立换届选举工作联系点，加强工作指导；选派第一书记和驻村工作队要积极作为，指导帮助所在村（居）抓好换届工作。纪检机关要认真执纪问责监督，确保换届风清气正。县委组织部和民政部门要加强统筹协调，强化程序把关和操作指导。信访、综治等部门要加强矛盾纠纷摸排，预防群体性事件。其他各相关单位要切实履行职能作用，形成工作合力。三是加强督导检查。县乡指导检查组或指导员，要全程指导检查村（居）组织换届选举工作，严格按照职责任务和阶段工作目标，积极深入村（居）一线，进行督导检查、审核把关和工作推动，及时发现和纠正问题。在工作指导检查中，要丰富手段、担起责任，对工作不力、措施落实不到位，造成重大社会影响的，要严肃追究相关责任人责任。

（二）把握舆论导向，严肃换届纪律。充分发挥新闻媒体的作用，深入广泛宣传区党委、市委和县委的部署要求以及换届工作的政策原则、程序办法和有关法律法规，制定舆情应对预案，有针对性地进行教育引导，帮助党员群众增强大局观念，增强明辨是非的能力，引导广大党员群众珍惜和正确行使自己的民主权利，积极参与换届工作。认真落实换届工作的各项纪律要求，严肃换届纪律，始终保持对违法违纪行为的高压态势。坚持教育预防在先，县、乡纪检部门要开通专用举报电话，设立专门举报信箱，做到有访必接、有报必查、查必有果。全面推行组织部门、乡（镇）党委与候选人选前集体谈话、签订承诺书，做到教育在先、警示在先、预防在先。要依法维护正常的换届秩序和社会稳定，严厉打击十四世达赖集团、宗族宗教势力、非法组织和黑恶势力插手干预破坏换届选举工作的行为。要着眼于风险防控，全面排查化解各类矛盾纠纷，针对可能发生的群体性事件、群体性上访、越级上访、缠访闹访等问题要制定详细的应急处置工作预案，切实做到“一村一预案”。要着力整治“村霸”“蝇贪”和散布谣言等问题，全面消除影响换届工作的各类隐患。要把违反换届纪律的问题作为执纪审查的重点，依法依纪查处侵犯党员、群众民主权利和破坏选举的违纪违法行为，对违法操作、拉票贿选行为，发现一起、查处一起，绝不姑息，形成风清气正的换届氛围，确保换届工作平稳推进。

（三）做好后续工作，巩固换届成果。一是组织新老班子交接。新一届村（居）班子选举产生后，由乡（镇）党委、政府负责，驻村工作队协助，及时组织新老班子做好公章、文档、财务、资产等移交工作，建立健全换届工作资料档案，帮助新一届班子熟悉情况、开展工作，保证村级事务正常运转、无缝衔接。二是做好落选退职村（居）干部的思想工作。要严格按有关规定落实好离职离岗村（居）干部的有关待遇，并专门组织与落选退职的同志谈心谈话，引导他们端正心态，继续发挥作用，支持新一届班子的工作。三是开展新任村（居）干部培训。换届完成后2个月内，组织、民政部门要按照分级负责原则，分期分批培训村（居）班子成员，着力提高其政策水平、法治观念和履职能力。充分发挥纪检机关和财政、农牧、扶贫等部门的作用，加强对村（居）干部的相关业务培训。共青团、妇联等组织要加强对基层群团组织负责人的培训，提高他们的工作能力。四是建立健全民主管理制度。乡（镇）党委、政府和驻村工作队、第一书记要指导新一届村（居）班子制定发展规划，明确任期目标，提出落实措施，向党员、群众公开承诺。持续推行“四议两公开”制度，进一步健全村（居）党组织领导下的充满活力的民主自治机制。

同志们，做好这次村（居）组织换届选举工作，意义重大，使命光荣。让我们按照区党委、市委和县委的部署要求，以虎口夺食的拼劲、拧准螺丝的巧劲、蚂蚁啃骨的韧劲，高标准、高质量完成此次村（居）组织换届选举工作，为推进波密长足发展和长治久安提供坚强的组织保证，以优异的成绩向党的十九大胜利召开献礼！

波密县人民代表大会常务委员会工作报告

——在波密县第十二届人民代表大会第四次会议上

波密县委副书记、人大常委会主任 郑 都

（2018年4月3日）

过去一年的主要工作

2017年，在县委的坚强领导下，在区、市人大的精心指导下，在“一府两院”、各乡（镇）、各部门的大力支持和积极配合下，县人大常委会认真贯彻落实习近平新时代中国特色社会主义思想和党的十九大精神，贯彻落实自治区第九次党代会、区党委九届三次全会、市委一届六次全会和县委九届二次全会精神，始终将坚持党的领导、人民当家做主、依法治国有机统一，议大事、抓重点、求实效，以更加饱满的政治热情和奋发有为的精神状态更好地履行各项法定职责，为波密长足发展和长治久安做出了积极贡献。

一、求真务实，依法行使“三权”

一年来，县人大常委会坚持从实际出发，紧扣县委中心工作和全县改革发展稳定大局，以人民群众普遍关心的热点、难点问题着手，进一步增强监督意识，切实加大了法律监督和工作监督力度，先后组织召开了人民代表大会2次、常委会会议7次、主任会议12次。审议专项工作报告9个，作出决议9个，选举产生县监察委员会主任1名，补选林芝市人大代表3名；配合区市两级人大、组织本县人大代表开展执法检查和专题调研活动共计20次，组织人大代表视察1次，开展四级人大代表“家访”1次。

（一）依法行使重大事项决定权。县人大常委会紧紧围绕全县中心工作，依法履行监督职权，按照国民经济与社会发展计划和财政预算执行情况，审查批准国民经济与社会发展计划和财政预算执行情况、财政预算报告及预算调整方案报告，并作出决议决定，积极促进政府财经管理等工作制度化、规范化。审议通过了《波密县公益林管护办法（试行）》《林芝市波密县生态县建设规划（2016—2020年）的报告》《关于提请对剩余存量资金统筹安排的报告》《关于收回剩余存量资金的报告》《波密县2017年财政涉农资金统筹整合使用方案》。人大及其常委会依法做出决议、决定，对全县经济社会各项事业又好又快发展起到了积极的推动作用。

（二）依法行使监督权。突出重点，创新方式，注重实效，扎实开展工作监督和法律监督。一是先后组织区、市、县、乡（镇）四级人大代表实地视察了古乡索通村、倾多镇扎西村、多吉乡角落村异地搬迁项目，八盖乡日卡村藏猪养殖项目、各乡（镇）幼儿园建设情况，以及县产业园区天麻种植等情况，对当前全县“两产业一平台”建设工作有了更为直观、深刻的认识，代表们指出了相关工作中存在的问题与不足，提出了行之有效的意见建议。二是对各乡（镇）“人大代表之家”建设及使用情况、校园及周边环境综合治理情况、农牧区医疗资金管理和使用情况、贯彻落实草原生态保护补助奖励机制情况、贯彻执行“一法一办法”等课题深入开展调研，并形成专题报告6篇。三是积极配合区、市两级人大常委会开展《环境保护法》《教育法》等相关法规条例执法检查活动12次，提出意见建议6条，县府及其职能部门积极配合，自觉查找不足，切实加以整改，使相关法律法规在我县得到了较好的贯彻执行，有效推进“五个波密”建设进程。四是对林业局、住建局、教育局、扶贫办四个单位工作进行了评议，被评议单位积极配合县人大评议工作组开展调查走访，召开班子成员座谈会，征求意见、建议，发放测评表等，共收到意见、建议61条。县人大常委会办公室及时将评议整改意见下发，被评单位均及时制定整改方案，明确整改时限、措施和责任人并扎实整改。通过人大评议和被评单位整改，使评议工作达到了“人民群众满意，被评单位配合，人大代表认可，党委政府支持”的良好效果。五是加强对县法院、检察院、公安局、司法局等部门的监督，促进司法机关公正司法。在支持司法机关依法行使职权的同时，积极开展深入有效的监督，听取关于执行工作、刑事审判工作、预防职务犯罪工作、一法一办法贯彻执行情况等工作报告，要求切实加大对涉及民生方面案件的查处力度和纠纷调解力度，确保全县有良好的治安环境，扎实维护社会稳定，保障全县经济社会事业健康发展。

（三）依法行使人事任免权。严格按照《地方组织法》等法律规定，坚持拟任职人员进行宪法宣誓、表态发言、颁发任命书等制度，规范人事任免工作，增强被任命人员的法律意识、公仆意识，为国家机关的正常运转提供组织保障。2017年，县人大常委会共依法任免国家机关工作人员43人，其中，任命26人、免职17人。

二、完善机制，扎实开展代表工作

县人大常委会坚持把代表工作作为基础性工作，积极创造条件，支持、规范和保证人大代表依法履职，充分发挥代表主体作用。

（一）注重办理质量，确保建议答复实效。县人大常委会把督办代表议案、建议作为联系人大代表、为代表和群众排忧解难的重要工作来抓。2017年县人大常委会进一步完善了代表意见建议办理工作的交办、督办、查办、质询制度，进一步激发了代表履职尽责的积极性。县十二届人大常委会二次会议共收到代表建议、批评和意见48件，并按法定程序向县府交办，督促县府及相关职能部门端正态度，认真办理答复代表建议、批评和意见。同时，以随机调研、针对过问的方式开展“人大代表家访”等活动，进一步了解办结率和代表满意率，确保代表议案建议件件有答复、事事有落实、落实有质量。

（二）依托代表活动，助力经济社会发展。县人大常委会不断健全和完善代表工作制度，积极规范代表活动，促进代表工作依法有序开展，着力提高代表工作的整体质量和效率。县人大常委会不断完善“人大代表之家”工作制度，并依托“人大代表之家”建立代表帮扶制度、接待选民制度、政策宣传制度，进一步提升代表依法履职能力。2017年，全县各级人大代表共帮扶贫困户128户，帮扶资金73.7余万元，助推贫困户脱贫“摘帽”，接待选民105人次，收集意见建议42条，开展政策宣传和农牧知识宣讲107余场次，处理矛盾纠纷32件。

（三）加强沟通交流，提升代表履职能力。扎实开展区、市、县、乡（镇）四级人大代表家访活动，通过以家访带培训，为代表深入讲解各项法律法规、传达全区基层人大工作现场会精神、党的十九大精神、区党委九届三次全会精神共计20余场，进一步提高了代表政治素养、增强了代表责任意识、明确了代表权利义务。同时，搭建了与基层农牧民代表沟通交流的桥梁，为代表更好地履职打下了坚实的基础。

三、加强指导，促进乡（镇）人大工作

县人大常委会高度重视加强与乡（镇）人大的沟通联系，坚持“定期提示、随机督促、实地指导”，努力提高乡（镇）人大工作水平，充分发挥基层人大代表作用。

（一）把好乡（镇）人大会议资料关。对各乡（镇）人大提交的会议材料进行仔细审核，特别是对会议的程序进行了严格把关，确保了乡（镇）人代会会议程序规范、组织严谨。同时，县人大常委会领导班子前往各乡（镇）具体指导，切实提高乡（镇）人民代表大会的会议质量。

（二）把好乡（镇）人大业务培训关。以提高乡（镇）人大主席、人大干事业务能力为出发点和落脚点，积极组织各乡（镇）人大主席、人大干事开展业务技能培训活动，进一步提高了乡（镇）人大工作人员的业务知识，促进了各乡（镇）人大工作规范化、科学化、制度化。

（三）把好乡（镇）人大代表履职关。依托乡（镇）“人大代表之家”重要平台，指导乡（镇）人大创造性开展人大代表争当“六大员”活动，教育引导人大代表争做政策法规“宣讲员”、社情民意“信息员”、科技知识“推广员”、矛盾纠纷“调解员”、民生保障“监督员”、脱贫致富“领航员”。

四、突出重点，积极参与全县中心工作

县人大常委会始终围绕县委中心工作来确定人大工作重点，充分发挥人大联系代表、群众职能，积极参与全县经济发展和维护稳定各项工作，为促进全县经济社会协调发展提供正能量。

（一）抓脱贫、搞帮扶，为民解困。按照县级领导挂点乡（镇）的要求，并结合“精准扶贫”工作，人大常委会领导班子积极协调解决工作中遇到的问题，认真抓好联系点帮扶。同时，为对点帮扶贫困户理清发展思路，制定发展计划，协调解决资金680余万元；对自己的帮扶对象进行慰问，落实资金物品共计10.2万元，为实现2017年底全县脱贫摘帽添砖加瓦。

（二）抓调研、促发展，为民解忧。近年来，我们在工作中形成了一套较为规范的调研制度，围绕广大群众普遍存在的关心的热点难点问题，特别是民生问题，如校园周边环境综合治理、草原生态保护补助奖励机制落实情况、一法一办法等多个领域进行实地调研，并责成有关部门贯彻落实。

（三）抓信访、排纠纷，为民解难。人大信访是了解民情、畅达民意、关注民生、维护民权的重要渠道。为此，我们完善了信访工作机制，一般信访事件责成专人负责督办，重要信访事件由主任会议督办，责成有关部门限期办理。2017年人大常委会班子共参与解决了4起土地矛盾纠纷和1起群众信访问题，化解了社会矛盾，有效促进了民族团结、社会和谐稳定。

五、固本培元，强化人大自身建设

县人大机关高度重视自身建设，积极探索做好新时期人大工作的有效机制和途径，自觉围绕中心、服务大局，不断改进作风。

（一）不断加强政治理论学习，提高思想觉悟。严格执行每周五理论学习制度，组织学习宪法、组织法、监督法、代表法等法律法规和经济社会发展知识，全面系统深入地学习习近平新时代中国特色社会主义思想和党的十九大、区党委九届三次全会、市委一届六次全会和县委九届二次全会精神，深入系统学习党章党规和总书记系列重要讲话精神，学习党内“两准则四条例”。同时，深入学习贯彻洛桑江村主任在全区基层人大工作现场会上的讲话精神，始终保持良好精神状态，努力把人大机关建设成为坚定的政治机关、有为的权力机关、务实的代表机关、担当的工作机关。2017年，人大机关共开展学习教育60余次，撰写心得体会30余篇。

（二）不断加强机关制度建设，提升整体水平。结合“两学一做”常态化制度化工作和“四讲四爱”主题教育实践活动部署要求，认真制定完善了《人大常委会党组理论中心组学习制度》《人大机关“两学一做”学习制度》等5项规章制度，不断推进人大工作制度化、常态化、规范化、程序化水平。

（三）不断加强宣传报道力度，扩大影响范围。切实加强与县委宣传部门合作，通过多形式、多渠道宣传报道人代会、常委会及闭会期间的执法检查、视察调研、民主评议等活动。通过媒体宣传，接受群众监督，进一步提升和完善人民代表大会制度。

（四）不断加强党风廉政建设，推进从严治党。组织党员干部观看警示教育片《不可逾越的底线》《“象牙塔”里的蜕变》，认真学习《廉政准则》、中央“八项规定”和区党委“约法十章”“九项要求”，精心打造县人大机关廉政文化特色走廊，收集整理20句立意深刻、言简意赅、具有警示的名言警句和历届中央领导同志有关重要讲话，悬挂廉政警句牌8幅，并以藏汉双语版“上墙”提醒干部职工时刻绷紧廉政之弦，自觉接受廉政文化的熏陶。

各位代表！过去的一年，县人大常委会各项工作取得了较好成绩，这是县委正确领导、人大常委会组成人员共同努力、各级人大代表大力支持和“一府两院”积极配合的结果。在此，我谨代表县人大常委会，向关心、支持人大工作的社会各界人士表示崇高的敬意和衷心的感谢！

在总结成绩的同时，我们也清醒地看到，常委会工作与民主政治建设的要求、与宪法和法律的规定、与人民群众的愿望相比，还存在一定的差距，主要是：监督机制有待进一步完善，监督实效有待增强；代表履职力度相对薄弱，履职能力与水平有待进一步提高；“代表之家”平台作用发挥还不够明显。对此，我们将高度重视，采取切实措施认真加以解决。

二〇一八年工作重点

各位代表！2018年是全面贯彻落实党的十九大精神的开局之年。党的十九大，提出了“健全人民当家做主制度体系，发展社会主义民主政治”“加强宪法实施和监督，推进合宪性审查工作，维护宪法权威”等要求，为新时代人大工作进一步指明了方向。县人大常委会将认真研究人大工作面临的新情况、新问题，坚持问题导向，突出工作主线，选准重点，精准发力。今年县人大常委会工作总体思路：高举习近平新时代中国特色社会主义思想伟大旗帜，全面贯彻落实党的十九大精神，深入贯彻落实以习近平同志为核心的党中央治边稳藏重要战略思想和“加强民族团结、建设美丽西藏”等一系列重要指示精神，坚持党的领导、人民当家做主、依法治国有机统一，坚持按照上级关于加强县乡人大工作和建设的整体部署，紧扣县委中心工作，以建设“四个机关”为统领，在促进经济发展与民生改善、代表规范履职、深化重点领域监督、讨论决定重大事项、强化乡（镇）人大工作指导方面落细落实，在提高工作实效上狠下功夫，全力推进经济社会发展和民主法治建设，为建设活力波密、祥和波密、幸福波密、美丽波密、法治波密做出新的贡献。

一、以学习习近平新时代中国特色社会主义思想和十九大精神为根本点，进一步提升思想修养。全面深入学习习近平新时代中国特色社会主义思想和党的十九大精神是当前乃至今后一个时期首要政治任务，要深入贯彻吴英杰书记关于党的十九大精神的“10个深刻学习领会”，紧密结合人大工作实际，在学懂、弄通、做实上下功夫，在县委的坚强领导下，干在实处、走在前列，以昂扬的精神状态，扎实推进人大各项工作向前发展。

二、以贯彻县委决策部署和服务中心工作为出发点，进一步强化使命担当。一是必须把坚持党的领导作为人大工作的基本准则，在政治上、思想上、行动上自觉与县委保持一致，确保在县委的领导下依法行使各项法定职权，做到善议大事、善抓落实，全力促进县委各项决策部署的贯彻实施，用实际行动维护县委统揽全局、统筹各方的领导核心地位。二是必须坚持把促进发展作为人大行使职权、开展工作的第一要务，加强对全局性、根本性和可持续性战略决策的支持推动，依法作出决议决定，为经济社会又好又快发展提供保障。三是必须坚持以人民为中心的发展思想，时刻铭记农牧民群众冷暖安危，始终把民意诉求作为第一信号、把维护民利作为第一责任、把人民满意作为第一标准，真心诚意地帮助群众解决最关心、最直接、最现实的利益问题，让群众的获得感和幸福感更强。

三、以健全代表履职机制和激发代表活力为着力点，进一步发挥代表作用。一是加强代表学习培训，采取集中与分散相结合、讲座与交流相结合、以会代训与考察培训相结合等方式，多层次、全方位开展学习培训，提高代表依法履职的能力；有计划地邀请代表参与常委会会议、调研、视察、执法检查、专项评议等活动，畅通代表知情知政渠道。二是强化议案建议办理和督办工作，以提高办成率和满意率为目标，努力推动代表议案建议办理工作落到实处、见到实效。三是健全代表考评激励机制，开展代表向选民述职、代表风采宣传、代表履职评比等活动，引导广大代表“真心为民谋实事、诚心为民解难题、用心为民谏箴言”，打通联系和服务群众的“最后一公里”。

四、以依法行使任免权和规范任职程序为切入点，进一步抓好干部任免。一是坚持把党管干部和人大依法任免有机统一，把充分发扬民主和严格依法办事相结合，落实好县委人事安排意图。二是坚持任前资格审查、宪法宣誓、任职表态发言等制度基础上，不断强化工作述职和履职评议等任后监督举措，增强任职人员法治意识和责任意识。

五、以改进监督方式和提高监督实效为落脚点，进一步履行监督职能。一是要紧紧围绕发展稳定生态为议题，注重处理好“放眼全局看大势”与“小中见大接地气”的辩证关系，力求把监督的过程，变为推进改革发展、惠及人民群众的过程。二是进一步规范调研、视察、执法检查等监督方式的工作程序，提高刚性监督手段的针对性和使用频率，积极推进专题询问和审议意见报告制度的常态化。三是积极围绕高质量打好脱贫攻坚战、实施乡村振兴战略，开展监督工作，以多种法定监督方式为抓手，促进“一府一委两院”依法行政和公正司法，进一步增强监督的针对性、公开性、实效性。

六、以提高工作效能和依法办事水平为关键点，进一步加强自身建设。一是坚持把学习作为增长才干、提升素质的重要途径，进一步深化政治理论、法律法规和业务知识的学习培训，不断提高常委会组成人员、机关工作人员的思想水平和工作能力。二是加强党风廉政建设，严格落实“两个责任”，建立健全惩治和预防腐败体系，划好拒腐防变高压线。三是深化作风建设，继续推进“两学一做”教育常态化制度化，扎实开展“不忘初心、牢记使命”教育活动。四是密切工作联系，加强工作指导，不断推进和完善“一室三委”建设，特别是新成立的财经农牧城建环保委员会，要进一步依法依规发挥专委会的职能作用，有效促进全县人大工作再上新台阶。五是广泛宣传人民代表大会制度、代表活动情况和人大工作动态，使人大工作进一步深入人心。不断完善“人大代表之家”功能，让“代表之家”成为人大宣传的“主阵地”、代表履职的“直通车”、服务为民的“连心桥”。

各位代表！人大工作使命光荣、任重道远。让我们更加紧密地团结在以习近平同志为核心的党中央周围，高举习近平新时代中国特色社会主义思想伟大旗帜。在县委的坚强领导下，依法履职、开拓奋进，不忘初心、牢记使命，戮力同心、砥砺前行，全面担负宪法和法律赋予的各项职责，为决胜全面建成小康社会、建设活力祥和幸福美丽法治波密而努力奋斗！

政府工作报告

——在波密县第十二届人民代表大会第四次会议上

波密县委副书记、人民政府县长　边　巴

（2018年4月3日）

2017年工作回顾

过去的一年，在县委的坚强领导下，我们以习近平新时代中国特色社会主义思想为指引，以迎接宣传、学习贯彻党的十九大精神为主线，深入贯彻落实自治区第九次党代会、区党委九届三次全会、市委一届六次全会和县委九届二次全会精神，坚持以人民为中心的发展思想，牢牢把握稳中求进、进中求好、补齐短板工作总基调，圆满完成各项任务。2017年，全县地区生产总值完成19.53亿元，增长10.1%；全社会固定资产投资完成22.88亿元，增长22.3%；财政一般收入完成6200万元，增长12.2%；社会消费品零售总额完成2.28亿元，增长14.7%；城镇居民人均可支配收入达到26946元，增长10.2%，农村居民人均可支配收入达到14777元，增长13.4%（贫困人口人均可支配收入增长16%以上），超过全市平均水平，各族群众获得感幸福感安全感明显提升。

过去的一年，我们坚持产业支撑，加快产业结构调整，经济社会长足发展。坚持将发展作为解决所有问题的关键，稳步实施“两产业一平台”发展战略，以“旅游+”“+旅游”模式推动五大产业深度融合、同频共振。成立波隅旅游开发有限公司，争取旅游项目11个，涉及资金0.72亿元。成功举办林芝市桃花节波密分会场活动，完成4个项目2.65亿元签约。加快涉旅基础设施配套建设，全年接待游客76.6万人次，实现旅游相关收入6.7亿元，分别增长36.12%、81.57%。优化特色农牧业结构，争取农牧项目11个，涉及资金5336万元，推广天麻种植5万平方米，新增茶叶种植4000亩，藏香猪养殖规模扩大到4.9万头、年出栏1.3万头。全县粮油总产量2.07万吨，蔬菜产量0.31万吨，牲畜禽总存栏10万头（羽），成功申报“波密蜂蜜”地理标志。加快水电能源开发利用，完成帕隆藏布、波堆藏布、易贡藏布、曲宗藏布、德曲流域等规划，配合做好易贡湖生态修复与综合治理前期工作。大力发展藏医藏药、文化产业，推广灵芝菌种植1.5万平方米、波棱瓜种植274亩，成功申报“多吉文化产业园”“藏王故里舞台剧”项目，投资120万元编纂《桃花盛开的藏王故里- 波密》，文化产业增加值超过9000万元，占地区生产总值的5%以上。

过去的一年，我们坚持底线思维，突出美丽家园建设，生态屏障全面筑牢。坚持“绿水青山就是金山银山”的发展理念，天然林保护、封山育林、重点区域绿化、经济林建设等生态工程成效显著，国土绿化稳步推进，全年完成义务植树造林370亩，防沙治沙5000亩，防护林体系建设1.35万亩。编制完成《波密县生态文明建设规划》，扎木镇娘那村、东绕村和八盖乡雄吉村、康玉乡通堆村4个行政村获得自治区级生态村命名，县环保局荣获“全国环境保护系统先进集体”荣誉称号。全面推行河长制，设置县乡村三级河长237人，河湖得到有效保护。加强污水处理与整治，县城污水处理及收集系统工程开工建设，乡（镇）及景区11个污水处理设施建设项目、投资170万元的公立医院医疗废水处理系统前期工作已完成。圆满完成中央环保督察迎检工作，生态环境明显优化。

过去的一年，我们坚持合力攻坚，创新精准扶贫举措，脱贫攻坚成效显著。坚持把脱贫攻坚作为重要政治任务和第一民生工程，紧扣“13934”精准扶贫总体思路，举全县之力合力攻坚，整合上级拨付、本级财政投入、对口支援各类资金1.06亿元，稳步实施产业帮扶、美丽家园行动、家门口就业等13项扶贫工程，精准施策，精准滴灌，全年完成减贫595户2244人，退出贫困村79个，贫困发生率从11.8%下降至0.68%，顺利通过省际交叉考核、自治区交叉考核及第三方评估验收，达到脱贫摘帽标准，被自治区党委、政府评为全区13个脱贫攻坚优秀县之一，贫困群众稳步实现了“三不愁”“三有”“三保障”。

过去的一年，我们坚持改善民生，加快社会事业发展，人民福祉持续增进。坚持落实科教兴国战略，把社会事业摆在构建和谐社会、全面建成小康的突出位置，让各族群众共享改革发展稳定成果。大力推进素质教育，设立1637万元教育专项资金，占财政收入的26.4%，24所幼儿园、县中学地下人行通道等项目有序推进。制定出台《波密县教师调动管理办法（试行）》，有效稳定师资力量。2017—2018学年，小学适龄儿童入学率99.86%、巩固率99.01%；中学生毛入学率104.78%、巩固率98.05%。圆满完成“二乙”综合医院创建，投资855万元的藏医院建成并投入使用，包虫病综合防治、“先心病”儿童筛查救治和城乡居民、僧尼免费健康体检工作稳步推进，兑现“一孩双女”和“特殊子女特别扶助”补助资金64.36万元，全市首家县级民营医院—波密普济医院正式投入运营。加强农产品质量安全和农产品源头治理，强化餐饮服务监管，“明厨亮灶”工程有序推进。全县餐饮单位374家、食品销售企业258家，分别增长6.5%、20.5%。强化科技创新，注重经费保障，全年开展技能培训5期，实现农村科技特派员培训全覆盖，稳步实施科技精准扶贫项目—羊肚菌示范推广种植，在松宗镇等4个乡（镇）示范种植羊肚菌45亩。坚持服务促进就业、培训助推就业、创业带动就业、政策帮扶就业、产业拉动就业，实现城镇新增就业407人，城镇失业人员再就业91人，城镇登记失业率2.3%，在全区率先招聘39名波密籍未就业高校毕业生。全民参保计划登记顺利实施，城乡社会保障体系更加健全，“双集中”工作实现两个100%目标，全年发放城市低保金180.1万元，发放农村低保金298.67万元，发放医疗救助资金147.24万元，发放自然灾害救助金131.18万元，社会临时救助支出61万元。稳步推进基层公共服务平台建设，完善县群艺馆、群众图书馆、中心广场服务功能，县民间艺术团荣获全国“双服务”先进集体荣誉称号，我县被评为自治区级“书香之县”。

过去的一年，我们坚持援藏助力，创新对口支援模式，援藏工作稳步推进。紧紧抓住对口支援机遇，在全区首个搭建广州市各区对口支援乡（镇）的“区乡对接”合作框架，援藏工作保稳定、促发展、惠民生成效有力彰显。产业援藏方面，争取玉许乡产业示范园建设项目，涉及资金495万元；引进优势企业投资藏香猪养殖，完成项目论证及农牧民养殖意愿调查，引进青梅种植项目。教育援藏方面，搭建广州大学对口支援波密教育五年框架，在县中小学和幼儿园免费开放“启智星”和“班班通”网络教学平台，协调广州大学14名毕业生进藏支教，助推素质教育进程。医疗援藏方面，持续深入探索“院院对口、科科对应、医生对接”三对医疗援藏新机制，实施医疗技术、医务管理帮带工程，全年培训本地医务人员1820人次，落实计划外资金100万元配置5台乡（镇）医疗急救车辆，争取社会力量资金20万元组建医疗服务下乡小分队，完成“广州市第一人民医院—波密县人民医院—乡（镇）卫生院”三级远程会诊系统前期对接、设计工作。智力援藏方面，加强两地干部交流交往交融，选送34名党政干部、专技人员赴广州等地实地培训、跟班学习，协调41名广州市优秀干部、专技人员进藏带班、培训授课。项目援藏方面，稳步推进扎木镇达兴村、松宗镇栋曲村、古乡古村3个小康村建设，超额完成县城沿江路、扎木路风貌改造项目年度投资任务。同时，聚焦脱贫攻坚，开出全区首单“脱贫保”，涵盖1075户建档立卡贫困户、城镇低保户及临界贫困家庭。

过去的一年，我们坚持全面稳定，落实十项维稳举措，社会局势长治久安。以喜迎党的十九大、打赢十九大维稳安保攻坚战为主线，实现“三无”“三不出”“三稳定”目标，首次捧起全国综治工作最高奖项—“长安杯”，实现波密从“平安”到“长安”的历史性跨越。投入751万元用于综治及维稳保障经费，以资金、人力、责任“三捆绑”推动维稳举措落到实处。坚持以城乡网格化与“双联户”服务管理无缝衔接，设置城乡网格968个，选派网格管理人员1936名；划分联户单位865个，“双联户”户长全覆盖。全面落实利寺惠僧政策，稳步推进下乡入寺免费巡诊、“三大节日”慰问和“六个一”活动，衔接落实寺庙“九有”维修资金7.8万元，衔接落实寺庙维修补助资金410.51万元，县级财政投入资金84.53万元改善寺庙基础设施和表彰民族团结进步模范。全面落实“5+2+3”驻村工作任务，集中力量为群众办实事解难事，85个驻村（居）工作队为民办实事办好事319件，投入资金39.5万元，发放慰问金和慰问品84.57万元，农牧民群众知党恩、感党恩，听党话、跟党走的信心和决心更加坚定。加大矛盾纠纷排查调处化解力度，开展排查1667次，排查出矛盾纠纷15类118起，化解成功率100%，接待群众来信来访案件20件，均已办结，无进京上访、非正常访及群体访案件。安全生产领域态势良好，实现安全生产事故起数和伤亡人数“双下降”。

过去的一年，我们坚持依法治县，把握法治基本方略，执政基础有力夯实。深化行政体制改革，加快政府职能转变，依法全面推进各项工作，完成81个行政村编制规划、85个村（居）土地确权第一轮公示和农村耕地确权第二轮公示，狠抓土地“五乱”治理，县域内乱搭乱建行为有效遏制，用地秩序和建设行为逐步规范。持续深入推进“放管服”改革，实施行政审批“减法”、市场监管“加法”、公共服务“乘法”，推进落实9大类3684项权责清单，有效规范行政权力。自觉接受人大、政协、审计和社会各界监督，重大事项均提请县级人大批准，全年承办人大建议49条、政协提案55件，答复率、满意率均达100%。落实决策、执行、管理、服务、结果“五公开”工作机制，让政府权力在阳光下运行。

此外，我们全力支持国防建设，军民融合深度发展成效显著；优抚安置、应急管理工作扎实推进；工商、税务、气象、物价、监察、统计、审计、编译、档案、保密、地方志等工作取得可喜成绩。

各位代表，回顾过去的一年，我们齐心协力，励精图治，积极应对“8·3”倾多镇泥石流、“11·18”林芝市6.9级地震自然灾害，切实抓好发展稳定生态三件大事，实现了经济社会长足发展和长治久安，波密的知名度、美誉度、影响力显著提升，得到了广大群众充分信赖，赢得了社会各界广泛好评。这些成绩的取得，是市委、市政府和县委坚强领导的结果，是人大代表、政协委员有力监督和支持的结果，是广东人民无私援助的结果，是全县党政军民以及社会各界人士齐心协力、共同奋斗的结果。在此，我代表波密县人民政府，向全县各族干部群众，向驻地解放军指战员、武警官兵和政法干警，向广大援藏干部和离退休老同志，向关心、支持波密经济发展社会稳定的各界人士表示衷心感谢，并致以崇高敬意！

回顾2017年工作，主要有以下几点体会：必须毫不动摇坚持党的领导，坚持习近平新时代中国特色社会主义思想，坚持党的治藏方略，坚持走符合波密实际的发展路子，这是我们建设社会主义新波密的强大思想武器。必须毫不动摇坚持把保障和改善民生放在更加突出位置，加快水电路讯网、科教文卫保“十项提升工程”，让各族群众共享改革发展稳定成果，这是我们一切工作的出发点和落脚点。必须毫不动摇坚持“两产业一平台”发展战略，做大做强特色优势产业，加快产业结构调整，不断增强发展能力和后劲，这是我们决胜全面小康的战略支撑。必须毫不动摇坚持统筹兼顾、整合资源，集中力量办大事，这是我们推动经济健康平稳有序发展的根本方法。必须毫不动摇坚持法治思维，严格依法行政、公正司法，加快推进法治政府和法治社会建设，这是我们工作不断取得新成绩的有力保障。必须毫不动摇坚持稳定压倒一切，加强民族团结，坚决反对分裂，这是我们首要的政治任务。这些经验对我们加快“五个波密”建设，推进经济社会长足发展和长治久安，具有重要而深远的意义。

各位代表！成绩来之不易，问题更需重视。主要表现为：“水、电、路、讯、网”等基础设施和教育、医疗等民生事业仍不能满足农牧民群众对美好生活的向往，农村公共服务能力亟待提高；受经济总量和市场规模影响，优势产业的规模化、集约化、品牌化建设任重道远；区域发展不够充分、不尽平衡，特别是康玉、八盖2个乡基础设施建设仍需下足功夫；实现群众稳步增收压力较大，巩固脱贫攻坚成果和防返贫任务十分艰巨；泥石流、洪涝、干旱、流沙、滑坡等自然灾害时有发生，生态环境保护工作不容忽视；个别干部责任心不强、执行力弱，作风建设仍需加强。对此，我们一定高度重视，并认真加以解决。

2018年工作安排

各位代表！今年是全面贯彻落实党的十九大精神开局之年，是我国改革开放40周年，是深入实施“十三五”规划承上启下的关键一年，也是我县打赢脱贫攻坚战的决战之年，做好政府工作责任重大、意义深远。

在今年的全区、全市“两会”上，自治区政府作出了着力实施“十大工程”、重点抓好“八项工作”的战略部署；市政府提出了着力做好“九个方面重点工作”的总体要求，为我们今年的政府工作划出了重点、明确了举措。今年政府工作的总体思路是：高举习近平新时代中国特色社会主义思想伟大旗帜，深入贯彻落实党的十九大、自治区第九次党代会、区党委九届三次全会、市委一届六次全会和县委九届三次全会精神，坚持以人民为中心的发展思想，按照全县经济工作会议部署要求，加强党的全面领导，深入实施“七大战略”，正确处理“十三对关系”，突出抓好重点项目、绿色发展、乡村振兴、深化改革、改善民生、生态保护、和谐稳定重点任务，加快实施“两产业一平台”发展战略，稳步推进“五个波密”建设，努力走出一条符合波密实际的高质量绿色发展路子。

经济社会发展主要预期目标是：全县地区生产总值力争达到22.07亿元，增长13%；全社会固定资产投资力争达到28.14亿元，增长23%；财政一般预算收入力争实现6820万元，增长10%；社会消费品零售总额力争达到2.64亿元，增长16%；城镇居民人均可支配收入力争达到29910元，增长11%，农村居民人均可支配收入力争达到16846元，增长14%。

围绕既定目标任务，我们将着力做好以下八个方面的重点工作：

一、着力加快重点项目建设。我们将以“十三五”规划中期调整为契机，加快实施“十三五”规划内项目，力争年内完成固定资产投资28亿元以上，以项目拉动开辟波密发展“新征程”。全力做好易贡湖生态修复与综合整治、藏中和昌都电网联网、川藏公路、川藏铁路、S303通嘉公路、扎墨公路等重大项目工程的协调、服务工作。教育方面，开工建设县中学、县幼儿园和易贡乡等6个乡（镇）小学及易贡茶场、玉许乡沙仁村、多吉乡角落村、古乡索通村4所幼儿园基础设施项目，预计投入资金0.63亿元。交通方面，力争开工建设倾多镇曲西村至洛隆县、松宗镇栋曲村至朗秋村、康玉乡通堆村至宗热村、倾多镇德吉村至松村4个农村公路及交通重点项目，预计投入资金23.67亿元。旅游方面，全面启动桃花沟、易贡湖等6个景区基础设施建设项目，预计投入资金0.43亿元。水利方面，加快打造小型农田水利重点县，推进帕隆藏布、波堆藏布、加桑藏布、德曲流域等重点河段治理等22个水利项目建设，预计投入资金6.42亿元。生态方面，实施林海绿波农林科技有限公司苗圃中心、森林火灾高危区综合治理、重点生态功能保护工程等项目，开展八盖乡等7个乡（镇）生活垃圾无害化处理设施前期工作，预计投入资金0.26亿元。组织建设方面，加快推进县委党校建设，力争启动39个村级组织活动场所标准化建设，释放基层党组织服务功能和政治功能。民政、农牧方面，开工建设县城、八盖、康玉3个救灾物资储备库和古乡等6个乡（镇）农牧业防抗灾物资储备体系项目，稳步实施2个藏香猪扩繁场建设项目，预计投入资金0.32亿元。

二、着力抓好绿色产业发展。我们将加快产业结构调整，实现多项产业绿色、融合、高质量发展，推动波密产业更上“新台阶”。高质量发展生态旅游业。围绕“一轴三线”旅游布局，推广“藏王故里、冰川之乡、桃花之最”品牌，打造全域旅游示范县和区域旅游中心。加快国道318线最美景观大道建设，实现景区景点串珠成链；加快易贡沟旅游综合开发规划，推进游客服务中心、“桃花谷”停车场等基础设施建设，建成岗巴大桥，提升旅游综合接待能力；加快米堆冰川、嘎朗湖、岗云杉林、桃花谷、易贡等景区景点创A申报，力争完成米堆冰川4A创建工作，并加强与藏游公司的深度合作；加快智慧旅游开发推广，完成VR体验馆改造升级；成功举办首届旅游文化节，加快波密旅游知名度宣传推介，拓展区外客源市场，年接待量突破80万人次，旅游收入力争达8亿元；加快构建“吃、住、行、厕、游、购、娱”要素体系，引进优势企业发展生态旅游业，让农田变风光、作物变商品、农耕变体验、农家变民宿、农村变景区，延伸旅游产业链。高标准发展特色农牧产业。坚持突出重点、统筹兼顾、整体推进原则，以天麻、有机茶叶、藏香猪三大优势产业为重点，协调推进果蔬、特色菌类、藏药材种植加工，努力打造一批市场前景好、竞争力强的知名品牌，提升农牧业整体质量和效益。在巩固提升传统产业的同时，力争天麻种植规模达500亩、有机茶叶种植规模达0.8万亩，藏香猪养殖规模达9万头，带动林果种植4.4万亩、蔬菜种植2500亩（其中设施蔬菜种植200亩），牲畜出栏率达到20%，并培植以藏香猪为主的村集体经济20个、村级合作社10个、养殖大户100户。同时，加大旅游产业引导下的水电能源开发利用、文化产业协同发展，加快推进古镇建设步伐，衔接千金方、藏核、新泰等公司，研发推广藏药材新型产品，扩大产业规模。

三、着力实施乡村振兴战略。我们将全面落实乡村振兴战略总要求，加快实施“两产业一平台”发展战略，着力勾画波密乡村“新风貌”。统筹城乡协调发展。按照“一核四心”城镇化布局，突出城乡公共资源均衡配置，构建城乡协调发展新格局，完成《波密县城市总体规划（2013-2030）》和《波密县主城区控制性详细规划》修编评审，完成古乡等7个乡（镇）总体规划修编评审，完成除扎木镇外的9个乡（镇）控制性详细规划修编评审，完成84个行政村村庄规划评审。加快实施县城沿江路北面扎木路民俗化和基础设施改造项目，推动县城持续扩容提质、环境不断改观。实施乡村振兴战略，突出民族特色、地域特色、时代特色，加快推进通麦等4个小集镇、扎木镇娘那村等7个小康村建设。稳步推进1199户棚户区改造项目，力争完成56个行政村民房屋顶改造。深入开展“厕所革命”，全年力争建成厕所57座。增强乡村发展后劲。严格按照乡村振兴战略“二十字”方针，精心谋划项目库，科学编制规划，在乡村建设上投入真金白银，让富民效应细水长流。帮助有条件的乡（镇）、村（居）发展壮大集体经济，推动农村一二三产业深度融合发展，形成产业链条，以产业兴旺为重点、生态宜居为关键、乡风文明为基础、治理有效为保障，生活富裕为根本，让农牧业成为有奔头的产业，农牧民成为有吸引力的职业，农牧区成为安居乐业的美丽家园。

四、着力全面深化改革开放。我们将突出抓好重点领域和关键环节改革，有效激发社会发展活力和创造力，力争波密各项事业实现“新突破”。加快改革开放步伐。坚持以改革破解发展难题，强化政府职能转变，持续推进供给侧结构性改革，深化“放管服”和行政审批制度改革，推行“五证合一、一照一码”登记制度，强化“双随机、一公开”监管，努力创造包容有序、充满活力的发展环境。大力推进司法体制改革，配齐乡（镇）司法助理员，建立法律工作者站，创新推进值班律师制度。健全完善三级便民服务体系，延伸“五大员”服务内涵，实现群众办事少跑路、少跑冤枉路。扎实推进农村土地体制改革，全面完成耕地、林地、集体土地确权登记颁证工作。健全完善不动产统一登记制度。盘活农村土地、房屋等资产资源，有效激发农牧区经济发展活力。加大民间投资力度。坚持“走出去、引进来”，着力吸引更多有实力、讲诚信、效益好的“强企”“大企”进驻波密，力争在旅游业、特色农牧业、商贸物流业等方面完成民间投资12.1亿元。依法严厉打击非法集资，金融诈骗等行为，打好防范化解重大风险攻坚战。充分发挥县城投公司平台作用，全力拉动群众增收。大力实施“互联网+”行动计划，引导企业和群众利用电子商务等现代信息技术，拓宽销售渠道，降低流通成本。落实各项惠民惠企政策，支持非公经济发展，激发市场主体活力。打造优质营商环境。强化营商环境监督，完善监督处置职能，严格规范涉企执法，坚决清理无法定依据的审批审查。拓宽涉企服务绿色通道，全面推行重点项目首问负责、代理代办等服务。深化援藏合作框架。借助“区乡对接”合作共建等框架，加强广州波密两地交往交流交融，立足波密实际引进资金项目、技术人才，力争年底完成第八批援藏全部项目，并靠上衔接，积极争取预算外资金。

五、着力提高人民幸福指数。我们将坚守为民情怀，全面落实市政府“十件民生实事”，切实把实事办好、好事办实，帮助波密群众过上幸福安康“新生活”。抓扶贫奔小康。以绣花功夫坚决打赢脱贫攻坚战，做足国务院第三方评估验收迎检工作，确保我县顺利脱贫摘帽。坚持扶贫与扶志、扶智相结合，持续落实教育帮扶、医疗救助、产业扶持、政策兜底等政策，对贫困群众，采取“摘帽”不摘政策，继续扶上马、送一程，在巩固提升扶贫成果上下功夫、在产业建设发展上下功夫，在临界贫困户扶持上下功夫，切实做深做细做实扶贫第一民生工程。高标准、高质量做好昌都“三岩”片区易地扶贫搬迁工作，确保今年搬迁的300名群众搬得进、留得住、能致富。抓教育强素质。树牢教育优先理念，强化经费保障，注重学前教育，在落实“五个100%”的基础上，力争实现中小学生入学率、巩固率达到100%。加大控辍保学力度，在提高教育教学质量上下功夫，谱写素质教育新篇章。抓卫计促健康。深入推进城乡医疗体制改革，继续落实大病统筹医疗政策，对一、二、三类人员和重特大病患者实行100%救助。新农合参保率达98%以上，城乡居民免费体检率力争达到98%，僧尼免费体检率达100%，包虫病患者治愈率、家犬登记率和驱虫覆盖率均达85%以上，捕捉流浪犬工作完成90%。持续抓好“两降一升”工作，孕妇住院分娩率达95%以上，孕产妇死亡率为零，婴儿死亡率控制在8‰。巩固“二乙”综合医院创建成果，力争培植2—3个重点科室。抓就业稳增收。进一步完善政府扶持、就创业培训、就创业服务“三位一体”工作机制，健全农牧民和高校毕业生就业创业奖励机制，开发就业岗位130个，新增就业人数450人，完成30人创业服务指导，城镇登记失业率控制在2%以内。抓食药保安全。以推进治理“餐桌污染”和创建食品安全城市为契机，大力开展城乡食品药品安全治理工作，深入实施“明厨亮灶”工程。抓保障惠民生。统筹城乡社会保障和社会救助体系，持续落实全民参保计划，基本社会保险覆盖率巩固在97%以上。抓好优先安置、城乡低保、城乡医疗救助等社会事务。继续完善防灾减灾救灾体系，争取完成偏远村落救灾物资储备库项目落地。实施妇女儿童“两纲两规”，保护妇女儿童合法权益。建立健全留守儿童、留守妇女、留守老人保护机制。抓文化添活力。传承弘扬优秀民俗文化，着力培养民歌、舞蹈专业人才，制作完成“藏王故里”舞台剧，编纂出版《桃花盛开的藏王故里—波密》，加快“红楼”爱国主义教育基地申报工作，最大程度释放波密文化魅力。

六、着力强化生态环境保护。我们将树牢绿色发展理念，将生态文明建设摆在全局工作的突出位置，努力构建波密群众与自然和谐发展“新格局”。加快推进国土绿化。全面推进人工造林、乡村绿化、苗圃建设等生态项目，完成5000亩封山育林、防沙治沙工程。贯彻落实林芝市古树名木管理办法，开展古树名木建档保护工作，严格规范森林资源管理。强化环境综合治理。打好污染防治攻坚战，实施帕隆藏布流域水环境保护和综合治理、大气环境污染治理、土壤环境质量调查和评估工作，开展第二次污染源普查，加强环境执法监管，严查严打各类环境违法行为。推行节能减排工程，探索建设环保经济型装配式建筑，倡导干部群众低碳生活、绿色出行。完成康玉乡、八盖乡4个行政村自治区级生态村创建申报工作。完善河长制体系，实行“一河一策”，保障水生态安全。全力推进生态功能区保护红线划定工作，切实增强经济社会可持续发展能力。突出国土资源保护。配合做好第三次全国土地调查，完成农村土地确权颁证登记和基本草原划定工作，严格落实耕地、草地保护制度，制定出台波密县农村土地管理办法、波密县农村土地临时用地管理办法，确保全县农村耕地保有量不低于7.9万亩、基本草原划定不少于353.3万亩。进一步盘活存量土地，对全县522亩土地依法招拍挂，提高农村土地使用率。

七、着力维护社会局势稳定。我们将深刻把握习近平总书记治边稳藏重要战略思想和“加强民族团结、建设美丽西藏”重要指示精神，着力开创波密社会局势“新气象”。旗帜鲜明开展反分裂斗争。深入开展揭批十四世达赖集团活动，引导各族干部群众认清十四世达赖集团反动本质，增强维护祖国统一和民族团结的坚定性、自觉性和主动性。坚定不移促进民族团结。以民族团结宣传教育和进步创建活动为契机，表彰民族团结先进典型，评选县级民族团结先进单位，确保“三个离不开”“五个认同”在干部群众心中根深蒂固。齐心协力共建幸福家园。深入贯彻落实习近平总书记给山南市隆子县玉麦乡群众回信精神，丰富“神圣国土守护者、幸福家园建设者”内涵，坚决做到守土有责、守土负责、守土尽责。与时俱进强化宗教管理。深入开展和谐模范寺庙暨爱国守法先进僧尼创建评选活动，督促片区寺管会（特派员）和驻寺工作队严格履行教育、管理、服务三项职能，巩固“六建”成果，拓宽“六个一”活动，推进宗教与社会主义社会相适应。多措并举抓实社会治理。实施军民深度融合发展战略，发挥军警民、驻村（居）工作队、“双联户”户长等作用，筑牢社会治理维稳基石。加强社会治安防控，全面开展“扫黑除恶、打非治乱”专项行动，着力优化投资环境。依法依规化解矛盾纠纷和信访突出问题，确保群众合理诉求妥善解决。加强网络舆情管理，狠抓安全生产领域改革，有力提高群众安全指数。

八、着力强化自身能力建设。我们将立足新形势、新任务、新要求，提振精气神，下足绣花功，在改革发展稳定一线实现“新作为”。加强政治建设。牢固树立“四个意识”，增强“四个自信”，自觉维护以习近平同志为核心的党中央权威和集中统一领导，始终在政治立场、政治方向、政治原则、政治道路上同以习近平同志为核心的党中央保持高度一致。加强政府党组建设和理论中心组学习，深入学习宣传贯彻党的十九大精神，稳步推进“两学一做”学习教育常态化制度化，扎实开展“不忘初心、牢记使命”主题教育，引导党员干部永葆政治本色。持续转变作风。自觉把群众路线贯穿政府工作始终，走进一线察民情，深入基层接地气，切实把存在的矛盾和问题搞清搞透，把改革发展稳定工作做实做好。深化标本兼治，深入推进政府系统党风廉政建设和反腐败工作。严格主体责任，深入落实中央八项规定和自治区“约法十章”“九项要求”，以干部清正、政府清廉、政治清明取信于民。依法全面履职。构建决策科学、执行坚决、监督有力的权力运行机制。依法接受人大及其常委会的监督，自觉接受人民政协的民主协商，主动接受社会和舆论监督，认真听取人大代表、政协委员、工商联、无党派人士和人民团体意见。深入推进政务、执行、管理、服务和结果全过程公开。加强法律学习，完善法律顾问制度，自觉运用法治思维和法治方式加快改革、推动发展、化解矛盾，把政府工作全面纳入法治轨道。提升能力建设。始终把提高政府系统专业素养摆在更加突出位置，坚定不移干在实处，拉高标杆创新突破，着力提升驾驭市场经济的能力、招商引资的能力、服务市场主体的能力、发展特色产业的能力、推进项目建设的能力、应对复杂局面的能力、依法行政的能力和狠抓落实的能力。

各位代表！新征程已开启，新蓝图已绘就，前进的号角已吹响！让我们更加紧密地团结在以习近平同志为核心的党中央周围，在区党委、政府，市委、市政府以及县委的坚强领导下，在人大、政协和广大代表、委员的监督支持下，在广东人民特别是广州人民的无私援助下，善学善思，善谋善断，善作善成，以超常的智慧和胆略，以过硬的作风和能力，以昂扬的斗志和勇气，不忘初心，不负重托，不辱使命，为开创波密工作新局面而努力奋斗！

名词解释

1.“两产业一平台”发展战略：全力发展以天麻产业为龙头的特色农牧业、大力发展旅游产业、合力搭建旅游经济引导下的城镇化建设平台。

2.“13934”精准扶贫总体思路：“一个任务”即到2017年实现波密县脱贫摘帽；“构建三个保障”即组织领导、结对帮扶、资金筹措；“落实九项措施”即实施产业扶持脱贫、社会帮扶脱贫、能力提升脱贫、易地搬迁脱贫、异地开发脱贫、就业帮扶脱贫、安居帮扶脱贫、医疗救助和助学脱贫、政策兜底脱贫；“严格三个要求”即严格监督考核、积极营造氛围、公平公正退出；“达成四个目的”即让全县贫困人口实现“三不愁”“三有”“三保障”“五个享有”。

3.三不愁：农村贫困人口不愁吃、不愁穿、不愁住。

4.三有：农村贫困人口有技能、有就业、有钱花。

5.三保障：农村贫困人口义务教育、基本医疗、社会保障有保障。

6.双集中：有意愿的五保户集中供养和有意愿的孤儿集中收养。

7.三无：无自焚、无闹事、无暴恐。

8.三不出：不出大事、不出中事、不出小事。

9.三稳定：持续稳定、长期稳定、全面稳定。

10、六个一：要交一个朋友、开展一次家访、办一件实事、建一套档案、畅通一条渠道、形成一套机制。

11.九有：有领袖像、有国旗、有道路、有水、有电、有广播电视、有电影、有书屋、有报纸。

12.“5+2+3”驻村重点任务：5即建强基层组织、维护社会稳定、促进增收致富、深化感党恩教育、办好实事好事；2即落实惠民政策、服务精准脱贫；3即做好“防止群众上当受骗”宣传教育、抓好“两降一升”目标工作、开展“争当生态战士·共建生态家园”主题宣传活动。

13.放管服：简政放权、放管结合、优化服务。

14.五个波密：活力波密、幸福波密、祥和波密、美丽波密、法治波密。

15.十大工程：2018年自治区《政府工作报告》中提出，今后五年要“着力推进幸福安康工作、着力推进美丽西藏工程、着力推进固边稳藏工程、着力推进科技兴藏工程、着力推进创新引领工程、着力推进基础促进工程、着力推进文化繁荣工程、着力推进区域协调发展工程、着力推进产业富民工程、着力推进和谐稳定工程”。

16.八项工作：2018年自治区《政府工作报告》中提出，2018年要“打好三大攻坚战、实施乡村振兴战略、加强基础设施建设、深化改革开放、推进产业提质增效、在发展中保障和改善民生、深入推进美丽西藏建设、加强和创新社会治理”。

17.九个方面重点工作：2018年林芝市《政府工作报告》中提出，2018年要“坚决打好三大攻坚战、大力推进城乡边境统筹发展、持续加强基础设施建设、不断深化改革开放、加快发展绿色经济、在发展中保障和改善民生、深入推进美丽林芝建设、加强和创新社会治理、加强政府自身建设”。

18.七大战略：党的十九大报告中提出，要实施“科教兴国战略、人才强国战略、创新驱动战略、乡村振兴战略、区域协调发展战略、可持续发展战略、军民融合发展战略”。

19.十三对关系：2016年12月31日，在全区经济工作会议上，吴英杰书记提出做好2017年经济工作要处理好“十三对”关系，即处理好国家投资和社会投资的关系，重大项目和民生项目的关系，发挥优势和补齐短板的关系，城镇就业和就近就便、不离乡不离土、能干会干的关系，扶贫搬迁向城镇聚集和向生产资料富裕、基础设施相对完善地区聚集的关系，央企在藏资源开发和解决当地农牧民增加收入的关系，保护生态和富民利民的关系，城市发展和提高农牧区基本公共服务能力的关系，高校毕业生政府就业和市场就业的关系，简政放权和地方承接的关系，企业增产提效和改善企业职工福利待遇、促进农牧民群众增收的关系，中央关心、全国支援和自力更生、艰苦奋斗的关系，鼓励干部担当干事和容错纠错的关系。

20.一轴三线：“一轴”即318国道，“三线”即易贡沟自然风光景观带，波堆沟历史人文景观带和多吉沟文化民俗景观带。

21.一核四心：“一核”即以县城（扎木镇）为核心，“四心”即以松宗、倾多、古乡和通麦4个小集镇为中心的城镇化发展建设格局。

22.厕所革命：国家旅游局针对旅游景区厕所脏乱差的现象，发起的一场清理整治活动。

23.“二十字”方针：乡村振兴“产业兴旺、生态宜居、乡风文明、治理有效、生活富裕”总体要求。

24.供给侧结构性改革：指从提高供给质量出发，用改革的办法推进结构调整，矫正要素配置扭曲，扩大有效供给，提高供给结构需求变化的适应性和灵活性，提高全要素生产率，更好满足广大群众的需要，促进经济社会持续健康发展。

25.五证合一、一照一码：通过“一窗受理、互联互通、信息共享”，将由工商、税务、人社、统计、质监五个部门分别核发不同证照，改为由工商部门核发加载统一社会信用代码的营业执照，组织机构代码证、税务登记证、社会保险登记证、统计登记证不再发放，为企业提供更加便利服务。

26.双随机、一公开：监管过程中随机抽取检查对象，随机选派执法人员，抽查情况及查处结果及时向社会公开。

27.五大员：政策法规“宣讲员”，为民办事“跑腿员”，社情民意“信息员”，强基惠民“指导员”，矛盾纠纷“调解员”。

28.十件民生实事：2018年林芝市《政府工作报告》中提出，2018年要着力办好“就业创业工程、农村道路建设、包虫病全民筛查、一站式便民服务中心、八一儿童游乐园、林芝市第一自来水厂地下水源工程和城市应急备用水源地建设、高海拔乡（镇）集中供暖工程、厕所革命、林芝市特殊教育学校、村级组织活动场所标准化建设”。

29.五个100%：中小学双语教育普及率100%，小学数学课程开课率100%，中学数理化生课程计划完成率100%，中学理化生实验课程开出率100%，职业技术学校国家目录规定课程开出率100%。

30.两降一升：降低孕产妇和婴儿死亡率、提高住院分娩率。

31.明厨亮灶：采取视频技术或透视明档的方式，对餐饮食品加工过程进行公示，从而将餐饮经营单位食品加工的关键环节亮出来，接受社会监督。

32.两纲两规：《中国妇女发展纲要》《中国儿童发展纲要》《波密县妇女发展规划（2016-2020）》《波密县儿童发展规划（2016-2020）》。

33.三个离不开：汉族离不开少数民族、少数民族离不开汉族、各少数民族之间也相互离不开。

34.五个认同：对伟大祖国的认同、对中华民族的认同、对中华文化的认同、对中国共产党的认同、对中国特色社会主义的认同。

35.六建：建管理机构、建党组织、建领导班子、建干部队伍、建管理职能、建管理机制。

36.四个意识：政治意识、大局意识、核心意识、看齐意识。

37.四个自信：中国特色社会主义道路自信、理论自信、制度自信、文化自信。

中国人民政治协商会议第九届波密县委员会常务委员会工作报告

——在政协第九届波密县委员会第三次会议上

波密县政协党组书记、主席 巴 桑

（2018年4月2日）

2017年工作回顾

2017年，在中共波密县委的坚强领导和上级政协的精心指导下，在县人大、县政府的大力支持和社会各界的积极配合下，在广东人民的无私援助下，县政协常委会团结带领广大政协委员和各参加单位，高举爱国主义、中国特色社会主义伟大旗帜，坚持团结、民主两大主题，深入学习贯彻落实习近平新时代中国特色社会主义思想，深入学习贯彻落实习近平总书记“治国必治边、治边先稳藏”重要战略思想和“加强民族团结、建设美丽西藏”重要指示以及给隆子县玉麦乡群众回信精神，按照吴英杰书记林芝要“五个走在前列”重要指示要求，紧紧围绕全县中心工作，正确处理“十三对关系”，以学习宣传、贯彻落实党的十九大精神为主线，充分发挥协调关系、汇聚力量、建言献策、服务大局作用，为波密县改革发展稳定各项事业做出了积极贡献。

一、加强思想政治建设，坚定正确政治方向

常委会坚持把加强学习作为坚定政治方向的重要前提，始终以科学的理论武装头脑、指导实践。深入学习贯彻中共十八届六中全会、中央第六次西藏工作座谈会及中共十九大和十九届一中全会等会议精神，深入学习贯彻习近平总书记治边稳藏重要战略思想和依法治藏、富民兴藏、长期建藏、凝聚人心、夯实基础的重要原则，深入学习贯彻全国“两会”、自治区“两会”和市“两会”等精神，深入学习贯彻党的协商民主理论和人民政协理论方针政策和各项决策部署，用实际行动将“两学一做”学习教育、“四讲四爱”主题教育实践活动不断引向深入。共集中收听收看各类大会实况转播和主题教育影视片10场次，发放辅导资料500余份。坚持理论联系实际，把所学所思所获转化为推动我县政协事业发展的强大动力与创新举措，提高学习贯彻实效。

二、牢记履职第一要务，助推经济社会发展

常委会坚持把助推我县经济社会发展作为履行职能的第一要务，围绕“五个波密”建设战略决策，谋发展、献良策、出实力。开展协商议政。在九届二次会议上，广大委员认真听取并讨论“一府两院”工作报告和其他报告，积极建言献策，小组讨论会发言30人次，收集整理10个方面50多条意见建议。开展联合视察。去年，在市政协组织带领下，安排一名主席会成员前往昌都部分区县开展旅游产业发展为题的视察，充分学习借鉴兄弟区县的先进做法。去年6月，主席及一名副主席率领部分界别委员会同县人大常委会联合组成的视察组赴湖南省部分区县开展以旅游产业发展、景区规划开发等方面的考察交流活动，不仅为各界别委员们创造了联合行动、协商共事、参政议政的条件，还使委员开阔了眼界，拓宽了思路，坚定了信心，增强了大局意识，促使了委员为助推我县“两产业一平台”发展竭智尽力。开展专题调研。去年，一名主席会成员在市政协的带领下，先后前往墨脱县、察隅县围绕教育教学质量开展调查研究，在推进学籍管理制度、加大师资队伍培养力度方面提出建议。去年12月，组织区、市、县三级政协委员深入八盖乡、易贡乡、多吉乡、松宗镇、玉普乡、倾多镇、玉许乡等乡（镇）、村开展以医疗卫生工作发展为主题的调研，形成专题调研报告，得到县委主要领导的高度重视和充分肯定，为县委、县政府掌握真实情况、科学推进民生改善，提高我县人口素质，实现乡村振兴战略，建设美丽波密提供了翔实依据和有价值的参考。开展委员履职考评。去年，通过召开主席会议及常委会议，协商制定了《政协波密县委员会关于三级政协委员履职量化考核评价办法》及委员履职档案，为委员规范化管理和发挥委员主体作用，激发委员争当参政议政的先进、争当解疑释惑的使者、争当民主监督的中坚、争当遵纪守法的模范起到了积极作用。

三、承担第一政治责任，维护我县和谐稳定

常委会坚持把维护稳定作为履行职能的第一政治责任，全面贯彻党的治藏方略、民族宗教政策和市委、县委各项维稳举措，为促进我县长治久安献计出力。全力推进和谐稳定。坚决贯彻落实区党委十项维稳措施。元旦、春节、藏历年及3月敏感期和党的十九大等重要时段，主席及各副主席深入挂点乡（镇），坚守在重大节假日和重要敏感节点的督导检查岗位上，坚守在110指挥中心的日常维稳工作中，坚守在矛盾纠纷调处、安全隐患排查和突发事件处置的第一线。全力推进民族团结。认真贯彻习近平总书记在中央民族工作会议上的重要讲话精神，大力宣传贯彻党的民族政策和民族工作的新部署新要求，为做好我县民族团结工作凝聚智慧、汇聚力量。组织委员积极参与民族团结各类活动，教育引导各族各界牢固树立“三个离不开”思想，和睦相处、和衷共济、和谐发展，主动投身民族团结宣传教育和民族团结进步创建活动。去年，县政协荣获我县2017年度民族团结进步工作模范集体殊荣。全力推进宗教和睦。一名宗教界副主席通过立足政协工作实际，积极引导委员关心和谐稳定大事，积极发挥宗教界政协委员的独特优势作用，主动带领民族宗教界委员开展爱国爱教活动，引导广大信众和僧尼与十四世达赖集团划清界限，自觉反对民族分裂，切实维护宗教和睦、佛事和顺、寺庙和谐，促进宗教与社会主义事业相适应。

四、形成齐抓共管合力，扎实推进全局性工作

常委会一直把业务工作作为政协工作的主业抓紧抓细。一是加强提案工作。县政协九届二次会议闭幕后，及时联合县人大、政府召开提案交办会，对提案答复模式、办理程序、办理时限等提出明确要求，同时积极与承办单位联系，了解和掌握提案办理情况，与承办单位共同分析研究提案办理的有效途径和方法，有效提高了提案办理的服务水平。县政协九届二次会议共收到提案67件，经审查立案55件。截至2017年底，所有提案都办理答复完毕，一批人民群众关心的热点、难点问题得到有效解决。今年2月，县政协被林芝市政协评为“提案工作先进单位”，一名政协委员被市政协评为“优秀提案者”。二是加强教育培训工作。采取以会代训、举办专题培训班等方式，组织委员深入学习领会中央、区、市、县有关会议文件、讲话精神，引导委员将履职重点和用力方向聚焦“五个波密”建设，去年7月，举办为期3天的综合培训活动，邀请市政协提案委专业人员讲解提案及政协业务知识等。有效提升了委员建言立论、调查研究和解决问题的能力水平。三是加强文史资料工作。上级政协组织安排的《林芝区域文化丛书》编撰工作已圆满结束，并得到了自治区政协的充分认可。按照《林芝市文史资料选题征集方案》要求，2017年以来，共征集史料稿件7篇8000余字。按照西藏自治区文史资料学习委员会的要求，围绕我县藏族百年发展历程及重大事件扎实稳步推进《藏族百年实录》史料文稿征集、整理工作。四是加强强基惠民工作。认真落实县委关于“强基惠民”活动工作部署和要求，选派一名副主席担任松宗镇角达村工作队长，争取项目资金75万修建温室大棚40座，帮助村“两委”发展壮大村集体经济，助推建档立卡贫困户脱贫增收，改善村文化室等基础设施状况，及时解决了群众反映的热点难点问题。2017年，松宗镇角达村荣获“西藏自治区级先进驻村工作队”，工作队长荣获“林芝市驻村工作队先进个人”。选派1名机关干部入驻倾多镇扎西村担任“第一书记”兼工作队长，顺利完成村“两委”换届选举工作，选优配强了新一届村“两委”班子；主席及两名副主席认真制定为民办实事经费使用计划，专项资金用于慰问帮扶贫困户共30户，支持7个村（居）积极开展宣传教育活动，帮助3个村改善基础设施条件。五是助推脱贫攻坚工作。开展精准扶贫、脱贫攻坚是当前乃至今后一个时期我们党和国家的一次重要政治任务，县政协机关、常委会和全体委员积极参与。去年，次仁多吉委员给贫困户捐款1万元；白玛次仁委员向县低保户、贫困学生捐款捐物达10万余元，珠嘎玛委员为我县贫困户旦巴江村等人修建房屋，为贫困学生捐助学费，给社会弱势群体、危重病患者捐款共计13.8万元；政协机关干部走访慰问“四对一”帮扶户共计16次，给予帮扶资金1.9万元，同时深入细致地向他们讲解党和国家脱贫攻坚政策，改变“等靠要”思想，鼓励他们通过自己的双手创造幸福生活，早日达到脱真贫、真脱贫的目标。六是加强对外宣传交流工作。去年8月，一名副主席在国务院新闻办公室派出的中国藏文化交流团的带领下，先后访问了蒙古国、俄罗斯、日本，向三个国家的专家学者、媒体记者、高校师生、华侨华人等介绍了西藏近年来在经济社会发展、农牧民生活水平、生态环保、藏族传统文化传承保护等方面取得的巨大成就，增进了外国友人对西藏的亲近感，也加深了对西藏的认识。去年，常委会发挥政协优势作用，接待来自广州海珠区政协、广州天河区政协、青海玉树州政协等考察团，并向他们宣传波密县改革发展成就及县政协常委会各项工作开展情况，通过交流、交往达到了团结协作、增进了解、互帮互助的目的。去年3月，广州海珠区政协无私援助常委会8万元业务培训经费，为常委会开展委员培训工作提供了大力支持。

五、加强政协自身建设，提高履行职能成效

人民政协要发挥作用、体现价值，就必须不断加强和改进自身建设。按照习总书记提出的“懂政协、会协商、善议政”的要求，我们坚持加强政协自身建设，努力夯实政协履职基础。切实加强政协机关自身建设。落实全面从严治党的各项要求，切实加强机关党的建设。扎实推进机关作风建设，坚决反对“四风”、纠正“四风”，严格执行“禁赌令”，营造良好家风。提高机关服务政协委员和人民群众的能力和水平。积极推动学习型机关建设，加强政治理论、政协理论和各方面知识的学习。切实发挥委员主体作用。通过对委员进行综合性学习培训，引导委员坚持用习近平新时代中国特色社会主义思想武装头脑、指导实践、推动工作，提高政治把握能力、调查研究能力、合作共事能力、联系群众能力，全面增强委员履职本领，充分发挥在政协工作中的主体作用、本职工作中的带头作用、界别群众中的代表作用。切实做好挂点联系和督查工作。根据县委、县政府部署，按照挂点联系领导要求，主动联系基层，采取现场听取汇报、实地察看、召开协调会等帮助基层梳理排查各类隐患问题，指导基层制定整改方案，协调解决工作推进和落实中的各类问题。

各位委员，过去一年所取得的成绩，是县委坚强领导的结果，是县人大、县政府及其职能部门大力支持的结果，是广东人民无私援助的结果，是社会各界积极支持配合的结果，是全县广大政协委员共同努力的结果。在此，我代表常委会表示衷心的感谢！

回顾一年来的履职实践，我们深刻地体会到：做好新时代下我县人民政协工作，必须毫不动摇坚持党的领导，认真贯彻中央和区党委、市委的重大决策部署，这是政协事业发展的保证；必须坚持把握人民政协的性质定位，把建言献策与投身实践紧密结合，这是政协发挥独特作用的前提；必须坚持围绕中心、服务大局，聚焦人民群众最关心最直接最现实的利益问题建真言献良策办实事，这是政协发挥作用的途径。

在肯定成绩的同时，我们也清醒地认识到，面对新时代、新征程、新形势、新任务，我县政协工作中依然存在不足，主要是：协商民主建设有待探索创新，民主监督工作有待拓展加强，履职成果转化有待进一步推进落实，委员管理工作有待进一步加强。这些都需要深入研究，认真对待，着力解决。

2018年工作建议

2018年，是全面贯彻落实党的十九大、区党委九届三次全会、市委一届六次全会精神开局之年，也是我国改革开放40周年。今年县政协工作的指导思想：高举习近平新时代中国特色社会主义思想伟大旗帜，深入学习贯彻落实党的十九大和十九届一中、二中、三中全会精神、全国“两会”精神、中央第六次西藏工作座谈会精神、自治区第九次党代会精神、自治区“两会”精神、市“两会”精神和习近平总书记治边稳藏重要战略思想、“加强民族团结、建设美丽西藏”重要指示以及给隆子县玉麦乡群众的回信精神，贯彻落实好习近平总书记关于人民政协工作的重要思想，坚持和加强对政协工作的全面领导，坚持以人民为中心的发展理念，坚持稳中求进、进中求好、补齐短板的工作总基调，紧紧围绕团结民主两大主题，坚决贯彻落实区党委、市委、县委决策部署，以正确处理好“十三对关系”为根本方法，认真履行政治协商、民主监督、参政议政职能，为建设“活力、幸福、祥和、美丽、法治”波密，努力走出一条符合县情实际的高质量绿色化发展路子贡献智慧和力量。

（一）加强理论学习，着力巩固共同思想基础。

党的十九大深刻把握时代脉搏、实践要求和人民期待，在治国理政一系列重大理论和实践问题上实现了重大突破。全县政协组织、各参加单位和广大政协委员要把深入学习贯彻党的十九大精神，作为当前和今后一个时期的首要政治任务，根据中央和区党委、市委、县委的统一部署要求，结合政协工作和委员实际，在学懂、弄通、做实上下功夫。在县委的坚强领导下，团结带领全体政协委员始终与党委政府同心、同向、同力。要准确把握十九大关于社会主义协商民主、人民政协和统一战线工作的新部署新要求，准确把握新修订的政协章程的新精神，深化对政协工作特点和规律的认识，不断增强政治意识、大局意识、核心意识、看齐意识，更好地知情民政、议政建言、献计出力。

（二）全力配合好县委政府做好脱贫攻坚、“三岩”片区异地搬迁工作。

常委会要坚持把助推脱贫攻坚作为义不容辞的责任，突出攻坚深度贫困这一重点积极议政建言；全力配合好县委政府做好“三岩”片区异地搬迁工作，适时组织界别委员就贫困群众异地搬迁、产业扶贫成果巩固情况进行视察调研，如实向县委政府反映问题。充分利用“强基础惠民生”“四对一”结对帮扶等政策措施，广泛引导发动各界别委员、政协干部开展结对帮扶、项目援助、扶贫济困等活动。

（三）加大委员培训力度，提高委员履职能力。

把委员学习培训放在常委会工作的重要位置来抓，制定详细的学习培训计划，组织政协委员参与符合我县当前发展改革、与政协工作实际联系紧密，针对性、指导性强的学习培训，使委员学习培训工作科学化、规范化、制度化。为更好地履行政协委员职责，更好地懂政协、会协商、善议政打下基础，让委员议政有舞台、协商有平台、建言有渠道、监督有办法、履职有作为。

（四）组织委员赴区内、外视察调研，更好地为我县各项事业发展建言献策。

紧紧围绕政协政治协商、民主监督、参政议政职责，结合我县实际，组织部分委员赴区内及区外重点就脱贫攻坚、全域旅游、产业发展、乡村振兴战略开展视察调研，本着“走出去、请进来”的目的，学习借鉴他们好的经验做法，进一步开拓委员视野、增加委员履职能力，为我县各项事业发展咨政建言。

（五）建立委员履职档案，严格执行委员考核量化标准。

常委会将建立委员履职档案，对每个委员每年参加政协会议、撰写提案、上报社情民意等实行分项统计并建档；所载情况每年全体会议期间与委员本人见面，同时向委员推荐单位、所在单位等部门通报。按照《政协波密县委员会关于三级政协委员履职量化考核评价办法》的考核量化标准，切实加强委员履职服务与管理工作，将考核量化结果作为县政协表彰奖励优秀委员、树立先进典型的依据；对年度履职考核被评为不称职的委员，由县政协进行诫勉谈话，提出整改要求；对累计2年履职考核被评为不称职的委员，按有关程序劝辞退出，同时为常委会提出下届留任委员建议人选提供依据。

（六）开展农牧民委员家访工作，激发委员履职积极性。

通过家访活动切实加强常委会、综合专委会及机关与基层农牧民委员的沟通交流，进一步了解基层农牧民委员生产生活状况，增进同基层农牧民委员的情谊，为进一步做好委员服务工作奠定基础，为进一步优化和改进常委会工作的方式、方法提供依据，进一步了解市、县两级政协委员履职情况，征询农牧民委员对进一步推动波密县经济长足发展、社会长治久安和全面建成小康社会的意见建议，进一步激发委员履职的积极性。

（七）加强综合专委会工作，增强政协工作整体优势。

波密县政协于2017年8月成立了综合专委会。2018年，常委会将充分发挥其桥梁纽带作用，积极组织委员学习、宣传党和国家方针政策和新修订的《宪法》等法律法规，就国家的大政方针以及政治、经济、文化和社会生活中的重要问题，人民群众普遍关心的问题，选择其中具有综合性、全局性、前瞻性的课题，深入开展调查研究，提出意见、建议和提案，团结和联系委员及各界人士，积极反映社情民意，组织开展各种履职活动，为经济社会科学发展献计出力。把政协委员的个体优势转化为政协工作整体优势，不断巩固政协履行政治协商、民主监督、参政议政的重要基础。

（八）加强自身建设，不断提升政协履职能力。

常委会要认真贯彻落实习近平总书记“有事好商量，众人的事情由众人商量，是人民民主的真谛”和“增强人民政协界别的代表性，加强委员队伍建设”的重要指示，进一步提高政治把握、调查研究、联系群众、合作共事能力。充分发挥政协党组的政治功能和组织功能，持续推进“两学一做”学习教育常态化制度化，扎实开展好“不忘初心、牢记使命”主题教育。要从严贯彻中央八项规定精神实施细则，不折不扣地落实加强作风建设新部署新要求，巩固提升作风建设新成效。要深入推进一流机关建设，着力提升专业能力、专业精神，努力打造政治过硬、本领高强的机关干部队伍，更好发挥统筹协调、参谋助手和服务保障作用。要发挥综合专委会服务委员、沟通界别、联系群众的重要功能，组织开展好视察、调研、协商等各类履职活动。要加强委员队伍建设，提高委员能力，维护委员民主权利，关注委员事业发展，关心委员身心健康，努力使政协大家庭团结和谐、热情温暖，充满人文情怀，培养委员和政协工作者满怀深情愿做政协人、心怀激情做好政协事、珍惜友情永结政协缘，齐心协力推动政协事业新进步。

各位委员，同志们！人民政协是国家治理体系的重要组成部分，在社会主义协商民主建设中责任重大、使命光荣。让我们更加紧密地团结在以习近平同志为核心的党中央周围，高举习近平新时代中国特色社会主义思想伟大旗帜，在中共波密县委的坚强领导下，牢记神圣职责，不负人民重托，不忘初心、团结奋斗，不断推进人民政协事业新发展！

名词解释

1.“两学一做”：学党章党规，学系列讲话，做合格党员。

2.“五个走在前列”：在固边兴边上走在前列，在产业发展上走在前列，在农牧民增收上走在前列，在脱贫攻坚上走在前列，在宗教管理上走在前列。

3.“十三对关系”：国家投资和社会投资的关系，重大项目和民生项目的关系，发挥优势和补齐短板的关系，城镇就业和就近就便、不离乡不离土、能干会干的关系，扶贫搬迁向城镇聚集和向生产资料富裕、基础设施相对完善地区聚集的关系，央企在藏资源开发和解决当地农牧民增加收入的关系，保护生态和富民利民的关系，城市发展和提高农牧民基本公共服务能力的关系，高校毕业生政府就业和市场就业的关系，简政放权和地方承接的关系，企业增产提效和改善企业职工福利待遇、促进农牧民群众增收的关系，中央关心、全国支援和自力更生、艰苦奋斗的关系，鼓励干部担当干事和容错纠错的关系。

4.“四讲四爱”：讲党恩爱核心、讲团结爱祖国、讲贡献爱家园、讲文明爱生活。

5.“五个波密”：活力波密、幸福波密、祥和波密、美丽波密、法治波密。

6.“不忘初心、牢记使命”：“不忘初心，牢记使命，高举中国特色社会主义伟大旗帜，决胜全面建成小康社会，夺取新时代中国特色社会主义伟大胜利，为实现中华民族伟大复兴的中国梦不懈奋斗。”这是中国共产党第十九次全国代表大会的主题。不忘初心，方得始终。中国共产党人的初心和使命，就是为中国人民谋幸福，为中华民族谋复兴。这个初心和使命是激励中国共产党人不断前进的根本动力。

7.党的十九大报告中对人民政协工作的要求：有事好商量，众人的事情由众人商量，是人民民主的真谛。人民政协工作要聚焦党和国家中心任务，围绕团结和民主两大主题，把协商民主贯穿政治协商、民主监督、参政议政全过程，完善协商议政内容和形式，着力增进共识、促进团结。加强人民政协民主监督，重点监督党和国家重大方针政策和重要决策部署的贯彻落实。增强人民政协界别的代表性，加强委员队伍建设。

8.昌都三岩片区搬迁工作简介：三岩片区位于昌都市贡觉县，在距贡觉县北部约145公里处的金沙江西岸。“三岩”藏语意为“险恶之地”，这里山高谷深，峭壁耸立，道路崎岖，贫穷闭塞。对三岩片区群众实施整体易地扶贫搬迁，是深入贯彻落实习近平总书记关于扶贫开发重要思想、特别是在深度贫困地区脱贫攻坚座谈会上的重要讲话精神的具体体现，是我区打赢脱贫攻坚战的实际行动，意义重大、十分必要。对三岩片区的群众实施整体易地扶贫搬迁有利于从根本上帮助贫困群众挪穷窝、拔穷根、换穷业、富口袋，阻断贫困代际传递；有利于发挥资金的最大效益，实现社会进步；有利于改善生态环境，推动生态富民；有利于让各族群众切实感受到总书记和党中央的无比厚爱，更加自觉地感党恩、听党话、跟党走，夯实党在西藏的执政基础。

9.波密县政协综合专委会职责：负责完成县政协全体会议和常委会议、主席会议提出的各项工作任务；组织各种学习会、座谈会、报告会、专题协商会、团结和联系委员及各族各界人士；对党和国家大政方针在县内的贯彻落实情况，以及西藏政治、经济、文化和社会生活中的重要问题，组织委员深入调研，提出意见建议，就群众普遍关心的社会热点、难点问题组织征集提案，反映社情民意，编辑、出版文史资料；维护社会稳定和民族团结，坚决反对分裂、做好党的民族宗教政策宣传工作；负责制定专门委员会的工作计划，并组织实施。

坚持不松劲不停步再出发 推进新时代全面从严治党向纵深发展 提供建设活力幸福祥和美丽法治波密政治保证

——在中国共产党波密县第九届纪律检查委员会第三次全体会议上的工作报告

波密县委常委、纪委书记 王 芳

（2018年4月9日）

这次会议的主要任务是：深入学习贯彻习近平新时代中国特色社会主义思想，全面贯彻落实党的十九大、十九届二中、三中全会精神，认真学习贯彻十九届中央纪委二次全会、九届区纪委三次全会、一届市纪委四次全会精神，特别是习近平总书记重要讲话和赵乐际书记的工作报告精神、吴英杰书记重要讲话和王拥军书记的工作报告精神、马升昌书记重要讲话和多布庆书记的工作报告精神，总结2017年全县纪检监察工作，部署2018年任务。

一、2017年工作回顾

2017年，在县委的坚强领导下，在市纪委的有力指导下，全县纪检监察机关以迎接和学习宣传贯彻党的十九大为主线，以习近平新时代中国特色社会主义思想为统领，坚决落实市纪委、县委决策部署，切实担负起全面从严治党政治责任，坚定不移推进党风廉政建设和反腐败工作。全县纪检监察机关旗帜鲜明讲政治，忠诚履行党章赋予职责，聚焦监督执纪问责，坚持正风反腐不停步，为建设“五个波密”提供了坚强保证。

（一）深化学思践悟，不断提高政治站位和政治觉悟

牢固树立“四个意识”。县纪委常委会带头学习、带头思考、带头贯彻，在学懂、弄通、做实上下功夫，将学习贯彻落实党的十九大精神和习近平新时代中国特色社会主义思想与学习马克思主义基本原理结合起来，与践行“两学一做”学习教育常态化制度化结合起来，与学习《共产党宣言》《中国共产党章程》结合起来，与我们党进行伟大斗争、建设伟大工程、推进伟大事业、实现伟大梦想结合起来，自觉维护习近平总书记在党中央和全党的领袖核心地位，自觉维护以习近平同志为核心的党中央权威和集中统一领导，自觉同以习近平同志为核心的党中央在思想上政治上行动上保持高度一致。

加强党规党纪学习。在县委常委会、县政府常务会、县纪委全会、县委理论学习中心组学习会上，传达学习《中国共产党章程》、“两准则四条例”等党纪条规、习近平总书记关于反腐倡廉重要论述以及中央纪委、区纪委、市纪委全会精神和各类典型案例通报，全体党员领导干部用心学习，自觉把思想、工作和职责摆进去，学思践悟，知行合一，真正做到讲政治、顾大局、护核心、真看齐。制作印发“两准则四条例”学习手册“口袋书”200本，订阅《永远在路上》电视专题片60套、征订《党风廉政建设》《学思践悟》《深化国家监察体制改革试点工作百问百答》各100本发放给全县各级党组织学习。

（二）履行党章职责，切实发挥纪委专责监督作用

协助加强党风廉政建设。县纪委严格执行党章规定的纪委的三项主要任务和六项经常性工作，始终把落实党风廉政建设作为应尽之责任、必尽之义务，协助县委先后11次召开会议研究部署党风廉政建设和反腐败工作，制定印发《深化落实党委（党组、党支部）党风廉政建设主体责任和纪委监督责任实施细则》，把责任分解到组织、宣传、统战、政法、巡察等县委部门和各级党组织中，厘清各部门的责任，把党的领导体现在日常管理监督中。开展第四届“清廉波密”廉政诗词书画、摄影作品、公益广告、漫画征集活动，召开“家庭助廉”座谈会，发放廉政宣传手册30份，举办“两个责任”专题讲座，推动党风廉政建设理念深入到广大干部群众中。

强化主体责任意识。县委牢固树立“抓党风廉政建设是本职，不抓党风廉政建设是失职，抓不好党风廉政建设是渎职”的意识，抓紧“指挥棒”，把全面从严治党放在心上、扛在肩上、抓在手上。县委书记带头履行党风廉政建设主体责任，当好“领头雁”，以上率下，做到“五个亲自”。县委班子成员落实党风廉政建设“一岗双责”，季度报告落实党风廉政建设责任情况，做实“助推器”，加强对分管领域和部门党风廉政建设的调研、督导和检查，审核分管部门和领域党风廉政建设工作计划和报告，开展专题调研2次，查找存在的突出问题30余条并提出整改意见。

开展常规约谈检查工作。制定印发《关于开展2017年度落实党风廉政建设“两个责任”约谈工作的实施方案》，县委书记约谈县委班子成员和各乡（镇）党委书记，县委班子成员约谈分管部门主要负责人，各单位主要领导约谈班子成员，班子成员约谈普通干部，约谈工作坚持以问题为导向，直面问题不回避，实现了约谈提醒全覆盖。县委、县纪委每季度对各乡（镇）、各部门落实党风廉政建设工作情况进行督导检查，针对检查发现的问题，及时下发整改通知，约谈相关责任人，责令相关单位按规定限时整改，促使各级党组织履职尽责，实现了监督检查全覆盖，有效推动“两个责任”落地生根。

（三）加大问责力度，推动全面从严治党责任落细落实

保持惩治腐败高压态势。县委常委会5次研究全面从严治党工作重大问题，带动各级党组织认真落实全面从严治党政治责任。发挥督促督办作用，牵牢主体责任“牛鼻子”，聚焦制约发展改革稳定和党的建设的沉疴顽疾，坚持无禁区、零容忍、全覆盖，力度不减、节奏不变，坚决遏制腐败蔓延。2017年县纪委共受理信访举报问题线索32件，其中：中央环境督察组转办1件，区审计厅转办1件，区扶贫工作督导调研组移交2件，市纪委转办8件，市委巡察组移交5件，县纪委受理15件。了结12件，立案10件11人，按照干部管理权限移交市纪委1件，初核9件；给予党纪处分7人，政纪处分3人，诫勉谈话5人，谈话提醒11人，下达监察建议书3份。

坚持正风肃纪永不停步。严格执行中央八项规定精神、区党委“约法十章”“九项要求”，持续加大查处力度，狠抓时间节点、盯住具体问题，突出关键部位，从治理公款大吃大喝、旅游休闲娱乐、违规操办婚丧喜庆等奢靡之风入手，紧盯中秋、国庆、春节等时间节点，从严执纪、动真碰硬。针对“舌尖上的浪费”“车轮上的铺张”等现象，开展明察暗访120次，查处违反中央八项规定精神问题2起，给予党纪处分1人，诫勉谈话1人，约谈2人。转发中央、区、市各类典型案例通报25份110起，督促各级党组织引以为戒、举一反三。开展党员领导干部参与赌博问题专项整治工作，制订专项整治行动实施方案，党员干部签订禁赌承诺书1138份，电视台播放禁赌通知90次，发送禁赌短信400余条，发放禁赌宣传资料500份，配合公安局开展禁赌专项检查20次，检查酒店、茶楼、宾馆等娱乐场所340家次，发现党员和国家工作人员参与赌博或带有赌博性质娱乐活动2起4人，给予党纪政纪处分4人。开展扶贫领域监督检查4次，对发现的问题督促立行立改；组织召开波密县2017年度乡（镇）纪委书记述职述责暨推进全县扶贫领域监督执纪问责工作会议，对乡（镇）纪委履行监督责任情况进行考核，压实责任，推动落实。

（四）坚守政治责任，积极发挥巡察工作“利剑”作用

建立健全巡察机构。成立县委巡察工作领导小组和县委巡察工作“五人小组”。组建县委巡察办和2个巡察组，建立巡察组长库和人才库，选拔原则性强、素质过硬、熟悉基层工作、具有相应工作经历、善于发现和分析研究问题的10名正科级干部组成巡察组长库，遴选纪检监察、组织人社、司法、财政、政法、信访等部门30名优秀干部组建巡察人才库，为巡察工作开展提供坚实人才保障。修订印发《中共波密县委巡察工作五年规划》和《中共波密县委巡察制度汇编》，编印制作《中共波密县委巡察工作手册》和《巡察工作专用笔记本》，参加区、市巡察工作培训10人次，举办首轮巡察工作培训，培训24人次。

深入开展政治巡察。紧紧围绕落实“两个责任”，紧盯“三大问题”，紧扣“六项纪律”，准确把握政治巡察基本定位，突出工作重点，聚焦发现问题，派出巡察组对多吉乡党委和曲宗寺管委会两家单位开展常规巡察，开展个别谈话28人次，发放问卷调查及民主测评表59份，听取汇报会4场次，召开座谈会1场次，走访群众600余人次，查阅各类档案资料300余份；下发整改建议书8份，对28个问题进行立行立改。县委巡察工作领导小组听取巡察工作情况汇报2次，书记专题会听取巡察工作情况汇报1次，向被巡察党组织反馈存在“三大问题”20个，提出整改意见10条，向有关部门提出意见建议4条。

（五）深化体制改革，坚持党对反腐败工作的统一领导

吃透吃准中央改革精神。党的十九大提出关于深化国家监察体制改革的重大决策部署，根据《中共中央办公厅印发<关于在全国各地推开国家监察体制改革试点方案>的通知》和《全国人民代表大会常务委员会关于在全国各地推开国家监察体制改革试点工作的决定》精神，波密县委高度重视深化国家监察体制改革试点工作，把坚持和加强党的全面领导贯穿改革始终。县委书记强调要明确责任、逐项准备、抓好落实、稳妥推进，把抓好监察体制改革试点工作作为贯彻落实党的十九大精神的重大举措，列入县委常委会重要议事日程，深刻领会改革意图。县委常委会专题学习中央、区党委深化国家监察体制改革试点工作动员部署会议精神，担负起改革主体责任，全过程领导改革试点工作。

稳妥推进监察体制改革。县委书记先后3次主持召开县委常委会研究监察体制改革事宜，亲自批示改革试点工作文件10份。及时成立波密县深化国家监察体制改革试点工作小组及其办公室，县委书记担任组长，扛起“施工队长”重任；县纪委负专责，全面抓好改革试点方案的组织实施和具体落实，修改完善《波密县深化国家监察体制改革试点工作实施方案》，按照“施工图”“时间表”，以“绣花”功夫精细施工。加强对转隶人员的思想政治教育工作，县纪委、县检察院主要领导先后6次同转隶人员谈心谈话，进行深入细致的思想工作，引导转隶人员拥护改革、支持改革、投身改革。转隶人员充实到执纪监督部门，监督执纪力量得到加强。各相关部门讲政治、顾大局，各司其职、各负其责，密切配合，形成合力，确保了监察体制改革的顺利完成。

（六）加强自身建设，打造忠诚干净担当的纪检监察队伍

持续深化“三转”。纪委是党内监督的专责机关，是管党治党的专门力量。纪委内设机构为综合办公室、纪检监察室、党风政风监督室和纪检监察信息中心（事业）；纪委参与的议事协调机构精简到9个，精简率达90.5%，乡镇纪委书记也不再分管与纪检监察无关的工作，切实保证了县纪委和乡镇纪委聚焦主责主业，真正把工作职责转到监督、执纪、问责上来。

加强干部队伍建设。大力选拔和交流任用纪检监察干部，2017年，机关内部调整和提拔纪检监察干部5名；调整乡镇纪委书记3名，纪检干事12名，为进一步发挥监督执纪问责职能提供了保障。转发《西藏自治区纪检监察系统学习宣传贯彻党的十九大精神的意见》，印发《波密县纪检监察系统学习宣传党的十九大精神工作方案》，印制《纪检监察业务法规知识汇编》30册，购买各类专业书籍40本发放给纪检监察干部学习。选派优秀干部到区内外学习培训20人次。制定印发《关于进一步加强纪检监察和巡察干部教育管理监督的通知》，开展全县纪检监察干部“素质提升月”活动，对45名纪检监察干部学习《监督执纪工作规则（试行）》情况进行测试，做到真学真懂，真考真严，提升纪检监察干部能力素质。

2017年取得的成绩，离不开区纪委和市纪委的有力指导，离不开县委、县政府的坚强领导，离不开全县各级各部门党组织的全力配合，离不开社会各界的支持参与，离不开广大纪检监察干部的忠诚履职。在此，我代表县纪委常委会，向全县纪检监察干部和关心支持纪检监察工作的领导和同志们，表示衷心的感谢并致以崇高的敬意，谢谢大家。

在充分肯定成绩的同时，我们也要清醒地看到工作中存在的问题和不足，党风廉政建设和反腐败斗争形势依然严峻复杂。有的党组织领导核心作用发挥不明显，执行党章党规党纪不力，落实党的路线方针政策不坚决、不到位。有的党组织对全面从严治党主体责任落实不到位不彻底，党组织书记不会抓、不愿抓、不敢抓。有的党员领导干部理想信念不坚定，政治意识淡薄。有的党员领导干部和国家工作人员对纪律置若罔闻，仍然参与带彩赌博。有的党员领导干部仍然存在庸懒散现象，服务意识不强，不作为、慢作为，甚至乱作为。有的乡（镇）纪委在思想认识、理念思路、方法措施上，与新时代全面从严治党要求还存在不少差距。有的纪检监察干部存在知识恐慌、本领恐慌问题，业务能力与新形势下执纪审查要求还不相匹配，有待进一步提升。对此，我们必须高度重视，采取有力措施，切实加以解决。

二、2018年工作重点

2018年是全面贯彻落实党的十九大和十九届中央纪委二次全会、九届区纪委三次全会、一届市纪委四次全会精神的开局之年，是决胜全面建成小康社会的关键一年，是改革开放40周年，也是党的纪律检察机关恢复重建40周年，新年要有新气象、新作为、新硕果。

今年全县纪检监察工作总的思路和要求是，以习近平新时代中国特色社会主义思想为指导，认真贯彻落实党的十九大战略部署和十九届中央纪委二次全会、九届区纪委三次全会、一届市纪委四次全会精神，重整行装再出发，忠实履行党章和宪法赋予的职责，带头维护以习近平同志为核心的党中央权威和集中统一领导，把党的政治建设摆在首位，深化国家监察体制改革试点工作，监督检查党的十九大精神贯彻落实和党章执行情况，持续正风肃纪，深入推进反腐败斗争，坚决惩治群众身边腐败问题，强化自我监督、自觉接受监督，为建设“五个波密”、决胜全面建成小康社会提供坚强政治、纪律和作风保证。

（一）不松劲、不停步、再出发，全面抓好党的十九大精神的学习贯彻

坚持把学习贯彻党的十九大精神作为当前和今后一个时期的首要政治任务。一是准确把握习近平新时代中国特色社会主义思想的丰富内涵。认真开展“不忘初心、牢记使命”主题教育，扎实推进“两学一做”学习教育常态化制度化，引导全县纪检监察干部始终在政治立场、政治方向、政治原则、政治道路上同以习近平同志为核心的党中央保持高度一致。严格监督全县各级党组织对党的十九大精神的贯彻落实，把坚定不移推进全面从严治党贯穿于工作实际。二是把党的政治建设摆在首位。严明政治纪律和政治规矩，把违反政治纪律问题作为审查调查的重要内容，坚决清除对党不忠诚不老实、阳奉阴违的两面人、两面派。加强对党内政治生活状况、党的路线方针政策和民主集中制等制度执行情况的监督检查，全面净化党内政治生态。健全完善用好干部廉政档案资料库，严格落实“纪检监察机关意见必听，线索具体的信访举报必查”的要求，严把党员领导干部党风廉政意见回复关，坚决防止“带病提拔”。三是加强对县委重大决策部署贯彻落实情况的监督检查。继续将监督执纪的重心对准县委重点工作推进中的不作为、乱作为、选择性作为问题，对表态多调门高、行动少落实差的，抓住典型、坚决问责、形成威慑。认真落实“三个区分开来”的要求，推动树立鼓励开拓有为、支持善作能为、问责无所作为、惩治腐败行为的鲜明导向。

（二）抓节点、重衔接、优路径，扎实做好改革试点工作的融合磨合

按照《波密县深化国家监察体制改革试点工作实施方案》部署，积极推动改革试点中的人员融合、工作融合和思想融合，确保全面完成试点工作目标任务。一是完善组织架构。在设置纪委、监察委内设机构的基础上，不断优化干部队伍结构，持续配强监督、执纪、调查力量，探索合署办公条件下纪法衔接新路径，确保工作不断、节奏不乱，实现“1+1>2”的改革效果。二是规范调查流程。全要素试用12项调查措施，重点探索以留置取代“两规”措施，细化各项调查措施的适用条件、执行方式及程序要求，确保调查措施使用严谨规范。严格落实监督执纪监察工作办法、调查措施使用规范、留置措施使用规范和其他相关法规制度，强化对监察权力的制约。三是健全衔接机制。坚持纪在法前、纪严于法，对严重违纪违法审查调查和处置的决策严格把关，推动执纪审查与依法调查有机统一。严格执行宪法和监察法，严把事实关、程序关、法律适用关，提高反腐败工作法治化水平，确保把每一起案件都办成铁案。加强监察机关与司法机关联动协作，完善职务犯罪查处机制，形成反腐败强大合力。四是探索派驻监督。探索推动向同级党和国家机关派驻纪检监察机构，在廉政风险较高的部门先行先试，充分发挥“派”的权威和“驻”的优势。

（三）知敬畏、存戒惧、守底线，驰而不息推动作风建设持续向好

以钉钉子精神打好作风建设持久战，坚决纠“四风”、转作风，继续在常和长、严和实、深和细上下功夫，管出习惯、抓出成效、化风成俗。一是锲而不舍落实中央八项规定精神。深刻把握“四风”问题的顽固性和反复性，加强对中央八项规定及实施细则精神执行情况的监督检查，重点解决落实过程中“上面九级风浪、下面纹丝不动”的问题，推动中央八项规定精神化风成俗。二是严查隐形变异“四风”问题。既要紧盯公款吃喝、公款旅游、公款送礼等“老问题”，也要抓住“四风”隐形变异、改头换面等新动向，下更大功夫整治形式主义和官僚主义。强化监督执纪问责，重点查处和纠正作风漂浮、不敢担当、回避问题，不作为、乱作为、选择性作为问题。三是强化纪律教育和通报曝光。不断完善常态化通报制度，对查处的违反党的纪律问题和群众身边腐败问题等典型案例点名道姓予以通报曝光，形成强有力的震慑。

（四）无禁区、全覆盖、零容忍，不断巩固反腐败斗争压倒性态势

深化标本兼治，坚持有腐必反、有贪必肃，以最坚决的态度减少腐败存量，以最有力的措施遏制腐败增量，推动反腐败斗争压倒性态势向压倒性胜利转化。一是持续发力形成强大震慑。坚持重遏制、强高压、长震慑，紧紧盯住十八大后不收敛、不收手，问题线索反映集中、群众反映强烈，现在重要岗位且可能还要提拔使用的领导干部这“三类人”，严肃查办发生在权力集中、资金密集的重点领域和关键环节中的腐败案件，重点查处“小官贪腐”、工程建设、土地出让以及公共财政支出等巡视巡察发现、群众反映强烈的腐败问题，坚持受贿行贿一起查，持续释放重拳反腐的强烈信号。二是严肃查处群众身边不正之风和腐败问题。扎实开展波密县2018年至2020年扶贫领域腐败和作风问题专项治理工作，紧盯扶贫领域主体责任、监督责任和行业监管责任落实不力、扶贫领域腐败、脱贫攻坚工作中搞形式主义、官僚主义问题；加强与司法机关的沟通协调，扎实开展扫黑除恶专项斗争监督执纪问责工作，紧盯涉黑涉恶问题突出、群众反映强烈的重点乡镇、行业和领域，重点查处发生在群众身边的党员干部和其他行使公权力的公职人员涉黑涉恶腐败问题、党员干部和其他行使公权力的公职人员充当黑恶势力“保护伞”问题，地方党委和政府、政法机关、相关职能部门及其工作人员推动扫黑除恶专项斗争工作不力问题。三是有效运用监督执纪“四种形态”。坚持抓早抓小、防微杜渐，严格执行分类处置标准，准确把握政策，明确使用界限，推动监督执纪精准化，不断提高办案效率和执纪效果。进一步深化运用第一种形态，综合运用谈话函询等手段，认真落实“面对面”谈话意见，对苗头性、倾向性问题早发现、早提醒、早处置。四是以政治建设为统领深化政治巡察。紧盯被巡察党组织政治立场和政治生态，重点检查党的十九大精神贯彻落实和党章执行情况。坚决贯彻全覆盖工作要求，对标看齐区党委巡视、市委巡察工作，推进巡视巡察一体化。强化巡察成果运用，加强巡察整改的跟踪督办和追责问责，提升巡察工作震慑力。

（五）明职责、尽责任、强问责，协调推进“四责协同”机制建设

全面推进党委主体责任、纪委监督责任、党委书记第一责任、班子成员“一岗双责”各方协同、合力运行的“四责协同”机制建设。一是协助县委压实主体责任。坚持一级抓一级，按照“谁主管、谁负责”，把主体责任落细落小并压实到基层，把全面从严治党覆盖到“最后一公里”。加强对基层党组织履行管党治党责任情况的监督检查，发挥“两个责任”考核体系的监督导向作用。强化“一案双查”，既要追究直接责任人的责任，也要追究相关党组织和党员领导干部的责任。二是加强对乡镇纪委的领导。督促乡镇纪委持续深化“三转”、聚焦主责主业。加强对乡镇纪委开展日常监督、处置问题线索等工作的领导和指导，深化自办案件“去零化”。加强对乡镇纪委书记和纪检干事的培训力度，推进联合办案、交叉办案、以案代训等有效做法，推动乡镇纪委不断提升履职意识和工作水平。

（六）讲忠诚、重干净、有担当，努力建设政治素质过硬的纪检监察队伍

深入学习领会习近平新时代中国特色社会主义思想，引导全县纪检监察干部坚定理想信念，做共产主义远大理想和中国特色社会主义共同理想的坚定信仰者和忠实实践者，不断增强政治定力、纪律定力、道德定力、抵腐定力。一是坚持从严教育。加强理想信念和纪律教育，牢固树立“四个意识”，时刻绷紧政治纪律和政治规矩这根弦，始终在思想上政治上行动上同以习近平同志为核心的党中央保持高度一致。二是坚持从严管理。全面贯彻《中国共产党纪律检查机关监督执纪工作规则（试行）》，加大监督检查力度，强化广大纪检监察干部自觉接受监督的意识，用更高的标准、更严的要求来淬炼队伍。三是坚持从严约束。将廉政风险防控贯穿监督执纪监察全过程，切实把权力关进制度笼子。对不称职的调整岗位，对不负责的严肃问责，对不干净的严肃查处，同时把严格管理和真心关爱紧密结合，加大纪检监察干部的培养、交流、使用力度，打造信念过硬、政治过硬、责任过硬、能力过硬、作风过硬的纪检监察队伍。

同志们，深入推进全面从严治党，深入开展党风廉政建设和反腐败斗争，是时代的召唤、人民的期盼。让我们紧密团结在以习近平同志为核心的党中央周围，在市纪委和县委的坚强领导下，对标看齐、忠诚履职，不忘初心、牢记使命，立足新时代、展现新风貌、再创新佳绩，不断取得我县全面从严治党、党风廉政建设和反腐败斗争新成效，交上让党和人民满意的答卷。

波密县人民法院工作报告

——在波密县第十二届人民代表大会第四次会议上

波密县人民法院院长 旺堆次仁

（2018年4月3日）

2017年主要工作

2017年，波密县人民法院在县委坚强领导、人大有力监督、上级法院正确指导和政府、政协、社会各界关心支持下，坚持依法治藏、富民兴藏、长期建藏、凝聚人心、夯实基础的重要原则，深入贯彻落实党的十八届三中、四中、五中、六中全会精神，认真贯彻落实党的十九大精神、中央第六次西藏工作座谈会议精神、习近平总书记系列重要讲话精神，特别是“治国必治边、治边先稳藏”的重要战略思想和“加强民族团结、建设美丽西藏”的重要指示。认真贯彻中央、区党委政法工作会议、最高人民法院院长会议、自治区第九次党代会、区党委九届三次会议精神，大力推进平安西藏、法治西藏和过硬队伍建设，努力让人民群众在每一个司法案件中感受到公平正义。

一、依法履行审判职能，维护社会公平正义

过去一年，波密县人民法院始终把执法办案作为第一要务，认真履行审判职责，维护社会公平正义，促进经济持续健康较快发展。全年共受理各类案件127件（其中：旧存15件，新收112件，新收案件中包含2件司法救助案件），审、执结117件，综合结案率92.13%。对案件审理过程中发现的苗头性、倾向性、普遍性问题及时向有关部门发出司法建议，全年共发出司法建议1份，促进了司法与相关部门的良性互动。

（一）坚持惩罚犯罪与保障人权并重，充分发挥刑事审判职能。严格落实疑罪从无、非法证据排除等法律原则和制度，坚持罪刑法定和罪、责、刑相适应，认真落实宽严相济刑事政策，充分保护刑事被害人及其家属合法权益。我县森林面积广，林业资源非常丰富，为维护我县生态文明建设安全防线，给生态旅游业发展提供良好生态环境，通过严惩涉林犯罪，达到有力震慑破坏环境资源类犯罪的目的。2017年我院共受理林业案件7件16人，有罪判决7件16人（其中判三年以上有期徒刑为10人，三年以下有期徒刑6人）。同时，积极组织干警深入乡镇向广大农牧民群众宣传相关法律知识，进一步提高农牧民群众的法律意识，做到惩防结合，起到了良好的效果。2017年共受理刑事案件25件43人（其中：旧存2件，新收23件），审结22件36人，结案率88%。所结案件中盗窃罪9件15人；拒不支付劳动报酬罪1件1人；贪污罪、挪用公款罪1件1人；妨害公务罪1件2人；非法收购运输滥伐、盗伐的林木罪4件4人；盗掘古文化遗址、古墓葬罪1件5人；盗伐林木罪1件4人；故意伤害罪3件3人；容留他人吸毒罪1件1人。

（二）坚持服务民生与化解矛盾并重，充分发挥民事审判职能。着眼于构建和谐社会、坚持“调解优先、调判结合、案结事了”的原则，把化解各种社会矛盾纠纷、理顺和建立和谐的社会关系作为审判机关履行社会管理职责的有效途径。2017年共受理各类民商事案件74件（其中：旧存11件，新收63件），审结67件，结案率90.5%，已结案件中调解结案18件，撤诉结案13件，调撤率为46.3%。普通程序案件人民陪审员参审率达100%，通过社会的广泛参与，推进司法审判公开、透明、有序运行。

（三）创新举措破解执行难题，充分发挥执行职能。进一步加大执行力度、形成长期执行高压态势，创新执行理念，化解民间纠纷。为切实解决执行过程中所突出反映的问题，将推行执行公开作为一项重点工作，公布执行法官的联系方式，方便了当事人。积极组织干警参加最高人民法院举办的“执行大课堂”以及“执行业务系统”培训，提高干警法学理论和实践相结合的能力，加强对执行疑难案件问题的研判、解决，通过查控系统、限制高消费和失信被执行人系统，进一步压缩老赖的生存空间。积极响应上级法院号召，认真开展“雪域飓风”执行专项活动，加强与公安机关的联动协作，加强公、检、法合力打击拒执犯罪，成功审结全市第一起拒不支付劳动报酬犯罪案件，有力震慑了拖欠工人工资这一社会广泛关注的热点违法行为，把好最后一道防线的最后一个关，切实维护社会公平正义，真正保障当事人合法权益。2017年共受理执行案件26件（其中：旧存2件、新收24件），已执结26件，执结率100%。无涉执信访案，公开失信人2件2人。

（四）加强立案登记工作，为群众提供诉讼绿色通道。继续推行立案登记制度，做到有案必立、有诉必理。在立案接待环节，彰显司法人文关怀，实现“你有所呼，我有所应，你有所求，我有所为”服务承诺，以法院信息化为依托，大力推进网上立案工作。注重矛盾纠纷源头治理，强化诉前调解和立案调解工作，把一部分案件化解在诉前和诉初，最大限度地降低诉讼成本，减轻当事人的诉累。

（五）有序推进司法警务工作，为审判提供有力的保障。司法警察大队严格按照上级法院的要求认真贯彻执行有关规定，强化警务管理，以服务审判为中心，充分发挥司法警察在法院安保、综治维稳等方面的积极作用，做到严肃执法、热情服务，保障审判工作顺利有序进行。全年司法警察大队共押解被告人42人次，值庭75次。在值庭过程中，无一起扰乱法庭秩序的事件发生。在看管被告人的过程中，无一人脱逃。

二、注重司法为民，回应群众关切、期待。

我院始终坚持以人为本、司法为民，践行“为民服务的宗旨”，不断提升群众的满意度。

（一）深化司法公开，促进司法公正。继续加强审判流程公开、裁判文书公开和执行信息公开工作。全年共对符合公开条件的裁判文书27篇在法律文书网进行了公开。充分发挥裁判文书宣传法律知识、规范公众行为、树立正确导向的功能，传递法治正能量，同时用公开促进法官提高自身业务素质和司法水平，树立法律权威。

（二）完善司法救助机制，加大司法救助力度。依法为困难当事人进行司法救助，对确有困难的农牧民贫困户、低保户、失业人员等弱势群体依法减、免、缓征诉讼费用，让经济确有困难的当事人真正得到实惠，全年减、免、缓交诉讼费共计人民币15324.44元。同时加大执行救助力度，对执行标的未到位和一些无可供执行财产、被执行人下落不明等难以执行到位的案件，执行人生活确有困难的，依法给予一定的执行救助，以解决申请执行人的现实困难，切实保障困难当事人的基本生活需求。2017年，我院共对符合条件的2名申请人发放执行救助金共计人民币15000元。

（三）主动接受各界监督，改进法院各项工作。一是坚持重大事项向县委、县委政法委报告制度，便于县委、县委政法委了解法院工作情况，有针对性地领导和监督法院工作。二是坚持向人大及其常委会报告工作、接受政协民主监督制度，加强与人大代表和政协委员的联络，及时办理回复人大代表意见建议，主动将法院工作置于人大、政协的监督之下。三是充分发挥人民陪审员职能。进一步完善人民陪审员选任、培训、参审等工作，确保每位人民陪审员每年都能参审一定数量的案件。2017年我院人民陪审员共参审案件51件，普通程序案件参审率达100%。切实增强了司法透明度，促进了司法民主。

（四）充分利用各种平台，加大法制宣传力度。一是通过开通波密县人民法院官方微信公众平台，不定期推送一些法院动态、法律常识。二是积极参加各类宣传日活动，开展集中法制宣传。三是充分利用车载流动法庭、乡镇人民法庭深入村、户的同时，开展以案普法等有针对性的普法宣传工作。通过这些措施强化宣传广度和深度，积极落实“谁执法、谁普法”的宣传责任，潜移默化地提高全县广大干部群众的法律素养。

三、切实加强法院队伍建设，从严治党，全面促进审判事业发展

我院始终把队伍建设作为事关人民法院事业兴衰成败的根本性问题来抓，始终把政治建设置于队伍建设的首位，以更高的认识、更大的力度、更新的举措，建设一支符合人民期望的高素质队伍。认真落实中央八项规定要求，以提高素质、改进工作作风为重点，建立符合司法改革特点的精英法官队伍、司法辅助和司法行政队伍，全面提升法院队伍素质和形象。

（一）加强思想政治建设。认真落实每周学习制度，及时组织广大干警学习党的大政方针和新出台的法律法规、司法解释等，确保广大干警政治合格，业务过硬。坚持党组理论中心组学习制度，加强意识形态教育，强化理想信念教育，牢固树立正确的世界观、人生观和价值观。

（二）切实开展各项活动。按照上级相关部门的要求，积极开展“社会主义核心价值观”活动、“创先争优强基础、惠民生”活动、“两学一做”学习教育常态化制度化和“四讲四爱”主题教育实践等活动，通过各项活动的开展提升队伍政治素质建设。

（三）加强教育培训，提高队伍整体素质。坚持以提升队伍素质为核心，积极按照县委、上级法院的安排部署，组织干警参加各类培训。2017年，共组织干警参加自治区、市、县组织的各类培训45人次，全面提升了法院干警的政治素质、业务素质和职业道德素质。

（四）完善健全监督机制，狠抓党风廉政建设。严格落实党风廉政“两个责任”和“一岗双责”。积极召开党风廉政建设和反腐败工作专题会，将党风廉政建设工作、反腐败工作和业务工作同安排、同部署、同检查、同落实，层层签订《党风廉政建设责任书》，层层传导压力，层层压实责任，做到“把纪律挺在前面”。组织干警认真学习习近平总书记系列讲话精神、《中国共产党纪律处分条例》《中国共产党党内监督条例》《中国共产党廉洁自律准则》《中国共产党问责条例》《关于新形势下党内政治生活的若干准则》和党的十九大报告等内容，观看廉政纪录片并撰写个人学习心得体会。

（五）加强维稳值班，维护社会大局稳定。深入开展反分裂斗争，牢固树立整体意识，转变单纯审判观念，积极与其他政法机关相互协作、密切配合、形成合力，扎实做好维护社会稳定的源头性、基础性工作，确保敏感时段和重大节假日期间的社会稳定。

（六）加强基层基础建设，不断改善基础条件。结合办公实际需要，积极配备完善办公设备和业务装备。根据“十三五”项目规划，积极开展“十三五”项目工作，积极办理项目前置手续，投资1026万元新建两个乡镇法庭改扩建一个乡镇法庭。

（七）强化保密措施，加强保密工作。加强组织领导，将保密工作纳入重要议事日程，制定完善保密措施，落实保密责任制，形成了由一把手负总责，分管领导各负其责，办公室组织协调的管理机制。管理、建立完善保密制度，通过加强秘密载体管理、档案保密管理、涉密计算机专人管理，进一步强化保密措施。

（八）积极推进信息化建设，提升审判能力。加强信息化建设，不断提高了人民法院的现代化办公水平，增进资源共享，节约了诉讼成本，方便群众诉讼，为改革法院管理制度提供了有力的技术支持，从而有效地提升司法形象和司法权威。2017年，我院积极配合上级法院完成了各类视频会议的联调工作，利用科技法庭开庭43次，协助远程开庭1次，通过视频会议系统远程开庭14次，借用中院科技法庭开庭3次，既节约了办案成本，又优化了司法资源配置。

（九）稳步推进司法改革工作。积极完成司法责任制改革工作，院庭长对不参与审理的案件不再签发法律文书，只对法律文书质量、审判程序节点等做相对管理，真正做到让审判者裁判，让裁判者负责。同时积极推行院、庭长直接办案制，充分发挥领导干部办案经验丰富的优势，带动全院专业化水平的提高。积极协调相关部门目前基本完成工资制度改革和人员分类定岗。

各位代表！2017年，波密法院取得了一定的成绩，这些成绩的取得，离不开县委的坚强领导、县人大及其常委会的有力监督、县政府的大力支持、县政协的民主监督和社会各界的关心帮助，离不开各位人大代表、政协委员的监督支持。在此，我代表波密县人民法院表示衷心的感谢并致以崇高的敬意！

回顾2017年工作，波密法院各项工作虽然取得了新的进展和成效，但也存在着一些困难和不足，主要表现在：司法公信力有待进一步提高；极少数干警的大局意识和工作能力有待加强；信息化应用水平不高；“事多人少”的问题较为突出，法官承受的办案压力较大等等。对这些困难和问题，我们将在各方面关心、理解和支持下，采取有力措施认真加以克服。

2018年工作思路

各位代表，2018年是全面贯彻中共十九大精神的开局之年，是实施“十三五”规划的重要之年，我院将认真贯彻党的十九大精神，紧紧围绕“努力让人民群众在每一个司法案件中都感受到公平正义”的目标，牢牢把握“司法为民、公正司法”工作主线，不断完善工作机制，认真抓好执法办案，全面提升信息化水平，狠抓队伍建设，不断提高司法能力，努力提升司法公信力，为“五个波密”建设提供优质的司法服务和有力的司法保障。

一是坚持反对分裂，进一步维护社会稳定。始终把维护祖国统一、加强民族团结作为着眼点和着力点，牢固树立稳定压倒一切的思想，科学分析研判反分裂斗争规律和趋势，在思想、组织、装备、机制等各方面做好司法应对准备，依法严惩暴力恐怖犯罪，严厉打击境内外敌对势力从事的一切分裂破坏活动，牢牢掌握反分裂斗争主动权。继续坚持严打方针不动摇，进一步健全各类犯罪的常态化打击整治机制，保持对严重刑事犯罪和群众反映强烈犯罪打击的高压态势，主动适应经济新常态，加强对经济社会发展新情况、新问题的分析研判，积极做好司法应对，妥善处理社会纠纷，推进平安波密建设。

二是不断强化司法为民、公正司法，进一步服务发展大局。一要妥善审理民间借贷、“双拖欠”等涉民生案件，切实维护群众合法权益。进一步规范裁判文书，强化裁判文书说理，让当事人无论输赢都明明白白。二要加强涉诉信访和诉讼服务工作，加强立案登记制、信访终结机制，做到诉访分离、积极引入第三方参与涉诉信访工作。三要在化解“执行难”方面寻求新突破，加大对规避执行、抗拒执行等行为的打击力度。发挥征信系统的威力，让“老赖”在银行贷款、项目审批、出入境、高消费等活动中寸步难行。对涉嫌拒不执行判决、裁定罪的，及时移送公安机关查办，提高执行威慑力。

三是逐项落实部署，稳妥推进司法改革。按照党委、上级法院的部署，有序落实各项司法改革措施。推行简式裁判文书制作和案例指导制度，深入推进量刑规范化，以审判为中心的刑事诉讼制度改革，严格规范审判权力运行。完善主审法官、合议庭办案责任制，努力实现“让审理者裁判、由裁判者负责”。

四是持续改进作风，着力打造过硬队伍。坚持对队伍从严教育、从严管理、从严监督、从严查处。巩固党的群众路线教育实践活动、三严三实教育成果，深入“两学一做”学习教育，继续落实区党委、上级法院关于改进工作作风的要求，在抓常态、抓细致、抓长效上下功夫。切实抓好反腐败工作，落实好党风廉政建设主体责任，加大对违法违纪行为的查处力度，以零容忍的态度查处违法违纪行为，确保法官清正、法院清廉、司法清明。

各位代表，站在新的历史起点，人民法院事业崇高而神圣，责任重大而光荣。波密县人民法院将在县委的领导下，在县人大的监督下，认真落实全面深化改革的各项工作任务，让公平正义体现在每一起案件的审判之中，存在于每一个民众的感受之中，实践于每一个法院干警的行动之中，为全面推进依法治县、实现波密县经济社会又快又好发展做出新的更大的贡献！

波密县人民检察院工作报告

——在波密县第十二届人民代表大会第四次会议上

波密县人民检察院检察长 胡 波

（2018年4月3日）

2017年的工作情况

2017年，我院认真贯彻党的十八大、十九大精神，在县委和林芝市人民检察院的坚强领导下，在人大及其常委会有力监督下，在政府的支持和政协的民主监督及社会各界关心帮助下，紧紧围绕全县工作大局，积极探索“五大检察”特色实践，忠诚履职、服务人民、务实担当、强化监督、严明纪律，为波密经济发展、社会和谐稳定提供了有力的司法保障。2017年，我们主要开展了以下几个方面的工作。

一、坚持履行首要职责，全力维护波密社会和谐稳定

2017年我院立足西藏战略定位，综合运用打击、预防、监督、教育、保护等各种手段，坚决开展反分裂斗争，促进波密和谐稳定发展。按照区党委、市委、县委的总体部署，依法参与社会治理，积极配合县有关部门加强重点区域和重点部位的排查整治。坚持检察官以案释法制度，组织开展形式多样的法治文化宣传活动。先后共派出干警60余人次，出动车辆20余台次参加县委、县政府、政法委等组织的“送法下乡”“送法进企业”、矛盾纠纷调处等活动。抽调干警深入校园、乡镇、村居、企业开展法制宣传20余次，化解矛盾纠纷8起。按照县委统一部署，带领干警做好十九大期间的维稳安保工作。为夺取反分裂斗争的全面胜利，创建平安波密、和谐波密做出了积极贡献。

二、依法履行检察职能，常规性工作有了新进展

我院大力加强和改进各项检察工作，着力延伸执法办案职能，积极主动预防和化解社会矛盾；着力推进社会管理创新，切实加强特殊人群帮教管理、社会治安综合治理等工作。为解决社会和谐稳定的源头性、根本性、基础性问题发挥积极作用。

侦查监督检察工作。认真开展对立案、侦查取证等环节的监督，加强逮捕案件社会危险性和捕后羁押必要性审查工作，严格遵守法律程序和制度，提高自身严格执法和法律监督水平。2017年，我院共受理公安机关提请批准逮捕案件18件26人，经审查，作出批准逮捕决定16件23人，不批准逮捕2件3人。受理立案监督案件2件5人。

公诉工作。认真贯彻落实修改后的《刑事诉讼法》，切实保护当事人的合法权益。2017年受理公安机关移送审查起诉和上级检察院交办案件共计28件50人，其中，涉嫌侵犯财产犯罪7件9人，涉嫌侵犯公民人身权利、民主权利犯罪6件8人，涉嫌妨害社会管理秩序犯罪15件33人。经审查，向波密县人民法院提起公诉案件19件34人，人民法院均作出有罪判决，起诉准确率100%。有力地打击了犯罪分子的嚣张气焰。不起诉1件1人，正在审查5件7人，针对办案中发现的问题，发出检察建议2份，发出纠正违法通知书2份，均得到回复。

刑事执行监督检察工作。2017年我院认真履行法律监督职能，切实加强对刑事执行活动的监督，开展了以下工作：一是针对一起超期羁押情况，向相关办案单位发出纠正违法通知书一份；二是针对两起社区矫正人员重新犯罪，向相关部门发出检察建议书一份；三是我院将社区矫正人员资料进行了归档管理，一人一档，建立了社区矫正人员信息库，并将信息整理录入电子信息库；四是重大节日协同相关部门对县拘留所进行联合安全大检查5次。及时消除了安全隐患，确保了监管场所的安全稳定。

控告申诉检察工作。涉检信访工作方面：严格按照区检院《关于西藏自治区检察机关推进涉法涉诉信访工作改革的实施意见》要求，完善了接待群众来访和阅批群众来信、首办责任制等相关制度，建立健全涉检信访工作长效机制，规范工作程序，强化源头管理。2017年我院控告申诉部门共受理案件2件2人，均在法定期限内办结并向申诉人答复，同时作好息诉工作，全年未发生一起涉检信访案件。

林业检察工作。我院加强同林业主管部门的协调配合，加大对涉林案件的查处力度，多次参与县委、县政府组织的林业严打工作，依法稳妥办理了一批涉林刑事案件。

全年，我院共受理森林公安机关提请批准逮捕涉林刑事案件2件4人，均作出批准逮捕决定；受理森林公安机关移送审查起诉涉林刑事案件11件24人；其中正在审查4件8人；向波密县人民法院提起公诉7件16人，均作有罪判决。

民事行政检察工作。针对当前民事行政检察工作的新情况和新要求，我院深挖自身潜力，积极探索创新民事行政检察工作的新路子。一是积极与县法院沟通协调，受邀参与旁听重大、疑难、复杂民事案件庭审共3起。二是通过对法院民事判决、裁定、调解书的审查，确保及时发现问题，妥善处理。三是认真开展公益诉讼工作，积极摸排案件线索，对发现的一起环境污染线索开展公益诉讼诉前程序，发出督促履职检察建议一份，得到行政机关及时整改并回复。

三、积极开展职务犯罪预防工作，扎实推进反腐倡廉建设

我院根据市院党组安排，积极开展举报宣传周活动，通过制作横幅，宣传材料等方式加强预防职务犯罪工作。一是前往倾多镇开展预防职务犯罪专题讲座，进一步宣讲预防职务犯罪相关法律法规；二是与县城市投资有限公司沟通协调，签订预防职务犯罪联系制度。

四、立足检察实际，切实发挥品牌引领作用

按照区检院、林芝市院品牌创建工作要求，我院及时成立了以维护农民工合法权益为主旨的“安心务工，有检同行”品牌创建工作领导小组，制定了《波密县人民检察院一院一品牌创建工作实施方案》，将确保农民工按时足额拿到劳动报酬，进一步促进波密社会稳定放在工作首位。并联合县人社局开展了“暖春”行动，深入乡镇、社区和各大工地进行农民工维权法治宣传，并利用“两微一端”、手机报等新媒体广泛宣传相关法律知识，并在县人社局设立“检察维权服务点”，为农民工开通法援“绿色通道”，现场为农民工追薪维权提供法律援助。此外，我院还联合县人社局签订《拒不支付劳动报酬犯罪案件办理联席会议制度》，多方用力，形成合力，为解决好农民工工资问题，维护好群众的切身利益，维护好波密社会稳定大局做出了积极的贡献。

五、积极开展驻村工作，巩固树立驻村常态化长效化思想

坚决贯彻落实区党委、市委和县委强基础惠民生工作的决策部署，认真总结前期驻村工作经验。2017年，在我院进驻的2个行政村中，认真开展驻村5+3+2项任务。共报送简报184期，驻村故事5篇，撰写民情日志驻村日志60余篇，解决矛盾纠纷3起，真正做到了为人民群众办实事解难事。开展了感党恩教育、新旧西藏对比教育、反分裂斗争教育和法制宣传教育等活动，取得了良好的社会效果。

六、自觉接受监督，规范检察行为

2017年，我院坚持定期向人大常委会、政协报告检察工作，接受人大、政协的专门检查，向县人大常委会专题汇报工作情况3次。自觉接受人民法院、公安机关和司法行政机关的监督制约，共同维护司法公正。今年我院邀请县人大代表、政协委员和人民监督员对一起未成年人盗窃案件进行了监督评议。积极保障未成年人合法权益，自觉接受监督，也将成为我院今后检察工作的一种常态，确保检察权在阳光下运行。2017年我院邀请人大代表、政协委员、人民监督员视察我院检察工作2次，走访代表、委员并向代表、委员汇报工作征求意见建议3次。

七、全面落实从严治检要求，着力打造过硬检察队伍

以政治建设为统领，坚持全面从严治党、全面从严治检不动摇。一是突出抓好政治思想建设。把学习宣传十九大精神作为首要政治任务，依托党组理论中心组、党支部“三会一课”组织学习宣讲，引导广大党员干警深入领会习近平新时代中国特色社会主义思想的精神实质、核心要义，始终同党中央保持高度一致，坚决维护党中央权威和集中统一领导，确保检察工作沿着正确方向前进。二是高度重视党风廉政建设。牢固树立“四个意识”，严格落实全面从严治党、全面从严治检“两个责任”要求，加强纪律作风建设，严格执行中央八项规定，区党委九项要求，纠正“四风”问题，打造过硬检察队伍。

八、全面落实司法体制改革与监察体制改革

以习近平新时代中国特色社会主义思想为指导，努力建设中国特色社会主义检察制度，坚决贯彻中央和区党委、高检院、区检院、市检院关于司法体制改革和国家监察体制改革工作部署，全面落实司法体制改革4项任务，完善配套制度32项，完成国家监察体制改革检察环节工作。

建立检察人员分类管理制度。将检察人员分类为入额检察官、检察官助理、司法行政人员三类，建立分类培训、单独职务序列管理、职业保障等配套制度。我院严格遴选入额检察官9人（其中一人已调走），检察官助理10人，司法行政人员4人，司法警察3人。制定检察人员绩效考核办法，认真做好各类人员的考核工作，抓紧落实按照增资标准核定兑现绩效考核资金等政策，确保改革红利惠及广大检察干警。

认真领会党中央、区党委和上级院决策部署，积极配合做好试点工作，平稳实现反贪等部门6个编制1名人员转隶，认真落实“清积净手”要求，积案清理和线索移交工作已按时完成。坚持思想政治工作贯彻始终，班子成员带头，将政策解读、答疑解惑、理顺情绪的工作做实做细做到位，确保了转隶工作平稳有序开展。

各位代表，过去的一年，在全体检察干警的共同努力下，我院各项工作取得了一定的成绩。这些成绩的取得，离不开县委和上级检察院的正确领导，离不开县人大及其常委会的监督，离不开县政府、县政协及有关部门的支持和全县人民的关心。在此，我谨代表县人民检察院向各位人大代表、政协委员，向关心、支持、帮助检察工作的社会各界人士表示真诚的感谢和崇高的敬意！

各位代表：在肯定成绩的同时，我们也清醒地看到目前存在的问题和不足。主要是：检察职能的发挥与法治建设的新要求还有差距；执法办案的规范化水平有待于进一步提高；检察队伍能力建设有待于进一步加强。对这些问题，我们将以求真务实的态度，认真加以解决。

2018年检察工作的主要安排

2018年，是全面贯彻落实党的十九大精神开局之年，是全面建成小康社会、实现“第一个百年奋斗目标”的攻坚之年，也是检察机关进入新时代、履行新使命、迈向新征程、武装新理论的重要之年。波密检察将以党的十九大精神和习近平新时代中国特色社会主义思想为指导，认真贯彻自治区第九次党代会、区党委九届三次全会和本次会议精神，按照中央和区党委、区检院的重大决策部署，积极适应检察职能调整转变，强化法律监督，深化司法体制综合配套改革，突出加强能力建设，为建设“五个波密”、推进波密经济社会实现长治久安和长足发展再立新功。

一是以稳定压倒一切为首责，在维护社会和谐稳定中取得新成效。认真贯彻习近平总书记“治国必治边，治边先稳藏”的主要战略思想，积极应对“后达赖”向“达赖后”转变的重大风险，深入开展反分裂斗争，不忘初心，牢记使命，在依法打击、深度防范、精准治理上狠下功夫，做好检察环节的各项工作，切实维护社会和谐稳定。

二是以服务发展为要务，在服务大局保障民生中展现新作为。依法严厉打击危害经济发展的各类犯罪，更好服务保障供给侧结构性改革。进一步细化服务非公经济发展举措，加强知识产权司法保护，严格区分经济纠纷与经济犯罪，平等保护各类市场主体合法权益。加强涉农检察工作，更好服务保障精准扶贫、深度扶贫。积极参与定点帮扶工作，推动各项扶贫措施精准落实。依法打击人民群众反映强烈的违法犯罪活动，最大限度保障人民群众的幸福感，安全感和获得感。

三是以建设美丽波密为主题，在依法保护生态环境中作出新贡献。坚持把服务和保障美丽波密建设放在突出位置，依法严厉打击破坏生态环境资源犯罪，持续深化破坏环境资源专项立案监督活动。全面开展检察机关提起公益诉讼工作，突出办理生态环境和资源保护领域案件，突出办理食品药品安全领域案件，突出办理国有财产保护及国有土地使用权出让领域案件。

四是以强化法律监督为主业，在依法治藏中履行新使命。坚持宪法定位，坚守公正司法底线，遵循司法规律和分工制约等原则，继续加强和改进刑事立案、侦查、审判、执行监督，民事行政检察、控告申诉检察、未成人检察等各项工作。既依法运用抗诉、纠正违法等刚性监督手段，又善于运用检察建议等方式，提升监督质量和效果，促进公正司法。

五是以深化司法体制改革为契机，在推动波密检察工作改革中取得新绩效。进一步完善人员分类管理，全面落实司法责任制，加强“三类人员”职业保障力度，积极推动人财物统管，统筹推进内设机构改革和办案组织建设。努力适应以审判为中心的刑事诉讼制度改革，积极探索推进刑事案件认罪认罚从宽制度改革。

六是以“五个过硬”为指引，在检察队伍正规化专业化职业化建设中锻造新品格。认真开展“不忘初心、牢记使命”主题教育，不断完善和巩固党组的政治学习，中层政治轮训，全员半月政治学习工作格局，始终在思想上政治上行动上与以习近平同志为核心的党中央保持高度一致。巩固全面从严治党、全面从严治检取得的成果，驰而不息正风肃纪，形成长效机制，按照正规化专业化职业化的要求，对标波密长足发展长治久安的司法需求，突出能力建设，着力培养正规化专业化职业化和“双语”人才，打造新时代波密检察队伍。

各位代表，2018年是改革开放40周年，也是检察机关恢复重建40周年。在新的一年里，我们将更加紧密团结在以习近平同志为核心的党中央周围，在县委、市检院的坚强领导下，不忘初心、牢记使命，锐意进取，奋发有为，在新的历史起点上努力开创新时代检察工作新局面，为“五个波密”建设做出新的更大的贡献。

名词解释

1.羁押必要性审查人民检察院依据《中华人民共和国刑事诉讼法》第九十三条规定，对被逮捕的犯罪嫌疑人，被告人有无继续羁押的必要性进行审查，对不需要继续羁押的，建议办案机关予以释放或者变更强制措施的监督活动。

2.立案监督检察院对公安机关应当立案而未立案情况，对于公安机关不应当立案而立案情况的监督。

3.社区矫正是一种不使罪犯与社会隔离并利用社区资源教育改造罪犯的方法，是所有在社区环境中管理教育罪犯方式的总称。

4.涉检信访案件涉检信访案件，是指公民、法人或其他有关单位通过信访渠道反映的涉及检察机关或检察人员的案件，包括不服检察机关处理决定的案件；反映检察机关在处理群众举报线索中久拖不决，未查处、未答复的案件；反映检察机关违法违规或检察人员违纪违法的案件。

5.公益诉讼2017年7月，公益诉讼工作在全国全面铺开，重点是对生态环境和资源保护、国有资产保护、国有土地使用权出让、食品药品安全等领域造成国家和社会公共利益受到侵害的案件提起民事或者行政公益诉讼。

6.入额检察官这是目前正在推进的司法改革，在法院、检察院推行“员额制”，将法院、检察院工作人员分为法官、检察官，法官助理、检察官助理等司法辅助人员，以及行政管理人员三类。

7.一院一品根据高检院《“十三五”时期检察工作发展的规划纲要》《2014-2018年基层人民检察院建设规划》等要求，张培中检察长在全区检察长会议上提出，积极开展基层检察院品牌创建活动，促进全区基层院建设水平得到进一步提升。

8.五个过硬政治过硬、业务过硬、责任过硬、纪律过硬、作风过硬。

9.两微一端微博、微信公众号、新闻客户端。

10.清积净手是指认真清理案件线索登记造册，按要求安全、完整的移交。

11.以审判为中心的刑事诉讼制度改革党的十八届四中全会提出的重大改革，要求全面贯彻证据裁判规则，严格依法收集、固定、保存、审查、运用证据，完善证人、鉴定人出庭制度，保证庭审在查明事实、认定证据、保护诉权、公正裁判中发挥决定性作用，确保侦查、审查起诉的案件事实证据经得起法律的检验。

12.五大检察指大维稳检察、大民生检察、大生态检察、大高原检察、大受援检察。

注：与法院数据差异说明检察院统计的数据为立案侦查、审查逮捕、审查起诉等检察机关审理阶段的案件；法院统计的是法院审判监督的案件，统计区间不同，故两者数据存在一定差异。

波密县2017年国民经济和社会发展计划执行情况与2018年国民经济和社会发展计划草案的报告

——在波密县第十二届人民代表大会第四次会议上

波密县发展和改革委员会

（2018年3月21日）

一、2017年国民经济和社会发展计划执行情况

2017年是“十三五”规划的关键之年，也是林芝市率先全面建成小康社会决胜阶段攻坚之年。一年来，在县委、县政府的团结带领下，全县上下认真贯彻落实党的十九大及中央第六次西藏工作座谈会精神，贯彻落实习近平总书记系列讲话精神，深刻认识和主动适应经济发展新常态，以“两产业一平台”建设为抓手，坚持创新驱动发展、经济转型升级，以提高经济发展质量和效益为中心，保持定力、激发活力、增强动力、提高效力，统筹推进稳增长、促改革、调结构、惠民生、防风险各项工作。全县经济社会保持了平稳较快发展，呈现稳中有进、增速较快、又好又快的良好发展态势。

——实现地区生产总值19.53亿元，同比增长10.1%。

——国家投资完成19.17亿元，同比增长53.93%；援藏投资完成3176万元，同比增长1.9%。民间投资完成3.4亿元，同比增长28.0%。

——财政收入达到6200万元，同比增长12.2%。

——完成社会消费品零售总额2.28亿元，同比增长14.7%。

——农村经济总收入达到6.16亿元，同比增长12.21%。

——农村居民人均可支配收入达到14777元，同比增长13.4%。

——城镇居民人均可支配收入达到26946元，同比增长10.2%。

——粮油总产量达到20862万吨，同比增长2.2%。

——旅游业发展迅猛，全年累计接待游客达到76.16万人次，旅游相关收入达到6.7亿元，分别同比增长36.1%和81.6%。

（一）项目工作稳步推进

2017年，波密县各有关部门始终把项目带动作为经济增长的重大举措，不断加大争取国家投资力度，努力激活社会投资，积极协调援藏资金，通过加强同区、市有关厅局的汇报衔接，继续保持了投资对全县经济增长的推动作用。

——国家投资方面。开工建设国家投资重点项目共计133项，总投资54.11亿元，全年累计完成国家投资19.17亿元，同比增长53.93%。其中续建项目45项，总投资14.83亿元，包括总投资5.77亿元的国道318线松宗镇至古乡整治工程、总投资1.78亿元的波密县康玉公路整治工程、总投资2998万元的波密县新城区防洪堤工程等；新开工项目88项，

总投资39.28亿元。包括总投资31.31亿元的西藏藏中和昌都电网联网工程（波密段）、总投资1.27亿元的国道559线波密县至墨脱公路整治改建工程等。

——援藏投资方面。开工建设援藏投资项目3项，总投资4614万元，全年累计完成固定资产投资3176万元，同比增长1.9%。包括总投资1800万元的三个小康村，总投资2053万元的县城沿江路北面、扎木路民俗化和基础设施改造工程，总投资761万元的波密县医疗急救体系建设项目等；规划外争取项目及各类援助资金、物资、设备等54项，总投资1902.8万元，包括总投资395万元的玉许乡产业示范园建设、总投资200万元的天麻种植项目，总投资100万元的玉许乡光伏电站建设；招商引资200万元建设古乡索通村青梅种植示范基地项目，预计后续投资规模达2000万元。

——民间投资方面。开工建设民间投资项目20项，完成投资3.4亿元。包括总投资6000万元的藏王大酒店等、总投资5000万元的藏立景观主题酒店、总投资3346万元的藏立景观主题酒店二期工程项目、总投资3800万元的波密县米堆冰川风情小镇建设项目等。

（二）产业建设取得新进展

一年来，依托资源禀赋和区位优势，波密县紧紧围绕自治区“一产上水平、二产抓重点、三产大发展”战略，主动适应经济发展新常态，以广东援藏为契机，以“两产业一平台”建设为主线，逐步发展壮大特色优势产业。

——生态旅游产业。全年争取旅游项目11个，涉及资金7200万元，不断完善景区景点建设，扎实推进桃花沟、岗云杉林、朱西冰川等景区基础设施建设，积极推进朱西村、朗秋村美丽家园示范村项目建设；成立波隅旅游开发有限公司，进一步完善旅游系统设施和服务功能，努力引进有实力的企业助力波密旅游发展；成功举办桃花节波密分会场文艺演出，积极打造岗森林度假小镇，延伸旅游产业链条推动民族手工业快速发展。全年累计接待游客达到76.16万人次，旅游相关收入达到6.7亿元，分别同比增长36.1%和81.6%。

——特色农牧产业。以园区种植和仿野生种植的方式，在松宗、扎木和天麻产业园区推广种植天麻400亩，依托千金方等企业，加快五个天麻保健品的生产和营销，切实提升产业附加值。努力推动以易贡为核心的茶业产业带建设，实施江拉村、沙玛村茶叶种植4000亩。以八盖乡为原种基地、其他乡镇为繁育基地，采取“村集体+种植大户+合作社+企业”等多种养殖模式，大力实施藏香猪养殖，完成倾多镇两个扩繁场建设项目的风险评估和用地预审工作，全县藏香猪存栏4.9万头，年出栏7000头。

——藏医藏药产业。大力发展灵芝、藏丹参、波棱瓜等藏药材种植，灵芝菌种植规模达到25万袋、1.5万平方，波棱瓜种植面积达到274亩，羊肚菌种植面积达到3万平方米；引进藏核公司大力发展松茸加工业，投入2500万元在产业园区建设松茸加工房，加工松茸15吨，预计产值达1000余万元，带动群众增收600万元；建设完成总投资855万元的藏医院建设项目，藏医适宜技术服务达8种，藏药材种类高达268种。

——水电能源产业。配合做好帕隆藏布、波堆藏布、易贡藏布、曲宗藏布、德曲等重点水流域规划工作，总投资5400万元的德曲流域重点河段治理工程正在编制可行性研究报告，易贡湖修复与整治工程正在开展前期作业，藏中和昌都电网联网工程、局域网和农网升级改造等项目相继落实实施，总投资8481.96万元的110KV输变电工程通过验收。

——文化产业。开展“非遗进校园”“少儿波卓、波央比赛”等活动，加强对青少年非遗知识的宣传教育，促进非遗项目传承；坚持“旅游+文化产业”发展模式，深化“一县一特、一乡一品”创建，成功打造“多吉乡非遗文化节”“松宗赛马节”“易贡油菜花节”等乡镇特色文化旅游项目；积极争取升级部门支持，努力打造藏王故里舞台剧；投入资金121万元聘请专家编纂《桃花盛开的藏王故里——波密》一书，系统和挖掘波密特色传统文化，实现文化旅游双赢。

（三）基础设施水平不断提升

积极争取国家、援藏投资，促成多个重点项目落实，交通、水利、能源、通讯等基础设施条件得到极大改善。

——交通方面。国道318线松宗镇至古乡整治工程、省道303线嘉黎县忠玉乡至八盖乡公路波密县段工程公路、波密县康玉公路整治工程等项目相继建设完工，康玉乡德热村至拉瓦西村公路、玉许乡帮肯村至普热村公路改建、倾多镇至巴康村公路改建等项目稳步推进，完善了以县城为中心、辐射乡镇、连接各村、沟通周边县市的交通运输网络。

——水利方面。波密县新城区防洪堤工程、玉普灌区、玉普乡供排水建设、2016年农村饮水安全巩固工程等项目相继建设完工，玉许乡供排水建设、易贡乡供排水建设、松宗镇供排水建设、2017年小型农田水利重点县建设等项目稳步推进，全县水利设施保障能力不断提升。

——能源方面。总投资5400万元的德曲流域重点河段治理工程正在编制可行性研究报告，易贡湖修复与整治工程正在开展前期作业，藏中和昌都电网联网工程稳步实施，总投资8481.96万元的110KV输变电工程通过验收，水电能源行业管理水平不断提高。

——新农村建设方面。建设完成了总投资500万元的易贡乡易地产业扶贫建设项目、总投资1053万元的玉许乡垃圾填埋场建设项目和总投资264万元的八盖乡朗玉桥建设项目，并正式移交乡政府使用；开工建设总投资80万元的玉许乡海定村骡马驿道改扩建项目和总投资100万元的玉许乡麦差村水渠等2项以工代赈建设项目；松宗镇栋曲村、扎木镇达兴村、古乡古村3个援藏小康村项目稳步推进，总投资1800万元。农牧区人居环境显著改善，行政村通水率100%、通电率100%、道路通达率100%、广播电视覆盖率100%、通讯信号覆盖率98%以上、乡镇通邮率100%、网络覆盖率53.6%。

（四）社会事业全面发展

一年来，波密县始终把保障和改善民生作为一切工作的出发点和落脚点，让人民群众共享改革发展成果。

——教育事业。大力推进义务教育均衡发展，不断创新教研模式，加强教学指导和培训，切实提升师资教育教学水平，确保教育“五个100%”工作目标顺利完成。总投资5015万元的4个乡镇附设幼儿园、19个村居幼儿园和易贡茶场附设幼儿园建设项目有序推进；总投资1113万元的中学教工周转房、完全小学教学及辅助用房、中学地下人行通道、多功能运动场等项目相继建设完成；开工建设了总投资1545万元的波密县中学学生宿舍、玉许乡5人制足球场等项目。积极搭建教育援藏平台，促成广州大学对口支援波密教育的五年框架，搭建广州大学附中、附小等部分优质中小学“一对一”支援波密县中小学的框架，免费开放“启智星”和“班班通”两个网络教学平台，协调广州大学安排14名毕业生进藏支教。县域办学条件不断改善，教育教学质量稳步提升，全县小学、初中教师学历合格率100%，中小学在校生5170人，小学入学率达100%、中学入学率达98.86%，义务教育巩固率达96.8%。

——卫生事业。累计投资1097万元建设了波密县藏医院、松宗镇卫生院、康玉乡卫生院等医疗卫生服务基础设施项目，引资2000万元的普济医院正式投入运营。城乡群众就医条件逐步好转。农牧区医疗制度覆盖率100%，个人筹资率100%。认真开展包虫病综合防治工作，累计筛查干部群众26295人次，确定包虫病阳性63例，包虫病筛查工作顺利通过自治区考核验收。借助广东省对口支援优势，探索实践“院院对口、科科对应、医生对接”的“三对”组团式医疗援藏新机制，广州市第一人民医院与波密县医院签订五年帮扶协议，14名援藏医生充分发挥“传帮带教”作用，全年完成医务人员培训870余人次，落实规划外资金120万元配置5台乡镇医疗急救车辆，投资761万元建设医疗急救中心建设项目，助力县乡医疗卫生服务水平提升。

——科技事业。将科技投入纳入财政预算内经费支出项，全年科技投入达220万元。配齐配强农村科技技术员，全县共有科技特派员170人，农牧民技术员84人，实现行政村全覆盖。深化科技培训，累计开展培训4期，培训科技特派员100人次，新型职业农牧民154人次，培训合格率达95%

以上。积极申报、实施自治区科技扶贫项目，正在实施总投资85万元的2017年羊肚菌示范推广种植项目，申报总投资200万元的仿野生天麻种植项目。

——文化事业。文化、广播、电视事业快速发展，“户户通”工程、农家书屋、寺庙书屋、西新工程、电影“2131”工程、县群艺馆、群众图书馆等正常运行，投资33万元建成波密县首座书吧，全县有线电视入户率达到100%、户户通覆盖率达97%，每万人拥有“三馆一站”公共文化设施建筑面积达到6163平方米。强化文化惠民服务，开展各类惠民文艺演出43场次，涉及10个乡镇40余个村居，观演群众达2万余人次，送书760余册、送碟500余张、放映电影近1800场次。加大非遗保护力度，申报第五批自治区级非遗项目3个，成功申报西藏十佳非遗传承人1名，成功申报林芝市第一批非遗代表性项目3个，申报市级非遗传承人5名，申报自治区第七批文物保护单位3个。

——社会保障。认真落实城乡居民基本养老保险、机关事业单位养老保险和职工基本养老保险，全面落实城镇职工及城镇居民基本医疗保险、失业保险、工伤保险和生育保险制度，完善农村五保户供养、特困户生活救助等制度，城镇登记失业率控制在1.83%，五保户集中供养率100%，社会救助体系进一步健全、条件进一步改善。

——精准扶贫。坚决贯彻落实中央和区、市决策部署，按照“13934”精准扶贫工作总体思路，全面落实好产业扶持、异地产业开发、易地搬迁等九项措施，制定“十三五”产业扶贫规划5大类62个项目，预计资金7亿元。一是倾多镇扎西村、古乡索通村、多吉乡角落村等3项易地扶贫搬迁项目已基本完成，同时因地制宜配套后续产业，为搬迁户后继发展和稳定增收注入强劲动力。二是波密县城、易贡通麦小集镇、巴宜永久片区等3个异地扶贫产业项目，天麻、辣椒、羊肚菌等种植业项目，牦牛、犏奶牛、藏香猪等养殖业项目、粮油加工厂，小商铺，家庭旅馆、农家乐等一系列产业项目的实施，实现了全县建档立卡贫困户的全覆盖，有力促进了农牧民增收脱贫致富。三是切实抓好社会保障工作，将符合低保条件的327户1276名贫困对象全部纳入最低生活保障范围，贫困群众社会保险参保率达到100%；大力实施教育脱贫“321”工程，及时兑现贫困学生资助资金，每年为贫困高中生、大学生资助3000元、5000元，累计支付兑现财政教育帮扶自己166万元；制定出台《波密县医疗保障精准扶贫工作实施方案》，安排资金110万元开辟绿色通道，累计救助因病致贫群众288人，同时县政府安排专项资金200万元解决农牧民医疗报销缺口资金。四是切实发挥援藏优势，构建援藏参与和支持扶贫开发工作格局，积极对接中国人寿林芝分公司，出资为波密县1075户建档立卡贫困户、城镇低保户及临界贫困线家庭购买全区首单《国寿脱贫保家庭成员意外伤害保险》；海珠区政府支持45万元建设了“大爱波密”扶贫济困慈善微平台；筹集860余万元社会专项帮扶资金和物资，用于规划外急需解决的民生小项目建设；搭建广州市各区对口支援波密县乡（镇）的“一对一”帮扶框架；协调广州城市规划勘察设计院免费为两家带动贫困户的家庭旅馆完成规划设计。2017年全县顺利实现减贫653户2572人，贫困发生率下降到0.68%，脱贫攻坚成绩顺利通过区、市交叉考核及自治区第三方考核，为率先全面建成小康社会奠定了坚实的基础。

（五）生态文明建设有效加强

一年来，波密县始终坚持“绿水青山就是金山银山”的发展理念，着力促进生态保护和生态建设协调发展。

——环境保护不断加强。严把项目审核程序，认真贯彻执行环境影响评价制度和环保“三同时”制度，严格落实环保“一票否决”制，确保“三高”企业的项目零审批、零引进；积极开展湿地保护、防沙治沙、森林抚育、人工种草等项目，制定河长制工作方案，确定波密县总河长由县长担任，明确了22条河湖的河长和分河长，层层签订了《水污染防治目标责任书》；定期开展环境检测，委托第三方每季度对水源地水质进行检测，检测结果均达到国家标准；加强执法力度，安排专人在水源地、河道进行巡逻，全年累计开展督导检查30余次，发现问题110余条，下发整改通知60余份，解决突出问题40个；认真做好中央环保督察组迎检工作，及时办结7起中央环保督察组转办的案件。

——生态创建成效显著。编制完成《波密县生态文明现行示范县规划》及10个乡镇实施方案顺利通过自治区环保厅专家组评审，提交县人大常委会审议并颁布实施；完成娘那村、东绕村、雄吉村、通堆村等4个村的自治区生态创建领导小组现场验收工作；累计完成8个乡镇64个行政村自治区级生态创建工作；完成8个乡镇国家级生态乡镇、3个村国家级生态村申报工作。

——环保基础设施不断完善。积极协调上级业务部门，申报并开工建设16个农村饮用水水源地保护项目；投资6434万元开工建设了波密县污水处理厂建设项目；积极开展乡镇垃圾填埋场、污水处理厂建设项目的前期工作；在开工建设的松宗镇、倾多镇、古乡等乡镇基础设施建设项目及小康村建设中，将环保设施建设作为一项重要内容。

各位代表，2017年，波密县经济社会取得了长足的发展，继续保持着良好的发展势头，这些成绩的取得是县委、县政府正确领导的结果，是广东人民无私援助的结果，是全县各族人民开拓创新积极奋斗的结果。但我们在看到成绩的同时，也要清楚地认识到全县经济发展中存在的问题与不足。要始终保持清醒的头脑，增强紧迫感和责任感，认真研究措施和对策，再接再厉、鼓足干劲，抓住国家扩大内需、促进增长及对西藏特殊优惠政策的有利条件，全力推进我县经济社会又好又快发展。

二、2018年经济社会发展总体要求和预期目标

2018年是全面贯彻落实十九大精神的开局之年，是实施“十三五”规划承前启后的关键之年，也是林芝市率先全面建成小康社会之年，抓好今年的工作意义深远，责任重大。

总体要求是：全面贯彻落实党的十九大会议精神，贯彻落实习近平总书记系列讲话精神和全国第六次西藏工作座谈会精神，贯彻落实全国、自治区和全市经济工作会议精神，坚持稳中求进工作总基调，牢固树立和贯彻落实新发展理念，适应把握经济发展新常态，坚持以增强经济内生动力和自我发展能力为中心，紧抓发展这条主线，全面做好稳增长、促改革、调结构、惠民生、防风险各项工作，确保经济持续快速健康发展，确保社会持续长期全面稳定。

主要预期目标是：结合我县发展实际，综合考虑各方面因素，初步安排2018年国民经济和社会发展主要预期目标如下：

——地区生产总值达到22.07亿元，增长13%；

——全社会固定资产投资完成28.14亿元，增长23%；

——农村经济总收入达到6.84亿元，增长11%；

——农村居民人均可支配收入达到16846元，增长14%；

——城镇居民人均可支配收入达到29910元，增长11%；

——粮油总产量达到21237万吨，增长1.8%；

——社会消费品零售总额达到2.64亿元，增长16%；

——财政预算收入达到6820万元，增长10%；

——城镇登记失业率控制在2.3%以内。

三、2018年波密县国民经济和社会发展主要任务

（一）毫不放松抓好项目建设，促进投资再上新台阶

要实现经济的快速增长，必须进一步加大项目建设落地我县，不断改善全县经济发展的硬环境，来满足经济社会发展的需要。

——更加注重前期工作。对照“十三五”项目规划和2018年重点项目计划，进一步做深、做细项目前期工作。紧紧抓住“十三五”规划中期调整契机，切实把前期工作作为争取和扩大投资的重要手段和关键环节来抓，切实加强与自治

区、林芝市的沟通衔接，切实选好设计咨询单位，及时提供相关基础资料，科学论证方案设计。切实发挥重大项目在线审批平台作用，将完成五大前置手续的项目（政法类项目除外）通过各自单位账号进行网上申报、审批，缩减审批时限。

——*更加注重资金落实*。特别是在扶贫开发、特色产业、交通能源、农田水利、教育卫生、环境保护与综合整治、市政建设、基层政权、旅游景区基础建设等方面的重点项目，要把争取项目资金落实作为项目工作的核心，主动加强与自治区、林芝市相关部门的沟通衔接，多争取，早建设。

——*更加注重建设进度*。抓紧做好项目全面复工的各项准备工作。对3月份计划开工项目抓紧做好前置手续、可研、概算、招投标等工作，争取如期开工；对续建项目，在保证质量和安全生产前提下，加快工程建设进度，争取完成更多实物工作量，完成更多投资；对计划完工和已完工项目，要进一步加强督导，细化措施，倒排工期，落实责任，尽快组织验收投入使用，尽快发挥投资效益。

——*更加注重项目管理*。抓好重大基础设施建设项目的监督管理，严格建设程序、规范竣工验收、紧抓工程质量、做好资料管理，确保安全运营和投资效益的最大发挥。

——*更加注重项目储备*。逐步建立完善“乡镇项目储备库”“县级项目储备库”和“县重点项目库”，对全县重点项目进行动态管理。

——*更加注重投资建设环境优化*。积极做好征地拆迁、农牧民群众参与工程建设、地材管理等相关工作，协调解决建设过程中的各种矛盾和问题，优化项目建设环境，共建共赢，和谐建设，确保重大项目顺利推进。认真落实自治区关于稳定建材价格水平、保障重点工程建设需求的最新政策要求，继续做好建材需求梳理统计工作，全力抓好建材保障。

（二）突出特色优势产业，全力提升经济发展质量

严格落实区、市关于推动产业升级的各项决策部署，全面落实“两产业一平台”发展战略，狠抓以天麻为主的特色农业和生态旅游两大主导产业，加快推进藏医药、水电能源和文化三大主培产业。

——*加快高特农牧业发展*。进一步加大支持引导力度，继续狠抓以天麻为主的特色农牧产业发展，大力发展特色林果、蔬菜、有机茶叶种植和犏奶牛、藏香猪养殖。基于波密县3镇7乡生态资源的分布状况和农牧业的发展基础，以“突出乡镇产业特色和区位条件为切入点，促进蔬菜种植、家畜养殖、藏药培植、种茶等特色优势农牧业向主产区集中。

——*加快生态旅游业发展*。围绕打造“越冬海南、避暑波密”旅游品牌，突出“一轴三线”景区建设，规范米堆景区、嘎朗王朝遗址管理，分片分区打造易贡景区、桃花沟景区，开展重点景区景点控制性规划编制工作。鼓励和扶持农牧民建立家庭旅馆、农家乐。加大对农牧民参与旅游的培训力度，引导更多群众参与旅游服务。

——*加快水电能源产业发展*。加快研究帕隆藏布、易贡藏布、曲宗藏布等流域的水电开发。推进农网升级改造，科学布局完善乡镇变电站和供电线路铺设，提高农业灌区电力供应能力，推动农村电网升级改造，解决农牧民群众用电问题。借助国家西电东送的重要时机，构建安全可靠的供电体系，挣脱长期电力不足的发展掣肘，克服基础设施建设中的软肋。

——*加快藏医药产业发展*。加大藏医药资源的保护和开发力度，进一步建立和完善藏药生产、科研、药材种植和保护、藏药服务体系，推动藏医药产业走上规模化、集约化、现代化发展之路。大力推广天麻、藏丹参、藏柴胡、灵芝菌和波棱瓜等藏药材种植，争取申报自治区级乃至国家级注册商标，引进技术、人才和资本，提高农民种植水平。进一步完善藏药材深加工环节，延长产业链，特色保健品等，培育市级著名品牌，通过官方认证渠道增强品牌可信度。

——*加快文化产业发展*。发展壮大文化产业，大力发展文艺演出业、文化旅游业、文化娱乐业等文化产业门类。努力培育民间演出团队，积极开展民间民俗展演活动，发展与旅游相配套的文化娱乐业。优化文化基础设施配置，加大对农村文化事业的投入，以县城公共文化设施为骨干，以乡镇和行政村的文化设施为基础，统筹规划，合理布局，优化城区和乡村公共文化资源配置。

（三）完善基础设施建设，推进城乡协调发展

以波密县城市投资有限责任公司成立为契机，加大对全县基础设施建设的投资力度。

——推动县城升级。以古镇和产业园区作为两个牵引点，推进县城扩容提升、空间升值。进一步完善县城水、电、路、气、讯等基础设施建设，改善居民生产生活条件和创业发展环境。提升城市建设管理服务水平，推进县城美化亮化绿化净化水平进一步提高，全力建设良好的经济社会发展平台。

——优化城乡发展布局。着力打造以县城为核心，以松宗镇、倾多镇、通麦小集镇、古乡为中心的“一核四心”城乡发展布局，推进新型城镇化建设，打造城乡协调、产城互动、节约集约、生态宜居、和谐发展的城镇化平台，辐射带动全县发展升级。

——改善交通运输条件。以318国道整治、乡镇公路和农村公路建设为重点任务，形成“一横三纵七通道”的交通网络体系。加快玉许乡帮肯村至普热村公路、康玉乡德热村至拉瓦西村公路、古乡美吶村桥那大桥等乡村道路的建设进度，推进松宗栋曲村至朗秋冰川道路、康玉乡通堆村至宗热村村道硬化等项目开工建设，改善城乡交通运输条件。深入推进交通运输行业体制改革，大力整顿运输市场，优化行业环境。

——完善水利基础设施。积极推进流域规划，推进藏中和昌都电网联网工程、易贡湖修复与整治工程、乡镇供排水等项目顺利建设；加快推进松宗水土流失综合治理工程、县城备用水源地建设、2018年小型农田水利重点县等水利建设项目。

——大力实施乡村振兴战略。坚持农业农村优先发展，以产业兴旺、生态宜居、乡风文明、治理有效、生活富裕为原则，按照国家和区、市、县的统一部署，适时启动我县乡村振兴战略规划编制工作，明确乡村振兴总体思路、目标和重大任务举措。以农村基础设施建设、垃圾污水治理和村容村貌提升为主攻方向，重点解决好偏远地区群众用电不稳定、出行难等问题，进一步完善农村公共服务体系。引导广大农牧民过上文明、健康、幸福的美好生活，着力打造“房舍新、设施新、环境新、民风新”的全面小康新农村。

（四）协调发展社会事业，切实保障和改善民生

采取有力措施，解决好群众关心的社会保障、上学、就医、文化等问题，确保社会稳定，建设小康波密、平安波密、和谐波密。

——优先发展教育事业。深入实施教育优先发展战略。巩固提高“两基”成果，完成村居幼儿园、中心幼儿园改扩建、易贡乡小学改扩建等项目，推进各乡镇小学标准化、规范化建设；深入推进职业教育综合改革，提高职教办学水平；借助援藏优势，完善爱心助困教育专项资金奖励机制。

——促进卫生事业发展。大力实施基本公共卫生服务项目，推动医药卫生体制改革不断深入，继续巩固完善新型农牧区医疗管理制度；完善疾病预防控制体系，完善乡级卫生院的配套设施，充实乡级卫生机构工作人员，逐步形成以县带乡的农牧民医疗服务体系。

——完善社会保障体系。扩大城乡居民最低生活保障和城乡医疗救助范围，扎实推进新型农村养老保险和五大保险工作，完善覆盖城乡的社会保障体系，切实保障参保人员的合法权益。

——提升文化服务水平。积极发展文化事业，完善各村文化站配套设施，发挥波密文化广场作用，努力改善人民群众精神文化生活条件，丰富人民群众文化生活。

——着力稳控市场物价。建立健全价格监测预警机制和预警预案，认真开展重要民生商品价格巡查与综合检查，针对市场出现的囤积居奇、哄抬物价、缺斤少两、以次充好、制假售假、相互串通、垄断市场等不正当价格行为，及时掌握，妥善处置，全力保障市场供应，维护消费者合法权益。

（五）立足率先全面建成小康社会，扎实推进精准扶贫工作

立足“到2018年率先全面建成小康社会和到2020年实现更好水平的小康”的奋斗目标，按照波密县“13934”精准扶贫工作总体思路，强化项目实施，加快项目进度。围绕脱贫目标，强化后续帮扶措施跟进，把工作重心放在脱贫群众配套基础设施、完善生产资料、提升公共服务和发展扶贫产业上来，着力解决后续发展问题，通过大病统筹、基本医疗保险、医疗救助等措施，强化贫困群众医疗救助，坚决遏制和减少因病致贫、因病返贫。

（六）坚持改革开放，激活经济社会发展活力

——*全面推进重点领域改革*。积极推进农村土地承包经营权、农村集体土地确权颁证和林权制度改革工作，做好“放管服”改革涉及的规范性文件清理工作。持续推动减税降费，规范行政事业性收费和涉企经营服务型收费，进一步降低企业用地、用能、物流、融资等各方面成本。进一步建立完善失信联合惩戒机制，营造良好诚信环境。探索建立“互联网+政务服务”模式，提升协同联动、流程再造、线上线下一体化政务服务能力。加快推进投融资体制改革，充分利用国家赋予西藏的各项金融优惠政策，推动政银企合作，促进更多社会资金投向实体经济和市政、交通、能源等基础设施薄弱领域，提高社会投资比重，优化投资结构。

——*不断扩大对外开放水平*。积极参与环喜马拉雅经济合作带，孟中印缅经济走廊建设。加大招商引资力度，瞄准目标任务，坚持精准招商，不断提高项目落地率和资金到位率。进一步激发民间投资活力，鼓励支持非公经济健康发展，支持民营企业发展。落实好援藏资金，形成国家、民间、援藏投资相互协调、互相补充的投资格局，将更多资金和项目向产业发展、脱贫攻坚和偏远地区等重点领域倾斜。

（七）突出生态环境保护，加大生态文明建设力度

以林芝市“生态文明先行示范区”建设及波密县“生态保护与建设先行示范区”建设为契机，牢固树立绿色发展、科学发展理念，严守生态保护底线，全力巩固国家生态安全屏障，建设绿色家园、美丽波密。

——*深化生态文明创建工作*。积极开展国家级生态乡（镇）、生态村创建工作，继续加强农村饮用水源地保护，认真做好水、气、声、土壤监测工作；加强林政管理，坚持依法治林，做好森林防火，植树造林，318国道沿线美化工作；以“波密县环境日”和“6.5”世界环境日等节日宣传为重点，积极开展生态文明宣讲工作。

——*抓好节能减排工作*。积极开展“十三五”主要污染物总量控制工作。推行总量控制、清洁生产和排污许可证制度，将总量控制作为建设项目环评审批的前置条件，从多方面控制污染物排放。落实水污染防治工作，确保饮水用水安全。

——*强化环境综合治理工作*。认真贯彻落实新环保法，严格落实环境保护“三同时”制度和环境质量考核“一票否决”制，坚决杜绝“三高”企业进入波密。大力实施生态功能区建设、江河源头保护、水土流失治理等工程，严格生态保护监管，确保生态环境良好。持续加强城乡环境综合治理力度，建设生态乡镇、生态村，提升人居环境品质。

各位代表，2018年是林芝市率先全面建成小康社会之年，我们要在县委、县政府的坚强领导下，自觉接受人大监督，虚心听取政协的意见和建议，齐心协力，奋发有为，圆满完成年度目标，为实现波密县经济社会新跨越做出新的更大的贡献！

波密县2017年财政预算执行情况与2018年财政预算草案的报告

——在波密县第十二届人民代表大会第四次会议上

波密县财政局

（2018年3月21日）

2017年财政预算执行情况

2017年，在县委、县政府的正确领导下，在县人大、县政协的监督支持下，在上级财政部门的精心指导下，坚持稳中求进的总基调，按照县十二届人大二次会议审议通过的各项预算，主动作为，着力抓增收，精准调整支出结构，积极有序推进改革，较好地完成了各项工作任务。

一、2017年财政预算执行情况

（一）一般公共预算执行情况

2017年全县总财力完成86201万元，比年初预算增加28986万元，增长51%，同比上年增长25%。其中：一般公共预算收入完成6200万元（税收收入完成3411万元，非税收入完成2789万元，超年初预算完成收入3098万元）、增值税返还收入完成1796万元、一般性转移支付收入完成54642万元、专项转移支付收入完成19503万元、债务转贷收入完成2000万元、调入预算稳定调节基金2060万元。截至年底，一般公共预算支出完成82582万元，补充预算稳定调节基金3619万元（2017年超收收入3098万元和上级下达的2015—2016年所得税返还521万元）。

（二）政府性基金预算执行情况

2017年，全县完成政府性基金预算收入434万元，政府性基金上级补助收入1081万元。全年完成政府性基金预算支出1515万元，其中：土地出让金支出434万元、上级专项基金支出1081万元（彩票公益金）。全年政府性基金预算实现收支平衡。

二、财政工作主要情况

2017年，我县财政紧紧围绕县委、县政府中心工作，不断规范政府收支行为，不断提升财政保障能力，建立健全全面规范、透明的预算公开制度，促进和谐稳定社会构建和实现经济强县的总目标。

2017年，我县财政支出完成84097万元，其中：一般公共预算支出82582万元，为预算数的144%，比上年同期数增加15698万元，增长23%；政府性基金支出1515万元，比上年同期数增加674万元，增长80%。

（1）全年用于农林水事务的支出达到17890万元，占一般公共预算支出的22%，主要用于科技支出222万元、购置农机具补贴642万元、扶贫及农业综合开发项目资金2867万元、农村税费改革资金1235万元、森林生态效益补偿及重点区域造林3122万元、森林培育69万元、现代农业生产发展资金1381万元、草原生态保护资金878万元、农牧特色产业资金280万元、防汛资金81万元、农田水利建设及水利工程建设运行维护资金2360万元等。

（2）全年用于社会事业发展的支出达到

25955万元，占一般公共预算支出的31%，主要是为促进教育、文体和医疗卫生事业的发展，继续加大财政对社会各项事业投入，促进基本公共服务均等化。优先支持教育事业发展，完成资金17664万元，其中：县级安排教育配套资金1105万元，主要是校舍改造等支出；大力促进文化大发展大繁荣，文化体育事业支出完成1507万元，主要是文物保护支出392万元、民间艺术团支出72万元、县乡文化站免费开放支出90万元、三区人才经费80万元、电视数字化建设资金78万元、公共文化服务支出246万元；为进一步提高财政补助水平，不断完善以免费医疗为基础的农牧区医疗制度，深化医药卫生服务体制改革，逐步推进基本公共卫生服务均等化，医疗卫生支出完成6784万元，主要是农村合作医疗1178万元、城乡居民免费体检费426万元、基本公共卫生服务经费216万元、药品零差率补贴191万元、村医补贴202万元、城乡医疗救助301万元、村卫生室运行经费84万元等。

（3）全年用于社会保障方面的支出达到9344万元，占一般公共预算支出的11%，主要是公益性岗位及其他就业补助资金696万元、城乡低保人员补贴693万元、财政对各大保险补贴1996万元、牺牲病故人员及优抚对象抚恤金112万元、退役安置士兵经费52万元、高龄失能老人补贴4万元、残疾人两项补贴等128万元、临时救助415万元、自然灾害补助209万元、“三老”及健康老人补贴140万元及住房保障支出4624万元等。

（4）全年用于生态环境保护及旅游宣传领域的支出达到2378万元，占一般公共预算支出的3%，主要用于生态环境保护及生态功能区建设资金。

（5）全年用于城乡社区事务的支出达到4623万元，占一般公共预算支出的6%，主要用于办公自动化系统维护费、网络中心租金和10个乡镇电视视频会经费、社区工作经费、城镇主体功能区建设及“百日会战”经费等。

（6）全年用于公共安全，保障政法系统方面的支出达到6278万元，占一般公共预算支出的8%。

（7）全年用于统战、民宗及驻寺方面的支出达到920万元，占一般公共预算支出的1%。

（8）全年用于交通运输方面的支出达到176万元，占一般公共预算支出的0.02%，主要用于农村道路养护等。

（9）全年用于党组织保障及强基惠民方面的支出达到2391万元，占一般公共预算支出的3%，主要是乡（镇）、村（居）党组织保障经费及退休人员活动经费等。

（11）全年用于其他方面的支出达到12627万元，占一般公共预算支出的15%，主要是基层政权建设资金、“三大”节日及“八一”慰问、表彰经费等。

2018年财政收支预算草案

各位代表，过去的一年里，财政工作得益于县委、县政府的坚强领导，得益于广大人大代表、政协委员的依法监督和民主监督，得益于全县上下各级各部门的支持与理解，取得了来之不易的成绩。在看到成绩的同时，我们也清醒地认识到，波密县财政运行仍然面临诸多现实问题和困难，主要表现有三个方面：一是财源渠道单一；二是财税收入压力巨大；三是财政收支平衡压力依然艰巨。主要体现在县财政支出压力巨大，刚性支出只增不减，民生保障需求旺盛，重点项目建设仍需上级财政予以解决资金，收支矛盾日益突出，等等。以上问题，都亟须我们采取有效措施，不断加以完善，认真予以解决。

一、预算编制指导思想

全面贯彻落实党的十九大精神，以习近平新时代中国特色社会主义思想为指导，贯彻落实区、市财政工作会议和波密县经济工作会议精神，紧紧围绕中央和区、市、县各项决策部署，认真落实《预算法》和《国务院关于深化预算管理制度改革的决定》要求，坚持稳增长、提质量，切实依法理财、科学理财，加快健全体系完善、公开透明、注重绩效的预算管理机制，增强财政统筹力度，积极盘活存量，用好增量，推动改革，提升绩效，为县域经济社会发展做出应有贡献。

二、预算编制基本原则

2018年波密县本级财政预算编制的基本原则是：统筹兼顾、勤俭节约、量力而行、讲求绩效，收支平衡。不断完善跨年度预算平衡机制，做到应列尽列。

三、2018年财政预算安排

根据上述指导思想和原则，2018年全县财政预算（草案）拟作如下安排：

2018年，波密县财政一般预算安排的总财力为61202万元，比去年年初增加3987万元，增长7%。其中：上级补助54189万元，占总财力的89%，比去年预算数增加2136万元，增长4%；县级一般预算收入4315万元，占总财力的7%，比去年预算数增加1213万元，增长39%；从预算稳定调节基金中安排2698万元，占总财力的4%。

（一）财政预算收入

1.地方财政一般预算收入4315万元，其中：税收收入安排3300万元，为一般预算收入的76%，比上年年初预算增加958万元，增长41%。其中：增值税2500万元；企业所得税240万元；个人所得税80万元；城市维护建设税420万元；印花税60万元。非税收入安排1015万元，为一般预算收入24%，比上年年初预算增加255万元，增长34%。其中：专项收入150万元；行政性收费收入35万元；罚没收入30万元；国有资源有偿使用收入500万元；其他收入300万元。

2.上级补助收入54189万元，比上年年初预算增加2136万元，增长4%。其中：

（1）增值税返还936万元，与上年年初预算减少234万元，下降20%；

（2）体制补助902万元，与上年年初预算持平；

（3）均衡性转移支付17956万元，与上年年初预算持平；

（4）调整工资转移支付6510万元，比上年年初预算增加1453万元，增长29%，增长的原因是干部职工增资及住房补贴提标纳入预算；

（5）农村税费改革补助930万元，比上年年初预算增加154万元，增长20%，增长的原因是村干部基本报酬及五保供养机构运转经费、村级组织工作经费提标；

（6）县级基本财力保障机制奖补资金收入595万元，比上年年初预算持平；

（7）国家重点生态功能区转移支付收入697万元，比上年年初预算持平；

（8）其他一般性转移支付收入783万元，比上年年初增加81万元，增长12%，增加的原因是取暖费提标及“三老”人员生活补助提标部分纳入预算；

（9）基层公检法司转移支付458万元，比上年年初减少62万元，下降12%，下降的主要原因是将公检法司的业务及装备经费减少。

（10）义务教育等转移支付13774万元，比上年年初增加2678万元，增长24%。

（11）城乡居民医疗保险转移支付1320万元，比上年年初增加148万元，增长13%。

（12）专项转移支付8650万元，比上年年初减少2425万元，下降22%，减少的主要原因是上年部分资金在专项转移支付中下达，而今年在结算补助中下达。

（二）财政一般公共预算支出

2018年财政总支出安排61202万元，具体如下：

1.一般公共服务支出安排13890万元，比上年年初预算增加1915万元，增长16%，增长的主要因素是人员增加及增资。其中：人大事务安排354万元（其中：人大会议费18万元，含乡镇人代会议经费；人大视察及监督经费20万元；人大代表培训费6万元、人大代表家访费4万元、人大三个专委会办公经费14万元、上级下达乡镇人大保障经费50万元、人大代表之家活动经费30万元等）；政协事务安排238万元（其中：会议费8万元、视察费10万元、政协委员培训费4万元、政协家访经费2万元、综合委员专项经费3万元等）；政府办公厅（室）及相关机构事务安排8314万元（其中：公务用车运行及维护费230万元、公务接待费240万元、差旅费95万元、各单位电费及党政大楼应急供电油料费（含敬老院及综合活动中心）53万元、干部培训费50万元（含双语培训经费）、法制建设及信访工作专项经费11万元、修缮费120万元、藏语言文字专项工作经费10万元、政府政务公开信息平台行业手机报经费10万元、法律顾问服务费10万元、各乡镇办实事及食堂运转经费130万元、各乡镇农村税费改革经费（村级组织工作经费）67万元等）；发展与改革事务安排180万元（含粮食安全相关工作经费2万元）；统计信息事务安排67万元；财政事务安排407万，其中信息化建设46万元、国资委工作经费及财政项目评审经费等；纪检监察事务安排380万元（含党风廉政建设和反腐败工作宣教经费等8万元、专项督查经费2万元、监察办案业务费10万元、乡村纪检组织保障经费15万元、巡查办办案业务经费10万元等）；商贸事务安排123万元（含招商引资专项经费20万元、质量兴县活动经费5万元等）；民族事务安排174万元（含民族团结进步工作经费4万元、民族团结进步模范创建经费14万元等）；宗教事务安排4万元，用于宗教活动场所管委会成员岗位补贴；民主党派及工商联事务安排93万元（含工商联专项经费2万元、非公有制企业党建专项经费5万元等）；群众团体事务安排246万元（其中：妇联“两纲”经费3万元、“三八”妇女节活动经费3万元、妇女儿童人均1元经费3万元、妇女之家及妇女事业发展工作经费5万元、预防青少年违法犯罪经费3万元、基层团组织建设经费20万元、共青团组织工作经费2万元、乡镇实体化“大团委”经费5万元、西部志愿者生活补助及休假经费5万元等）；党委办公厅（室）及相关机构事务安排380万元（含全县订党报党刊经费21万元、密码事业经费5万元、保密工作经费6万元、密码人员定向培训经费7万元、专项督查经费8万元、年鉴经费30万元、党风廉政建设主体责任办公室专项经费8万元、档案管理经费8万元、机要局值班及防辐射经费7万元、县委办公室信息工作经费3万元等）；组织事务安排993万元（含“两学一做”学习教育系列活动经费10万元、“七一”等建党活动经费10万元、“三老”人员生活补贴122万元、村党组织保障经费170万元、村民监督委员会补贴152万元、各类培训30万元、人才队伍建设工作经费15万元、全县离退休人员活动经费、慰问费、疗养费等95万元、县级领导驻村工作经费8万元、组织部党建经费30万元、机关党委工作专项经费6万元等）；宣传事务安排191万元（含文化市场执法大队工作经费8万元、电路租用费用0.6万元、网络中心经费3万元及宣传经费17万元等）；统战事务安排1025万元（含“三大”节日慰问经费5万元、和谐寺庙及爱国守法僧尼表彰经费18万元、统战人士参观培训经费15万元、僧人免费巡诊活动费4万元、“六个一”活动经费10万元、32名僧尼组长岗位津贴4万元、其他131万元等）；其他共产党事务支出安排721万元。

2.公共安全安排5457万元，社区戒毒康复及禁毒经费6万元、“217”工程专项经费8万元、民警生活补贴57万元、警犬饲养经费4万元、看守所经费18万元、干警人身意外伤害保险17万元、“两站两员”建设经费24万元、其他111万元等）；检察院安排596万元（含上级下达检察系统装备经费70万元、法定节假日加班补贴9万元、其他15万元等）；法院安排697万元（含陪审团人员补助2万元、上级下达法院系统装备经费76万元、法定节假日加班补贴11万元、其他17万元等）；司法安排160万元（含上级下达司法系统装备经费7万元、人民调解及安置帮教工作经费5万元、普法经费4万元、社区矫正经费8万元、法律援助经费2万元及其他支出）。

3.教育支出安排12743万元，比上年年初预算减少884万元，减少6%，减少原因是今年无上级下达城乡义务教育补助经费–维修改造1210万元。其中：教育管理事务安排159万元；普通教育安排12534万元（其中：县财政配套1240万元、住房公积金配套32万元）；教育附加安排支出50万元。

4.文化体育与传媒支出安排774万元，比上年年初预算增加75万元，上升11%。其中：文化支出安排715万元，主要是补助民间艺术团经费50万元、县乡综合文化活动中心免费开放经费50万元、乡镇村开展文化活动经费33万元、村级文化建设经费85万元、古乡等四个乡镇传输林芝新闻电缆租金4万元、文物保护工作经费10万元、文化大繁荣大发展经费62万元等；文物支出安排15万元（非遗传承人补助2万元、县级文物看管人员补助13万元）；体育支出安排20万元；新闻出版广播影视安排24万元（含有线电视维护费20万元、广播电视节目无线覆盖运行维护费4万元等）。

5.社会保障和就业支出安排6772万元，比上年年初预算增加2555万元，增长61%，增长的主要原因是工资基数增长致使2018年财政对基本养老保险基金的补助增加。其中：人力资源和社会保障管理事务安排283万元（其中：医保网络维护及使用费3万元、村级兼职劳动保障协理员经费17万元、劳动监察仲裁工作经费5万元、劳动就业和社会保障平台运行经费17万元等）；民政管理事务安排263万元（其中：其他民政工作经费6万元）；就业补助安排583万元，主要是公益性岗位人员支出及其他就业补助支出；抚恤安排191万元，主要是牺牲病故人员抚恤金及在乡复员、退伍军人生活补助、义务兵优待及自主择业士兵一次性补助等；社会福利支出安排5万元，主要是经济困难高龄失能老人补贴；残疾人事业费安排192万元（含阳光家园计划补贴2万元、“大众创新 万众创业”残疾人创业扶持补贴8万元、“两项”补助145万元、残疾人助学补贴9万元、残联培训及数据动态更新费13万元、残疾人事业发展资金9万元等）；自然灾害生活救助安排10万元，主要用于突发性自然灾害的救济费；困难群众救助补助资金887万元；五保供养补助资金96万元；特困人员供养安排78万元，主要用于五保供养机构运转保障经费；财政对城乡居民基本养老保险补助34万元，财政对各大保险基金的补助4150万元，主要是机关事业单位各大保险缴费支出。

6.医疗卫生和计划生育支出安排7183万元，比上年年初预算增加1503万元，增长26%，其中：医疗卫生管理事务安排227万元；公立医院安排823万元（其中：卫生服务中心支出674万元、藏医院支出149元）；基层医疗卫生机构安排1321元（含村医人员补贴202万元及县级基本药物制度补贴213万元）；公共卫生安排466万元（含基本公共服务资金227万元、降消项目经费17万元、卫生监督能力建设经费5万元、妇幼卫生专项经费5万元、农村义务教育学生营养监测经费1万元、住院分娩补助、奖励待产生活补助55万元）；计划生育事务安排15万元（主要用于独生子女家庭奖及流动人口计划生育管理和服务支出等）；食品药品监督管理事务安排211万元（含乡镇及村级协管员补贴9万元、协管员培训费3万元、食品日常监管6万元、食品抽检经费38万元、食品社会监督员2万元等）；财政对基本医疗保险基金的补助支出安排2891万元（其中：城镇职工基本医疗保险1563万元、新型农村合作医疗1325万元、城镇居民医疗保险配套3万元）；行政单位医疗补助支出671万元；医疗救助220万元（其中；城乡医疗救助200万元、疾病应急救助7万元、精神病患者肇事补助及监护人补助13万元）；优抚对象医疗4万元；其他医疗卫生支出安排334万元，主要用于合作医疗管理经费3万元、健康“母亲快车”经费1万元、促进医疗事业发展专项经费30万元、城乡居民暨在编僧尼健康体检补助经费300万元。

7.节能环保支出安排944万元，比上年年初预算增加61万元，增长7%。其中：环境保护管理事务费安排215万元；自然生态保护安排717万元；退耕还林安排12万元。

8.城乡社区事务支出安排607万元，比上年年初预算增加16万元，增长3%。其中：城乡社区管理事务安排262万元（含社区工作经费、生活补贴及环卫人员、车辆支出）；城乡社区公共设施安排250万元，主要用于城市基础设施维护经费；城乡社区环境卫生安排95万元，主要用于环卫工人工资及以奖代补资金。

9.农林水事务支出安排8753万元，比上年年初预算减少2328万元，减少21%，减少的主要原因是上级下达的专项资金有所减少。其中：农业支出安排1880万元（其中：安排农机具购置补贴851万元、兽防站购兽药15万元、支农资金90万元、农产品质量监督管理等经费10万元、村级动物防疫员基本报酬及奖励107万元、农牧业病虫草鼠害防控补助经费18万元、农牧民意外伤害保险16万元、农民种粮补贴7万元、农村综合服务资金161万元、农业机械购置补贴信息管理系统建设和维护经费1万元等）；林业支出安排3773万元（其中：森林防火表彰经费安排30万元、森林公安维稳值班补助4万元、林业严打经费10万元、林业造林及木材检查站运行经费等154万元、防火期巡逻人员工作经费25万元、新增临时工工资14万元、森林生态效益补偿基金安排3101万元、野生动物肇事赔偿补贴经费17万元）。水利支出安排2374万元，（其中：安排防汛经费60万元、抗旱经费10万元、水资源管理经费10万元、小型农田水利设施建设资金2000万元、河湖管理保护专项经费90万元等）；扶贫支出安726万元（其中：脱贫攻坚指挥部工作经费10万元、县级配套扶贫资金620万元等）。

10.交通运输安排170万元，比上年年初预算增加12万元。其中：公路养护安排20万元。

11.资源勘探电力信息等事务支出安排89万元，比上年年初预算增加4万元。其中：安全生产监管安排89万元。（含县级安排的安全生产专项工作经费13万元及安监局岗位津贴2万元）。

12.商业服务业等事务支出安排215万元，比上年年初预算减少5万元，减少2%。其中：旅游业管理与服务支出安排215万元（含旅游宣传经费51万元）。

13.国土资源气象等事务支出安排261万元，比上年年初预算增加91万元，增长56%；其中：国土资源事务安排245万元（含国土整治专项工作经费等66万元）；气象事务安排16万元。

14.住房保障支出安排2435万元，比上年年初预算增加578万元，增长31%。其中：廉租住房补贴县级配套2万元、住房公积金安排2433万元。

15.预备费安排710万元，比上年年初预算增加138万元，增长24%；增长的主要原因是今年总财力比去年有所增加，预备费按总财力的1.16%安排。

16.粮油物资储备支出安排27万元，其中：粮食损耗补贴1万元、应急储备粮保管费8万元、县级储备粮管理费用4万元、青稞轮换经费2万元、大米轮换经费12万元。

17.其他支出安排172万元，比上年年初预算减少532万元，下降76%，减少的主要原因是用于“三老”人员生活补助及表彰经费、乡镇基层政权建设资金安排至各分管的预算单位中。

三、2018年财政预算安排重点考虑了以下几方面因素

（一）根据中央关于加强“三农”工作和财政资金着重向农牧、文化、特色产业等倾斜的要求，县财政认真贯彻落实财政支农各项政策，不断加大强农惠农投入力度，逐步加强对农牧区基础设施建设，进一步改善农牧民生产生活状况，安排农林水事务资金8753万元，主要用于农机具购置、农村综合服务支出、林业森防支出、林业生态效益补偿资金、农田水利建设及扶贫支出等。

（二）为促进教育、文体和医疗卫生事业的发展，继续加大财政对社会各项事业投入20700万元，促进基本公共服务均等化。支持教育事业优先发展安排资金12743万元，其中：教育配套按照上年财政预算收入20%的比例安排1240万元；努力推动和促进文化大发展大繁荣，文化体育与传媒支出安排774万元，主要是文化公共服务支出安排716万元；为进一步改善村级卫生室条件，提高财政补助水平，不断完善以免费医疗为基础的农牧区医疗制度。深化医药卫生服务体制改革，逐步推进基本公共卫生服务均等化，医疗卫生与计划生育支出安排7183万元，主要是公立医院安排823万元、城镇职工基本医疗保险1563万元、城乡医疗救助200万元、城乡居民免费体检经费300万元、基本公共卫生服务经费227万元、村医补贴202万元、县级基本药物制度补贴213万元等。

（三）加大民生投入，全力保障和改善民生。安排民生资金6772万元，主要是安排县级寿星老人健康补贴8万元、公益性岗位人员补贴455万元、五保供养补助资金96万元、残疾人事业支出192万元、财政对社会保险基金补贴4184万元、困难群众补助资金888万元、五保供养机构运转保障经费78万元等。

（四）加大节能环保投入，支持重点生态功能建设，安排944万元，主要是重点生态功能区建设经费697万元、退耕还林现金补助12万元、县级安排生态保护红线工作专项经费及管理运行费20万元等。

（五）为了进一步提升城市安全保障性和改善基础设施条件。安排城乡社区事务资金607万元，主要用于整治家畜家禽入城管理专项经费8万元、加强投入县城环境治理，安排环卫工人及以奖代补资金95万元；安排城市基础设施维护经费250万元等。

（六）进一步保障政法部门公用经费和业务费标准，提升政法部门的办案业务能力和装备水平，为确保我县社会长治久安，安排公共安全支出5457万元。

（七）为了确保2018年我县平安社会、和谐社会，县级安排维稳、社会综合治理和支持创新政法部门信息化建设、建立“双联户和先进双联户表彰等专项经费721万元，主要是先进“双联户”表彰经费27万元、“双联户”户长补助35万元、加油站值班人员岗位补贴22万元及其他120万元等。

（八）为支持开展平安和谐寺庙创建活动和爱国统一战线工作，安排经费1203万元，主要用于和谐寺庙及爱国守法僧尼表彰经费18万元及驻寺人员岗位补贴121万元、民族团结模范创建经费14万元、统战人士参观培训经费15万元等。

（九）为进一步支持妇女和推动共青团基层组织建设，安排资金246万元，主要是预防青少年违法犯罪经费3万元、基层团组织建设经费20万元、共青团组织工作经费2万元、乡镇实体化“大团委”经费5万元及“两纲”经费、妇女事业发展工作经费等14万元。

（十）巩固党的执政能力，打牢基层党组织基础，更好发挥党的先进性、纯洁性，安排组织党建经费993万元，主要是村党组织保障经费170万元、村民监督委员会经费152万元、离退休人员疗养经费、活动经费、慰问费等95万元、“三老”人员生活补贴122万元。

各位代表，2018年是“十三五”规划的重要一年，是全面落实十九大精神的关键之年，完成好全年财政工作任务，责任重大，影响深远。我们将在县委、县政府的正确领导下，主动接受县人大的监督和指导，虚心听取县政协的意见和建议，认真落实人大会议做出的各项决议，狠抓落实，积极主动作为，确保圆满完成全年财政预算任务，为“十三五”提供有力保障，为我县全面建成小康社会，为县域经济社会全面发展做出应有贡献！

综 述

【政区位置】 波密县位于林芝市东部，念青唐古拉山与喜马拉雅山交界处。东邻昌都市八宿县，北靠昌都市洛隆县、边坝县，西接那曲地区嘉黎县、林芝市工布江达县，南连林芝市察隅县、墨脱县、巴宜区。全境面积1.67万平方公里。波密县位于林芝市东部，东距成都1500公里，西距首府拉萨市636公里，距林芝市政府所在地巴宜区234公里，距林芝机场280公里，既是林芝市的东大门、周边邻县的重要中转站和物资集散地，又是318国道川藏线上的交通枢纽和商贸重镇。

【自然资源】 波密县自然资源十分丰富，其中矿产资源有砂金、铁矿等40多种，白唇鹿、香獐、岩羊、雪猪、黑熊等80多种国家珍稀动物，云杉、冷杉等植物资源400多种，林地面积630329.999公顷，森林覆盖率34.3%，耕地面积5252.14公顷，草场面积441万亩，波密天麻、松茸在区内外享有盛名。旅游资源独具特色，拥有“五个中国之最”即中国最美冰川——米堆冰川、中国最美原始森林——岗云杉林、中国最美景观大道——318国道波密精华段、中国最大的桃花谷——波堆桃花谷、中国海拔最高的有机茶场——易贡茶场，还有嘎朗王宫遗址、易贡将军楼、扎木中心县委红楼等历史文物，素有“藏王故里”“冰川之乡”“绿海明珠”“桃花世界”等美誉。

【经济社会主要指标】 2017年，地区生产总值完成19.53亿元，同比增长10.1%；全社会固定资产投资完成22.88亿元，同比增长22.3%；民间投资完成3.4亿元，同比增长28%；社会消费品零售总额完成2.28亿元，同比增长14.7%；财政收入完成6200万元，同比增长12.2%；农村居民人均可支配收入14777元，同比增长13.4%；城镇居民人均可支配收入26946元，同比增长10.2%；农林牧渔业增加值2.53亿元，同比增长4.5%；粮油总产量为20862.15吨，同比增长2.2%。

大事记

1月

1日 波密县委书记朱正辉，县委副书记罗松，县委常委、常务副县长全保卫，县委常委、统战部部长加布，副县长姜治强分别带领县委办、政府办、县委组织部、县纪委、县民宗局、县民政局等相关领导组成3个慰问组，走访慰问全县驻地军警部队和警务站，为他们送去慰问金并致以节日的问候。

4日 波密县法院信息化工作人员在自治区高院、林芝市中院的指导下与巴宜区法院进行科技法庭设备联调并成功对接，实现林芝市基层法院相互之间科技法庭首次远程开庭。

6日 波密县文广局邀请西藏自治区文研所专家对拉颇遗址文物保护点进行文物调研，并对文物点周边进行实地踏勘、采集标本并做出文字、绘图、摄影记录等工作，共清理15座石棺墓，清理出人骨15具（完整人骨3具），陶器6件。

同日 波密县举办脱贫攻坚建档立卡资料归档培训班。全县10个乡（镇）、84个驻村工作队、200余人参加培训。本次培训班共发放户卡、村册、贫困户脱贫档案各100份。

9日 林芝市审计局对波密县2016年保障性安居工程建设任务情况进行审计，其中包括2016年县直周转房建设项目，新建周转房30套，建筑面积2100平方米及附属设施，国家投资659.55万元；2016年县直公租房建设项目，新建县直公租房36套，建筑面积1800平方米及附属设施，国家投资569.98万元；2016年县城棚户区（危旧房）改造项目，维修改造142户，国家投资568万元；2016年公租房（周转房）维修改造项目，维修改造50套，国家投资25万元。并对2016年保障新安居工程所有项目计划、概算批复、勘察、设计、施工、招投标等工程资料进行全面检查。

13日 林芝市奇正藏药股份有限公司积极响应区、市工商联、扶贫办“百企帮百村”精准扶贫行动号召，深入波密县玉许乡海定村开展产业扶贫调研工作。

14日 波密县开展违禁反动出版制品及网络环境整顿清缴工作，确保节前文化市场环境健康有序。

16日 昌都市建筑设计院先后到县城318主街道立面改造、悠游道至回味奶业基础设施建设、观景台、波茂北广场改造、扎木老桥改造等现场进行察看，并结合波密县城建设情况及《波密县城市设计及控规》，收集民俗、气象等相关资料。

17日 林芝市商务局党组书记乔次仁一行在波密县检查指导加油站安全生产工作，重点对成品油销售清单、加油站人员上岗证、卸油口、加油站实名制加油和零散油登记、值班人员在岗情况、应急预案等制度落实情况及日常管理进行检查。

同日 总投资1000万元（国家投资）、总建筑面积3300.11平方米的波密县老年护理院项目通过县级验收。

19日　波密县消防大队组织人员深入县城加油站、加气站、木材加工厂等易燃易爆场所开展消防安全检查。

26日　林芝市政协副主席扎西达杰在波密县多吉乡看望慰问驻村工作队并走访慰问“四对一”帮扶对象。

28日　波密县委、县政府组织在家县级领导分2组对警务站、检查站、城管大队、加油站等40个单位、企业春节值班人员进行慰问。

2月

1日　波密县安监局、消防大队组成检查小组对全县2家液化气站进行突击检查。

3日　波密县组织机关干部、退休老干部、驻地官兵、公司职员及部分商铺经营者300余人进行卫生大扫除，出动垃圾车3辆，清扫卫生死角7处，清理、运送、填埋垃圾5吨。

4日　波密县组织相关单位对县农贸市场农药产品进行拉网式检查，重点检查有机磷等禁（限）用高毒农药、违禁添加高毒农药成分和标明有效成分不足。此次检查出动7人，检查全县3个农药（鼠药）经销网点，收缴高毒有机磷农药1.5公斤。

7日　西藏自治区政府副秘书长和忠华率工作组实地调研指导波密县安全生产工作。波密县委副书记、政府县长边巴，副县长白玛旺扎陪同检查。

同日　波密县对多吉乡通根次久拉康原宗教活动室内壁画进行文物考察采集工作。

8日　为进一步丰富“两学一做”学习教育活动，波密县委老干部局组织部分退休老干部前往易贡乡参加以“弘扬老西藏精神 做‘四讲四有’合格党员”为主题的宣讲大会。

3—8日　波密县组织开展为期6天的农村道路交通秩序整治行动，严厉打击交通违法行为。

8—10日　林芝市电视台《每周关注》栏目组一行在波密县实地走访、采集精准扶贫相关工作素材。

14日　波密县召开林芝市环保督察组检查工作情况反馈会。

同日　波密县政府副县长张广住、农牧局负责人协同东阳光集团林芝基地总经理、中国人民银行相关人员及技术研究员在多吉乡达大村调研大规模藏红花种植项目。

19日　西藏自治区妇联主席江措拉姆一行在波密县检查指导妇联工作并召开座谈会。

21日　政协第九届波密县委员会第二次会议隆重开幕。

22日　波密县第十二届人民代表大会第二次会议隆重开幕。

23日　西藏自治区农牧厅厅长杜杰一行在波密县调研农牧工作。

3月

4—5日　波密养护队管养的G559线发生4处雪崩灾害，导致公路断通。5日上午8时，养护队启动紧急预案，组织机械、人员开展清理积雪及雪崩堆积物作业，此次保通养护队投入装载机3台，轮式推土机1台，履带式推土机1台，巡路车4辆，人员35人。5日16时30分，保通作业结束，共清理路面积雪67952.5立方米。

8日　波密县多举措庆祝“三八”国际妇女节，在全县上下营造尊重妇女、关爱妇女、支持妇女事业发展的良好氛围。

同日　波密养护队管养的G559线部分路段积雪较厚，且K34+000新发生一处雪崩灾害，养护队立即启动应急预案，共计投入装载机3台、履带式推土机1台、轮式推土机1台、巡路车4辆、人员35人，共清理路面积雪50225立方米。

9日　西藏自治区政协副主席次旺多布杰在多吉乡检查指导工作。

同日　林芝市桃花节波密分会场“桃花仙

子 冰川王子”选拔赛拉开序幕。

10日 西藏自治区工商局副局长徐建宏一行在波密县调研商标战略发展情况。

11日 西藏卫视《西藏诱惑》栏目组前往江拉村拉嘎自然村拍摄易贡藏刀。

12日 波密县民间艺术团在县敬老院举行文艺演出，在为老人们奉献上一道道精美的文艺大餐的同时，更丰富老人们的精神文化生活。

13日 西藏自治区强基办赴林芝巡回检查组副组长、哲蚌寺管委会副书记尼玛在波密县多吉乡调研指导强基惠民工作。

同日 波密县林业局组织县直各单位、县(中、区、市)直单位及驻地军警部队前往倾多镇大桥左侧管护站参加2017年春季义务植树活动。

14日 西藏自治区政协副主席次旺多布杰一行在多东寺检查指导驻寺工作，看望慰问寺庙僧人和驻寺干部。林芝市政协副主席扎西达杰、王军和波密县委常委、政法委书记、公安局局长旺青等陪同。

同日 波密县举办2017年县直机关党务工作者业务培训班，县（中、区、市）直单位、县直各单位及10乡（镇）机关党务工作者55人参加培训。

15日 波密县开展以宣传贯彻好“网络诚信，消费无忧”为主题的“3·15”国际消费者权益日宣传活动。

15—16日 林芝市林业局局长董贵军一行在波密检查指导县林业工作。波密县人大常委会副主任张豪杰等陪同。

20日 波密县召开农村土地（耕地）承包经营权确权登记颁证工作动员部署会议。

24日 全国政协委员、西藏自治区工商联兼职副主席、西藏奇正藏药股份有限公司董事长雷菊芳等一行7人，在波密县玉许乡海定村开展义诊调研和医疗帮扶，并为玉许乡农牧民群众免费发放药品价值1.8万余元，受赠人员400余人次。

28日 波密县举行西藏百万农奴解放日升国旗仪式。县四套班子在家领导、县直机关干部职工、驻地军警部队及农牧民群众代表参加了升旗仪式。

同日 以“人间净地，最美林芝——林芝市桃花节波密分会场暨中国最大桃花谷美丽开谷仪式”为主题的2017年林芝市桃花节波密分会场开幕。西藏自治区网信办、区发改委、林芝市委宣传部、市网信办、市旅发委、市林业局、市人民检察院，波密县四大班子在家领导、驻地军警部队、广东省对口援藏单位和来自上海基尼斯大世界总部、新华网、新华社西藏分社、西藏电视台、林芝电视台、林芝报社、西藏日报驻林芝记者站等800余名嘉宾出席开幕式。

同日 波密县举行桃花节招商引资项目签约仪式。此次签约仪式上共有3个企业与波密县人民政府进行签约。分别为波密县贫困群众就业创业孵化基地（藏王酒店）建设项目；林芝市巴宜永久片区扶贫酒店建设项目；紫钻酒店建设项目；艺术主题酒店及艺术创作园区项目。主要内容以新建酒店及附属设施为主，围绕波密良好的自然资源打造精品酒店，吸引游客，推动旅游发展，促进消费增长。

同日 波密县古乡中心小学创立占地面积2000多平方米的“新旧西藏对比感恩教育基地”。6月接受市、县电视台采访后在西藏电视台播出。

同日 广州市住建委副巡视员廖集中、广州市房地产档案馆党委书记李鲁健、广州市广园路建设公司党委书记陈建宇一行在波密县住建局考察工作。

29日 西藏自治区副主席坚参带领自治区农牧厅、林业厅、水利厅、区党委政策研究室一行在波密县易贡乡检查指导茶叶种植项目实施工作。

30日 波密县举办以“促进转移就业 助力脱贫攻坚”为主题的现场招聘会，未就业高校生毕业、城镇失业人员、农牧民群众、部队家属等300余名求职者参加招聘会，86人达成就业意向，67人实现就业，其中贫困户劳动力8人。

4月

6日 波密县召开2017年宣传思想工作会议暨

“四讲四爱”喜迎党的十九大主题教育实践活动动员会议。

10日 国家民委经济发展司司长乐长虹一行在波密县易贡乡对当地少数民族发展资金项目建设情况进行实地调研。西藏自治区党委统战部常务副部长、区民宗委党组副书记、主任赤列多吉，林芝市民宗局局长兰军伟，波密县政府副县长阿朗等陪同。

12日 上海眼科专家陈吉利一行6人在波密县玉许乡为广大农牧民群众免费进行眼科检查。在义务检查中，专家团共为玉许乡124位眼疾患者进行诊治，并根据患者实际情况发放医药。

13日 波密县“四讲四爱”主题教育实践活动宣讲培训班开班。县委常委、宣传部部长马海蕴出席开班仪式并讲话。

14日 广州市民宗局局长汪茂铸一行先后深入波密县易贡乡、玉普乡、天麻种植基地和扎木镇多东寺开展调研工作。林芝市政协副主席布珠，市民宗局局长兰军伟，波密县委常委、统战部部长加布等陪同。

同日 波密县召开2017年冬虫夏草采集管理工作会议。

同日 波密县召开2017年妇儿工委第一次会议。

17日 波密县成立波隅旅游开发有限公司，主要负责旅游资源盘点、景区日常管理、旅游产品开发等事项。公司已完成注册、消防备案、装修预算等事宜。

18日 波密县召开援藏工作座谈会，广州市副市长黎明一行10余人，波密县委副书记、政府县长边巴，县委常务副书记李锋，县委副书记、政府常务副县长李伟成出席会议。

同日 广州市副市长黎明一行在波密县委常务副书记李锋的陪同下，在波密县卫生服务中心调研三级医院对口帮扶工作开展情况。

同日 波密县召开2017年教育体育工作会议。县四套班子在家领导、县各乡（镇）主管教育乡（镇）长、县推进义务教育均衡发展工作领导小组各成员单位及县直相关单位、县各学校校（园）长，共68人参加会议。

17—18日 米林县委常委、政府常务副县长乔多吉带领米林县考察团一行在波密县考察交流乡村旅游发展经验做法。

20日 波密县工商联第三届一次会员代表大会召开，林芝市委统战部副部长、市工商联党组书记、副主席、市非公党工委副书记余水，市工商联组织会员科副科长普巴央吉，波密县委副书记、人大常委会主任郑都，县政协副主席布穷穷出席，特邀嘉宾察隅县工商联副主席朱春霞以及广大会员代表参加会议。会议由县委常委、统战部部长、非公党工委书记加布主持。

21日 波密县与洛隆县就虫草采集地租赁事宜首次签订3年协议，积极消除2县因虫草采集引发的矛盾纠纷等群体性事件。

22—23日 松宗镇举办赛马暨民俗文化节，活动内容包括文艺演出、马术表演、民俗文艺表演等。

24日 西藏自治区高级人民法院副院长郝银钟带队调研组一行在波密县法院就“少数民族地区双语司法问题和近期刑事审判工作”开展调研，并与全院干警召开座谈会，林芝市中级人民法院常务副院长王成刚等参加座谈会。

24日 波密县举办“文化和自然遗产日”宣传活动。此次活动发放光碟500余张，书籍100余本，吸引群众达350余人。

同日 波密县开展“非遗文化进校园”活动，受教育师生达450余人。

25日 波密县第七届七人制“帕隆河杯”足球赛开幕式在波密县中学举行，波密县政府副县长马远、县教育局局长王作谦参加开幕式。比赛为期4天，每天7场比赛，参赛队伍14支，来自波密县企事业单位，县直机关、个体、驻地军警、二监狱、各乡镇、驻村工作队参加开幕式。

28日 西藏自治区党委常委、统战部部长旦科在波密县调研统战民族宗教工作开展情况。期间，深入波密县多东寺开展调研，并与统战民宗干部和驻寺干部代表座谈，看望慰问巴琼村结对帮扶户家庭，并就当前及今后一段时间做好宗教领域维护稳定工作，以良好的社会氛围迎接党的十九大胜利召开提出要求。

5月

3日 波密县委副书记、政府县长边巴，县委副书记、人大常委会主任郑都，县委常委、政府常务副县长全保卫一行调研318国道景观绿化工程工作开展情况。

4日 波密县2017年全县禁毒工作会议召开。波密县委副书记、政府县长边巴，县委副书记、人大常委会主任郑都，县政协主席巴桑，县委常委、政法委书记、公安局局长旺青，县人大常委会副主任普琼，政府副县长白玛旺扎，县政协副主席冯兰兰出席会议。

同日 共青团波密县委员会在波茂广场组织开展以“弘扬五四精神，展现青春活力”为主题的“五四”青年节拔河比赛，共100余名干部职工参加比赛。

7日 波密县委书记朱正辉，县委常委、政府常务副县长全保卫一同前往扎木镇调研精准扶贫开展情况。

8—9日 波密县委常委、政府常务副县长全保卫带领安监、消防大队、商务、住建、教育、旅游、宣传部等有关部门对全县重点企业和消防重点单位进行安全生产检查。

10日 波密县开展“先进双联户”资金兑现工作。县综治办对被评选为2016年度区、市、县、乡（镇）、村（居）五级“先进双联户”进行表彰，累计发放奖金74.05万元。

11—12日 波密县举办乡镇人大主席、人大干事业务知识培训班。对全县10个乡（镇）人大主席、专职副主席、人大干事23人进行培训。

15日 西藏自治区水利厅副厅长赵辉、自治区防办副主任陈方等一行在波密县进行2017年第一轮水利综合督导巡查。

16日 西藏自治区交通运输厅党委委员、副厅长卫强带领自治区第五巡视组一行11人对波密县迎国检安全生产工作情况进行检查指导。

同日 波密县商务局联合县疾病预防控制中心开展以“每天多一点碘，健康多一点”为主题的碘盐宣传日活动。

13—17日 波密县组织内科、外科、藏医专家一行20人在各乡（镇）开展“送医、送药”活动。活动期间，累计发放日常健康知识手册1000余份，送出常用药品价值25000余元，为400余名村民进行免费体检，为65名行动不便的老人、妇女进行藏医针灸。

18日 林芝市委副书记、市长旺堆带领市发改、财政、林业、扶贫、水利、农牧、交运、产业等部门在波密县实地调研经济林木种植、高标准农田建设、特色种养业发展、小集镇建设、水利项目建设、康玉公路建设，玉普一级公安检查站、学校等工作开展情况。波密县委副书记、政府县长边巴陪同。

同日 波密县中学正式开展“非物质文化遗产进校园”活动。

19日 西藏自治区精准扶贫第二期培训班成员在波密县参观学习家庭旅馆建设与经营。山南、林芝、阿里、昌都等市（地）共80余人参观了波密县古乡巴卡村仁青家庭旅馆。

23—25日 西藏自治区党委常委、组织部部长、区直机关工委书记曾万明一行深入波密县部分乡村，实地调研基层党建、干部队伍建设和强基惠民工作情况。林芝市委常委、组织部部长刘业强和县委主要领导陪同。

24—25日 波密县兽防站对松宗镇栋亚、德巴村及倾多镇康达村1600余只鸡进行禽流感补苗工作。

30日 波密县开展以“打击非法集资”为主题的防范非法集资宣传活动，此次活动，发放“防范打击非法集资宣传资料”1000余份，受教育群众达3000余人。

同日 广东珠海四中校长宋朝华一行在波密县中学交流指导工作。

6月

1日　深圳雷诺表业有限公司在波密县多吉乡完小开展以“有温度的时间”为主题的捐赠活动。

5月26日—6月4日　西藏自治区文物鉴定专家娘吉加博士一行在波密县开展寺庙文物登记建档工作。建立登记661件（套）馆藏文物档案，其中一级文物12件、二级文物44件、三级文物292件、一般文物309件、待定文物4件。

5日　农业部农产品质量安全中心组织相关专家在北京召开2017年全国第一次农产品地理标志登记保护评审会。波密蜂蜜作为自治区地理标志登记保护申报产品顺利进入评审会，并得到参会领导、评委专家们的一致认可和好评。

同日　中科院世界宗教研究所党委书记、研究员、博导赵文洪带领调研组一行在波密县调研指导宗教工作，与波密县政府办、县委统战部、县委政法委、县委宣传部、县旅游局等相关单位同志进行座谈，并围绕进一步做好宗教领域维护稳定工作、发挥宗教积极因素为社会经济发展做贡献、引导宗教与社会主义社会相适应进行深入交流。

同日　波密县举办以“绿水青山就是金山银山”为主题“6·5”的世界环境日宣传活动。此次活动，向群众发放环保购物袋、宣传册、宣传资料和环保纪念茶杯500余份，现场接受群众咨询30余人次，发送环保宣传短信500余条。

同日　波密县开展以“社会治理人人参与，和谐社会人人共享”为主题的社会治安综合治理宣传周活动，40多家综治成员单位参加活动。此次宣传活动出动宣传员60人、宣传车3台，发放宣传单6800余份、书籍300余本、宣传画360余张、计生药品350余份，接受各种咨询42人次，直接受教育群众达12000余人次。

8日　波密县召开2017年上半年和谐模范寺庙暨爱国守法先进僧人表彰大会，此次会议，对5座和谐寺庙，多名爱国守法先进僧人，3处先进寺管会（专职管理特派员办公室）及6名优秀驻寺干部进行了表彰。

9日　波密县档案局（馆）组织工作人员开展学习档案法、档案知识宣传活动。发放宣传资料80余份，接受群众咨询50余人次。

7—9日　由“同心·共筑中国心”组委会成员—首都医科大学附属北京潞河医院党委书记纪福民带队、北京市门头沟区卫计委主任野京城和首都医务志愿者组成的调研团在波密开展“同心·共筑中国心—2017林芝行大型公益活动”前期调研工作。

10—12日　西藏自治区民政厅副厅长牛玉枝一行在波密县督导调研社会福利、社会救助、优抚安置、集中供养运行情况、救灾物资储备管理情况等。林芝市民政局副局长尹斌，波密县委常委、政府副县长沈光银等陪同调研。

12—13日　2017年林芝市内地西藏（初中）班招生考试波密考点工作有序实施并圆满完成。

15日　林芝市人大常委会副主任旺扎多吉带领检查组一行在波密县粮油加工厂检查指导工作。

16日　林芝市治理“餐桌污染”现场会在波密县召开。

21日　广东省卫生计生委副主任刘冠贤，广州市第一人民医院院长曹杰，林芝市卫生计生委党组书记、副主任仓琼，林芝市卫生计生委党组副书记、副主任刘宗爱在波密县卫生服务中心检查督导三级医院对口帮扶工作。

16—22日　波密县开展“四讲四爱”第二专题“讲团结爱祖国”巡回宣讲活动，先后在8个乡镇开展宣讲，受教育群众达1500余人次。

26日　西藏日报驻林芝记者站站长麦正伟、西藏人民广播电台记者旺姆、林芝市“四讲四爱”活动办宣传组组长次仁曲措、波密县“四讲四爱”办副主任向巴拥宗等一行10人在玉许乡采访“四讲四爱”喜迎党的十九大主题教育实践活动开展情况及先进典型人物。

同日　波密县举办以“珍爱生命，远离毒品”为主题的“6·26”国际禁毒日宣传活动。此次活动，发放各类禁毒宣传手册500余份、宣传海报800余份、禁毒宣传公益品200余件，展示毒品标本8份，悬挂禁毒宣传标语30余幅，摆放禁毒展板6块，接受现场咨询200余人次，直接受教育群众达1300余人。

27日 波密县广东省第八批援藏工作队波密县工作组为县卫生服务中心捐赠医疗下乡用车。波密县委常务副书记李锋，县委副书记、政府常务副县长李伟成出席捐赠仪式。

28日 广东省东莞市中级人民法院院长王海清带领对口支援调研组一行在波密县法院调研。

同日 “波密天麻”及天麻保健产品参展世界地理标志大会。在活动现场，向公众赠送天麻保健产品200余盒。

29日 总投资1.7亿元、总长度约70公里的康玉乡公路路面硬化工程建设完成。

同日 广州创显科教股份有限公司捐助“幼教一体机”开机仪式在波密县第二幼儿园举行。仪式由县委副书记、政府常务副县长李伟成主持。

30日 波密县举行庆“七一”歌咏比赛，县委书记朱正辉、县委常务副书记李锋等县级领导及县直机关广大干部职工一起唱红歌，喜迎中国共产党建党96周年。

7月

3—7日 上海景域集团考察组一行在波密县调研考察易贡、八盖乡旅游资源，为下一步做好“易贡藏布国家生态公园总体规划编制”奠定坚实基础。

5日 波密县商务局组织开展波密县牛羊肉市场供应市场调研。经调研，因当地老百姓基本不杀生，波密县牛羊肉主要货源是青海、甘肃、八一；2017年4—6月，波密县牛羊肉销售数量分别为64头、53头、61头；每年牛羊肉价格浮动较为平缓，牛肉价格为45元每斤、羊肉价格为35元每斤。

6日 农业部草原监理中心主任李伟方一行在波密县检查新一轮草补奖工作开展情况，检查内容涉及草畜平衡制度落实、补奖资金发放、信息录入管理、绩效考核开展和草原生态改善等草补奖政策落实情况。西藏自治区农牧厅副厅长肖长伟、财政厅农财处处长王春燕，林芝市农牧局和财政局有关负责人陪同。

6—8日 西藏自治区教育厅副厅长吴爱珍、教育厅财务处处长刘炳江一行在波密县督查教育财务异地交叉审计工作。林芝市政府副秘书长白多、波密县委书记朱正辉陪同。

9日 民航西藏自治区管理局、西藏自治区发展改革委、中国民航工程咨询公司等相关负责人及专业工程师在波密县易贡乡现场踏勘西藏波密易贡乡支线机场场址工作。

同日 波密县脱贫攻坚指挥部、广东省第八批援藏工作队波密县工作组与中国人寿林芝分公司签订购买“脱贫保”产品仪式。此次协议，购买“脱贫保”产品1025份，购买金额102500元，资金由广东省第八批援藏工作队提供。主要受益对象为全县1025户建档立卡户、城镇低保及临界贫困户家庭。

同日 西藏自治区国土厅党组成员、副厅长、总工刘鸿飞、自治区水文局总工扎西、自治区防汛指挥部办公室调研员罗再军一行在易贡茶场白弄沟进行实地考察。

10日 国家投资345万元的康玉乡卫生院建设项目开工建设。

11日 林芝市首家全日制（24小时）民营医院——普济医院正式开业。医院位于县城内，由西藏普济实业有限公司投资建设。其中注册资金100万元，共有医护人员60余人，其中行政后勤人员12名，医技人员48名，有床位80张。

12日 林芝市第二期基层公共服务平台工作人员业务培训班在波密县顺利开班。广东省人社厅党组成员、副厅长谢树兴，人社厅授课专家出席开班仪式。林芝市人社局党组副书记、局长王东升出席开班仪式并讲话，林芝市人社局党组副书记、副局长朱虹飞主持开班仪式。波密、察隅、墨脱3个县共37名基层平台和县人社部门工作人员参加开班仪式。

8—12日 “同心·共铸中国心”组委会选

派北京各大医学专家、随行记者、志愿者及工作人员共100余名在波密县开展大型义诊活动，选派8名B超专家支援波密县包虫病筛查工作。此次义诊，共义诊4381人，免费发放价值80余万元的药品。慰问贫困户共20户，价值3000余元，为玉许乡20名贫困生捐献2000元的学习用品和体育用品。

16日　广州大学与波密县政府举行教育结对共建签约揭牌仪式。由广东省第八批援藏工作队波密工作组组长、波密县委常务副书记李锋与广州大学校党委副书记、纪委书记张强，分别代表各自单位签署教育结对共建合作协议书。

17日　波密县四套班子在家领导和县直各单位副科级以上干部在县教体局三楼集中收看《将改革进行到底》政论专题片，共100余人参加收看。

18日　波密县机构编制委会认真贯彻落实《中共林芝市委员会办公室 林芝市人民政府办公室关于印发〈波密县人民政府职能转变和机构改革方案〉的通知》文件精神，结合实际，设置23个政府工作部门（规格为正科级），并撤销原有的2个部门管理机构（粮食及森林管理局），进一步规范合署办公机构、挂牌机构。

19日　中国人民银行总行党委宣传部巡视员汪洋一行在波密县多吉乡达大村看望慰问“四对一”帮扶对象。

22日　波密县举行山洪灾害防御抢险应急演练，波密县委书记朱正辉，县委副书记、政府县长边巴等领导及各单位参演人员共90余人参加此次活动。

16—23日　首届“大手拉小手 藏汉一家亲”夏令营活动在波密县完全小学成功举行，160余名中小学生参加活动。

22—23日　西藏佛学院副院长达穷带队自治区涉宗部门及寺庙“四讲四爱”督导组深入波密县督导检查工作，林芝市委统战部副部长、市宗教办主任次久，波密县委常委、统战部部长加布等陪同。

24日　波密县检察院首推“检企共建”助力职务犯罪预防工作，与县城投公司签订“检企共建协议书”，试点开展企业职务犯罪工作中的协作配合。

同日　农村党员现代化远程教育终端站点管理员培训班在波密县举办。此次培训班集中对82名未参加过市委远程教育终端站点培训的村（居）管理员开展集训。

25—26日　波密县“四讲四爱·番波蜜韵”民俗歌唱大赛在县农牧民活动中心成功举办。活动特邀中国音乐家协会会员、中央电视台特约演员、文化部“尖子”演员宁林担任此次比赛的评委。

26日　波密县召开2017年安全生产工作专题会暨第二次安全生产例会。波密县委副书记、政府县长边巴参加会议并讲话。

28日　波密县工商联会员企业—藏立景观主题酒店法人代表唐军向波密县捐助精准扶贫资金10万元。

29日　波密县举办以“庆八一、共建双拥”为主题的文艺汇演，为驻地军警部队官兵送上节日的问候。

8月

1日　波密县以纪念中国人民解放军建军90周年为主题，开展慰问活动。此次活动，送去慰问金6.2万元，向退伍军人发放慰问金1.88万元。

2日　波密县普济医院专家一行在松宗镇开展义诊活动。此次义诊，免费发放药物20余种，发放宣传手册200余份。

3日　19时50分，倾多镇栋曲村（栋曲村村委会往西1公里卓布沟处）发生冰川溃决型、黏性型大型泥石流，历时约3小时，先后5次爆发，历时短、规模大、冲击强，冲出量约30万立方米。此次救灾，累计投入救灾人员200余人，挖机4台、装载机1台、通讯车1台、无人机1架、消防车3台、卡车4辆。灾民安置保障工作方面，共调集帐篷20顶，棉被80床至灾区。

8日　倾多镇朱西村牧场发生小型泥石流，冲毁村庄通往牧场小桥2座（木质结构），4人被困牧场，致村内约5公里河道被堵，无人员伤亡、无财产损失。截至8月10日上午11时，被困群众实现全部转移。

9日 波密县开展“走村入户、送法下村”“军惠民、送医下乡”义诊活动。此次义诊108人次，发放宣传资料200余份，宣传手册300余份，现场解答咨询43人次。

10日 13时左右，玉普乡米堆村（景区入口3公里处）发生泥石流，泥石流方量约500立方米，致通往景区道路中断，30余辆车约160人受阻，无人员伤亡。

同日 八盖乡竹玉村发生泥石流，5户村民3.5亩农田被淹，无人员伤亡，无财产损失。

同日 西藏自治区党委统战部常务副部长叶银川一行在波密县开展党外知识分子（新的社会阶层）调研工作。

12日 广州大学第一批支教实习生14人到波密县开展为期一学期的支教生活。

13日 波密县发生4.3级地震，震源深度7千米，震中位于北纬30.31度，东经94.92度。经核实，无人员伤亡，无重大财产损失。

同日 广州大学教育实习基地在波密县教体局隆重揭牌。广州大学附中、附小与波密县中学、县完全小学支教协议正式启动。

14日 中共波密县委员会批准，中共波密县教育体育局委员会成立。

15日 波密县工商联兼职副主席、西藏波密县易贡铁山建筑有限公司负责人白玛次仁在易贡乡看望慰问5户贫困户和9名困难大学生，并送去慰问金15000元。

16日 波密县教体局正式开通“波密教育”微信公众平台，申请开通的官方微信公众号为：波密教育；微信号为xzlzbmjy。主要用于发布波密教育信息，展示波密教育风采，树立波密教育形象；快速便捷传递国家教育政策，服务广大师生和读者等。

15—18日 波密县开展2017年农牧业实用技术培训活动。参加培训的农牧民群众达88人次，覆盖全县10个乡（镇）、84个行政村。

20日 由佛协西藏分会副会长达扎·丹增格列任团长的自治区“四讲四爱”主题教育暨“爱国爱教”宣传服务团在波密县多东寺开展“四讲四爱”主题教育暨“爱国爱教”集中宣传服务活动。

同日 波密县组织开展“禁白”专项活动。此次活动，发放“禁白”宣传单（藏、汉）200余份，购物袋1500余个，置换可降解塑料袋10000余个。

21日 9时12分，波密县发生3.1级地震，震源深度8千米，震中位于北纬30.37度，东经94.84度（距离县城108公里）。经核实，无人员伤亡。

同日 波密县派出由21人及3家企业组成的参展团到广州市参加第25届大型中外经贸结合博览会活动，参展产品有糌粑、天麻、灵芝、咔赛、藏刀、易贡茶等6种波密特色产品。

24日 波密县古乡索通村羌那自然村发生山体崩塌自然灾害，造成4人遇难。

25日 为期4天的第25届广州博览会在广州琶洲会展中心举行，波密县受邀参加此次展会。此次展会由波密县委副书记、政府常务副县长李伟成和县委常委、政府副县长沈光银带队，参加的单位包括县政府办、县商务局、县旅游局和县文广局，参加的企业包括易贡茶厂、西藏千金方生物医药有限公司和林芝广药集团。

28日 波密县委副书记、政府常务副县长李伟成组织相关单位人员在广州市番禺区文史研究室参观学习。

同日，波密县首个数字影院建成并开始试运营，该项目总投资120万元（国家投资），建设内容包括容纳78人的放映厅1个及其配套措施。

同日 波密县广播电视台节目从丰富栏目内容、提升节目质量、创新节目编排等方面全新改版后首次开播。

31日 波密县在家县级领导参加“两学一做”理论知识测试。测试采取闭卷形式，参加考试的18名在家县级领导全部合格。

9月

1日　波密县召开2017年度民族团结进步模范表彰大会，对13个民族团结模范集体、15个民族团结模范个人进行隆重表彰，兑现奖金13.4万元。

4日　武警交通二支队组织官兵7人为倾多镇巴康村产妇尼珍献血约800毫升，使产妇因血色素过低一度晕厥症状得到及时有效救治，顺利产下一子，母子平安。

5日　波密县共产党员不信仰宗教承诺活动在扎木镇桑登村党群之家启动。启动仪式上，党员代表作了不信仰宗教倡议，与会90名党员作了不信仰宗教承诺，波密县委常委、组织部部长张斌代表县委与4个单位代表签订《波密县党员不信仰宗教承诺书》。

同日　波密县广播电视中心建设项目顺利开工建设。该项目总投资350万元（国家投资），建设内容包括新建广播电视中心综合业务用房（不含辐射类设备）1009.27平方米及附属设施。

11日　林芝市委第一巡察组专项巡察波密县委扶贫工作进驻动员会议召开，并从即日起开展为期2个月的专项巡察。林芝市委巡察工作领导小组成员、市委巡察办主任姚鹤忠，市委第一巡察组组长罗布出席会议并作讲话。波密县委常委、常务副县长、县脱贫攻坚指挥部指挥长全保卫主持会议并作表态发言。市委第一巡察组全体成员、波密县脱贫攻坚指挥部全体成员及下设的11个工作小组组长、副组长，“两代表一委员”代表，贫困户代表，退休干部代表等70余人参加会议。

12日　广东海珠区人大常委会党组书记、主任黄翔一行在波密县多吉乡考察指导工作。

同日　波密县组织开展“两学一做”理论知识测试。此次“两学一做”测试共设13个考点，其中县城3个，各乡镇各1个（10个乡镇），参考人员为副科级以上干部，共240余人。本次测试成绩总体良好，参考人员全部及格。

同日　波密县中学联合县消防大队组织全校师生1500余人开展消防应急演练。在增强全校师生的消防安全意识的同时，提高全校师生抵御和应对紧急突发事件的能力。

13日　林芝市政府副市长肖鹤、市环保局局长雷增炎，在波密县政府副县长白玛旺扎，县环保局局长、河长办成员拥青卓嘎的陪同下，在康玉乡督导检查康玉乡全面推行“河长制”工作进展情况。

17日　上午9时35分，养护队管养的G559线K54+800（距80K检查站5.2公里）处发生泥石流灾害，同时G559线K53+500（距80K检查站6.5公里）处30米的321型双排单层钢架桥被泥石流冲至河对岸，仅桥台残存，导致公路断通。此次保通中养护队投入装载机1台，挖掘机2台，平板拖车1台，巡路车2辆，人员16人，经过连续8小时的奋战，于当日18时道路恢复通行。

19日　波密县被中央综治委授予“2013至2016年度全国社会治安综合治理优秀市”称号，实现“全国社会治安综合治理优秀市（市、区、旗）”三连冠，并首次捧得全国综治最高奖“长安杯”。

同日　波密县从华南师范大学、山东理工大学、聊城大学等高校共引进的43名专招生（其中广东20人、山东23人）已全部到位，并在县直各部门开展为期一个月的学习。

18—19日　由四川、西藏、青海、甘肃、云南五省区广播电台共同发起的“喜迎十九大·藏区万里行”大型采访活动川藏线采访团在波密县多吉乡、松宗镇栋曲村、古乡嘎朗湖和产业园区开展采访活动，用手中的话筒、摄像机记录和反映波密的新变化新成就，真实展现波密县跨越发展、长治久安、决战决胜全面同步小康的生动实践，以优异成绩迎接党的十九大胜利召开。

21日　云南省迪庆藏族自治州维西傈僳族自治县统战、民宗、公安和寺管局组成的联合工作组一行14人在波密县调研民族宗教工作并相互学习、交流经验、探讨作法。

22日　广州市教育局党组书记、局长樊群，广州市教育局副局长林治生一行在波密县调研。

同日 波密县开展2017年网络安全宣传周宣传活动。此次宣传活动以“保护网络安全·守护精神家园”为主题，通过向过往群众发放宣传单、摆放宣传展板、设立咨询台、悬挂横幅、播放公益短片等多种形式进行。此次活动，发放《中华人民共和国网络安全法》宣传手册、《移动终端安全》《个人信息安全》等网络安全宣传资料600余册，现场咨询100余人次。

同日 林芝市妇联主席晓红一行在波密县调研申报创建“儿童之家”的选址情况和授牌。工作组一行实地考察儿童之家”选址地—扎木镇东若村村文化室，为东若村“儿童之家”授牌，并发放2000元的“儿童之家”启动经费。

24日 林芝市“四讲四爱”主题教育活动“回头讲”暨全市文艺巡演在波密县演出，来自巴宜区民间艺术团、波密县民间艺术团的50余名演艺工作者参与演出，节目包括独唱《工布民歌》《美丽的波密》《再唱山歌给党听》、舞蹈《门把敬酒歌》等10余个节目，现场观演群众达700余人。

26日 广州市增城区人大常委会副主任殷国良、增城区科技工业和信息化局局长邓海军、增城区农业局局长汤海帆等一行在波密县委副书记、常务副县长李伟成的陪同下在波密县康玉乡开展援藏对接工作。

28日 波密县组织各部门、企业在波茂广场开展“诚信兴商月”和“信用消费进万家”主题日活动。此次活动，共发放宣传单650余份，涉及群众1000多人次，现场解答疑难问题35起。

29日 广州市白云区人大常委会副主任邓穗平一行在波密县八盖乡中心小学开展支援和帮扶活动。此次活动，向八盖乡中心小学捐赠学生服装130套，价值33000元；头盔120个，价值13900元；总计价值46900元。

30日 波密县召开“民族团结一家亲”民族团结主题座谈会。波密县委常委、宣传部长马海蕴，县委常委、统战部长加布出席座谈会。

10月

1日 波密县举行庆国庆升旗仪式。林芝市驻波密县维稳督导组组长、市政协副主席扎西达杰，波密县委副书记、县长边巴，林芝市委巡察一组组长罗布，县委副书记、县人大常委会主任郑都，县委常务副书记李锋，县政协主席巴桑等县级在家领导及县各单位在家同志参加升旗仪式。

同日 波密县举行迎接全国社会治安综合治理最高荣誉“长安杯”仪式。

同日 波密县举行主题为“创辉煌业绩喜迎盛会 展和谐风貌欢庆佳节”的文艺汇演。此次文艺汇演共50余名演员参与演出，观演群众达1500余人。

5日 西藏自治区党委副书记，区政府党组书记、常务副主席、区行政院长庄严一行在波密县督导十九大维稳安保工作。林芝市政协副主席扎西达杰，波密县委书记朱正辉，波密县委副书记、政府县长边巴，波密县委常委、统战部部长加布等陪同。

7日 波密县首个干部职工多功能运动场建设项目正式开工建设。项目总投资60万元（国家投资），建设面积约700平方米，建设工期3个月。

9日 总投资2500万元（国家投资）的波密县委党校项目正式开工建设。

10日 波密县委书记朱正辉在多吉乡角落村调研指导易地搬迁工作进展情况。

12日 波密县开展违法运输车辆专项整治行动。此次行动，出动警力32人次，警车3台次，检查运输车辆203台，查处违法行为11起，其中超载2起，超速1起，其他8起，教育违法行为16人。

13—14日 林芝市政府副市长梅家奎，市政府副秘书长白多，市教体局副局长拉巴次仁在波密县督导检查学校工作。

15日 波密县倾多镇扎西村32户232人贫困群众喜迁新居，扎西村于2016年纳入易地扶贫搬迁项目，项目于2016年6月开工，2017年9月竣工。该项目总投资1769.27万元（国家投资），建设内容包括新建房屋31套，建设总面积4790.78平方米，同步配套水、电、路等基础设施。

16日 广东省质监局副局长翁永卫一行在波密县卫生服务中心开展免费检测医疗设备。

同日 波密县委书记朱正辉，县委常委、组织部长张斌在松宗镇栋亚村、格尼村、德巴村，通过实地走访、查阅资料、座谈交流等形式，检查指导维护稳定和精准扶贫等工作。

同日 波密县以提供休闲式“美学”阅读空间为核心概念的首个书吧—“饮墨斋”书吧开馆试营业。书吧总投资629704.8元，总占地170余平方米。

17日 波密县首个专题刊物《波密保密》正式创刊发行。期刊内容主要以保密工作的历史故事、法治宣传、案例解读、保密科普等方面内容为主，并对全县各乡（镇）、各单位及涉及保密方面的广告公司等63家单位免费发放。至此，波密县成为林芝市首个创办保密刊物的县。

同日 波密县工商联积极组织动员22家会员企业参加波密县委、政府举办的“慈善爱心 真情暖人心 扶贫济困 功在当代 利在千秋 喜迎党的十九大”2017年全国扶贫日活动，此次活动，共收到捐款108500元。

18日 上午9点，中国共产党第十九次全国代表大会在北京隆重开幕。波密县共千余名干部群众认真收听收看十九大开幕式和习近平总书记在中国共产党第十九次全国代表大会上的报告。

同日 波密县组织相关单位深入县城周围及各乡镇联合开展整治非法地面卫星接收设备专项行动。此次清查活动，出动执法人员6人次，清查村居住户59家，乡镇经营场所3家次，查获非法地面卫星接收设备5套，解码器46个。

19日 波密县委书记朱正辉，县委常务副书记、政府常务副县长李伟成，县委常委、组织部部长张斌一行在康玉乡检查七项重点工作落实情况。

22日 波密县妇联微信公众号“波密县妇联”正式开通，开辟联系妇女、服务妇女的新途径。

19—23日 波密县粮油加工厂开展易贡乡油菜籽原料收购工作，此次共收购油菜籽15.1万公斤，为当地农牧民兑现现金106余万元，为易贡乡运输队创收5万余元。

24日 林芝市政府副市长肖鹤在波密县多吉乡检查指导驻村、驻寺和村“两委”班子的工作。市林业局党委副书记、局长董贵军，波密县人大常委会副主任、驻多吉乡维稳督导组组长张豪杰，政府副县长阿朗陪同。

26日 波密县米堆冰川景区、岗云杉林景区、易贡茶场和易贡将军楼荣获中国广播电影电视社会组织联合会颁发的“全国影视指定拍摄景点”称号。

同日 波密县完成2017年“国酒茅台国之栋梁希望工程圆梦行动”大型公益助学金发放工作。为考上大学的贫困大学生申请到7个助学金名额，助学金额达35000元（每人5000元）。

同日 波密县幼儿园开展“九九重阳节颂党恩，为敬老院爷爷奶奶送温暖”文艺汇演活动。此次活动，参演师生达300余人，向老人们献上洁白的哈达，送上节日的祝福，带去水果、清油、酥油等慰问品，价值3000余元。

同日 波密县召开2017年脱贫攻坚专题培训会议。县脱贫攻坚11个专项组、10个乡（镇）党委书记、分管负责人、扶贫专干、县脱贫攻坚指挥部办公室工作人员45余人参加培训。

27日 西藏自治区卫计委医院等级评审专家组组长、自治区第二人民医院副院长格桑顿珠一行在波密县卫生服务中心开展创二乙医院终级评审工作。评审结束后，波密卫生服务中心顺利通过二级乙等医院的终级评审。

30—31日 波密县食药监局组织相关部门对无菌和植入性等医疗器械开展专项检查工作。此次检查，共出动执法人员8人，检查医疗机构单位6家。

11月

2日 西藏自治区康复中心主任丹培带领各科室主任共13人组成医疗队，在波密县残联主席次仁央宗等陪同下，为玉许乡残疾人群做康复检查，同时为贫困残疾家庭免费发放康复辅助器具。

同日　波密县供电公司举行成立揭牌暨代管签字仪式，至此，波密县供电公司正式成立。

同日　波密县委副书记、政府常务副县长李伟成一行在多吉乡检查指导工作。

6日　广东省援藏图书捐赠仪式在波密县综合文化活动中心举行。所捐书籍由广东中山大学南校第十四党支部捐赠，图书共计1000余册，价值5万余元。

7日　广州大学教师培训团一行在波密县完小开展“诊断把脉”对口帮扶工作。

同日　西藏自治区重点水利项目建设管理中心主任罗小一行在波密县组织召开易贡湖生态修复与综合整治工程项目推进暨易贡国家地质公园规划征求意见座谈会。

同日　西藏自治区党委组织部副部长、群团改革领导小组组长李凤学一行在林芝市委组织部副部长、编办主任雍尚荣一行的陪同下在波密县召开群团改革调研工作座谈会。波密县委常委、组织部部长张斌，县人大常委会副主任屈永辉，政府副县长达娃卓嘎等20人参加会议。

8日　波密县组织相关工作人员对2015年涉及古乡古村、多吉乡通参村、西巴村，扎木镇卡达村，八盖乡日卡村、雄吉村、竹玉村、龙普村等4乡镇8村，封育面积2076.67公顷，总投资623万元防沙治沙项目进行验收。该项目于2015年开始实施，除扎木镇卡达村尚未实施外，其余已实施完毕。经现场查看，7村均达到验收合格标准。

2—8日　波密县县级领导干部为期一周的下乡督查指导脱贫工作圆满结束。通过对10个乡（镇）、85个村（居）、972户建档立卡贫困户3778人脱贫攻坚工作检查督导，检查问题136项，指导完成整改136项。

6—8日　林芝市脱贫攻坚考核验收组入驻波密县在波密县各乡（镇）开展脱贫攻坚考核验收工作，对全县2017年拟完成879户建档立卡贫困户3494人脱贫工作进行考核验收。

9日　波密县委组织部、县住建局、安徽省阜阳市勘测院西藏分院、重庆亚太工程建设监理有限公司西藏分公司组成的验收组，对波密县委党校地勘基础建设进行质量验收，并通过验收。该项目总投资2500万元（国家投资），建设地位于波密县扎木镇桑登村，项目总占地面积13334平方米，建筑面积为7310.14平方米。

同日　波密县组织相关单位利用“11·9”消防宣传日，在波茂广场开展消防宣传及演练活动。此次活动，发放商贸流通领域消防安全宣传单200余份，受教育群众达500余人。

7—9日　波密县举办村级动物防疫员培训班。此次培训邀请广东省广州市动物卫生监督所所长沈丹等4名老师，通过PPT演示、播放图片资料、精彩演讲、理论指导等方式，讲解国内先进养殖技术和动物疫病防控技术。此次培训共43名防疫员参加。

10月31日—11月9日　波密县组织相关单位工作人员开展清山巡山专项行动。此次行动，宣传动员群众5000余人，解答群众问题130余次，救助野生动物鬣羚1只，发现存在问题5处，责令立即整改到位，排除火灾隐患2处。

12日　波密县对县城内4家药店、7家诊所、1家私立医院进行专项检查，重点检查特殊药品、含麻黄碱类药品的采购渠道是否合法、发票清单与实物是否统一；是否实行“双人双锁”制度，以及销售台账是否实名制。经检查，发现1家诊所未设立专柜，现场提出，并限期整改。

11—12日　波密县利用“双十一”网购契机，鼓励企业积极开展营销活动。活动期间，销售各类产品、商品36000余件，实现销售额90.8万元。

13日　林芝市委常委、副市长达瓦一行深入波密县玉许乡基层考核脱贫攻坚工作。波密县委常委、统战部部长加布等陪同。

同日　广东悠游道慈善助学爱心人士在波密县多吉乡小学开展捐助活动。此次活动，捐赠羽绒服248套，价值4万余元。

同日　林芝市第二次非公有制经济大会召开。波密县委书记朱正辉、县人大常委会副主任普琼、政府副县长张广柱、县政协副主席布穷穷，市直单位和县直相关单位负责人及部分会员企业代表30余人在波密县分会场参会。波密县嘎瓦龙建筑有限公司、易贡铁山建筑有限公司、嘎朗建筑有限公司和仁青家庭旅馆分别获得林芝市社会主义优秀建设者、林芝市非公有制企业扶贫六强等荣誉称号。

7—13日　波密县卫生服务中心援藏专家、波密藏医院专家组成免费巡诊医疗组深入寺庙开展免费巡诊活动。本次免费巡诊，走访全县18个寺庙，接诊僧人多名，发放藏药价值4万余元，发放西药价值1万余元。

13—14日　全市林业系统第一届森防综合演练大比武活动在林芝市森林武警支队举行，六县一区的7支森防突击队伍参加比赛，波密县代表队勇夺夺林芝市林业系统第一届森防综合演练大比武综合和单兵第一名。

15日　波密县召开2017年下半年和谐模范寺庙暨爱国守法先进僧人表彰会议。此次会议，对5座和谐模范寺庙、多名爱国守法先进僧人、4处先进寺管会（专职管理特派员办公室）及6名优秀驻寺干部进行了表彰。

18日　06时34分，在西藏林芝市米林县（北纬29.75度，东经95.02度）发生6.9级左右地震，震源深度10千米。波密县震感强烈，无人员伤亡。

19日　波密县110千伏变电站成功启用，提高了全县供电的稳定性和可靠性。

20日　1时40分，林芝市巴宜区（北纬29.92度，东经90.06度）发生4.5级左右地震，震源深度30千米。波密县有轻微震感，无人员伤亡，未发现道路损毁。

同日　西藏中长跑冬训开幕仪式在波密县开幕。西藏自治区竞技体育管理中心副主任洛松扎西、西藏中长跑队主教练洛桑次仁、教练高金海、西藏藏游旅游开发有限公司董事长沙杰扎西及运动员、县教体局相关负责人30余人参加开幕仪式。

21日　广州番禺区（石壁、大龙）一行20余人在波密县易贡乡开展对口帮扶捐赠活动。共捐赠资金30.5万元，所捐款项将用于全乡民生项目及基础设施建设。

同日　波密县松宗镇首个云教室—松宗镇中心小学云教室正式投入使用。

22日　西藏自治区副主席多吉次珠带队一行在波密县易贡乡对波密县旅游产业和旅游设施建设情况进行检查指导。

24日　林芝市教育督导委员会在市教育局副局长拉巴次仁的带领下，对波密县中学素质教育工作开展情况进行督导评估，县中学顺利通过林芝市教育督导委员会的检查，并获得高度评价。

23—24日　西藏自治区副主席其美仁增一行在林芝市政府副秘书长张晋宇和波密县委副书记、政府县长边巴的陪同下，深入波密县玉普乡米堆冰川、松宗镇栋曲村、扎木镇康木村、波密县天麻生产基地、古乡索通村、通麦小集镇、易贡乡达拉村调研脱贫攻坚、异地扶贫产业、森林防火、国土绿化、帕隆藏布流域河长制等工作。

27日　中央电视台、新华网、西藏电视等8家媒体对波密县中学践行“四讲四爱”优秀传统文化进校园、进课堂活动进行联合采访。

28日　波密县政协委员珠嘎受邀在波密县法院旁听一起被告人多某涉嫌非法收购盗伐的林木罪一案的庭审，并在庭审结束后与该案合议庭成员进行交流。

同日　以“青年兴则国家兴、青年强则国家强”为主题的2017年波密县青少年知识竞赛在县文化活动中心礼堂举行。全县共8支参赛队伍、40名选手参加比赛。

29日　波密县委副书记、政府县长边巴，县委副书记、人大常委会主任郑都，县委常委、政法委书记、公安局局长阿旺朗加等一行在玉许乡检查指导党建、扶贫、产业发展、基础设施建设等工作。

12月

2日　西藏自治区脱贫考核评估验收组带领专家、学者一行在波密县多吉乡验收精准扶贫精准脱贫工作。

4日 投资400万元的易贡乡卫生院新建项目开工建设。

同日 波密县开展2017年国家宪法日法治宣传活动。此次活动，共28家县直部门参与，累计发放法制宣传材料3100余份，现场接受咨询达100余人次。

5日 波密县正式完成22条县级河流的“河长制”公示牌设置工作。

同日 林芝市2017年商标广告工作推进（联席）会议召开，波密县工商局荣获林芝市“推进商标品牌战略实施先进集体”的称号。

同日 林芝市教育城域网验收组在波密县进行“教育城域网”建设项目初验工作。该项目总投资240万元，11月2日正式开工建设，12月2日完工，建设内容包括安装路由器15台，锐捷交换机86台，网络机柜15台及教育城域网软件建设。经实地查看测试，符合标准，通过初验。

同日 波密县召开冬春火灾防控工作总结部署暨集体林地承包经营纠纷调处工作会议。

6日 朗县塔布民间艺术团在波茂广场开展文化交流演出。波密县干部群众、敬老院老人、中小学生共1600余人观看了演出。

7日 西藏自治区党委宣传部“高原记者万里行”采访团在波密县多吉乡小学实地调研采风非遗文化进校园工作开展情况。

9日 波密、嘉黎两县森林公安局在嘉黎县尼屋乡举行警务联动联勤合作签约仪式。波密县森林公安局与嘉黎县森林公安局代表双方签订了《警务联动联勤合作协议》。协议包括5个机制内容，另签订《森林防火及森林火灾案件查处协作制度》。西藏自治区森林公安局局长扎西出席仪式并致辞。

同日 波密县组织相关单位工作人员组成土地执法小组，对松宗小集镇建设规划范围内违法建设行为进行依法打击。本次行动，采用全程录像、录音对执法工作进行全方位的记录，查处违法实例1起，按照相关法律法规，现场依法予以查处。

12日 波密县人民政府与广州市淮霖企业管理服务有限公司负责人签订西藏波密县桃花沟5A级景区战略合作协议，协议价为10亿元。

10—13日 西藏自治区脱贫攻坚交叉考核第三组在波密县开展2017年脱贫攻坚成效考核工作。此次考核组由山南市副市长索朗曲巴带队，以召开座谈会、查阅档案资料、走村入户、面对面交流等形式，先后与县、乡两级主要领导、“两代表一委员”、11个专项组、贫困户、村支部书记、驻村工作队等进行交流，并实地察看县产业园区、创业就业孵化基地及易地扶贫搬迁项目等，并针对波密县脱贫攻坚工作开展情况进行反馈。

8—15日 波密县委政法系统在县体育馆举办首届“长安杯”体育运动会。比赛内容包括篮球比赛、田径、羽毛球、乒乓球、趣味知识问答等10个项目，共13支代表队139名运动员参与比赛。

16日 西藏自治区政府副主席、区党委政法委副书记、公安厅党委书记、厅长刘江一行在波密县公安局玉普一级公安检查站检查指导工作，并亲切慰问检查站全体民辅警。林芝市副市长、市委政法委副书记梅家奎，林芝市公安局副局长张玉生等陪同。

18日 波密县举行粤香川菜扶贫捐赠仪式。波密县第八批援藏工作组、县扶贫办、各乡（镇）及贫困户代表50余人参加。此次活动，捐赠“水依生”保健饮料972件，总价值7万余元。

19日 波密县召开2017年度抓基层党建工作专项述职评议会议。林芝市委组织部到会指导同志、县四大班子在家人员、县党建工作领导小组全体成员、各乡（镇）党委书记、非公党工委、公安局党委、县教体局党委、县委老干部局、县直机关工委、“两代表一委员”、县直机关主要负责人等60余人参会。

同日 同日0时，波密县4G网络正式开通试用。电信林芝波密分公司、移动林芝波密分公司、联通林芝波密分公司4G网络全部开通，4G网络试用覆盖全县城。截至12月19日，4G网络仅限于上网，通话仍需2G和3G网络承担。

19—20日　西藏自治区区公安厅刑侦总队副总队长巴桑一行在波密县考评文物安全工作。

22日　广州市比音勒分公司“地天交泰 扶贫送暖”捐赠仪式在波密县举行。波密县委常务副书记李锋，县委副书记、政府常务副县长李伟成，县委常委、常务副县长全保卫，广东省第八批援藏工作队波密工作成员、各乡（镇）贫困户代表、支持扶贫工作的干部代表等120余人参加捐赠仪式。此次捐赠，全县927户贫困户收到防寒衣物2450余件，价值365万元。

17—22日　波密县人大常委会举办民主评议及民主测评工作。此次民主评议工作，发放民主评议测评表331份，覆盖19个单位和9个乡镇，共收回有效民主测评表331份，收集意见建议60余条。

23日　波密县首个驾校——民安驾校正式投入运营。项目总投资2121.47万元，总占地面积为30亩，为综合类二级驾驶培训中心。

10月30日—12月24日　波密县首届“体彩杯”暨第一届“聂赞杯”足球联赛在县完全小学体育场进行。

25日　波密县康玉乡德热村至拉瓦西村公路建成完工。该项目完工后，全县84个行政村1个居委会全部通车，结束行政村不通公路的历史。

25—26日　波密县教体局学习交流团一行在广州市荔湾区流花路小学、越秀区黄花小学参观学习。

27日　林芝市委政法委委员、调研员刘德裕一行在波密县开展党的十九大宣讲活动，全县政法系统20余人参加活动。

政 治

中共波密县委员会

【概况】 2017年，在区党委、政府和市委、市政府的坚强领导下，在广东人民的无私援助下，波密县委、县政府团结带领全县广大党员干部和各族群众，深入贯彻落实习近平总书记系列重要讲话精神和治国理政新理念新思想新战略、特别是治边稳藏重要思想，坚持党的治藏方略和依法治藏、富民兴藏、长期建藏、凝聚人心、夯实基础重要原则，认真贯彻落实吴英杰书记“五个走在前列”重要指示精神，高举中国特色社会主义伟大旗帜，以迎接、学习、宣传、贯彻中共十九大为主线，以推动波密长足发展和长治久安为目标，牢牢守住和谐稳定、生态保护、安全生产三条底线，强化党建引领，全力推进“五个波密”（祥和波密、活力波密、幸福波密、美丽波密、法治波密）建设，认真做好改革发展稳定各项工作，取得社会局势持续稳定、特色产业发展壮大、人民生活不断改善、生态建设成效显著、法治建设全面推进、党的建设不断加强的新成绩。

【党的领导】 强化思想引领。结合全力推进“两学一做”常态化制度化和“四讲四爱”主题教育实践活动，认真学习习近平总书记治国理政新思想新理念新战略和系列重要会议精神，重点抓好十九大精神的学习贯彻。全年开展理论中心组学习会议14次，专题学习十九大精神5次，县委书记讲党课6次，各级党组织开展集中培训40余场次、集中学习2200余场次，积极探索“四讲四爱+”宣讲模式，全年开展宣讲活动1855场次，受教育群众达19余万人次，并创新开展“我唱一首红歌歌颂祖国”群众性歌唱比赛等系列主题活动。通过深入学习宣传，党的思想阵地不断巩固，党员干部“四个意识”不断增强，各族群众“感党恩、听党话、跟党走”思想觉悟显著提高，凝聚齐坚定信念、戮力同心、共促稳定、共谋发展的时代共鸣。

规范组织生活。着力提升“三会一课”质量，广泛开展“主题党日”活动，不断提高党内组织生活的吸引力和凝聚力；制定下发《关于在全县推进〈关于新形势下党内政治生活的若干准则〉〈中国共产党党内监督条例〉学习贯彻的实施意见》，通过明确目标任务、细化工作举措、创新实践载体，切实用《关于新形势下党内政治生活的若干准则》《中国共产党党内监督条例》规范党内组织生活。全年各级党组织组织开展学习讨论会543次，组织开展“书记讲党课”活动922次，举办理论测试、爱心捐赠等主题活动194场次。

加强督查考核。坚持“一把手”亲自安排部署、分管领导协调推进，县委书记、组织部长带队调研、督导党建工作20余次，召开推进会、研讨会4次，层层签订“军令状”189份，并建立县级领导党建联系点33个，推动基层党建工作责任全面落实；制定完善《波密县基层党建考核评价办法》《基层党建工作督查制度》，通过日常督促指导、季度调研考评、年底目标考核及结果运用等方式，切实将各级党组织书记管党治党责任放在心上、扛在肩上、抓在手上，全年开展考核评分3次，下发督查通报3期，约谈工作推进缓慢的负责人8名；进一步深化“书记抓、抓书记”工作机制，组织召开乡（镇）党委书记座谈会2次，针对各乡（镇）党建工作薄弱环节进行“开方下药”，进一步夯实基层党建工作基础。

深化从严治党。严格落实“两个责任”，县委坚持每季度专题听取党风廉政建设工作汇报，形成压力传导，同时组织主责办、县纪委深入各乡（镇）、各部门开展监督检查，建立工作常态化制度，确保“两个责任”落地生根。狠抓队伍作风建设，始终保持反腐高压态势，以零容忍的态度惩治腐败，2017年，受理信访举报23件，截至年底，正在初核10件、立案5件、移交市纪委1件、了结7件，给予提醒谈话7人、诫勉谈话5人、党政处分4人，下达监察建议书2份。全力推动巡察工作，制定完成《波密县委巡察制度汇编》《波密县委巡察工作五年规划》等相关制度和文件，及时成立县委巡察工作“五人小组”和县委巡察工作领导小组，组建县委巡察办、巡察组，并进驻多吉乡和曲宗寺管委会开展巡察。

抓好问题整改。高度重视区党委巡视组和马升昌书记在全市基层党建述职评议会上指出问题的整改工作，坚持问题导向，逐项整改落实。截至年底，“督促指导不够”“一些制度落实不到位”“个别乡（镇）党务工作力量不足”“村级组织战斗堡垒作用发挥不明显”等4个问题全部整改完毕。

【党建引领】 坚持以党建促脱贫攻坚。制定下发《抓党建促脱贫攻坚实施意见》，狠抓培训带动，坚持扶贫与扶志、扶智相结合，投入经费30余万元，培训贫困村（居）干部、党员560余人次，组织专题宣讲130余次，发放宣传资料2600余册，受教育群众达8600余人次；发挥村集体经济整体带动作用，积极探索“乡（镇）统建、村级联建、支部+和党员+”三种运营模式，整合资金1503.5万元，新建集体经济18个，切实提升基层党组织“造血”功能；深化在“双联户”单位建党小组工作机制，探索“党小组+贫困户”帮扶模式，全县312个党小组与498户贫困户结成帮扶对子，投入物力财力总计26余万元，实施扶持活动360余项；各驻村（居）工作队认真落实“5+2+3”基本工作任务，帮助所驻村（居）理清发展思路164条，找准发展路子120个，制定、完善、实施经济发展规划54项，投入资金35.1万元，为民办实事好事297件，投入帮扶资金1032万元，争取扶贫项目61个，开展劳务输出362人次，为群众增加现金收入143.4万元。

坚持以党建促产业发展。积极推广“支部+合作社+精准扶贫户”“支部+企业”“致富带头人+党员群众”等产业发展模式，以党组织的组织力和党员的先锋性推动产业发展；成立岗巴村家庭旅馆党支部等联合党支部12个，吸纳党员80余名，带动140余户农牧民群众人均增收2100余元；11月以来，党员干部抢抓生产时节种植天麻8000余平方米。

坚持以党建促宗教管理。以推进寺庙“六建”工作为抓手，以建强党组织和领导班子为重点，不断深化寺管会党组织过硬、党员素质过硬、掌握政策过硬的“三个过硬”工作，选优配强党组织书记，组织寺管会党员干部加强党内政策法规和宗教政策学习，不断提高党员干部依法引导藏传佛教与社会主义社会相适应的能力水平，同时积极开展“党员不信教”签约、宣誓活动，营造风清气正党内政治氛围。

坚持以党建促和谐稳定。起草《抓党建促稳定实施意见》，明确各级党组织总揽全局、统领把关责任，细化职能分工，确保广大党员坚定政治立场，积极履职尽责，为维护稳定做贡献；充分发挥村（居）党支部、寺管会党支部、“网格化”党小组、“双联户”党组织等基层组织的政治引领力，建立群防群治队伍589个4901人，充分依靠和发动群众加强治安巡逻、排查化解隐患纠纷，用无限的民力弥补有限的警力，筑牢维护稳定的铜墙铁壁。

【党的建设】 理清工作思路。注重理顺“五支队伍”职能分工，进一步明确村（居）党支部核心领导、第一书记参谋助手、驻村工作队帮带引导、大学生村官辅助配合、包村干部沟通协调等职能定位，形成互相搭台、协作配合的有利局面。坚持围绕推动农村产业发展，选发展型干部、配发展型班子，高质量完成村（居）“两委”班子及配套组织换届工作，新班子成员中，初中及以上学历90人，40岁以下占比45%；创新推行第一书记“月汇报”制度，推动第一书记履职尽责、主动作为；制定下发《开展修订完善村规民约工作的方案》，扎实开展村规民约的审核分析、修订完善及执行落实工作，推动村级法治、自治与德治相结合；大力开展“红旗与灯塔”创建活动，提升基层党组织战斗堡垒和广大党员先锋模范作用。

狠抓能力建设。全面完成新任村（居）党支部书记、村（居）委会主任、村监会主任业务培训工作，进一步提高新任村（居）班子成员的思想认识和业务能力；高度重视党务干部能力培训，全年培训乡（镇）党委副书记、组织委员60余人次，机关企事业支部书记50余人次，第一书记90余人次；坚持以图表为主、重点解说为辅，突出县党建工作规划和乡村特色亮点，编写、印发波密党建画册，切实让各级党务工作者思想受教育、知识得完善、思路更清晰。

强化经费保障。全年党建工作经费预算达1063万元，同比增加56.1%；注重激发村（居）干部干事创业积极性，截至年底，“一肩挑”报酬达33502元、“正职”达32889元、“副职”达21458元；加大党内激励帮扶力度，下拨党内激励帮扶资金12.31万元，帮扶困难党员119名。

推进阵地建设。统筹县财政、援藏和扶贫等项目资金6130万元，全面实施20个村级组织活动场所标准化建设，截至年底，建成5个、在建3个、拟建12个；投入基层党建经费51万元，完成3个新建村活动场所相应功能设施建设。大力推进支部示范点建设工作，按照“点上集约、轴上牵引、线上辐推”思路，采取“规范一套制度、整合一批资源、打造一体化场所”三项重点措施，积极打造“一点一轴三线”党建示范点布局，投入经费300余万元，成功打造党建示范乡（镇）2个、村（居）20个。

【祥和波密】 始终坚持把维护祖国统一、加强民族团结作为工作的着眼点和着力点，紧紧围绕“三无”“三不出”“三稳定”工作目标，认真落实自治区十项维稳举措，深化波密县“437”综治工作总体思路和重点节点维稳“8个坚持”工作要求，全力确保波密县社会局势持续稳定和长治久安，得到区、市各级领导的高度评价。2017年3月、10月，自治区政协副主席次旺多布杰先后2次在波密县维稳工作汇报材料上作出批示，对波密县维稳安保工作给予充分肯定。9月19日，中央综治委召开全国社会治安综合治理表彰大会，波密县被评为“2013—2016年度全国平安建设先进县”，并连续三届获此殊荣，首次捧起全国综治工作最高奖项——“长安杯”，成为西藏仅有的三个县、林芝市首次获得该奖项的县区，实现波密从“平安”到“长安”的历史性跨越。

积极开展“先进双联户”创建活动。不断创新工作方式方法，积极调动各族干部群众参与到双联户“12+1”的各项工作中；全县共划分联户单位865个，选配“双联户”户长865名，“双联户”覆盖率达100%；严格落实“先进双联户”各项优惠政策措施，落实户长补助资金37万元，落实表彰经费15万元，对4个乡（镇）、8个村、12个联户单位、125个“先进双联户”进行表彰。

深入开展矛盾纠纷排查化解工作。以开展领导下访、接访活动为载体，以化解社会热点难点纠纷为重点，扎实开展矛盾纠纷排查化解工作。截至年底，全县各部门开展矛盾纠纷排查工作1667次，成功化解矛盾纠纷15类118起，化解成功率100%。推动跨区域社会矛盾联防联调，全面推进与洛隆县、边坝县联防联调组织建设，有效预防边界地区纠纷滋生蔓延，促进边界地区经济、文化交流和居民和睦相处。

加强宗教管理，始终牢牢把握反分裂斗争主动权。不断加强驻寺干部队伍建设，先后两次对驻寺干部进行调整、充实，并制定出台涵盖财务、党建、工作交流和轮休等17个方面、111条工作细则的《波密县驻寺干部管理实施细则（试行）》，不断提升驻寺干部教育服务管理水平。持之以恒抓好僧人教育引导工作，以开展宗教领域“四讲四爱”主题教育实践活动为契机，大力开展反分裂斗争、爱国主义、法治宣传教育，并深入开展和谐模范寺庙暨爱国守法先进僧人创建评选活动，积极用社会主义核心价值观引领和教育僧人。全面落实利寺惠僧政策，在做好“九+六”等工作后期管护的基础上，划拨各类资金解决僧人在修行、生活等各方面的困难，落实经费22.8万元，深入开展“六个一”活动，落实各类资金400余万元，用于寺庙基础设施维修、用电线路改造等项目。依法加强宗教事务管理，严格佛事活动审批权限、程序和要求，积极协调属地乡（镇）和相关部门做好佛事活动安保和应急处置工作，实现全县11个寺庙佛事活动平稳过渡。

强化民族团结，爱国统一战线巩固发展。认真落实习近平总书记“加强民族团结、建设美丽西藏”重要指示，大力弘扬民族团结优良传统，着力在培育中华民族共同体意识上下功夫，切实将“三个离不开”“五个认同”思想厚植于各族群众心中，凝聚起了同呼吸、共命运、心连心的思想基础。开展民族团结进步创建活动。加强民族团结宣传教育，及时召开民族团结进步表彰大会，在全县上下形成讲团结、做贡献的良好局面。努力推动少数民族经济社会全面发展，争取少数民族发展项目资金100万元，帮助少数民族群众发展生产；落实经费13万元，组织开展少数民族群众实用技能培训，积极引导少数民族群众走科技兴农兴牧之路。不断发展壮大爱国统一战线。全面开展党外代表人士和新的社会阶层人士普查工作，为203名党外干部、知识分子建立信息库；积极跟进宗教界代表人士教育培养工作，通过座谈、慰问等方式引导他们爱国爱教、促进和谐；积极做好藏胞管理宣传服务工作，为6名申请回国探亲的境外藏胞建立信息档案，并积极走访慰问归国藏胞及其家人。

抓好责任落实，安全生产局面明显好转。全力构建“党政同责、一岗双责、齐抓共管、失职追责”责任体系，将安全生产工作作为维护稳定、推动发展的头等大事来抓，狠抓风险隐患排查，深化专项整治。不断加强道路交通安全管理力度，以深入开展道路交通安全专项整治活动为主线，建立道路安全生产包片负责制，切实做到一级抓一级、层层抓落实，同时严格执行“两限一警”制度，坚决打击整治交通违法行为，努力防范重特大交通事故。严格落实消防森防安全责任，以强化森林防火能力建设为重点，狠抓防火基础设施建设和责任落实，认真开展消防、森防安全大检查，整治隐患657处。全面强化公共安全，深入开展食品安全、施工安全等专项整治行动，立案查处违法案件2起。积极应对自然灾害，针对8月3日栋曲村泥石流和11月18日米林地震等突发自然灾害，迅速启动应急预案，县委班子成员率先垂范、亲临一线，第一时间赶赴现场指挥调度，各乡（镇）、各部门齐心协力、密切配合，积极开展群众安置、数据核实等工作，确保灾后各项保障工作精准推进。

【经济发展】 始终坚持把推动波密长足发展作为首要任务，作为解决所有问题的关键，主动适应经济发展新常态，以广东援藏为契机，以“两产业一平台”建设为主线，以重点项目建设为着力点，以扩大招商引资为支撑，按照“生态旅游立县、特色农牧稳县、藏医藏药兴县、水电能源富县、文化产业活县”产业发展思路，切实推动县域经济社会快速发展。2017年，全县生产总值完成19.53亿元，增长10.1%；社会固定资产投资完成22.88亿元，同比增长22.3%；社会消费品零售总额完成2.28亿元，同比增长15%；农村人均可支配收入完成14777元，同比增长13.4%；城镇人均可支配收入完成26946元，同比增长10.2%。

【旅游产业】紧扣“生态旅游立县”总体定位，坚持县委领导、政府引导、市场推动，积极发展全域旅游，努力构建“一轴三线”旅游布局，打造系列旅游品牌，切实提升波密旅游知名度。完善景区景点建设，扎实推进桃花沟、岗云杉林、朱西冰川等景区基础设施建设，积极推进朱西村、郎秋村美丽家园示范村项目建设，顺利完成岗村旅游示范村项目建设，全年争取旅游项目11个，涉及资金7200.53万元；充分利用各类传播媒体推广“藏王故里、冰川之乡、桃花世界、静好波密”的旅游品牌，成功举办桃花节波密分会场文艺演出，波密旅游品牌知名度大幅提升；探索发展“旅游+”和“+旅游”模式，延伸旅游产业链条，推动民族手工业快速发展，并积极打造岗森林度假小镇。截至年底，接待游客总量76.16万人次，实现旅游相关收入6.7亿元。

【特色产业】坚持把产业结构调整贯穿产业发展始终，充分依托波密资源禀赋优势，发挥市场导向作用，调整优化产业结构，重点做好天麻及藏药材、茶叶、藏香猪等特色种养产业。以产业园区为平台，依托龙头企业的带动作用，加快培育以天麻产业为主导的特色农牧业，推动农牧业产业化进程。以园区种植和仿野生种植的方式，在松宗、札木和天麻产业园区推广种植天麻5万平方米；依托千金方等企业，加快五个天麻保健品的生产和营销，切实提升产业附加值。稳步推进茶叶种植，努力推动以易贡为核心的茶叶产业带建设，稳步实施江拉村、沙玛村茶叶种植4000亩。大力实施藏香猪养殖，以八盖乡为原种基地、其他乡（镇）为繁育基地，采取“散养+集中养”“种养大户+农户”“合作社+农户”“企业+农户”等多种养殖模式，完成倾多镇两个扩繁场建设的项目风险评估和用地预审工作。截至年底，全县藏香猪存栏4.9万头、年出栏7000头，灵芝菌种植规模达25万袋、1.5万平方米，波棱瓜种植面积达274亩，羊肚菌种植面积达25亩。

【文化产业】以“文化育民、文化富民、文化稳民”为奋斗目标，积极探索“五活”文化工作思路，开设《喜迎十九大》《扶贫一线》等四个专题栏目，并录制“寄语十九大“环境保护”等专题片在市、县电视台播出，为波密县经济发展、社会和谐稳定营造良好氛围。通过开展“非遗进校园”“少儿波卓、波央比赛”等活动，加强对青少年非遗知识的宣传教育，促进非遗项目传承。坚持“旅游+文化产业”发展模式，按照“旅游搭台、文化唱戏”思路，深化“一县一特、一乡一品”创建，将波密的历史民俗文化与旅游资源有机结合，成功打造“多吉乡非遗文化节”“松宗赛马节”“易贡油菜花节”等乡（镇）特色文化旅游项目。积极争取上级部门支持，努力打造藏王故里舞台剧；投入资金聘请专家编纂《桃花盛开的藏王故里——波密》一书，系统挖掘波密特色传统文化，实现文化旅游双赢。

【城镇化建设】围绕“一核四心”的城镇化建设布局，以扎木镇为核心，积极推进松宗、倾多、古乡、通麦四个小集镇建设，同时加快实施县城风貌改造、城中村棚户区改造等项目建设，进一步带动环境升级、城市升值、投资升温，切实提升旅游服务承载能力，努力打造宜居宜商宜游的特色旅游城市和林芝东部门户。截至年底，总投资3193万元的县城供水项目、倾多镇基础设施建设项目已顺利完工，总投资1.3亿元的污水处理及收集系统工程、松宗镇新型城镇化建设、古乡基础设施建设项目有序推进，通麦特色小城镇规划设计全面完成。以农村“三权分置”为引领的农村土地制度改革稳步推进，完成扎木镇卡达村等82个村的土地确权工作。同时，土地“五乱”治理工作深入开展，县域内乱搭乱建行为得到全面遏制，用地秩序和建设行为逐步规范，城乡面貌显著改善。

【重点项目】积极创造良好的施工环境，从波密县经济发展大局出发，多次召开专题会议进行安排部署，并积极做好项目节能登记、可研、初设审批等前期工作，妥善解决征地拆迁、劳资关系、阻工挠工等突出问题，确保各类项目建设有序推进。坚持重点项目挂图作战，累计对50项重点项目倒排工期、挂图作战。2017年，全县国家投资重点建设项目234项，全年计划完成投资11.95亿元，截至年底，完成8.77亿元，完成年度计划的73%。其中，318国道线松宗至古乡整治工程、303省道八盖乡至那曲嘉黎县尼屋乡公路等重点项目建设完成并投入使用，易贡湖生态修复与综合治理工程预计明年开工建设。

【招商引资】 大力实施“走出去，请进来”招商引资策略，积极参加“林芝桃花节”“广博会”等各类招商活动，不断加大宣传力度，全力提升洽谈成功率，对客商意向性投资项目，按照“一个项目、一名班子、一抓到底”原则，进行跟踪联系、全面对接，争取项目成功签约。2017年，全县招商引资签约4个项目，总投资达3.2亿元，招商引资到位资金4.2亿元，完成年度计划的99.15%，累计解决就业人数141人。

【援藏工作】 紧扣波密实际，主动探索援藏新模式，提出“两主四协助”援藏工作思路，大力推动波密与内地经济、社会、文化的交流合作，在民生援藏、智力援藏、产业援藏等方面成效初显。截至年底，波密援藏工作组援助各单位物资共计801.93万元，同时，村级文化活动场所等4个项目建设资金2636.6万元也即将到位。结合广州市各区对口支援波密县各乡（镇）合作框架，积极探索援藏扶贫新路子，落实异地光伏发电项目，并为1075户群众购买全区首批“脱贫保”，有效降低群众因灾、因病返贫风险。牵头编制13.5万字的《波密县政府投资项目管理办法》，并协助完善县、乡两级项目库，不断规范全县项目工程建设。

【脱贫攻坚】 紧扣“13934”精准扶贫总体思路，在全面落实产业扶持、异地开发、易地搬迁等九项扶贫举措同时，着力解决贫困群众吃住、保障、发展等问题，全年完成减贫581户、2244人，贫困发生率由年初的9.22%下降到0.68%。

“三个实施”解决群众吃住问题。实施美丽家园行动。整合资金5000余万元，新建房屋243户、旧房修缮171户、庭院整治754户，对3个“天保”搬迁村实施整村推进，全面改善人居环境质量。实施易地搬迁工程。整合资金3000余万元，稳步推进3村64户391人易地扶贫搬迁工作，群众入住工作已完成。实施农牧业提升工程。推行土地改良、良种推广和完善农田灌溉功能等举措，实施牦牛、黄牛品种改良，全面提升农牧业经济效益，从根本上解决靠天吃饭现象。

“四个抓好”解决群众保障问题。抓好教育帮扶。划拨教育帮扶资金166万元，为贫困高中生、大学生每年资助3000元、5000元，并对品学兼优、生活特困的家庭进行再资助，不使一人因贫辍学。抓好医疗帮扶。安排资金110万元开辟绿色通道，推行住院就医免交押金、先住院后结算模式，救助因病致贫群众288人；划拨专项资金200万元解决医疗报销缺口，确保贫困群众医疗有保障。抓好政策保障。开出全区首单“脱贫保”，涵盖建档立卡贫困户、城镇低保户和临界贫困家庭1025户。抓好社会帮扶。建立扶贫济困基金，先期已募捐资金51万元，构建起专项扶贫、行业扶贫、社会扶贫互为补充的大扶贫格局。

“五个推进”解决群众发展问题。推进援藏扶贫。创新搭建广州市各区对口支援波密各乡镇的“区乡对接”、携手脱贫奔小康合作共建框架，为粤藏扶贫精准协作打下坚实基础。推进产业扶贫。扶持修建家庭旅馆、农家乐100余家，覆盖建档立卡户401户1604人，实现旅游资源丰富地区贫困户人人都能吃上旅游饭；探索“村集体+”“合作社+”“能人+”“企业+”模式发展农牧产业，仅天麻产业已覆盖建档立卡贫困户71户273人，实现户均增收2000余元。推进金融扶贫。成功打造林芝市第一个金融扶贫村—多古乡达大村，采取小额免担保、免抵押贷款助推产业扶贫，累计发放金融扶贫绿卡691个、贷款1344万元。推进就业扶贫。加大培训力度，拓宽就业渠道，实现建档立卡户不离乡、不离土就业336人；

建立贫困人口转移就业激励奖励机制，对贫困人口就业满半年及以上的，每月予以500—1000元补贴。推进岗位扶贫。争取区、市贫困人口生态就业岗位4992个，并从2017年起，每年从异地扶贫产业收益中拿出450余万元购买服务性岗位和发放生产生活扶持资金，确保除五保户政策兜底以外的贫困家庭每人每年都有3000元现金收入。

【教育事业】 以大力推进素质教育为契机，不断创新教研模式，加强教学指导和培训，切实提升师资教育教学水平。加强教学管理，制定完善教学管理、教师调动等规章制度，确保教育“五个100%”工作目标顺利完成。2017年中考，波密县考上内地藏族班40人、区内重点高中153人，上线人数名列各县（区）第一。加强教育基础设施建设，县中学地下人行通道、教职工周转房、学生宿舍和14所幼儿园等建设项目有序推进，办学条件进一步改善。深化援藏教育帮扶，共同促成广州大学与波密教育系统“结对共建”关系，积极协调广州市教育企业向波密中小学开放网络教育平台，并捐赠12台幼教一体机，拓展网络教学新模式，努力推动波密教育水平与中东部地区逐步接轨。截至年底，全县各中小学在校生5170人，小学适龄儿童入学率100%，中学净入学率98.86%，义务教育巩固率96.8%。

【文化事业】 强化文化服务，以“文化八进”“文化三下乡”等形式开展各类惠民文艺演出。深化非遗保护传承，加大非遗保护力度，成功申报西藏十佳非物质文化遗产代表性传承人1名、林芝市第一批非物质文化遗产代表性项目3项。加快文物保护工作步伐，邀请自治区文物鉴定专家走访18个县级文物保护单位开展可移动文物鉴定，建立772件馆藏文物档案。积极完善县群艺馆、群众图书馆、中心广场的服务功能，稳步推进基层公共服务平台、有线电视数字网络系统、数字影院等项目建设，投资33万元建成波密县首座书吧，全县每万人拥有“三馆一站”公共文化设施建筑面积达到6163平方米，干部群众的精神文化生活得到进一步丰富。

【卫生服务】 以县医院创建二乙工作为契机，扎实推进医药卫生体制改革，全面加强农牧区公共卫生基础设施建设。推进藏医药事业全面发展，积极开展藏药材普查工作，不断完善藏医药特色科室建设，总投资855万元的波密县藏医药建设项目于9月全面竣工。医疗援藏深入开展，组团式援藏医疗队认真探索“院院对口、科科对应、医生对接”的医疗援藏机制，通过强化科室建设和人员培训，县医务人员专业技能得到有效提升；援藏医生充分发挥“传、帮、带、教”作用，为提升医疗水平、创建等级医院做贡献；援藏工作组积极动员社会力量参与援藏，引资120万元购置急救车、下乡义诊车，引资761万元采购各类医疗设备，积极推进医疗急救和三级医院远程会诊系统建设。持续落实医疗惠民政策，顺利完成城乡居民体检、僧人免费体检和“先心病”儿童筛查救治等惠民利民工作，并协助北京医疗专家开展“同心・共筑中国心”大型义诊活动。认真开展包虫病综合防治工作，累计筛查干部群众26295人次，确定包虫病阳性63例。引资建设的全市首家县级民营医院——波密普济医院于2017年7月正式投入运营，医疗卫生服务市场化水平得到提升。

【社会保障】 就业创业总体稳定，持续推动就业创业扶持，坚持“政策帮扶就业、教育引导就业、产业拉动就业、创业带动就业”的就业保障措施，完成各类就业培训2799人，开发就业岗位168个，实现城镇新增就业407人，城镇登记失业率控制在1.83%。不断健全完善社会保障体系，坚持“广覆盖、多层次、保基本、可持续”方针，加强政策宣传，全民参保登记工作全面完成，各项社会保险稳步推进。“双集中”工作取得实效，有意愿五保老人集中供养率和孤儿收养率达到100%。社会救助更加有力，针对1572名低保对象发放低保金478.8万元，开展医疗救助4427人次、发放资金147.24万元，发放临时救助、自然灾害救助278.42万元。

【科技服务】紧盯特色农牧业、生态旅游等特色产业的发展壮大，不断深化科技培训，着力培养有文化、懂技术、会经营的新型农牧民。累计开展培训4期，培训科技特派员100人次，新型职业农牧民154人次，培训合格率达95%以上。加大科技服务体系建设，配齐配强农村科技技术员，全县共有科技特派员170人，农牧民技术员84人，实现行政村全覆盖。

【生态环保】环保迎检工作圆满完成。加强组织领导，强化统筹协调和安排部署，推动工作落实。及时办理转办案件，制定整改措施，明确整改责任，做到发现一件、整改一件、处理一类，及时办结7起中央环保督察组转办的案件。同时强化借势借力，着力解决全县各类环保突出问题，进一步健全全县环境保护和生态文明建设工作长效机制，全年累计开展督导检查30余次，发现问题110余条，下发整改通知60余份，解决突出问题40个。

生态文明建设。以生态创建为契机，大力实施自然保护区建设、生态功能区建设和营林造林等重点工程，努力构建生态安全屏障。积极开展营林造林，以打造波密318最美景观大道为主线，突出造林色彩搭配和后期管护，努力推动波密实现“四季常绿、三季有花”。截至年底，最美景观大道通麦——古乡段建设初步完成，全县各领域完成义务植树造林370亩、19750株，封山育林3850亩，防护林体系建设19800亩、封沙育草项目5000亩。推进“河长制”河湖生态管理，全面建立县、乡、村三级“河长制”管理体系，明确全县22条河湖的河长和分河长，狠抓责任落实、问题导向、系统治理、长效监督，走出了具有波密特色的水生态治理路子。大力推进生态创建工作，在编制完成《波密生态文明先行示范县规划》和《8个乡（镇）生态建设规划》的基础上，持续推进生态县、乡、村创建、申报工作，完成娘那村等三个村自治区级生态创建材料编制工作，累计完成扎木镇等8个乡（镇）、扎木村等64个行政村自治区级生态创建工作。

环境卫生整治持续推进。以“百日会战”活动为依托，大力开展“六乱”治理和环境整治“八进”活动，结合每周五的“环境整治日”，组织全县干部群众进行卫生大清扫和庭院整治，并投资360万元购买垃圾处理设备，健全完善“户集、村收、乡转运、县处理”垃圾处置模式，全面实现环境卫生治理常态化。

林业保护不断加强。深入开展保护森林资源“利剑行动”和严打专项整治活动，加强林业保护宣传、林业巡查、设卡检查和病虫害防治等工作，努力维护林业安全，全年受理、查处各类涉林案件29起，查处率100%，处理涉案人员27人，扣押和没收涉案木材314立方米，为国家挽回经济损失近100万元。

环境监管融入全程。按照“党政同责、一岗双责、齐抓共管”和“属地管理、分级负责、全民参与，依法监督”的原则，严格执行环境影响评价和“三同时”制度，对县域内的各类企业、景点景区、水源地等重点区域定期开展环境监察，及时建立完善项目监管台账。充分发挥乡、村林业管护站和各生态性岗位职能作用，完善日巡查机制，建立起县、乡、村环保网格化监督责任体制，并签订责任书，确保环保监督责任层层落实。

【法治波密】法治宣传教育扎实推进。以深入推进“七五”普法工作为契机，按照“谁执法谁普法”的工作责任制，持续开展“法律七进”宣传活动。充分发挥综治、司法、驻村工作队、寺管会等部门主体作用，利用综治宣传月（日）、禁毒日、法制宣传日等重要节点，组织开展“法制进寺庙”“送法下基层”等活动，深入基层一线，围绕土地整治、城市建设管理、生态保护、安全生产、民族团结等社会热点和重点问题加强法律和政策宣传。全年开展各类法治宣传活动240场次，展出宣传广告牌10个，散发宣传单2.1万余份、书籍3000余本、宣传画1600余张、计生药品800多份，接受各种咨询105人次，直接受教育群众达1.7万余人次。

“两法衔接”工作有序推进。加强和改进党对法治工作的领导，把党的领导贯穿到全面推进依法治县全过程，完善领导干部理论中心组集中“学法”制度，全面提高领导干部法治思维和依法办事能力。全面推进衔接配合工作机制，逐步加强各行政执法机关与法检两院之间的协调配合，联合开展“安心务工、有检同行”和“暖春行动”，并建立信息资源共享和“检调对接”等工作机制。积极支持“一府两院”依法履职，依法办理涉法涉诉案件，牢固树立法治权威，有力促进社会公平正义。2017年，法院受理各类案件111件，检察院受理公安机关提请批准逮捕案件17件28人，向人民法院提起公诉案件10件22人，公安局受理刑事案件30起，同比下降30%，破获24起，破案率82%；受理治安案件43起，查处43起，查处率100%。

民主法治建设不断改进。加快建设职能科学、权责法定、执法严明、公开公正、廉洁高效、守法诚信的法治政府。深化放管服改革，坚决贯彻落实中央、区、市关于“放管服”改革工作的决策部署，建立健全并推进落实9大类3684项权责清单，有效限制和规范行政权力。充分发挥人大法律监督和政协民主监督作用，完善民主监督机制，提高人大代表和政协委员履职尽责实效。全年办结人大建议48条、政协提案21件。

（王身利）

【领导名录】

县委书记 朱正辉

县委副书记、县长

边　巴（藏族）

县委副书记、县人大常委会主任

郑　都（藏族）

县委常务副书记

李　锋

县委副书记、常务副县长

李伟成

县委副书记

罗　松（藏族）

县委常委、人武部政委

次仁旺拉（藏族）

县委常委、政法委书记、公安局局长

旺　青（藏族，8月离任）

县委常委、宣传部部长

马海蕴

县委常委、纪委书记

王　芳（女）

县委常委、常务副县长

全保卫

县委常委、组织部部长

张　斌

县委常委、统战部部长

加　布（藏族）

县委常委、政法委书记、公安局局长

阿旺朗加（藏，8月任职）

县委常委、副县长

沈光银（侗族）

波密县人民代表大会常务委员会

【概况】 年内，波密县人大常委会在县委的坚强领导和市人大常委会的关心帮助指导下，高举习近平新时代中国特色社会主义伟大旗帜，全面贯彻落实党的十九大精神，深入贯彻落实以习近平同志为核心的党中央治边稳藏重要思想和“加强民族团结、建设美丽西藏”等一系列重要指示精神，坚持“四个全面”战略布局，始终将坚持党的领导、人民当家作主和依法治国有机统一，认真履行宪法和法律赋予的职权。2017年，先后组织召开人民代表大会1次、常委会会议5次、主任会议13次。审议专项工作报告9个，作出决议9个，配合区、市两级人大常委会开展执法检查和专题调研活动12次，组织开展执法检查和专题调研活动8次，组织代表考察1次，组织开展代表“家访”1次，为促进全县经济社会和谐稳定发挥积极作用。县人大常委会为正处级行政机关，设主任1名、副主任4名。

【依法行使重大事项决定权】 年内，县人大常委会紧紧围绕“一个中心、两件大事、四个确保”，依法履行监督职权，按照国民经济与社会发展计划和财政预算执行情况，坚持每年审查批准国民经济与社会发展计划和财政预算执行情况、财政预算报告及预算调整方案报告，并作出决议决定，积极促进政府财经管理等工作制度化、规范化。审议通过《波密县公益林管护办法（试行）》《林芝市波密县生态县建设规划（2016—2020年）的报告》《关于提请对剩余存量资金统筹安排的报告》《关于收回剩余存量资金的报告》《波密县2017年财政涉农资金统筹整合使用方案》。人大及其常委会依法做出的决议、决定，对全县经济社会各项事业又好又快发展起到积极的推动作用。

【依法行使监督权】 突出重点，创新方式，注重实效，扎实开展工作监督和法律监督。年内，县人大常委会先后组织区、市、县、乡（镇）四级人大代表实地视察古乡索通村、倾多镇扎西村、多吉乡角落村异地搬迁项目，八盖乡日卡村藏猪养殖项目、全县各乡（镇）幼儿园建设情况，以及县产业园区天麻种植等情况，有效推动全县“两产业一平台”建设发展。

对各乡（镇）人大“代表之家”建设及使用情况、校园及周边环境综合治理情况、农牧区医疗资金管理和使用情况、贯彻落实草原生态保护补助奖励机制情况、贯彻执行“一法一办法”等课题深入开展调研，并形成专题报告6篇。

积极配合区、市两级人大常委会开展《中华人民共和国环境保护法》《中华人民共和国教育法》《中华人民共和国食品药品法》《中华人民共和国西藏自治区学习、使用和发展藏语文的规定》《中华环保世纪行-西藏行》活动等相关法规条例执法检查活动12次，提出意见建议6条，有效推进“五个波密”建设进程。

加强执法检查，搞好法律监督。年内，县人大常委会先后对《中华人民共和国宪法》《中华人民共和国水土保持法》《中华人民共和国教育法》《中华人民共和国劳动法》《中华人民共和国档案法》等法律的贯彻执行情况进行检查，使相关法律法规在全县得到很好的贯彻执行。

认真开展工作评议。县人大常委会进一步制定完善《波密县人大常委会评议工作办法》，狠抓工作评议规范化，使评议工作依法、严谨、有序。2017年对林业局、住建局、教育局、扶贫办四个单位工作进行评议，被评议单位积极配合县人大评议工作组开展调查走访，召开班子成员座谈会，征求意见、建议，发放测评表等，共收到意见、建议61条。县人大常委会办公室及时将评议整改意见下发，被评单位均及时制定整改方案，明确整改时限、措施和责任人并扎实整改。通过人大评议和被评单位整改，使评议工作达到“人民群众满意，被评单位配合，人大代表认可，党委政府支持”的良好效果。

加强对县法院、检察院、公安局、司法局等部门的监督，促进司法机关公正司法。在支持司法机关依法行使职权的同时，积极开展深入有效的监督，听取关于执行工作、刑事审判工作、预防职务犯罪工作、《一法一办法》贯彻执行情况等工作报告，要求切实加大对涉及民生方面案件的查处力度和纠纷调解力度，确保全县有良好的治安环境，扎实维护社会稳定，保障全县经济社会事业健康发展。

【依法行使人事任免权】 年内，县人大常委会严格按照《中华人民共和国地方各级人民代表大会和地方各级人民政府组织法》等法律规定，坚持拟任职人员进行宪法宣誓、表态发言、颁发任命书等制度，规范人事任免工作，增强被任命人员的法律意识、公仆意识，为国家机关的正常运转提供组织保障。2017年，县人大常委会共依法任免国家机关工作人员44人，其中，任命26人、免职17人、撤职1人。

【充分发挥“人大代表之家”作用】 年内，县人大常委会始终将“人大代表之家”的活动开展作为推进基层人大代表依法履职重要抓手。“人大代表之家”的创建彻底解决各级人大代表在闭会期间“代表难组织、活动难开展、能力难提高、作用难发挥、实效难体现”的五难问题，使代表在闭会期间的活动有场所、有内容、有经费，从而进一步促进代表活动。县人大、康玉乡和扎木镇“人大代表之家”被市人大常委会授予2017年度创建“人大代表之家”先进单位的称号。

【议案、建议办理】 年内，县人大常委会把督办代表议案、建议作为联系人大代表、为代表和群众排忧解难的重点工作来抓。及时归纳整理县十二届人大二次会议上代表提出的议案意见建议48件，并按法定程序向县府交办，督促县府及其相关职能部门认真办理答复代表建议、批评和意见，确保代表议案建议件件有答复、事事有落实。

【人大代表家访活动】 年内，县人大常委会结合波密经济社会发展需要，组织开展“四级”农牧民代表家访活动，以家访代培训，切实提高广大代表的履职能力水平，增进与广大代表的沟通交流，改进工作作风、贴近群众。

【乡（镇）人大工作】 年内，县人大常委会对各乡（镇）人大提交的会议材料进行仔细审核，特别是对会议的程序进行严格把关，确保乡（镇）人大会会议程序规范、组织严谨。同时，县人大常委会委派常委会各副主任前往各乡（镇）对乡（镇）人大会作具体指导，切实提高乡（镇）人民代表大会的会议质量；以提高乡（镇）人大主席、人大干事业务能力为出发点和落脚点，创造性开展波密县乡（镇）人大主席、人大干事业务技能培训班，进一步加强和改进乡（镇）人大工作，提升全县各乡（镇）人大工作规范化、科学化水平；依托乡（镇）“人大代表之家”重要平台，指导乡（镇）人大创造性开展人大代表争当“六大员”活动，教育引导人大代表争做政策法规“宣讲员”、社情民意“信息员”、科技知识“推广员”、矛盾纠纷“调解员”、民生保障“监督员”、脱贫致富“领航员”。

【全县中心工作参与情况】 年内，县人大常委会始终围绕县委中心工作，充分发挥人大联系代表、群众职能，积极参与全县经济发展和维护稳定各项工作，为促进全县经济社会协调发展提供正能量；按照县级领导挂点乡（镇）的要求，常委会领导与其他领导一同积极协调解决重点项目和重点工作中遇到的问题，较好地完成年度各项任务；认真抓好各乡（镇）代表帮扶工作，经常深入基层，赶赴各自联系点，帮助当地群众，理清发展思路，制定发展计划，协调解决资金问题，支持发展特色产业等；各种敏感日及虫草采挖期间，安排常委会领导带队深入各乡（镇）、寺庙，驻卡守点，认真排查调处各类矛盾纠纷，维护社会局势和谐稳定。2017年人大常委会班子共参与解决4起土地矛盾纠纷和1起群众信访问题，化解社会矛盾，有效促进民族团结、社会和谐稳定；依托乡（镇）“人大代表之家”重要平台，深入基层为民解困。县人大常委会积极向上反映脱贫攻坚工作需要尽快解决和办理的问题和困难，深入贫困户家庭给他们讲解一系列扶贫帮困惠民政策，引导和教育群众进一步转变思想观念，同时还对贫困村、贫困户力所能及地帮助解决实际问题，帮助群众增收致富。

【人大自身建设】 强化学习、提高思想觉悟。年内，县人大常委会严格执行每周五理论学习制度，组织学习宪法、组织法、监督法、代表法等法律法规和经济社会发展知识，全面系统深入地学习中共十九大、十九届一中全会和区党委九届三次全会、市委一届六次全会精神，深入系统学习党章党规和总书记系列重要讲话精神，学习党内“两准则四条例”。同时，深入学习贯彻自治区人大常委会主任洛桑江村在全区基层人大工作现场会上的讲话精神，始终保持良好精神状态，努力把人大机关建设成为坚定的政治机关、有为的权力机关、务实的代表机关、担当的工作机关，确保新时期新要求入脑入心。2017年，县人大常委会机关共学习教育60余次，撰写心得体会30余篇。

加强制度建设、提升整体水平。结合“两学一做”常态化制度化工作和“四讲四爱”主题教育实践活动部署要求，认真制定完善《人大常委会党组理论中心组学习制度》《“两学一做”学习制度》《惩防体系建设》《人大常委会议事规则》等各项制度，不断推进人大工作制度化、常态化、规范化、程序化水平。

整合宣传资源，扩大影响范围。不断加强与县文广局合作，通过多形式、多渠道宣传报道人代会、常委会及闭会期间的执法检查、视察调研、民主评议等活动。通过媒体宣传，接受群众监督，进一步提升和完善人民代表大会制度。

加强党风廉政建设，推进从严治党纵向深入。组织党员干部观看警示教育片《沉重的代价》《蜕变》，认真学习《廉政准则》、中央“八项规定”和区党委“约法十章”“九项要求”，精心打造县人大机关廉政文化特色走廊，收集整理20句立意深刻、言简意赅、具有警示和告诫作用的名言警句和历届中央领导有关重要讲话，悬挂廉政警句牌8幅，并以藏汉双语版“上墙”，提醒干部职工时刻绷紧廉政之弦，自觉接受廉政文化的熏陶。

【人大代表作用发挥】 年内，县人大常委会督促代表增强同原选举单位的联系，积极发挥桥梁纽带作用，客观反映基层群众的意愿诉求；扩大代表对常委会活动的参与，邀请代表列席常委会会议、参加执法检查和视察等，2017年，共邀请基层代表参加活动35人次，充分发挥代表在监督工作中的作用；激励代表在本职岗位上发挥模范带头作用，勇当科学发展的践行者和带头人，为经济社会发展做出更大贡献。

【人民代表大会召开】 波密县第十二届人民代表大会第二次会议于2月21日召开，2月23日闭幕，会期3天。会议听取和审议波密县人民政府工作报告；审查波密县2016年国民经济和社会发展计划执行情况与2017年国民经济和社会发展计划草案的报告，批准波密县2017年国民经济和社会发展计划；审查波密县2016年财政预算执行情况及2017年财政预算草案的报告，批准2017年财政预算；听取和审议波密县人大常委会工作报告；听取和审议波密县人民法院工作报告；听取和审议波密县人民检察院工作报告。

（梁 模）

【领导名录】

县委副书记、人大常委会主任

郑 都（藏族）

人大常委会副主任

旺青罗布（藏族）

张豪杰（藏族）

普 琼（藏族，8月免去倾多镇党委书记）

屈永辉

波密县人民政府

【经济社会发展】 年内，波密县坚持以经济建设为中心，牢抓发展第一要务，全力推动经济持续健康发展。2017年，全县地区生产总值完成19.53亿元，增长10.1%；全社会固定资产投资完成22.88亿元，增长22.3%；财政一般收入完成6200万元，增长12.2%；社会消费品零售总额完成2.28亿元，增长14.7%；城镇居民人均可支配收入达到26946元，增长10.2%、农村居民人均可支配收入达到14777元，增长13.4%（贫困人口人均可支配收入增长16%以上），超过全市平均水平，各族群众获得感幸福感安全感明显提升。

【产业发展】 稳步实施“两产业一平台”发展战略，以“旅游+”“+旅游”模式推动五大产业深度融合、同频共振。成立波隅旅游开发有限公司，争取旅游项目11个，涉及资金0.72亿元。成功举办林芝市桃花节波密分会场活动，完成4个项目2.65亿元签约。加快涉旅基础设施配套建设，全年接待游客76.6万人次，实现旅游相关收入6.7亿元，分别增长36.12%、81.57%。优化特色农牧业结构，争取农牧项目11个，涉及资金5336万元，推广天麻种植5万平方米，新增茶叶种植4000亩，藏香猪养殖规模扩大到4.9万头、年出栏1.3万头。全县粮油总产量2.16万吨，蔬菜产量0.66万吨，牲畜禽总存栏10万头（羽）。加快水电能源开发利用，完成帕隆藏布、波堆藏布、易贡藏布、曲宗藏布、德曲流域等规划，配合做好易贡湖生态修复与综合治理前期工作。大力发展藏医藏药、文化产业，推广灵芝菌种植1.5万平方米、波棱瓜种植274亩。成功申报“多吉文化产业园”“藏王故里舞台剧”项目，投资120万元编纂《桃花盛开的藏王故里—波密》，文化产业增加值超过9000万元，占地区生产总值的5%以上。

【环境保护】 坚持“绿水青山就是金山银山”的发展理念，天然林保护、封山育林、重点区域绿化、经济林建设等生态工程成效显著，国土绿化稳步推进，全年完成义务植树造林370亩，防沙治沙5000亩，防护林体系建设1.35万亩。编制完成《波密县生态文明建设规划》，扎木镇娘那村、东绕村和八盖乡雄吉村、康玉乡通堆村4个行政村获得自治区级生态村命名，县环保局荣获“全国环境保护系统先进集体”荣誉称号。全面推行河长制，设置县乡村三级河长237人，河湖得到有效保护。加强污水处理与整治，县城污水处理及收集系统工程开工建设，乡（镇）及景区11个污水处理设施建设项目、投资170万元的公立医院医疗废水处理系统前期工作已完成。圆满完成中央环保督察迎检工作，生态环境明显优化。

【脱贫攻坚】 坚持把脱贫攻坚作为重要政治任务和第一民生工程，举全县之力合力攻坚，整合上级拨付、本级财政投入、对口支援各类资金1.06亿元，稳步实施产业帮扶、美丽家园行动、家门口就业等13项扶贫工程，精准施策，精准滴灌，全年完成减贫653户2572人，退出贫困村79个，贫困发生率从11.8%下降至0.68%，顺利通过省际交叉考核、自治区交叉考核及第三方评估验收，达到脱贫摘帽标准，被自治区党委、政府评为全区13个脱贫攻坚优秀县之一，贫困群众稳步实现“两不愁”“三保障”。

【社会事业】 坚持把社会事业摆在构建和谐社会、全面建成小康的突出位置，让各族群众共享改革发展稳定成果。大力推进素质教育，设立1637万元教育专项资金，占财政收入的26.4%，24所幼儿园、县中学地下人行通道等项目有序推进。制定出台《波密县教师调动管理办法（试行）》，有效稳定师资力量。全县小学适龄儿童入学率99.86%、巩固率99.01%；中学生毛入学率104.78%、巩固率98.05%。圆满完成二乙综合医院创建，投资855万元的藏医院建成并投入使用，包虫病综合防治、“先心病”儿童筛查救治和城乡居民、僧尼免费健康体检工作稳步推进，兑现“一孩双女”和“特殊子女特别扶助”补助资金64.36万元，全市首家县级民营医院—波密普济医院正式投入运营。加强农产品质量安全和农产品源头治理，强化餐饮服务监管，“明厨亮灶”工程有序推进。全县餐饮单位374家、食品销售企业258家，分别增长6.5%、20.5%。强化科技创新，注重经费保障，全年开展技能培训5期，实现农村科技特派员培训全覆盖，稳步实施科技精准扶贫项目—羊肚菌示范推广种植。坚持服务促进就业、培训助推就业、创业带动就业、政策帮扶就业、产业拉动就业，实现城镇新增就业407人，城镇失业人员再就业91人，城镇登记失业率2.3%，在全区率先招聘39名波密籍未就业高校毕业生。全民参保计划登记顺利实施，城乡社会保障体系更加健全，“双集中”工作实现两个100%目标，全年发放城市低保金180.1万元，发放农村低保金298.67万元，发放医疗救助资金147.24万元，发放自然灾害救助金131.18万元，社会临时救助支出61万元。稳步推进基层公共服务平台建设，完善县群艺馆、群众图书馆、中心广场服务功能，县民间艺术团荣获全国“双服务”先进集体荣誉称号，我县被评为自治区级“书香之县”。

（唐小华）

【领导名录】
县委副书记、县长
边　巴（藏族）
县委副书记、常务副县长
李伟成（广东援藏）
县委常委、常务副县长
全保卫
县委常委、副县长
沈光银（侗族）
副县长　索朗平措（藏族）
阿　朗（藏族）
马　远
白玛旺扎（门巴族）
姜治强
达娃卓嘎（女，藏族）
张广住（2月任职）

中国人民政治协商会议波密县委员会

【概况】中国人民政治协商会议波密县委员会成立于1984年10月，本届为政协第九届波密县委员会。2017年共有委员82人，其中，中共委员30人，党外委员52人，女性25人；共设13个界别（包括中共界、宗教界、社福社保界、工商界、科技界、经济界、特邀界、文化新闻界、工青妇界、农业界、民族界、医卫界、教体界），中共界7名，宗教界5名，社福社保界4名，工商界5名，科技界5名，经济界13名，特邀界1名，文化新闻界3名，工青妇界7名，农业界25名，民族界3名，医卫界2名，教体界2名；其中汉族6名，藏族72名，门巴族3名，回族1名；设主席1人，副主席4人，常务委员17人；常委会下设1个综合办公室，2017年共有干部职工6人，其中主任1人，主任科员1人，副主任2人，副主任科员1人，科员1人。根据2017年《关于设立县（区）政协专委会的通知》文件精神，波密县机构编制委员会于2017年7月31日研究决定，设立波密县政协综合专委会，正科级建制。

【全委会议】九届二次会议。2017年2月20—23日，中国人民政治协商会议第九届波密县委员第二次会议在波密召开。会议的主要议程有审议通过政协第九届波密县委员会第二次会议议程；听取和审议政协第九届波密县委员会常务委员会工作报告；听取和审议政协第九届波密县委员会常务委员会关于政协九届一次会议以来提案工作情况的报告；列席第十二届波密县人民代表大会第二次会议，听取并讨论“一府两院”工作报告及其他有关报告；传达学习中共十八届六中全会、自治区第九次党代会、自治区政协十届五次会议、林芝市政协一届二次会议精神及市委一届五次全委（扩大）会议暨全市经济工作会议精神；审议通过政协第九届波密县委员会第二次会议关于常务委员会工作报告的决议；审议通过政协第九届波密县委员会第二次会议关于政协九届一次会议以来提案工作情况报告的决议；审议通过政协第九届波密县委员会提案委员会关于政协九届二次会议提案审查情况的报告；审议通过政协第九届波密县委员会第二次会议政治决议；其他事项。会议期间，政协第九届波密县委员会第二次会议提案审查委员会共收到提案67件，按照《提案工作条例》的有关规定，提案审查委员会对收到的提案进行初步审查，并案5件，并案后立案55件，占提案总数的82.1%。

【常委会议】九届二次常委会议。2017年2月14日，中国人民政治协商会议第九届波密县委员常务委员会第二次会议在波密县政协民族会议室召开。会议主要议程：审议通过政协第九届波密县委员会常务委员会第二次会议议程（草案）；审议通过关于召开政协第九届波密县委员会第二次会议的决定（草案）；审议通过政协第九届波密县委员会第二次会议议程（草案）；审议通过政协第九届波密县委员会第二次会议日程（草案）；审议通过政协第九届波密县委员会第二次会议秘书长和副秘书长名单（草案）；审议通过政协第九届波密县委员会第二次会议提案审查委员会名单（草案）；审议通过政协第九届波密县委员会第二次会议关于委员提出提案截止日期的决定（草案）；审议通过政协第九届波密县委员会第二次会议委员分组名单；审议通过政协第九届波密县委员会第二次会议列席人员名单（草案）；审议通过政协第九届波密县委员会常务委员会工作报告（征求意见稿）和报告人建议名单（草案）；审议通过政协第九届波密县委员会常务委员会关于政协九届一次会议以来提案工作情况的报告（征求意见稿）和报告人建议名单（草案）；政协第九届波密县委员会第二次会议筹备工作情况汇报。

九届三次常委会议。2017年2月22日，中国人民政治协商会议第九届波密县委员常务委员会第三次会议在波密县政协民族会议室召开。会议主要议程有：审议通过政协第九届波密县委员会常务委员会第三次会议议程（草案）；审议通过政协第九届波密县委员会第二次会议关于常务委员会工作报告的决议（草案）；审议通过政协第九届波密县委员会关于政协九届一次会议以来提案工作情况报告的决议（草案）；审议通过政协第九届波密县委员会提案审查委员会关于政协九届二次会议期间提案审查情况的报告（草案）；审议通过政协第九届波密县委员会第二次会议政治决议（草案）。

九届四次常委会议。2017年8月3日，中国人民政治协商会议第九届波密县委员常务委员会第四次会议在波密县政协民族会议室召开。会议主要议程有：审议通过政协第九届波密县委员会常务委员会第四次会议议程（草案）；审议通过政协第九届波密县委员会关于组织部分政协委员开展县内专题调研活动方案（草案）；传达学习政协第十届西藏自治区委员常务委员会第二十三次会议精神、政协西藏自治区委员会办公厅关于认真学习贯彻《关于加强和改进人民政协民主监督工作的意见》的通知、中国共产党西藏自治区第九届委员会第二次全体会议精神。

【主席会议】 九届四次主席会议。2017年2月10日，波密县政协召开九届四次主席会议，会议由县政协主席巴桑主持，参会的有县政协副主席达妥·洛桑益西、副主席侯国聪、副主席冯兰兰。会议审议通过关于召开政协第九届波密县委员会常务委员会第二次会议的决定（草案）；关于召开中国人民政治协商会议第九届波密县委员会第二次会议的决定（草案）；政协第九届波密县委员会第二次会议议程（草案）；政协第九届波密县委员会第二次会议日程（草案）；政协第九届波密县委员会第二次会议秘书长和副秘书长名单（草案）；政协第九届波密县委员会第二次会议委员分组名单和召集人名单（草案）；政协第九届波密县委员会第二次会议提案审查委员会名单（草案）；政协第九届波密县委员会第二次会议委员提出提案截止时间的决定（草案）；政协第九届波密县委员会第二次会议列席人员名单（草案）；政协第九届波密县委员会常务委员会工作报告（征求意见稿）和报告人建议名单（草案）；政协第九届波密县委员会常务委员会关于政协九届一次会议以来提案工作情况的报告（征求意见稿）和报告人建议名单（草案）。

九届五次主席会议。2017年7月14日，波密县政协召开九届五次主席会议，会议由政协主席巴桑主持，参会的有波密县政协副主席布穷穷、副主席侯国聪，政协办公室成员列席会议。会议协商通过政协第九届波密县委员会关于开展第二期委员培训活动相关事宜；政协第九届波密县委员会关于组织部分委员开展区内学习培训活动事宜；政协第九届波密县委员会关于组织部分委员开展县内专题调研活动事宜。

九届六次主席会议。2017年12月14日下午，波密县政协召开九届六次主席会议，会议由政协主席巴桑主持，参会的有县政协副主席布穷穷、副主席达妥·洛桑益西、副主席侯国聪、副主席冯兰兰，政协办公室成员列席会议。会议协商《政协波密县委员会关于三级政协委员履职量化考核评价的办法（试行）》相关事宜；2017年度波密县政协机关干部考核等级评选工作相关事宜。

【重点工作】 2017年3月8日，西藏自治区政协副主席次旺多布杰在市政协副主席扎西达杰陪同下到波密县政协看望慰问全体干部职工，实地考察机关工作，并向干部职工致以节日的祝贺和诚挚的问候；2017年4月25日，波密县人大、政协联合召开2017年度“两会”期间代表委员所提建议提案交办会；2017年6月5日，林芝市政协副主席王军在波密县政协主席巴桑的陪同下，深入波密县易贡乡小学、县中学、县小学围绕“提升教育教学质量”开展为期2天的调研；2017年6月20—30日，波密县人大、政协联合组织区、市、县、乡（镇）四级人大代表和区、市、县三级政协委员赴湖南省部分区县进行为期10天的考察学习；2017年7月19—20日，西藏自治区副主席金世洵一行在县委副书记、政府县长边巴，县委常委、副县长沈光银，县政协副主席侯国聪，县扶贫办主任江村的陪同下，先后深入波密县贫困群众就业创业孵化基地、索通村易地扶贫搬迁点、索通村曲珍家庭旅馆围绕“精准扶贫、精准脱贫”开展调研；2017年7月25日，在林芝市政协的大力支持下，波密县政协区、市、县三级政协委员第二期培训班顺利开班。波密县区、市、县三级农牧民政协委员、县政协机关干部参加此次培训会议；2017年8月1日，波密县政协主席巴桑带队先后对波密大队、森警中队、人武部、县中队进行“八一”中国人民解放军建军节的走访慰问，并向相关负责人员了解驻地军警部队的建设情况和训练情况；2017年9月19日，林芝市政协副主席扎西达杰在波密县政协主席巴桑陪同下，前往波密县康玉乡就维稳安保、基层党建、脱贫攻坚、强基惠民、脱贫攻坚、村组织换届选举、干部在岗在位等工作进行督导检查；2017年10月14日，林芝市政协主席桑杰扎巴在波密县政协主席巴桑的陪同下前往易贡乡检查督导维稳工作；2017年12月18—20日，波密县政协副主席侯国聪带领古乡、八盖乡、玉普乡、多吉乡、松宗镇政协委员以及县食药监局、卫生局负责人开展医疗卫生专题调研工作；2017年12月21—22日，波密县政协主席巴桑带领倾多镇、玉许乡、扎木镇政协委员开展医疗卫生专题调研工作。

（夏 文）

【领导名录】

主 席 巴 桑（门巴族）

副主席 布穷穷（藏族）

达妥·洛桑益西（藏族）

侯国聪

冯兰兰（女，藏族）

中共波密县纪律检查委员会（波密县监察局）

【概况】 2017年，县纪委（监察局）在自治区、市纪委和县委、县政府的坚强领导下，全面贯彻落实党的十九大精神，认真学习贯彻十八届中央纪委七次全会、九届区纪委二次全会、一届市纪委三次全会精神，坚决落实中史、区、市纪委、县委决策部署，落实全面从严治党要求，把纪律和规矩挺在前面；聚焦主责主业，强化监督执纪问责；围绕主业主责持续深化“三转”，加强纪检监察干部队伍自身建设，党风廉政建设和反腐败工作取得新进展、新成效。2017年，县纪委（监察局）核定编制11人，其中行政编制8人，事业编制3人，内设机构4个，分为综合办公室、纪检监察室、党风政风监督室和纪检监察信息中心。

【主体责任和监督责任】 2017年，县纪委（监察局）把协助县委加强党风廉政建设作为纪委履行监督责任的重要任务。4月1日，成功召开中国共产党第九届波密县纪律检查委员会第二次全体会议，为波密县持续全面推进党风廉政建设和反腐败工作斗争提供有力指导；12月20日，召开波密县2017年度乡（镇）纪委书记述职述责暨推进全县扶贫领域监督执纪问责工作会议，对乡（镇）纪委履行监督责任情况进行考核，压实责任，推动落实。每个季度对全县10个乡（镇）纪委履行党风廉政建设监督责任情况进行督导检查1次，并对检查发现的问题，及时下发整改通知，责令相关乡（镇）按规定限时整改；协助县委制定印发《深化落实党委（党组、党支部）党风廉政建设主体责任和纪委监督责任实施细则》，厘清各部门的责任，把党的领导体现在日常管理监督中；制定印发《关于开展2017年度落实党风廉政建设“两个责任”约谈工作的实施方案》，约谈工作坚持以问题为导向，直面问题不回避。

【“三转”工作】 2017年，县纪委（监察局）围绕主业主责排兵布阵、调配力量，将纪检监察机关的人力、物力、财力、精力向“主业”倾斜，纪委参与的议事协调机构调减为9个，真正把工作职责转到监督、执纪、问责上来；积极争取县委、县政府支持，为每个乡（镇）纪委解决1.5万元工作经费，同时配备办公用品，有效改善乡（镇）纪委办公条件；2017年，县纪委（监察局）设有纪委书记1名、纪委副书记2名，监察局副局长1名，综合办公室主任、纪检监察室主任、党风政风监督室主任各1名，主任科员1名，副主任科员2名，县级纪检监察干部15名；乡（镇）纪委书记各1名，纪检干事各2名，为进一步发挥监督执纪问责职能提供保障。

【严肃换届纪律】 2017年，县纪委（监察局）认真履职尽责，加强对村（居）组织换届选举工作监督检查，及时成立换届纪律监督工作领导小组，并印发《波密县村（居）组织换届纪律监督检查实施方案》，将宣传工作与监督工作同谋划、同落实；各乡（镇）纪委也同步成立乡（镇）换届纪律监督工作领导小组，加强对各村居换届纪律的监督工作，并及时向广大群众宣传换届选举的基本知识和注意事项，及时公布县纪委（监察局）举报电话，发放纪律提醒卡200余张，设置换届工作举报箱30个；各乡（镇）纪委会同乡（镇）党委组织开展《中华人民共和国村民委员会组织法》《中国共产党基层组织选举工作暂行条例》的宣传，增强宣传合力，为换届选举营造良好的舆论氛围；县纪委（监察局）联合县委组织部成立5个换届纪律督导检查组，对10个乡（镇）、36个村（居）换届工作纪律进行现场督查，确保波密县村（居）组织换届选举工作在阳光下进行。

【党风政风监督】 2017年，县纪委（监察局）为切实营造良好的党风政风氛围，严明政治纪律和政治规矩，在重要节点、敏感时期前，及时转发上级文件通知，明确波密县“十二个严禁”纪律要求，2017年先后转发中央、区、市通报23份，共56起典型案例。利用微信公众号、移动“云MAS”发送廉政短信8000余条次，组织各种教育学习活动3次，警示教育大会1次，累计受教育党员1600余人次，警示广大党员干部遵规守纪。督促县财政局、教育局对各乡（镇）相关资金使用情况进行监督检查，发现问题49条，县纪委（监察局）形成专项检查报告1份，梳理出问题清单1份，下达整改意见10份，要求各乡（镇）限期整改到位；督促财政、教育、扶贫等相关部门成立专项检查小组，对全县9个乡（镇）的“三公”经费、惠民惠农资金及教育“三包”经费管理使用情况进行全面检查，坚决防止侵吞、挤占、挪用等违规违纪现象的发生。制定《波密县纪委扶贫领域监督检查工作方案》，组织开展扶贫领域专项监督检查，实地查看46个村（居），听取400名农牧民群众意见，走访220户贫困户，对资金使用滞后，政策宣讲不到位、群众明白卡填写不规范等问题，及时将问题反馈至相关乡（镇）及单位，限期整改。

【践行“四种形态”】 2017年，县纪委（监察局）坚持以“从严监督、关心爱护”的根本原则，对党员干部身上的问题早发现、早提醒、早纠正。全年，共受理信访举报32件，其中：中央环境督察组转办1件，区审计厅转办1件，区扶贫工作督导调研组移交2件，市纪委转办8件，市委巡察组移交5件，县纪委（监察局）收到15件。截至年底了结12件，立案10件11人，按照干部管理权限移交市纪委1件，正在初核9件；给予党纪处分7人，政纪处分3人，诫勉谈话5人，谈话提醒11人，下达监察建议书3份。

【作风建设】 2017年，县纪委（监察局）严格执行中央八项规定及其实施细则精神、区党委“约法十章”“九项要求”，紧盯时间节点、具体问题、关键部位，严肃执纪问责。截至年底，共开展明察暗访120次，查处违反中央八项规定精神问题2起，给予党纪处分1人，诫勉谈话1人，约谈2人；督促便民服务窗口落实“首问负责”“一站办理”等制度，打通服务群众最后一公里问题，制定并严格执行考勤制度，从严管理干部队伍；2017年，县纪委（监察局）联合县委办、政府办、组织、人社等部门开展执法部门、窗口单位“门难进、脸难看、事难办”专项整治2次、明察暗访8次，对1起违反工作纪律的问题进行问责并通报，有效防止“四风”问题反弹回潮，强化干部队伍作风，全县党员干部作风有了明显转变。

【监察体制改革】 2017年11月—12月，根据《中共中央办公厅印发〈关于在全国各地推开国家监察体制改革试点方案〉的通知》和《全国人民代表大会常务委员会关于在全国各地推开国家监察体制改革试点工作的决定》精神，波密县委高度重视深化国家监察体制改革试点工作，把坚持和加强党的全面领导贯穿改革始终；县委常委会专题学习中央、区党委深化国家监察体制改革试点工作动员部署会议精神，担负起改革主体责任，全过程领导改革试点工作；县委书记先后3次主持召开县委常委会研究监察体制改革事宜，亲自批示改革试点工作文件10份；及时成立波密县深化国家监察体制改革试点工作小组及其办公室，县委书记担任组长，扛起“施工队长”重任，县纪委负专责，全面抓好改革试点方案的组织实施和具体落实，修改完善《波密县深化国家监察体制改革试点工作实施方案》，按照施工图、时间表，以绣花功夫精细施工；县纪委、县人民检察院主要领导先后6次同转隶人员谈心谈话，进行深入细致的思想工作，引导转隶人员拥护改革、支持改革、投身改革，确保监察体制改革的顺利完成。

【党建工作】 年内，选举产生新一届中共波密县纪检监察机关支部委员会；制订《波密县纪委“两学一做”学习教育常态化制度化实施方案》《波密县纪委“四讲四爱”喜迎党的十九大主题教育实践活动实施方案》《波密县纪委学习宣传贯彻党的十九大精神实施方案》，开展集中学习20余次，参学人数140余人次，撰写心得体会50余篇；组织“两学一做”知识测试1次，报送党建信息35期；积极开展重温入党誓词、党员运动会、演讲比赛、评选优秀党员、慰问孤寡老人、“四对一”结对帮扶、学习党的十九大精神等一系列活动和会议，进一步提高纪检监察干部政治站位，夯实基层党组织的战斗堡垒。

【禁赌工作】 2017年，县纪委（监察局）转发区、市《关于重申党政机关工作人员严禁参与赌博的通知》，明令禁止党员干部、国家工作人员参与赌博和带有赌博性质的娱乐活动；县纪检监察干部带头签订禁赌承诺书，并组织广大党员干部签订禁赌承诺书1138份，协调波密县电视台不间断播出禁赌宣传片90次，发送移动短信400余条，制发禁赌宣传资料500份；先后20次深入娱乐场所和重点经营场所开展监督检查，发现党员和国家工作人员参与赌博或带有赌博性质娱乐活动2起4人，给予党纪政纪处分4人。

【惩防体系】 2017年，县纪委（监察局）以惩防体系建设为抓手，在全县范围内排查出廉政风险点381个，其中高级风险点142个、中级风险点170个、低级风险点69个，制定完善防控措施102条，全县处级领导岗位和科级领导岗位完成廉政风险点的排查和自评风险等级工作，编制职权目录42份，绘制权力运行流程图92张，并通过建立廉政风险台账管理制度、查找风险点、提前约谈等方式，对可能出现的问题做到早发现、早提醒、早纠正、早处理，确保廉政风险防控工作落实到位。

【马克思主义宗教观思想教育】 2017年，为进一步加强全县党员干部马克思主义宗教观思想教育，县纪委（监察局）下发通知要求严禁党员干部信仰宗教或参与宗教活动，共签订承诺书1000余份，在宗教活动期间开展专项监督检查3次。通过“两学一做”学习教育常态化制度化，使广大党员干部牢固树立“四个意识”，坚定“四个自信”，坚决做到“两个维护”。

【宣教月工作】 2017年，县纪委（监察局）围绕“树牢‘四个意识’，严守‘六大纪律’，以良好的政治生态喜迎党的十九大”主题，开展党风廉政宣传教育。召开党风廉政和反腐败工作座谈会，会上3个县直机关单位、5个乡（镇）党委、纪委在大会上汇报2017年上半年党风廉政建设和反腐败工作开展情况并进行总结，梳理出意见建议13条，县委书记朱正辉出席会议并作讲话，全面安排部署下半年党风廉政建设工作；开展《中国共产党章程》“两准则四条例”专题学习教育活动，充分利用专题辅导、党委（党组）中心组学习、支部学习等方式，组织党员干部开展集中学习教育，全文、系统的学习，使党员干部坚持理想信念高线，守住纪律规矩底线；组织全县科级以上干部召开集中警示教育大会，通报一批违反中央“八项规定”精神、侵害群众利益的不正之风和“四风”问题典型案例，同时观看反腐倡廉警示教育片；邀请市纪委办公室（政研室）主任徐家志就落实“两个责任”、纪检监察理论知识、党风廉政建设等相关知识对各乡（镇）、县直各单位主要负责人进行培训，同时县纪委（监察局）安排2名理论功底扎实、业务能力突出的领导干部对乡（镇）纪委如何履行监督责任和执纪审查工作进行授课；县纪委（监察局）、县委组织部联合制定知识竞赛活动方案，组织全县科级以上党员干部围绕《中国共产党章程》、“两准则四条例”和习近平总书记系列重要讲话内容，开展知识测试；在波密县波茂广场开展廉政集中宣传活动，向全县群众宣传中共十八大以来党风廉政建设和反腐败工作取得的成绩，发放宣传海报103份，勤廉监督卡200余张，同时更新宣传展板5面，各乡（镇）纪委放置宣传展板20余面；联合工妇委，围绕“当好‘廉内助’、念好‘廉字经’，全力构筑反腐倡廉的家庭防线”为主题，召开家庭助廉专题座谈会，3名党员领导干部家属作为代表发表感想和建议，并发放“家庭助廉”倡议书30份；继续开展“农牧区廉政文化示范村”的建设工作，完成3个新建党风廉政建设示范村，进一步加强农牧区基层廉政文化建设；认真谋划第四届“清廉波密”廉政作品征集，活动中征集到书法绘画廉政作品10余幅。

【素质提升月】 2017年，县纪委（监察局）制作印发“两准则四条例”学习手册“口袋书”200余本，订阅《永远在路上》电视专题片60套、征订《党风廉政建设》《学思践悟》《深化国家监察体制改革试点工作百问百答》各100本发放给全县各级党组织学习，提高党员干部遵纪守规意识。4月1日，召开全县纪检监察机关素质提升月活动动员大会，传达学习《关于在全县纪检监察机关开展“业务素质提升月”活动的实施方案》，并为全县纪检干部购买各类专业书籍40余本，印制《纪检监察业务法规知识汇编》30册；5月2日，对全县45名纪检干部学习《监督执纪工作规则（试行）》情况进行测试，并邀请县委及县委组织部干部对考试进行全程监督，切实做到真学真懂，真考真严。

【警示教育基地】 2017年，县纪委（监察局）打造建设面积402平方米，总投资90余万元的波密县廉政警示教育基地，其内容分为警钟长鸣、前言、反腐历程、领导人反腐语录、党风廉政建设、党风政风监督、以案释法、忏悔录、宣教月作品展、爱国主义教育、重温入党誓词等部分，通过设立模型、雕塑等实景元素，利用声、光、电现代技术的展示方式营造出严肃的氛围，增强党员干部对党风廉政建设的认识，又起到震慑与警示作用，做到警钟长鸣。截至年底，该项目已基本建设完成。

【信访举报渠道】 2017年，县纪委（监察局）为适应当前党风廉政建设和反腐败工作新形势、新任务，建立纪委监察局领导干部包片联系制度，由过去在办公室等群众上访，改为领导干部主动下访，切实解决涉及群众利益的热点难点问题；制定《波密县纪委（监察局）领导干部包片制度》，规定县纪委（监察局）领导班子成员每人包片2个乡（镇），每年深入分片联系乡（镇）调研次数不少于4次，及时发现和解决分片联系单位在反腐倡廉工作中遇到的新情况、新问题，为全县纪检监察机关开展工作提供依据；在县城重要路段发放藏汉双语“勤政廉政监督卡”、廉政宣传海报，主动向社会各界公布县、乡（镇）纪委举报电话、通信地址、邮箱并指定专人负责“清廉波密”官方微信平台日常运行，并及时受理群众反映的问题。

【培训工作】 2017年，县纪委（监察局）针对办案队伍结构调整，业务不够熟练等现实情况，县纪委（监察局）通过选派优秀干部到区内外进行学习锻炼来提高干部队伍素质，增强履职能力。县纪委（监察局）选派优秀干部到区内外进行学习锻炼，参加区外培训3人次，自治区培训8人次，林芝市培训9人次。建立乡（镇）纪委书记和纪检干事以案代训工作机制，截至年底，已安排6批次12人到县纪委（监察局）跟班学习，全程参与县纪委（监察局）执纪审查工作，安排3人到市纪委跟班学习，有效提升乡（镇）纪检干部整体素质。

（王 娅）

【领导名录】

县委常委、纪委书记
王 芳（女）
纪委副书记、监察局局长
大巴桑（藏族）
纪委副书记 兰 建（2月任职）
监察局副局长
兰 建（2月离任）
纪委（监察局）主任科员
赵海亮（2月任职）
监察局副局长
赵明军（5月任职）
纪委（监察局）综合办主任
刘长春（7月离任）
纪委（监察局）党风政风监督室主任
万春芳（女，12月离任）
纪委（监察局）纪检监察室主任
巴 姆（女，藏族）
纪委（监察局）副主任科员
白玛群措（女，藏族，8月任职）
纪委（监察局）副主任科员
次仁卓嘎（女，藏族，8月任职）

中共波密县委办公室

【概况】 年内，在波密县委的正确领导下，县委办公室认真组织“两学一做”学习教育，紧紧围绕县委各项中心工作认真履行职责，以创新为动力，以服务为根本，尽心当参谋，尽职抓协调，尽力强保障，以求真务实的工作作风，充分发挥县委的参谋助手、桥梁和纽带的作用。

【加强学习】 年内，通过定期集中学习和业余时间自学，县委办公室全体成员进一步加深对中共十九大、十九届一中、二中全会以及党章党规和系列重要讲话精神的认识和领会，在理论知识水平和工作能力方面有了较大提高。同时注重学以致用，充分利用所学到的理论知识指导实际工作，不断总结经验教训，切实在思想、工作等各个方面不断地与时俱进，较好做到超前思考和谋划，进一步在推动科学发展、综合协调、参谋服务等方面增强办公室整体履职尽责的能力，不断提高办公室“三服务水平”。

【精心办文】 结合实际，进一步完善公文处理制度，全面落实《党政机关公文处理条例》，严格执行国家标准《党政机关公文格式》，始终坚持从严、从精、从快的原则，严把“三关”，确保文稿质量。

严把起草关。应由县委办公室起草的文件，认真拟稿，精益求精，对由部门代拟的文件，进行严格审核，仔细缮改，力求准确到位；严把审核关。所有文件必须经办公室负责人统稿、缮改后，再逐级经领导签发，最后再次对其进行仔细校核，使格式、内容以及每一个标点符号都准确无误。截至年底，县委及县委办公室共发文126件，各类请示报告18件，决定通报14件，撰写汇报材料、会议纪要、领导讲话140余篇，没有出现歧义和差错，确保县委各项工作及时、准确地安排部署；严把收发关。对上级文件及时登记传阅，应该保存的文件及时整理存档。全年共传阅各级文件1235份，回收1235份，杜绝文件丢失及泄密事件的发生。

【细心办会】 年内，县委办公室严格按照中央八项规定的要求，精简会议活动，切实改进会风，不断提高办会水平。树立“细节决定成败”的办会理念，始终坚持提前准备、分工负责、层层把关，做到会场布置整洁庄严，会场服务细致不马虎，会议材料准备无差错，确保各类会议秩序和质量。全年承担波密县第九次党代会、县委常委会、县委常委扩大会、各项工作推进会等重要会议50余场，做到忙而不乱、有条不紊、万无一失。

【用心沟通协调】 年内，县委办公室及时协调县委重要工作安排，认真做好县委重要活动的安排、组织服务工作和参与全县重大会议、活动组织和服务工作，强化沟通协调，确保各项工作有序开展。2017年，共承办大型活动和会议达30余场次，接待各级领导调研和视察活动达102次，均较好地完成任务。全力搞好日常协调，主动与县人大办、政府办、政协办联系，互通情况，互相支持；加强与乡镇和部门日常工作的衔接、沟通，对涉及部门多、环节多的重大问题，主动牵头协调，及时传达政令，保证县委决策的贯彻落实。

【强化信息编报】 年内，县委办公室围绕县委、县政府中心工作和各阶段重点工作，充分发挥参谋助手作用，认真编写、上报信息，及时反映全县经济社会发展新思路、新举措及新成效，充分发挥信息“前哨”的作用，为领导掌握情况、指导工作、科学决策提供较好的信息服务。同时，制定出台《关于进一步加强紧急信息报送工作的意见》《信息工作奖惩办法》，加大信息奖励力度，充分调动各单位、各部门办公室人员报送信息的热情。截至年底，县委办公室向上级党委报送信息2649条，其中被自治区党委办公厅采用23条、被市委办信息科采用216条。同时，各乡镇和县直各单位向县委办公室报送信息6435条，其中被《波密信息》采用上报自治区、市的228条，被《波密信息》采用提供给县领导的483条。

【狠抓督查督办】 年内，县委办公室围绕党的方针政策开展督查，把工作重点放在中央、自治区党委、市委重大方针政策贯彻执行上，放在县委决策部署的组织落实上，及时做好领导批示和交办事项的督促落实，第一时间把贯彻落实情况上报市委和市委督查室，较好地发挥督查职能作用。2017年，完成《督查专报》46期。县委做出决策部署后，办公室及时将其分解，明确责任，跟踪督查，并通过《党办督查》表扬先进，鞭策后进；全年共督查办结县委领导批示事项12件，对每个批办件均做到及时处理，协调到位，不留隐患，办结率100%，做到事事有回音、件件有着落。

【抓好史志编修】 年内，县委办公室始终坚持科学严谨、实事求是的工作态度，紧密结合波密的地方特色、时代特色，以区、市方志办工作会议精神为指导，切实推动波密县地方志工作快速有序开展。截至年底，完成约10万字的第二轮《波密县志》材料前期收集工作及波密年鉴2017卷的终稿审核工作。

【落细落实主责工作】 2017年，县委办公室严格按照各级党委、纪委指示精神，将主责工作和其他工作同部署、同检查、同落实、同问效，通过健全制度、逢会必讲，强化监管，进一步落细落小主责工作。截至年底，汇编全县落实党风廉政建设主体责任工作资料4册，86余万字。

【机要工作】 年内，县委办公室机要工作人员以高度的政治责任感和强烈的奉献精神，慎之又慎地做好机要保密工作。积极组织工作人员定期对各单位、各乡镇党政信息网进行检修，对党政信息网使用人进行业务指导。严格执行值班纪律，规范电报存档登记手续，坚持24小时值班制度，节假日、休息日吃住在单位，有效保障县委与上级党委、政府机关的工作联系和信息畅通。全年收文电5224件，发文电1767件，未出现任何差错。

【保密工作】 年初，县委办公室根据人员调整及工作需要，及时调整波密县保密委员会成员，县委副书记、常务副县长李伟成任主任，县委办公室主张虎负责日常保密工作开展；县委副书记、常务副县长、县保密工作领导小组组长李伟成主持召开保密工作专题会议后，县委保密办及时组织工作人员对全县10个乡镇，县（中、区、市）直各单位保密工作开展情况进行大检查大督查，对于发现的问题，责令相关单位限期整改，实现保密工作检查全覆盖；为进一步规范密件的管理，先后为书记办公室、机要局、食药局、工商联、城投公司配备符合国家保密标准的标准型保密文件柜，实现各乡镇、县直各单位保密柜全覆盖；编辑刊发西藏自治区首个县级保密期刊—《波密保密》。截至年底，累计检查涉密计算机160余台，非涉密计算机200余台，涉密文件110余份，销毁涉密电子办公设备55台，征订“七五”保密法治宣传重点资料236册。

【关心支持驻村工作】 年内，县委办公室根据自治区、市强基办工作总体要求，选派优秀干部组成工作队进驻扎木镇通木村开展驻村工作。驻村工作队进驻后，克服居住环境、生活等问题，充分发扬“老西藏精神”“两路精神”，积极走村入户，了解群众所思所想所盼所需。县委办公室筹措资金2万余元，对驻村工作队居住场所进行整理，并添置生活必备品及办公设备，为驻村工作队认真履职尽责、狠抓任务落实，有效推动各项工作深入开展奠定坚实基础。

【推动“两学一做”】 年内，县委办公室按照区党委、市委、县委统一安排部署和要求，制定《县委办公室开展“学党章党规、学系列讲话、做合格党员”学习教育活动实施方案》，切实做到将“两学一做”学习教育抓在日常，形成常态。同时利用支部学习时间，按照方案要求进行学习，并取得明显效果。截至年底，县委办党支部开展专题活动3场、集中学习20余次，上党课2次，观看廉政电影2场次，撰写心得体会10余篇。

（王身利）

【领导名录】

副 主 任　赵 海 亮（2月离任）
　　　　　张　　虎
　　　　　蔡　　林（2月任职）
县委机要局（密码管理局）副局长
　　　　　益西群措（女，藏族）
县档案局（馆）局长（馆长）
　　　　　刘　　俊（2月任职）

波密县人民代表大会常务委员会办公室

【概况】 年内，波密县人大常委会办公室（以下简称办公室）在县委的坚强领导和县人大常委会的关心指导下，始终高举习近平新时代中国特色社会主义思想伟大旗帜，全面贯彻落实党的十九大、自治区第九届党代会和中央第六次西藏工作座谈会精神，紧紧围绕全县改革发展稳定大局和县人大常委会中心工作，团结拼搏，开拓创新，扎实工作，圆满完成各项工作任务，为县人大及其常委会依法履职和机关有序高效运转提供良好服务保障。2017年，办公室共有编制7名，实有12名。

【会务工作】 波密县第十二届人民代表大会第二次会议于2月21日召开，2月23日闭幕，会期3天。县人大常委会办公室精心组织，周密安排，圆满完成会议各项任务。归纳整理县十二届人大二次会议上代表提出的议案意见建议48件，并召开意见、建议交办会，按法定程序向县府交办，确保代表议案建议件件有答复、事事有落实。

【执法监督及调研】 2017年，办公室配合区、市两级人大常委会开展执法检查和专题调研活动12次，配合人大常委会组织开展执法检查和专题调研活动8次，组织代表视察1次。

【加强与人大代表的联系】 年内，办公室协助人大常委会先后深入全县10个乡（镇）和寺庙等认真开展区、市、县、乡（镇）四级人大代表家访活动，以家访带培训，切实提高基层农牧民代表的履职能力和水平，使他们更好地服务县、乡党委中心工作，巩固代表沟通联系党委、政府与广大农牧民群众的桥梁纽带作用。

认真督办代表意见、建议。加强与县府及其职能部门的联络工作，切实加大对代表意见、建议督办力度，有效解决农牧民群众关注的热点焦点问题。截至年底，县十二届人大二次会议代表所提的48件建议已全部办理完毕并答复代表，代表们对办理结果比较满意。

【自身建设】 年内，办公室严格执行人大机关每周五理论学习制度，狠抓机关学习教育。全面学习贯彻宣传习近平新时代中国特色社会主义思想，深入学习领会中共十九大精神和十九届中纪委二次全会、区党委九届三次全会精神，牢固树立“四个意识”，坚定“四个信念”；认真组织办公室工作人员进行业务学习，狠抓公文处理，不断提高办文质量。健全完善公文处理制度，实行分级负责制，做到层层把关，严格审核，进一步规范公文的写作、审核、签发、印制、发送等程序，确保零差错、零失误；加强党风廉政建设，组织党员干部认真学习《中国共产党廉洁自律准则》《中国共产党纪律处分条例》等党内法规条例，组织观看《沉重的代价》《蜕变》等系列警示教育片，筑牢人大常委会办公室工作人员的反腐倡廉底线，不断增强人大机关党员干部“为民、务实、清廉”的工作意识。

（梁 模）

【领导名录】

主　　任　巴　　珍（女，藏族，11月任职）
副 主 任　索朗多吉（藏族，3月任职，3–11月主持工作）
　　　　　格桑拉珍（女，藏族，3月离任，1–3月主持工作）
　　　　　王 学 位（11月离任）
主任科员　格桑拉珍（女，藏族，3月任职）

波密县人民政府办公室（法制办公室、信访局、综合执法局）

【概况】 波密县人民政府办公室（法制办公室、信访局、综合执法局）机关行政编制为11名，其中，科级领导职数4名。2017年，政府办在县委、县政府的正确领导下，以中共十九大精神和习近平总书记系列讲话精神为指导，围绕全县改革、发展、稳定大局，充分发挥自身职能，着力加强思想政治建设和作风建设，着力提高办文办会、综合协调、信息报送、后勤服务等各方面工作水平，不断创新服务方式，发扬团结奋斗、无私奉献的精神，超前谋划工作，全力推进落实，较好完成各项工作任务。

【干部队伍建设】 坚持以“内强素质、外树形象”为目标，以“三服务”为宗旨，以思想政治建设为准绳，倾力打造团结务实、高效协作、纪律严明、行事果敢、服务有力的坚强集体。坚持抓班子带队伍，加强班子之间的勤沟通、常交心、纳群言，大事讲原则，小事讲风格，工作上支持，生活上关心，办公室全体成员形成团结互助，精诚协作，同心谋事的良好风气。实行量才施用，定岗定责，任务到人，做到千斤重担众人挑，人人头上有指标。继续加大力气抓好办公室作风建设，努力树立“优质服务、廉洁高效”的良好形象。

【发挥参谋助手作用】 对照波密县实际情况，以生态旅游、特色农牧、藏医藏药、水电能源、民俗文化五大产业为重点，积极开展调查研究，提出科学建议，努力为波密县党政领导掌握全局、谋划工作、正确决策提供参考依据。积极协调组织各职能部门开展综合调研，主动研究和探讨一些带有方向性、全局性、战略性的课题，为领导多出思路，快出思路、出好思路。抓好撰写政府工作报告的专题调研，深入前期调研，客观分析波密未来发展面临的形势和背景，广泛征求各方面意见建议，提出思路，为波密县经济社会发展确立奋斗目标、明确方向。同时还围绕开好县政府等重要会议，深入各乡（镇）、各村（居）了解新情况新问题，认真分析整理，为领导确定会议主题、明确工作思路提供有力依据。

【督察督办工作】 按照工作职责，突出重点，把握关键，较好地完成督查督办任务，取得一定成效。紧紧围绕经济建设这个中心，根据县政府的中心任务，不断加大工作督查督办和抓落实力度，为县政府决策部署的落实做了卓有成效的工作。在抓工作落实过程中，注重创新机制，树立权威，调动各级各方面的积极性，确保县政府决策部署不走样，工作落实不打折。除运用电话催促、下发督查通知单等方式方法催交工作进度汇报材料外，还加强由分管领导带队深入基层、深入企业、深入群众进行调查研究的工作方法，通过实事求是地了解情况，及时提出工作措施意见，为领导掌握情况、研究对策、指导工作提供决策参考。

【政府法制】 着力推行行政执法责任制，进一步完成波密县行政机关行政执法职权界定工作。加强行政执法监督工作，规范行政执法行为，提高行政执法水平。高质量办理人大代表建议和政协委员提案，并扎实推进行政复议工作。

（唐小华）

【领导名录】

政府办（法制办、信访局、综合执法局）主任（局长）

白玛四朗（藏族，8月任职）

政府办（法制办、信访局、综合执法局）主任科员、副主任（副局长）

巴　珍（女，藏族，11月离任）

政府办（法制办、信访局、综合执法局）主任科员

李雪鹏（女，11月任职）

政府办（法制办、信访局、综合执法局）副主任（副局长）

王学位（11月任职）

机关后勤服务中心主任

四郎曲珠（藏族，11月任职）

中国人民政治协商会议波密县委员会办公室

【概况】 2017年，波密县政协办公室共有干部职工6人，其中主任1人，副主任2人，主任科员1人，副主任科员1人，科员1人。

【理论学习】 2017年，波密县政协办公室组织干部学习《关于加强和改进人民政协民主监督工作的意见》和《中国人民政治协商会议章程》；学习十八届三中、四中、五中、六中全会、十九届一中、二中、三中全会精神；学习习近平总书记系列重要讲话精神；学习贯彻中央第六次西藏工作座谈会和中央关于西藏工作的一系列重要指示精神；学习西藏自治区第九次党代会精神；认真开展“两学一做”教育活动；专题学习《中国共产党党内监督条例》《关于新形势下党内政治

生活的若干准则》等党内法规50余次。干部职工在交流学习中进一步明确方向、凝聚共识，深化对中国特色社会主义道路、理论体系和制度的认识，深化对新时期人民政协工作重要性的认识。

【**党组织建设**】 2017年，波密县政协办公室党支部在波密县委的正确领导和波密县政协党组的指导下，按照县直机关工委要求，组织党员深入学习党章党史党规、重要思想理论、习近平总书记重要讲话精神30余次，听县政协党组主要负责人讲党课4次，观看教育警示片2次。严格按照“三会一课”制度规定的工作流程和要求认真组织实施，确保“三会一课”的时间、人员、内容和效果落到实处，党员干部的宗旨意识、核心意识、大局意识、看齐意识进一步加强。

【**“两学一做”学习教育活动**】 2017年，在关于进一步抓好“两学一做”学习教育常态化制度化活动落实工作中，波密县政协办公室按照县委下发的一系列文件要求，紧密结合单位实际，统筹谋划，精心组织，制定波密县政协机关“两学一做”学习计划，在每周五学习例会上，严格按照学习计划安排进行学习，取得阶段性成效。

【**来访接待**】 2017年，波密县政协办公室认真接待并积极协助做好西藏自治区政协、林芝市市政协及其他地（市）、兄弟县（区）及区外各级政协来波密县调研和考察等各种活动，通过交流、学习、座谈，极大地促进县政协工作的开展。

（夏　文）

【**领导名录**】

主　　任　黄　　勇（8月离任）
　　　　　田 伦 华（8月任职）

副 主 任　扎西卓玛（女，藏族，3月离任）
　　　　　李 雪 鹏（女，3月离任）
　　　　　德吉央宗（女，藏族，3月任职）
　　　　　黄 润 红（女，3月任职）

中国人民政治协商会议波密县委员会综合专委会

【**概况**】 根据《关于设立县（区）政协专委会的通知》文件精神，波密县机构编制委员会研究决定并下发《关于设立波密县政协专委会的通知》，于2017年7月31日正式设立波密县政协综合专委会，正科级建制，核定科级领导职数2名，其中，正科级1名，副科级1名。

【**主要职责**】 负责完成县政协全体会议和常委会会议、主席会议提出的各项工作任务；组织各种学习会、座谈会、报告会、专题协商会、团结和联系委员及各族各界人士；对党和国家大政方针在县内的贯彻落实情况，以及西藏政治、经济、文化和社会生活中的重要问题，组织委员深入调研，提出意见和建议，就群众普遍关心的社会热点、难点问题组织征集提案，反映社情民意，编辑、出版文史资料；维护社会稳定和民族团结，坚决反对分裂、做好党的民族宗教政策宣传工作；负责制定专门委员会的工作计划，并组织实施。

【**全县政协委员数**】 截至2017年12月31日，波密县共有区、市、县三级政协委员86名。其中西藏自治区政协委员2名，林芝市政协委员8名，波密县政协委员82名。全县政协委员名单见下表。

2017年波密县政协委员一览表

表1

序号	姓名	性别	民族	单位及职务	备注
1	巴桑	男	门巴族	政协主席	—

续表1

序号	姓名	性别	民族	单位及职务	备注
2	加布	男	藏族	县委常委、统战部部长	—
3	布穷穷	男	藏族	政协副主席	—
4	达妥·洛桑益西	男	藏族	政协副主席	区、市、县三级政协委员
5	侯国聪	男	汉族	政协副主席	—
6	冯兰兰	女	藏族	政协副主席	—
7	黄勇	男	汉族	统计局局长	—
8	郝建伟	男	汉族	推广站站长	市、县两级政协委员
9	多吉	男	藏族	退休干部	—
10	雷淑娟	女	汉族	旅发委主任	—
11	尼玛桑杰	男	藏族	倾多镇普龙寺寺管会主任	—
12	曲珍	女	藏族	工商联主席	—
13	白玛次仁	男	藏族	易贡铁山建筑有限公司经理	—
14	扎西多吉	男	藏族	雪成燃气公司经理	—
15	白玛四朗	男	藏族	政府办主任	—
16	方金娥	女	汉族	工妇委主任科员	—
17	尼玛拉姆	女	藏族	卫计委副主任	—
18	德青	女	藏族	文广局科员	—
19	顿珠次仁	男	藏族	民政局社会救助站站长	—
20	德吉	女	藏族	县中学教师	—
21	次旺曲珍	女	藏族	县小学教师	—
22	次旦卓玛	女	藏族	多吉乡卫生院医生	—
23	次仁卓玛	女	藏族	卫生服务中心药房主任	—
24	达娃卓玛	女	藏族	国和联营公司出纳	—
25	杨福军	男	汉族	消防大队消防中队副中队长	—
26	李红	女	藏族	工商局科员	—
27	扎西	男	藏族	国税局副局长	—
28	嘎玛加央	男	藏族	农行营业股股长	—
29	米玛次仁	男	藏族	科技局事业编制	—

续表1

序号	姓名	性别	民族	单位及职务	备注
30	德吉央宗	女	门巴族	疾病预防控制中心医士	—
31	央珍	女	门巴族	县小学副校长	—
32	马阿卜都	男	回族	天马大酒店经理	—
33	央金	女	藏族	县文广局公益性岗位	—
34	边坝次仁	男	藏族	森工兴林木业有限公司经理	市、县两级政协委员
35	索朗益西	男	藏族	多吉乡达大村村民、自治区非遗“说白”传承人	—
36	桑杰扎西	男	藏族	多吉乡帕雄村村民	—
37	益西旺久	男	藏族	多吉乡通层村村民	—
38	索朗旺堆	男	藏族	多吉乡德吉村村民	—
39	次旺卓嘎	女	藏族	多吉乡达大村村民	—
40	格桑	女	藏族	扎木镇扎木村村民	—
41	索朗次仁	男	藏族	扎木镇桑登村村民	—
42	米玛旺堆	男	藏族	扎木镇岗巴村村民	市、县两级政协委员
43	曲林	男	藏族	扎木镇巴琼村村民	—
44	次仁多吉	男	藏族	扎木镇桑登村村民	—
45	索朗顿珠	男	藏族	扎木镇卡达村村副主任	—
46	珠嘎	男	藏族	倾多镇党委委员、热西村村支部书记	区、县两级政协委员
47	央庆索朗	男	藏族	倾多镇康达村村民	—
48	索朗巴姆	女	藏族	倾多镇栋曲村村民	—
49	久美	男	藏族	倾多镇达龙村村民	—
50	索朗次仁	男	藏族	倾多镇栋曲村村民	—
51	次旺加措	男	藏族	康玉乡达曲村村民	—
52	格南	男	藏族	康玉乡通堆村村民	—
53	曲措	女	藏族	康玉乡乌那村村民	—
54	宗珠	男	藏族	易贡乡贡仲村主任，柴胡种植合作社负责人	—
55	西洛	男	藏族	易贡乡江拉村村民，易贡藏刀打制专业合作社负责人	—
56	巴桑拉姆	女	藏族	易贡乡贡仲村村民	—
57	普布	男	藏族	易贡乡通加村村民	—

续表1

序号	姓名	性别	民族	单位及职务	备注
58	阿珠	男	藏族	玉普乡米美村村民	—
59	卓玛	女	藏族	玉普乡格巴村村民	—
60	格桑尼玛	男	藏族	玉普乡阿西村村民	—
61	贡布	男	藏族	玉普乡米美村村民	—
62	才顿珠	男	藏族	古乡松绕村支部书记	—
63	扎西多吉	男	藏族	古乡古村村民	—
64	扎西平措	男	藏族	古乡嘎朗村村民	—
65	普布卓玛	女	藏族	古乡雪瓦卡村村民	—
66	次巴扎西	男	藏族	松宗镇龙亚村村民	—
67	多吉占堆	男	藏族	松宗镇岗巴村支部书记	—
68	洛桑	男	藏族	松宗镇德巴村支部书记兼村委会主任	—
69	卓嘎	女	藏族	松宗镇纳玉村村民	—
70	斯朗巴吉	女	藏族	玉许乡沙仁村村民	—
71	多杰	男	藏族	玉许乡玉沙村村民	—
72	索朗次旺	男	藏族	玉许乡海定村村民	—
73	次仁拉珍	女	藏族	玉许乡林琼村村民	—
74	次仁旺堆	男	藏族	玉许乡则普村村民	—
75	彭措	男	藏族	八盖乡日卡村支部书记	—
76	顿珠次仁	男	藏族	八盖乡卧普村村民	—
77	尼夏	男	藏族	八盖乡龙普村村民	—
78	索朗顿珠	男	藏族	八盖乡巴瑞村村民	—
79	罗布顿珠	男	藏族	玉许乡玉仁寺民管会主任	—
80	尼玛江村	男	藏族	多吉乡曲宗寺民管会副主任	—
81	其美次仁	男	藏族	扎木镇多东寺僧人	—
82	贡桑罗布	男	藏族	扎木镇多东寺僧人	—
83	索朗尼玛	男	门巴族	古乡巴卡村村民	市级政协委员
84	大嘎玛	男	藏族	倾多镇普龙寺僧人	市级政协委员
85	巴永	女	藏族	松宗镇格尼村村民	市级政协委员
86	李清平	女	藏族	商务局主任科员	市级政协委员

【委员提案及答复】

宗珠委员在《关于加强湿地管理看护的提案》中提出：湿地具有涵养水源、净化水质、调蓄洪水、控制土壤侵蚀、补充地下水、美化环境、调节气候、维持碳循环和保护海岸等极为重要的生态功能，希望我县相关部门加大湿地管理和保护力度。

县林业局答复：一是聘用专业湿地保护员，加强湿地巡逻管护；二是严格湿地项目审批工作，凡涉及湿地范围内的项目，严格按照国家法律法规审批项目；三是要求各专业管护站、管护员在开展林业巡逻的同时，加强湿地的巡逻管护工作；四是招聘6名森林公安协警，分别在通麦木材检查站和玉普检查站上岗，严厉打击破坏森林资源等犯罪行为。

白玛次仁委员在《加强整治波密县城区内随意大小便的提案》中提出：波茂广场和县完小附近，随意大小便现象严重。望有关部门多建几所公共厕所，加强对随地大小便等不文明行为的教育引导。

县住建局答复：县住建局结合"厕所革命"在城区增设厕所4个；对随意大小便现象纳入日常执法工程中，同时加强对不文明现象的教育引导。

洛桑委员在《关于整治处理过期食品、垃圾食品的建议》中提出：县城及乡（镇）的部分商店中存在过期食品、垃圾食品，望有关部门给予重视并定期开展检查。

县食药局答复：截至2017年6月，县食药局通过专项监督检查，对县食品经营、销售、生产、流通等环节加强监督检查，共没收销毁"三无"产品、过期食品、垃圾食品1500公斤，货值金额7500元。下一步，县食药局将继续加大整治力度，积极营造广大人民放心消费、安全饮食的良好氛围。

德青委员在《关于美化城乡环境，提升县城面貌的提案》中提出：希望有关部门在县城及我县318国道两侧设置垃圾桶，进而改善环境。

县环保局答复：县环保局2017年为古乡、多吉乡、易贡乡、扎木镇配备大型垃圾压缩车5辆，为城管大队配备摆臂式垃圾车1辆，为各乡镇配备垃圾箱体80个。县环保局结合波密县环境日及重大节假日积极开展环保法律法规的宣传教育，提高农牧民群众环保意识，积极推进美丽波密建设。

中共波密县委组织部（编办、老干部局）

【概况】 县委组织部（县机构编制委员会办公室）是波密县正科行政机关，核定编制12名，2017年实有工作人员14人。年内，县委组织部在县委的坚强领导和市委组织部（编办）、老干局的正确指导下，坚持以中共十九大精神为统领，认真学习贯彻习近平新时代中国特色社会主义思想、中共十九大和全国、区、市委组织部长会议精神，始终坚持日常工作抓规范、重点工作抓深化、难点工作抓突破、特色工作抓创新的工作模式，组织、编制、老干部等工作迈上新台阶。

【思想政治教育】 年内，县委组织部紧密结合推动"两学一做"学习教育常态化制度化和"四讲四爱"主题教育实践活动，制定下发《关于在全县推进〈中国共产党党员领导干部廉洁从政若干准则〉〈中国共产党纪律处分条例〉学习贯彻的实施意见》，明确任务目标、细化工作举措、创建实践载体，切实加强思想政治建设，牢牢扭住思想上的总开关。2017年，全县各级党组织制定学习计划369个，督导方案127个，组织开展专题学习讨论会543次，各级党组织书记和党员领导干部带头讲党课922次，举办理论测试、观看红色电影、爱心捐赠等主题活动194场次，400余党员干部共与262户帮扶贫困户745人结对认亲，累计为群众办实事好事560余件，送去慰问金、慰问物品5万余元。

【领导班子和干部队伍建设】 年内，县委组织部始终坚持"德才兼备，以德为先"原则和"凭实绩用干部、为发展配干部"的用人导向，注重优化班子结构配备，实现各乡（镇）领导班子老、中、青搭配合理，乡（镇）主官“一藏一汉”配备，汉族比例达34.83%，大专及以上学历达84.26%。加大乡（镇）与县直机关部门之间的调整交流力度，努力畅通干部“上得去、下得来”的渠道，有效激发干部干事创业的积极性。年内，从县直部门选拔58名优秀年轻干部充实到乡（镇）领导班子，将长期在乡（镇）和在偏远乡（镇）工作的44名干部交流到县直单位工作、乡（镇）之间交流39名。坚持把制度建设作为基础性、根本性工作，切实通过机制的健全、制度的完善推动领导班子和干部队伍建设常态化、制度化。2017年，县委组织部出台《关于进一步规范干部管理工作的意见》，建立完善16项县直单位和乡镇工作制度等长效机制，进一步规范干部管理工作。通过集中培训、专业知识培训和挂职锻炼等有效途径，累计培训各类干部1867人，干部的专业素养进一步提高。

【人才工作】 年内，县委组织部认真贯彻落实中央和自治区人才工作会议精神，大力实施“人才强县”战略。出台《波密县人才资源开发专项资金管理使用暂行办法》，明确人才资金使用管理的责任部门、资金来源和主要用途、资金申报与拨付、资金管理与监督，有效增加资金使用的透明度。制定完善《波密县专招大学生基层工作导师制度》《波密县组织部领导干部联系指导专招大学生制度的通知》和《波密县加强干部交流意见》，切实提升联系服务、培养帮带人才工作水平。狠抓各类人才的教育培训。紧紧依托援藏优势。2017年，先后以挂职锻炼、跟班培训、交流研讨等多种途径，培训各类人才43人。加大人才工作投入力度，按照“温馨舒适、拎包入住”标准，拨付专项经费64万元，为43名专招大学生购买日常生活用品。

【基层党建】 年内，县委组织部制定完善《波密县基层党建考核评价办法》《基层党建工作督查制度》，盯紧扣准定责、考责、问责关键点。共计建立县级领导党建联系点33个，县委书记、组织部长带队调研、督导党建工作20余次，开展业务推进会、研讨会4次，县乡村逐级签订“军令状”189份，开展考核评分3次，下发督查通报3期，约谈工作推进缓慢的负责人8名，有效建立明责问责工作导向。

年内，县委组织部制定下发《开展机关党支部集中换届选举工作的通知》，依法依规完成36个机关党组织换届工作。严格按照区、市相关工作要求，坚持程序严、步骤稳、衔接准的标准，走好走实各个环节，高质量完成村（居）党支部、村（居）委会、团支部、妇代会及其他配套组织换届，“两委”班子中，初中及以上学历90人，40岁以下占比达45%。同时，积极开展新任村级班子业务培训工作，共计组织村（居）党支部书记、村（居）委会主任、村监会主任培训班3期48课时，培训人员270人。大力整顿软弱涣散基层党组织，持续推进10%末位倒排机制，对倒排出的11个机关、村居软弱涣散基层党组织，明确责任人和整改时限，规范整改工作验收程序，有效保证整顿工作成果。高度重视党务干部业务能力培训。2017年，培训乡（镇）党委副书记、组织委员60余人次，机关企事业支部书记50余人次，第一书记90余人次。加大党内激励帮扶力度。2017年，共计下拨党内激励帮扶资金12.31万元，帮扶困难党员119名。着力提升“三会一课”质量，广泛实施“主题党日”活动，不断提高组织生活的吸引力和凝聚力。制定下发《关于在全县推进〈中国共产党党员领导干部廉洁从政若干准则〉〈中国共产党纪律处分条例〉学习贯彻的实施意见》，通过明确任务目标、细化工作举措、创新实践载体，切实用《中国共产党党员领导干部廉洁从政若干准则》《中国共产党纪律处分条例》规范党组织工作和党员行为。一年来，全县各级党组织累计开展集中学习、交流研讨等活动543场次，组织知识竞赛、演讲比赛、理论测试30余场次，各级党员干部讲党课310余人次。

年内，县委组织部起草《理顺“五支队伍”职能分工实施意见》，特别强调村（居）党支部核心领导，第一书记参谋助手，驻村工作队帮带，大学生村官辅助配合，包村干部沟通协调等职能定位，确保形成互相搭台、协作配合的有利局面。创新推行第一书记“月汇报”制度，要求第一书记每月向乡镇党委述职一次、每两个月向县委组织部述职一次，每半年县委组织部将第一书记现实表现反馈给选派单位，推动第一书记履职尽责、主动作为。下拨每个乡（镇）20万元、每个村（居）2万元，每名第一书记1.5万元的党建工作经费，另建立县级党建经费、村（居）干部和党员专项培训经费、农牧民党员帮扶经费等，全县党建工作经费预算达1063万元，同比增加56.1%。截至年底，全县“一肩挑”报酬达33502元，“正职”达32889元，“副职”达21458元。制定《波密县2017年村级组织活动场所标准化建设实施意见》，计划县财政和援藏投资2730万元，实施6个村活动场所标准化建设任务。充分整合利用援藏、发改、扶贫等项目，大力新建村级活动场所。共计预算2032.9万元，计划实施古村、达兴等9个村活动场所建设项目。积极开展新建村活动场所配套设施购置工作，共计投入基层党建工作经费51万元，配套3个村相应功能设施。按照“点上集约、轴上牵引、线上辐推”的工作思路，采取“规范一套制度、整合一批资源、打造一体化场所”三项重点措施，整合力量在每个乡镇、每一片区、每条干道建设1个以上党建工作示范点，切实形成规模效应，逐步推动全县10乡（镇）85村（居）党组织工作全部实现规范化。2017年，全县投入党建工作经费300余万元，打造党建示范乡镇2个，示范村20个。

坚持在“富口袋”的同时“富脑袋”，把“扶志”“开智”工作作为当务之急和必走程序，逐步转变贫困群众“等、靠、要”思想。2017年，累计组织专题教育宣讲130余次，发放宣传资料2600余册，受教育群众8600余人次，帮助输出劳务1500余人次，增加群众现金收入147余万元；积极探索“乡（镇）统建、村级联建、支部+党员+”等三种运营模式，坚持乡级统筹、支部引路、党员带富、产业铺路，自党建促脱贫攻坚开展以来，整合市、县资金1503.5万元，新建集体经济18个。2017年，全县共有集体经济46个，占村（居）总数的54.1%。积极推广“支部+合作社+精准扶贫户”“支部+企业”“致富带头人+党员群众”等产业发展方式，以党组织的组织力和党员的先锋性，推动产业发展、群众增收。共计建立党员示范家庭旅馆12个。在松宗、古乡和扎木推广种植天麻1.3万平方米。先后成立岗巴村家庭旅馆党支部等联合党支部12个，吸纳党员80余名，带动140余户农牧民群众人均增收2100余元；不断深化寺管会党组织过硬、党员素质过硬、掌握政策过硬的“三个过硬”工作，全面理顺各寺管会党组织关系，选优配强党组织书记，组织寺管会党员加强党内政策法规和宗教政策学习，切实提升施策能力水平，建立寺管会党支部6个。

【机构编制】 年内，县委组织部围绕简政放权，放管结合，优化服务，不断加强自身建设，推进政府职能转变，机构改革各项工作有序进行，24个政府职能部门3684项行政职权的审定工作已完成，并通过政府工作网站公示。结合实际，按照精简统一效能原则，规范机构设置，理顺权责关系，共计整合部门5个，更名3个，撤并部门管理机构2个（粮食局、森林公安局），组建部门5个（统计局、党校、巡察办、巡察一组、巡察二组）。坚持每月10日前上报实名制变更信息，严格执行《编制数据报送承诺书制度》，确保报送数据准确、完整、真实。

【老干部管理】 年内，县委组织部进一步加强离退休干部思想政治建设和党支部建设，全面落实离退休干部政治待遇、生活待遇，新成立离退休党支部1个，组织开展各类组织生活60余次，建立完善支部工作台账5册，制定《波密县老干部局联系离退休老干部工作制度》2项。“三大节日”期间走访慰问老干部484人，发放资金33.88万元，“七一”中国共产党建党、重阳等节日开展活动花费5.20万元，帮扶老干部9人，发放资金5.7万元，慰问去世老干部12人，慰问品折合资金1.44

万元，组织老干部赴云南、成都疗养，花费资金32.21万元。

【强基础惠民生】 年内，县委组织部扎实推进“三帮一带”工作，帮助村级组织健全村规民约642条，健全党务、村务、财务公开制度299条，进一步提高基层党组织的创造力、凝聚力和战斗力。及时召开维稳宣讲大会745场次，妥善化解各类矛盾纠纷71件，有效确保所驻村“三无”“三不出”。积极帮助村（居）理清发展思路164条，找准发展路子85个，帮助驻在村发展集体经济6个，劳务输出群众448余人次，增加村民现金收入159.6余万元。组织召开感党恩教育大会395场次，开展“中国梦”、社会主义核心价值观和新旧西藏对比教育等活动473场次，受教育群众达8万余人次，群众受教育面达100%。帮助解决好所驻村“三就”“两保”“六通”等民生突出问题，共计为民办实事好事319件，慰问五保户、贫困户和困难群众3355人次，发放慰问金和慰问品合计84.57万元。宣传中央和自治区强农惠农富农政策395余场次，参与群众3.3万余人次，帮助兑现各类惠民资金1426.21万元。协助争取扶贫项目63个，投入帮扶资金1242.14万元，有力协助贫困户早日脱贫致富。宣传孕产妇住院分娩补助奖励政策和孕产期保健等知识360余场次，登记孕产妇342余名，入院分娩197人。开展“预防打击传销、电信诈骗”宣传教育活动596余场次，受教育群众达3.46万人次。开展“争当生态战士、共建生态家园”主题宣传活动360场次，参与人员1.65万余人次。积极推行“两学一做”学习教育常态化制度化，以自治区“四讲四爱”主题活动为引向，开展各类学习教育700余次，工作队队长讲党课80余场次，受教育群众10.9万人次，帮助群众解决困难300余件。

（唐家祥）

【领导名录】

县委常委、组织部长
张　斌
副 部 长　唐家祥（8月任职）
副部长、人社局局长
果　果（女，藏族）
县委老干部局局长
普　琼（藏族）

中共波密县委宣传部

【概况】 中共波密县委宣传部于1951年6月成立，是西藏自治区财政全额拨款、国库集中支付的正科级预算单位。是县委主管意识形态方面工作的综合职能部门。2017年，波密县委宣传部在县委、县政府的正确领导下，在市委宣传部的关心指导下，以迎接宣传贯彻党的十九大为工作主线，深入学习贯彻习近平新时代中国特色社会主义思想和党的十九大精神，贯彻落实全国全区宣传部长会议精神，贯彻落实市委和马升昌书记关于宣传思想工作的重要指示精神，以“两个率先”为目标，不断增强“四个意识”，在舆论宣传，理论武装、民族团结、文化创新和精神文明建设等各项工作取得新突破、新成效。县委宣传部管理县文化广播电影电视局工作，承办县委、县政府，市委宣传部交办的其他工作。2017年下设办公室、网信办、文化市场综合执法大队，精神文明建设委员会文明办。波密县委宣传部（含网信办）核定编制6名，其中行政编制3名、机关其他编制3名。科级领导职数4名，科级非领导职数2名，实配科级领导2名，科级非领导1名，科员3名。文化市场综合执法大队，参公事业单位，核定事业编3名，科级领导职数2名，科级非领导职数1名，实配科级领导1名。互联网评论中心，副科级，核定事业编制2名，科级领导职数1名。实配事业副科1名，事业人员1名。

【意识形态】 2017年，县委宣传部进一步增强做好新形势下意识形态工作的政治责任感和使命感，把意识形态工作当作一项极端重要的工作来抓好落实，层层压实责任，牢牢把握意识形态工作的领导权和主动权。县委组织召开常委会、乡（镇）党委书记座谈会，专题研究部署意识形态领域工作，与各乡镇签订《意识形态领域责任书》；将意识形态工作纳入党的巡察范围，由巡察办对各级各部门意识形态工作情况进行督查，有效维护基层政治安全。做好重要节点和敏感时期舆论监管，建立党务政务公开制度，及时公开重大事项、发布重大新闻，及时搜集、研判、处置可能引发群体性事件和社会动荡的言论。波密县网信办被自治区网信办评为“2017年度全区网信工作先进单位”。

【精神文明建设】 积极开展典型选树活动。2017年，波密县气象局继续保留“全国文明单位”荣誉称号，波密县扎木镇、扎木镇巴琼村继续保留“全国文明村镇”荣誉称号。评选表彰勤劳致富、乡村好人、孝老爱亲等先进个人21人，文明家庭15户，先进集体14家，宣传引导社会正能量，弘扬中华民族传统美德；深化中国梦宣传教育。在县政府新闻网、“两微一端”等新媒体，县广播电视台，各级、各单位电子宣传栏滚动播放二十四字社会主义核心价值观内容。全年制作、发放、张贴各类文明标语150余条，公益广告3条；持续推进新旧西藏对比活动。组织乡镇、村（居）开展新旧西藏对比图片展、资料展，收集新旧西藏相关图片资料，进一步完善新旧西藏对比资料库建设。

【理论学习教育】 2017年，县委宣传部按照上级要求，结合“两学一做” “四讲四爱”、生态建设、脱贫攻坚、民族团结等重要内容，制定《2017年全县各级党委（党组）理论学习安排意见》《波密县理论学习中心组2017年集中学习计划》《党组织理论学习中心组学习制度》，对全县各级党组织理论学习的内容、方式、制度等提出明确的要求，定期不定期实地督导检查各级党组织理论学习中心组学习情况，不断增强党员干部学习的自觉性、主动性，保证理论学习的实效性，增强党员干部理论联系实际的工作能力。全年县委理论学习中心组集中学习14次，参学人数达860余人次，县级领导撰写调研报告25篇，各乡镇、各单位主要负责人撰写心得体会55篇，发放理论学习中心组学习资料960余份。

【新闻宣传】 2017年，县委宣传部加大媒体宣传力度，拓宽宣传视野。利用波密电视台滚动播放波密社会经济发展和民俗文化发展宣传短片，并策划开办系列专题，包括《扶贫一线》《我的青春在基层》《法治在身边》《拉措课堂》等，进一步创新节目制作形式。从讲身边人故事的角度，展示精准扶贫工作中典型经验、讲述基层干部职工的生活、普及日常法律知识。

注重与新媒体合作，拓宽宣传渠道。积极配合新华网西藏频道、央视新闻频道、中国国际电视台等区内外媒体设立波密外宣专题报道页面，不断对外宣传波密风光、民俗、社会活动。按照“旅游搭台，文化唱戏”，打造文化旅游精品线路的发展思路，发挥资源优势，将波密县悠久的历史文化、丰富多彩的民俗文化、璀璨神秘的非物质文化遗产与自然生态旅游资源有机结合，努力打造波密“藏王故里、冰川之乡、桃花世界、静好小镇、高原氧吧”的文化旅游形象名片。2017年，朗秋冰川景区被“共产党员”微信公众平台专题宣传并在全区大力推广，全面详细解说波密县人文风土。

【民族团结教育】 2017年，县委宣传部严格贯彻落实习近平总书记系列重要讲话精神，特别是“加强民族团结 建设美丽西藏”重要指示精神，通过召开学习会、座谈会、专题会、报告会、演讲比赛等形式，开展“加强民族团结.共建幸福林芝”主题大讨论活动、以“四讲四爱”主题教育实践活动为契机，在全县范围内开展“民族团结进步创建七进”活动，“民族团结宣传月”集中宣传日活动，“民族团结一家亲”座谈会，民族团结榜样选树、学习宣传活动，让民族团结进步的理念深深扎根于各族干部群众之中，形成各民族团结奋斗、共同繁荣发展的良好氛围。

【四讲四爱专题教育】 2017年，县委宣传部按照上级要求，认真安排部署，坚持把谋划“四讲四爱”主题教育实践活动与推动波密改革发展稳定各项工作结合起来，全民参与，充分利用现有宣传阵地、设施，通过喷涂宣传标语、制作宣传栏、宣传展板，悬挂横幅，LED电子显示屏、微博、微信公众号、政府网站、电视台等载体，绘声绘色、图文并茂的宣传“四讲四爱”相关内容，把“四讲四爱”主题教育实践活动抓在日常、融入经常、形成常态，确保活动不虚不空不偏、不走过场，教育广大干部群众牢记历史、饮水思源，明白“惠在何处、惠从何来”，自觉与达赖集团划清界限，崇尚现代科学理念，淡化宗教消极影响，移风易俗。有效夯实广大农牧民群众、寺庙僧尼、中小学生、企业干部职工的思想基础，坚定了知党恩、感党恩、报党恩，听党话，坚定不移跟党走的信心和决心。全年开展宣讲1362余场次，直接受教群众12余万人次，挖掘典型41例，宣传报道145条；发放日历2569份、制作发放藏汉双语宣传册及资料1.2万余份、张贴、喷涂、悬挂横幅、宣传标语3360余条，通过微信、微博、微信公众号发布“四讲四爱”相关内容2500余条次，电视台播出新闻30条，专题栏目8个。

【十九大精神宣讲】 党的十九大召开后，县委宣传部认真贯彻落实《中共中央关于认真学习宣传贯彻党的十九大精神的决定》和《自治区党委办公厅关于印发〈党的十九大精神学习宣传工作方案〉的通知》，制定《波密县县级干部十九大宣讲任务表》，由县委书记带头，县级干部赴乡镇、村居开展党的十九大精神宣讲工作，实现县级领导宣讲全覆盖。按照区党委、市委统一部署，结合县域实际，组建一批政治立场坚定、基层组织经验丰富、精通藏汉双语的波密县“十九大精神”宣讲队伍。深入学校、村居、企业、寺庙、部队、流动人员集中地开展宣讲工作，切实做到宣讲工作全覆盖，无死角。全年开展宣讲397余场次，直接受教群众达2.6万余人次。县电视台、波密政府新闻网、“两微一端”等县主要媒体，制作播出《拉措课堂》16期，各乡镇微信公众平台发布关于学习宣传贯彻党的十九大精神相关信息120篇，政府新闻网72篇。邀请专家学者专题讲座、与农牧民群众面对面宣讲、畅谈心得体会、互动交流，进一步加深基层干部群众对十九大精神的理解。切实把党的十九大精神学习好、宣传好、贯彻好、落实好。

【文化执法】 2017年，县委宣传部紧紧围绕“五个波密”总体目标，建设文化波密、打造文化强县，坚定文化执法基本工作思路，强化工作措施，加大工作力度，根据“开展三个重点任务、五个专项净化行动”内容，抓住重要节点，深入推进“扫黄打非”专项行动，确保波密县文化市场安全和文化健康繁荣发展，为文化强县建设提供有力保障。在“净网2017”专项治理行动中，出动执法人员170余人次，检查网吧85家次，对1家接纳未成年人的网吧发放《责令改正通知书》1份，予以停业整顿。在“秋风2017”专项行动中，清查波密县各类非法出版物、非法打字复印店、新闻敲诈和假新闻、假媒体、假记者站、假记者、非法“黑电台”等，进一步净化波密县新闻出版领域。在“清源·固边2017”专项行动中，精心策划，周密部署，细化具体分工，采取明查、暗访、随机查和定期查方式，加大清查力度，拉网式检查，不留空白，不留死角。在文化市场安全隐患排查中，通过“查制度、查管理、查隐患”督促经营场所做好消防和安全生产工作，对3家无证经营、3家曲库存在违禁曲目和2家从业人员未备案的娱乐场所作出停业整顿的处理，对3家销售违禁光碟的音响店予以罚款并没收违禁光碟；加强演出市场监督管理，严格执行先审核后演出的规定，对节目内容不健康，存在安全隐患的节目不予批准演出，并随机安排执法人员对报备的演出进行抽查，现场监管，确保演出节目健康有序。全年出动执法人员210余人次，检查娱乐场所107余家次。

【外宣工作】 2017年，县委宣传部以桃花节、民俗文化节、雅江节等地方特色节庆为平台、以网络、新闻媒体、县广播电视台为宣传窗口，将波密历史文化、民俗文化展现世人。丰富广播电视节目。县广播电视台从服务大局，不断提升全县形象的角度出发，全年编辑制作6个专题栏目，播出30余期，录制重大节庆活动实况录像11部，制作各领域专题片14部，报道新闻443条，上报94条，采纳57条；积极发挥文联作用。大力发掘培养本土文艺人才，活跃全县文学和艺术发展，通过举办现场艺术创作，摄影、影视大赛及各类艺术作品展等活动，让更多人认识波密，了解波密，向往波密。

（普双林）

【领导名录】

县委常委、宣传部部长
马海蕴
宣传部副部长、网信办主任
米　玛（藏族）
网信办副主任
汤红丽（女，3月任职）
文化执法大队大队长
尼玛措（女，藏族，3月任职）
网评中心主任
左齐玉（女，藏族）

波密县互联网信息办公室

【概况】 2012年12月，波密县委宣传部加挂互联网信息办公室牌子，撤销县网络文化建设和管理协调领导小组办公室。2014年12月，成立互联网评论中心，为县委宣传部（网信办）管理的副科级事业单位，经费来源为全额拨款，核定事业编制2名，核定科级领导职数1名。2017年，网信办实配人员3名，其中网信办副主任1名，科员2名。网评中心实配人员3名，网评中心主任1名，科员2名。

2017年，波密县互联网信息办公室立足波密实际，按照既定的工作目标，扎实开展各项工作。重点在加强网络安全与宣传、壮大主流舆论、传播正能量、培育健康向上网络生态等方面做了大量工作，网上宣传导向正确、正能量强劲、成效显著，工作取得重大进展和成效，为波密县改革发展稳定发挥积极作用。

【网络建设】 截至年底，波密县共有网站1个（波密县政府新闻网），微信公众号31个，微博4个，云MAS业务平台2个，入驻今日头条1个，各单位微信公众号和微博等已在网信办备案保存，政府新闻网站由西藏传媒集团负责营运管理，网信办只负责信息报送。

【网站运行】 政府网站是对外宣传波密县的窗口，波密县政府网委托西藏传媒公司负责运营。针对内容发布，执行审核机制，网信办制定网站新闻信息内容管理工作制度，明确内容管理责任人，网站内容采用人工审核机制。在管理制度的相关条款中，明确要求网站内容必须“先审后发”，并留存内容审核日志记录；严格按照互联网新闻信息稿源名单转载新闻信息，并注明来源，不得歪曲原新闻信息的内容，不得断章取义恶意篡改原标题。设置新闻来源“白名单、黑名单”，管理人员定期清理不合规、不确定新闻来源稿库及留存清理记录。对关于领导人的时政报道，规定要按新闻机构的相关要求进行采编。在内容管理制度中明确提出“九不准”等要求、明确规定遵守“七条底线”；明确要求积极传播正能量、明确要求双首页新闻正能量稿件占比情况；明确要求双首页不得出现低俗负面信息扎堆、推动血腥色情暴力等有害信息的规定内容。

2017年波密县政府网站发稿量2822条，在西藏自治区政府网站影响力中排名第七。结合波密县实际，联合西藏传媒建立相关专题，突出报道波密县经济文化建设所取得的成绩，提升网站形象和点击率，促进世界各地人士了解波密、认识波密，提高波密的影响力；将门户网站建设和内容保障工作纳入年终成绩考核，调动波密县各单位力量建设波密政府门户网站。积极开展网上政务服务，积极践行“让权利在阳光下运行”，充分运用政府门户网站等信息载体，依法、全面、准确、及时、主动公开政务政府信息，全年主动公开政府信息56条。

【通信设施建设】 波密县10个乡镇85个村居移动宽带覆盖率为86%，四代通信乡镇全覆盖、行政村覆盖率80%，重点景区覆盖率为90%。电信宽带覆盖率65%、四代通信乡镇全覆盖、行政村覆盖率90%、国道沿线100%覆盖、景区90%覆盖。联通宽带用户800户、国道沿线100%覆盖、四代通信乡镇全覆盖。截至年底，各村基本实现水、电、路"三通"，个别村居部分道路及桥梁正在修整。

林芝市旅发委投资在古乡巴卡村、古乡嘎朗村、扎木镇岗村、县政府大院、沿江路、波茂广场等位置建设智慧旅游wifi项目；县政府投资140万元与移动公司合作，建设虚拟现实眼镜参观系统、4D座椅、天上西藏微信服务号景区定制版块功能部分及智能wifi设备和wifi页面开发等内容，将波密游客服务中心打造成涵盖旅游咨询、天气预报、景区推介等综合性功能为一体的智慧旅游体系。

【网络安全自查】 年内，波密县网信办切实抓好内网、外网和应用软件管理，确保"涉密计算机不上网，上网计算机不涉密"，严格按照保密要求处理光盘、硬盘、移动硬盘等管理、维修和销毁工作；制定《计算机和网络安全管理规定》，存储介质管理，完善《存储介质管理制度》，建立存储介质领用文档。已制定《涉密信息网络管理规则》《保密制度》《波密县计算机信息系统安全管理制度》《波密县政府网络安全管理协议》《关于网站信息审核安全保密的具体措施》等制度措施并严格执行。重点抓好"三大安全"排查：加强对硬件安全的管理，包括防尘、防潮、防雷、防火、防盗、和电源连接等。加强网络安全管理，计算机实行分网管理，严格区分内网和外网，合理布线，优化网络结构，加强密码管理、IP管理、互联网行为管理等；加强计算机应用安全管理，包括邮件系统、资源库管理、软件管理等。定期组织工作人员学习相关网络知识，提高计算机使用水平，确保网络安全；要做到依法管网、依法办网、依法上网。加强属地全时全网舆情监控。针对网络意识形态责任制等内容在波密县委理论中心组人员进行学习，不断提高广大网民思想觉悟和自身素质。加强对波密县政务网络管理，对上网的文字、图片、视频等信息从严审查，从严把关，坚决防止信息失误、信息误导；定期不定期排查是否有涉及冒用波密县党政机关名称、社会公共机构名称等微博客，对其进行跟踪排查，出现任何认证的机构或个人对其进行及时确认并上报，根据情况进行处理并发布相关信息；定期开展网络淫秽等低俗信息排查工作，维护网络信息安全，并向网吧等互联网经营场所发布文件、通知等，引导网民网言网语的规范使用，积极构建一个和谐文明的网络舆论环境。

【舆情监管】 年内，波密县网信办关注人民网、新华网、西藏新闻网等网站的新闻、网站评论、论坛类的信息，掌握实时热点新闻，关注与波密县相关的社会动态；深入百度贴吧、天涯社区、猫扑等贴吧社区，查看与波密县相关的发帖信息，对部分可能引起舆论热点的帖子进行持续关注；浏览新浪微博、腾讯微博等与波密相关的微博信息，搜索与波密县相关的关键词。针对其中发现的负面信息舆论，在确认其真实性后，通过官方网站及时发布相关处理结果；针对谣言等不实信息，第一时间确认事件的真相，并利用官方网站、微博等发布真实信息，防止谣言的进一步传播，并及时上报上级相关部门，同时做好监控，引导网民舆情走向；在处理完相关舆情之后，继续跟进事态发展，加强正面引导，营造和谐健康的舆论环境。

在元旦、春节、"3·28"西藏百万农奴解放纪念日、清明节、桃花节等节日期间，网信办提前启动舆情应急处理方案，并加大舆情监控力度和监测范围，防范可能出现的舆情事件；同时落实节日期间24小时值班制度，保证设备的正常运行和正常监测，尽量做到不留监控死角，启动网络舆情预警机制，保证节日期间舆情动态的正常走向。

【网评工作】 年内，波密县网信办结合波密县实际，建立波密县网评员个人情况一览表，对网评员进行基本信息登记，实行分级管理，并建立网评员联系机制：在日常工作中，通过QQ、微信、邮箱、短信与网评员联系，通知网评员发帖、转发相关信息等。发生重大突发舆情事件时，告知网评员保持电话24小时开机状态，通过电话联系，告知网评员及时发送相关信息。

（柴政委）

【领导名录】

县委宣传部副部长、互联网信息办公室主任

米　玛（藏族）

县互联网信息办公室副主任

汤红丽（女）

县互联网评论中心主任

左齐玉（女，藏族）

中共波密县委统战部

【概况】 波密县委统战部为正科级行政机关，2017年，有工作人员5名，其中副处级干部1名，正科级干部2名；宗教办为县委统战部下设副科级机构，有工作人员2名，其中副科级主任1名。年内，县委统战部在县委、县政府的领导和上级业务部门的精心指导下，以中央《统一战线工作条例》和自治区《〈条例〉实施意见》为指导，以习近平新时代中国特色社会主义思想和党的十九大精神为引领，深入贯彻落实习近平总书记治边稳藏重要思想，紧紧围绕全面建成小康社会、全面深化改革、全面依法治国、全面从严治党的战略布局，高举爱国主义、社会主义旗帜，坚持大联合大团结的主题，坚持正确处理一致性和多样性关系的方针，积极促进政党关系、民族关系、宗教关系、阶层关系、海内外同胞关系和谐，立足于全面巩固和发展波密爱国统一战线事业，始终站在维护全县社会和谐稳定第一线，围绕中心、服务大局，争取人心，凝聚力量，扎实开展统战、民族、宗教各项工作，有效确保宗教领域持续和谐稳定、党外干部队伍建设不断加强、非公经济力量不断壮大，较好地完成各项工作任务，为波密县社会局势持续和谐稳定和经济发展贡献积极力量。

【寺庙工作】 2017年，县委统战部坚持长远规划打牢基础，努力建立健全宗教领域长效维稳机制，坚持常态与非常态下维稳工作区别细化、统筹开展，建立和完善常态下领导干部联系寺庙、非常态下领导干部分片蹲点制度，坚决落实寺庙管理的属地原则，充分发挥驻寺机构维稳一线的战斗堡垒作用。县委统战部积极会同县民宗局、公安局、国保大队研究部署宗教领域各项维稳工作，切实落实乡镇“一把手”寺庙管理责任，全力配合县涉宗部门做好对所辖寺庙及宗教领域维稳工作，不断总结经验，完善机制，确保宗教领域长期稳定、持续稳定、全面稳定。

【宗教事务管理】 2017年，县委统战部按照《西藏自治区大型宗教活动管理办法》，严格管理宗教活动审批程序，对各寺庙按照惯例举行的佛事活动，严格执行审批程序，对已批准的宗教活动进行下乡督导，做到有问题及时发现、及时排查、及时调处，确保将不稳定因素控制在萌芽状态。在佛事活动摸顶赐福当天，县委统战部牵头县民宗局、宗教办、公安局国保大队、交警大队联合成立工作组到活动现场开展交通管控、维持现场秩序等工作，截至年底，全县未发生违反规定擅自开展宗教活动的现象，各个寺庙正常佛事活动顺利过渡；在学经人员管理上，坚持源头防范和应急处置“两手抓”，积极配合公安国保等部门加强对出境回流人员、学经清退人员、社会流动从事宗教活动人员思想教育。

【寺庙法治宣传】 2017年，县委统战部结合“3·28”西藏百万农奴解放纪念日”、民族团结进步宣传教育月、"12·4"全国法制宣传日等时间节点，协调寺庙管理机构组织僧人开展形式多样，丰富多彩的法治宣传和爱国主义宣传教育活动，学习宣传《宪法》《民族区域自治法》《西藏自治区实施〈宗教事务条例〉办法（试行）》《西藏自治区文物保护条例》《大型佛事活动管理办法》《和谐模范寺庙暨爱国守法先进僧尼评选表彰规定》《西藏自治区藏传佛教寺庙僧尼请销假规定》以及党的十九大精神等切合寺庙管理工作实际的法律法规及全区各项关乎寺庙僧人切身利益的利寺惠僧政策。通过开展一系列法治宣传和爱国主义教育活动，进一步提高增强广大僧人的法律意识、爱国爱教意识、法治意识、公民意识。

【利寺惠僧】 2017年，县委统战部在全面实现"九有""九+六""一覆盖"等工程全覆盖的基础上，寺庙在编僧人免费体检工作全面完成。在僧人医疗、养老、免费体检工作连续4年实现全覆盖的基础上，积极争取政府预算经费4万元，于11月初开展2017年下乡入寺免费巡诊活动，为全县寺庙僧人送医送药保健康；积极协调，从哲蚌寺迎请1名经师到倾多寺讲经授课，解决持证僧人学经难问题；扎实开展"三大节日"慰问和"六个一"慰问活动，通过开展家访、畅通联系渠道等方式了解僧人及家庭情况、困难；2017年落实"六个一"活动经费22.8万元，其中市级"六个一"专项经费12.8万元，争取县财政资金10万元；衔接落实寺庙"九+六""九有"维修资金7.8万元。

【民族团结】 2017年，县委统战部积极牵头县民宗局贯彻落实党的民族政策，坚持各民族共同团结奋斗、共同繁荣发展，各级民族工作会议精神得到落实。认真开展民族团结进步宣传月活动，全年下乡入寺专题宣传19次，在波密县广场开展宣传活动10余次，悬挂横幅10余幅，发放宣传单6500余份，受教育群众达25000余人次；2017年召开波密县级表彰大会2次，共对10座寺庙、多名僧人、7个寺管会（专职特派办）、12名驻寺干部进行表彰，落实县级表彰经费18万元；深入开展民族团结宣传教育和民族团结进步创建活动，协调县民宗局推荐、评选、表彰自治区级模范集体1个、模范个人1名，市级民族团结模范集体2个、个人1名，县级模范集体13个，模范个人15名。

【党外代表人士】 2017年，县委统战部充实完善党外干部后备人才库，为全县200余名党外干部、教师、医生建立党外知识分子信息库；推荐自治区十一届政协委员1名；认真落实58名党外人士生活补助，其中佛协常务理事和政协常委每月补助为885元，佛协理事、政协委员每月补助735元；持续加强党外干部素质能力建设，全年共推荐3名党外干部赴西藏社会主义学院参训，进一步提升党外干部综合素质；高度重视以曲宗寺达妥活佛为代表的宗教界人士教育培养工作，通过座谈、慰问、谈心等方式充分了解他们的学习、修行状况和思想动态。

【自身队伍建设】 2017年，县委统战部进一步提高干部思想政治和业务素质建设，按照党建、党风廉政建设、"两学一做"学习教育等相关要求，制定《2017年波密县委统战部党支部理论学习日程安排表》和《"两学一做"学习教育计划表》等学习内容，积极组织全体干部学习新党章和党规党纪，学习习总书记系列讲话，学习《中华人民共和国民族区域自治法》《西藏自治区实施〈宗教事务条例〉办法（试行）》《中华人民共和国文物保护法》等业务知识，并根据实际情况，在课程中安排会议贯彻学习中共十九大精神，用政治理论知识、法律知识和业务知识武装干部职工的头脑，不断提高干部职工的思想政治水平和业务素质；结合波密县驻寺工作实际，以《西藏自治区驻寺干部管理办法（试行）》为准绳，在明确属地管理原则的基础上，根据区、市关于加强和创新寺庙管理的相关规定，由县委统战部起草，于2017年6月经县委九届八次会议研究通过，县委组织部、县委统战部联合下发《波密县驻寺干部管理实施细则》，通过涵盖轮休、财务、党建和交流等17个方面、111条细则的明文规定，进一步规范驻寺干部管理；12月，由波密县委常委、统战部部长加布带队，组织包括统战、民宗、宗教办、驻寺机构、公安国保、寺庙僧人等21名单位主要负责人和代表，前往区内兄弟市县寺庙及寺管会进行参观考察交流学习，拓宽驻寺干部眼界、学习吸收先进管理经验，进一步提高波密县依法管理宗教工作水平。

【统战理论调研】 2017年，县委统战部在2015—2016年统战理论调研工作取得丰硕成果的基础上，再接再厉，持续深入推进理论调研工作，按照市委统战部的统一安排部署，组织工作人员深入各乡（镇）、各寺庙管理机构，扎实开展调研工作，并要求各寺管会（专职管理特派员）结合自身实际，广泛开展宗教领域调研工作，调查研究当前社会局势下统一战线和宗教领域工作存在的困难，提出意见建议，为进一步做好统一战线和宗教工作建言献策。全年，波密县委统战部及各寺庙管理机构共计完成涉及统战理论、民族宗教、驻寺工作等内容的调研报告7篇，荣获2017年度全市统战理论政策研究优秀组织奖，得到市委统战部主要领导的高度评价，统战理论调研工作取得良好的成效。

（邹宝玉）

【领导名录】

县委常委、统战部部长

加　布（藏族）

统战部副部长

普布罗布（藏族）

统战部副部长、宗教办主任

罗布次仁（藏族）

中共波密县委巡察办（组）

【概况】 巡察是党内监督战略性制度安排，是党之利剑、国之利器。县委巡察机构自2017年7月成立以来，深入学习习近平新时代中国特色社会主义思想和中共十九大精神，学习区党委、市委和县委在巡视巡察有关决策部署，有关讲话文件精神，自觉担负起管党治党政治责任，把巡察工作放在推进波密全面从严治党战略部署和谋划中，认真落实中央巡视工作方针，以政治建设为统领深化政治巡察，坚持发现问题，形成震慑不动摇，发挥政治“显微镜”和政治“探照灯”的作用。

【领导重视，狠抓巡察工作】 2017年，县委牢固树立“四个意识”，自觉坚定向习近平总书记看齐，紧跟党中央、区党委、市委巡视巡察工作步伐，加强对巡察工作全过程的领导。从巡察对象、内容、方式的确定到巡察组组长、副组长的遴选，从听取巡察报告到审定巡察反馈意见，县委书记亲自研究把关、亲自指挥部署，2017年，先后主持召开3次县委常委会研究部署巡察工作，召开1次书记专题会听取巡察情况汇报、作出指示批示6次。巡察工作领导小组坚决落实中央巡视工作领导小组和自治区党委、市委要求，靠前指挥、统筹谋划，召开2次领导小组会议、1次动员部署会，狠抓工作落实。

【建立健全巡察组织机构和队伍】 按照机构健全、职责清晰、统一规范、人员精干的要求，建立健全县委巡察机构和编制队伍。成立巡察工作领导小组。县委研究成立以县委书记为组长，县委副书记、县长为副组长，县委副书记，县委常委、纪委书记，县委常委、组织部部长为成员的县委巡察工作“五人小组”，成立以县委常委、县纪委书记为组长，县委常委、县委组织部部长为副组长，相关工作人员为成员的巡察工作领导小组；组建县委巡察办筹备小组。7月初，从纪委、县委组织部等部门抽调6名人员，设立县委巡察办筹备小组，负责开展前期准备工作，为构建上下联动的巡视巡察工作新格局打下基础；成立巡察办（组）。经报请市编委会同意批准，成立县委巡察办和2个巡察组，共设编制6名，并于8月底人员调整到位；建立巡察组长库和人才库。按照忠诚、干净、担当的要求，从县直单位和乡镇选拔原则性强、素质过硬、熟悉基层工作、具有相应工作经历、善于发现和分析研究问题的10名正科级干部组成巡察组长库，从纪检监察、组织人事、司法、财政、政法、信访等部门遴选30名优秀干部组建巡察人才库，为巡察工作开展提供坚实人才保障。

【建立巡察工作机制】 制定巡察工作方案。经县委研究，制定《中共波密县委巡察工作五年规划》《中共波密县委2017年度巡察工作方案》和《中共波密县委2017年第一轮巡察工作方案》，细化分解每年的巡察工作任务，明确九届波密县委一届任期内巡察全覆盖的时间表、路线图、任务书；制定巡察工作制度。采取跟着学、照着做的办法，收集整理中央、区党委、市委巡视巡察相关文件及制度，参照“两准则四条例”，结合我县实际，制定《中共波密县委员会“五人小组”听取情况汇报工作规则》《中共波密县委员会巡察全覆盖制度》《中共波密县委员会巡察协调联动制度》等9项制度，为规范巡察工作流程打下基础。

【巡察业务培训】 2017年，县委巡察办积极与区、市巡察机构沟通，通过“走出去学习”“请进来指导”和“自觉学习”相结合的方式，不断提高巡察工作人员业务理论水平和工作能力，增强巡察人员的责任感和使命感。2017年参加上级组织学习3场次，邀请上级领导、巡察专干面对面指导巡察工作1场次，县委巡察办组织巡察业务培训3场次，编印《巡察工作手册》等巡察相关规章制度数本，制作波密县巡察工作人员专用笔记500本。

【巡察监督内容和方式方法】 2017年，根据《中共西藏自治区委员会巡视工作实施方法》，结合《中共西藏自治区委员会关于建立地市委巡察制度的意见》，按照党组织隶属关系和干部管理权限，本着县（区）委巡察到乡镇（街道）、延伸到村（居）的原则，县委巡察办经与组织部、统战等部门了解，对所属管辖范围内党政机关、企事业单位的党组织进行梳理，共梳理出巡察对象138个，其中乡（镇）党委10个、寺管委会6个、村（居）党组织85个、县直机关行政单位32个、县属事业单位2个，县属国有企业3个。按照政治巡察要求，紧紧围绕落实“两个责任”，紧盯“三大问题”，紧扣“六项纪律”，准确把握政治巡察基本定位，突出工作重点，聚焦发现问题，重点了解领导干部是否存在违反中央“八项规定”精神、区党委“约法十章”“九项要求”的问题，了解是否存在违反群众纪律、工作纪律、生活纪律，搞形式主义、官僚主义、享乐主义和奢靡之风等问题。方式方法上，按照“机动灵活、务实高效”的原则，按照“12+N”的巡察方式开展巡察工作。

【开展九届县委首轮巡察工作】 2017年，按照拟定巡察方案要求，县委巡察机构对多吉乡党委和曲宗寺管委会开展首轮常规巡察。9月5日，县委召开九届县委首轮巡察工作动员会，9月6日，派驻巡察一组正式开展为期2个月的巡察，同时，巡察二组参加市委第五轮巡察。12月5日，召开巡察工作领导小组听取首轮巡察工作开展情况汇报会，12月27日，召开书记专题会听取巡察工作情况综合汇报会，会议对报告进行审议，对下一步巡察工作进行安排部署。首轮巡察中，共开展个别谈话28人次，发放问卷调查及民主测评表59份，听取汇报会4场次，召开座谈会1场次，上浮一级2次，下沉一级9次，走访群众600余人次，查阅各类档案资料300余份；发现问题20个；下发整改建议书8份，对28个问题进行立行立改。

（索　朗）

【领导名录】

县委巡察办主任

李　静（女，8月任职）

县委巡察办副主任

索　朗（藏族，8月任职）

县委巡察一组组长

向巴拥宗（女，藏族，8月任职）

县委巡察一组副组长

蒋 亚 男（女，8月任职）

县委巡察二组组长

张 太 荣（8月任职）

县委巡察二组副组长

嘎玛措姆（女，藏族，8月任职）

波密县民族宗教事务局

【概况】 年内，在县委、县政府的正确领导下，林芝市民宗局的精心指导下，波密县民族宗教事务局（以下简称县民宗局）认真贯彻落实党的十八大、十八届历次全会精神和自治区第九次党代会精神，全面贯彻落实习近平总书记系列重要讲话精神、特别是“治国必治边、治边先稳藏”重要思想和“加强民族团结、建设美丽西藏”重要指示，从维护宗教领域和谐稳定为工作重点，以全面贯彻党和国家的民族、宗教工作方针政策和法律法规为出发点，进一步明确和强化职能，细化和落实各项工作措施，积极引导宗教与社会主义社会相适应，为波密县推动改革，促进发展，维护稳定起到积极的作用。县民宗局属波密县人民政府职能部门，正科级建制，核定机关行政编制10名。2017年全局实有工作人员9名，正科级干部2名，副科级干部3名，科员3名，驾驶员1名。

【思想政治】 年内，按照党建、党风廉政建设等的相关要求，县民宗局制定《2017年波密县民宗局党支部理论学习日程安排表》，定期组织局全体干部学习新党章和党规党纪，学习习总书记系列讲话，学习《民族区域自治法》《西藏自治区〈宗教事务条例〉办法（试行）》《文物保护法》等业务知识，用政治理论知识、法律知识和业务知识武装干部职工的头脑，不断提高干部职工的思想政治水平和业务素质，积极推进学习型、服务型、节约型、创新型、廉洁型党支部建设。

【民族宗教政策法规宣传】 年内，县民宗局以综治宣传月、综治宣传周、“3·28”百万农奴解放日、“四讲四爱”主题教育活动、学习宣传十九大精神、民族团结宣传月等活动为契机，在民族团结宣传月期间，联系县普济医院，前往各寺庙开展送医送药活动，开展民族宗教政策、法律法规宣传活动47场次，开展民族团结座谈会1次，制作图文并茂的“四讲四爱”宣传册以及印有藏汉双语民族团结标语的纸杯，累计发放宣传资料10000余份，悬挂横幅20幅，干部宣传出勤130余人次，参加的各民族群众以及僧人累计8600余人次。严格要求广大僧尼在思想上、政治上、行动上与以习近平总书记为核心的党中央保持高度一致，通过集中学习、座谈、写笔记、谈心得体会、组织书法比赛等方式，教育引导广大僧众牢固树立“四个意识”“三个离不开”“五个认同”思想，积极推动宗教与社会主义社会相适应，进一步增强寺庙僧尼遵规守法、爱国爱教的思想意识。

【民族团结创建评选表彰活动】 根据上级通知要求，9月县民宗局完成2017年度自治区级、市级、县级民族团结进步模范推荐评选活动，推荐评选自治区级模范集体1个，自治区级模范个人1名；市级模范集体1个，模范个人2名。9月1日，召开波密县2017年度民族团结进步模范表彰大会，对2017年涌现出来的13个民族团结模范集体、15个民族团结模范个人进行隆重表彰，兑现奖金13.4万元。

【宗教事务管理】 年内，县民宗局按照《西藏自治区大型宗教活动管理办法》规定要求，严格宗教活动审批程序，对各寺庙按照惯例举行的佛事活动，严格按照要求对参加的人员、规模和时间进行严密的监督，做到有问题及时发现、及时排查。截至年底，全县各寺庙佛事活动安全顺利过渡。

持续开展宗教领域隐患排查工作。从8月底开始，由县委常委、统战部部长加布带队，包括县委统战部、县民宗局、国保大队、宗教办负责人等组成工作组，前往各乡镇、各寺庙，通过多种形式开展全面细致的宗教领域大排查、大摸底行动，同时规范寺庙财务管理制度，真正做到“没有问题抓预防、潜在问题抓排查、发现问题抓疏导、出现问题抓整改”。截至年底，开展摸底排查30余次，出动干部80余人次，排查并解决隐患3起。

抓实寺庙安全生产责任。按照《波密县安全生产督导检查工作实施方案》《关于转发〈波密县夏季消防检查工作实施方案〉的通知》等文件要求，县民宗局多次联合县统战部、文广局和县消防大队定期不定期开展寺庙安全生产暨消防安全工作隐患排查工作，对寺庙可能存在的安全问题及时纠正，并同各寺管会（专职特派员机构）签订《波密县寺庙安全生产目标责任书》，积极推进平安和谐寺庙创建工作。

持续完善宗教工作数据库，组建以县统战、民宗、国保负责人为主要成员的宗教领域调研组，深入全县各乡镇开展摸底调研工作，对登记在册的宗教活动场所及漏登不在册的宗教活动建筑、遗址进行摸底，做到底数清、情况明。

【伊斯兰教管理工作】 2017年，县民宗局认真开展穆斯林临时礼拜点摸底调研工作。中共十九大召开期间，县民宗局联合统战、公安国保组织人员赴穆斯林临时礼拜点进行安全生产检查，以当面询问、侧面打听等途径，结合公安国保收录的相关信息，详细了解穆斯林临时礼拜点负责人和阿訇的基本信息以及日常活动开展情况，并走访穆斯林信教群众，宣传中共十九大精神和党的民族宗教政策，为进一步做好波密县依法管理伊斯兰教工作及教育引导伊斯兰教信教群众奠定良好的基础。

【深化利寺惠僧政策】 为进一步密切党群干群关系，体现党和政府对各族各界人士尤其是宗教界人士的关心关怀，在2017年“三大节日”（元旦、春节、藏历新年）期间，县委统战部、县民宗局积极争取县财政资金，广泛开展走访慰问送温暖活动，为全县宗教活动场所、9处寺庙管理机构送去慰问金共8万元。

扎实开展寺庙僧人免费体检和巡诊工作。年内，县民宗局联合县委统战部协调县人民医院、县藏医院以及援藏医疗队完成波密县财政预算内各寺庙僧人免费体检工作，重点对包虫病、乙肝、“三高”等疾病进行筛查，体检结果进行登记备案，真正做到危害寺庙僧人健康的各类疾病早发现、早诊断、早治疗。

9月18—28日，结合民族团结宣传月活动，县民宗局协调县普济医院为各寺庙僧人及周边信教群众进行免费义诊，涉及僧众155人，发放价值1万余元的常用药品，不仅解决僧人看病难、看病贵的问题，减轻僧人的经济负担。

包虫病防治工作常态化。年内，县民宗局以“四讲四爱”主题教育实践活动为契机，形成县民宗局统筹协调、寺管会狠抓落实、僧人人人参与的良好局面，发放宣传资料300余份，宣讲教育35场次，受教僧众达340余人次，切实做到波密县各寺庙僧人前往医院参加包虫病筛查工作，确保包虫病防治工作从被动向主动的转换，形成整体合力，扎实推进“包虫病”综合防治攻坚工作。

【技能培训】 8月15日，县民宗局积极争取市民宗局培训资金，联系县科技局聘请种植养殖专家开展一次农牧民实用技能培训，覆盖至全县10个乡镇、84个村居，共88名农牧民群众参与技能培训，培训经费共计13万元。

【对口援藏】 为进一步做好对口支援波密县民宗工作，4月14—16日，广州市民宗局局长汪茂铸带队对波密县特色产业、社会经济发展、民族宗教管理工作、民俗民风等方面作了认真细致的调研工作。通过积极衔接争取，广州市民宗局制定2017—2020年对口支援县民宗局4年计划，即每年选派10—15名民族宗教干部及宗教教职人员赴广东培训学习，并由广州市民宗局解决一切交通食宿费用；每年计划解决20万用于波密县寺庙维修项目，累计投资80万元。

【寺庙主殿维修和输电线路改造工程】 2017年，县民宗局为加强寺庙安全生产、排查安全隐患，联合县委统战部、宗教办组织工作人员认真开展全县范围寺庙建筑安全隐患的调研工作。针对部分寺庙存在墙体严重开裂、大梁柱子严重腐朽的情况，县民宗局积极申报寺庙维修项目，争取寺庙维修补助资金项目7个，涉及八盖乡宗来日追（僧舍、寺庙书屋综合房）、古乡巴卡寺、易贡乡成色寺、松宗镇松宗寺、玉许乡许木寺和玉仁寺等主殿维修，投入资金430.51万元，其中“十三五”重点寺庙维修项目维修资金355万元，援藏对接单位广州市民宗局拨付寺庙维修补贴资金20万元。针对波密县大部分宗教活动场所的输电设备出现不同程度的老化受损以及使用廉价输电设备乱搭、乱架、乱接等现象，向县政府积极争取寺庙线路改造资金32.65万元，对全县宗教活动场所进行输电线路及设备改造。

【旧经幡清理和寺庙环境整治】 6—12月，县民宗局联合各乡镇、寺管会有计划、有步骤、有安排地开展旧经幡、“六字箴言”清理整治工作，特别是针对318国道沿线的经幡和“六字箴言”开展专项清理工作，出动干部群众达400余人次，清理破旧、乱悬乱挂经幡30余吨，县境内多年的废旧经幡和乱挂乱悬经幡得到有效的清理和管控，环境面貌得到明显改善。同时，为响应“清洁家园 美丽林芝 我们在行动”城乡环境卫生综合整治主题活动，县民宗局联合县委统战部、宗教办，通过向寺庙管委会层层动员、向僧人宣传环境保护意识以及健全寺庙日常清扫保洁长效机制等方式深入开展寺庙环境整治行动，确保城乡环境卫生整治行动在宗教领域落到实处，切实改变寺庙周边环境脏、乱、差的现状，营造干净、整洁的寺庙人居环境，增强寺庙僧人保护环境、爱护家园的良好意识。年内，各寺管会（专职管理机构办公室）组织寺庙僧尼积极开展环境卫生综合整治工作，清理宗教活动场所废旧经幡和生活垃圾10余吨。

【可移动文物鉴定建档】 5月26日至6月2日，县民宗局联合县文物局积极协调上级文物部门，陪同自治区文物鉴定专家到波密县各宗教活动场所开展可移动文物鉴定建档工作，此次文物鉴定建档工作是波密县宗教领域首次开展的一项自治区级文物鉴定专家比较系统的建档工作，对下一步波密县宗教活动场所可移动文物保护工作意义重大、影响深远。

【民族情况】 截至年底，波密县户籍人口为32325人，共有15个民族，藏族户籍人口为30518人，占总人口的94.41%；汉族户籍人口为1673人，占总人口的5.18%、其他较少数民族（回族、门巴族、珞巴族、土家族、满族、蒙古族、苗族、布依族、白族、土族、怒族、布依族、彝族）人口为134人，占总人口的0.41%。

【干部队伍】 年内，县民宗局结合民宗工作实际，先后委派干部参加各类培训学习、跟班学习等10余次，重点对新形势下民族工作、宗教事务、党务工作、民族特色建设规划等内容进行培训，极大提升干部队伍的综合素质和业务能力。11月5—10日，经广州市民宗局安排由波密县人民政府副县长阿朗组织县民族宗教工作干部和宗教界人士15人到广东省广州市、深圳市、珠海市等地进行实地学习考察，参加学习考察的干部和宗教人士热情高涨，开阔了眼界、增长了见识、认识到了差距，增强做好民族宗教工作的使命感和责任感，激发工作热情，达到预期的目的。

（田治国　次仁央金）

【领导名录】

局　长　田治国（藏族）

副局长　肖　孙（藏族）

　　　　王　雷（3月任职）

中共波密县直属机关工作委员会

【概况】 县直机关工委是波密县正科行政机关，核定行政编制4名，2017年，实有工作人员5名。

县直机关工委在县委的坚强领导和市直机关工委的正确指导下，紧扣“全面从严治党”主线，以市委“233”党建工作思路为抓手，狠抓党的思想建设、组织建设和作风建设，创新工作方式方法，不断增强机关党组织的创造力、凝聚力和战斗力，全面提升波密机关党建工作水平。

【思想教育】 年内，县直机关工委严格落实机关党组织生活，采取支部班子带头学、中心组集中学、党员私下自主学相结合的形式，不断推动“两学一做”学习教育常态化制度化，将《中国共产党章程》《中国共产党党员领导干部廉洁从政若干准则》《中国共产党纪律处分条例》及习近平总书记系列讲话，中共十八届四中、五中、六中全会精神，中共十九大会议精神、习近平新时代特色社会主义思想等内容作为机关组织学习核心，重点在“学”上下狠招、在“做”上显实效。2017年，累计组织和开展此类学习和教育培训408次，受教育党员达到2100余人次。同时，转化党员学习理念，集中全县45名机关党务工作者及10名乡镇党务工作者开展党务工作者业务培训班，严格贯彻落实党支部“三会一课”组织生活制度，明确各机关支部指定1—2名党建骨干作为支部学习笔记、学习资料归纳汇总、“五薄一册”等工作的专职人员，以“四讲四爱”主题教育活动为抓手，开展各类学习宣传教育200余次，保障党员学习参与全覆盖、党性修养新提升。

【组织建设】 年内，波密县投入专项资金为全县45个机关党支部编印、制作“五簿一册”记录本40份，选优配强机关支部班子，及时充实班子成员，先后对38个机关党支部进行改选换届、新建2个。同时，对党员数据库实施网络化管理，及时对所属641名机关党员数据信息全部录入全国党员信息系统，并不断更新、完善，下发专项通知文件，明确党员党费月收缴日机制。

【党员管理】 年内，县直机关工委进一步完善党员干部学习制度、党员教育管理制度、党员进出制度、民主评议党员制度、组织生活会制度、党费收缴制度等党建制度5项，确定每月25日为党员固定活动日，先后2次对全县机关党支部、党员进行点评和现场评议，对模范先锋作用突出、党建制度落实到位、履职尽责能力强的班子成员和党员干部及时表彰宣传；对组织生活参与主动性不高、自觉性不强，党建有章不遵、有制不依、落实不力的支部班子成员和党员干部及时采取组织谈话交心。

【党员发展】 年内，县直机关工委对照党员发展“十六字”方针，严格落实支部发展党员年度规划责任制，将支部发展党员模式由重数量向重质量、重硬性指标向重成效转变，集中全县42名机关党支部入党积极分子进行党前教育培训，并严格标准进行考核，全年按标按规发展预备党员38名，转正32名。

【党建责任】 年内，县直机关工委制定《波密县2017年度机关党建工作目标责任书》，逐级签订党建工作责任书45份，进一步完善“书记抓 抓书记”“党建第一责任人”机制，明确支部班子责任分工，加大对班子四个意识的培训教育力度，加强作风建设和反腐倡廉建设，按季度先后2次深入80余个机关党支部开展党建督查、下发专项党建督查通报2期，激发各机关党支部争当先进、摆脱后进的工作激情。

【党建考核】 年内，县直机关工委将各支部书记的述职报告打印成册，邀请在家县级领导及机关工委委员进行述职评分，取平均成绩作为述职得分；由参加县直机关党支部书记述职会人员现场打分，取平均成绩作为民主评议得分；综合机关工委全年各季度对各支部的督查得分情况，取平均得分作为实地考核得分，将三次得分按照3：3：4的比例汇总后作为各机关党支部年度综合测评得分，选出先进党支部10个、后进党支部3个。

【党建示范】 年内，县直机关工委投入15万元，打造组织带动好、班子队伍好、制度执行好、工作开展好、特色亮点好的县农牧、小学、组织部、粮食局等4个县级机关党建示范党支部，充分发挥党建示范引领标杆优势，稳步统筹推进全县机关党建工作协调开展。

（李圣杰）

【领导名录】

县直机关工委书记

尼玛次仁（藏族，2月任职）

县直机关工委副书记

李荣金（瑶族）

武小燕（藏族）

邹　蓝（2月任职）

波密县创先争优强基础惠民生活动领导小组办公室

【概况】 自第六批创先争优强基础惠民生活动开展以来，在市委、市政府和县委、县政府的正确领导下，在各级强基办的精心指导下，在相关部门的大力帮助支持下，波密县85个驻村（居）工作队按照区、市、县强基办工作总体要求，紧紧围绕“七项重点任务”，以“夯基础，解难题”为入手，以“创载体、活形式”为方式，以“促增收、保民生”为目标，严守驻村纪律、认真履职尽责、狠抓任务落实，有效推进波密县驻村各项工作深入开展，取得较好成绩。2017年，各级驻村（居）工作队通过积极协调、多方筹措，在为民办实事经费中落实并完成项目50个，资金达124.7万元；派驻单位落实项目34个，资金487.7万元；争取个人和企业捐款资金23.85万元；协助村“两委”落实“短平快”项目4个，投入资金53.6万元；从各渠道争取扶贫项目63个，投入资金1242.14余万元。

【建强基层组织】 2017年，各级驻村（居）工作队按照市委“233”基层党建工作思路，结合农牧区实际，在配班子、强队伍、建制度上下功夫，深入开展“两学一做”学习教育和“村干部文化素质提升工程”，扎实推进“三帮一带”“十星农户、五星党员”创建工程，依法推进村（居）“两委”换届选举工作，帮助健全各项规章制度，规范议事办事程序，完善村规民约，进一步提高基层党组织的创造力、凝聚力和战斗力。截至年底，帮助村（居）党组织发展新党员159名，把10名党员培养成致富能手，先后帮助村级组织健全村规民约642条，健全党务村务财务公开制度299条，协助村“两委”开展活动1115场次，帮助落实党内激励关怀帮扶资金12.31万元。

【促进增收致富】 年内，各级驻村（居）工作队帮助村（居）找准发展方向、理清发展思路、制定发展规划，大力发展特色农牧业，发展新型经济合作组织，不断壮大村集体经济，努力做到既“输血”又“造血”。同时加强农牧民实用技术和劳动技能培训，组织好劳务输出，推动富余劳动力转移，努力实现村村有项目、户户有门路、人人有活干、经常有收入。截至年底，先后帮助村（居）理清发展思路164条，找准发展路子85个，制定、完善、实施经济发展规划54项，帮助驻在村发展集体经济6个；在为民办实事经费中落实并完成项目50个，投入资金124.7万元；帮助驻在村（居）群众劳务输出448人，增加村民现金收入159.6万元。

【强化感党恩教育】 年内，各级驻村（居）工作队紧密结合“两学一做”学习教育和“四讲四爱”主题教育实践活动，以宣传党中央对西藏的优惠政策为抓手，通过召开座谈会、专题讲座，开展新旧西藏对比教育、观看红色电影、邀请老党员现身说法、走访慰问等形式广泛开展感党恩教育，使农牧民群众真正明白“惠在何处，惠从何来”，进一步增强农牧民更加自觉地感党恩、听党话、跟党走。截至年底，各级驻村（居）工作队召开感党恩教育大会395场次，政策宣传900场次，群众受教育面达100%，举办专题讲座381场次，发放宣传材料5万余份，组织群众开展“中国梦”、社会主义价值观和新旧西藏对比教育等活动473场次，参加活动的群众达8万余人次，播放爱国主义教育影片280余场次，组织开展各类文体活动270余场次。

【办好实事好事】 年内，各级驻村（居）工作队始终坚持把保障和改善民生作为驻村工作的出发点和落脚点，把办实事解难事作为重要抓手，带头开展“党员干部进村入户、结对认亲交朋友”活动，积极访贫问苦送温暖，帮助解决好驻在村“三就”“两保”“六通”等民生突出问题，让农牧民过上更加幸福的生活。截至年底，各级驻村（居）工作队帮助解决民生突出问题64件，为群众办实事好事319件，投入资金39.5万元，慰问五保户、贫困户、“三老”人员和困难群众3355人次，发放慰问金和慰问品合计84.57余万元。

【落实惠民政策】 年内，各级驻村（居）工作队积极向广大农牧民群众宣传中央、自治区出台的强农惠农政策，真正把惠民政策宣传到群众心中，切实做到家喻户晓、人人皆知，同时狠抓惠民政策落实，实行党务、村务全公开，确保惠民政策实实在在落实到户到人，切实让农牧民得到实惠，提高农牧民幸福指数。截至年底，各级驻村（居）工作队共组织宣传中央和自治区强农惠农富农政策395场次，参与群众3.59万余人次，发放藏汉双语优惠政策资料3.04万余份，帮助落实农村最低生活保障资金25.95万元，农村低保户、五保户供养补助调标资金7.9万元，协助落实惠民补偿（补贴）资金1426.21万元。

【推进扶贫开发】 年内，各级驻村（居）工作队严格按照县委、县政府“13934”精准扶贫总体思路要求，把脱贫攻坚作为头等大事和第一民生工程，针对性地制定“一户一策”帮扶措施，坚持扶贫与扶志、扶智相结合，积极落实好各项扶贫举措，主动实施好精准扶贫项目，引导帮助贫困户如期脱贫。同时协助驻在村选好用好致富带头人，使党的干部成为带领贫困群众脱贫致富奔小康的主心骨、领路人。截至年底，各级驻村（居）工作队组织召开扶贫开发政策宣讲会488场次，参与群众3.26万人次，印发精准扶贫、精准扶贫宣传资料5980份，协助争取扶贫项目63个，落实帮扶资金1242.14万元。

（陈小云）

【领导名录】

主 任 张 斌（波密县委常委、组织部部长）

副主任 拉 巴（藏族，波密县委组织部副部长，9月离任）

普 琼（藏族，波密县老干局局长，5月任职）

群 团

波密县工会妇女委员会

【概况】 波密县总工会与县妇联合署办公（简称工妇委），2017年，共有机构编制3名，实有人数6名，其中工妇委副主任、工会主席1名，主任科员1名，副主任科员1名，科员2名，工人1名。全县各级工会组织66个，其中县直机关、事业单位工会组织20个，乡（镇）工会组织11个，企业工会组织5个，非公经济工会组织14个，农民工工会组织16个。全县会员总数5273人，其中机关、企事业单位会员1347人，农民工会员3926人。建有“妇女之家”85个，建家率达100%；“儿童之家”建有3个，突破零创建工作屏障，为波密县妇女和部分儿童提供学习娱乐活动场所。

总工会工作

【帮扶慰问】 年内，县总工会以“三大节日”为契机，开展送温暖慰问活动，其中2017年初慰问困难职工16人、环卫工46人、劳动模范8人、退休老干部11人，共计发放慰问金5.25万元；2017年12月底，慰问困难职工21人、劳动模范及先进个人10人，本单位退休老干部11人，共计发放慰问金4.2万元；组织慰问6个警务站，发放慰问金0.6万元；在春节、藏历新年期间，前往驻村点看望慰问派驻人员，并为他们送去价值0.22万元的大米、蔬菜、肉类等生活用品和节日问候；慰问去世干部家属2次，送去慰问金0.2万元；前往医院探望患病职工2次共4人，送去罐头、牛奶等价值0.24万元的慰问品；开展以“喜迎十九大 工会服务在基层”为主题的送温暖活动，活动中慰问困难企业职工16人，发放慰问金1.6万元；为全县机关、企事业单位职工会员发放四件套作为年底慰问品，慰问品价值67万元。

【维权工作】 年内，县总工会发放生活救助帮扶资金1.45万元，救助9人；发放医疗救助帮扶资金0.2元，救助1人；发放助学救助帮扶资金0.8万元，救助4人。另外为7个困难职工家庭申报“金秋助学”，其中4个通过审核并发放助学资金；为7个乡镇困难职工、困难农牧民工会发放帮扶资金7万元，共帮扶57人。县工会广泛收集技能技术培训意愿，根据培训需求，2017年，开展电工和安全技能培训，共100人参加培训。

【基层工会组织和设施建设】 2017年，林芝市总工会拨付波密县总工会困难职工帮扶中心专项建设资金33.5万元，截至年底，已完成建设并正常运转，为波密县困难职工帮扶工作提供场所；县总工会为10个乡镇工会委员会购置价值25余万元办公室设备，完善乡镇工会基础设施；县总工会进行装修装饰。为进一步改善总工会干部职工工作环境，县总工会在办公楼安装供暖设备；2017

年，波密县完成“八有”工会建设的工会委员会4个，分别是古乡工会委员会、松宗镇工会委员会、多吉乡工会委员会和玉普乡工会委员会。

【精神文明建设】 年内，县总工会推选林芝市第一届劳动模范和先进工作者各1名，充分宣传展示波密县的先进人物、先进事迹，激励广大职工发扬立足岗位、敢于奉献、争创一流。

【重要活动】 组织农牧民工开展“感党恩”活动。年内，县总工会利用“3.28”百万农奴解放纪念日，在娘那村农牧民工会员中积极开展“感党恩”活动；以“女职工维权周”“综治宣传日”“安全生产宣传月”“6.26”禁毒宣传、“9.16”法制宣传日等宣传教育活动为契机，向广大职工、农牧民工会员发放《工会法》《劳动法》《劳动合同法》《女职工劳动保护特别规定》《婚姻法》《进城务工指南》等宣传资料1100余份，并提供法律咨询和服务300余人次；组织企业职工开展以“安全培训提素质，班组管理强基础”为主题的“安康杯”知识竞赛，此次活动共产生一等奖1名，二等奖2名，三等奖4名，共发放奖金0.3元；邀请县医院医护人员开展以“喜迎十九大 工会服务在基层”为主题的送医、送药活动，活动中免费发放0.53万元的常见药品并接受200余人的医疗咨询；“五一”组织全县机关、企事业单位干部职工举行拔河比赛；12月组织“长安杯”篮球比赛，展现全县干部职工良好的精神风貌。

妇联工作

【帮扶慰问】 年内，县妇联以“三八”妇女节为契机，慰问困难女协警5人、大病妇女3人，共发放慰问金0.7万元；利用节日期间，妇联组织慰问县城内3个维权岗，发放慰问金0.3万元；在春节、藏历新年期间，前往驻村点看望慰问派驻人员，并为他们送去价值0.22万元的大米、蔬菜、肉类等生活用品和节日问候；举行庆“八一”建军节慰问军嫂座谈会，慰问军嫂10名，发放慰问金0.6万元，进一步弘扬爱国拥军传统、密切军政军民关系、促进和谐波密建设；为波密县396个建档立卡贫困户学生争取到市妇联和各界爱心人士捐助的“爱心书包”396套，价值14万多元；积极落实“4对1”帮扶工作，深入6户帮扶对象家中，了解帮扶对象的生产生活情况，疏导其思想、为其排忧解难，同时为他们送上米、面、茶及慰问金等，每户价值约500元，共计0.3万元。

【维权工作】 2017年，波密县召开妇女儿童工作委员会全体成员会议和妇儿工委成员单位联络员培训会各1次，部署“十三五”妇女儿童发展规划实施工作，抓好人员培训；开展两规宣传活动7次，发放相关宣传资料700余份；利用短信平台发送宣传短信6条；播放妇儿工作成果宣传片2次，在社会营造关心关注妇女儿童的良好氛围。

接待妇女群众来信来访，调解2起家庭暴力纠纷，调解感情纠纷3起，基本做到事事有答复，件件有落实。

利用“妇女之家”活动阵地共开展土地承包经营权确权宣传3次，提高土地确权在广大妇女中的知晓率，确保妇女平等享受权利。

向党政机关、企事业单位发放《〈女职工劳动保护特别规定〉贯彻落实情况调查问卷》《青年职工生育后顾之忧调查问卷》共300余份，收回有效问卷调查290份，并形成调研报告1篇，为女职工权益保障提供依据。

【基层妇女儿童组织建设】 年内，县妇联扎实推进“儿童之家”建设工作，通过新增或整合现有资源，正式挂牌3个“儿童之家”，突破波密县“儿童之家”零创建工作屏障，为波密县部分儿童提供一个安全稳定的学习娱乐活动场所。

【精神文明建设】 年内，县妇联积极为“妇女之家”争取到活动经费，让10个乡（镇）、村（居）利用“妇女之家”阵地，组织开展一系列文体活动，活动的开展更好地展示波密县妇女的风采及健康向上、充满活力的精神面貌；与县纪委联合召开2017年“家庭助廉”座谈会，30余名领导干部家属参加，为培育良好家风筑牢反腐倡廉家庭防线夯实基础；根据上级妇联有关开展三八红旗手评选表彰活动的要求，积极推选全国“三八红旗手”、市级“三八红旗手标兵”各1名。

【重要活动】 年内，县妇联积极开展“书香飘万家”爱心书包捐赠公益活动，组织全县机关、企事业单位募集爱心捐款1.3万余元；以“七五普法”为契机，利用“三八维权周”“综治宣传日”“安全生产宣传月”等活动，在全县开展维权宣传，向广大妇女群众发放《反家庭暴力法》《未成年保护法》《妇女权益保障法》《婚姻法》等法律法规宣传资料800余份，接受法律咨询70余次；“三八”妇女节组织来自各行各业妇女群众近100余人举办踢毽子、抢座位、踩气球、跳绳、猜谜语等趣味游戏竞赛；组织巾帼志愿服务队开展清洁家园活动2次，100余名妇女积极参与，展现广大妇女健康文明、向上的精神风貌；开展“书香家庭·亲子阅读”活动，向学校赠送亲子阅读书籍60本，活动传递科学家庭教育理念，引领亲子阅读风尚，营造书香氛围，培育良好家风，促进儿童健康成长和家庭幸福；为有效提升家庭教育工作，发挥家长学校阵地作用，开展1期“家长学校”培训，共有58名家长参加培训；协助县人社局举办2017年“春风行动”招聘会，积极宣传妇女小额担保贷款财政贴息政策和就业保障法律法规，帮助67名求职者与提供工作岗位的10余家企业实现就业，其中贫困户劳动力8人。

（韩春霞）

【领导名录】

工妇委主任、妇联主席

李　静（女，8月离任）

工妇委副主任、工会主席

毛卫林（藏族）

工妇委主任科员

方金娥（女）

工妇委办公室副主任

陈西梅（女，11月退休）

副主任科员

李玉清（女）

罗秀红（女，3月离任）

共青团波密县委员会

【概况】 2017年，共青团波密县委员会下设10个乡镇团委，7个机关团支部，1个团总支（波密县中学），85个村（居）团支部，50个乡镇直属团组织，4个非公有制团支部。波密县共有14—28周岁青年8920人，团员青年1473人，团青比例16.5%。波密县共有少先队员2580人。团县委共有行政编制2名，在岗4名，书记1名，副书记1名，团干2名。

【党建带团建】 年内，团县委强化队伍建设，按要求配齐配强乡镇团委班子，并对新上任的团干进行培训，培训人数达56人次，不断提高团干部的综合素质。不断推进团建创新，将县、乡共青团工作经费全部列入财政预算，确保各项工作的顺利开展。

【学雷锋活动常态化】 为深入开展学雷锋活动，大力弘扬、实践、传承雷锋精神。3月5日，团县委组织全县广大青年积极开展学雷锋树新风活动，同时联系波密县中学、森警中队、公安局、法院等单位的“志愿者服务队”，组织开展“为城市环保出份力”“为贫困儿童送温暖”“关爱农民工子女”等活动。

【法制宣传教育活动】 年内，团县委以法治宣传活动为契机，在波茂广场、县中、小学等地设立宣传点，面向广大青少年宣传和发放法制宣传资料，进一步提高青少年的法律意识，营造人人知法、守法、懂法的良好局面。全年，开展法律宣传6次，发放印藏汉两种文字的各类法律法规（《中华人民共和国未成年人保护法》《中华人民共和国义务教育法》《青少年安全知识大全》《中华人民共和国预防未成年人犯罪法》）等宣传教育资料1200余份，受教育青少年达2000余人次。

【系列问卷调研活动】 为了更加及时充分的了解当下年轻人的思想状况，特别是一些热点问题。团县委于2017年5月24—30日、7月10—15日两个时段分别开展“党的执政基础”“青年群体婚姻观”系列调研活动。累积问卷调查共发放200份，经过剔除无效问卷和空白卷外，共获得有效卷168份，调查问卷的有效率为84%，通过深入调研并形成调研报告上报团市委、县综治办。

【“五四”拔河比赛】 年内，团县委开展以“四讲四爱”好公民·“一学一做”新青年为主题的庆“五四”拔河比赛活动，扎实推进波密县青年党员干部职工“四讲四爱”学习教育活动，使各单位的同志能在比赛中相互学习、扩大交流、加强团结、增进友谊。同时也让青年以这次拔河比赛为契机，把比赛中展现出来的顽强拼搏的作风、顾全大局的意识带到自己平时的学习工作中去。进一步教育引导广大青年党员干部职工强化纪律意识和规矩意识，补足“精神之钙”，加强“信仰之修”。

【“圆梦助学”活动】 积极做好“国酒茅台·国之栋梁”希望工程圆梦活动。年内，团县委主要针对波密县考上大学的高中应届贫困毕业生，为了能让他们成功地进入大学校园，团县委通过深入调查，并对各乡镇上报的名单进行筛选，指导符合申请条件的学生认真规范的填写各项资料手续，于11月为波密县7名优秀贫困毕业生每人争取助学金5000元，共计35000元。年初并对往届获得“国酒茅台”助学金的大学生进行回访，了解他们的学习生活情况。

【品牌工作】 打响青年文明号品牌。年内，团县委为充分发挥青年文明号的示范和引导作用，加大青年文明号的创建工作力度，2017年，完成1个自治区级青年文明号申报工作。于年初进一步加强和完善青年文明号的考评、监督和管理工作，同时，为深化青年文明号主题活动，组织开展1次“青年文明号献爱心”“青年文明号便民万家行”系列活动，在社会上树立青年文明号良好形象；叫响青年志愿者品牌。规范和完善青年志愿者的申报、注册和管理工作，积极宣传“奉献、友爱、互助、进步”的志愿精神，引导广大团员青年积极参与波密县桃花节分会场开幕式后勤保障工作；做响希望工程品牌。积极开展济弱扶贫活动，年初，团县委筹集3000余元资金，慰问扎木镇康木村贫困儿童17人。

【创新创业大赛】 2017年，为深入推进“大众创业、万众创新”，鼓励和引导广大青年增强创业意识、投身创业实践，团县委按照团市委指示，积极配合，大力宣传，鼓励符合参赛条件的农牧民青年参与林芝市创新创业大赛。团县委带去3个项目参赛，经过激烈的角逐，最终松宗栋亚贼泉藏鸡养殖和桃花沟桑伦藏香项目获得优秀奖。

【党风廉政建设】 年内，团县委坚决贯彻落实党和国家大政大针，自治区党委、政府，市委、市政府和县委、县政府重要决策部署，防止和避免重大责任事故发生，将党风廉政建设和反腐败工作列入班子重要议事日程，认真落实主体责任，认真开展党风廉政建设宣传教育和廉政文化建设，严格执行“三公”经费管理。

【驻村工作】 加强组织领导。年内，团县委始终高度重视驻村工作，坚持好中选优、优中选强的原则，选派驻村干部，帮助驻村干部解决工作、生活和家庭中的实际困难，单位领导定期不定期前往单位驻村点，慰问驻村干部并听取驻村工作队工作汇报和解决实际困难；安排部署工作在指导团县委驻村点古乡嘎朗村扎实开展强基惠民活动的同时，做好“两降一升”教育宣传活动；单位领导经常听取工作队员汇报工作，并要求报送工作信息；加强驻村干部管理，驻村干部严格遵守各项驻村要求，六年来从未被各级检查组、督察组、巡视组通报批评过。

【精准扶贫】 年内，团县委落实县委、县政府脱贫攻坚工作总体部署，深入推进新一轮扶贫开发工作，发挥群团组织在脱贫攻坚救助帮扶工作中主动作为、切实履责作用，引领全县广大青年干部职工踊跃参与积极投身脱贫攻坚工作；团县委班子成员深入贯彻《中共波密县委员会 波密县人民政府关于落实“4对1”帮扶托贫有关事项的通知》文件精神，积极帮做好扶贫对象。2017年，团县委班子共出资帮扶慰问5户联系对象，共计4000余元。

【爱国主义教育活动】 为培育和弘扬民族精神，加强对学生的爱国主义教育，2017年7月3日，团县委组织县小学70余名学生及老师到波密县机关大院中参观波密县委中心红楼，结合红楼历史向学生讲解爱国主义精神。活动取得较好的宣传教育效果。

【宣传党的十九大精神】 2017年10月18日中共十九大胜利开幕，开幕式当天，团县委组织全体职工、全县各学校学生认真观看，学习十九大报告特别是关于共青团和青少年工作方面的精神，还组织团委全体职工积极学习交流，写心得体会。并通过提问、发放问卷的方式，收集我县广大青年对中共十九大的心声。团县委坚持把学习中共十九大精神作为首要政治任务，坚持读原文、悟原理，切实用中共十九大精神武装头脑、提升认识、指导实践，号召我县广大青少年自觉把思想和行动统一到中共十九大精神上来。

【共建美丽家园】 扎实开展城乡环境综合整治工作，每周五按时清扫团县委负责的卫生区域。2017年累积举行“保护母亲河”活动3次，组织志愿者参与“整治环境，美化家园，人人有责”的倡议，号召全县青年发扬“我参与、我奉献、我快乐”的志愿精神，踊跃参加到城乡环境卫生综合整治中来。

2017年，团县委指导各乡镇团委举办团干部培训3期，培训人数56人；健全各项制度19项，规范档案资料358余份；举办社会主义核心价值观专题讲座1次，开展预防青少年违法犯罪法律知识宣传6次，发放宣传资料1200余份；争取3名高校毕业生到波密县开展西部计划志愿者工作。在组织青年、引导青年、服务青年，维护青少年合法权益等工作方面取得明显成效。

（赵庆伟）

【领导名录】

书　记　达　珍（藏族，女，3月任职）

副书记　钟文娟（女）

波密县残疾人联合会

【概况】 波密县残疾人联合会成立于2002年，为单列的副科级群团组织，核定行政编制1名，理事长1名，公益性岗位1名，临时工1名。县残联从2015年12月开始在县残疾人综合服务中心办公，共有2间办公室、1间会议室、2间康复室、3间辅助器具仓库。波密县2017年新增持证残疾人168人，系统显示到2017年12月31日，全县共有持证残疾人1380人，占全县总人口的3.6%，其中一、二级重度残疾人421名，0—18岁残疾儿童少年94名，在7类残疾类型中，肢体残疾人中人数最多，为784人，占全县残疾人总人数的56.8%。2017年，波密县残疾人联合会深入贯彻中共十八大和十八届三中、四中、五中、六中全会及十九大精神，围绕全县中心工作和加快推进残疾人小康进程的各项目标任务，充分发挥残联“代表、服务、管理”的职能，聚焦民生，求真务实，开拓创新，全县残疾人教育、就业、创业、康复、扶贫、社会保障、文化宣传等工作取得明显的成效，残疾人事业呈现出整体推进、和谐发展的良好态势，残疾人生活状况、生活水平、幸福指数进一步提高。

【残疾人康复服务】 2017年，县残联开展5次“送服务到家”活动，将轮椅等大型辅助器具送到重度残疾人家中，同时统一组织残疾人到村（居）委会、乡（镇）政府进行辅助器具集中适配4次；2017年，全县共发放辅助器具211件，其中腋拐38对，轮椅75个，各式拐杖（单拐、三脚、四脚、板凳）31个，手摇三轮车11个，助听器25个，坐便器29个，助视器2个；成功转介8名残疾人到自治区残疾人康复服务中心进行康复服务，其中4名脑瘫患儿进行康复训练，4名肢体残疾人安装假肢。

【残疾人助学补贴】 2017年4月，县残联向8名残疾人学生和困难残疾人家庭学生发放助学金共计2.6万元，包括5名大学生和3名高中生；按照《波密县残疾人学生、残疾人低保家庭学生（高中生和大学生）助学补贴暂行办法》规定，县残联在10月完成补贴申请、审批、公示工作，共21名学生通过审核，补贴资金共计8.4万元，经请示县政府，补贴资金列入县级财政2018年预算。

【残疾人数据动态更新】 为做好2017年动态更新工作，县残联举办2017年度残疾人数据动态更新暨精准康复服务培训会，印发《波密县2017年残疾人基本服务状况和需求信息数据动态更新工作方案》，明确工作方法与步骤，与各乡（镇）签订《2017年度波密县残疾人基本服务状况和需求信息数据动态更新工作目标责任书》，建立岗位责任制，根据波密县工作实际，县残联制作残疾人登记表（波密县补表），统计学生上学情况、培训就业需求、辅助器具需求等具体内容，向各乡（镇）动态更新工作人员发放专用笔记本电脑，专门用于残联各项工作。2017年波密县残疾人数据动态更新历时一个多月，调查范围涵盖全县10个乡镇及易贡茶场，共86个村（社）区，共调查残疾人1350人，填写社区登记表86份，填写残疾人登记表1302份；调查结果显示2016年7月至2017年6月全县残疾人死亡36人，查无此人7人，已搬迁5人。

【残疾人“大众创业·万众创新”】 按照自治区残疾人“大众创业·万众创新”创业扶持工作要求，2017年，县残联为索朗卓玛和苟全华两名残疾人每人发放2万元的扶持资金共计4万元，达瓦次仁、其美旺加等6名残疾人通过自治区和市级创业扶持审核；为充分发挥残疾人就业保障金使用效益，促进残疾人就业，对残疾人从事个体经营进行补贴，县残联向粮油加工商洛弟，野生菌加工商顿嘎等5名残疾人个体商户发放共计2.5万元的残疾人个体经营专项补贴资金，每人发放5000元。

【残疾人就业保障金】 年内，县残联认真贯彻落实《中共西藏林芝地委组织部等七部门关于促进全地区残疾人按比例就业的实施意见》，通过征缴残疾人就业保障金，向各机关、团体、事业单位和企业等用人单位，进一步明确安置残疾人就业的责任。2017年全县按比例安置残疾人就业人数达26人；加强残疾人就业保障金征收工作，提高就业保障金应征尽征率，通过财政代扣县级财政拨款单位和残联上门征收中史、区、市直单位企业的方式，进一步加大残疾人就业保障金征收力度，全县共征收残疾人就业保障金76.0764万元。

【残疾人证办理】 残疾人证是认定残疾人及其残疾类别、残疾等级的合法凭证，是残疾人依法享有国家和地方政府优惠政策的重要依据。为进一步加强残疾人证规范管理，县残联对残疾人证核发程序进行梳理，按照申请、受理、残疾评定、初审、复审、发放6个步骤，对残疾人证办理程序逐个规范简化，制作残疾人证办理流程图，向各乡镇、残疾人和群众广泛宣传讲解；为了方便精神、智力和重度肢体残疾人，特别是长期卧病在床的残疾人办理残疾人证，解决精神、智力和重度残疾人出行难、评残难的问题，县残联开展“上门办证、服务到家”活动，走村入户，到残疾人家中，为全县10个乡镇的60余名精神、智力和重度残疾人办理残疾人证。

【残疾人实用技术培训】 12月15—17日，县残联举办为期3天的波密县2017年农村贫困残疾人实用技术培训班，此次培训由林芝市鸿图职业技能培训学校承办，培训内容包括蔬菜种植、果树种植和病虫害防治。为了圆满完成培训，采取集中培训的方法，将残疾学员集中到波密县城，统一安排食宿，为了确保学员各方面的安全，进行封闭式管理，来自全县7个乡镇的60余名有劳动能力的农村贫困残疾人参加培训。此次培训通过理论教学和自强创业残疾人示范引领和带动，增强残疾学员勤劳致富的信心，学员们纷纷感谢党和政府的关心，要用自己的双手，通过劳动改善生活状况。

【残疾人文化宣传】 5月22日，在波密县中心文化广场举办主题为“推进残疾预防，健康成就小康”的第二十七次全国助残日主题活动。县残联工作人员、社区康复协调员一道对残疾人、群众进行政策宣传、残疾预防宣讲、残疾人辅助器具宣传等，发放宣传册50余本，宣传海报20余张、宣传资料80余份。12月3日国际残疾人日，县残联在玉许乡开展残疾人慰问活动，为3户贫困重度残疾人家庭送去慰问金2000元、1辆手摇三轮、2辆轮椅、2个坐厕椅、4副拐杖。

【残疾人社会保障】 2017年，县残联共发放各项“惠残·助残”资金162.408万元，其中“阳光家园”居家托养服务补贴4.35万元；贫困残疾人家庭无障碍改造补贴1.75万元；残疾人机动轮椅车燃油补贴1.56万元；残疾人学生和困难残疾人家庭学生助学补贴2.6万元；自治区“大众创业、万众创新”创业扶持金4万元；智力、精神、重度残疾人办证评定补贴0.9万元；残疾人文化项目（残疾人文化家庭“五个一”）补贴0.5万元；助残日慰问金14.6万元；残疾人两项补贴127.248万元；波密县残疾人个体户创业扶持金2.5万元；贫困智力残疾儿童救助金2.4万元。

（刘　鑫）

【领导名录】

波密县残联理事长

次仁央宗（女，藏族）

波密县工商业联合会

【概况】 2017年，波密县工商业联合会（以下简称县工商联）在县委、县政府的正确领导下，在区、市工商联和县委统战部的指导和帮助下，紧紧围绕县委、县政府“五个波密”建设的总目标，牢牢把握“两个健康”工作主题，突出理想信念教育的工作主线，围绕县委、县府中心工作，创新载体、打造亮点、搭建平台，努力在加强非公经济人士思想政治工作上下功夫，促进非公经济人士健康成长上创造新业绩，在支持非公经济人士创业、促进非公经济健康发展上取得成效，在加强工商联组织基础、巩固党在非公企业中的政治地位上实现新突破。2012年县工商联升为正科级单位，当时与县委统战部合署办公，2016年6月从县委统战部分离，独立办公，核定编制4名。2017年，县工商联有工作人员5人，其中主席1人，副主席2人，主任科员1人，科员1人。兼职副主席4人，执委19人。

【非公经济发展】 2017年，波密县非公经济主体2000余户，注册资金10亿元，创造就业岗位5000多个，非公经济主体纳税5900余万元。县工商联有会员36个（个体会员6个，企业会员21个，农牧民合作社9个）。

【换届工作】 4月20日，波密县工商联第三届会员代表大会在政府综合会议室开幕。市委统战部副部长、市工商联党组书记、副主席、市非公经济党工委副书记余水，市工商联组织会员科副科长普巴央吉，波密县委副书记、人大常委会主任郑都，波密县委常委、统战部部长加布，波密县人大常委会副主任张豪杰，波密县政协副主席布穷穷，特约嘉宾察隅县工商联副主席朱春霞等领导出席会议并与代表合影留念。会议应到代表45名，实到代表41名。会议总结回顾波密县工商联第二届会员代表大会以来的工作，明确当前和今后一段时间波密县工商联工作的主要任务和奋斗目标；选举产生波密县工商联第三届执行委员会委员19名，第三届执行委员会主席1名，副主席6名（其中4名为兼职），秘书长1名。

【百企帮百村】 2017年，县工商联按照“百企帮百村”工作要求，共组织25家非公企业，开展结对帮扶21个村87户贫困家庭，投入扶贫资金80.85万元，提供就业岗位30个，提供技能培训3次。

【促进非公经济发展】 3月21日，县工商联接到市工商联《关于2017年非公有制经济发展专项资金项目申报的紧急通知》后，及时组织干部到县城各企业、各乡镇农牧民经济合作社调查研究，按照通知要求认真核查各实体经济的运营情况、财务状况、建设规模、带动贫困户致富增收情况以及可行性报告等。同时，县工商联非公有制专项扶持工作领导小组召开专题会议，研究决定栋亚喊泉藏鸡养殖基地为此次申报对象，申报资金60万元，主要用于养殖基地改扩建。

【基层党建】 年内，县工商联党支部集中学习教育45次，专题研讨5次，撰写学习心得20余篇，开展书记讲党课4次，党员固定活动日活动8次。同时，县工商联组织非公经济党员举办“清洁一次家园、关爱一次老人、组织一次讲座、观看爱国影片”主题党日、辅导讲座、研讨交流会15次，积极参加市县举办的基层党务工作者培训班2期；发展非公经济党员2人，积极分子5人；组织召开庆“七一”表彰活动，表彰先进典型5名。

【勇于承担社会责任】 2017年，波密县非公企业在助孤、助寡、助困、助学等方面累计投入资金达5万余元。

【“五好”工商联建设】 “领导班子好”。2017年县工商联着力推动领导核心作用发挥，参政议政作用发挥，合作共事作用发挥，非公执委作用发挥，班子带头作用发挥；“会员发展好”。按照“成熟一个、发展一个”的基本原则，积极及时地发展会员企业，充实完善壮大工商联会员队伍；“作用发挥好”。紧扣工商联工作职能，发挥好党委、政府与非公经济人士和组织的“桥梁”“纽带”和“助手”作用；“工作保障好”。按照“一个设立、五个有”的基本要求，积极创造条件，努力改善工作环境，改进工作方式和工作机制，保障工商联工作适应非公经济快速发展的需要；“商会建设好”。波密县经济基础薄弱，非公经济发展不充分，非公有制企业数量不多、体量不大，工商联发展的会员数量少，影响小，作用发挥有限，设立商协会机会还不成熟。

（桑吉卓玛）

【领导名录】

主　席　曲　珍（女，藏族）
副主席　黄润红（女，3月离任）
　　　　罗秀红（女，3月任职）
　　　　蔡廷婷（女，3月任职）

波密县文学艺术界联合会

【概况】 波密县文学艺术界联合会于2011年8月成立，是西藏自治区第一个县级文联，林芝市唯一一个县级文联，是团结全县广大文艺工作者和爱好者的人民团体，以活跃民间文学艺术，繁荣波密文化为宗旨。2017年，文联下设作家协会、书画协会、摄影协会、影视协会、舞蹈协会、民间艺术协会6个协会，2017年，共有会员60余人。

【文艺创作】 2017年，波密县文联立足地方特色，以繁荣艺术创作、多出精品力作为己任，全力打造反映波密秀美风光、人文风采的文艺作品。桃花节期间，举办以桃花为主题的波密县摄影比赛，征集到摄影作品80余幅；2017年全县藏文书法比赛，征集到优秀书画作品20余幅；民间艺术协会在继续开发特色藏香、藏纸的基础上，开始创作以“藏王传奇”“嘎朗王朝”为题材的民间艺术作品；舞蹈协会创作以《彩虹刀舞》《牧羊姑娘》为代表的舞蹈作品，以波密民歌专辑为代表的歌曲作品；作家协会参与《冰川脚下的藏王故里—波密》波密文化书籍的编纂工作；影视协会全年制作宣传片7部，录制实况录像14部。

【文艺作品获奖情况】 2017年，波密县摄影协会主席阿旺仁青受邀参加由拉萨交通产业集团、自治区旅发委联合主办的“巅峰梦想首届围棋汽车拉力赛”摄影活动，共投送摄影作品60幅，有10幅作品获奖，其中三甲一等奖3幅、三甲二等奖4幅、三甲三等奖3幅，在总决赛中获得金质收藏奖；阿旺仁青作品《无题》在林芝市波密县旅游局举办的“七彩波密.摄影天堂”摄影大赛中荣获优秀奖，作品《松如冰山》在林芝市波密县旅游局举办的“七彩波密.摄影天堂”摄影大赛中荣获二等奖。同年7月，作品《望果路上》入选中国西南省区市第十届摄影联展。9月，作品《雪山下的村庄》，特邀入展“我们的家园——喜迎党的十九大西藏”摄影作品展。

波密县书画协会主席益西桑布创作的《金色的南加巴瓦》作品荣获西藏自治区文联主办的“雪域情第二节西藏油画展”优秀奖；益西桑布、白玛南加、朗卡荣获林芝市委宣传部、林芝市文学艺术界联合会举办的“喜迎党的十九大书法美术（唐卡）”作品展优秀奖；益西桑布在西藏自治区文学艺术界联合会、西藏自治区书法家协会举办的“喜迎的十九大——西藏百名书法家书写‘四讲四爱’作品展”中获“优秀奖”；在林芝市“智慧笔尖”主题的藏文书法大赛中，协会成员益西桑布荣获“一等奖”、朗卡荣获“二等奖”、米玛扎西和白玛南加2人荣获“优秀奖”。

【对外交流合作】 2017年在与察隅县文化交流期间，举办波密县摄影展7次，参观人数达1200余人次，获得广泛好评；摄影协会受邀参加由拉萨交通产业集团、自治区旅发委联合主办的“巅峰梦想首届围棋汽车拉力赛”摄影活动；书画协会会员积极参加全区中小学教师藏汉书法大赛、全区“喜迎党的十九大——西藏百名书法家书写‘四讲四爱’作品展”“喜迎党的十九大书法美术（唐卡）”等重要赛事活动；书画协会主席益西桑布参加国家艺术基金人才培养项目，“丝路新语——西部少数民族艺术骨干培训提升新计划”，并荣获“优秀学员”。

【文艺惠民工程】 2017年，波密县文联按照西藏自治区、林芝市和波密县《边远贫困地区、边疆民族地区和革命老区文化人才支持计划实施方案》要求，积极协助县文化局开展“三区文化人才专项支持计划”，鼓励文艺骨干积极投身文化服务活动，践行“文艺为人民服务，为社会主义服务”的思想；同时，积极响应县文化局文化志愿服务号召，文联会员积极主动申请成为波密县文化志愿者，在青少年文艺兴趣培养，艺术服务基层、服务群众等工作者发挥积极作用。

【文艺下乡】 2017年，舞蹈协会先后参与“三大节日”“3·28”百万农奴解放日等节日和文化八进、文艺三下乡的下乡惠民演出54场次，惠及群众18000余人；文联会员作为文化志愿者先后深入全县10个乡镇、60余个村居、11所学校开展歌曲、舞蹈、书法绘画等培训，惠及农牧民群众和中小学生20000余人次；由县文联组织，摄影协会和书画协会成员，全县中小学生100余名参加“金秋十月”文艺采风活动，深入松宗、玉普等乡镇开展采风和青少年文艺兴趣培养活动。

（普文平）

援藏工作

广东省第八批援藏工作队 波密工作组

【概况】2017年，在粤藏两省区各级党委政府的坚强领导下，在广东省第八批援藏工作队的具体指导下，在广州市委组织部、市协作办及广州市各区及相关部门的关心和波密县委、县政府支持下，波密工作组按照广东省“一个龙头、两翼齐飞”的工作要求，坚决贯彻落实中央治藏方略，认真学习领会贯彻落实中共十九大精神和习近平总书记系列重要讲话精神，积极开展“两学一做”和“四讲四爱”主题教育活动，认真学习掌握党的治藏方针和民族宗教政策，自觉加强民族团结，不忘初心，牢记使命，主动融入，聚焦援藏主业，紧紧围绕“五个波密”建设，按照“两主四协助”援藏工作思路，积极探索推进由“输血”变“造血”的柔性援藏新机制，援藏工作扎实稳步推进，成效显著。受到粤藏两省区各级领导和广东省委组织部、省援藏援疆办和受援地党委政府的高度肯定和赞许。2017年，工作组6名基层援藏干部被授予县优秀共产党员称号。

【规划内援藏项目】2017年3个小康村建设项目中，达兴村全部完工，古村完成90%，栋曲村完成75%；波密县沿江路、札木路风貌改造项目（项目总投资2053万元，其中2017年要求完成投资500万元），超额完成当年投资任务；县医疗急救体系建设项目基本完成（CT机设备需待由县政府实施的医疗业务用房改造完成后才能进场安装调试）；今后两年规划内援藏项目前期工作已经基本完成。在2017年9月开展的援藏专项延伸审计中，广东省审计厅审计组就项目管理和资金管理给予工作组肯定。

【民生援藏】*医疗方面。*年内，工作组充分用好广州市第一人民医院与波密县人民医院五年帮扶框架，带领工作组和援藏医疗队积极探索实践“院院对口、科科对应、医生对接”的“三对”组团式医疗援藏新机制，成效显著，经验材料在自治区《援藏会刊》上刊登交流学习。借助组团式医生的优质医疗技术、医务管理和师资力量，协助县医院建立管理制度17项，协编医疗工作规范11本，推动医疗技术培训工作，发动援藏医生利用业余时间编制综合50个专题的培训教义一本，培训受援地医务人员1820人次；借助“科科对应”加强医院科室建设，妇产科初步建成，十几年来当地医生又能独立完成剖宫产手术。骨科和消化科建设亦进展顺利。积极牵头推动县医院创等级工作，2017年11月，波密县人民医院顺利通过二级乙等医院终审评估；落实广州市支持规划外资金100万元配置4台乡镇医疗急救车辆；借助援藏医疗团队、专家团队资源优势，争取社会力量支持20万元购置车辆，成功组建了波密县医疗服务下乡小分队，定期开展送医送药下乡服务；谋划建设广州市第一人民医院——波密县人民医院—乡镇卫生院的三级远程会诊系统，已开展前期对接及设计工作。

教育方面。促成广州大学对口支援波密教育的五年框架，搭建广州大学附中、附小等部分优质中小学“一对一”支援波密县中小学的框架；协调广州教育部门派出优秀专家团队为波密教育把脉问诊，加强教学研究工作，培养优质教师团队，促成两地共建“大学生思政实践基地”和“广州大学教育实习基地”，两地学校间的交流深入推进；发动社会力量助学，建设了第一批44个班级图书角；调动社会优质教育资源，在县中小学和幼儿园引进并免费开放了“启智星”和“班班通”两个网络教学平台，为波密县第一、第二幼儿园全部班级配备先进电教设备；协调广州大学安排14名应届毕业生进藏支教，有效弥补受援地师资力量不足难题。2017年，波密教育事业稳步提升，师资队伍建设和内地班升学率明显提升，素质教育工作顺利通过林芝市评估。

【智力援藏】 年内，工作组坚持把人才队伍建设与波密发展所需人才实际紧密结合，协调落实了波密县党政干部20人次赴广州中山大学开展现代物流、产业转型等七个专题的学习培训；着力加强技术人才培训工作，协调广州每年接受一定数量的县技术人才赴广州跟班学习锻炼，已经完成2人次农业技术、2人次医务人员、6人次校长及骨干教师、1人次扶贫专干赴广州对口部门培训学习；协调广州市旅游、农业、文化、城市建设发展规划等30余人次技术专家，赴波密开展技术交流、城市设计咨询和评审、家庭旅馆概念设计、果树改良研究等帮扶工作；着力推动制度化建设进程，提议并协助完成了县乡（镇）二级项目储备库和县重点项目库建设，牵头县发改、住建等部门编制13.5万字的《波密县政府投资项目管理办法》，并完成第一期80人次项目管理培训工作。

【产业援藏】 年内，工作组协调广州市旅游局协助开展旅游设计，已经确定投入35万元资金对岗云杉林、朗秋冰川两个旅游景点进行规划设计；积极洽谈引进广东企业在古乡建设600亩的生态农业观光及青梅种植加工项目，拟签署协议；完成八盖乡藏香猪养殖项目论证及农牧民养殖意愿调查，准备引进企业投资年出栏3.5万头藏香猪养殖项目；充分利用广东省现代农业博览会、广州市农博会、广博会、旅博会、广州国际美食节及波密桃花节等平台，加大对波密高原农牧特色产品及旅游宣传推介；支持深入挖掘编排波密历史文化、非遗文化、民俗文化，打造波密旅游名片；积极支持广药林芝公司、千金方公司研发新产品。

【脱贫攻坚】 工作组把帮助受援地脱贫奔小康作为援藏工作的重要内容，2017年是波密县脱贫摘帽年，工作组思想和行动高度统一，在按照“两个倾斜”做好援藏规划内项目工作的同时，主动参与受援地脱贫攻坚工作，做好参谋助手，积极发动社会力量支持脱贫攻坚，同时抽调一位援藏干部专职进入县脱贫攻坚指挥部工作，为受援地脱贫攻坚工作贡献了自己的力量。

积极对接中国人寿林芝分公司，创新推出新脱贫兜底险种，出资为波密县1075户建档立卡贫困户、城镇低保户及临界贫困线家庭购买《国寿脱贫保家庭成员意外伤害保险》，增加贫困户因人身意外事故返贫的兜底保护，这是该险种在西藏的首单保险，经验在中央人民政府网站报道。

海珠区政府支持45万元建设“大爱波密”扶贫济困慈善微平台，平台已在内部测试，截至年底，正在林芝市民政部门登记注册。

积极发动社会力量帮扶，2017年共筹集到860余万元社会专项帮扶资金和物资，用于易贡茶场救灾、敬老院蔬菜大棚改造、扎木镇卡达村农用线路改造等规划外的一批急需解决的民生小项目建设。

协调广州城市规划勘察设计院出资60余万元免费为两家带动贫困户的家庭旅馆完成规划设计。

按照受援地安排，工作组积极开展“四对一”结对认亲帮扶活动，与波密县11户贫困户进行结对认亲帮扶，通过解决就业、慰问、培训、解决生产资料等方式开展帮扶，截至年底，11户全部达到脱贫标准。在刚进行的自治区第三方评估和区、市交叉专项检查考核中，受援地脱贫攻坚工作得到高度肯定和评价，特别是援藏助力受援地脱贫攻坚工作，作为主要亮点之一被要求向西藏自治区党委政府报送专题典型经验材料。

【区乡对口支援框架初显成效】 年内，工作组为加强两地交往交流交融，深化对口支援工作，在广州市协作办的支持下，率先探索搭建起广州市各区对口支援波密县各乡（镇）的“一对一”帮扶框架，帮扶模式作为东西部扶贫协作典型经验在林芝市全面推广。2017年，广州市各区积极主动开展对接，出台对接方案，开展对口支援。如广州市黄埔区，高度重视，明确部门对口单位，先行先试，整合两地资源和优势，投入资金500余万元，全方位开展易地产业帮扶、受援地产业推动、人才培养等工作，模式先进，成效明显。又如番禺区以推动藏汉交往交流交融，聚焦脱贫攻坚，加强民族团结为核心，明确2个街道具体对口支援易贡乡，并广泛动员社会各界筹集600多万元资金和物资切实开展帮扶工作。广州市推进的区乡对口支援模式得到西藏自治区主要领导的肯定。

【党建援藏】 年内，工作组重视基层党建创新工作，借鉴广州市基层党建工作经验，投入23余万元资金在扎木镇桑登村和县发改委、县政府办成功创建了一个“党群之家”党建示范点和两个县直单位党建示范点，创新党建工作，强化示范带动和引领作用，扎实基层基础。积极争取中共阳西县委支持30万元，对口支持扎木镇创建党建示范镇；重视基层阵地建设，按照西藏自治区党委和林芝市委关于加强村级活动场所标准化建设要求，加强与受援地党委政府对接，积极规范调整规划内小康村建设内容，配合完成9个小康村村级活动场所标准化建设任务。同时在广州市支持下新落实规划外资金2000万元，用于建设5个村级标准化活动场所。

【加强民族团结】 年内，工作组坚持把波密社会经济发展作为加强和巩固民族团结进步的根本途径。充分发挥广州援藏资金资源等优势，利用“区乡对口支援”框架，建立了以经贸促进、脱贫攻坚、两地交往交流交融为主要内容的援藏工作新模式，扎实推进“五个波密”建设，波密县社会经济发展结构不断优化，农牧民群众生活条件持续改善，形成穗波两地和融共进发展的社会大团结局面。充分尊重当地民风民俗，与当地干部群众之间真诚相待，遇事勤沟通、多商量，确保思想上求共识、感情上求共融、工作上求共进。团结全县党员干部、宗教界人士、农牧民群众努力拼搏、砥砺奋进，各组员之间、与当地干部群众之间结下了深厚真挚的同志情、兄弟情，形成了和谐共事、团结实干的良好局面。2017年，工作组付新河作为唯一一名基层援藏干部被推荐为林芝市民族团结进步模范个人。

【强化团队自身建设】 加强政治学习。年内，工作组认真组织学习领会中共十九大精神、新时期中央治藏方略和习近平总书记的系列重要讲话精神，学习党的民族宗教政策，学习把握粤藏两省区领导关于援藏工作的重要指示精神。通过组员在任职单位学、援藏例会集体学、业余时间自己学和撰写学习心得笔记等多种形式，要求全体组员学出理想、学出信念、学出担当、学出本领、学出廉洁，通过学习，有效提升了团队的政治素质、理论水平和政策把握能力；加强业务学习。针对工作组成员中较大比例为某领域技术人才的特点，推行组内例会业务交流学习制度，在例会上，就工程领域、财务、管理、写作等专业业务加强沟通交流学习。2017年，全部组员视野更宽了、知识面更广了、业务能力更强了，每位组员都有明显成长；虚心向受援地广大干部群众学习。工作组深入基层，走村入户，积极开展调查研究，掌握社情民意，把握干部和农牧民群众思想脉搏，虚心向基层干部群众和老同志学习，全方位精准定位援藏工作。

【建设纪律型团队】 年内，工作组强化制度建设，在严格执行省援藏工作队管理制度的基础上，深入调研和认真总结以往援藏工作经验，结合工作实际，修订本组的《工作会议制度》《档案制度》《廉洁援藏工作制度》和《工作经费和援藏物资管理办法》等数项管理制度，强化制度管事管人，规范工作；强化教育提醒，在组内弘扬“两路精神”和“老西藏精神”，组织学习援藏相关管理规定，强化团队纪律意识，教育组员服从任职单位安排和管理，对于苗头性问题及时提醒批评纠正，确保全部组员做到思想上高度重视，行动上全部落实；严格管理，按照援藏管理各项规定及广州市委组织部、广州市协作办、广东省第八批援藏工作队相关工作制度，从严管理，全体组员均保持较高的在藏在岗率，全年全体组员未出现违反工作纪律现象，树立了良好的援藏干部形象，受到受援地干部群众的高度赞扬。

【建设廉洁型团队】 年内，工作组重视制度保障，工作组进藏伊始，就着手建章立制。在认真调研和总结前七批援藏工作组经验的基础上，梳理分析援藏工作中可能存在的高风险点，并以此为依据制定相关制度，用制度保障安全；坚持民主决策，全部援藏工作一律在组内公开，涉及资金使用、项目招投标等事项全部由工作组全体会议表决通过；在组内分工上设立纪检分工，强化《中共共产党章程》《关于新形势下党内政治生活的若干准则》和中央“八项规定”，区党委“约法十章”“九项要求”等学习贯彻和纪律执行监督；制定《广东省第八批援藏工作队波密工作组推进基层正风反腐专项治理工作方案》，在组内全面展开专项治理工作；严格按照有关规定如实向组织报告个人事项。2017年，全体组员均能以身作则、廉洁自律、公道正派、真抓实干，树立了援藏干部为民务实清廉的良好形象，全体组员及身边工作人员、家属均无违法违纪现象。

（刘　俊）

【领导名录】

县委常务副书记、广东省第八批援藏工作队波密工作组组长

李　锋

县委副书记、常务副县长、广东省第八批援藏工作队波密工作组副组长

李伟成

县发改委副主任、广东省第八批援藏工作队波密工作组成员

付新河

县扎木镇党委副书记、常务副镇长、广东省第八批援藏工作队波密工作组成员

朱思敏

县住建局副局长、广东省第八批援藏工作队波密工作组成员

杨　帆

县教育局副局长、广东省第八批援藏工作队波密工作组成员

邱育玲

县农牧局副局长、广东省第八批援藏工作队波密工作组成员

林保银

广州市第一人民医院主任医师、广东省第八批援藏工作队波密工作组成员

戴奇山

军 事

波密县人民武装部

【概况】 年内，县人武部在军分区党委和县委、县政府的正确领导下，在军分区机关业务部门的关心支持和指导下，学习贯彻习主席强军兴军重大战略思想，按照着力举旗铸魂、聚力备战转型、强力正规严矩、奋力开新图强的工作指导，科学统筹年度工作，狠抓全面落实。践行强军目标，突出铸魂育人，聚焦保障打赢，严格规范管理，年度工作任务圆满完成，全面建设迈上新台阶。

【思想政治建设】 年内，县人武部认真学习宣传贯彻中共十九大会议精神，持续深入学习习主席系列重要讲话精神，扎实抓好“维护核心、听从指挥”主题教育、“两学一做”常态化教育、“能打仗、打胜仗”经常性教育，精心组织“每月一讲”活动，每月开展一次官兵交心谈心活动，每月组织一次学习交流和笔记展评。进一步增强官兵的“四个意识”，坚决做到“三个维护”。

【党委班子和干部队伍建设】 年内，县人武部认真贯彻《党委工作条例》，按照“十六字”原则，加强民主集中制建设，加强党委班子能力建设和先进性建设，在上级党委首长的关心下，为县人武部配齐缺编干部，干部队伍得到加强。扎实开展干部事业心责任感教育、宗旨教育和政治纪律、组织纪律、人事纪律教育，大力加强党风廉政建设。

【战备训练和遂行非作战任务】 年内，县人武部以洞朗对峙军事斗争准备为牵引，树立随时准备打仗的思想，积极完善各类方案预案，明确分工、明确职责。按照“1小时反应”流程要求修订完善战备方案、预案。开展作战理论、识图用图、战场环境研究、判断情况等训练；利用10天时间组织民兵进行相关专业的针对性训练；严格落实战备值班制度，坚持每天按时向分区上报敌、社、民、灾等情况，9月，组织民兵参加波密县迎接十九大维稳安保武装巡逻；11月18日，米林地震后，派人赶赴排龙乡受灾区协助友邻部队救出2名受困群众，受到军区表扬。

【兵员征集和国防动员】 2017年，县人武部圆满完成夏秋季兵员征集工作，全程遵守廉洁征兵“十不准”要求，做到公开、公平、公正，选送合格青年到部队服役，无告状和退兵情况。8月，组织县委班子军事日活动，积极向县委建言献策10余条；通过落实各项制度，形成军地集体议大事、作决策，业务部门抓落实、办实事的良好局面，保证武装工作议事有程序、有位置，经费有保证、有落实，困难能解决，工作能落实。完成国防潜力调查计划制定和摸底工作。

【官兵政治教育】 年内，县人武部深入学习贯彻习主席系列重要讲话精神，大力开展“两学一做”学习教育活动。坚持党委每月讲评活动开展情况，确保两项重大教育有序推进；制作横幅、展板对教育活动进行宣传，营造良好学习氛围；深入开展“做合格党员”实践活动，每名党员向支部党员大会做出承诺并制定践诺措施，确保学习教育取得良好效果。突出抓好“维护核心、听从指挥”主题教育活动，紧紧围绕“迎接十九大、学习十九大、贯彻十九大”，开展“四决不、四争做”专题教育及“远学大功三连、近学岗巴营”学习活动。认真学习习主席“7·26”讲话精神，开展“新时代社会主义强军梦”大讨论，引导官兵深入理解改革、坚决拥护改革、积极投身改革。

【民兵政治教育】 年内，县人武部开展“两学一做”教育活动，利用民兵整组、下乡督导、征兵宣传等时机，宣讲习主席关于国防和军队建设的重要论述，宣传党的民族宗教政策、民兵的性质宗旨及光荣传统。扎实开展学习贯彻十九大精神，在广大民兵中进行宣讲，用党的最新理论统一官兵思想，强化政治自觉。开展民兵工作“双争”活动，开展国防教育和民兵政治教育，编写下发教案40余份，组织专武干部和民兵骨干集中授课4次，为民兵上政治教育课10余次。

【国防教育】 年内，波密县成立县国防教育领导小组，国防教育具体组织实施，由县人武部政治委员亲自负责把关，通过县电视台宣传《中华人民共和国国防教育法》，使国防观念深入人心。抓住在校学生这块阵地，在全县学校开展国防教育活动，在学校建立国防教育会议制度，专题研究学校开展国防教育中的主要问题，建立国防教育专项评比制度，调动学生学习国防知识的积极性，营造国防教育的良好氛围。建立新生军训制度，提高学生的国防意识和国防素质，加强学生的纪律观念，建立学生接受国防教育登记制度。截至年底，全县共有1600多名学生接受过国防教育。在乡武装部和村级民兵营建立国防教育活动室和青年民兵之家，经常性地组织民兵学习国防知识，在全年的几项大的军事活动中，民兵整组、兵役登记和征兵工作中，通过走村下乡，利用广播电视广告、黑板报、宣传画、横幅、标语等形式大力宣传国防知识。利用清明节到波密县烈士陵园扫墓时机，组织全县干部、职工、青年、学生进行国防教育，同时，组织参观川藏公路十勇士纪念碑、县政府红楼、易贡茶场将军楼、波密县烈士陵园、人武部荣誉室开展爱国主义和国防教育，取得很好的效果。

【部队安全稳定】 年内，县人武部大力开展学法规用法规活动，持续狠抓“六个管好”，做细做好“两个经常性”工作，深入开展“三项整治”和年度安全竞赛活动、“百日安全”活动，牢固树立安全发展理念。坚决做到“六抓六防”，严格执行“禁酒令”。坚持每月进行安全稳定工作形势分析，认真查找安全隐患和薄弱环节；严格落实人员思想形势分析制度、交心谈心制度、坚持个别人工作制度，强化人员管理教育，净化官兵的交往圈、生活圈、娱乐圈；扎实做好民兵武器仓库专项清理整治工作，认真清理排查问题并及时整治，消除各类隐患，确保民兵武器装备安全；突出重点敏感时节安全管理，加强人、车、枪、弹、密，黄、赌、酒、油、网的管理，正规“四个秩序”，促进人武部全面建设健康稳定发展。

【后装保障工作】 年内，县人武部完成军械库房防雨改造，更换完善安防设施设备。科学调剂官兵伙食，添置部分文体活动设施，营造拴心留人的环境。坚持党委理财，以标准制度为准绳，严格执行2017年度经费预算，圆满完成各项保障任务。

【扶贫助学活动】 年内，县人武部开展“四对一”帮扶脱贫活动，县人武部领导定期走访扎木镇东若村2名特困户，关心其生产生活情况，并送上慰问金及生活用品，努力做到“真扶贫、扶真贫”。利用“六一”国际儿童节之际，到县完全小学帮助家庭贫困的小学生，为2位小学生送去慰问金及学习用品。

【学雷锋活动】 3月5日，县人武部利用学雷锋日之际，到民政局敬老院进行卫生大扫除，更换损坏的灯具，密切军地感情，加深军民鱼水情，受到广泛好评。

（石吉顺）

【领导名录】

县委常委、人武部政治委员
　　次仁旺拉（藏族）
人武部部长　张昭洪
人武部副部长兼军事科科长
　　鲁大伟
政治工作科科长
　　石吉顺
保障科科长　曹　翔

中国人民解放军78536部队

【概况】 年内，部队坚持以习近平强军思想领航指向，看齐追随铸军魂，着眼实战抓准备，针对训练强保障，正风肃纪促改革，夯实基础保稳定，圆满完成以接待保障为中心的各项任务，部队全面建设呈加快推进、稳步发展的良好态势。

【维护核心，铸牢军魂坚定有力】 年内，部队坚持用习近平新时代中国特色社会主义思想武装官兵、凝心聚魂，及时组织学习习主席中国人民解放军建军90周年重要讲话等最新理论成果，切实掌握推进强军兴军的思想武器。按照“学懂弄通做实”要求推进中共十九大精神学习宣传贯彻。开设学习专刊，持续掀起学习贯彻十九大精神热潮。建立官兵观影制度，广泛开展群众性读书活动、“百首军歌大家唱”歌曲教唱活动和微电影创作等，进一步浓厚军营环境氛围，激发官兵爱军热情。

【聚焦中心，保障打赢优质高效】 年内，部队自觉把练兵备战作为主业主责、大事大抓。利用任务间隙开展3000米跑、高原组合练习等共同科目训练和后勤专业训练。特别是林芝地区发生6.9级地震后，部队党委迅速反应，派出医疗分队深入驻地巡诊义诊，受到人民群众广泛好评。

【正风肃纪】 年内，部队深入推进“两学一做”常态化制度化学习教育，跟进抓好《中共共产党章程》《关于新形势下党内政治生活的若干准则》《中国共产党党内监督条例》等党内法规学习，认真抓好党风廉政警示教育，严格落实“学党章、上党课、交党费、过党日”制度，官兵的纪律规矩意识明显增强。进一步畅通民主监督渠道，制作《党委机关党务公开栏》《支部党务公开栏》，推进部队党务建设。

【基层党务】 年内，部队认真履行党委机关抓建基层职责，组织开展支部建设“帮带”活动，结合任务共安排党委机关16人次当兵蹲连。大力整治基层党务工作问题，制定《党支部组织生活规范》，规范党日活动计划，组织党支部正副书记、思想、心理骨干暨文书培训，部队制定的《党员发展60步规范》被上级转发推广。狠抓法纪警示、婚恋交友、遵纪守法等经常性教育，建立心理健康档案、组织心理健康测试、设置心理服务咨询室，部队经常性教育管理存在的短板弱项得到大力纠治。

（赵春勇）

【领导名录】

站　　长　朱明山
政　　委　谢兴斌（7月离任）
业务处处长　汪政员
政治处主任　潘洪均

武警交通第二支队

【概况】 武警交通第二支队组建于1996年10月，

前身为武警交通川藏公路机械化养护支队，2002年更名为武警交通第四支队，2013年更名为武警交通第二支队。支队机关驻扎西藏自治区林芝市波密县，主要担负川藏公路（318国道线）竹巴笼至东久桥段782.5公里和中尼公路樟木镇至友谊桥段13.6公里道路养护保通及西藏境内应急救援、维稳处突等任务。支队管养路段横跨4大水系（金沙江、澜沧江、怒江、雅鲁藏布江）、5座海拔4000米以上的高山（宗拉山、拉乌山、东达山、业拉山、安久拉山）、9大险段（海通沟、如美沟、觉巴山、东达山、天路72拐、怒江沟、然乌沟、牛踏沟、排龙天险），平均海拔在3700米以上，常年泥石流、塌方、滑坡、水毁、雪崩等自然灾害不断，有“世界公路病害百科全书”之称。

【养护保通】 2017年，支队围绕全线打造“标规路”目标，抽调专业装备100余台套，精兵骨干400余名，分别在雨季前后开展预防性“养护大干120天”和恢复性“养护大干60天”活动，对公路病害多发地段进行集中治理，累计修复涵洞跳台56处，清理涵洞830道，维修标志牌75块，维修防撞墩80个，疏通河道215250立方米，清理边沟49400米，修复水稳层28650平方米，修补沥青路面75820.8平方米、水泥路面353平方米，修整边坡271570平方米，维修土路肩287410米，维修波形护栏2192米、轮廓桩5312根、挡墙1466立方米，更换涵洞盖板39块、里程碑94块，整理路容路貌625公里，清理零星堆积物49797立方米，完成和修复标规路545.5公里，管养路段通行能力、抗灾能力和安防能力得到明显改善，为保障战略交通大动脉的安全通行创造有利条件。

【应急救援能力建设】 年内，支队按照“服务国防、抢险救援”使命要求，建强力量体系，抓实练兵备战，提升核心能力。扎实开展形势任务、职能使命教育，落实“思想不能松、任务不能松、工作不能松、安全不能松”的要求，不断强化官兵“灾害不过节，抢险救灾没有时间表”的战备意识，始终保持“箭在弦上、引而待发”的战备状态。按照“两个不经、一个保持”的备战要求，以体系化实战化精确化为目标，采取不打招呼方式，组织机动保障、抢险保通、应急救援拉动演练，确保遇有任务需要，部队能够迅即出动、有效应对、高效救援。树立鲜明导向，强力开展“百日练兵”活动，坚持分层次分类别抓好实战化训练，着力解决“五个不会、一个不知道”的问题，部队遂行任务能力得到显著提升。

【抢险救援】 为确保管养路段安全畅通，支队坚持以任务需求为牵引，科学部署兵力和机械设备，不断强化抢险预案演练，加大对灾害易发路段及重要桥涵隧道巡查监测力度，及时完善危险路段警示标志；同时加强与地方政府及公安、气象、水文等部门沟通协调，实现军地信息共享、联合预警，快速掌握道路通阻情况，确保部队在遇有灾情时能够迅速出动、高效处置。2017年，支队累计出动官兵1325人次，机械设备320台次，清理积雪及雪崩体40.7万立方米，清理飞石、塌方、泥石流及堆积物8.5万立方米，救助6950名群众，疏通车辆3285台。

【队伍建设】 年内，支队认真贯彻落实武警党委指示精神，以荣评武警部队“标兵支队”为新的起点，按照“加强建设、巩固成绩、保持荣誉”的抓建思路，进一步打基础、补短板、抓特色，不断提升部队的内涵底蕴。坚持“缺什么补什么、用什么训什么、弱什么练什么”的原则，集中组织基层干部开展网上《纲要》集训，采取法规对照学、领导授课学、讨论交流学、示范演示学、现场观摩学的方法，抓好《纲要》《三十条》和《大队工作规范》等学习贯彻。常态开展党支部班子岗位练兵活动，采取系统学、专题讲、典型引、岗位练、同步帮、全程考等方法，利用“指导员日”、政工例会等时机，以会代训、帮带提高，全面提升各级按纲抓建能力。对中队逐个进行评估定位，制定党委机关蹲点帮建计划，建立“常委包片、股室挂钩”责任制，分批组织党委常委带队解剖麻雀、难题会诊、精准帮建，有效帮助基层规范抓建秩序，提升抓建质量。

【军民共建】 年内，支队始终把驻地当故乡、视人民为父母，在“生命禁区”处处营造“军民团结如一人，56个民族是一家”的良好氛围。通过开展宗教政策、民族风俗、群众纪律等专题教育，大力宣扬拥政爱民先进事迹，发动官兵学藏语、明藏史、跳藏舞，让官兵人人知风俗、懂政策、讲团结。经常与驻地政府、群众携手开展缅怀英烈活动、喜迎十九大歌咏比赛，举办篮球比赛、文艺汇演，不断增进军政军民感情。深入沿线乡村和民族家庭宣讲十九大精神，增强基层民众对党中央、习主席的高度信赖。支队始终把维护社会稳定、保障人民安居乐业作为神圣职责，先后组织近千名兵力参加驻地绿化建设、河沟清理、街道打扫、免费巡诊、义务献血和为贫困户送米面、送温暖等爱民助民活动，用拳拳爱心催生民族团结种子，发挥“压舱石”“稳定器”作用。

【英模群体】 支队组建驻守川藏公路二十一年来，一茬茬官兵忠诚使命、无私奉献。二十一年如一日，顽强拼搏、甘为路石，使以“险、奇”著称的800公里川藏公路路基平均拓宽2米，行车时速平均提高40公里，车辆事故率下降40%，创造川藏公路竹东段21年冬季无断通的新历史。二十一年舍生忘死、抢险救援，积极践行“强军目标”，狠抓核心能力提升，圆满完成2013年墨竹工卡甲玛矿区救援，2015年2次赴尼泊尔跨国救援，2016年海通沟大塌方等各类应急救援任务800多次，先后有200多名官兵受伤致残，15名官兵长眠雪域高原。二十一年凝心聚力、按纲抓建，支队坚定按纲抓建目标不松劲，先后4次被总队以上单位表彰为“基层建设先进单位”、3次被表彰为“先进党委”、2次荣立集体“二等功”。涌现出以荣获集体一等功的十、十二中队，集体二等功的六中队，第七届“中国武警十大忠诚卫士”刘红春等为代表的一大批英模集体和个人。二十一年心系群众、情注高原，建成波密古乡武警爱民学校1座，长期共建沿线9所小学，资助300多名贫困学生完成学业；义务修建通村公路100余公里，架设军民“连心桥”12座；协助驻地公安机关执勤处突76次。先后被国务院表彰为“全国民族团结进步模范集体”，被中宣部等五部委表彰为“军民共建社会主义精神文明先进单位”，6次被军地单位评为“拥政爱民模范单位”。

（王雨蒙）

【领导名录】

支队长 吴锦辉

政治委员 江清华

副支队长 钱玉坤

贾利平

何绍栋

李立刚（5月任职）

副政治委员

杜 军

参谋长 芦苇海

政治处主任

肖志雄

后勤处处长

高爱军

武警林芝支队二大队

【概况】 武警林芝支队二大队（以下简称大队）驻波密县，下设3个建制中队，主要担负维护波密县社会稳定和波密监狱、郎秋监区的看守任务和维稳处突、抢险救灾等临时任务，林芝支队二大队6次被总队表彰为“基层建设标兵大队”，3次被评支队表彰为“先进大队”，是一支有着光荣历史传统的部队。大队始终坚持把思想政治建设摆在首要位置，在波密县政府和武警林芝支队的领导下，大力加强思想政治建设，全体官兵经受住偏远环境和繁重任务的严峻考验，圆满完成上级赋予的各项任务。

【武警出勤、队伍及装备建设】 固定勤务。大队在波密县政府和武警林芝支队的领导下，担负波密监狱、郎秋监区看守任务。临时性勤务。3月，波密县中队配合公安干警出色完成三月重要时期、全国“两会”两警联合巡逻及安保，8月，出色完成倾多镇泥石流抢险救灾任务，受到上级领导的肯定和表扬，9月，大队所属单位参加支队第三季度“魔鬼周”集训，10月，完成波密县社会执勤安保十九大任务。12月，参加支队第四季度“魔鬼周”集训。

【领导视察及安全保卫】 年内，大队牢记“哨位就是战场，执勤就是战斗”的思想，并认真开展好官兵学习执勤法规的学习，出色完成波密县三月重要时期安全保卫、全国“两会”及十九大安保、总队姜波参谋长视察工作的安全保卫结合目标实际，严格落实八项制度，灵活运用“三个载体”狠抓“三化”工作，认真做好“三节”安保，确保目标绝对安全。

【抢险救灾】 2017年8月4日，西藏林芝市波密县倾多镇因连续强降雨，导致倾多镇发生较为严重的泥石流自然灾害，20户村民因此受灾、多处房屋受到不同程度的破坏及车辆被淹。灾情就是命令，泥石流发生后，经支队申请审批后迅速协调县政府、公安、兄弟单位。命令四、五、波密中队在确保勤务人员的情况下立即全员投入人力、物力并第一时间赶到现场救援，高强度的救灾行动考验每一个官兵，党员干部冲在前面，大队长路海超不惧危险亲自组织指挥，教导员崔发群协调指挥后勤保障及运送物资。中队卫生员为受伤群众诊断、发送药品，炊事员及时做好热气腾腾的饭菜为受灾群众提供保障。经5个多小时的连续救援行动，大队官兵将受灾群众疏散完毕，搬运救灾物资、食品，棉被、帐篷等物资3吨，搭建救援物资25顶，抢救居民生活物资若干。此次救援行动，大队共出动兵力120名，出动车辆累计21次，救灾食品1吨、帐篷20顶。充分发挥不怕苦、不怕累、不怕流血牺牲及老西藏精神的优良传统，发挥人民武警是一支文明之师、威武之师的人民子弟兵的优良作风。

【军地共建】 大队始终以团结互助共同发展为契机，经过多年的发展，已和当地的扶贫项目对接，2017年，共完成军地共建项目多达6处，“四中队和倾多镇小学达成教育国防共识”“波密中队救助孤寡老人、烈士家属”“五中队救助如纳村村委会军地共建”等项目，2017年，大队与13户困难群众结成帮扶对子，深入推进“四项”工程建设，尤其在过节、“八一”中国人民解放军建军节之时为贫困户、孤寡老人及军烈家属送去面粉、大米、生活用品、为他们打扫房屋，进一步增进军民共建的意义与存在。

（李 进）

【领导名录】

二大队大队长 路海超
二大队政治教导员
崔发群
二大队副大队长
林 冬
二大队副教导员
张宝玉
四中队中队长 何 坤
四中队指导员 张 盟
五中队中队长 姜大钊
五中队指导员 陈佑东

波密县公安消防大队

【概况】 年内，在县委、县政府的正确领导下，波密县公安消防大队在总结分析工作成绩、经验、问题基础上，团结带领大队消防官兵奋力拼搏，圆满实现社会局势全面持续长期稳定，全年无亡人火灾，部队无安全责任事故和伤亡事件。并圆满完成中共十九大期间各项安保任务。县消防大队为副团级单位，2017年，实有官兵33人。

【监督检查】 年内，大队积极配合监督各行业部门、社会单位自觉落实主体责任，政府科学整合辖区公安机关和义务消防组织力量，扎实开展消防监督，强力推进文物古建筑专项整治、油气领域消防安全整治、人员密集场所消防专项整治等一系列专项行动，有效确保波密县火灾形势平稳。同时坚持从源头、利益链条和责任主体入手，严抓建设工程消防设计审核和消防验收行政审批，遏制火灾隐患。2017年，大队本级共检查单位1083家次，发现、整改火灾隐患737处，罚款2.3万元。

【宣传培训】 年内，大队采取丰富多彩的形式，全方位，多层次的开展消防宣传“进企业、进机关、进学校、进社区、进农村、进家庭、进网站、进军训”活动，通过以点带面，在全县广泛开展消防宣传活动。并发动社会单位开展针对员工的消防安全教育培训，提高自防自救能力。2017年，波密县共举办重点单位责任人、管理人、人员密集场所经营管理人等消防安全培训班9期，每次宣传，都有县级领导到场指导，在三月综治宣传专项活动中，大队与各单位通力合作、用两周时间深入辖区所有乡镇，培训人员350多名。

【班子建设】 班子实力补充到位。年内，调整充实大队党支部班子、武警委员会，健全组织、科学分工，推动各级班子同步建设，同步发展；领导能力提升到位。强化理论武装，规范落实组织生活、学习、会议等制度，提高班子成员政策理论水平、战略思维和科学决策能力。深入研判各阶段形势任务和工作薄弱环节，切实提升党支部班子谋长远、管全局的能力和水平；自身建设强化到位。定期开展班子成员谈心交流活动，善于运用批评与自我批评的武器，加强思想沟通、碰撞、融合，增进感情、信任、支持，塑造一个凝聚力强，和谐共事的党支部班子；制度贯彻落实到位。充分发挥党内民主，在官兵使用、评先选优、士官改选、重大工程建设、大宗物资采购、重大经费开支等大事要事、热点敏感问题上，坚持“十六字”方针，实行“票决制”，营造民主议事、民主监督、民主决策的氛围。

【作风教育】 坚决落实各项规定。年内，大队以开展“三严三实”教育活动为契机，落实中央“八项规定”、自治区“约法十章”、公安部“三项纪律”、公安厅“八个严禁”；廉政建设同步跟进。坚持把廉政工作纳入作风建设整体规划，从视觉、听觉、情感等多维渗透，抓出廉政教育成效。与党建工作同步、效能建设同管、专项活动同行、业务工作同抓，延伸廉政工作触角；强化监督制约消防监督执法权和行政管理权，建立定期分析、量化测评、奖惩激励等机制，多管齐下推动廉政建设成果常态化，班子和队伍保持清风正气，部队全年无廉政违法违纪事件。

【基础力量】 规范基础业务。年内，大队将解决影响和制约业务工作的基础性、日常性工作不规范列为全年整治工作的最基本任务。分类别、分岗位、分阶段加强基础业务、日常工作流程等系统培训，办文、办会、办事程序得到有效规范，实现工作效率、效益双提升；加强基础建设。坚持大队基础建设“花开不败，持续发展”，重点针对新建消防队站，积极协调，加强管理，确保年内计划的主体工程、室内装修和附属工程全部完工；警政、警民关系进一步融洽。大队始终以维护驻地社会稳定、增进民族团结友谊为己任，以科学发展观为指导，自觉为驻地经济建设、社会稳定服务，充分发挥消防部队灭火救援的专业队、抢险救灾的突击队、维稳处突的机动队作用。全力提升消防官兵的社会形象，受到地方政府和人民群众的一致好评，大队被县委、县政府评为“民族团结模范集体”；正规化建设成效明显。坚持依法建警、从严治警、文化育警，从强化官兵条令条例意识入手，规范一日生活制度，加强制度建设，有效规范训练、执勤、工作、生活“四个秩序”，同时加强警营文化建设，不断丰富官兵文化生活；夯实基础建设。随着波密县扶贫力度的不断加大，在县财政十分困难的情况下，大队主动向地方党委政府请示汇报，确保消防经费保障的增长。县政府加大消防投入，统筹城乡公共消防基础建设，确保与经济社会协调发展，2017年消防业务经费120万元，较2016年增长10%，并保障大队新建队站建设410万元专项经费。大队2017年新购置消防车2台，又投入37余万元购置一批消防器材装备。

（苟宸溢）

【领导名录】

大队长 易国洪（8月离任）

杨 洋（9月任职）

西藏林芝军区77550部队

【概况】 年内，西藏林芝军区77550部队始终坚定贯彻党的十九大精神，全面落实新时代强军思想，举旗固魂铸忠诚、聚焦备战抓主业、全面整顿肃军纪、厉行法治强根基、紧跟强军步伐谋发展，认真贯彻落实各级党委（扩大）会议精神，以“能打仗，打胜仗”为目标，扎实开展工作，不断提升强军备战能力，全面建设稳中有进。

【安全工作】 年内，部队结合林芝军分区“九个一”活动，在前期各项安全大检查的基础上，组织官兵在元旦期间开展一次战备教育、进行一次战备演练、普遍进行一次交心谈心、与在外人员进行一次电话联系、组织一次军容风纪检查、开展一次环境卫生清理、开展一次驻地帮扶活动等。“九个一”活动的开展，不仅确保部队的安全稳定，更为营区建设发展打牢坚实基础。1月15日，部队在前期动员部署、学习教育的基础上，扎实开展“百日安全”活动排查整改工作。在副政治教导员李开伟的组织下，采取全面检查的方法，对各个单位近期开展情况进行详细的检查，并将发现的问题及时整改。此项工作，切实加强部队的安全稳定，为下步各项工作的开展奠定坚实基础。1月25日，部队进行安全大检查活动。部队各连队主要对个人物资、班排存在的安全隐患、用水用电等方面进行全面清点和检查，切实将春节期间安全稳定放到首要位置。此项工作的开展，确保部队春节期间的安全稳定。4月19日，部队结合近期安全问题，开展各项安全稳定工作大讨论。部队各单位从人、车、枪、弹、密等方面着手，利用班务会、连务会等形式，自下而上谈认识、查隐患、明责任、讲对策办法，逐人逐项展开“拉网式”排查，切实将存在的安全隐患全面彻查整改，并制定合理可行性措施办法，全面提高官兵对安全稳定工作认识，提高安全稳定工作实效。4月24日，波密县消防支队到部队开展消防知识宣讲工作，消防工作人员向官兵们分别演示各类火灾发生情况，并结合生活实际，让官兵们参演处置各类火灾突发情况和紧急疏散。此次工作，不仅树牢官兵安全防火意识，更为下步各项防火演练奠定坚实基础。

【军民融合联谊】 藏历新年来临之际，2月24日，波密县民间艺术团到部队进行“五下乡”活动慰问演出。期间，民间艺术团为部队官兵呈现精美绝伦的表演，并为他们送上衷心的祝福和节日的问候，进一步加深军民鱼水深情。3月5日，部队组织开展“雷锋日”便民活动，部队率官兵前往敬老院，为老人们剪发、做饭、发放药品、打扫室内外卫生，跟老人们谈天，并详细了解老人们身体状况和生活饮食情况。此次活动，不仅弘扬传承雷锋精神，更增进军民鱼水情谊。清明节之际，部队参加波密县清明节祭扫活动，官兵们怀着无比崇敬的心情，为革命先烈敬献花圈、清扫墓地，并深深地向烈士们的英灵鞠躬默哀，以表达对革命先烈的哀思和敬仰。为更好地贯彻落实上级《关于开展第29个爱国卫生月活动的通知》精神，部队以“弘扬光荣传统、共创健康环境”为主题，扎实开展以“防控疫情整治环境”为主线的爱国卫生月活动，按照“坚持标准、因地制宜、注重实施”的原则，成立活动月领导小组，召开会议，分析形势，制定对策，提出以“营区综合整治，系统开展健康教育”为重点，突出文明与卫生、治理与管理，教育与养成的有机结合，树立大卫生观念，积极开展“健康文明军营”“卫生突击周”“无烟单位”等活动。

【配合地方完成多项任务】 3月9日，部队营长带领60名官兵、出动车辆3台，受邀协同波密县公安局、武警、消防、民兵预备役等力量，对“防冲撞”“防袭扰”“防聚众”等突发情况进行演练，并在驻地波密县所属的四个方向，组织开展军警民联合武装巡逻，全面检验军地指挥协同和维稳处突能力，充分展示部队威武之师形象，对犯罪分子起到强力威慑作用，增强人民群众安全感，有效维护和促进波密县社会稳定。

【献血救人】 年内，部队营长多吉次仁接到波密县民政局打来的求救电话，称波密县人民医院有一名产妇由于产后急需输血，正在接受救治，急需的输血型血库存告急。得到消息，营长多吉次仁在请示上级后立即指示：“马上将此事通知到全营官兵，号召官兵为其献血。”消息传来，在没有动员和引导的情况下，全营官兵们献血积极性十分高涨，营党委选配二连3名血型相配的官兵前往波密县人民医院进行献血，每人无偿献血200毫升。最终伤者病情得到好转。

【全面贯彻党建活动】 3月20日，部队组织全营官兵传达学习军分区党委十一届十三次全体（扩大）会议精神，并对单位建设方面存在的问题提出具体要求。最后，营党委向先进单位和个人颁发奖励证书，殷切希望官兵们能够再接再厉，为单位建设和发展贡献力量。3月22日，部队组织党员干部学习军分区党委会精神。营党委结合军分区要求，详细地总结2016年工作开展情况，并对2017年单位发展建设方向提出具体要求，对党员干部生活作风、严守纪律、遵纪守法等方面进行严格规范，切实加强对党员干部的管理，落实各项管理制度。10月18日，中共十九大胜利召开，部队通过观看视频、挂横幅、拉彩旗、黑板报展评、小演讲、撰写心得体会等系列方式，营造良好的学习氛围。同时，部队结合单位实际，严格落实各项秩序，切实加强重点目标安全警戒，为党的十九大顺利召开奠定安全根基。

【大抓练兵备战】 1月3日，部队全体官兵齐聚大礼堂，隆重举行2017年度开训动员大会。会议在《中国人民解放军军歌》中拉开帷幕。首先，副营长唐雯宣读2017年度军事训练开训命令，并将训练任务、训练要求等传达至每名官兵。随后，各连队分别组织官兵进行挑应战、表决心、武器分解结合等活动。最后，营长多吉次仁将2016年度各项工作进行总结，并结合军分区训练任务，明确2017年度各项工作的开展方向，希望官兵能够在新的一年中鼓足干劲，紧抓军事训练，为各项工作开好头，起好步。1月4日，部队扎实开展“开训周”表演课目，在前期准备工作的基础上，各单位严格根据指示要求，分别进行刺杀操、防暴队形、盾棍术、格斗组合拳等课目的表演。此次表演，切实突出爱军精武的军营文化，不仅使官兵们掌握军事技能，更提高官兵们的训练热情。4月21日，部队依托营区某地，开展各类应急处突演练，根据自身承担的使命任务，分别进行处理营门突发事件、及时展开消防工作、快速转移军用物资等训练。整个演练过程，官兵们紧张有序，切实按照各项演练要素实施。通过此次演练，进一步强化官兵应急处突能力，为确保部队安全稳定打下坚实基础。为检验官兵体能训练情况，迅速掀起2017年军事训练热潮，年内，部队结合本单位实际，制定合理的考核计划，采取全营官兵普考，单位之间评比竞赛的方法，分别对手榴弹投远、100米跑、俯卧撑、仰卧起坐、三公里、高原组合练习、单双杠等重点课目进行考核。此次考核，不仅摸清官兵体能素质，更在评比竞赛中激发官兵“爱军习武”热情，掀起新年度的训练热潮。

（赵玉强）

【领导名录】

营　　长　彭　森

政治教导员　刘孟全

副 营 长　陈　军

普布格桑（藏族）

副政治教导员

李开伟

武警波密县森林中队

【概况】 年内，武警波密县森林中队在支队党委和机关业务部门的具体指导下，始终以总队、支队党委扩大会议精神为指导，以《纲要》为统揽、条令为依据，聚焦强军目标，建设核心能力，扎实推进经常性工作落实。

【队伍建设】 建班子，聚合力，堡垒作用发挥强。2017年，中队及时根据人员调整进行党支部增补，新组建的支部“一班人”能统一思想，认清形势，以强化党员、干部、士官班长三支队伍的事业心、责任感入手，提高支部“三个能力”，建强支部战斗堡垒。

重学习强素质。深入开展“两学一做”学习教育和党纪条规月活动，及时召开动员部署会，引导全体党员提高思想认识。活动中，中队严格按照计划安排，开展习主席系列讲话精神和党的创新理论学习、讨论交流、重温入党誓词、党员承诺践诺、“六个起来”等配合活动，进一步强化全体党员的责任意识和党员意识。

抓队伍树形象。中队以干部队伍作风纪律教育整顿为契机，以“五同”为抓手，进一步加强“三支队伍”的管理教育。要求干部平时日常工作中能做到身先士卒，坚持出操站排头，训练场跟班作业，春节假期主动上岗楼执勤，下伙房帮厨；在士官队伍建设方面，利用队务会、交班会等时机，对班长骨干进行教育帮带，坚持做到依法带兵、文明带兵，同时增强表率意识，发挥模范带头作用。

健组织强助手。结合新兵下队和技术培训调整时机，及时对中队三大组织进行改选，确保各类组织健全，对新任的士官支委搞好帮带，以便更好地发挥作用。加强对两大群众组织的指导和培训，定期要求两大群众组织的带头人学习业务知识，调动他们参与中队建设的积极性。2017年，发展1名党员、2名参加预提士官集训、2名参加驾驶员集训、1名通信兵集训、7名战士考学，中队官兵心服气顺，评选结果得到官兵认可。

理思路促发展。支部在对2017年工作规划进行梳理时，坚持“吃透上情、把准下情”，从两级党委扩大会议精神中定方向，从中队官兵意见中理思路，从2016年建设形势中找突破口，围绕《纲要》八项重点工作，认真查找问题、分析原因、研究对策，理清年度工作思路，确定争创先进的奋斗目标。

【森林防火】 定期进行战备教育。在春节、藏历新年、全国两会和三月敏感期等时机，中队组织官兵学习战备规定并加强战备管理，树牢官兵“箭在弦上、引而待发”的临战观念。利用驾驶员每周岗位练兵之际，积极开展防火宣传活动，进一步扩大社会影响；管好战备物资和装备。对水泵坚持每天检查，驾驶员每天对车辆进行启动，每周进行维修保养，并不定时检查给养保质期，及时更换和补充战备给养食品，确保遇有情况能开得出，打得赢；严格落实战备制度。及时修订完善各类预案，加强战备值班和执勤管理，每日值班员检查值班、哨兵履职尽责情况。防期以来，中队结合兵员调整和防区气候条件，组织召开专题会议，对防火形势详细的分析研究，定期对灭火作战方案进行修订完善，每周不少于一次战备演练和装备维修保养，确保装备完好率均达到95%以上。

【政治基础】 中队始终注重加强思想引导，凝聚兵心士气。主题教育开展深入。年内，中队扎实开展维护核心主题教育活动，课前认真抓好理论铺垫，课后及时讨论促消化，干部分头下班排，引导战士敞开心扉、亮出观点，帮助解难答疑。大力学习习近平总书记系列讲话精神，用讲话精神统一思想，增强看齐追随意识，确保思想不偏，行为不失。教育过程中能严格按计划开展好配合活动，主要开展“矢志打赢”强军故事会、“唱响抗战歌、激发强军志”歌咏活动、“讲队史、唱队歌、扛队旗、铸队魂”活动和新一代革命军人样子大讨论，组织观看《战狼》《智取威虎山》《红海行动》等多部教育影片并撰写影评，征集“箭在弦上”美术作品3篇、强军故事3篇。同时，注重发挥板报、橱窗、广播、网络等载体搞好教育宣传力度。通过一系列有效举措，增强教育的吸引力和感染力，打牢官兵强军兴警的信念。

经常性教育落实到位。根据工作重点、结合官兵实际，年内，中队严格落实好教育，针对新兵第二适应期特点规律，中队组织队史、内部关系、条令法规、职责使命等教育；针对春节、“两会”、三月重点时期，开展战备教育，使教育内容做到重点突出、全面兼顾，有效确保官兵思想稳定。教育过程中坚持深入浅出，把道理讲透、讲实、讲的通俗易懂，能够进入官兵脑子，落实到官兵行动中。坚持把预防犯罪工作和法纪教育作为一个重点，充分发挥目标单位的优势，组织官兵到波密县二监狱参观学习，组织观看警示教育片和法纪案例丛书，使官兵思想上做到引以为戒，警钟长鸣。

一人一事思想工作有力。中队每月对官兵思想情况进行一次分析，落实谈心和“零报告”制度，同时重视思想、心理骨干队伍的培养，利用骨干培训、边干边教的方法提高思想心理骨干队伍能力；开展心理教育和心理行为训练。新兵下连后，中队干部骨干及时与所属战士逐一谈心，并汇总情况，全面掌握新兵的思想动态；当战士发生思想波动时，能及时发现并深入做好思想工作和跟踪问效，保证人员思想稳定。列兵黄某下连后思想极度不稳，中队及时了解到情况向支队报告，成立帮扶小组指定专人负责做其思想工作，通过支队、中队和亲属的共同努力，终于将他的偏激思想扭转过来，防止私自离队的发生。新兵齐某因腿部疼痛训练跟不上出现思想压力大的问题，中队及时进行谈心疏导并安排到驻地医院进行治疗。

警营文化生活内容丰富。年内，中队引导官兵积极关注国际国内重大热点时事，搞好讨论辅导，使官兵在思考、讨论、辨析中增长智慧，在潜移默化中坚定信念，新兵下连后，及时组织新兵外出购物、开展新老兵篮球赛、“迎新兵”茶话会、集体生日等；结合教育落实好“三个半小时”，让战士了解国内外形势，拓展视野；更新图书室杂志书籍，引导官兵多读书、读好书、善读书，丰富内在修养；2017年，在网上投稿150余篇，出板报6期，并完成“强军风采”的征稿。

【大抓训练】 任务牵引强能力。年内，中队严抓训练的决心意图，坚持班每周、中队每月召开议训会议，分析训练中存在的问题和矛盾，着力解决制约训练的“瓶颈”问题，注重从干部、士官入手，进一步加大军事训练力度，确保中队训练的整体发展。中队根据实际，聚焦能打仗、打胜仗，研究制定相关措施，激发官兵训练热情。

坚持骨干培训。年初，针对中队教员队伍组训能力弱的实际情况，结合新兵下队及时组织班长竞争上岗，以支队军事教练员培训和勤训轮换为契机，采取中队排长带班长、班长带老兵、老兵带新兵的模式不断提高各类人员的组训能力，利用业余时间对班长进行培训，以士官长制度推进为契机，大力加强士官能力素质建设，从源头上解决“教头”的问题。

严格按纲施训。认真学习研究总部军事训练“八落实”规范，对照相关内容明确教练员分工，建立单位、个人训练档案，训练秩序进一步正规。在训练内容上，突出哨兵反袭击、摔擒、应用擒敌等科日，适时组织班长骨干研究训法，按照实战要求严抓细扣，不断增强单个哨兵应急处置的能力。在五公里、木马、器械、400百米障碍等训练中，要求所有干部、士官一同参训，重点抓好后勤“五大员”，坚持同部队一起出早操，上下午各一个小时进行军事动作训练。

突出氛围营造。中队每周开展军事会操、每月开展军事考核，开设军事训练“光荣榜”，大力宣扬训练标兵和优秀教员典型，对军事训练突出、参加各类军事比武取得优异成绩的个人优先考虑入党、留队、集训，营造“训练有为、训练有乐、训练有功”的浓厚氛围。始终把军事训练摆在突出位置，树立“训练有为、训练有功、训练有位”风向标，严格落实训练计划、会操、考核等制度，按照“训一个科目、考一个科目、达标一个科目”的要求，扎实抓好新《大纲》明确的各类军事体育项目，全体官兵遂行多样化任务能力得到明显提升。

【安全根基】 抓人员管理防止行为失控。年内，中队重点抓好八小时以外和在外人员的管理，严格对零散人员进行管控，有效发挥管理监督机制，确保人员不失控。扎实做好新兵“第二适应期”教育管理工作，结合每月按纲建队形式分析，认真研究新兵现实思想，查找问题，分析原因，制定措施，明确责任；严格遵守带兵纪律20条，用好“双四一”“三互”等活动载体，确保新兵安心服役。

抓预防提高安全系数。深入学习贯彻《安全大检查工作方案》，认真开展四反和保密教育，扎实做好信息安全保密工作，定期对存储介质、办公电脑、文件资料进行检查，每晚移动存储介质和文件入柜上锁，防止失泄密问题发生。

抓隐患治理堵住安全漏洞。以安全大检查活动和百日安全竞赛为契机，围绕“六个方面”内容，结合中队实际，逐一对照检查整治，共发现安全问题13处，指定责任人限期整改，截至年底，已整改完毕。

彻底肃清涉郭徐流毒影响。中队坚持“迅速、全面、彻底”的原则，组织专人进行逐个场地清、逐本书查、逐台电脑查、逐个移动存储介质过，共清查清理出涉郭徐文电档案83条、历史资料13本、教材资料30本、图书报刊9本、光盘20张，确保部队政治环境风清气正。对照军委纪委列举的基层风气70个问题清单逐项抓好整改，下大力纠治官兵身边“微腐败”，确保中队风清气正。教育引导全体官兵紧盯“八个关键环节”，确保安全稳定。

【后勤保障】 落实正规化管理规定。年内，中队按照《基层正规化管理规定》和上级一系列指示要求，重点对各类库室设置、内务摆放都重新统一和规范，进一步正规秩序。落实每月爱装日和每周五的装备保养日制度，对装备进行清点、维护、检修、晾晒，使装备保持良好状态；完善基础设施建设。为解决官兵饮水难的问题，中队多次与波密县政府协调，成功从扎木镇引进自来水；购置2台热水器，解决官兵洗漱无热水问题；针对库室线路老化，及时协调专人进行线路改造；落实手机管理规定。按照《武警部队手机和互联网使用管理办法》，周末、节假日和课外活动时间按时收发手机，丰富官兵业余文化生活。同时，中队及时健全手机领交登记表，组织专人专柜进行管理，有效杜绝战士私用手机现象；做好营区绿化工作。发动官兵自己动手，对果树进行浇水、施肥和修剪，院内核桃、梨、苹果纷纷成熟、挂满枝头，官兵在训练之余都能吃上自种水果，进一步营造拴心留人的环境。

（罗凯伦）

【领导名录】

中 队 长 扎西罗布（藏族，6月离任）
　　　　 鲁 金 宝（6月任职）
政治指导员 张 唐 广（6月离任）
　　　　 张 　 鹏（6月任职）

法 治

中共波密县委政法委员会（综治办）

【概况】 年内，在县委、县政府的正确领导和上级政法部门的精心指导下，在相关部门的大力支持和密切配合下，团结带领政法系统各部门班子成员和全县政法干警，认真贯彻落实中共十八大、十八届三中、四中、五中、六中全会以及十九次全国代表大会精神，坚持标本兼治、综合治理、惩防并举、注重预防，严格落实党风廉政建设责任制，有效推进惩防体系建设，切实加强机关党风廉政建设，大力加强波密县政法队伍正规建设和各项业务工作，紧紧围绕“大平安”这一主线，强化顶层设计、注重统筹规划，扎实落实各项综治维稳工作措施，着力强化“一二三四”综治维稳工作目标推进，取得良好成效，2017年，荣获全国平安建设最高褒奖“长安杯”称号。波密县委政法委员会是副县级行政机关，2017年，共有行政编制11名，实有工作人员13名，其中有正科级实职2名，正科级虚职1名，副科级虚职1名。

【维护稳定工作】 2017年，波密县先后召开维稳工作会议22场次、治安形势分析会议2次，五部委联席会议2次，政法委联席会议3次，综治工作会议2次；调整充实维稳指挥部和维稳工作领导小组，制定各项维稳工作预案，在对全年维稳工作进行总体方案部署的基础上，分阶段、分部门、分环节的进行细化部署，做到“组织领导、安排部署、具体措施、维稳力量”四到位；认真落实值班备勤工作，坚持24小时值班带班制度，保障人员通讯畅通，做到政令畅通、上情下达、下情上知；严格落实用户实名登记，不断提升网络监控、侦控、封堵水平，全面清理手机软件下载网站，进一步加强微信的侦控措施，从严、从快处置恶意炒作、传播谣言、煽动闹事等行为；针对全县党政军警机关、公共活动场所、人员密集场所、油库等23个重点部位，实行分片包干责任制，由机关干部和公安武警专业力量共同担负安全保卫任务；玉普检查站、通麦警务站充分发挥防护网作用，严格检查过往车辆及人员，切实将各类风险隐患消除在外围；加强社会面巡逻防范力度，在县城、国道沿线加强武装巡逻密度，适时开展军警民武装巡逻和应急处突演练。2017年，共开展应急处突演练4次，军警民武装拉练2次，出动民警、官兵及群众368人次，车辆60台。

【社会治安综合治理】 全面落实矛盾纠纷排查各项任务。2017年，共开展矛盾纠纷排查工作1667次，成功化解矛盾纠纷15类118起，化解率成功率100%，全面推进与洛隆县、八宿县、边坝县联防联调组织建设，有效预防边界地区纠纷滋生蔓延，促进边界地区经济、文化交流和居民和睦相处。

“三个签状”确保综治责任有落实。县、乡、村层层签订三级《社会治安综合治理目标责任书》，签订率达到100%，形成综治工作横向到边、纵向到底、责任到人、齐抓共管的工作格局。

城乡网格化管理全面推进。在城乡网格化建设中，波密县按照“1+4+X”的力量配置和“一格多员、一员多能、一岗多责”的要求，实行“双联户”与网格化衔接共建，共划分大网格11个，中网格92个，小网格865个，共选配网格长968名。

综治基层基础不断夯实。波密县统一规范10个乡镇“四室一厅”、85个村（居）和6个警务站综治（平安建设）工作中心，配齐配强各乡镇综治专干32名，规范各类工作台账。

加强重点地区排查整治，社会治安面貌明显改善。实行部门配合，条块联动，细化分工，做到牵头单位、责任单位、整改方案、整改时限“四到位”，解决一些影响社会和谐稳定的源头性、根本性问题，切实实现“整治一点，带动一片”的效果。2017年，共开展排查工作139次，整治社会治安重点区域26处。

加强安全生产工作，有效消除各类安全隐患。2017年，全县各级各部门共开展消防、道路交通、工程建设等领域安全大检查280次，检查企业、生产经营单位、施工单位、景区等828家次，整治隐患突出问题657处；共开展道路交通违章整治24次，查处违法行为20起，依法查扣车辆47台，罚没款33余万元；共开展食品药品安全大检查814家次，共出动执法人员253人次，现场指导整改17家，下达责令整改通知书152份，实施行政处罚2起，查处率100%，立案查处违法案件2起，结案2起，当场行政处罚9家；共没收违法违规食品、“三无”化妆品等共货值1.8万元，罚款59000元。

不断深化立体化社会治安防控体系建设。全县共设立警务站8个，检查站1个，基层法庭8个，司法所3个，使防控网格触角不断向国道、农牧区等多方延伸，共设立217个视频监控点位，实现重点场所、重点目标、重点卡口、关键部位的全覆盖。

综治宣传工作。2017年，深入10个乡镇，85个村居，共开展各类法治宣传活动240场次，展出宣传广告牌10个，散发宣传单2.1万份、书籍3000余本、宣传画1600余张、计生药品800多份，接受各种咨询105人次，直接受教育群众达1.7万人次，确保综治工作深入人心，各族干部群众广泛参与。

平安创建工作。2017年，全县共评选出县级平安乡镇10个、平安单位55家、平安学校14个、平安村庄84个、平安寺庙19座、创建率均为100%，评选平安家庭7811户，创建率为95%，同比增长2个百分点。创建平安小区1个、景区2个、酒店7家、文化市场3家，卫生院5家、诊所2家；创建市级平安乡镇5个、村（居）23个、单位10家、寺庙3座、校园2所、医院1家、企业1家、景区1个、家庭30户。

【“先进双联户”创建活动】 2017年，全县联户单位共组织开展矛盾纠纷排查活动1478次，排查化解纠纷70起，开展各类安全隐患排查986次，发现整改各类安全隐患49起；共组织开展治安巡逻2368次，10630人次参与；组织开展弱势群体帮扶435次，帮扶1101户，慰问弱势群体6次27人，发放慰问金176500元（含实物折合），开展困难群众帮扶683次，帮扶788户，946人；组织开展卫生死角治理323次，治理卫生死角269处；邻里义务投工投劳652次，1304人次参与，组织开展文艺演出和文化活动28场次，298人次参与，开展法制讲座84场次，420人次参与；2017年，共有11人符合“先进双联户”创建活动的学生享受加分政策。

【法治化水平】 2017年，波密公安机关深化执法规范化建设，不断完善受案立案制度，共受理刑事案件25起，同比下降40%，破获20起，未破5起，破案率79%，共抓获犯罪嫌疑人30人，起诉8人，逮捕10人，取保候审5人，移交4人，刑拘3人；共受理立案治安案件43起，查处43起，查处率100%，共查处涉案人120人；法院共受理各类案件100件，审、执结77件，综合结案率77%，审限内结案率100%；检察机关共受理公安机关提请批准逮捕案件17件28人，均作出逮捕决定；受理移送审查起诉案件9件13人，经审查向人民法院提起公诉案件10件22人，经审查均作起诉决定，正在审查3件6人，提起公诉案件均作出有罪判决；司法机关累计接收安置帮教人员105人，其中刑满释放60人，解除矫正45人，安置帮教率达100%；各级人民调解委员会共调解各类矛盾纠纷44起，化解44起，化解成功率为100%；共办理法律援助案件104件。森林公安机关共查处森林案件33起，共计罚款64860元；查处治安案件11起，13人；受理刑事案件12起，27人；共办理入林证2000份，补植复绿云杉、高山松等珍稀植被420株。

（边巴参拉）

【领导名录】

县委常委、政法委书记、公安局局长

旺　　青（藏族，8月离任）

阿旺朗加（藏族，9月任职）

政法委副书记

拉　　桑（藏族）

综治办主任　扎西多吉（藏族）

波密县公安局

【概况】 波密县公安局建于1960年，编制86人，2017年，全局有县级干部2名，正科级干部11名，副科级干部32名。

波密县公安局下设11个内设机构，分别为：办公室（政工人事科、“110”指挥中心），国内安全保卫大队，刑事侦查大队（经济犯罪侦查大队），交通管理大队，治安管理大队（爆炸物品监管大队），网络安全保卫大队，看守所（拘留所），出入境管理大队，特警大队，法制室（警务督查大队），警务保障室。内设机构中特警大队为正科级建制，其余10个内设机构均为副科级建制。

10个乡镇派出所分别为公安局县城派出所、古乡派出所、易贡乡派出所、八盖乡派出所、多吉乡出所、康玉乡派出所、玉许乡派出所、倾多乡派出所、松宗乡派出所、玉普乡派出所。均为正科级建制，实行双重管理体制，以县公安局管理为主。

8个便民警务站分别为通麦便民警务站、易贡茶场便民警务站、老油库便民警务站、城西便民警务站、扎墨路便民警务站、德庆路便民警务站、广场便民警务站、梅州路便民警务站。其中，易贡茶场便民警务站、通麦便民警务站由易贡派出所管理，其余6个便民警务站由县城派出所管理。

1个一级公安检查站为林芝市波密县一级公安检查站。属于副处级建制，由县公安局管理。

【工作重心】 2017年，县公安局在自治区、市、县三级党委政府和公安厅、市公安局党委的坚强领导下，在局党委的精诚团结、科学指挥下，在全局民警、协辅警的共同努力和艰辛付出下，紧紧围绕县委、县政府的工作目标，按照年初确定的工作思路，突出春节、“两会”、三月重要时期、国庆节、十九大等节点安保工作重心，深入开展“四项建设”和“两学一做”主题实践活动，深入推进矛盾纠纷化解、公正廉洁执法等工作，全面加强和谐警民关系、公安信息化和执法规范化建设，为推动波密县经济社会的健康发展，确保人民群众安居乐业做了大量卓有成效的工作，获得全国综治最高奖项“长安杯”。

【护城河工作】 年内，县公安局充分发挥玉普一级公安检查站“护城河”防范作用，强化检查站过滤网职能作用，落实“五必查”要求，检查过往车辆18.5万台次，过往人员80.1万人次，物品68.5万件。核查管控人员490余人次，抓获网上在逃人员5人，查控“三无”人员20余人，查获罂粟果实152粒，查获赌具2套，查获弹弓枪1支，钢珠456粒。查获管制刀具120余把，查获散装成品油480余公升以及其他各类危险物品若干。

【打击犯罪】 年内，县公安局严厉打击各类刑事犯罪，全年开展“三打击一整治”等各类专项整治行动9个，深入整治“黑拐枪”“黄赌毒”“食药环”等治安顽疾，切实提升群众安全感。共立各类刑事犯罪案件30起，同比下降30%，抓获犯罪嫌疑人39人。特别是成功侦破2016年11月波密县嘎瓦龙寺庙失窃案，追回全部被盗现金和物品，抓获犯罪嫌疑人4人，有力地维护广大信教群众合法权益和促进寺庙宗教领域稳定。严打毒品犯罪，侦破涉毒案件3起。成功侦破2016年“3·26”运输毒品案，该案系县公安局成立以来最大的一桩运输毒品案，查获冰毒248克（毛重）、麻古11.87克（毛重）。强化治安案件查处，受理治安案件57起，查处57起，查处违法人员120人，收缴赌资0.239万元，罚款4.23万元。严查各类交通违法，查处道路交通违法行为3818起，制作简易程序案卷3818件，共处罚款36余万元。

【交通管理】 10月12—25日，按照市委部署要求，县公安局研究部署波密县道路交通安全巡查整治工作方案，成立由11个县级领导带队的11个巡查小组，每个小组由挂点乡镇领导、乡镇党委书记、公安局责任领导、派出所责任领导、责任民警、政法干警7人、两辆车组成。此次巡查整治共安排县级领导11名、巡查整治人员62名。为规范全市农村道路交通安全检查劝导站建设工作，夯实农村道路交通安全基础，维护农村道路交通安全形势稳定，积极落实辖区乡镇“两站两员”建设工作。全年共计排查整治路面安全隐患100余处，安装警示标识162处，全年发生一般以下轻微道路交通事故53起，无较大以上交通事故。

【消防检查】 健全火灾隐患常态化排查治理和重大隐患分级治理机制，2017年，检查各类消防安全重点场所944家，发现并督促整改火灾隐患及违法行为636处，建立微型消防站16个。

【户政管理】 年内，县公安局加强“放管服”宣传，积极为群众办理户口补漏补登、核对、变更等手续及二代身份证制证工作，纠正纠错97处；办理出生入户839人；补登、补漏232人；重户注销20人；办理死亡注销341人；办理户籍迁移357人；制证3514张。

【盾纠纷排查化解】 年内，县公安局紧紧扭住矛盾纠纷“排查、化解、防范”三个关键，排查劳务、边界、经济等各类矛盾纠纷208起。

【四项建设】 年内，县公安局以“四项建设”为目标，以群众满意为导向，以解决执法突出问题为切入点，以提高执法主体素质、完善执法制度体系、加强执法监督管理、深化执法公开为重点，深入推进执法规范化建设。深化警务实战化建设，建立快速反应联动机制。全年解决各类实战训练经费30余万元，积极开展各种培训和模拟实战演练，加强与广东对口援藏公安机关沟通衔接，组织民警前往内地跟班交流学习培训，邀请内地教官前往县公安局开展送教上门培训，有效提升民警实战能力、快速反应能力。

【深化民生警务】 年内，县公安局部署开展“走基层，察民情，解民忧，创满意”走访活动。工作中，坚持局领导带头，发动全警人人走访，采取多种有效形式深入基层，摸清人民群众对公安工作的需求、意见和建议，把民意诉求转化为公安决策的依据，从人民群众关心的小事做起，办好“小案件”、调节“小纠纷”、消除“小隐患”、化解“小信访”、解决“小难题”，努力把工作做到群众的心坎上，赢得群众的支持和满意。同时，积极走访辖区困难户、孤寡老人、离退休干部、重点人员并送去慰问品，收到良好社会效果。

【公安队伍建设】 年内，县公安局加强基层党支部建设，完成全局党支部党员活动室建设，并在扎木派出所和波茂广场便民警务站设立示范点；坚持政治建警不放松。波密县公安局坚持把政治思想教育置于队伍建设的首位。把深入学习贯彻十八大和十八届四中全会精神贯穿于2017年各项公安工作，全体党员民警积极主动深入学习，做到有讨论、有笔记、有记录、有体会，切实做到规定动作不走样，自选动作有创新。先后开展“四项建设动员会”“三严三实专题教育活动推进会”“三严三实专题教育座谈会”“三严三室教育党课”“党员干部理论专题学习会”“纪律作风整顿”“人民公安为人民”等教育学习会议，进一步深化人民警察核心价值观教育，积极引导民警树立正确的世界观、人生观、价值观，以及大局意识、荣誉意识和执法为民意识。

坚持从严治警不放松。波密县公安局局党委多次召开局党委会议进行研究部署，专门制定实施方案，集中开展整顿。针对少数民警在办案过程中出现的随意执法、态度恶劣等突出问题，局党委迅速开展不正当执法清查活动，自查自纠，采取警示教育等措施，切实提高执法工作中的突出问题，提高公安机关执法公信力。

坚持从优待警不放松。波密县公安局认真落实从优待警各项措施，为275名民辅警交纳人身意外保险，组织全体民警为英烈基金会进行捐款，局党委班子成员带队分别深入困难党员、离退休干部、干警遗孀、患病民警、烈士遗属家中进行慰问，同时，县公安局党委还报请县委、县政府和组织人事部门，积极协调、沟通、研究解决民警的职级待遇问题。

【基层基础建设】 年内，县公安局投资64万元建设乡镇派出所视频会议系统；投资20万元对乡镇派出所100兆四级网进行扩容改造；对10个基层乡镇派出所和1个中心执法办案场所进行改造，除易贡派出所外，全部执法办案场所已全部建成投入使用；自筹资金90余万元为基层一线实战部门配齐单警装备、执法记录仪、应急处突装备等装备设备；争取184万元对10个乡镇派出所维修维护和伙房建设；争取50万元购置办公设施设备；投入55万元将特警大队建设成县级民警培训基地；县级车辆管理所正在建设中，投入使用后可就近服务波密、察隅、墨脱三县驾驶员群众。

【动态治安管控】 2017年，波密县继续加快科技强警战略步伐，深入推进“天网工程”建设，逐步扩大视频监控网络覆盖范围，积极争取县政府投资90万元在县城重点部位、重点单位、主要干道、居民小区等部位安装高清卡口系统和监控摄像头126个，努力实现对动态社会的全天候、全方位、无缝隙、立体化防控。同时，公安局切实整合优化警务资源，创新巡控模式，组织各便民警务站、特警、交警、辖区双联户户长科学合理划分巡区，变单一巡逻为人巡、车巡、警民联巡与视频监控于一体的综合巡逻，加强对党政机关、重点目标、要害部位、校园周边和城乡社区的巡逻。同时，针对年初、夏季和年终等不同时期的治安特点，不间断的组织各警种开展社会面治安防控集中统一行动，对各类侵财性案件进行有效打击和防控。有效遏制各类刑事、治安案件的发生。

（袁霄龙）

【领导名录】

县委常委、政法委书记、公安局党委书记、局长、督察长

旺　青（藏族，8月离任）

阿旺朗加（藏族，8月任职）

公安局党委副书记、政委

刘　斌

党委委员、副局长

向　巴（藏族）

晋　美（藏族）

马　辉

党委委员、玉普一级公安检查站站长

王炳旺

党委委员、警务保障室主任

李仕强

特警大队大队长

江永加措（藏族）

扎木派出所所长

永　彩（藏族）

多吉乡派出所所长

刘金明

玉许乡派出所所长

桑旦加措（藏族）

古乡派出所所长

黄 炳 勇

德庆路便民警务站主任科员

索朗次仁（藏族）

多吉乡派出所副所长

普布泽仁（藏族）

办公室主任

王　珂（女）

玉许乡派出所副所长

昂旺罗布（藏族）

出入境管理大队大队长

程 潇 君（女，藏族）

国保大队大队长

云　旦（藏族）

玉普乡派出所副所长

何　伟

治安大队大队长

金 庆 海

法制（督察）大队大队长

扎　巴（藏族）

看守（拘留）所所长

巴桑罗布（藏族）

特警大队副教导员

阿旺达吉（藏族）

易贡乡派出所副所长

张 杨 波

八盖乡派出所副所长

张　辉

康玉乡派出所副所长

多　吉（藏族）

古乡派出所副所长

达瓦拉姆（女，藏族）

松宗镇派出所副所长

陈　鹏

倾多镇派出所副所长

贡确次仁（藏族）

晋　美（藏族）

交警大队大队长

多吉次仁（藏族）

玉普一级公安检查站副站长

拉巴次仁（藏族）

黄　波

波密县人民检察院

【概况】 年内，波密县人民检察院认真贯彻中共十八大、十九大精神，在县委和林芝市人民检察院的坚强领导下，在人大及其常委会有力监督下，在政府的支持和政协的民主监督及社会各界关心帮助下，紧紧围绕全县工作大局，积极探索“五大检察”特色实践，忠诚履职、服务人民、务实担当、强化监督、严明纪律，为波密经济发展、社会和谐稳定提供有力的司法保障。

2017年，波密县人民检察院编制为26名，实有干警26名，其中工勤人员1名。院党组成员5名，其中检察长1名，副检察长2名，检委会专委2名，领导人员配备齐全。男性干警20名，女性干警6名；藏族11名，汉族15名；党员23名，其中正式党员19名，预备党员4名。除1名工人是初中文化程度以外，其他25名干警都是大专以上学历，其中专科4名，本科19名，研究生2名。

全院具有法律职业资格的干警15名，其中自治区人民检察院直接任命4名，参加国家司法考试取得法律职业资格的11名，其中取得A证2名，C证4名，C证（特殊管理）4名，C证（定向特殊管理）1名，均为本科及以上学历。不具有法律从业资格的干警11名，其中司法警察3名，工勤人员1名。波密县人民检察院内设科、室、局共10个，并设有党组、党支部、检察委员会，组织机构较为健全。

【严格案件审查、强化捕诉职能】 2017年，波密县人民检察院共受理公安机关提请批准逮捕案件18件26人，经审查，作出批准逮捕决定16件23人，不批准逮捕2件3人。受理立案监督案件2件5人。

全年共受理侦查机关移动审查起诉案件28件

50人，其中作出不起诉决定1件1人，经审查，向波密县人民法院提起公诉19件34人，均作有罪判决，起诉准确率100%。针对办案中发现的问题，发出检察建议2份，发出纠正违法通知书2份，均得到回复。

【发挥品牌引领作用】 2017年，按照自治区人民检察院、林芝市人民检察院品牌创建工作要求，波密县人民检察院及时成立以维护农民工合法权益为主旨的“安心务工，有检同行”品牌创建工作领导小组，制定《波密县人民检察院一院一品牌创建工作实施方案》，将确保农民工按时足额拿到劳动报酬，进一步促进波密社会稳定放在工作首位。并联合县人社局开展“暖春”行动，深入乡镇、社区和各大工地进行农民工维权法治宣传，并利用“两微一端”（微博、微信及新闻客户端）、手机报等新媒体广泛宣传相关法律知识，并在县人社局设立“检察维权服务点”，为农民工开通法援“绿色通道”，现场为农民工追薪维权提供法律援助。此外，县检察院还联合县人社局签订《拒不支付劳动报酬犯罪案件办理联席会议制度》，多方用力，形成合力，为解决好农民工工资问题，维护好群众的切身利益，维护好波密社会稳定大局做出积极的贡献。

【司法体制改革与监察体制改革】 2017年，波密县人民检察院以习近平新时代中国特色社会主义思想为指导，努力建设中国特色社会主义检察制度，坚决贯彻中央和自治区党委、高检院、区检院、市检院关于司法体制改革和国家监察体制改革工作部署，全面落实司法体制改革4项任务，完善配套制度32项，完成国家监察体制改革检察环节工作。

建立检察人员分类管理制度。将检察人员分类为入额检察官、检察官助理、司法行政人员三类，建立分类培训、单独职务序列管理、职业保障等配套制度。县检察院严格遴选入额检察官9人（其中1人已调走），检察官助理10人，司法行政人员4人，司法警察3人。制定检察人员绩效考核办法，认真做好各类人员的考核工作，抓紧落实按照增资标准核定兑现绩效考核资金等政策，确保改革红利惠及广大检察干警。

认真领会党中央、区党委和上级院决策部署，积极配合做好试点工作，平稳实现反贪等部门6个编制，1名人员转隶，认真落实“清积净手”要求，积案清理和线索移交工作已按时完成。坚持思想政治工作贯彻始终，班子成员带头，将政策解读、答疑解惑、理顺情绪的工作做实做细做到位，确保转隶工作平稳有序开展。

【创先争优强基惠民活动】 2017年，波密县人民检察院坚决贯彻落实自治区党委、市委和县委强基础惠民生工作的决策部署，共派出两队6人开展驻倾多镇热西村、古乡雪瓦卡村两驻村点的驻村工作。波密县人民检察院第六批驻村工作队密切联系热西村、雪瓦卡村的实际，对人民群众进行面对面服务，真正做到为人民群众办实事解难事。在维护驻村社会稳定中，进行感党恩教育、新旧西藏对比教育、反分裂斗争教育和法治宣传教育等活动，取得良好的社会效果。通过一年的努力，热西、雪瓦卡村的凝聚力和战斗力进一步提高，村容村貌也有加大改善，各项工作进一步提高，驻村工作成绩显著。2017年，波密县人民检察院驻古乡雪瓦卡村驻村工作队队员扎西次仁荣获林芝市级先进个人。

【职务犯罪预防工作】 2017年，波密县人民检察院通过制作横幅，宣传材料等方式加强预防职务犯罪工作。前往倾多镇开展预防职务犯罪专题讲座，进一步宣讲预防职务犯罪相关法律法规；与县城市投资有限公司沟通协调，签订预防职务犯罪联系制度。

【森林资源保护专项活动法制宣传】 年内，由波密县人民检察院牵头，联合波密县林业局、森林公安局、波密县司法局分批次对波密县各乡镇，特别是林下资源颇为丰富的倾多镇等地进行森林资源保护专项活动法制宣传。同时，每季度对林业检查站进行例行检查，并对检查站人员进行森林防火等当面法治宣传教育。法治宣传采取藏汉双语座谈授课的模式，用通俗易懂的语言向各乡镇两委班子、驻村工作队、护林员讲解森林资源保护法律法规，宣传森林资源保护的重要性和涉林违法行为的刑事立案标准，要求各村两委班子与驻村工作队及时组织村民学习法治宣传内容，将法治宣传深入到每一位农牧民心中。

【打击整治破坏森林资源工作】 波密县人民检察院加强同林业主管部门的协调配合，加大对涉林案件的查处力度，多次参与县委、县政府组织的林业严打工作，依法稳妥办理一批涉林刑事案件。全年，波密县人民检察院共受理森林公安机关提请批准逮捕涉林刑事案件2件4人，均作出批准逮捕决定；受理森林公安机关移送审查起诉涉林刑事案件11件24人；其中正在审查4件8人，向波密县人民法院提起公诉7件16人，均作有罪判决。

【刑罚执行和监管活动】 2017年，波密县人民检察院针对1起超期羁押情况，向相关办案单位发出纠正违法通知书1份；针对2起社区矫正人员重新犯罪，向相关部门发出检察建议书1份；将社区矫正人员资料进行归档管理，一人一档，建立社区矫正人员信息库，并将信息整理录入电子信息库；重大节日协同相关部门对县拘留所进行联合安全大检查5次。及时消除安全隐患，确保监管场所的安全稳定。

【促进检察工作科学发展】 2017年，波密县检察院共编发《检察工作简报》131期，《检察工作月报》12期，其中简报信息被自治区检察院转发6期、被林芝市人民检察院采纳20余期。向上级院及波密县各单位报送统计类报表80余份，各类文字材料700余份，调研报告12篇，典型案例3篇，理论文章15篇，其中理论文章4篇分别发表于《西藏检察》2017年第1期、第3期。通过手机报、“两微一端”等平台，宣传与群众息息相关的各项法律法规，让群众深入了解检察职能。抓好经费及后勤装备、保密、档案管理等工作，积极为检察干警和各项检察业务提供优良的服务保障。在后勤保障工作中深入学习习近平总书记关于例行勤俭节约反对铺张浪费重要批示，严格执行“八项规定”，例行节约树新风，大力加强节约型机关建设。

（朱小聪）

【领导名录】

党组书记、检察长

胡　波

党组副书记、副检察长

扎西平措（藏族）

党组成员、副检察长

周荣波

党组成员、反渎局局长

陈秀珍（女，藏族）

党组成员、公诉科科长

拉巴顿珠（藏族）

刑事执行检察局局长

江玟萱（女，8月离任）

侦查监督科科长

裴　璐（女）

林业检察科科长

龙浩瀚

办公室（检察委员会办公室、人民监督员办公室、计划财务装备科）主任（科长）

张　乐

派驻检察室主任

次仁占堆（藏族）

司法警察大队大队长

普次仁（藏族）

波密县人民法院

【概况】 年内，波密县人民法院（以下简称县人民法院）在县委坚强领导、人大有力监督、政府大力支持、政协民主监督、上级法院正确指导和社会各界关心帮助下，高举中国特色社会主义伟大旗帜，以毛泽东思想、邓小平理论、“三个代表”重要思想、科学发展观为指导，深入贯彻落实中共十八大和十八届三中、四中、五中、六中全会和十九大会议精神，贯彻落实习近平总书记系列重要讲话和中央第六次西藏工作座谈会精神、特别是“治国必治边、治边先稳藏”的重要思想，紧紧围绕习近平总书记提出的“坚持司法为民公正司法，努力让人民群众在每一个司法案件中都感受到公平正义”这一目标，忠实履行宪法和法律赋予的职责，自觉服务于新时期、新阶段波密工作大局，创造性地开展司法审判工作，各项工作取得进展，为波密经济平稳较快发展、社会和谐稳定做出积极努力。县人民法院属正科级审判机关，办公地址在波密县江北路2号。2017年，县人民法院共有10个内设机构和4个派出法庭，内设机构均为副科级建制。共有政法专项编制36名（含4个法庭编制12名）。截至年底，全院实有干警32人，公务员30人，工人2人。其中院领导职务有党组书记、院长1人，副院长2人，副科级以上干警共12人。民族结构为藏族19人，汉族9人，门巴族1人，珞巴族2人，白族1人。共有入额法官9人，专职司法警察5人。2017年，共受理各类案件127件（含2件司法救助案件），审执结117件，综合结案率92.13%。

【依法履行审判职责】 坚持惩罚犯罪与保障人权并重，充分发挥刑事审判职能。年内，县人民法院严格落实疑罪从无、非法证据排除等法律原则和制度，坚持罪刑法定和罪、责、刑相适应，认真落实宽严相济刑事政策，充分保护刑事被害人及其家属合法权益。波密县森林面积广，林业资源非常丰富，为维护波密县生态文明建设安全防线，给生态旅游业发展提供良好生态环境，通过严惩涉林犯罪，达到有力震慑破坏环境资源类犯罪的目的。2017年，共受理林业案件7件16人，有罪判决7件16人（其中判三年以上有期徒刑为10人，三年以下有期徒刑6人）。积极组织干警深入乡镇向广大农牧民群众宣传相关法律知识，进一步提高农牧民群众的法律意识，做到惩防结合，起到良好的效果。2017年，共受理刑事案件25件43人（其中旧存2件，新收23件），审结22件36人，结案率88%。所结案件中盗窃罪9件15人；拒不支付劳动报酬罪1件1人；贪污罪、挪用公款罪1件1人；妨害公务罪1件2人；非法收购运输滥伐、盗伐的林木罪4件4人；盗掘古文化遗址、古墓葬罪1件5人；盗伐林木罪1件4人；故意伤害罪3件3人；容留他人吸毒罪1件1人。

坚持服务民生与化解矛盾并重，充分发挥民事审判职能。着眼于构建和谐社会、坚持“调解优先、调判结合、案结事了”的原则，把化解各种社会矛盾纠纷、理顺和建立和谐的社会关系作为审判机关履行社会管理职责的有效途径。2017年，共受理各类民商事案件74件（其中旧存11件，新收63件），审结67件，结案率90.5%，已结案件中调解结案18件，撤诉结案13件，调撤率为46.3%。普通程序案件人民陪审员参审率达100%，通过社会的广泛参与，推进司法审判公开、透明、有序运行。

创新举措破解执行难题，充分发挥执行职能。进一步加大执行力度、形成长期执行高压态势，创新执行理念，化解民间纠纷。为切实解决执行过程中所突出反映的问题，将推行执行公开作为一项重点工作，公布执行法官的联系方式，方便当事人。积极组织干警参加最高人民法院举办的“执行大课堂”以及“执行业务系统”培训，提高干警法学理论和实践相结合的能力，加强对执行疑难案件问题的研判、解决，通过查控系统、限制高消费和失信被执行人系统，进一步压缩老赖的生存空间。积极响应上级法院号召，认真开展“雪域飓风”执行专项活动，加强与公安机关的联动协作，加强公、检、法合力打击拒执犯罪，成功审结全市第一起拒不支付劳动报酬犯罪案件，有力震慑拖欠工人工资这一社会广泛关注的热点违法行为，把好最后一道防线的最后一关，切实维护社会公平正义，真正保障当事人合法权益。2017年，共受理执行案件26件（其中旧存2件，新收24件），执结26件，执结率100%。无涉执信访案，公开失信人2件2人。

加强立案登记工作，为群众提供诉讼绿色通道。继续推行立案登记制度，做到有案必立、有诉必理。在立案接待环节，彰显司法人文关怀，实现“你有所呼，我有所应，你有所求，我有所为”服务承诺，以法院信息化为依托，大力推进网上立案工作。注重矛盾纠纷源头治理，强化诉前调解和立案调解工作，把一部分案件化解在诉前和诉初，最大限度地降低诉讼成本，减轻当事人的诉累。

有序推进司法警务工作，为审判提供有力的保障。司法警察大队严格按照上级法院的要求认真贯彻执行有关规定，强化警务管理，以服务审判为中心，充分发挥司法警察在法院安保等方面的积极作用，做到严肃执法、热情服务，保障审判工作顺利有序进行。全年司法警察大队共押解被告人42人次，值庭75次。在值庭过程中，无一起扰乱法庭秩序的事件发生。在看管被告人的过程中，无一人脱逃。

【司法为民公正司法】 深化司法公开，促进司法公正。年内，县人民法院继续加强审判流程公开、裁判文书公开和执行信息公开工作。2017年，共对符合公开条件的裁判文书27篇在法律文书网进行公开。充分发挥裁判文书宣传法律知识、规范公众行为、树立正确导向的功能，传递法治正能量，同时用公开促进法官提高自身业务素质和司法水平，树立法律权威。

完善司法救助机制，加大司法救助力度。依法为困难当事人进行司法救助，对确有困难的农牧民贫困户、低保户、失业人员等弱势群体依法减、免、缓征诉讼费用，让经济确有困难的当事人真正得到实惠，全年减、免、缓交诉讼费共计15324.44元。同时加大执行救助力度，对执行标的未到位和一些无可供执行财产、被执行人下落不明等难以执行到位的案件，执行人生活确有困难的，依法给予一定的执行救助，以解决申请执行人的现实困难，切实保障困难当事人的基本生活需求。2017年，共对符合条件的2名申请人发放执行救助金共计15000元。

主动接受各界监督，改进法院各项工作。坚持重大事项向县委、县委政法委报告制度，便于县委、县委政法委了解法院工作情况，有针对性地领导和监督法院工作。坚持向人大及其常委会报告工作、接受政协民主监督制度，加强与人大代表和政协委员的联络，及时办理回复人大代表意见建议，主动将法院工作置于人大、政协的监督之下。充分发挥人民陪审员职能。进一步完善人民陪审员选任、培训、参审等工作，确保每位人民陪审员每年都能参审一定数量的案件。2017年，人民陪审员共参审案件51件，普通程序案件参审率达100%。切实增强司法透明度，促进司法民主。

充分利用各种平台，加大法制宣传力度。通过开通波密县人民法院官方微信公众平台，不定期推送一些法院动态、法律常识。积极参加各类宣传日活动，开展集中法治宣传。充分利用车载流动法庭、乡镇人民法庭深入村、户的同时，开展以案普法等有针对性的普法宣传工作。通过这些措施强化宣传广度和深度，积极落实“谁执法、谁普法”的宣传责任，潜移默化地提高全县广大干部群众的法律素养。

【其他工作】 年内，县人民法院始终把队伍建设作为事关人民法院事业兴衰成败的根本性问题来抓，始终把政治建设置于队伍建设的首位，以更高的认识、更大的力度、更新的举措，建设一支符合人民期望的高素质队伍。认真贯彻中共十八大和十八届三中、四中、五中、六中全会和十九大精神，认真落实中央“八项规定”要求，以提高素质、改进工作作风为重点，建立符合司法改革特点的精英法官队伍、司法辅助和司法行政队伍，全面提升法院队伍素质和形象。

思想政治建设。认真落实每周学习制度，及时组织广大干警学习党的大政方针和新出台的法律法规、司法解释等，确保广大干警政治合格，业务过硬。坚持党组理论中心组学习制度，加强意识形态教育，强化理想信念教育，牢固树立正确的世界观、人生观和价值观。

开展各项活动。按照上级相关部门的要求，积极开展“社会主义核心价值观”活动、“创先争优强基础、惠民生”活动、“两学一做”学习教育常态化制度化和“四讲四爱”主题教育实践等活动，通过各项活动的开展提升队伍政治素质建设。

教育培训工作。坚持以提升队伍素质为核心，积极按照县委、上级法院的安排部署，组织干警参加各类培训。2017年，共组织干警参加自治区、市、县组织的各类培训45人次，全面提升法院干警的政治素质、业务素质和职业道德素质。

党风廉政建设。严格落实党风廉政“两个责任”和“一岗双责”。积极召开党风廉政建设和反腐败工作专题会，将党风廉政建设工作、反腐败工作和业务工作同安排、同部署、同检查、同落实，层层签订《党风廉政建设责任书》，层层传导压力，层层压实责任，做到“把纪律挺在前面”。组织干警认真学习习近平总书记系列讲话精神、《中国共产党纪律处分条例》《中国共产党党内监督条例》《中国共产党廉洁自律准则》《中国共产党问责条例》《关于新形势下党内政治生活的若干准则》和中共十九大报告等内容，观看廉政纪录片并撰写个人学习心得体会。

基础建设。结合办公实际需要，积极配备完善办公设备和业务装备。根据“十三五”项目规划，积极开展“十三五”项目工作，积极办理项目前置手续，投资1026万元新建2个乡镇法庭、改扩建1个乡镇法庭。

保密工作。加强组织领导，将保密工作纳入重要议事日程，制定完善保密措施，落实保密责任制，形成了由一把手负总责，分管领导各负其责，办公室组织协调的管理机制。管理、建立完善保密制度，通过加强秘密载体管理、档案保密管理、涉密计算机专人管理，进一步强化保密措施。

信息化建设。加强信息化建设，不断提高人民法院的现代化办公水平，增进资源共享，节约诉讼成本，方便群众诉讼，为改革法院管理制度提供有力的技术支持，从而有效地提升司法形象和司法权威。2017年，积极配合上级法院完成各类视频会议的联调工作，利用科技法庭开庭43次，协助远程开庭1次，通过视频会议系统远程开庭14次，借用中院科技法庭开庭3次，既节约了办案成本，又优化了司法资源配置。

稳步推进司法改革工作。积极完成司法责任制改革工作，院庭长对不参与审理的案件不再签发法律文书，只对法律文书质量、审判程序节点等做相对管理，真正做到让审判者裁判，让裁判者负责。同时积极推行院、庭长直接办案制，充分发挥领导干部办案经验丰富的优势，带动全院专业化水平的提高。积极协调相关部门基本完成工资制度改革和人员分类定岗。

（郭春梅）

【领导名录】

党组书记、院长

旺堆次仁（藏族）

党组成员、副院长

边巴次仁（藏族）

田　峰

党组成员、审判监督庭庭长

泽嘎拉姆（女，藏族）

波密县司法局（社区矫正大队）

【概况】 2017年，县司法局认真学习贯彻中共十九大精神，以依法治国与依法治藏理念统领司法行政工作，把维护社会稳定与发展作为第一要务，全面实施“七五”普法规划，对人民调解组织进行业务指导，稳步开展法律援助工作，加强特殊人群管理服务，开展社区矫正以及安置帮教工作的规范化与制度化建设，基础设施建设取得阶段性突破。县司法局属于正科级建制行政机关，2017年，共有编制13名，其中局机关编制3名，县法律援助中心编制2名，乡镇司法助理员编制8名，实有工作人员8名，其中5名女干部，5名藏族干部，1名门巴族干部。

【法治宣传教育】 2017年3月，县司法局起草

《关于在全县公民中开展法治宣传教育的第七个五年规划（2016—2020年）》，经县委办、政府办审核后，报县法制宣传领导小组批准，以通知形式发放至各县直单位和各乡镇。2017年10月，第七次县法治宣传教育工作会议召开，标志着波密县“七五”普法工作全面贯彻实施。

【特殊人群管理服务】 年内，县司法局着力抓好刑满释放解除矫正人员的衔接接收、教育帮扶、服务管理三项重点工作，强化措施，不断完善社区矫正各项工作机制，积极推进社区服刑人员信息管理科学化、规范化、系统化的进程，有效防止特殊人群重新违法犯罪，保障全县社会安全稳定。

为贯彻落实《西藏自治区综治委特专组〈关于刑满释放人员安置帮教工作领导小组和办公室及成员单位的职责分工〉的通知》，2017年1月，经县委、县政府批准，波密县刑满释放解除矫正安置帮教工作领导小组研究决定，明确界定波密县刑满释放解除矫正安置帮教工作领导小组及办公室与各成员单位的职责，通过职能部门分工，初步形成波密县安置帮教工作的联动机制。

2017年6月14日，县司法局接到自治区与林芝市转发的《关于进一步加强刑满释放人员救助管理意见》与《关于社会组织参与帮教刑满释放人员工作的意见》的通知，县安置帮教领导小组第一时间召开刑满释放安置帮教工作联席会议，对照两个意见内容，总结县刑释人员救助工作的经验与不足，部署实施两个意见确立的最低生活保障、特困救助、医疗救助、教育救助、住房救助、临时救助、就业扶持、社会保险等八项救助政策；会上，13家成员单位纷纷建言献策，承诺做好各项救助工作。

【社区矫正】 2017年，县社区矫正大队正式挂牌成立，县司法局局长兼任社区矫正大队队长。年初，社矫大队通过制订社区矫正工作制度细则，规范入矫、矫正、解矫整个社区矫正工作流程；通过制定个别化矫正方案，针对性地解决社矫对象的思想生活问题；落实“五对一”矫正管理方式，基本实现对社矫对象的属地矫正制度，对登记在册的社区矫正人员进行回访、教育，并与社区矫正人员所在地的村委会成员、双联户户长、社区矫正人员家属、司法助理员、派出所层层签订社区矫正监管责任书；进一步完善社区矫正人员档案，社矫大队工作人员通过补齐社矫对象档案，实现100%的建档率。

【矛盾纠纷化解】 年内，县司法局进一步健全人民调解网络建设，筑牢社会稳定“第一道防线”。按照“大调解、大化解”的理念，继续深入贯彻落实人民调解“六统一”制度，即人民调解委员会名称、人民调解委员会印章、固定调解场所标识、人民调解员徽章、调解工作程序、调解文书格式“六统一”。充分发挥人民调解在预防、排查和化解矛盾纠纷中的作用，在全县范围内建立以人民调解为基础，人民调解、司法调解和行政调解相互衔接、相互补充、有机结合的矛盾调处网络。同时积极拓展人民调解工作平台，各乡镇相继建立乡镇调解委员会。截至10月底，全县共建立各级各类人民调解委员会98个，共有人民调解员344人，初步构建横向到边、纵向到底、上下贯通、左右协调、多方参与的村、乡（镇）、县三级人民调解网络体系，使人民调解充分发挥解决矛盾纠纷的作用，在有力维护社会稳定的同时，也为广大人民群众节约诉讼成本，逐步成为群众乐于接受的矛盾纠纷处理方式。

【律师管理与律师工作】 2017年，第二批援藏志愿律师继续援助波密县，县司法局严格按照司法部《律师事务所管理办法》对律师进行管理，在司法局的管理与协助下，援藏律师圆满完成工作，全年为全县100多名困难群众提供法律援助。在完成工作之外，援藏律师不忘扶危济困奉献爱心，2017年3月初，援藏律师薛美林等在波密县开展以“帮扶济困，法援物援”为主题的援助活动，通过发动江苏淮安市律师协会的力量，为县司法局驻村点所在地易贡乡格通村困难群众捐赠价值5000元的物资，为贫困户送去慰问金500元。

援藏律师王春雷在援助波密过程中风清气正，拒收感谢费，塑造援藏律师的良好社会形象。

【基础工作】 2017年，县司法局业务用房建设任务全部完成，总投资95万元，建设面积327.9平方米，2017年初完成全部投资，4月竣工，12月正式投入使用，改善办公条件，便利法律服务职能的履行。

（罗日鹏）

【领导名录】

局长、党支部书记

义　盾（藏族）

副 局 长　央　青（女，藏族，3月任）

主任科员、党支部副书记

阿　姑（女，藏族）

玉普一级公安检查站

【概况】 年内，玉普一级公安检查站以习近平“治国必治边、治边先稳藏”重要指示精神为指导，以维护西藏政治局势稳定和社会安宁为己任，按照自治区、林芝市、波密县三级维稳指挥部的安排部署，在上级公安机关的领导指导下，圆满完成各时期、节点以及中共十九大、“两会”安保任务。

【主要工作】 2017年，玉普一级公安检查站立足工作岗位实际，认真开展各项学习教育活动，提高全体民辅警的政治觉悟、政治敏锐性和大局意识、责任意识，不断提高业务素质和工作效率，努力做到文明执勤、严格执法、热情服务，坚持“打防并举，预防为主”，认真落实检查站24小时查验登记和逢车必查、逢人必查、逢物必查、逢疑必查的“四必查”要求，及时发现、查堵犯罪分子、危安物品，竭力筑牢林芝市的东大门和环拉萨“护城河”“过滤网”的安全屏障，为波密县、林芝市及全区的稳定和发展做出积极的贡献，取得突出成绩。

【基础建设】 2017年，玉普一级公安检查站在林芝市委、市政府和县委、县政府的关心支持下，基础建设方面得到进一步的发展。林芝市政府投入20余万元用于检查站绿化项目；县政府投入2.6万元修建检车地沟；县公安局投入3万余元完成饮水管道改造，长期保障柴油发电机用油、电费、车辆用油和办公经费。

【主要成绩】 2017年，玉普一级公安检查站共检查登记过往车辆18.5余万台次，检查登记过往人员80.1余万人次，检查物品130余万件，查处纠正违反《中华人民共和国道路交通安全法》驾驶车辆120台次。抓获网上通缉在逃人员4名（拒不执行判决、裁定罪1人，车辆盗窃罪2人，非法开设赌场罪1人），查处非法携带罂粟果1人（罂粟果共152颗，重175.49克），查验吸食毒品人员2起3人，查获2套赌博工具，查获1支弹弓枪（有杀伤力，钢珠456颗），查获1箱烟花爆竹，收缴管制刀具1250把，散装油料等易燃易爆品480余公升及其他危安物品。年内，检查站未发生一起民辅警违纪违法案件，集体奖项和个人奖项多有所获。

【学习交流】 2017年，玉普一级公安检查站民辅警在公安局党委和检查站党支部的领导下，组织党员、青年认真开展“两学一做”学习教育活动、“四讲四爱”“四项建设”等教育实践活动，取得函授学历毕业证书2人。加强与昌都市然乌一级公安检查站，八宿县然乌镇派出所的联系，签订合作协议，工作上团结协作，相互帮助，相互支持。在特殊岗位上，结合自身工作实际，内强素质，外树形象，做到文明、规范执法，热情周到服务。

【便民服务】 公安检查站既是维护稳定重要阵地，也是公安机关的窗口单位，工作效率、服务水平代表公安机关和政府的形象。2017年，玉普一级公安检查站大力开展便民服务工作，开展结对认亲帮扶工作，为过往司乘人员提供开水、药品、旅游咨询、救助，救助徒步旅游受困人员3人，救助交通事故受伤人员6人，参与道路抢险疏通20余次。

（王炳旺）

【领导名录】

站　长　王炳旺

副站长　黄　波（2月任职）

副站长　拉巴次仁（藏族，3月任职）

波密监狱

【概况】2017年，在自治区司法厅、监狱管理局党委的坚强领导下，以中共十九大精神为引领，全面学习贯彻落实习近平总书记系列重要讲话精神，牢固树立“四个意识”，坚定“四个自信”深入扎实开展“两学一做”学习教育、“平安建设年”专项活动。以监狱监管安全为首要目标，紧紧围绕安全中心工作、服务安全工作大局，监狱党委班子齐心协力，团结和带领全狱民警职工讲政治、顾大局，上下一心、团结一致，不断开创监狱工作新局面，圆满完成厅局党委交付的各项工作任务。

【内部管理】年内，波密监狱坚持问题导向，补齐制度短板，积极从工作需要着手，开展“立、改、废”建立完善工作制度，提高管理水平；强化日常安全管理工作，明确民警岗位职责，明确监管责任、监管任务和监管目标，细化岗位工作标准，严格落实分级责任制和岗位责任制，层层签订安全目标责任书；坚持监狱领导每天下监区制度，经常性的对各监区制度落实、职责履行情况进行巡查，及时发现问题，及时纠正问题。

【重点罪犯管控】年内，波密监狱经常性对各监区重点人员管控工作情况进行检查，要求各监区对重点人员做到思想认识到位、组织领导到位、工作力度到位、防范措施到位，确保重点人员管控工作防患严密，措施有力，管控到位。

【“三违”物品管理】年内，波密监狱加强AB门和监区大门管理，对出入监区罪犯进行认真搜身检查，严格罪犯接见工作，加强物品检查和监听工作；采取与驻狱武警统一清查、监区自查、各监区交互查、定时不定时查、随机抽查等方式，经常性对罪犯“三大现场”开展“三违”物品专项清查工作，有效杜绝“三违”物品在监区内出现。

【卫生防疫】年内，波密监狱在狱内开展卫生防疫常识宣传教育，定期对罪犯监舍、物品和公共场所进行消毒，随季节、气温变化对防疫区域部位加强消毒工作；加强狱内食品管理工作，严格生活物资的采购、存放和加工管理，实行专门人员跟班作业监管，罪犯超市食品定期检查。严格执行食品留样制度，并做好保管检查工作，确保食品安全；强化罪犯卫生管理，要求罪犯定期洗澡、洗衣，做好个人卫生，值班民警每天进行检查；积极配合好司法警官医院到监狱进行巡诊工作。

【应急处突演练】年内，波密监狱为切实提高广大民警忧患意识、警惕意识，进一步检验监狱和武警部队应对狱内突发事件的处置能力，确保监管改造场所安全稳定，监狱每季度组织各监区开展消防安全、罪犯脱逃、自然灾害等一系列处突演练。

【强化规范管理】年内，波密监狱严格按照法律规定、司法解释和司法部监狱管理局规定，做好罪犯提请减刑和保外就医执法工作。认真履行收押手续，做到收监罪犯“三书一表”齐全，记载准确。罪犯出监前，认真填写罪犯出监鉴定表和刑满释放人员通知书，提前一个月寄往公安机关和安置帮教部门。刑释当天，发放刑释证明书和遣送路费，重点时段、重点人员落实“必接必送、无缝对接”工作制度，危安类罪犯由国安部门衔接，重点罪犯安排民警送回原籍。

【狱务公开】年内，波密监狱对罪犯改造表现实行计分考核，奖优罚劣，依法适用减刑、保外就医，严格减刑及保外就医的审批程序，做到严格程序、严格条件、严格把关，多次公开公示，多次征求意见。接受监狱内部监督、上级机关监督、检察机关监督，同时接受社会监督，聘请社会执法监督员，对监狱刑罚执法工作进行监督。继续推行《致服刑人员家属的一封信》制度，向罪犯家属及时公开罪犯近期改造情况，公开相关执法信息。

【罪犯教育】 年内，波密监狱认真践行“治本安全观”，实现从底线安全观向社会输出合格产品的“治本安全观”的转变，按照集中教育、分类教育、个别教育相结合的原则，做好罪犯文化补习、法律意识、政治历史、爱国主义等内容的教育。抓好罪犯入监行为定格、思想定位、认罪悔罪教育和出监信心勇气及就业指导教育。利用监狱生产条件及环境，做好罪犯基本实用技能教育。2017年，组织服刑人员开展专题教育覆盖率达100%，授课时间达到826课时，《服刑人员行为规范》达标率为100%，年文化教育课时达到500课时以上，考试合格率达到90%，29人参加成人自学考试并都取得不错的成绩，民警对所管罪犯谈话率达100%。

加强罪犯心理咨询及心理矫治工作。改善心理矫治设施条件，加大对心理矫治工作的培训，普及心理测试，逐步开展心理咨询和心理危机干预。在罪犯入监、分流、服刑中期和出监阶段进行心理评估，开展有针对性思想教育和心理矫治。现监狱干警取得三级心理咨询师资格9人，通过二级心理咨询师培训教育3人，全年心理教育授课达270课时。

【队伍建设】 抓思想，强班子，筑强核心领导力量。波密监狱始终坚持正确的政治路线、政治立场、政治方向、政治道路，牢固树立“四个意识”，坚定“四个自信”，以中共十九大精神为引领，扎实开展“两学一做”学习教育，不断加强党性修养。驰而不息纠正“四风”问题，增强遵守政治纪律和政治规矩的自觉性。以岗位为平台，职责为要求，围绕班子履职尽责的使命感和敢于担当的责任感，抓好班子职责落实。

加强思想教育和理论学习，促进队伍素质新提高。把干警身份意识教育纳入政治思想教育建设首要工作，将能力培养贯穿培训全过程，使“忠诚、为民、公正、廉洁”的核心价值观入脑入心，不断提升干警的履职能力。

（唐 弘 何 鹏）

【领导名录】

党委书记、政委

张明伟（11月离任）

任 辉（11月任职）

党委副书记、监狱长

杜 明（11月离任）

斯朗扎西（藏族，11月任职）

党委委员、纪委书记、副监狱长

扎西尼玛（藏族）

党委委员、副监狱长

杨华忠（藏族）

索朗旺堆（藏族）

经济管理

波密县发展和改革委员会（工信局）

【概况】 县发改委为正科级行政单位，与工信局、物价检查所合署办公，为3块牌子一套人马，下设项目评审中心为副科级事业单位，管理县粮食局。共有在编干部职工12名，包括主任1名，援藏副主任1名，副主任2名，副主任科员1人，科员2名，事业人员5名；公益性岗位2名。党支部共有党员15名，包括支部书记、副书记、纪检委员、组织委员、宣传委员各1名。

【经济发展】 年内，波密县实现地区生产总值19.53亿元，同比增长10.1%；国家投资完成19.17亿元，同比增长53.93%；援藏投资完成3176万元，同比增长1.9%。民间投资完成3.4亿元，增长28.0%；财政收入达到6200万元，同比增长12.2%；完成社会消费品零售总额2.28亿元，同比增长14.7%；农村经济总收入达到6.16亿元，同比增长12.2%；农村居民人均可支配收入达到14777元，同比增长13.4%；城镇居民人均可支配收入达到26946元，同比增长10.2%；旅游业发展迅猛，全年累计接待游客达到76.16万人次，旅游相关收入达到6.7亿元。

【项目推进】 2017年，波密县各有关部门始终把项目带动作为经济增长的重大举措，不断加大争取国家投资力度，努力激活社会投资，积极协调援藏资金，通过加强同区、市有关厅局的汇报衔接，继续保持投资对全县经济增长的推动作用。

国家投资方面。开工建设国家投资重点项目共计133项，总投资54.11亿元，全年累计完成国家投资19.17亿元，同比增长53.93%。其中续建项目45项，总投资14.83亿元，包括总投资5.77亿元的318国道线松宗镇至古乡整治工程、总投资1.78亿元的波密县康玉公路整治工程、总投资2998万元的波密县新城区防洪堤工程等；新开工项目88项，总投资39.28亿元。包括总投资31.31亿元的西藏藏中和昌都电网联网工程（波密段）、总投资1.27亿元的国道559线波密县至墨脱公路整治改建工程等。

援藏投资方面。开工建设援藏投资项目3项，总投资4614万元，全年累计完成固定资产投资3176万元，同比增长1.9%。包括总投资1800万元的三个小康村，总投资2053万元的县城沿江路北面、扎木路民俗化和基础设施改造工程，总投资761万元的波密县医疗急救体系建设项目等；规划外争取项目及各类援助资金、物资、设备等54项，总投资1902.8万元，包括总投资395万元的玉许乡产业示范园建设、总投资200万元的天麻种植项目，总投资100万元的玉许乡光伏电站建设；招商引资200万元，建设古乡索通村青梅种植示范基地项目，预计后续投资规模达2000万元。

民间投资方面。开工建设民间投资项目20

项，完成投资3.4亿元。包括总投资6000万元的藏王大酒店等、总投资5000万元的藏立景观主题酒店、总投资3346万元的藏立景观主题酒店二期工程项目、总投资3800万元的波密县米堆冰川风情小镇建设项目等。

【项目前期工作】 年内，县发改委根据林芝市2017年重点项目前期工作任务表，梳理涉及波密县的重点项目共计45项，总投资4.16亿元，提请县政府召开专题会议进行安排部署，确保按照时间节点推进各项前期工作；在依照法律、法规的前提下，从波密县经济发展大局出发，积极做好项目节能登记、可研、初设审批等前期工作。全年共审批节能登记备案134项，审批项目可行性研究报告57项，审批项目初步设计及概算77项；在第八批援藏工作队波密工作组的组织下，县发改委联合住建部门，编制完成《波密县项目建设管理办法》，包含项目储备库管理、前期管理、招投标管理、合同管理、质量管理、安全生产管理、进度管理、资金管理、验收管理、移交管理等13个章节13余万字，作为全县重点项目建设的指导文件，并组织各乡镇、项目单位开展为期3天的业务培训。

【项目监督】 年内，县发改委不断加强项目管理，切实落实项目建设责任制、法人责任制、招投标制、工程监理制、合同管理制等相关制度。针对个别项目责任单位项目推进缓慢的问题，坚持执行重点项目月报制度，各责任单位每月报送项目建设进展情况，县发改委汇总后及时上报县委政府。加强项目监督稽查，健全资金使用、管理、监督办法，深入开展“双拖欠”工作，维护农民工合法权益。加强工程领域安全生产管理，通过抓安全生产来促生产，保证重点项目建设的顺利实施。

【新农村建设】 年内，县发改委紧密围绕促进农牧民增收、改善农牧民生产生活条件这一首要任务，积极做好民生项目建设工作。建设完成总投资500万元的易贡乡易地产业扶贫建设项目、总投资1053万元的玉许乡垃圾填埋场建设项目和总投资264万元的八盖乡朗玉桥建设项目，并正式移交乡政府使用；开工建设总投资80万元的玉许乡海定村骡马驿道改扩建项目和总投资100万元的玉许乡麦差村水渠等2项以工代赈建设项目；倾多镇扎西村、多吉乡角落村、古乡索通村等3个易地扶贫搬迁项目稳步推进，计划年内完成入住工作；切实发挥受援办职能作用，开工建设总投资1800万元的松宗镇栋曲村、扎木镇达兴村、古乡古村3个援藏小康村项目，总投资761万元的医疗急救中心建设项目，积极推进总投资500万元的沿江路风貌改造项目。

【物价工作】 年内，县发改委物价工作稳步开展，在节假日加强经常性市场巡查，进一步加强对居民生活必需的粮食、肉类、食用油、蔬菜等食的市场价格进行监测、分析、上报。联合工商、商务等部门加强对成品油市场的价格检查，要求各加油站遵守国家规定的价格政策，明码标价，并严格按照国家发改委和区物价局通知要求，及时对汽油、柴油价格进行动态调整，对接到的群众举报及检查发现的价格违法行为，依法按规定严肃处理。同时认真做好被盗、侵占、扣押涉案物品的勘验、市场调查以及价格认证工作，截至年底，开展物价鉴定13次，鉴定金额达到36.4万元。

【工信工作】 年内，县发改委统计上报民族手工业企业基本情况季度报表、监测企业季度统计表等；积极指导全县48个农村综合信息服务站日常工作，信息员下载或上传与本村农牧民生产生活实际需要的涉农信息，为农牧民群众提供能改善群众生产生活条件、开阔群众知识眼界、拓宽群众致富门路、宣传发布波密特色资源的信息；加大中小企业扶持力度，申报松宗镇白拉姆土特产加工合作社为2017年以奖代补企业；实施电子政务工程，基本安装完成包含县委办、政府办、工信局、卫生局、人社局、民政局、工商局7个节点的电子政务设备；积极跟进天然饮用水开发相关事宜。

（张 新 吴 欢）

【领导名录】
主任（局长）
冯兰兰（女，藏族）
主任科员、粮食局局长
陈银平（12月离任）
副主任（副局长）
付新河
朱果夫
李兴泽（4月任职）

波密县统计局

【概况】 年内，波密县统计局坚持一手抓稳定，一手抓统计，紧紧围绕区、市、县经济工作会议总体要求和部署，克服重重困难，顺利完成年初确定的发展目标，全县经济继续保持平稳较快的发展势头。2017年8月，波密县统计局正式从县发改委单列成为正科级建制行政机关，同时成立下属机构波密县社会经济调查队。波密县统计局共有6名干部（3名行政编制，3名事业编制）其中，3名事业编属于波密县社会经济调查队。

【主要经济指标完成情况】 2017年，地区生产总值完成19.53亿元，同比增长10.1%；全社会固定资产投资完成22.88亿元，同比增长22.3%；民间投资完成3.4亿元，同比增长28%；社会消费品零售总额完成2.28亿元，同比增长14.7%；财政收入完成6200万元，同比增长12.2%；农村居民人均可支配收入14777元，同比增长13.4%；城镇居民人均可支配收入26946元，同比增长10.2%；农林牧渔业增加值2.53亿元，同比增长4.5%；粮油总产量为20862.15吨，同比增长2.2%。

【农林牧渔业】 2017年，农林牧渔业总产值完成27141万元，增长7.2%。其中，农业产值15930万元，增长15.8%；林业产值359万元，下降68%；牧业产值10080万元，增长3.9%；渔业产值1.37万元，增长10.5%；农林牧渔服务业产值771万元，增长6.2%。全年农作物播种面积4798公顷，比上年减少92公顷。其中，粮食作物播种面积4258公顷，比上年增加178公顷；油料种植面积358公顷，比上年增加10公顷；蔬菜种植面积129公顷，与上年持平。全年粮食总产量19436吨，增长1.4%。其中，青稞6722吨，增长26.0%；小麦10789吨，减少8.1%；油料1290吨，增长3.0%；蔬菜3069吨，减少3.1%。全年肉类总产量1759吨，增长9.4%。其中，牛肉产量915吨，减少5.5%；羊肉产量10吨，增长66.7%；猪肉产量832吨，增长31.2%。全年奶类产量4092吨，增长11.7%；禽蛋产量15吨，减少25%。

【统计工作开展情况】 2017年，在县委、县政府的高度重视下，在各乡镇农牧民群众的配合下，波密县统计局圆满完成波密县第三次农业普查入户摸底工作，扎实开展入户登记数据核实检查工作，切实保证普查数据的完整性、真实性和准确性，顺利完成乡镇普查表、行政村普查表的录入、审核、验收上报工作。完成群众安全感、第二次农村住户调查、住户抽样调查、农户土地流转及发展农业适度规模经营问卷调查以及人口、居委会（社区）基本情况等各项调查工作。按时按质完成农业、固定资产、批发零售、建筑业、工业、小微企业、规下服务业等月、季、年报表报送工作。

【乡镇普查员培训】 2017年，波密县统计局临时成立农普办，组织全县10个乡镇，13名普查指导员召开波密县第三次农业普查培训会议。农普办主任付新河传达全国第三次农业普查会议精神，明确此次农业普查登记对象，反复叮嘱普查指导员，在确保普查表质量的前提下，加快入户、填表及审核进度，注重审核普查表的逻辑关系，坚决做到实事求是、应统尽统，切忌漏登重登现象的发生。随后，县农普办工作人员对各普查区的普查指导员和普查员提出的问题进行答疑。最后，县农普办工作人员还对各普查区负责录入的普查员进行操作录入培训，为快速准确录入数据做足准备，切实保证登记工作的顺利开展。

【党风廉政建设与队伍建设】 2017年，波密县统计局为全面提高广大干部职工廉洁从政意识，筑牢拒腐防变思想防线，加大对干部职工工作纪律、机关作风建设的督查力度，建立健全快查严处的问责机制，年底组织全体人员开展述职述廉活动，进行民主测评，将测评结果作为评先评优重要依据。定期组织全局干部观看反腐倡廉纪录片，提高拒腐防变和服务统计能力，切实改进机关干部作风，努力锻造出一支政治信仰高、作风过得硬的统计干部队伍。波密县统计局以加强队伍建设为根本，多措并举强化教育监督管理，进一步培养干部职工的大局意识、责任意识、担当意识。强化目标管理，细化分解全年统计重点工作，明确责任科室、责任人，切实做到责任到岗、落实到人、具体到点、不留空白。加强日常监管，严格上下班纪律，发现有违纪违规行为的，按照有关规定严肃处理。积极参与自治区、林芝市组织的各类培训，不断提高统计人员业务能力。2017年，参加区局组织的培训3次，参加市局组织的培训6次。

（张　雷）

【领导名录】

局　长　黄　　勇

副局长　央吉卓嘎（女，藏族）

波密县安全生产监督管理局

【概况】 年内，波密县安全生产监督管理局（以下简称县安监局）以贯彻落实《党中央、国务院关于推进安全生产领域改革发展的意见》《自治区关于推进安全生产领域改革发展的实施意见》和防范遏制重特大事故为重点，切实将安全生产工作作为保障民生、维护稳定、促进发展的头等大事来抓。大力推进标本兼治、综合治理、系统建设，实现安全生产事故起数和伤亡人数逐年下降，为全县经济社会健康有序发展奠定坚实基础。县安监局为正科级政府部门，2017年，编制一正两副，实有工作人员4人。

【安全生产指标管控】 2017年，全县未发生生产安全事故，无人员伤亡，无经济财产损失，事故起数比2016年下降100%，死亡人数比2016年下降300%，实现安全生产事故起数和伤亡人数逐年下降的总体目标，波密县安全生产形势总体保持平稳。

【安全生产工作制度】 年内，县安监局结合全县安全生产形势，按照各级安全生产相关要求，定期组织召开安全生产工作会议，总结经验教训，分析年内形势，传达贯彻上级领导批示指示精神，结合实际安排部署各阶段安全生产工作。5月12日，波密县召开县委常委（扩大）会议，传达学习《党中央 国务院关于推进安全生产领域改革发展的意见》，县安委办结合波密实际，研究制定《波密县关于推进安全生产领域改革发展的意见》。并组织各乡（镇）、各有关部门和生产经营单位认真学习、深刻领会《意见》出台的重大意义、重要内容和精神内涵，提高思想认识，提高贯彻落实的主动性和自觉性。11月30日，波密县召开县委常委会议，听取审议2017年安全生产工作报告，研究部署今冬明春安全生产工作。2017年，全县召开2次县委常委会、4次政府专题会议、13次安委会会议，对安全生产工作进行分析研究及安排部署。

【责任落实】 2017年，县委、县政府把安全生产工作作为维护社会稳定、保障和改善民生的重要抓手，将安全生产工作纳入年度重点工作进行安排部署。严格按照“党政同责、一岗双责、齐抓共管、失职追责”“管行业必须管安全、管业务必须管安全、管生产经营必须管安全”的要求，明确1名县委常委联系安全生产工作，县政府1名常务副职分管安全生产工作，1名副职具体负责安全生产工作。调整充实以县长为主任，政府各分管副县长为副主任，相关单位主要负责人为成员的安全生产委员会。全县10个乡镇都已调整充实安全生产委员会人员，由乡（镇）长担任安委会主任，派出所、卫生院、村（居）委会负责人为安委会成员。建立安全生产隐患排查治理台账，村（居）委会成立安全生产领导小组，并根据人员变动实际，及时进行调整充实。每年度县安委会及时与各乡镇、安委会成员单位签订安全生产目标管理责任书50余份，确保各项工作任务担子上肩、责任到人，切实形成“一级抓一级，一级保一级，逐级抓落实”的良好工作格局。及时修订完善《波密县安全生产委员会工作职责》和安全生产应急预案，真正将安全生产责任落到实处。

【安全生产宣传】 年内，县安监局组织开展“落实企业主体责任、安全生产波密行”宣传，以及“安全生产宣传周”“安全生产咨询日”“安全生产法宣传周”“安康杯”竞赛等一系列宣传教育活动，县安委会成员单位主要开展宣传《中共中央 国务院关于推进安全生产领域改革发展的意见》《中华人民共和国安全生产法》、落实企业主体责任主题宣讲、安全生产咨询、警示教育等7项活动，乡镇安委会主要开展事故警示教育、应急演练等7项活动，企事业单位主要上一堂企业主体责任专题教育培训课活动。“安全生产月咨询日”活动在波密县电视台进行报道。在6月16日全国安全生产咨询日当天，共出动宣传人员55人次，设立展板18个，发放各类宣传资料2000余份。

【安全隐患管控】 年内，县安委会召开安全生产专题会议，制定下发《波密县标本兼治遏制重特大事故工作指南》，指导各行业主管部门、重点企业贯彻落实遏制重特大事故工作。完善重大安全风险分级管控和隐患排查治理标准规范，指导推动企业加强安全风险评估、管控，不断完善预防工作机制。全面加强安全生产和职业健康源头管控、安全准入，将安全生产作为建设规划、设计、管理的前提，并作为高危项目审批的前提条件，实行重大安全风险“一票否决”，确保消除波密县重特大事故安全隐患。定期组织行业主管部门对全县范围内安全风险点、危险源进行隐患排查，加强对县域内建筑施工、大型综合体、桥梁、电力设施及电梯等重要基础设施的安全检测维护。加大人员密集场所安全监管，建立健全安全生产预警制度和部门信息共享、协调联动机制，严防因安全隐患引发重特大事故。

【安全生产督导巡查】 年内，为认真贯彻落实自治区党委、政府和市委、市政府各项工作部署和要求，切实落实好年初安全生产工作会议上明确的各项工作任务，牢固树立“四个意识”（政治意识、大局意识、核心意识、看齐意识），从讲政治、讲大局的高度，深刻认识安全生产巡查工作的重要性和必要性，根据自治区安全生产第五巡查组对波密县安全生产备查资料提出的整改意见，波密县安全生产委员会办公室下发关于《报送自治区迎“国检”第五巡查组排查问题清单整改意见》的紧急通知，波密县人民政府安全生产委员会严格按照《2017年安全生产巡查工作要点》《部分备查资料目录》《西藏自治区2017年安全生产巡查工作备查资料清单》要求安排专门人员准备备查资料，确保波密县迎接国务院安委会安全生产巡查各项准备工作落实到位。

8月21日，县安委会组织召开波密县督导反馈问题整改落实工作会议，传达学习自治区、林芝市安全生产电视电话会议精神。结合波密县实际工作情况，制定下发《波密县关于国务院安委会安全生产第八巡查组和国务院安委会安全生产大检查第十二督导组赴林芝巡查督导发现问题整改落实的工作方案》（以下简称工作方案）。为确保工作方案取得实效，贯彻“9·7”全区安全生产工作电视电话会议精神，9月9日，波密县安委办组织开展为期20天的安全生产综合巡查工作。此次巡查涉及波密县各类生产经营单位20家，共排查出各类安全隐患58处，当即整改安全隐患50处，对企业提出整改意见79条，下发责令限期整改指令书13份，强制措施决定书2份，整改率为100%。此次被检查6个乡镇签订各类安全生产目标管理责任书共87份，真正做到安全生产责任层层落实，“一级抓一级，一级保一级，逐级抓落实”的安全生产工作格局。巡查组对被检查乡镇共提出安全生产工作建议57条，确保检查深入彻底、督导严格到位。

【排查各行业领域安全隐患】 抓好安全隐患治理专项行动。年内，县安委会加强对隐患排查治理工作的组织领导，明确政府、部门和企业的责任，努力实现全县隐患排查治理工作的常态化和制度化，进一步完善隐患排查治理长效机制。2017年，全县共排查一般安全隐患1303处，整改到位1303处，整改率100%，比较2016年各项数据，检查生产经营单位同比上升41.7%，一般安全隐患同比下降5%，一般安全隐患整改完成同比提升6%，整改率同比提高12.1%。

扎实抓好专项执法检查行动。按照自治区、市统一部署，及时制定波密县专项执法检查方案。成立专项执法检查工作领导小组，明确以打击非法违法生产经营为重点的8种安全生产违法行为；组织开展全县重点项目业务培训班，在抓好专项执法检查部署的同时，提高全县监管系统的执法素质和执法水平，为整个执法检查取得成效提供保障；研究出台安全生产考核奖罚办法，细化分解落实工作任务，明确对执法目标的考核和奖惩措施，进一步调动执法人员的工作积极性；坚持原则，政策透明，严格执法，规范执法，坚决杜绝有法不依、执法不严的现象发生，执法的重心由“事后”向“事前”转移。自开展专项执法检查以来，2017年，全县共查处一般安全生产违规行为63起，下发责令限期整改指令书51份，强制措施决定书5份，有效打击全县各类安全生产违法违规行为。

【职业健康安全监管】 年内，县安监局按照职业病防治工作监管职责，定期联合相关单位对全县已经申报的职业病防治企业和生产经营单位实施专项检查，要求企业认真贯彻执行职业病防治工作制度，对重点岗位工作人员配备符合国家标准的防护用品，并定期组织实施体检，建立健康档案。抓好企业评估工作和用人单位数据采集，完成全县新一轮危化品企业安全评估和数据采集工作。2017年，共对4家危化品企业进行安全评估，采集职业健康数据10家，同时结合安全评估和数据采集工作的开展，对10家企业下发安全告知书，由企业作出安全生产承诺，进一步提高企业的安全主体意识。

【应急预案】 年内，县安监局按照要求对辖区内的2个旅游景区、3个加油站以及波堆水电站的各类应急预案进行审核备案，同时指导企业按照预案实施应急演练，提高应急处置能力，进一步减少人员伤亡和财产损失。7月19—20日，组织力量在扎木镇卡达村展开山洪灾害应急救援演练，进一步考验应急救援队伍实战能力、防汛指挥决策能力和应急处置能力，强化广大群众的防灾避灾意识，为有效应对“8·3”泥石流自然灾害工作奠定坚实基础。

（韩　荣）

【领导名录】

局　　长　陈　　东
副 局 长　德　　庆（女，藏族）
主任科员　四朗晋美（藏族，9月任职）

波密县工商行政管理局

【概况】 2017年，波密县工商局（以下简称县工商局）认真落实市工商局和县委、县政府的工作部署，充分发挥工商部门的公共服务职能作用，以着力促进波密县经济又好又快发展为目标，积极贯彻实施商事制度改革，加强市场监管体系建设，依法维护消费者合法权益，全面提升工商专业化现代化建设，狠抓干部作风建设，全力维护社会稳定，为波密县经济健康有序发展营造良好市场生态环境方面做出积极贡献。县工商局是波密县正科级行政机关，下辖松宗工商所，正在筹建。2017年，县工商局在编人员7人。

【注册资本登记制度】 降低准入条件，提高审批效率。年内，县工商局深入落实“五放”政策，实行注册资本认缴和“先照后证”登记制度。有效地缩短工商注册登记时间，基本实现即来即办，低门槛、低准入，较好解决群众“办照难”“审批难”等问题。2017年，市场主体快速增长，新增企业53户，农民专业合作社2户，个体工商户381户。截至2017年底，全县有各类市场主体2234户，注册资本（金）17001.0716万元。

【“五证合一”“两证整合”工作】 2016年起正式实施“五证合一、一照一码”工作，在更大范围、更深层次实现信息共享和业务协同，在工商营业执照、组织机构代码证和税务登记证“三证合一”的基础上，继续大力推进商事制度，将社会保险登记证和统计登记证列入商事制度改革。积极开展前期宣传，迅速整合服务窗口，为广大企业提供便利。截至年底，共发放新设立“五证合一”营业执照53份，发放新设立“两证整合”营业执照381份。

【企业年报和信息公示制度】 年内，县工商局认真开展年报公示宣传工作，通过在办证窗口设置咨询点、摆放宣传资料、印制《企业年度报告公示操作指南》和《企业年度报告公示操作流程图》发放到企业等方式，2017年，共发放年报宣传资料610余份。针对大部分个体工商户不会操作电脑等实际情况，趁市场监管期间，通过发放纸质年度报告表，收集整理后由登记人员录入系统公示，为市场主体开展年报及信息公示工作提供便捷服务。2017年，深入乡镇帮助填写纸质年报表450余份。截至6月底，波密县2016年度企业年报应报1411户，已报1411户，年报公示率达100%。

【企业信用监管】 2017年，县工商局开展企业信息公示情况抽查，重点开展对个体、农民专业合作社及企业信息公示情况抽查。根据市工商局要求，对6户农民专业合作社、25户个体工商户、4户企业抽查对象的出资信息公示、年报情况、信息公示的真实性予以检查核实，下发限期责令改正通知书并已改正，实现市场主体诚信经营和信用监管。

【商标工作】 年内，县工商局主动向县政府汇报商标品牌现状，积极向县政府建言献策，争取地方政府对商标品牌工作的重视与关心；2017年，相继对易贡茶场、波密天麻、森工木业有限公司、回味奶业、桃花沟桑仑藏香等5家注册商标企业进行实地走访、引导企业走向品牌之路，提升品牌效应；为便于为企业提供商标管理服务，逐步建立健全全县的商标登记档案，配备商标专管人员对辖区内注册商标企业建档立户，截至年底，已建立商标一标一档118户，已成功注册的商标118枚，包括4枚地理标志证明商标，2枚自治区著名商标，1枚林芝市知名商标。

【广告监管】 2017年，县域内共有广告市场经营主体10户，其中企业6户，个体工商户4户，其业务主要为制作横幅和宣传栏。2017年，对发布的广告进行重点审核，严查发布的广告是否与办理广告规定的广告内容相一致，同时对广告上标注的广登字号进行查核。截至年底，共出动执法人员12人次，执法车辆6台次，检查医疗诊所20余户。

【打击传销】 年内，县工商局联合县综治、公安等部门形成协作配合机制，将打击传销和禁止参与传销工作纳入社会治安综合治理和“平安建设”目标考核范围；积极与各乡政府联系，建立健全打击传销工作机制，截至年底，共签订无传销乡镇、社区（村）责任书10份，创建辖区无传销乡镇4个，无传销社区1个，无传销学校3个；建立传销人员信息库，对涉嫌传销人员进行登记造册，准确掌握传销活动动态和传销人员流动情况；结合日常监管工作和法制宣传活动，向个体商户发放宣传材料共500余份；制定打击传销应急处置预案。截至年底，对辖区进行5次隐患排查和5次专项整治工作。

【反不正当竞争执法】 年内，县工商局加大注册商标专用权的保护力度、加大对“傍名牌”等不正当竞争案件的检查力度。开展治理商业贿赂工作，根据上级文件精神，对医药购销、餐饮行业、旅游行业和零售行业4类商业进行重点查处。

【市场监管】 年内，县工商局开展对流通领域成品油、工业酒精、油漆稀释剂、香蕉水等易燃危险品市场安全隐患排查整治专项行动，确保人民群众的生产生活安定有序，与6户经营易燃危险品市场主体签订责任书。开展“红盾护农”行动，有效保护农牧民的合法利益，共收缴过期不合格种子100余袋，农药3瓶。开展“扫黄打非”专项检查行动，有效维护辖区文化市场的和谐稳定，尚未发现存在出售、传播政治性非法出版物、淫秽色情出版物、侵权盗版出版物等相关违法行为。加大旅游市场监管，对旅游商品市场进行集中检查，对销售假冒伪劣商品一经发现立即收缴。

【消费维权】 年内，县工商局已建立“12315”消费维权联络站点10个，维权联络员10名，并与联络员签订《波密县工商局基层12315维权点维权联络员工作责任书》。结合“3·15”国际消费者权益日，通过横幅、流动宣传车、在人群密集处发放传单及公开销毁假冒伪劣商品等方式，多样化做好消费维权的宣传工作。“3·15”期间，现场接受群众咨询31人次，发放宣传材料450余份，对“三无”（无生产日期、无质量合格证以及无生产厂家）、假冒伪劣商品进行销毁。认真落实12315电话24小时值班，及时受理并调处消费纠纷。2017年，共受理19起消费投诉，并成功调解，为消费者挽回经济损失9.45万元。

【党风廉政建设与队伍建设】 年内，县工商局全面提高干部职工廉政意识，认真贯彻落实会议精神，制定学习计划，组织干部职工认真学习相关精神；坚持“标本兼治、综合治理、惩防并举、注重预防”的方针，加强系统内党风廉政建设工作；全面落实中央“八项规定”和区党委“约法十章”“九项要求”，狠抓干部廉洁自律工作；严格落实党风廉政建设责任制，负责人按照“一岗双责”的要求，切实履行“第一责任人”的职责，成立县工商局党风廉政建设领导小组，把党风廉政建设纳入工商业务工作中；加强干部思想政治教育，使干部政治立场坚定、民族团结、作风过硬；建立高素质的工商执法人员队伍，及时学习新颁布和新修订的法律法规，提高干部知法、懂法、用法的本领。2017年，参加广东挂职锻炼1次，参加广东行政学院业务培训1次，参加区局组织的培训2次，跟班学习2次，参加总局网络专题培训7次。

（强巴德吉）

【领导名录】
局　　长　旦增尼玛（藏族）
副 局 长　陈　　俊（黎族）
松宗工商所副所长
　　　　　李　　红（女，藏族）

波密县商务局

【概况】 年内，波密县商务局（以下简称县商务局）在县委、县政府的正确领导下及在区、市商务主管部门的精心指导下，县商务局以“两产业一平台”（全力发展以天麻产业为龙头的特色农牧业、大力发展旅游产业、合力搭建旅游经济引导下的城镇化建设平台）发展战略为契机，奋力发展商贸流通，加大波密县招商引资工作力度，加快“两产业一平台”建设，积极推动旅游和招商引资工作不断发展，进一步吸引外来资本在波密投资，推动波密县社会经济实现跨越式发展，全面落实社会治安综合治理领导责任制和目标管理责任制，深入开展创建平安单位活动，大力强化整体联运防范工程，深入发动职工群众参与群防群治，扎实推进综合治理和平安创建各项工作，使整个商务系统呈现出政治稳定、人心稳定、干部职工安居乐业的可喜局面。县商务局为正科级行政单位，2017年，全局共有行政编制3人，实有工作人员7人，驾驶员1人。

【招商引资】 2017年，波密县招商引资投资项目9个，协议资金达211700万元，项目涉及特色农牧业、藏医药、旅游业、酒店服务管理业及水电能源业。其中，续建项目协议资金65700万元，新建项目协议资金146000万元。全年完成招商引资和民间投资到位资金72067万元。其中招商引资完成42500万元，民间投资29567万元。2017年，共新签项目3个，签约金额20000万元。项目涉及酒店管理业。即：藏王大酒店，合同投资资金6000万元；林芝市巴宜区永久片区扶贫项目酒店，合同投资资金9000万元；藏立景观主题酒店，合同投资资金5000万元。

【社会消费品】 2017年，全县实现社会消费品22800万元，同比增长14.7%。

【成品油】 2017年，波密县零散成品油总加油量为723120公升，其中，柴油540200公升，汽油182920公升，这些成品油主要用于各工地工程施工用油和农牧民群众生产生活用油。

【市场工程】 年内，县商务局对2006－2013年所建的154家万村千乡进行梳理工作，其中，二级配送中心（县级店）1个，商贸中心1个，乡级店1个，村级店151个，实现建设范围全覆盖。2017年，县商务局对已建农家店进行回头复查核对，通过复查，波密县各乡镇的农家店存活情况为120家，存活率达77.92%。

【惠农政策】 2017年，波密县完成碘盐配送任务147873公斤，受惠26886人。碘盐配送率和覆盖率达到100%。波密县家电家具下乡工作惠及农户896户，累计销售额为463.6494万元，财政兑付补贴资金为108.96612万元。其中，家具惠及农户586户，累计销售额为351.69万元，其中财政兑付补贴资金为87.9225万元。家电销售惠及310户，累计销售607台（件），销售额为111.9594万元，其中政府兑付家电补贴金额为21.04362万元。

【安全生产】 2017年，县商务局配合县安监局、消防大队、公安局等相关部门对商务领域的相关企业进行全面安全生产检查15次，通过强化监管和严格执法，年内，波密县未发生安全生产事故。

【招商推介】 年内，县商务局严格按照自治区“一产上水平，二产抓重点，三产大发展”经济发展战略，紧紧围绕波密县“两产业一平台”发展建设总体目标，聚焦工作重点，拓宽招商渠道，改善投资环境，大力推进波密县招商引资工作。2017年，波密县全年招商引资到位资金42500万元，完成市级目标任务的（42406万元）100.2%，超额完成0.2%。民间投资项目到位资金29567万元，完成市级目标任务的（26584万元）111.2%，超额完成11.2%。

2017年，县商务局通过实地调研、考察论证、征求意见、认真筛选、精细包装具有战略性的投资项目6个，并精心制作波密县招商引资项目手册4000余册，进一步加强信息宣传报道力度，及时、准确、客观地反映波密县商务局各项工作开展情况及取得的工作成绩，通过建立信息报送专人专管、专人负责制度，2017年，报送有关招商信息30期，招商总结8期。参加自治区、市组织的招商活动5次，参加波密县组织的招商活动5次。年内，成功签约3个项目，协议资金2亿元。县商务局充分利用政府门户网站、商务之窗平台广泛发布招商信息，提高招商项目的知晓率，同时以外出招商、参加重大招商活动等方式，全力提升洽谈成功率。2017年，县商务局积极参加“广博会”“林洽会”等招商活动，大力开展项目的宣传推介。

【市场运行】2017年，波密县共建立市场监测样本企业6家，其中生活必需品监测2家（华隆超市、富华超市），重点流通监测3家（零售批发），应急商品数据库系统1家（嘉瑞超市）。各监测样本企业都能积极配合，按时上报各种监测信息，完成各项监测任务。通过抓好市场运行监测，切实保障全县生活必需品市场平稳运行。利用元旦、春节、藏历年、“五一”“十一”等各节假点，动员县域各超市、品牌店、电器店、家具店等开展各类促销活动，受到广大群众的一致好评。全县生活必需品市场价格平稳，物资齐全，满足不同消费层次的需要，市场运行情况良好。

【特种行业监管】2017年，波密县商务局登记备案的再生资源回收网点（站）共4家，从业人员12人，实现年营业收入20万元，年回收废旧物资约240余吨。其中西藏林芝市豫堂废旧再行利用有限公司波密分公司具有回收、拆解废旧汽车资质。2017年，共回收报废汽车12辆，营业收入8万元。

【商务综合执法】2017年，县商务局开展执法范围涵盖商贸流通业、成品油市场、家电维修服务业、洗染业、再生资源行业、零售商促销业等8个领域，出去执法人员56人次，发放宣传资料2500余份。配合工商局、卫生局、安监局、消防大队等部门对波密县农贸市场、超市、加油站等各类营业场所开展联合大检查30次，未发现违法违规经营行为。在内部建立考勤、值班、车辆驾驶员等一整套内部日常管理制度，建立商务行政执法承诺公示、行政执法案件办理程序、行政处罚流程图等执法工作制度，建立“12312”商务举报投诉服务中心工作职责、工作要求、投诉人举报岗位制度等系列制度。

【成品油市场管理】波密县从事成品油特种行业的企业共计3家，分别是中国石油林芝分公司波密加油站、顺达加油站、实惠加油站。2017年，县商务局督促指导企业严格落实《中华人民共和国安全生产法》《危险化学品安全管理条例》和《地区加油（气）站消防安全管理标准》等法律法规。认真执行审核开票及油站值守工作。波密县各成品油加油站秩序良好，已经能严格按照机动车实名制加油和《零散成品油销售管理办法》进行加油，同时还与消防、公安、安监等部门多次联合开展成品油市场清理整治检查工作，未发生一起因监管措施不到位而引发的安全事故。

【安全生产】2017年，县商务局将安全工作与其他业务工作同部署、同安排，当作一件日常工作来抓，常抓不懈。坚持每个季度召开一次安全生产专题会议，调度、分析、针对发现的问题及时解决处理，不留后患。

（格　桑）

【领导名录】

局　　长　金　　珠（藏族）
副 局 长　达　　娃（女，藏族，3月离任）
　　　　　张 锦 泉（7月离任）
　　　　　尼玛卓玛（女，藏族，3月任职）
主任科员　李 清 平（女）

波密县旅游发展委员会（外事侨务办公室）

【概况】年内，在县委、县政府的正确领导下，在广东第七批援藏工作队的大力支持下，在波密县旅游发展委员会全体干部职工的共同努力下，通过创新思路，提升服务质量，全面贯彻落实市“林芝市国际生态旅游区”“全域旅游示范县”和县“两产业一平台”建设任务等工作，围绕“一轴三线”发展思路，采取有力措施，积极推进旅游产业发展，较好的完成2017年的工作任务，并取得一定的成效。2017年8月，波密县旅游局更名为波密县旅游发展委员会，挂外事侨务办公室牌子，行政编制3人，实有工作人员8人。

【旅游经济指标】 2017年，波密县共接待游客76万人次，旅游相关收入6.7亿元，比上年同比分别增长35.51%和81.9%。米堆冰川景区接待游客119700人次，门票收入475.28万元，比上年同比分别增长49.38%和44.54%。岗云杉林景区接待游客4258人次，门票收入8.296万元。比上年同比分别增长86.5%和29.19%。嘎朗湖景区接待游客3991人次，门票收入13.096万元，比上年同比分别增长69.32%和58.5%。

【旅游经营】 2017年，波密县共有宾馆酒店70家，其中四星级酒店1家——山峡大酒店，二星级宾馆1家——波密宾馆，正在申报星级酒店的2家，其中三星级酒店1家——雪山江景大酒店，四星级酒店1家——藏立景观主题酒店；家庭旅馆244家，其中一星级24家，二星级16家，一般家庭旅馆139家。

【旅游基础设施】 2017年，波密县旅游发展委员会积极争取旅游项目共11个，总投资7200.53万元。其中到位资金1200.53万元，已纳入自治区“十三五”规划项目共3个1700万元；结合波密县实际情况，积极配合做好波密县厕所革命工作，合理布局厕所，对景区、318国道沿线等游客相对集中地完成5个旅游厕所选址定点工作（角达村、桃花沟、县城西广场、康木村、通木村），已开工建设。同时已完成“波密县岗旅游示范村建设项目”，朱西村（投资金额200万元）、朗秋村（投资金额156万）美丽家园示范村项目正在施工建设；松宗镇角达村旅游示范村建设项目（总投资300万元）正在办理前期手续。

【景区景点】 2017年，波密县旅游发展委员会积极做好全域旅游规划编制前期工作，对接那曲嘉黎县，做好易贡、八盖生态旅游区旅游开发规划，同时，加大招商引资，吸引外商投资开发卓龙沟、嘎瓦龙、桃花谷等景区（景点）；加强A级景区评定工作。成立以县级领导为组长的米堆冰川景区专项领导小组，积极筹划、全面指导米堆冰川景区AAAA创建工作，米堆冰川创AAAA景区规划初步评审通过，景区基础设施、配套设施正在进一步完善。2017年10月，波密县米堆冰川景区、岗云杉林景区、易贡茶场、将军楼景区、易贡国家地质公园景区被授予“全国影视指定拍摄景地”。

【旅游培训】 2017年，波密县旅游发展委员会联合县委组织部举办波密县2017年新任村（居）党支部书记培训和2017年波密县涉旅企业安全生产培训等旅游相关培训3次，共160人，每期培训合格率达90%以上，基本达到目标要求；根据自治区旅发委、市旅发委的要求，波密县旅游发展委员会组织扎木镇、松宗镇、古乡的20名农牧民前往市旅发委参加旅游技能培训；按照市旅发委相关要求组织领导干部前往市、自治区培训7次，共10人。

【旅游节庆活动】 3月28日，波密县举办以“人间净地·醉美林芝暨中国最大桃花谷开谷仪式”为主题的林芝桃花旅游文化节波密分会场活动。通过分会场开展招商引资活动，与波密县恒鑫实业有限公司、藏立酒店管理有限公司、藏地文化艺术传播有限公司分别签订贫困群众就业创业孵化基地、林芝巴宜永久片区扶贫酒店建设、紫钻酒店建设等项目，完成2.65亿元的签约；举办“七彩波密 摄影天堂”摄影展、首届“桃花仙子 冰川王子”选拔赛、“把波密穿在身上”时装秀等活动。据统计，桃花节期间（3月20—30日），共吸引游客2.5万人次，旅游总收入2056万元，现场15家媒体共发表文章60余篇，访问人数达3.6万人次，新华社现场直播活动点击率更是达百万以上。

【旅游市场规范管理】 在全国“两会”、中秋、国庆黄金周期间、中共十九大召开前后，开展安全生产大检查工作，对景区（点）、酒店、宾馆等旅游行业的设备设施是否完好、各项措施是否规范到位、相关制度和应急预案是否完备、责任是否落实、消防设施设备是否完好、食品安全等方面进行检查，对不达标的责令限期整改；开展旅游执法27次，其中联合执法4次，出动60人次，出动车辆15台次（其中2家星级酒店各执法检查9次，3个景区各执法检查3次，下达整改通知15次）。

【开展旅游扶贫】 2017年，波密县旅游发展委员会领导干部在春节、藏历新年之际和中共十九大召开之际2次对帮扶对象进行走访慰问，深入贫困户家中调查了解生产、生活情况及身体状况，给贫困户送去现金、大米、清油、砖茶等慰问品。落实扶贫转移就业，积极与上级相关部门和县脱贫攻坚指挥部协调，为波密县3个景区从贫困建档立卡户中推荐15名景区保洁员，20名旅游厕所保洁员（每个乡镇2个），解决35名贫困人口就业。

【波隅旅游开发有限公司】 2017年3月31日，波密县波隅旅游开发有限公司注册成立，7月18日开始试运营，公司集旅游项目开发与经营、旅游宣传促销策划、景区开发管理、纪念品研发销售、设计与制作、企业形象策划、文化培训等旅游业务于一体。设置3D VR体验馆，土特产品销售中心，新增藏式服装售卖中心、文化培训中心、会议室、游客接待中心等。2017年，公司旗下波隅旅游酒店全面升级，全年共接待游客780人次，收入30余万元，咨询850多人次，开业以来受到广大游客欢迎；招商引资取得新进展新突破。与6家企业就波密的景区开发进行洽谈，并与深圳市喜路旅游开发有限公司签订5亿元的卓龙沟景区战略合作开发协议，旅游资产入库和旅游产品开发进行顺利。积极与国土部门共同协调，已资产入库近2000万元，待景区评估结束后，可完成景区入库工作。打造波密天麻、松茸等土特产品的包装，已从县农牧局争取到波密天麻地理标志的使用权。

【旅游宣传营销】 年内，波密县旅游发展委员会充分利用各种传播媒介推广波密旅游形象。借助广东援藏优势，利用微博、微信、网站等新兴媒体以及各类旅游推介会，围绕最具波密旅游特色的山水、森林、冰川、人文等旅游资源，创新营销手段，积极拓展客源市场，加强对桃花节、多吉非遗文化旅游节、松宗赛马节、易贡油菜花节等活动的宣传推介，打响“藏王故里、冰川之乡、桃花世界、静好波密”的旅游品牌。2017年，共发布微信近280条，阅读量总计338390次，平均日阅读量约1500次，转发量约4.5万次，粉丝数量达10767人；发布原创微博547条，被转发微博数1523次，被评论总数1321条，平均日阅读量约3600次，微博影响人数118.8万人次。总阅读量约28.1万次，粉丝数量达26329人；发布轻杂志5篇，共获得80余万人次的阅读量。参加市旅发委组织的旅游推介活动4次，分别在北京、广州，重庆、深圳、长沙、南京、昆明等地推介波密旅游资源，提升波密旅游品牌知名度；组织波密县旅游发展委员会干部先后前往广东参加广东世博会、广东旅博会等旅游展会，加大在广东乃至全国各地市场的旅游宣传推广，同时，波密县旅游发展委员会领导干部随市、县调研考察团赴云南、成都、长沙等地考察学习、参加旅游交流，开展旅游资源宣传推介，取得良好的旅游宣传效果。10月，粤港澳旅游考察团一行到波密县，波密县旅游发展委员会在山峡大酒店举办波密旅游资源推介会，重点推介波密县旅游资源，扩大加深波密县旅游资源在粤港澳的影响力。旅游宣传推介中，发放波密旅游宣传资料4600余份，旅游画册书籍32本。

【党建工作】 2017年，波密县旅游发展委员会开展一系列学习教育活动，开展书记讲党课活动2次，“两学一做”学习活动18次，“四讲四爱”主题活动规定动作“身边的旅游文明行为”摄影征集活动，同时，要求党员干部利用余暇时间抓紧自学，促进学习质量；认真做好党建宣传工作。共制作“两学一做”活动宣传栏2个，九代会宣传栏1个，“四讲四爱”宣传栏1个，悬挂“两学一做”、喜迎十九大横幅2个，组织酒店、景区等涉旅企业开展宣传“四讲四爱”、喜迎十九大活动2次，制作LED显示屏宣传标语共计12条。

【重点景区景点】 波密县有中国最美原始森林之一的岗云杉林、中国最美冰川之一的米堆冰川以及嘎朗湖三大景区，其中米堆冰川及嘎朗湖两大景区于2017年交由西藏藏游公司负责开发运营。

嘎朗湖景区 位于县城西北、古乡嘎朗村，位于318国道旁，距318线1.7公里，距县城所在地10公里，距地区所在地八一镇228公里，从波密卡达桥盘山约4公里经过嘎朗村即可到达。湖面面积15000多平方米。这里青山环绕、古树参天、自然风光优美、民居建筑风格独特，而且还有波密地方最出名的“嘎朗王朝”的遗址及嘎朗王的后裔，湖中鱼种繁多，同时也是成群黄鸭、大雁、野鸭、黑顶鹤的栖息地。嘎朗湖碧波如镜，被包围在“女儿绿”中，时时向游人展示她优美的风姿。嘎朗湖四面环山，景色优美，既有工布特色的地方民居，又有满山遍野苍劲挺拔的青松、雄伟壮观的皑皑雪山，旅游资源极为丰富。茂密的森林、高耸入云的雪山、富有民族特色的田园村庄映照在风平浪静的湖面上，美不胜收，湖光山色，妩媚动人。

岗云杉林景区 位于雅鲁藏布大峡谷国家级自然保护区内，古乡巴卡村南部，距离318国道6公里，距离波密县城22公里，距离八一217公里，保护区东西宽约12公里，南北长约24公里，西起错卡弄吧，东至大瑞弄吧沟谷，北抵帕龙藏布南岸，南靠墨脱县交界处（既山顶部），总面积4600公顷，其中森林面积约2800多公顷，这里盛产云杉、红杉，在世界上罕见，而且还生活着羚羊、豹、盘羊、黑熊、猕猴、角类、鹿、鹦鹉等珍稀动物。2005年，《中国国家地理》推出选美特辑，岗自然保护区被评为“中国最美的地方”之一，波密岗云杉林名列中国最美十大森林第五名。

米堆冰川景区 位于波密县以东110公里处，波密县玉普乡米堆村，从318国道到冰川景点只有10公里的路程，米堆村至冰川景区有2公里多的路程，米堆冰川主峰海拔6385米，雪线海拔只有4600米，末端海拔只有2400米。冰川下段已穿行于针阔叶混交林带，为西藏最重要的海洋型冰川，也是世界上海拔最低的冰川。米堆冰川在2005年《中国国家地理杂志》“选美”中上榜，被评为最美冰川第四名。由于冰面较暖，常生活着冰蚯蚓、冰蚤等动物。米堆冰川所在的纬度为北纬29°，但冰川末端却比北纬近44°的天山博格多山的冰川还要低，这是中国现代冰川中较为特殊的现象，与喜马拉雅山东南段的气候有着密切的关系。米堆冰川冰洁如玉、景色优美、形态各异、姿态迷人，周围有成群的牛羊、古朴的藏式民居、雄伟壮观的雪山，有常年不离的攀羊、野兔、野鸡、猴子等野生动物。

（张丽蓉）

【领导名录】

波密旅游局

局　长　雷淑娟（女，8月离任）

副局长　普巴江参（藏族，2月离任）

　　　　刘星源（3月任职）

波密县旅游发展委员会

主　任　雷淑娟（女，8月任职）

副主任　刘星源（8月任职）

　　　　次仁德吉（女，藏族，9月任职）

波密县食品药品监督管理局

【概况】 波密县食品药品监督管理局是正科级行政单位，行政编制3人，下设食品药品稽查队，参公编制3人。实际到岗人数11人。

2017年，全县医疗单位共107家，其中县级医疗机构3家（藏医院、县医院、疾控中心），私人医院1家，乡（镇）卫生院11所，村级卫生室84所，诊所8家；药品、医疗器械经营企业4家，化妆品经营企业17家。

截至年底，全县共有食品生产企业2家，取得食品生产许可证2家；餐饮单位374户，取得食品经营许可证312家，同比2016年（351家）增长

6.5%；食品销售企业258家，取得食品经营许可证170家，同比2016年（214家）增长20.5%；食用农产品销售单位165家，备案165家；土特产经营户27家，备案27家；小食品店、小作坊37家，发放小作坊小食品店登记证23家，同比2016年（33家）增长12.1%。各食品行业持证率分别为：食品生产100%；餐饮83.4%；食品销售65.9%；小作坊小食品62.2%。

【统筹协调】 年内，县委、县政府高度重视食品药品安全工作，形成“党委领导、政府负责、部门主抓、社会参与”的食品药品安全监管格局。4月14日，波密县组织召开食品安全城市创建暨治理“餐桌污染”协调推进会，进一步推进食品安全城市创建工作，以县政府名义印发《波密县食品安全城市创建方案》，与各乡镇签订创建目标责任书。5月8日，波密县召开食安委暨食品药品监管工作会议，总结2016年度食品药品监管工作，安排部署全年工作。签订食品安全目标责任书，明确责任。县政府与各乡镇，县食药局与各乡镇协管员，与教育局、各校园三方分别签订食品安全责任书。6月16日，林芝市治理“餐桌污染”现场会在波密县召开，县委书记朱正辉出席会议，并要求县食药监局认真贯彻落实“四个最严”（最严谨的标准、最严格的监管、最严厉的处罚、最严肃的问责）和“四有两责”（食品药品监管有责、有岗、有人、有手段；切实履行监管职责和检验职责）要求，鼓励全县食品药品监管工作再接再厉，砥砺前行，确保全县食品药品监管工作再上新台阶。

【经费保障】 2017年，县财政统筹资金46.1万元，包括食品抽检经费38万元，食品安全日常监管经费5.7万元，食品安全社会监督员2.4万元，均纳入本级财政预算。

【队伍建设】 年内，县食药监局扎实推进“四有两责”建设。探索和推进食品药品社会监督员管理机制，选聘符合条件4名食品社会监督员，分布通麦、菜市场等4个食品重点监管区域，进一步强化县、乡（镇）、村网络化监管力量。

队伍素质能力建设。深化“两学一做”学习教育常态化制度化、“四讲四爱”主题教育活动，扎实开展每周五“学习日”活动，书记带头讲党课13次，党章党规系列集中学习43次，组织观看《将改革进行到底》等系列教育片13次。落实局支部书记大约谈、大提醒活动机制，约谈领导干部16人次。梳理个人岗位廉政风险点及应对措施，开展“党员干部进村入户，结对认亲交朋友”活动，向4户贫困户捐款捐物共计5000元；开展“10·17”扶贫日活动，共捐款2200元。

推进培训教育工作。选派优秀干部参加自治区、市、县举办的各类培训活动12人次，开展“下乡送教”方式培训12次，组织县城内“四品一械”经营使用企业代表、家庭旅馆法人代表、学校食堂食品安全管理员、土特产经营负责人培训5次。

建立健全工作机制。制定《机关管理制度（试行）》《波密县食品药品监督管理局关于明确局领导分工及内设机构工作人员职责通知》《首问负责制度》《一次性告知》等制度，形成责任落实到岗到人、行政审批运转顺畅、工作高效廉洁、服务群众满意的工作氛围。

落实“放管服”改革。梳理权责清单185项，其中行政处罚149项，行政强制4项，行政检查16项，行政确认2项，行政奖励1项，其他10项。按照法定权力运行程序，制作行政事项权力运行图及服务指南，在县政府网络平台公开，并充分利用互联网+智慧食安平台，按照信息公开的原则，公开食品经营许可信息482户次、抽检信息176批次、现场检查信息313户次、处罚信息2家次。将权力在阳光下运转，杜绝权力寻租、乱作为的可能。

【食品监管】 开展联合执法。年内，充分发挥县食安办“牵头抓总”作用，强化行业部门信息共享、联检联查，定期不定期召开联席会议，研究部署全县食品安全工作。组织县工商、农牧、公安等部门集中开展重点时节、重点区域、重点食品联合整治，共检查食品经营单位120余家次、出动执法人员56人次，查处不合格食品21.61公斤，货值金额2315.5元，责令整改10家，当场行政处罚3家，罚款3000元。通过联合执法进一步增强食品药品生产经营使用单位的自律意识，确保全县居民的饮食用药安全，有效预防食品安全事故发生。

加强餐饮服务日常监管。重点开展学校及周边餐饮安全整治，出动执法人员24人次，检查餐饮企业60余家次，下达责令整改7份，开展学校食堂食品安全管理员培训班1期，培训从业人员14人次；开展餐饮环节油烟治理，印发《关于加强波密县餐饮业餐厨废弃物处置管理规定的通知》，三方签订《废弃油脂承诺书》《波密县餐厨废弃物回收处置收运协议》，发放废弃物处理台账，落实废弃油脂收运跟踪等措施，有效规范餐厨废弃物、油脂处理；全面实行餐饮企业食品添加剂备案机制，与餐饮企业签订《不使用非食用物质和不滥用食品添加剂承诺书》47份，备案45家，备案率95.74%；坚持量化动态管理，截至年底，全县312家餐饮单位，量化评定276家，其中A级2家、B级31家、C级209家，量化评定率达到85%以上，未到时限不参与评定的36家，学校食堂达100%，除县中、小学量化等级为A外，其他学校均为B级；抓好重要节点、重大活动餐饮食品安全保障工作，参与林芝市桃花节等重大活动餐饮服务保障工作13次，中考餐饮服务保障2次。

开展食品流通、生产环节监管。重点针对重点时节、重点区域、重点食品开展专项检查共3次，出动执法人员12人次，各乡镇食品安全协管员认真履职尽责，在重大节假日、专项整治活动，清理农牧区过期变质食品150余公斤，进一步规范农牧区食品市场秩序，维护流通环节食品消费安全；强化对县食品生产企业及小作坊查，有效整治小作坊、小食品卫生状况脏乱差的局面。全年共出动执法人员121余人次，下达责令整改通知书152份、检查食品生产经营户236家次，收缴不符合食品安全标准的食品货值17649.2元，当场行政处罚11户，罚款11000元。

【药品、医疗器械监管】 年内，县食药监局强化辖区内药品经营企业日常监管，督促其按照要求积极履行《中华人民共和国药品管理法》《药品经营质量管理规范》等法律法规，提高药品安全意识及业务水平，全年出动执法人员36人次；创新建立医疗机构索证索票资质审查机制，为保证县医院、普济医院药械供应渠道合法，对其药械供应商进行资质审查备案，出具审查证明，有效防止假劣药、挂靠走票的行为出现；开展重要时节、药店及诊所、不合格药械化、互联网医疗器械、“名医”利用养生节目销售假药、特殊药品等专项整治，出动执法人员45人次，下达责令整改5份，没收标签不合格及过期化妆品货值金额5728元；开展涉药单位药物性医疗废物环保整治，印发《关于加强涉药单位易制毒化品、回收过期失效药品管理工作的通知》，药物性废弃物管理得到有效的加强；4月，组织药品医疗器械从业人员开展新《医疗器械监督管理条例》《药品质量经营管理规范》《中华人民共和国药品管理法》业务培训工作，20多人参训，有效增强药械化经营和使用单位的管理服务水平。

藏药材摸底工作，全县藏药材种植共计39.09万平方米，其中波棱瓜种植21.67万平方米，集中分布在玉许乡；天麻种植15.92万平方米，集中分布在扎木镇、松宗镇；灵芝菌种植1.5万平方米，集中分布在古乡。

加强“药械化”不良反应监测上报工作。2017年，自治区药品化妆品医疗器械不良反应/事件监测哨点医院已在县卫生服务中心挂牌成立。全县“药械化”不良反应（事件）上报57例，其中药品不良反应52例、医疗器械2例、化妆品不良反应报告3例，圆满完成林芝市局下达的指标。

【食品药品宣传】 2017年，为营造“人人关注、参与食品药品安全”的良好氛围，县食药监局开展食品药品安全科普知识“进企业、进学校、进乡镇”系列宣传活动，并结合“3·15”国际消费者权益日、“食品安全周”“安全用药月”“安全生产月”“12331”投诉举报日等活动向广大群众发放各类宣传手册和资料5000余份，受益群众3000余人。同时，在县电视台播放食品安全宣传片，在餐饮食品安全示范街、单位大门LED大屏播放饮食用药安全宣传标语及语音。截至年底，共开展集中宣传活动3场次、悬挂宣传标语20余条，并在电视台公布有毒蘑菇、重大节日期间食品安全预警信息6条、在餐饮示范街LED播放藏汉双语《中华人民共和国食品安全法》等法律法规3次等，5月份通过县文广局专门拍摄食药工作主题纪录片——《人间仙境·食安波密》，向大众展现食药人工作精神风貌。

【创新监管方式】 创新从业人员培训模式。年内，县食药监局根据监管对象实际情况，组织开展集中培训1期；通过开展执法检查，集中从业人员进行“现场说法”5次；通过下乡督导检查工作，开展“下乡送教”对食品安全协管集中培训5次。

推进“明厨亮灶”工程，打造“阳光厨房”。加强餐饮服务环节食品安全监管，完善餐饮服务食品安全诚信体系建设，强化餐饮服务经营者诚信经营意识和自律行为，波密县积极开展“明厨亮灶”建设工程，广泛宣传发动，营造氛围，在全县餐饮行业中努力营造主动开展“阳光厨房”建设的浓厚氛围。截至年底，85%餐饮单位达到“明厨亮灶”建设工程要求，总投入48.165万元的餐饮服务电子监管平台，已纳入全县25家餐饮单位。

推进食品安全城市创建。按照创建方案，进一步落实相关单位责任。在宣传方面，加大力度开展创建宣传工作，在主城区、重要路段、单位院内悬挂宣传横幅、制作宣传展板、播放多媒体等积极宣传食品安全城市创建工作情况，共制作宣传展板3块、悬挂横幅5条，播放多媒体3次。在资金方面，县政府在2017年的食品药品安全管理事业中安排48万元资金用于食品安全城市创建工作，其中食品安全抽检经费38万元，食品安全城市创建工作正稳步推进。

提高行政许可效率。投资27.8万元的食品药品办证大厅已投入使用，设置行政受理室，并利用林芝“智慧食安”系统，简化行政审批程序，缩短办事时限，从受理到办结实行“一站式”服务。推行许可前置介入服务，按相关法律规范要求，对受理前的食品经营企业经营场所的规划、装修、设施设备安装等进行指导，以降低对经营场所现场核查时的整改成本，提高企业的市场准入门槛。

【食药稽查】 扎实投诉举报核查工作。2017年，共接收信件、电话、转办的食品药品投诉举报线索共7起，包括卫生投诉4起、地沟油投诉1起、马肉代替牛肉投诉1起，销售环节销售过期食品1起，均已成功办结，其中立案1起，没收过期食品5521.2元，处罚款50000元；移交工商1起。

开展食品、农产品、医疗器械抽验工作。按照市局抽检计划统筹，全县已完成2个批次的医疗器械抽检任务，品种包括避孕套、一次性导尿管；完成食品安全城市创建自主抽检116批次、国家食品安全抽检任务14批次、自治区食品安全抽检任务9批次及食用农产品抽样60批次，合格率均为100%；抽检样品涵盖餐饮、销售等环节，主要包括大米、面粉、膨化食品、油炸面制品、肉及肉制品、蜂产品、腌制食品、菌类、火锅底料、蔬菜等贝、淡水鱼、牛肉及内脏、蔬菜及水果等；开展面制品小作坊产前抽样1批次。开展抽检不合格食品核查处置工作，立案1起，没收违法所得78.1元。

开展食品安全网络监测，消除食品安全舆论影响。积极配合上级开展“激素黄瓜”食品网络舆情监测，抽取黄瓜4批次，及时消除影响。

（莫斌全）

【领导名录】

局　长　次旦卓玛（女，藏族，9月离任）
　　　　次仁罗杰（藏族，11月任职）
副局长　吴　　瑞（3月任职）
　　　　泽央卓玛（女，藏族，3月任职）

波密县国土资源局

【概况】 年内，波密县国土资源局（以下简称县国土局）在县委、县政府的正确领导下，市国土资源部门的精心指导下，全面贯彻落实中共十九大精神，认真学习“两学一做”及习近平系列讲话精神，切实按照县委、县政府的统一安排部署及县“两产业一平台”战略任务，为实现“五个波密”（祥和波密、活力波密、幸福波密、美丽波密、法治波密），县国土局开拓创新，奋力前进，以保护国土资源为重点，以增强对县域经济发展的保障能力为目的，坚持保护与利用、服务与管理并举，不断提升国土资源管理水平，圆满完成年度各项目标任务，为县域经济持续发展提供强有力资源保障。2017年，全局共有工作人员13人，其中借调1人，驻村2人。内设3个机构，分别为土地储备中心、国土执法大队、不动产登记中心。

【土地资源】 2011年第二次全国土地调查，波密县行政区总面积16748平方公里，其中耕地57平方公里，园地27平方公里，林地5825平方公里，草地3147平方公里，交通运输用地5平方公里，水域及水利设施用地2877平方公里，其他土地4832平方公里。乡（镇）行政区面积松宗镇825平方公里，倾多镇1879平方公里，扎木镇992平方公里，古乡890平方公里，玉普乡2074平方公里，多吉乡1222平方公里，易贡乡2769平方公里，玉许乡2389平方公里，康玉乡1646平方公里，八盖乡2058平方公里。

【土地开发利用】 2017年，林芝市国土资源局下达波密县新增建设用地总量指标为600亩，600亩指标为统筹分配指标，指标随着各县的工作进度进行增减，县国土局始终贯彻“节约集约利用土地”这一原则，不断加大对全县土地资源的整合，完善土地招拍挂机制。按照市场需求，县国土局对桑登大桥桥头一宗9.313亩（储备用地）组织挂拍出让，出让金为362.59万元。截至年底，新增建设用地932.59亩，其中耕地351.87亩。

【土地整治】 2017年，县国土局共有土地整治项目2个，为多吉乡达大村土地开发整治项目，建设规模141.35亩，投资金额71.95万元；玉许乡亚它村土地开发整治项目，建设规模139.65亩，投资金额70.62万元。截至年底，2个项目已做完前期设计，并已通过审批。

【耕地保护】 2017年，县国土局已完成永久基本农田划定相关工作，收集举证材料，并将论证审核材料上报自治区国土资源厅、林芝市国土资源局。同时，为科学划定全域永久基本农田，坚决实行最严格的耕地保护制度，确保基本农田数量和质量，根据基本农田保护文件精神，波密县耕地保护红线为7.89万亩，基本农田面积为6.69万亩。为做到底线不突破，红线不跨越，县国土局严格执行耕地“占一补一”，严格落实“先补后占”制度，建立规范完善的占补平衡台账。高度重视农村土地整治工作，将玉许乡白玉村土地整治项目纳入2017年度重点工作，制定台账，加强督导，强力推进，有效促进全县土地整治工作的开展。2017年4月，白玉村149.47亩土地整治项目完成验收。截至年底，完成县级标志牌1块、乡（镇）级标志牌9块，并与乡（镇）、村（居）签订基本农田责任书10904份，完善层层落实基本农田保护责任制。

【土地执法监察】 年初，国土资源部下发波密县2016年土地卫片执法图斑共计30个，面积达361.9亩；经县国土局核查后，其中，临时用地图斑5个，面积48.6亩，用地批复已下发；设施农用地图斑4个，面积19.95亩，用地批复已下发；伪变化图斑3个，面积15.4亩；违法用地图斑16个，面积261.85亩，以对违法单位进行勘测定界，县国土局正积极组织报件当中；用地批复已下发的图斑1个，面积6.8亩。矿产卫片执法共有5个疑似违法卫星图斑，分别在扎木镇、易贡乡、玉普乡，在调查过程中发现1号、5号、6号图斑属于伪图斑，2号和3号图斑属于非金属矿，调查结果为违法采矿，2处采挖点包含在中央环保部环境督察对象中，年底已全部整改并上报自治区国土资源厅。同时，为加大波密县土地“五乱”综合整治工作，根据县委、县政府要求，波密县于2016年6月成立土地整治领导小组，专门负责全县土地乱圈、乱占、乱围、乱搭、乱建事宜，2017年，打击违建行为31起，下达停工通知书20余份，涉及面积达6万余平方米，较好的控制违法案件新增势头。

【农村集体土地确权登记】 2017年，县国土局完成全县10个乡镇共81个行政村（扎木镇扎木村、巴琼村外业调查已完成，截至年底，正在进行公示，桑登村正在进行外业调查中）的农村集体土地、宅基地、集体建设用地、地上房屋及其附属设施的权属调查和地籍测量工作。截至年底，农村集体土地确权工作已完成（除巴琼村、桑登村、扎木村外）所有村（居），其中外业完成情况：宅基地及集体建设用地4939宗、房屋调查6016栋、集体土地调查131.03平方公里；内业完成情况：宅基地、集体建设用地及房屋调查公示4939宗、签字3314宗、集体土地调查公示90.46平方公里、签字58平方公里。

【矿产资源】 2017年，县国土局认真落实贯彻区、市有关矿产资源管理相关文件精神，严把审核关和监督管理关，积极整顿和规范矿产开采秩序。截至年底，波密县域内进行探矿备案的矿业公司共计1家，无私挖乱采和破坏环境等现象。同时，根据《林芝市国土资源局关于加强开采砂石管理的紧急通知》的要求，2017年，对全县范围内的砂石矿进行实地调查，截至年底，波密县共有32家砂石矿，保留14家。因扎木镇、古乡、玉许乡、倾多镇、易贡乡、八盖乡都涉及大峡谷自然保护区、易贡国家地质公园和嘎朗湿地公园范围内无法办理相关手续。其中多吉乡、玉普乡、八盖乡、松宗镇的砂石矿前置手续正在办理当中，前置共使用资金108万元。2017年底，县国土局聘请第三方测绘公司启动第三轮矿产资源总体规划的编制工作，专门成立领导小组，印发实施方案，严格按照相关法律法规的要求，完成全县第三轮矿产资源总体规划文本、附图及附表的编写工作，并提交至市国土局进行初审。

【地籍管理】 波密县不动产登记中心自2016年12日与13日成立以来，秉承“公开、便民、廉洁、高效”的服务宗旨，按照“效率最高、速度最快、服务最好”的要求，组织开展“争创五零窗口”（服务群众零距离、服务事项零缺位、服务工作零差错、服务时限零延误、服务质量零投诉）活动，在服务时限上打破常规，实行节假日加班服务和延时服务，形成“一站式”服务。截至2017年11月15日，县国土局共办理23宗，其中首次登记1宗，变更登记1宗，抵押登记21宗、贷代金额5030.8万元，换证2本（变更为不动产权证）。

【地质灾害防治】 年初，县国土局对全县范围内的所有地质灾害点进行巡查，共排查出179处灾害点。一般型155处、较紧迫性17处、紧迫型7处。自进入汛期以来，县国土局严格落实24小时值班制度，加大汛前排查、汛中检查、汛后复查力度，全年共深入地质灾害隐患点检查、排查20次。并及时发放防汛减灾明白卡，及时填写地质灾害速报表，对全县已有及新发生的地质灾害隐患点进行逐一建立台账，统一造册，动态监管。共发放各类明白卡210余份，填写地灾速报表10份；为分解工作任务，落实相关责任，县国土局按照要求，签订《地质灾害防灾减灾目标责任书》，共签订《地质灾害防灾减灾目标责任书》5504份，其中市与县签订1份、县与乡（镇）签订11份、乡（镇）与村签订84份、村与户签订5409份。同时，落实地质灾害责任制，根据上级文件要求与全县精准扶贫工作，结合波密县地质灾害实际，县国土局及时完善群测群防员机制，新增加2名人员，由原来的21名增加至23名。

加大防灾减灾宣传力度。2017年，县国土局利用“4·22”世界地球日，在县波茂广场进行地质灾害等知识宣传；7月22日，通过防灾减灾综合演练，对参加演练的学生和群众近100人进行防灾减灾知识宣传；印发《波密县地质灾害避险应急手册》共计3400份。

（王松泽）

【领导名录】

局　　长　白永平（藏族，11月离任）
　　　　　普　布（藏族，11月任职）
主任科员　丁增卓玛（藏族，女）
执法大队大队长
　　　　　达瓦次仁（藏族，3月任职）

波密县城市投资有限责任公司

【概况】 2016年5月，由波密县人民政府授权国有资产管理委员会成立波密县城市投资有限责任公司，投资2000万元。2017年，波密县城市投资有限责任公司，实现收入113.03万元，利润85.61万元，上缴税金13.9万元，资产总额1439.52万元。公司现有干部职工7名，其中总经理1名，副总经理1名，行政人员2名，聘用人员3名。公司下设综合部、财务部、业务部3个部门。公司主要经营土地开发管理、矿产资源管理、砂石资源管理房屋租赁、物业管理、同时承建城市基础设施建设及旅游资源市场开发、垃圾和污水处理。

【经营理念】 公司以习近平新时代中国特色社会主义思想和中共十九大精神为指导，在县委、县政府的正确领导下，秉承“城市基础设施为基础、土地经营为支撑、多元化经营为辅助”的经营理念，发挥城市建设主力军作用，综合运营城市资源开发建设与管理，增强城市功能、提升城市品位，打造波密城市新形象，确保国有资产保值增值，实现社会效益和经济效益双赢。

【公司文化】 公司秉承创新、进取、合作、人才理念、关心员工成长的企业文化。创新：想象力比知识更重要，因为知识是有限的，而想象力概括着世界上的一切，推动着进步并且是知识进步的源泉；进取：尽职尽责；勇于承担责任，主动迎接新的任务和挑战；保持好奇心，不断学习，追求卓越；合作：一个团队的力量远大于一个人的力量，这种共同奉献需要一个切实可行、具有挑战意义且让成员能够为之信服的目标。团队精神的核心就是协同合作；人才理念：向来视人才为第一财富，高度重视对人的培养。人才培养本着为公司战略、企业文化建设的服务理念，通过帮助员工提升工作绩效和个人能力，推动员工与公司的共同成长；关心员工成长：为员工提供良好的工作环境，完善员工培养体系和职业发展道路，使员工获得与企业同步成长的快乐；充分尊重和信任员工，不断引导和鼓励，使其获得成就的喜悦。

（刘雪婷）

【领导名录】

总 经 理　李彦龙
副总经理　张　鑫

波密县波隅旅游开发有限公司

【概况】 波密县波隅旅游开发有限公司注册成立于2017年3月31日，以旅游项目开发与管理、景区资源开发为主营，大力发展旅游产业。下辖波密县游客服务中心、波密县部分涉旅企业、波密县各旅游景区景点。自公司成立以来，积极挖掘、整理、整合全县旅游资源，进行全域旅游策划与规划，实现对全县旅游资源的掌控，保障景区开发权、经营权和所有权归政府所有，避免再次出现景区经营企业不投入、少投入、不按合同规定投入等问题。公司通过实现对景区资源管控、开发经营、旅游车队管理、导游队伍建设、与其他旅行社合作等方式，完善景区开发和资源壮大，带动波密旅游产业快速发展，吸引农牧民参与到旅游行业中来，通过旅游脱贫致富，实现精准扶贫，推动波密县经济快速稳定发展。

自2017年7月18日开始试运营，按照市场主导的发展理念经营，截至年底，各项业务基本走上正轨。已入库资产近3000万元，其余资产待评估入库。在完善公司职能，开展各项业务方面取得一定的成绩。

【旅游服务】 完善游客服务中心功能，使其成为服务游客、宣传波密的主窗口。年内，公司在游客服务中心内投资140万元建设波密县智慧旅游体验馆，使其成为西藏全区第一个智慧旅游体验馆，也是西藏仅有的一个3D VR体验馆。此外，还设置土特产品销售中心、藏式服装售卖中心、文化培训中心、会议室、游客接待中心等。为完善服务功能，引进餐饮企业，经营中餐、西餐、藏餐，使游客服务中心成为集旅游、咨询、住宿、餐饮、特色产品售卖、智慧体验为一体的多功能服务中心。

【职能机制】 公司创建之初，本着完全按照企业的经营模式运营，逐步建立各项企业规章制度。通过公开选聘，招聘具有大专以上文凭和对口专业的出纳1名、文秘1名。公司在人事管理方面，以制度约束人，以绩效激励人，以达到发展企业、壮大企业的目标。公司始终坚持旅游与文化密不可分，按照发展思路，在旅游景区开发与管理、土特产品开发、酒店餐饮服务、度假等旅游职能上增加文化艺术交流、会务服务、企业形象策划、文化培训等职能，并按照以上职能开展运营。

【各项工作】 游客服务中心自试运营以来，接待游客1000余人次，接待咨询人数700余人次。通过向游客推荐景区，使游客在波密、墨脱停留旅游80余人次。VR体验100余人次，售卖旅游纪念品1万余元。与县老干部局、工妇委合作，开办老干部舞蹈培训班、少儿暑期书法培训班、少儿散打班、妇女健身班。既解决各单位无人无场地开展活动的实际困难，又达到进一步为企业创收的目的。

为更好地发挥游客服务中心的作用，满足游客对新型服务功能的要求，公司拟从城投公司借款200万元，用于游客服务中心改扩建，增加相应的服务功能。截至年底，正在规划设计之中，建成后可全面提高游客服务中心的接待能力。

为完善旅游配套设施，推进“食住行厕游购娱”协调发展，加大景区投资力度，公司拟融资1500万元，用于修建朗秋冰川景区游客服务中心、道路加宽等基础设施建设，以进一步完善波密县景区基础设施，提高游客可进入性及满意度。截至年底，该项目已列入林芝市精准扶贫项目库，正在积极推进中。

本着资源不动，资源入股，择优选择的原则，先后与6家投资公司进行洽谈，最终签订2家达15亿元的旅游景区战略合作开发协议。

【景区开发】 年内，公司通过更好更快的步调开发经营景区，做到为群众增收，为企业提高知名度，为波密旅游服务、为波密县经济发展做出应有贡献。争取开发出县域内2个未开发的景区，使旅游资源得到充分合理利用，已开发景区旅游环境得到改善。

【宣传推介】 年内，公司为拓展旅游营销搭建良好平台，加大营销力度，注重营销方式创新，提高宣传水平，进一步提升波密旅游知名度，积极开展对外宣传营销，邀请区内外媒体、企业来波密县踩线洽谈。同时体现特色充分利用微信、微博等网络新媒体，宣传推广旅游资源，实现全域旅游大发展。

【旅游产品】 年内，为丰富波密县旅游特色产品，公司积极与县农牧局沟通协调，已得到县农牧局波密天麻地理标志的使用权。下一步将开发以波密有机茶叶、藏香猪、天麻、松茸为主打的土特产品的设计、宣传及销售，以品质服务于客户，使波密有机茶叶、藏香猪、天麻、松茸品牌效应更加响亮。同时进一步开展好公司现有各项业务活动，增加企业收入。

【资产入库】 年内，公司进一步整合县域旅游资源、完善景区规划、深化景区开发，积极与县财政局沟通协调，邀请专业人士对公司现有未入库旅游资产进行评估，进一步做好资产入库工作，为波密县旅游开发、旅游资源管理工作奠定基础。

【规章制度】 年内，公司提升公司管理水平和服务质量，逐步建立健全各项规章制度，落实岗位职责、奖惩条例等并依章执行，各项管理、服务、操作日趋完善，引导公司管理和服务向规范化和制度化迈进。

（姚　建）

【领导名录】

总 经 理　卢俊香（女，3月任职）

副总经理　姚　建（女，3月任职）

西藏林芝市
波密县藏核农业科技有限公司

【概况】 西藏林芝市波密藏核农业科技有限公司是林芝圣茸农业科技股份有限公司的全资子公司，座落在由林芝圣茸倾力打造的波密松茸产业园内，主要从事松茸和核桃生产加工，松茸和核桃产品的研发、生产、销售。投资规模1.2亿元，占地面积16666.75平方米，建筑面积20000余平方米。公司共有员工28人，机动临时工人10—40人（根据工作量而定），其中有些人员是建档立卡贫困户。

公司拥有一支高学历、高素质的人才队伍，公司员工60%本科及以上学历。公司与广东省及云南省高校建立广泛的合作，依托高校资源建立一支以研究生和博士为主的高科技研发队伍，依靠技术求发展，圣茸公司将不断为国内外客户提供满意的高科技健康产品。

公司已与众多国内外客户建立广泛合作，依靠波密当地的资源优势，结合公司的强大的人才、技术、生产和品牌优势，公司会努力将波密的农副土特产品推向全国，走向世界。定会使波密成为世界知名的健康保健产品种植和生产基地。

波密松茸产业园区经济技术指标

表2

项目		单位	数值	所占比重（%）
地块用的面积		平方米	16246.78	—
总建筑面积		平方米	22300.97	—
不计容建筑面积		平方米	1565.40	—
计容建筑面积		平方米	20735.57	—
其中	松茸加工车间	平方米	1817.21	8.76%
	展览中心	平方米	417.60	2.01%
	办公楼	平方米	5896.43	28.44%
	研发生产中心	平方米	6558.86	31.63%
	宿舍及食堂	平方米	5529.35	26.67%
	核桃加工厂	平方米	516.12	2.49%
建筑占地面积		平方米	5673.99	—

续表2

项目	单位	数值	所占比重（%）
容积率	立方米	1.28	—
绿地率	%	31.33	—
建筑密度	%	34.92	—
车位	个	52	—

【工作开展】 截至年底，公司已投入资金3000万元，一期松茸加工厂建筑面积1817.21平方米，完全按照食品车间要求进行建筑，其中包括分拣车间、清洗间、切片间、包装间、烘干间、冻干间、微生物实验室、理化室、包材库、成品库、冷冻库等。其中冻库面积658.9平方米，-18平方米低温冷藏库6间、0—5℃高温保鲜库1间、-33℃速冻库1间，可存储108吨松茸。于2017年7月23日投产，松茸产量15吨，内销800万元，外销2万美元。

（林建忠）

【领导名录】

董事长 孙国伟

总经理 栾丕誉

波密县顺达成品油销售有限公司

【概况】 2017年，在县委和县政府的正确指导和关怀下，公司认真学习贯彻执行县委、县政府各项工作方针，坚持规范化运营，各项工作取得平稳较快的喜人业绩，日均销售总额在31326.95元。波密县顺达成品油销售有限公司成立于2009年6月19日，位于波密县车队临街左侧，属个人投资企业。注册资金200万元，油站占地总面积2853平方米。共有税控加油机8台，其中包括柴油加油机4台，汽油加油机4台，30立方米地埋卧式钢油罐6座，属二级油站。房屋建筑面积900平方米，房屋为12间，加油站有工作人员7人，管理人员2人，加油员4人，后勤保障人员1人。

【经营管理】 公司主要从事成品油零售，产品主要为汽油、柴油，月销售额平均在9.53万元，2017年，销售10964688.53元。上缴税金227361元，年利润达10.90万元。2017年，公司汽油、柴油分别销售512.97吨、608.54吨，经营期间油品质量未出现任何问题。

为确保成品油市场安全销售，根据西藏自治区零散成品油管理办法的有关规定，购买散装油必须由所在乡镇及派出所或县公安局、商务局、出具零散成品油加油证明。车辆加油必须持有三证：身份证、驾驶证、行驶证，进行实名登记后方可加油。加油员持证上岗有3人，参加安全资格证培训的有2人，新员工无上岗证的有2人，定期培训做到安全生产无事故。

【安全生产】 年内，公司严格执行各项安全生产规章制度和安全操作规范，按照管理制度和操作规范加强管理，有效杜绝违章违规作业。配备电脑监控设备，实行24小时监控，严格落实危险源监控责任，掌握动态情况；为预防事故发生，站长组织每班巡回检查，巡检点包括：加油现场、油罐区、配电室、营业室、收银室、厨房、电器设备等7个重要区域，每天每隔4小时检查一次，并把每天的安全检查情况记入巡检日志。

（陈　诚）

【领导名录】

加油站站长 闻　涛（11月离任）

张超峰（11月任职）

中国石油波密加油站

【概况】 中国石油波密县加油站始建于2010年，属于国企上市公司。位于波密县扎木西路，占地面积约为3600平方米。站内配有高清监控16个，可储存30天。汽、柴油加油机各设有2台，共计4台。30立方卧式双层罐8座，其中汽、柴油各4座，加油站达到国家环保要求的二次油气回收并通过油气回收监测。站内从业人数共有14人，其中加油站负责人1人，综合管理员2人，加油员13人。有安全上岗证14人，安全管理证2人。

2017年，共计销售成品油14500吨。其中汽油销售6000吨，柴油销售8500吨，期间未出现任何油品质量问题。2017年销售额为1.0606亿元，其中利润370万元，税金119万元，资产总额为614万元。加油站经营销售均严格按照自治区114号主席令要求，加油实名登记，散装油出示证明登记，让员工坚持不拖枪加油。严格管控好油品销售。

【安全生产】 2017年，波密加油站在严格按照加油站操作规程的情况下，制订全年员工培训计划和应急预案演练计划。每月根据培训计划和演练计划的内容对站内员工进行针对性的培训和演练。对4名新晋员工做到严格按公司规章制度所要求的三级培训，培训内容主要是以理论和实践相结合，理论培训和实践学习力争做到真实不弄虚作假。同时根据相关部门的要求，制定有关加油站各方面的检查材料。对加油站上下半年的防雷及加油机进行检测和鉴定，检测和鉴定均符合国家要求。年内，加大对员工的培训和演练，与员工签署安全协议和责任书。同时积极配合政府相关部门的检查和指导工作，确保加油站的安全和稳定。中共十九大期间积极响应政府要求，对加油站实行升级管理，对员工在思想上做好工作。

（格桑多吉）

【领导名录】

加油站站长 蒙 云

波密县实惠成品油销售有限公司

【概况】 2017年，公司在县委和县政府的正确指导和关怀下，认真学习贯彻执行县委、县政府各项工作方针，坚持规范化运营，各项工作取得平稳较快的喜人业绩。波密县实惠成品油销售有限公司成立于2002年5月20日，位于波密县城东侧，属个人投资企业。注册资金100余万元，加油站占地总面积约1200平方米。实有加油机4台，其中包括柴油汽油加油机各2台，30立方米地埋卧式双层油罐4座，属二级油站。加油站有工作人员5人，管理人员1人，加油员5人。

【经营管理】 公司主要从事成品油零售，产品主要为汽油、柴油，月销售额平均在60万元，2017年，销售280万元，上缴税金20万元，年利润达100万元。2017年，公司汽油、柴油分别销售180吨、200吨，经营期间油品质量未出现任何问题。

为确保成品油市场安全销售，根据西藏自治区、林芝市零散成品油管理办法的有关规定，购买散装油必须由所在乡镇及派出所或县公安局、商务局、出具零散成品油加油证明。车辆加油必须持有三证:身份证、驾驶证、行驶证，进行实名登记后方可加油。加油员持证上岗有3人，参加安全资格证培训的有2人，新员工无上岗证的有2人，定期培训做到安全生产无事故。

【安全生产】 年内，公司严格执行各项安全生产规章制度和安全操作规范，按照管理制度和操作规范加强管理，有效杜绝违章违规作业。配备电脑监控设备，实行24小时监控，严格落实危险源监控责任，掌握动态情况。

（普 巴）

【领导名录】

加油站站长 贾伯清

波密县卷烟配送中心

【概况】 波密县卷烟配送中心成立于2006年，占地面积609平方米，2017年，共有干部职工4人，其中藏族2人、汉族2人，中级职称1人，全县共有零售户129户，其中县城46户，乡镇83户。

【卷烟销售】 2017年，波密县销售卷烟1358箱，6788万支，同比增加108箱，573万支，增幅8.59%，实现销售额4866万元，同比增加518万元，增幅11.91%。单箱均价35832元，同比增加1054元，增幅3.03%。

（张红霞）

【领导名录】

卷烟配送中心负责人　张红霞

财政·税务

波密县财政局

【概况】 年内，波密县财政局（以下简称县财政局）在县委、县政府的正确领导下，在自治区财政厅和林芝市财政局的精心指导下，以邓小平理论、“三个代表”重要思想、科学发展观和十九大精神为指南，贯彻落实习近平新时代中国特色社会主义思想，全面推进财税体制改革，切实履行财政监督职能，落实稳增长、调结构、促改革、惠民生、保稳定、防风险等一系列政策措施，严格控制一般性支出，扎实推进经济社会发展，不断提高人民群众物质文化生活水平。2017年，县财政局为正科级行政单位，行政编制4人，会计核算中心参公编制6人。下设会计核算中心、农财股、行政事业财务股、基建股、机关财务股、检法司财务股、综合股、办公室8个股室和政府采购办。

【财政预算执行】 2017年，波密县财政总财力为86201万元，比年初预算增加28986万元，增长51%。财政一般预算收入年初预算为3102万元，实际完成6200万元，根据《中华人民共和国预算法》规定，超收部分调入预算稳定调节基金中。财政一般预算支出年初预算为57215万元，截至年底，一般预算支出完成82582万元。政府性基金收入完成1515万元（含上级专项基金收入1081万元）。政府性基金支出完成1515万元。从波密县财政总体运行情况看，2017年波密县财政顺利完成本年度目标任务，财政预算执行情况良好。

【财政收支运行分析】 收入方面。2017年波密县财政总财力86201万元，其中，财政一般预算收入为6200万元，财政自给率达到7%。体制补助902万元，均衡性转移支付收入18117万元，比年初增加161万元；返还性收入完成1796万元，比年初增加600万元；义务教育等转移支付收入11770万元；基层公检法司转移支付收入748万元，比年初减少4万元；城乡居民医疗保险转移支付收入1172万元；农村综合改革转移支付收入60万元，比上年增加50万元；县级基本财力保障机制奖补资金收入1860万元，比上年增加1265万元；结算补助845万元，比上年增加695万元；国家重点生态功能区转移支付收入697万元；固定数额补助收入7936万元，比上年增加1215万元；其他一般性转移支付10519万元，比上年增加1504万元；专项转移支付收入19503万元，比上年增加5397万元。2017年，财政一般预算收入实际完成6200万元，根据《中华人民共和国预算法》规定，超收部分调入预算稳定调节基金中，其中税收收入完成3411万元，为一般预算收入的55%，比年初预算增加1069万元，增长46%，其中，增值税完成2566万元；营业税完成17万元；企业所得税完成170万元；个人所得税完成48万元；资源税完成1万元；城市维护建设税完成362万元；印花税完成58万元。

非税收入完成2789万元，为一般预算收入的45%，比年初预算增加2029万元，增长18%，其中，专项收入完成455万元、行政性收费收入完成47万元；罚没收入完成137万元；国有资源有偿使用收入完成1155万元；其他收入完成1265万元。政府性基金收入完成1515万元（含上级专项基金收入1081万元），增长100%。

支出方面。2017年波密县年初一般预算支出为57215万元，截至年底，一般预算支出完成82582万元，完成年度预算数144%。其中，一般公共服务支出年初预算11975万元，实际支出13958万元；公共安全支出年初预算安排4507万元，实际支出5527万元；教育支出年初预算安排13627万元，实际支出17664万元；科学技术支出年初预算安排192万元，实际支出222万元；文化体育与传媒支出年初预算安排699万元，实际支出1507万元；社会保障和就业支出年初预算安排4217万元，实际支出4557万元；医疗卫生支出年初预算安排5680万元，实际支出6784万元；环境保护支出年初预算安排883万元，实际支出1599万元；城乡社区事务支出年初预算安排591万元，实际支出4623万元；农林水事务支出年初预算安排11081万元，实际支出17659万元；交通运输支出年初预算安排158万元，实际支出176万元；资源勘探电力信息等事务支出年初预算安排85万元，实际支出375万元；商业服务业等事务支出年初预算安排220万元，实际支出779万元；国土资源气象等事务支出年初预算安排167万元，实际支出227万元；住房保障支出年初预算安排1857万元，实际支出4624万元；预备费年初预算安排572万元；其他支出年初预算安排704万元，实际支出2301万元。2017年支出较2016年同期增加15698万元，增长23%，增长的主要因素为上级专项指标增加。

截至年底，波密县政府性基金支出完成1515万元，其中，土地出让金支出434万元、上级专项基金支出1081万元。

【“三公”经费的管理和使用】 年内，根据相关规定，波密县及时调整充实“三公”经费工作领导小组，全面规范全县“三公”经费支出，重点压缩公务接待支出。专题分析“三公”经费管理中存在的突出问题，建立长效机制，按照自治区有关规定，逐年缩减年度预算。严格遵循先有预算、后有支出的原则。不存在任何虚假列支、转移支出以及挤占、挪用或者套取资金违规开支“三公”经费的问题。

2017年，波密县“三公”经费支出998.56万元，其中，因公出国（境）费用0万元，公务用车购置及运行维护费年初预算606万元，实际完成770.78万元（其中公务用车运行维护费570.11万元，车辆购置200.67万元），超出预算部分从以往年度的采购资金中安排；公务接待费年初预算439万元，实际完成227.78万元，比2016年下降20%。波密县“三公”经费总体支出2017年比2016年下降18%，三公经费总支出呈下降趋势。

【强农惠农资金落实】 *税费改革政策*。波密县强农惠农资金落实情况。村干部：2017年兑现475.49万元。补助标准：村党支部书记兼村委会主任（一肩挑）为17941元/年；村党支部书记、村委会主任为17828元/年；其他村干部为8904元/年。村级党组织保障经费：2017年兑现170万元，补助标准20000元/年/行政村。五保户供养：2017年兑现156.39万元，补助标准4940元/年/人。2017年兑现村干部考核奖励资金541.74万元。

农村救助体系。农村最低生活保障：2017年兑现314.23万元。补助标准：A类每人由2200元/年调到2931元/年；B类每人由1660元/年调到2327元/年；C类每人由1050元/年调到1613元/年。

城镇救助体系。2017年兑现176.21万元，补助标准：由月人均640元提高为月人均700元。

【财政改革】 按照建立和完善公共财政体系的总体要求，2017年，县财政局继续深化部门预算，细化预算编制，科学制定定员定额标准，严格预算制约，建立预算编制与预算执行、预算监督相互制约机制；逐步完善政府采购章程，规范政府采购行为，并加大监管力度，使波密县政府性采购逐步走向正轨。全面落实公车管理制度，细化公务接待标准，制定符合波密县实际的制度章程，全面有效地降低行政成本，提高资金使用效率，提升行政水平。加强“收支两条线”管理，对行政事业性收费进行清理收缴。扩大财政监督影响力，开展全县行政事业单位财务大检查，会计基础知识培训与宣讲，引导部分干部职工考取会计从业资格证书，填补财政人员空缺。严肃财经纪律，逐步规范财经秩序，对提高财政服务水平，提升财政资金功能集散起到积极作用。

【财政监督】 年内，县财政局加强对波密县基建项目的工程预、决算审查管理，细化流程，严格控制项目成本，有效节约项目建设资金。从源头上监管资金，跟踪落地每一个项目，确保财政资金发挥最大效益。按照《中华人民共和国预算法》有关规定，为了不影响自治区和林芝市财政对波密县各项资金的支持，更好的保障各类经费正常运行，加快资金使用进度，督促各乡镇人民政府、县直各单位加快资金使用进度，专款专用，不得违规突击使用资金。为了规范全县行政事业单位国有资产处置行为，维护国有资产的安全和完整，保障国家所有者权益，实现国有资产有序流转，防止国有资产流失，根据《波密县行政事业单位国有资产处置管理办法》，所有处置收入上缴国库，波密县国有资产处置工作日趋完善。

【干部队伍】 年内，县财政局规范财政局干部队伍廉洁自律行为，建成为民、务实、清廉的阳光型财政，切实提升财政干部履职能力。结合县财政局人员更新较快，加之人员少、工作任务重等特点，按照县财政局内部控制制度，每周安排不少于10小时的时间进行业务自学，并组织新老干部“一对一”传帮带，不断提高财政干部的业务水平。县财政局开展廉政教育专题讨论4次，观看廉政警示教育片4部，着实增强各级党员干部的廉洁自律意识。

【基层财务培训】 年内，县财政局为全面规范波密县各乡（镇）人民政府、各单位（部门）和村（居）财务管理工作，结合县情及财政政策落实状况，以提高基层财务人员的工作水平和业务能力，推进波密县“城乡财政一体化”建设，严格落实“村财乡管、乡财县管”财务体制，以《会计基础》和会计职业道德为准绳，创新培训模式，切实解决县乡村存在的突出问题。2017年，县财政局进一步细化各财务人员分片包乡（镇）落实责任人，定期组织各分管乡（镇）财务人员下乡宣传教育，并解决实际问题。

【财政存量资金清理】 根据《中华人民共和国预算法》相关规定，按照林芝市财政局《关于清理存量资金有关事宜的通知》文件通知要求，截至2017年12月，已收回两年含两年以上存量资金共计19967030.49元。通过清理使用，县财政局及时掌握财政资金的运行及结余情况，让沉淀下来的财政资金发挥最大效益。

【国有资产清查】 根据西藏自治区财政厅关于全区行政事业单位国有资产清查工作的部署安排，波密县以2017年12月31日为资产清查工作基准日开展国有资产清查工作。截至12月31日，县财政局统计数据显示波密县固定资产总额369620753.42元。2017年，波密县固定资产年初数308711442.83元，增加81988661.63元。

【精准扶贫】 年内，县财政局紧紧围绕波密县委、县政府重点工作任务，充分发挥职能作用，集中财力倾斜投入，预算安排上年财政收入的10%，全力推进精准扶贫工作。截至年底，累计到位扶贫资金7762.86万元。根据《中共波密县委员会 波密县人民政府关于落实“四对一”帮扶脱贫有关事项的通知》文件要求，县财政局领导班子高度重视，通过采取干部职工自愿捐资、部门物资协调等渠道，共计筹集资金近1万元。3月7日，县财政局原副局长白玛四朗带队前往松宗镇岗巴村，实地指导帮扶对象脱贫。与村委会、驻村工作队负责人深入种植区域，安排部署果树种植事宜，期间对该村文化室附属建设做具体安排。10月17日，在第四个“全国扶贫日”当天，县财政局全体在职干部前往波茂广场参加“扶贫日”募捐活动，捐款采取自愿、以个人形式进行，共计捐款1750元。2017年，县财政局党支部书记、局长次仁卓嘎先后4次带队前往松宗镇岗巴村，登门拜访“四对一”帮扶脱贫对象7户，仔细询问了解他们的家庭成员、身体健康状况、主要经济来源、收入状况及实际生产生活困难等情况。实地指导“四对一”困难户扶贫脱贫工作，代表财政局全体干部职工慰问县财政局驻岗巴村工作人员、岗巴村工作队，配发“急救”药箱及购置生活必需品。其间，次仁卓嘎仔细了解他们生产生活困难情况，要求村干部和驻村工作队真心实意为困难群众办实事、办好事、解难事，力争让该村困难群众早日脱贫致富，让农牧民群众过上小康生活。

【强基惠民驻村】 年内，县财政局大力支持工作队项目申报，为岗巴村争取到多个民生项目，主要是自来水工程、马铃薯种植、波淩瓜种植和村级党员活动室建设等方面。

【支部党建】 2017年，县财政局党支部建设工作紧贴年度工作计划，坚持围绕中心、服务大局，扎实推进以严明党的纪律、切实转变作风、完善惩防体系为重点的反腐倡廉建设，着力解决人民群众反映强烈的突出问题，不断推动财政部门党风廉政建设向纵深发展，确保财政工作清正、财政干部清廉、财政作风清明。2017年，县财政局党支部党员干部集中学习24次，参加县级培训2次，逐步增强党员的学习自觉性、党性修养和理论水平。立足财政工作实际，科学地把责任分解到每一个岗位，落实到每一个工作人员，一级抓一级、层层抓落实。2017年，财政局党支部根据党员发展程序，2名预备党员如期转正，截至年底，全局共有党员14名。

2017年，县财政局党风廉政建设工作根据自治区、林芝市、波密县纪检监察工作会议精神，以及对党风廉政建设的安排部署，结合财政工作，成立财政局党风廉政建设领导小组，党支部书记担任组长是第一责任人，党支部副书记作为副组长具体抓全局廉政建设工作，各分管领导作为领导组成员是直接责任人。召开专题廉政工作会议认真传达自治区、林芝市、波密县纪检工作会议精神，安排布置2017年党风廉政建设和反腐败工作。按照《波密县财政局反腐倡廉活动实施方案》，局长对全局廉政建设工作负总责，副局长和各部门分管副局长对股（室）工作负责，明确在落实党风廉政建设责任制工作中所承担的任务，有效地增强每位班子成员的廉洁自律意识和责任感。坚决杜绝“吃、拿、卡、要”等现象，真正做到讲原则、守纪律、做表率，展示财政干部优良的工作作风。

【安全生产】 2017年，县财政局根据县安全生产监督管理委员会的工作部署，为增强局内部各股室及国资委监管的国有企业安全生产工作，确保安全生产。财政局（国资委）及时调整充实安全生产领导小组，各股室逐一排查，先后6次下到国有企业及出租房，排查安全生产隐患，防范安全事故发生。并当即督促国有企业调整部署，完善安全生产体制机制建设，搞好宣传工作，确保年度工作任务顺利完成。2017年，县财政局（国资委）及国有企业全年未发生安全事故。

【普法教育与保密工作】 2017年，县财政局认真贯彻落实国家“七五”普法活动，全面深入开展法制宣传教育，提高干部职工的法律意识和法律素质。根据财政工作实际，结合波密县保密办工作要求，及时调整充实保密领导小组，扎进制度漏洞，及时完善体制机制建设，与每一位干部职工签订《保密责任书》，做到责任落实到人，提高干部职工保密意识。

（李龙伟）

【领导名录】

局　长　次仁卓嘎（女，藏）

副局长 白玛四朗（藏族，11月离任）
樊 尚 泽
王 景 亮（11月任职）

波密县国家税务局

【概况】 2017年波密县国家税务局深入学习贯彻中共十九大会议精神、习近平总书记系列重要讲话精神。全局干部不忘初心，牢记使命。用求真务实、真抓实干的工作态度使各项工作均取得重大突破。2017年，各项税收收入共计入库67539847.21万元。

波密县国家税务局坐落于波密县扎木镇扎木路15号，成立于1994年，负责全县企事业单位和个体工商户的税收征管工作。2007年，波密县国家税务局经批准设立党支部1个。2017年，波密县国家税务局共有17名干部，其中有9名正式党员，发展2名预备党员，2名入党积极分子；大专学历以上人数17人，占总人数的100%。

【税收收入】 2017年，波密县国税局累计组织各项收入6753.98万元，同比减收196.63万元，减少2%。其中，税收收入6501万元，同比减少3%，减收202万元，其他收入完成252万元，同比增长2%，增收5万元。

各级次收入完成情况。中央级收入完成3008万元，同比增长20%，增收520万元；自治区级收入完成178万元，同比增长20%，增收30万元；市县两级完成3566.99万元，同比下降17.3%，减收746.58万元。

【征管改革】 按照“放管服”改革要求，以推行纳税人自主申报纳税、提供优质便捷办税服务为前提，以分类分级管理为基础，以税收风险管理为导向，以现代信息技术为依托，推进税收征管体制、机制和制度创新，努力构建集约高效的现代税收征管方式。

全面贯彻落实6项减免税政策，通过与企业座谈宣传，密切联动，向纳税人全面推送创新发展税收政策信息，加强政策解读，让纳税人真正享受到减税红利。

【纳税服务】 年内，波密县国税局为更好地完成税收工作，增强全民依法诚信纳税意识，提高纳税人的纳税遵从度，开展形式多样的“便民办税春风行动”，把税法宣传和学雷锋活动相结合，大力弘扬“奉献、友爱、互助、进步”的志愿精神。积极开展“送税法、送服务、促诚信”活动，通过深入企业走访，面对面交流，解难题、听意见，搭建税企之间“连心桥”。波密县国家税务局扎实推行免填单服务，切实简化纳税人办税流程，减轻纳税人负担。2017年，累计为纳税人办理免填单服务3000余户次，得到广大纳税人一致好评。同时结合工作实际，在学习机制、服务意识上坚持高标准严要求打造学习型服务型机关，进一步优化办税服务，提高办税效率。

【依法治税】 年内，波密县国税局牢牢把握组织收入主动权，抓实对税收收入科学化、精细化和动态化管理，进一步加大科技管税、评估稽查、打击违法、堵漏征收等管理力度，做到应收尽收，完成税收收入目标，为经济建设、社会发展、保障和改善民生提供可靠的财力保障。

通过加强法治教育，局内党员带头尊法、学法、守法、用法，牢固树立“依法行政是税收工作的生命线”的思想意识，在局内树立以“依法治税、精通业务、忠于职守、爱岗敬业、廉洁奉公、文明征收”为内容的良好职业道德风尚，不断提高法治素养和依法治税能力，防范税收执法风险。

【党建工作】 年内，波密县国税局深入学习贯彻中共十九大精神，扎实开展“两学一做”专题教育。积极开展“学系列讲话、学党章党规、做合格党员”“重温党章”专题教育活动，着力解决党员干部在思想、组织、作风、纪律等方面存在的问题，切实增强政治意识、大局意识、核心意识、看齐意识，使之内化于心、外化于行。对机关党员干部开展理想信念教育、党性教育和爱党爱国教育，结合实际开展富有特色的党支部主题学习教育。进一步落实党建责任巩固制度和党建工作责任制建设，进一步细化责任清单，强化过程管理，狠抓党建责任落实。坚持和完善党组（党委）主要负责同志负总责、分管领导分工负责的“一岗双责”党建工作责任体系。认真开展党建工作述职和党建工作评议考核工作。坚持党要管党、从严治党，把党建工作与税收业务工作一起谋划、一起部署、一起检查、一起考评，推动“抓好党建是最大的政绩”落到实处，为波密县经济社会发展实现新跨越提供坚强保障。

【扶贫工作】 年内，波密县国税局开展结对帮扶活动，在特殊节日走访结对困难群众，倾听群众心声，了解群众诉求，尽力解决群众难题，2017年，波密县国税局党员干部共参与捐赠5000余元以及米、面、油等生活用品。在慰问走访中，干部与群众亲切交流、询问生产生活方面存在的困难、家庭收入状况，主动留下联系方式，向帮扶对象承诺尽力解决生活难题，并鼓励他们坚定脱贫信心，积极克服困难，在党和政府的惠民政策扶持下，依靠自己的勤劳和智慧，争取早日脱贫致富。

（董婷婷）

【领导名录】

局　　长　周　可

纪检组长　马杨曼（女，回族）

副 局 长　扎　西（藏族）

社会事业

波密县民政局

【概况】 2017年，波密县民政局（以下简称县民政局）坚持贯彻落实科学发展观，深入学习领会习近平一系列重要讲话及中共十九大重要精神，扎实开展“两学一做”“四讲四爱”活动推进民政事业日趋规范化、制度化发展，为完成全年各项工作提供强有力的支撑。县民政局为正科级行政单位，2017年，有正式编制16人，其中行政10人，事业6人，下辖县社会福利院、县居民家庭经济核对中心（社会救助站）。

【社会保障】 低保保障。年内，根据上级文件要求，波密县开展了“人情保、关系保”为主要内容的城乡低保专项清理工作，在动态调整下，清退了城市低保15户109人，农村低保17户99人；积极做好城乡低保金发放工作。波密县城镇低保户共106户、296人，发放城镇低保金180.1万元，农村低保户327户、1276人，发放农村低保金298.67万元。

【双拥优抚】 节日慰问。波密县在“三大节日”期间，慰问驻地军警部队，慰问贫困户（包括残疾）172人，孤儿79人，烈军属11人，在乡退伍军人183人、送去慰问金共计13.78万元。并根据“四讲四爱”规定动作内容，在驻地军警部队中选出“保家卫国 戍边先锋”模范8名，发放奖金4000元。

双拥工作。认真贯彻落实上级文件精神，认真做好60岁以上退伍老兵统计工作；接收退伍军人14名；为30名60岁以上退伍老兵，16名重点优抚对象发放各类优抚资金28.5万元；驻地军警部队和县直单位，爱心企业前来县社会福利院慰问五保老人16次，送来慰问品（大茶、酥油、清油、饮料、衣物等）176件，为老人们带来了各类文艺演出8场次，为老人们洗衣做饭，打扫卫生24次，有效地促进了双拥共建工作的开展；在2017年获得自治区“拥军优属”模范县荣誉称号。

项目建设。将波密县烈士陵园和松宗镇烈士陵园烈士维修改造项目列入“十三五”规划，总投资1500万元，于2017年11月开工建设。

【社会救助】 城乡医疗救助工作。严格把关，完善城乡医疗救助办法和工作体系，制定出台了相关救助制度。2017年，城乡医疗累计救助4427人次，资金总支出147.24万元，其中大病救助79人累计次，救助资金支出52.68万元；普通病救助290人次，资金总支出80.08万元；资助参保参合人数4023人次，资金总支出9.23万元；五保对象护理人数35人次，资金总支出5.25万元。

临时生活救助。为使困难群众得到有效救助，县民政局采取了多项措施，实施分类救助，按照自愿救助的原则，对因火灾、交通事故、家庭成员突发重大疾病等原因，导致生活暂时出现严重困难的家庭及时进行救助，截至年底，支出救助资金61万元。

流浪乞讨救助。2017年，救助涉及流浪人员86名，发放救助金26490元，其中安葬费救助6000元。

【社会事务】 村（居）两委及村务监督委员会基本情况。年内，波密县共有行政村84个，居委会1个，配有村（居）党支部书记（主任）共计85名，村（居）两委成员439名，配有村务监督委员会主任85名，成员271名。

社区工作开展情况。年内，在社区治理中，党组织都能够发挥统筹模范、监督管理作用，驻社区工作单位人员都能够积极开展协调各方面工作，努力解决出现的各类问题，作用发挥较为明显；为加强社区工作效率，提升社区工作业务能量，承担政府公共职能，波密县建有扎木社区服务中心1个、扎木社区服务站1个。

勘界工作开展情况。勘界工作已完成由八宿县牵头和嘉黎县牵头的八宿县与波密县、嘉黎县与波密县勘界联检工作，并签订了勘界协议和平安边界协议；完成了林芝市撤区设市的区划变更后的勘界工作，对区划变更后行政区域界线位置、走向、级别、名称等发生变化进行更改的16处。

村（居）“双联户”工作情况。2017年，波密县共有各村（居）双联户865户，开展矛盾纠纷排查1063次，1864人参加；开展安全隐患排查296次，864人参加；组织双联户开展治安巡逻5132次，19840人参与；开展弱势群体帮扶46次，213人参加。

【救灾工作】 自然灾害发生情况。年内，波密县多发洪涝、泥石流等自然灾害，尤其是雨季期间，由于出现强降雨天气，导致部分区域不同程度的泥石流、地震、地基下陷等自然灾害发生，根据县民政局下乡实地核灾，农业作物受损面积29.97公顷，全县受灾总人口为2062人，受倾多镇栋曲村泥石流、“11·18”米林县地震影响共计倒塌农房10户85间，农房严重受损17户107间，农房一般受损322户、1554间，直接经济损失约4687.46万元。

防灾抗灾制度建设情况。按照《灾害应急救助工作规程》规定，及时做好报灾、核灾、救灾工作。波密县严格按照《灾害应急救助工作规程》规定，先后制定了《波密县防灾减灾实施方案》，并督促各乡（镇），各村委会及时制定各级防灾减灾应急预案，并将95名灾害信息员录入波密县灾害信息员数据库，严格按照“防、避、抢、救”的工作方针，牢固树立防大汛、抗大灾的思想，克服麻痹思想和侥幸心理，从组织、人员、资金、物资等各方面做好准备工作，做到防患于未然，将防汛救灾各项措施全部落实到位，确保了报灾、核灾、救灾工作及时有效地开展。

救灾物资储备及救灾仓库建设使用等情况。波密县地处墨脱县，察隅县三界交汇处，救灾工作任务重，救灾物资储备要求高，波密县救灾物资储备已处于饱和状态，2017年，共有各类救灾物资（帐篷、绒衣、棉衣、雨衣等）共计4.3万余件，其中乡（镇）代储1.8万件；波密县共有救灾物资储备库10个，其中乡镇救灾物资储备库9个（除扎木镇），县级中心仓库1个，设有临时避灾点88个，其中乡镇84个，县临时避难点4个。

冬令春荒受灾群众救助工作。2017年，波密县10个乡（镇）84个村委会在冬令春荒期间共有缺粮户945人，为切实解决五保、低保户、困难户的春荒缺粮问题，根据缺粮户统计情况，及时兑现冬令春荒资金131.18万元，有效解决波密县春荒期间困难群众缺粮问题。

【妇女儿童权益保障】 困境儿童情况。2017年，波密县共有困境儿童21名，其中，0—6岁1名，7—12岁10名，13—16岁6名，17岁2名，18岁2名，波密县针对此类困境儿童，根据家庭困境原因，采取医疗救助、临时生活救助、帮助就业等方式帮助其家庭脱离困境。

留守儿童情况。会同各乡镇等有关部门，对全县留守儿童进行了摸底调查，波密县共有留守儿童2名，并于其家庭签订了监护责任书2份，要求所在乡镇及监护人每月5日和25日定期报告留守儿童生活情况，入学情况。

【殡葬管理】根据民族习性，汉族去世人员均由亲属将遗体运至拉萨火化，而后由亲属将骨灰带回来家埋葬；藏族去世人员，由亲属将遗体运至拉萨进行天葬。波密县未建有殡仪馆及设立统一公墓用地。

【社会福利】孤儿保障。2017年，波密县共有孤儿79人。其中66名孤儿已全部入住林芝市儿童福利院，13人已被签订监护协议人领养，每月发放生活费1000元。

特困保障。2017年，波密县共有五保193人，集中供养按每人每年7980元，散居供养按每人每年4940元，共发放五保供养金95.8万元。全县共有2个敬老院（波密县敬老院、波密县八盖乡敬老院），已入住五保老人82人，县敬老院已配置工作人员16人，其中院长1名、医生1名，护士1名（事业编制），护理人员12名（临时工）。

【社会组织】年内，县民政局联合县扶贫办对不符合民间组织管理和社会组织管理规定的波密县古乡古村经济互助社、波密县玉普乡米堆村经济互助社及时取消。

【婚姻登记】自波密县实行婚姻登记录入自治区婚姻登记管理系统开始，依照《中华人民共和国婚姻法》《婚姻登记管理条例》严格程序，手续齐全，优化服务，不断提高与规范婚姻登记管理工作。2017年，县民政局共办理结婚证427对、离婚登记32对、补办结婚证66对，合格率100%。

（李国连）

【领导名录】

局　　长　田伦华（9月离任）

次旦卓玛（女，藏族，9月任职）

副局长　万永刚

江红霞（女，藏族，4月任职）

县社会福利院院长

边巴卓玛（女，藏族）

县居民家庭经济核对中心（社会救助站）主任（站长）

顿珠次仁（藏族）

波密县人力资源和社会保障局（公务员局）

【概况】波密县人力资源和社会保障局（公务员局），于2017年8月设立，由原人力资源和社会保障局职能整合，正科级政府部门，主要从事贯彻落实人力资源和社会保障政策法规，加强就业、社会保障、人事人才、公务员和事业人员管理、协调劳动关系和实施劳动监察等工作职责，下设医疗（工伤、生育、社会）保险管理中心、劳动就业和人才流动服务中心两个参照公务员法管理事业单位。核定机关行政编制3名，其中科级领导职数3名。核定事业编制4名，其中科级领导职数1名。

【就业再就业】2017年，波密县开发就业岗位168个，实现城镇新增就业407人；实现高校毕业生就业164人；实现农牧民工转移就业4930人、9011人次，实现建档立卡贫困人口转移就业1006人；实现就业再就业培训83人，实现农牧民转移就业培训1753人，实现建档立卡贫困人口培训1028人。

2017年，县人社局出台了《关于进一步激励高校毕业生和建档立卡贫困人口就业的实施意见（试行）》，凡波密籍未就业高校毕业生和建档立卡贫困人口到区内企业就业，并与用人单位签订《劳动合同》的，对就业满半年、一年及以上的分别按照每人每月500元、1000元的标准予以补贴。

创新政府购买服务形式，开发40个就业岗位用于聘用波密籍未就业高校毕业生。同时，认真开展未就业高校毕业生“一对一”对接服务工作。对接服务责任人加强与用工单位和高校毕业生的“双向”沟通，主动帮助服务对象推荐合适岗位，有效加快了波密籍高校毕业生就业进度，全县未就业高校毕业生已由年初统计的215人减少到年底的51人。

2017年，全县共有7名高校毕业生开展自主创业。引导和扶持扎木镇次仁多吉、倾多镇多吉等3名高校毕业生通过自主创业实现创收700余万元，吸纳就业28人。

【农牧民转移就业】县人社局立足区位优势，积极探索“旅游+”模式，帮助农牧民在家门口就业，吃上“旅游饭”。2017年，波密县240家家庭旅馆实现创收974万元，促进就业575人。玉普乡米堆村村民靠从事租赁马匹、出售旅游纪念品等，实现人均收入达7000余元，带动就业70人。用足现有就业政策，大力开发林业生态保护岗位、草原监督岗位、村级水管员等岗位4992个。同时，通过现金奖励的形式鼓励建档立卡贫困人口到企业就业。

【农牧民创业】波密县创业环境不断改善，创业主体从“小众”向“大众”转变。2017年，全县农牧民创业总人数为550人，带动就业1116人。成功引导和扶持扎木镇康木村16户村民从事旅游纪念品售卖，实现年收入达20余万元。古乡仁青家庭旅馆创办人卓玛在波密县、乡两级政府的大力扶持下，实现年收入300余万元，吸纳就业15人。

【养老保险】2017年，全县企业职工基本养老保险参保人数为634人，征缴基金687.9万元；城乡居民社会养老保险参保人数为12867人，征缴基金142.79万元。

2017年，县人社局率先在全市出台了《波密县开展追缴和预防冒领城乡居民基本养老保险金专项行动实施方案》，不断完善待遇享受人员生存资格认证方式，初步形成了现场认证、上门认证、视频认证、异地协助认证四种方式。同时，创新工作机制，协同公安、民政、卫生等部门建立信息共享制度，多渠道掌握户籍注销人员信息、高龄人员信息及死亡人员信息，全面构建“上下联动、内外配合、通力协作”的预防机制。

【医疗、失业、保险、保险】2017年，全县城镇职工基本医疗保险参保人数为2412人，征缴基金2083.59万元；城镇居民基本医疗保险参保人数为1544人，征缴基金6万元（区、市、县三级补贴未计算在内）；失业保险参保人数为1296人，征缴基金116.13万元；工伤保险参保人数为2115人，征缴基金76.23万元；生育保险参保人数为1907人，征缴基金111.56万元。

县人社局先后投资34.22万元建成了国标化社会保险服务大厅，统一制作社会保险标识，共设8个服务窗口，推行一站式服务，有效简化了办事程序、精减了办事流程、方便了群众办事。

【全民参保】年内，县人社局严格按照“不落一户、不丢一人、不漏一项”的要求，通过整合公安户籍部门人员信息、城乡居民基本养老保险信息、城镇居民基本医疗保险信息进行登记人员数据比对和信息核查。在初步审核全民参保登记数据工作完成后，在全市率先开展以双联户为单位的“网格化”管理和“回头看”工作，由双联户长对登记信息进行修改完善，并填报波密县全民参保网格化入户登记表。2017年8月，全部完成全县27350人的数据比对和系统录入工作。

【公务员录用】2017年，全县共分配公务员77人，其中乡（镇）公务员16人，内地专招应届大学毕业生43人，部队生源定向录用2人，西部志愿者留藏6人，公检法系统10人。

【公务员考核】2017年，参加考核公务员总数为795人，其中，优秀等次人数179人，称职等次人数546人，未定等次人数70人（试用期内公务员60人，记过3人，记大过1人，降级2人，撤职2人，立案调查尚未结案2人）。

【事业单位录用】2017年，全县共分配事业人员26人，以工人身份安置退伍军人4人。

【事业单位考核】2017年，参加考核事业单位总人数为949人，其中，优秀等次人数为123人，合格等次人数797人，未定考核等次人数29人（其中，试用期内事业人员27人，立案调查尚未结案2人）。

【职称评聘】 年内，县人社局在整体推进全县职称评聘工作的同时，适当向条件艰苦、边远乡（镇）倾斜。2017年，共聘任5名高级专业技术人员、11名中级专业技术人员、24名初级专业技术人员、3名高级技术工人、2名中级技术工人。

【科员晋升】 年内，县人社局严格按照《公务员职务任免与职务升降规定（试行）》要求，经研究动议、组织考察、任前公示等程序，全面完成波密县23名办事员晋升科员工作。

【劳动保障】 2017年，县人社局共接到投诉案件54件，涉及357人、663.25万元，均已妥善解决，法定期限内结案率达100%。其中，具有代表性的刘某案件为林芝市第一起拒不支付劳动报酬被追究刑事责任的案件。在核实刘某恶意拖欠民工工资23万元后，县人社局立即对其立案处理，下达限期改正指令书，在其拒绝执行后，县人社局将该案件移送至公安机关。2017年5月，县人民法院依法判处刘某有期徒刑2年，并处罚人民币5000元。该案件的成功解决得到了《西藏日报》的报道，对恶意欠薪事件形成了有力震慑。

2017年，共征缴保证金1065.74万元，建筑行业参加工伤保险649人，征缴基金33.3万元。

县人社局与检察院建立了劳动违法联席制度，每月召开一次座谈会议。与县法院联合办公，安排1名法律业务骨干到人社局劳动监察办公室工作，加大劳动监察、仲裁力度。

【党支部建设】 波密人社始终将党建工作同业务工作同谋划、同部署、同落实，扎实推进“党建+”模式，积极打造了在全县具有示范效应的党员活动室。

推行“党建+思想”文化。县人社局干部职工集思广益、积极参与共同编写了《波密人社之歌—温馨港湾》。该歌曲的创作，不仅展现了波密人社干部的精神面貌，更增强了波密人社干部的凝聚力和向心力。

开展“党建+公益”活动。将“党建”与“公益”牵手，进一步发挥党员干部先锋模范作用，县人社局干部每月通过捐款50—100元对扎木镇娘那村贫困高校毕业生次旺顿珠进行长期的学费、生活费资助，帮助其完成学业。

开展“党建+便民”服务。社保大厅投入使用后，在窗口设立党员先锋岗，以党员学习、工作完成情况、群众评价等内容为标准，每月进行党员先锋岗评比，极大地激发了党员干部的工作热情。

（罗　兴）

【领导名录】

局　长　果　　果（女，藏族）
副局长　达　　珍（女，藏族，2月离任）
　　　　夏 东 升（2月任职）
　　　　索朗央宗（女，藏族，8月任职）

波密县卫生和计划生育委员会

【概况】 年内，波密县卫生工作在县委、县政府的正确领导下，在上级业务部门的亲切关怀下，统筹兼顾，突出重点，狠抓落实，各项工作取得较大发展。按照县委关于政府职能转变和机构改革的相关要求，2017年8月，波密县卫生局（人口和计划生育委员会）更名为波密县卫生和计划生育委员会，核定行政编制3名，其中，科级领导职数3名。下设副科级单位农牧区医疗管理办公室，核定事业编制2名，其中，科级领导职数1名，经费来源为全额拨款。

【医疗精准扶贫】 年内，波密县成立以县长任组长，各相关部门组成的波密县医疗保障精准扶贫工作领导小组。科学制定实施方案，多次召开《波密县医疗保障精准扶贫工作实施方案》征求意见会，定期总结回顾，及时解决存在问题。

年初，组织医护人员对波密县建档立卡户因病致贫人员进行彻底调查和建档工作。对建档立卡户288名重点病人在县医院进行免费体检。由广州援藏专家进行分类，一类人员（需在林芝市级及以上医疗机构救治）171人，其中重特大疾病有14人；二类（需在县医疗机构住院救治）142人，三类（需在乡镇级治疗）177人。2017年，共救治建档立卡户490人次。全程实施动态管理，截至年底，完成新增病人394人的救治工作。

5月，与林芝市人民医院签订救治协议，波密县确定医疗精准扶贫对象，携带农牧区医疗家庭账户本、本人身份证件和分级诊疗有效证明手续，一类、二类人员直接免费入院治疗。

推行医疗惠民套餐，全面实行“农牧区医疗制度＋农牧民大病商业保险＋民政救助＋政府兜底”的医疗保障套餐，全面实现了免费医疗救治模式。

7月，全面开展家庭签约工作，由县、乡、村三级医疗机构定期随访和跟踪，确保救治效果。县医院与乡镇卫生院医生签约，指派10名专科临床医师全程指导各乡镇精准扶贫救治工作。乡镇卫生院医生和村医签约到贫困户，对慢性病医疗扶贫人员和已经救治出院人员进行跟踪管理，每月跟踪随访至少2次。

政府出资全额兜底，在县财力不足的情况下，对波密县救治人员实行全额兜底，并实行林芝市级、县级、乡级救治全程免费入住。开辟绿色通道，患者可以做到四个“不”，即“不愁钱、不垫钱、不报销、不跑路”。

全面开展重特大病救治工作，积极联系上级区、林芝市医疗机构和慈善基金会进行救治。从县医疗精准扶贫兜底资金借支30万元，派医护人员护送多吉乡2名重特大病患者前往华西救治；3名尿毒症患者前往北京进行治疗。为防止“因病致贫、因病返贫”情况的发生，波密县研究建立健全医疗扶贫准入机制。凡患病的贫困人口，经确诊后均可纳入波密县医疗救治范围。

【包虫病综合防治】 年内，波密县加强组织领导，制定实施方案，确保包虫病筛查工作顺利开展。成立以县长为组长、分管副县长为副组长的包虫病综合防治工作领导小组，制定下发了《波密县包虫病综合防治实施方案》。及时召开包虫病动员部署及推进会，与各成员单位签订目标责任书。县政府先后解决包虫病购置耗材筛查及办公经费、犬只捕捉经费、雇佣B超医生等各类经费共132.31万元，为工作开展提供了足额的资金保障。

强化宣传培训，营造防治工作的良好氛围。组织开展健康知识教育宣传工作，举办全县驻村工作队包虫病防治宣传培训班。2017年，开展包虫病防治宣传进寺庙、“小手拉大手”包虫病防治进校园等各种宣传活动10余次，共计发放各类资料共计3965册。充分利用户外LED屏、电视等媒介滚动播放包虫病防治知识5000余条。建立包虫病宣传信息平台，发送防治知识30000余条，悬挂宣传横幅36条，制作宣传板12块，向各村发放宣传海报800余份。

争取多方支持，强化技术力量保障。2017年，争取广州各大医院2批次共计5名B超专家，“同心·共筑中国心”专家8人，普济医院和仁爱诊所各1名，共计15名B超专家参与筛查工作。

突出重点环节，确保防治工作有序推进。按期完成全县10个乡镇84个行政村26295人B超检查，包虫病阳性、疑似术后病人甄别共计120人，检查出阳性36例（其中需手术人数14例，需药物治疗13例，随访9例）、排除61人（其中肝囊肿40人，胆结石3人，血管瘤10人，肾囊肿1人，肝恶性肿瘤2人，阴性5人），术后检查23人。采集血清3656份。公安部门组织警力30人次开展犬类摸底工作，共登记犬只2895只，流浪犬1098只，办理家养犬只登记牌1400个。公安已抓捕1369条流浪狗。完成牲畜投药工作和屠宰林芝市场监管工作，农牧部门向10个乡（镇）配发犬驱虫药吡喹酮1262瓶，宣传资料1300份，采集牛血清292份、猪血清20份、禽血清20份、犬粪340份，已送自治区相关部门检测，并加大定点屠宰场的规范管理和林芝市场清查力度。水利、环保等部门有序开展农村饮用水和水源地保护和水质检测监测等工作。

【县医院等级创建】 全面推进等级医院创建工

作。2016年9月，成立二级乙等医院创建工作领导小组，建立职能科室6个，分别为创建办、医务科、药械科、护理部、院感科、保卫科。

医疗服务能力持续提升。规范医务人员的医疗行为，严格做好依法执业。严格落实首诊负责、三级医师查房、疑难病例讨论、危重患者抢救、术前讨论、死亡病例讨论、交接班等核心制度的落实工作。加强医院感染控制工作。落实处方点评制度。加强医技科室管理，提高工作质量。

全面加强基础设施建设，优化医院环境。县政府共计投资432万元完成规范化药品仓库、制氧站、消毒供应室、医疗污水处理系统建设。县医院自筹资金50余万元，购买标准化病床100张，抢救病床10张，维修改造医疗科室20间。投入资金120万元，改造室内外老化线路、墙体粉刷改造及监控设备安装等工作。经县医院全体职工和卫生系统工作人员的不懈努力，波密县人民医院于2017年8月，通过二乙的初级评审，于10月底通过自治区的终级评审。

三级医院对口帮扶工作取得圆满成功。自签订对口帮扶协议以来，广州林芝市第一人民医院已选派3批援藏医疗专家18人和医院等级创建帮扶专家14人。援藏医疗队员不辞辛苦，克服各种困难，为波密县培训医护人员，充分发挥“传帮带教”的作用。在资金方面，初步建立波密县医疗急救体系，投入规划内援藏资金761万元添置CT等急救设备，投入规划外资金120万元采购5台急诊体系医用车辆。在医疗方面，三批援藏医疗队门诊治疗2882人，住院患者968人，开展各类手术805人，巡回医疗诊治患者1486人，抢救危重病人206人，培训医护人员2780人次。开展新项目7个，开展新技术10个。开展2批县乡村三级急救理论与技能培训工作，共计培训150次。继续深化院包科制度，5月底，以广州林芝市第一人民医院为牵头单位，中山大学附属二院、广州林芝市第八人民医院、广州林芝市妇幼中心等8名专家为基础，到波密县人民医院全面开展对口帮扶各项工作，力争扩大对口帮扶范围。

【藏医药工作】 2017年，藏医院各项制度不断完善，藏医医疗服务能力不断提升，藏医院门诊量约7866人次、住院178人次、藏医外治共1123人次（不包括药浴），门诊收入57.35万元，住院收入50.63万元。在林芝林芝市第三届藏药材辨认大赛，波密县代表队获得个人第二，第三的优异成绩。年内，继续推广药浴室建设。2017年，波密县乡镇卫生院藏医药服务能力建设覆盖率达到50%以上，年底又新建完成了古乡、扎木镇、玉普乡三个乡镇藏医药浴室项目。

【基础项目建设】 总投资855万元的波密县藏医院建设项目，于2017年9月，全面竣工。总投资400万元的易贡乡卫生院新建项目、总投资345万元的康玉乡卫生院建设项目开工建设。总投资24.7万元的藏医院“雨妥.云登贡布”雕像厅建设项目，截至年底完工。总投资73万元的社会捐助项目倾多热西村卫生室、古乡雪瓦卡卫生室建设项目及扎木镇卫生院藏医馆建设项目，截至年底建设完成。

【惠民政策】 2017年，波密县完成农牧民和城乡居民健康体检28352人次，完成率100%。在编僧尼健康体检人数110人次，完成率100%。

继续落实好“一孩双女”和“特殊子女特别扶助”工作。波密县“一孩双女”困难户家庭共有464户，发放补助资金44.5万元；特殊子女“特别扶助”家庭共有50户，发放补助资金19.8万元。

波密县农牧区医疗管理制度参加人数25113人，参合率99.9%。累计住院报销人次2955人，住院报销金额1109.8万元。在波密县大病统筹资金透支的情况下，县政府出资200万元为患病报销医疗费用。

积极开展“同心·共铸中国心”大型义诊活动。“同心·共铸中国心”组委会选派专家及工作人员共计100余名在波密县开展大型义诊活动，选派8名B超专家支援波密县包虫病筛查工作。此次共计义诊4381人，免费发放价值80余万元的药品。慰问贫困户共计20户，贫困学生20名。B超医生共计筛查4000余人。

【妇幼保健和计生工作】 全力做好“两降一升”工作。2017年，波密县活产数共计449人，其中住院分娩414人，住院分娩率为92%。高危孕产妇住院分娩率100%。农牧民孕产妇医疗保险兑现资金7.5万元。

努力做好流动人口计生工作。波密县流动人口已婚育龄妇女6116人，采取各种避孕措施的人数为3876人。开展各项计划生育手术总数为924人。

做好宣传和计生药品管理工作。对各乡镇卫生院计生妇幼专干进行督促指导，制作藏汉双语计生规章制度78个，制作宣传栏22份，组织12次宣传活动，发放了宣传读本2600余份，发放计生药品5010盒。

加大免费技术服务工作。波密县农牧区已婚育龄妇女计生技术服务活动共报销127人，报销金额28400元，已婚育龄夫妇免费享有基本项目的计划生育技术服务落实率100%。办理准生证53人，办理独生证26人。计生各类办证率达到98.5%。

认真落实免费孕前优生优育健康检查项目。波密县共计完成免费孕前优生优育健康152对，出生缺陷共有203对，并完成所有信息录入工作。

【疾病预防控制】 2017年，县疾控中心继续巩固和提高儿童基础免疫接种率，认真开展入托入学查漏补种工作，对全县11所小学和5所幼儿园，共计学生762人，开展入托入学查漏补种工作，查验覆盖率为100%。督导各乡镇疫苗的冷链运转，疫苗领取的出入库登记工作。

完善传染病管理与网络直报。切实加强了对全县各乡镇疫情上报单位的管理，完善各项制度。

继续做好重点传染病防治工作。制定《春季传染病预防控制技术方案》，组织全县各医疗机构的负责人及防疫专干进行了培训。

继续做好结核病、艾滋病、精神病、鼠疫防治、地方病等防治工作。开展结核病分级诊疗和培训工作。扎实做好各种疾病预防的宣传工作，共开展各类宣传20余次，网络信息平台发送了20000条短信、发放了1000个宣传手册、5000个宣传单。大骨节病管理人数为123人，管理率为96.9%。

【卫生监督执法】 波密县卫生监督工作在医疗服务林芝市场监管、饮用水卫生监督、公共场所卫生监督、学校卫生监督、卫生监督信息化建设等方面发挥重要作用。2017年，新办卫生许可证数量64家，出动卫生监督工作人员30余人次，检查单位有200家。

【党风廉政建设】 年内，县卫计委强化理论武装，严格从严执纪认真落实全面从严治党要求，党的建设和行风作风建设全面加强，构建了层级明晰的党建责任体系，扎实开展“两学一做”“四讲四爱”学习教育和作风整顿，全面贯彻《中国共产党章程》《中国共产党廉洁自律准则》《中国共产党纪律处分条例》等党纪党规，从严落实“两个责任”“一岗双责”，严肃党内政治生活。坚持党风廉政建设和反腐败工作，综治维稳、人事管理、安全生产、信访、保密系列工作扎实有效推进，为促进卫生计生事业健康发展奠定了坚实基础。

（侯玉辉）

【领导名录】

县卫生局

局　　长　张　　斌（8月离任）

副 局 长　李　　健（8月离任）

合管办主任　车南拉加（藏族，3月任职）

县卫计委

主　　任　张　　斌（8月任职）

副 主 任　李　　健（8月任职）

尼玛拉姆（女，藏族，10月任职）

合管办主任　车南拉加（藏族，3月任职）

波密县卫生服务中心

【概况】 波密县卫生服务中心（县人民医院）于2017年12月成功创建二级乙等综合性医院。医院共有在职职工72人，在编48人（广东援藏干部1人），公益性岗位5人（县藏医院3人由县医院承担工资），借调3人，临时工16人。医务人员44人：临床医生14人，职称初级5人、助理1人（内科3人、外科5人、妇产科4人、五官科1人、手术室1人）；护理人员15人，职称中级1人、初级6人、护士4人（住院部11人、消毒供应室2人、门诊治疗室1人、助产室1人）；医技科室15人，放射科4人、职称初级2人，检验科5人、职称中级1人、初级1人，B超室2人，西药房4人、职称初级2人、药士1人。病床编制45张，实际开放45张。开设临床科室：内科、外科、妇产科、五官科、急诊科，医技科室：放射科、检验科、B超室、心电图室、胃镜室、西药房。职能科室：财务室、院办、驾驶办、综治办、药品办、统计室、病案室、医务科、药械科、护理部、院感科。

【创建工作】 在广州市第一人民医院的对口帮扶下和全院干部职工的共同努力下，2017年6月28日顺利通过了林芝市等级医院评审专家组的评审，10月29日顺利完成了自治区等级医院评审专家组的评审。

加强组织领导，建立完善相关科室。医院于2016年9月成立医院等级评审工作领导小组、创建工作领导小组，建立完善职能科室6个，分别为创建办、医务科、药械科、护理部、院感科、保卫科，投入资金20余万元采购办公设备。

建立完善各项规章制度，制作相关材料。建立制度153项，编制制度手册13本，规范登记本160多种，印刷发放制度手册500多册。

加强创建工作管理，落实任务工作分工。召开创建工作总结会议40场，研究分析工作进度20场，等级医院创建工作汇报10次，动员大会5场。

加强医疗质量安全管理，保障患者安全。在援藏院长戴奇山带领下，由医务科组织、援藏医疗队为评审组，开展三级医师大查房120场，住院病历检查300人次，疑难病例讨论10次。

加强医院安全管理，优化就医环境。投入资金120万元，改造室内外老化线路、安装医疗专用变压器和配电柜，墙体粉刷改造2000平方米，安装内部电话（33部）和监控系统（监控探头21个），实现全院覆盖。

加强医疗废物和辐射管理，控制院内感染和辐射意外。由院感科组织医务人员进行手术卫生培训20次，考核25次，医疗废物管理检查20次，手术器械消毒检查23次，保证手术安全；放射科辐射安全管理检查52次，切实保护医务工作人员和患者。

加强等级医院创建援藏工作，保证创建工作圆满完成。由广州市第一人民医院等级创建援藏工作队组织二级乙等医院工作培训10次，进藏专家15人次，合计帮扶时间155天。

【合作医疗】 新型农村合作医疗是一项利民工程，是解决群众看病难、看病贵问题的重要途径，年内，县医院将其作为医院工作的重点，常抓不懈。增设窗口，提高工作效率，缓解患者病人长时间排队等候现象；其次严把关口，认真审核有关证件，防止弄虚作假、借证报销等违规现象发生。定期不定期检查患者持证情况，确保持证率达到90%以上。

【精准扶贫】 年内，县医院积极响应，为患者开通绿色通道，安排专人负责精准扶贫报销工作。先后有407名“因病致贫”贫困户病人在县医院进行疾病分级筛查体检工作，其中113人在县医院进行住院治疗，对5位危重病人安排广州市第一人民医院进行远程会诊，为他们的诊断与治疗提供全面的建议。

【医疗业务】 2017年，县医院门诊就诊病人23329人次，出院895人次，手术104例，DR数字摄影5602人次，生化检查2546人次、三大常规检查6584人次，B超5542人次，心电图1403人次。完成农牧民健康体检25142人次、城乡居民健康体检人数3210人次、夏季征兵体检38人次以其他单位的体检工作。

【妇幼保健和计划生育】 年内，在县医院妇产科主任的带领下，完成出生缺陷一级干预128对，优生优育176对；两癌筛查222人次，其中，宫颈癌筛查92人次，乳腺癌筛查130人次；接生婴儿239名，其中，剖腹产12名，重度子痫产妇1名，早产儿3名，低体重儿3名；皮下埋植258人次，宫内上环22人次。发放避孕药品94盒、避孕套51盒。完成出生医学证明办理469人。

【医疗援藏】 三级医院对口帮扶工作。广州市第一人民医院选派二批医疗援藏工作队12人，帮扶时间为1年。2017年6月21日上午，广州市第一人民医院院长曹杰代表广州市卫生和计划生育委员会与波密县政府县长边巴签订了《波密县人民医院创建二级医院援建项目协议书》，选派三批等级医院帮扶工作队14人。

建立波密县医疗急救体系。广东省第八批援藏工作队波密工作组《波密县医疗急救体系建设项目》为波密县人民医院购买医疗器械（价值761万元，完成招标与签订合同）。分别为：飞利浦ACCESS多层螺旋CT32层一部；麻醉机（含监护仪、带二氧化碳监测及小儿通气模式）1台；中档呼吸机2台；床边无创呼吸机5台；急救转运简易同步呼吸机2台；除颤监护仪5台；心电图机4台；洗胃机、监护仪、新生儿抢救箱、婴儿辐射保暖等其他医疗器械；进行两期急救理论与技能培训。

（刘玉龙）

【领导名录】

主　任　尼玛扎西（藏族）

副主任　张顺德

　　　　戴奇山（广东援藏）

波密县藏医院

【概况】 2017年，波密县藏医院下设门诊、药房、收费室、住院部、理疗室、牵引室、外治室、药浴室、住院部、行政办公室、小型多媒体教学会议室、藏药材展览室、药品仓库等科室，住院部配有30张仅供藏医住院使用的床位，药房现有药品近230多种（均采购自雄巴拉曲.甘露药厂，藏医学院等有国药准字的药品），供藏医门诊、住院、理疗等藏医日常诊疗使用。

【专业技术人员】 2017年，全院有共11名工作人员，其中藏医执业医师3名，藏医助理医师1名，主治医3名，其中本科学历为3名，大专学历为3名，中专1名。

【藏医特色外治理疗项目】 年内，县藏医院开展的藏医特色外治理疗项目有放血、火罐、针灸、牛角吸、烤电、涂擦、药浴、牵引、藏医雾化、灸烙、霍麦、金针、艾灸、热敷（盐敷）共14项。截至年底，藏医外治共1123人次（不包括药浴），共药浴30人。

【藏医预防和控制医疗安全风险】 3月，选派专人到拉萨学习有关藏医“治未病”及开展全县范围内慢性病统计、摸底调查工作。同时联合县人民医院农牧民健康体检促进项目开展0到3岁儿童及65岁以上老人的藏医特色慢病管理工作。如实向县食药局上报药品不良反应及做好院感控制工作，做到“一人一器具、一具一消毒”避免出现交叉感染。积极配合本县卫生工作抽调人员开展农牧民健康体检工作和包虫病筛查，共筛查2万余名。派出1名为期1个月指导玉许乡卫生院开展春季药浴工作，11月，培训县乡村三级藏医适宜技术培训37人。

【藏医医疗】 2017年，门诊量8127人次，住院249人次。治愈率好转率达95%，转院率0.5%。门诊收入756340.01元，住院收入670505.52元。

（梁玖灿）

【领导名录】

院　长　梁玖灿

副院长　格日才旦（藏族）

波密县文化局

【概况】 为适应新形势下的文化工作需求，2017年8月18日，根据《中共林芝市委员会办公室 林芝市人民政府办公室关于印发〈波密县人民政府职能转变和机构改革方案〉的通知》精神，组建波密县文化局（新闻出版广电局、版权局、文物局），不再保留波密县文化广播电影电视局（新闻出版局、文物局）、正科级建制，为波密县人民政府工作部门。管理副科级单位2个（县广播电视台、文化活动中心），股级单位1个（新华书店）。

县文化局（新闻出版广电局、版权局、文物局）下辖电视台、综合文化活动中心、新华书店、电影队、民间艺术团，共有正式干部职工27名（其中行政人员6名、事业单位人员15名、工人6名）。男15名（汉族5名、藏族10名），女12名（汉族4名、藏族8名），其中党员19名（男12名、女7名）。公益性岗位4名、临时工1名。

【文化产业】 打造文化品牌，加大扶持。县文化局在2016年首批申报了文化底蕴深厚、旅游资源优势突出的多吉乡达大村、古乡嘎朗村为林芝市文化旅游村庄，将其发展为波密县文化产业的亮点工程。2017年，继续加强了对2个点的扶持发展工作。同时，进一步深化“一县一特、一乡一品”发展战略，积极打造各乡镇具有特色的文化旅游项目，如“多吉乡非遗文化节”“松宗赛马节”“易贡油菜花节”，2017年，各乡镇特色文化节日累计参与群众和游客人数达3000余人，促进了所在地经济发展。针对波密县文化产业主要项目“易贡藏刀”，2017年，县文化局继续加大了扶持建设力度，根据藏刀合作社的实际需求，7月，召开专门会议研究，并上报林芝市和西藏自治区，申请变更2016年争取到的扶持资金80万元用途。

为加强波密县“十三五”时期文化广电基础设施建设，加快便民设施覆盖，县文化局在“十三五”规划之初就加强了项目申报，7月，总投资350万元的县级广播电视中心项目开工建设，截至年底，完成项目地基挖掘建设；总投资234万元的县城有线电视数字化项目经过多方协调，在6月完成了各项准备工作，县级财政配套23.4万元资金落实到位，项目于9月正式开工，年底完成机房设备安装，前端线路改造；总投资120万元，高70米的广播电视信号传输塔9月开始修建，年底完成地基挖掘建设；广播电视户户通全年为50户村民置换、配置了接收机顶盒，并统计上报了350户新分户，截至年底，县广播电视户户通覆盖率达到99%。

【非物质文化遗产】 注重非遗保护申报，传承建立名录。5月，县文化局重点开展了第一批林芝市级非遗代表性项目和代表性传承人的申报工作，申报的项目共有10个（易贡砖茶制作技艺、达大马术节、牓贡肉制作技艺、波密藏靴、波密服饰、马背包制作技艺、波密糌粑桶制作技艺、波密藏香肠制作技艺、木梨、索瓦玛苦），其中易贡砖茶制作技艺、达大马术节、牓贡肉制作技艺3项被林芝市人民政府公布为第一批市级非物质文化遗产代表性项目，成功建成了西藏自治区、林芝市、波密县三级非物质文化遗产名录体系。截至年底，波密县已认定9个西藏自治区级、3个林芝市级，11个波密县级非物质文化遗产项目，认定西藏自治区级非物质文化遗产项目代表性传承人7人、波密县级代表性传承人10人。

加强非遗传承补助，保证发展。根据西藏自治区、林芝市工作要求和非物质文化遗产保护专项资金安排情况，做好波密县非遗传承人的奖励和保护工作，给予一定的经费扶持。2017年，波密县7名自治区级非遗传承人享受每年每人1万元的生活补助，10个波密县级非遗传承人每年每人享受2000元的生活补助，全年共发放西藏自治区级非遗传承人补助合计7万元、波密县级非遗传承人补助合计2万元，全部发放到位。2017年2月将2016年补助兑现发放到位。

加强非遗知识宣传，重视传承。2月，为了更好地发挥传承人对非遗保护和传承，组织召开波密县非遗传承人座谈会，并签订传承人目标责任书；4月，在波茂广场举办“文化和自然遗产日”非遗宣传活动，通过采取摆放非遗展品、展板，悬挂横幅，发放非遗光碟、书籍，LED大屏滚动播放非遗宣传片等多种形式，让广大干部群众直观感受非遗文化魅力，通过现场互动交流向群众讲解文化和自然遗产日的重大意义，介绍波密非遗文化知识，继续深入推进“非遗进校园”活动，激发新时代青年传承和发扬波密县文化遗产的热情；6月，申报波央传承人央宗为西藏十佳非物质文化遗产代表性传承人，并获评第二批西藏自治区非物质文化遗产十佳传承人；7月，举办了波密县“文物、非遗、文艺”培训班，邀请非遗专家对波密县文化工作者开展县域非遗和民俗文化知识培训讲授，并组织召开座谈会，了解传承人对非遗项目保护情况意见和建议。

借助新闻媒体平台，扩大影响。3月，县文化局积极配合西藏诱惑栏目组，开展为期一个月的波密县非遗宣传节目录制，深入全县各乡镇，探寻当地民风民俗，重点录制了西藏自治区级非遗项目八盖木锁打制技艺、林芝市级非遗项目易贡砖茶制作技艺，并于7月21日在西藏卫视西藏诱惑栏目向全国播出，取得了良好效果；5月20日，县文化局配合中央电视台外语频道采访组，对波密县西藏自治区级非遗项目易贡藏刀打制技艺、波央传承人进行采访报道，对西藏自治区级非遗项目易贡藏刀的制作过程、独特风格进行重点讲解，使波密县非遗文化步入国际视野，有效地宣传了波密的非遗保护成果和非遗项目总体情况。

【文物工作】 *文物安全工作*。加强制度保护，6月，报请波密县人民政府批准设立了波密县文物安全联席会议制度，将文物安全有关单位全部纳入联席会议中，并成立了波密县文物安全工作领导小组，统筹联络各领域，全方位布控文物安全；明确责任划分，层层签订安全责任书。7月20日，在县文化工作会议上，与全县各乡镇、各文物看管人员层层签订安全责任书，做到“谁主管、谁负责，谁值班、谁负责”，做到职责明确，责任到人，对文物管理人员进行明确分工，责任到位，坚持24小时值班制度。建立了文物安全工作领导责任制和责任追究制，将文物安全工作列入年终考核，严格执行责任追究制度，对造成严重安全重大事故的要严肃追究相关领导及直接责任人的责任；加强安全隐患排查整治，县文化局牵头组织公安局、安监局、消防大队等部门参加联合检查组定期、不定期地对全县文物点进行认真细致的排查，对安全隐患提出整改措施并监督落实；3月，针对县文物保存实际情况研究制定了文物安全应急预案，如火灾事故应急预案、盗窃事故应急预案、爆炸事故预案等，提升应急处突能力。

文物普查工作。为全面掌握县域内文物情况，进一步加强全县文物登记建档工作，完善全县文物谱系，全面推进县域内可移动文物鉴定工作，5月26日至6月2日，县文化局邀请西藏自治区文物鉴定专家娘吉加博士、索朗杰布、扎西多杰等一行到波密县开展文物收藏单位馆藏文物鉴定登记工作。文物鉴定登记工作主要针对全县可移动文物。鉴定登记工作组一行深入全县9个乡镇（康玉乡因交通受阻由工作人员将文物送至县城进行鉴定），走访18个县级文物保护单位（寺庙），除4处（古乡巴卡寺、倾多镇乃龙寺、八盖乡忠来日追、扎木镇达兴寺）文物收藏单位因文物封存暂无法取出鉴定外，共完成15个（八盖乡吴金曲林拉康、易贡乡桑林寺、易贡乡成色寺、玉许乡贡果寺、玉许乡许木寺、玉许乡玉仁寺、倾多镇普隆寺、倾多镇倾多寺、扎木镇多东寺、松宗镇松宗寺、多吉乡加达寺、多吉乡曲宗寺、多吉乡次久拉康、玉普乡热昂寺、康玉乡苯忠拉康）文物收藏单位内可移动文物的鉴定。经过娘吉加博士、索朗杰布、扎西多杰三名专家细致严谨的鉴定，共为波密县鉴定登记了661件（套）馆藏文物档案，其中一级文物12件、二级文物44件、三级文物292件、一般文物309件、待定文物4件。对5月26日至6月2日工作中未能鉴定的文物，8月，县文化局安排专人将其送至西藏自治区进行了鉴定。2017年，县文化局为加快文物和民俗用品征集工作，专门成立了波密县征集工作领导小

组，进一步做好波密县文物及民俗陈列馆建设准备工作。

文物发掘工作。波密历史悠久，遗址众多，县文化局长期以来加强群众文物保护教育工作，对已知文物点进行就地保护，对因人为活动等探明的新文物遗址，积极开展抢救性保护工作。1月5日，县文化局邀请西藏自治区文研所专家对波密县倾多镇拉颇遗址周边文物点“阿岗绒”开展文物挖掘及清理工作，并安排县文化局文物工作人员全程陪同，专家组一行对文物点周边进行了实地勘探、采集标本，并做出文字、绘图、摄影记录等工作。此次发掘共清理15座石棺墓，清理出人骨15具（其中完整人骨3具）、陶器6件，经过专业鉴定，专家组对1月5日发掘人骨和物品断定为距今约1800—2700年。8月，县文化局安排专人陪同西藏自治区文研所一行6人，对波密县易贡湖周边文物点开展了为期7天的调研工作。

文物保护单位安全工作。针对全县部分文物保护单位缺乏文物安全保存设备的情况，县文化局于5月为八盖乡吴金曲林拉康、玉普乡热昂寺配备了3个专用保险柜，总值10950元。

红楼保护工作。扎木中心县委红楼作为波密县唯一的国家级文物保护单位，一直以来县文化局高度重视其保护工作，多方协调，争取保护资金。5月，西藏自治区副主席甲热·洛桑旦增在波密调研期间同意了县文化局拟定的总投资500万元的红楼保护项目，经费由自治区文物局解决；7月，中央宣传部副部长崔玉英在县红楼调研时对红楼保护工作作出要求，县文化局根据各级领导对加强红楼保护的指示精神，积极上报红楼保护工作方案，争取国家级文物保护经费。

【群众文化】 2017年，以“文化八进”“文化三下乡”“三大节日”“3·28”百万农奴解放日、“桃花节波密分会场”、中国共产党建党节、国庆节、“四讲四爱”活动、“喜迎党的十九大”等重大节日等活动为主，服务基层干部和农牧民群众。截至年底，共深入全县10个乡镇、85个村（居）开展各类惠民文艺演出43场次，观演群众达20000余人次，送书760余册，送碟500余张，共放映电影近1500场次；积极组织引导全县各乡镇、各村（居）大力开展各类群众文化活动140余场次，参与群众达13000余人次，观众人数近20000人次。

为努力践行“文化稳民”，县文化局积极转变工作思路，在大力开展“送文化”下乡的基础上，积极推行“种文化”下乡，让群众从坐在台下看演出转变为上台演节目，通过精心编排文艺节目、选派“三区人才”文化工作者驻扎乡镇开展服务等有力举措，引导群众积极向上，倡导健康快乐生活方式，传递正能量，2017年，组织引导开展各类群众文化广场活动140余场次，参与群众达13000余人次。2017年，累计派出县民间艺术团文艺骨干20名深入全县8个乡镇、30余个村（居）、6所学校，教授波卓、波央、锅庄、广场舞等80余场次，教授群众、学生1000余人次。

2017年，在波密文化广场开展大型演出和活动10余场次，观演干部群众和游客达4000余人次。5—10月每晚安排县民间艺术团文艺骨干教授和带领群众、游客齐跳波卓、锅庄等传统舞蹈，旅游旺季日均参与人数达700余人次，旅游淡季400余人次。

为努力践行“文化育民”，县文化局以广场LED大屏幕、农村电影放映银幕为宣传窗口，转变以往停留“口头、纸面”的宣教工作方法，加强与全县各条战线的密切配合，集中制作和播出一批宣传教育视频，以《看得见、听得着》的影音新模式加强宣传教育。例如《均衡教育》《扶贫攻坚》《环境保护》等工作专题片，让群众直观感受党和政府的工作动态；《防震减灾动画》《预防电信诈骗》《关注食药安全》等教育宣传片，让群众生动体会逃生自救知识，防范身边安全风险；《非遗历史文化》《新旧西藏对比》《四讲四爱》《波密风光》等宣传片，既让群众形象感受波密历史文化魅力，提升自豪感，增强自信心，又生动加强了爱国、爱家乡、爱核心的思想教育。全年在主要宣传窗口共计播放各类宣传教育视频近20部，观众人数累计16000余人次。

【公共文化服务体系】 构建现代公共文化服务体系。2017年，建成了以波密县综合文化活动中心为主阵地，辐射带动10个乡镇文化站，85个村（居）文化室，84个农家书屋，19个寺庙书屋，17个信息资源共享点，形成了网格化的三级公共文化服务体系阵地，坚持全面覆盖原则，每万人拥有“三馆一站”，公共文化设施建筑面积达到6163余平方米，其中文化馆（综合文化活动中心）建筑面积5921.46平方米，图书馆建筑面积200平方米，文化站（十个乡镇总和）建筑面积5500平方米，85个村（居）文化室总建筑面积为12000多平方米。在此基础上，为进一步加强公共文化基础设施建设，确保全民免费开放工作再上新台阶，使群众共享文化发展成果，丰富业余文化生活。7月28日，县文化局积极整合县城免费开放资金，针对波密县长期以来只有图书馆，缺少阅读场所的问题，投资329704.81元修建书吧，占地170余平方米，书吧分为儿童阅览区与成人阅览区，10月正式向公众开放，开放时间可免费借阅图书，并提供有偿饮品；7月28日，县文化局整合资金285520.06元，对礼堂进行了改造升级；整合资金9万元，于12月为县综合文化活动中心健身房进行了设备维修更新；整合乡镇免费开放资金80万元，为7个乡镇文化站建设了书吧阅览室，为8个乡镇文化站配置了健身器材。

坚持加强书香人文社会，推进全民阅读。8月，县文化局利用2017年图书馆配套资金30万元，购置新图书数千册，类别覆盖科技、人文、政史、小说、图册、杂志和儿童读物等，进一步丰富图书种类；11月6日，获广东省援藏党政机关、出版集团捐赠图书近万册，总藏书量达到3万余册。

【新闻宣传】 长期以来，没有正式设立电视台一直制约着波密新闻报道工作的开展，县文化局按照国家新闻出版广电局的要求，努力完成申报波密县级广播电视台的准备工作，7月25日，取得了《国家新闻出版广电总局关于同意贡嘎县等44个县分别设立广播电视台的批复》，自文件下达后，县电视台积极谋划，升级改版自办电视节目，从丰富栏目内容、提升节目质量、创新节目编排等方面全方位考量县广播电视台工作，擦亮对外新闻舆论宣传窗口，更好地服务中共波密县委员会、波密县人民政府中心工作大局。

为努力践行“文化育民”。开办新栏目。策划开办了3个专题系列，分别为7月10日—9月21日总6期《扶贫一线》，8月24日第一期、9月6日第二期《我的青春在基层》，9月1日《法治在身边》。创新节目制作形式，从讲身边人故事的角度，展示波密县精准扶贫工作中典型经验、讲述基层干部职工的生活、普及身边法律知识，为波密经济发展、社会和谐稳定营造良好舆论氛围。截至年底，共编辑制作9期栏目。

提升节目质量。为提升节目视觉效果，县广播电视台利用现有人力和设备资源，主动学习、加强创新。8月28日，拍摄制作了波密新闻片头、片尾、专题栏目片头，制作的新片头色彩鲜明、主题突出、视觉冲击感强。

丰富节目内容。县广播电视台整合资源，收集以往制作的专题片、实况录像、访谈栏目、公益广告等素材，上传至播出系统素材库。编辑播出单时充分利用素材库资源，在及时播出新栏目的基础上，丰富各时段节目内容。全年在重大节庆活动期间录制实况录像。截至年底，共录制18部，并滚动播出。

加强新闻报道。2017年，共报道新闻320余条，其中时政新闻260余条、社会新闻50余条、宣传口号标语430余条、林芝市采纳新闻共40余条。除做强新闻报道外，县电视台贴近基层、服务经济社会发展各项事业，2017年，拍摄制作先进个人视频3部、大学生创业采访2篇、“四讲四爱”访谈2篇、为各条战线制作专题片7部、宣传片3部。

为喜迎中共十九大，县电视台作为宣传平台，始终坚持营造良好舆论氛围，专题报道全县上下喜迎中共十九大各项工作，播出相关新闻12条、开辟了喜迎盛会专题栏目1个、录制了《寄语十九大》电视专题片，并分别在县电视台和林芝市电视台播出。

【扫黄打非】 开展“护苗2017”专项行动。为青少年在内的网民提供健康的网络环境，不让他们为淫秽色情信息所诱惑、为暴力恐怖消息所毒害、为迷信消息所误导，对淫秽色情、暴力、恐怖、残酷、迷信等有害少年儿童身心健康的信息进行全面清理。5月31日，联合县教体局开展了“护苗2017”专项联合行动，向学生讲解非法出版物的危害，张贴宣传海报，发放宣传单300余张。

开展“净网2017”专项行动。以“扫黄打非·净网2017”专项行动为契机，3月15日，深入全县4家网吧开展检查；6月23日，进行县网络空间净化专项行动；9月27日，对县辖区内的网吧进行检查，严厉查处容留未成年人进入网吧和超时营业等违法违规经营行为。

开展“秋风2017”专项行动。7月2日，全面清查辖区内各类非法出版物、非法打字复印店；7月28日，结合“五大行动”开展文化市场联合检查；8月，对县书店、报刊零售及流动摊点进行检查，通过清查，县出版领域进一步得到了净化。

开展“清源·固边2017”专项行动。10月9日，深入波密县扎木镇、玉许乡开展地面卫星接收设备突击检查；10月13日，对县辖区内出版物市场进行检查；11月9日，县“扫黄打非”办联合县文化执法大队、文化局、公安局等部门对县文化经营市场领域开展联合巡查、联合整治行动，采取明查、暗访、随机查和定期查方式，加大清查力度。

【文化市场】 为努力践行“文化富民”，县文化局坚持加强行政审批管理权限，加强政策引导，努力确保文化市场秩序井然，促进文化市场活跃进取。坚持限时办结，提升服务效率，做到服务群众“零距离”，强调热情服务，坚决杜绝“门难进、脸难看、话难听、事难办”现象发生。县文化局一方面加强对从务人员的纪律教育，严查“四风”问题，严防违反中央“八项规定”、自治区“九项要求”“约法十章”等问题发生；另一方面加强从业人员的业务能力建设，4月24日至7月10日，安排从业人员赴自治区文化厅市场处跟班学习2个月时间，提升业务素养；6月，开展了全县打字复印店、音像店、网吧、歌舞娱乐场所等文化经营单位的审核及设立、变更相关业务。截至年底，新设立文化经营单位12家，注销文化经营单位1家，审核文化经营单位9家。

为做好文化市场管理工作，县文化局在强化行政审批管理事项、提升业务服务水平的基础上，对县文化市场经营情况做到全盘把握，对文化市场发展水平加强分析研判，引导促进市场繁荣。截至年底，全县文化市场经营单位共5大类，总数达36家，其中打字复印店7家（含广告公司）、音像制品店4家、书店5家、网吧5家、歌舞娱乐场所15家，从业人员达165人，注册资本达2124.5万元。

（扎西拉姆）

【领导名录】
县文广局
县委宣传部副部长、文广局局长
卓玛央金（女，藏族，8月免去副部长职务）
副 局 长 王　林（8月离任）
玄桂青（女，4月任职，8月离任）
主任科员 饶　蓉（女，3月离任）
电视台台长 尼玛旺堆（藏族）
县文化局
文化局局长 卓玛央金（女，藏族，8月任职）
副 局 长 王　林（8月任职）
玄桂青（女，8月任职）
电视台台长 尼玛旺堆（藏族，8月任职）

波密县档案局（馆）

【概况】 年内，波密县档案局（馆）在县委、县政府的坚强领导下，在区、市档案局（馆）的大力支持下，认真贯彻落实党的十九大精神和习近平新时代中国特色社会主义思想，全面落实全国档案局长馆长会议精神，坚持围绕中心、服务大局的原则，紧紧围绕档案工作“三个体系”建设，努力建成“五位一体”档案馆，以营造良好的档案工作环境为保障，不断拓展档案收集、服务工作领域本着为民服务的原则，全方位为社会提供档案信息服务，有力地促进了波密县档案工作的规范化、制度化、科学化。

波密县档案局（馆）为一套班子、两块牌子，编制人数2人，2017年，干部职工2人。馆藏文书档案2428卷，7922件，实物档案28件，照片档案700余张，馆藏档案起于公元1954年，以藏文、汉语为主。馆藏内容涉及政治、经济、军事、文化、历史、宗教、科技、医疗、卫生、风俗、艺术等人类活动的诸多领域。

【业务指导】 年内，波密县档案局（馆）以实地指导讲解、电话回复等方式，对各乡（镇）、各单位开展各类档案业务指导工作共7次，并邀请市档案局业务指导培训1次。同时，波密县档案局（馆）进一步开展土地确权档案整理工作指导，邀请市档案局主任庄荣早指导土地确权档案培训1次，并积极选派档案局（馆）工作人员赴市局学习相关业务工作。

【法制工作】 2017年，波密县档案局（馆）在全县范围内开展了档案行政执法检查共3次，发出整改通知书6份，明确整改单位的整改任务和目标，对症下药，及时纠正档案工作中的问题，促进波密县档案管理工作标准化、规范化、制度化。

【资源建设】 年内，波密县档案局（馆）继续贯彻国家档案局第8、9、10号令，不断加强档案资源建设优化馆藏档案结构，提升馆藏档案的文化元素。截至年底，波密县档案局（馆）共接收移交文书档案700余件。

【宣传工作】 年内，波密县档案局（馆）利用“6·9”国际档案日、LED屏、发放宣传单等方式向广大干部群众宣传档案法和档案工作。累计悬挂横幅5条，利用LED屏滚动播放宣传档案工作10次，发放宣传单100余份，通过多种方式，进一步扩大了档案工作的社会影响，增强了广大干部群众的档案意识，极大地提升了波密县档案管理水平，推进了波密县档案事业稳步发展。

【服务利用】 年内，进一步做好档案信息利用和服务工作，主动为机关单位提供所需的文件资料，充分发挥档案利用价值，扩大档案局（馆）的社会影响，档案利用率得到进一步提高，档案利用范围得到进一步拓展。2017年，波密县档案局（馆）共接待档案查阅人员8人次，提供利用档案10卷，15件。同时积极协助县农科局基本草原划定工作，为其提供草场承包地形图18幅54张。

（高　芸）

【领导名录】

档案局（馆）局（馆）长

刘　俊（2月任职）

西藏自治区新闻出版广电局波密中波转播台

【概况】 2017年，波密中波台秉承“主动作为，争创一流”的台训，力行“规范、严谨、超越”的理念，坚持以“将党和国家的声音传入千家万户”为宗旨，以“三满播出”为生命线，以人才培养为发展目标，持之以恒，锐意进取，在安播、安保、人才培养、台站管理与建设方面取得了良好的发展与进步。

西藏自治区新闻出版广电局波密中波转播台，创建于2005年，位于波密县扎木镇桑登路12号，是一家直属于西藏自治区新闻出版广电局的事业单位，占地面积1万平方米，2017年，共有干部职工17人，主要承担中一、中二、中11、西藏汉语、西藏藏语共5套节目的安全播出工作和全台的维稳工作。

【党建工作】 年内，波密中波台党支部始终把党务工作和提高全台干部职工的思想政治素养作为本台发展的首要工作，在做好支部建设的同时，强化党建责任意识，夯实党建基础工作。2017年，支部共有党员8人，预备党员2人，积极分子2人。全年发展党员2名，积极分子2人，开展“中共十九大报告”“两学一做”“四讲四爱”“中国共产党党章”等各类学习38次，座谈会16次，各类活动5次。

【安全播出】 播出是根本，维护是保障。年内，在西藏自治区新闻出版广电局中波管理处的直接领导下，波密中波台高度重视安全播出工作，紧紧围绕“满时间、满功率、满调幅”为主的“三满”安全播出核心，展开机房值班、检修、维护工作，做到两手抓、两手硬，重要播出期及重要播出时段，由台领导一线带班，坚决杜绝迟播、漏播等现象。2017年，实现设备维护与检修工作26次，组织隐患排查工作9次，排除安全播出隐患5起，实现了各部发射机无故障运行。全年5套节目共播出34325小时，台内停播率为零秒／百小时。

全力做好重要保障期的安全播出工作。2017年，波密中波台圆满完成了春节、“五一”国际劳动节、国庆、中秋、中共十九大等重要保障期的安全播出工作。由台安全播出领导小组组织召开安全播出思想动员会议6次，提高思想认识，明确责任划分，确保安全播出各项工作责任到人，并加强对播出、配电、天线场区的安全监控。

【设备装置】 2017年3月，波密中波台完成48米发射塔建设。2017年5月，波密中波台在原有中一、中二、西藏汉语、西藏藏语四个频率的基础上，增加了中央人民广播电台第十一套节目（中央藏语）频率，完成发射机馈线及网络调配等安装工作并开始试运行。2017年7月，波密中波台对原有监控设备进行了改造升级，将模拟传输系统改为数字传输系统；将摄像头更换为1200W像素高清摄像头；将视频显示器更换为4K高清显示器；并加装4部摄像头，达到台区无死角监控；扩大了内存，提高了视频资料调阅和存储安全可靠性，延长了视频资料存储时间。2017年9月，波密中波台对机房原用控制桌进行改造，并调试安装备用信号源系统一套，使备用信号源系统与主用信号源系统完全独立，为安全播出工作做好硬件保障。

（干尹超）

【领导名录】

台　　长　干尹超

副 台 长　王军强

机房主任　刘　丽（女）

波密县教育体育局

【概况】 年内，波密县教育体育局在县委、县政府的坚强领导下，在市教育体育局的精心指导下，在各相关部门、社会各界、特别是广州市教育系统的鼎力相助下，以习近平新时代中国特色社会主义思想为指引，以迎接宣传、学习贯彻党的十九大精神为主线，深入贯彻落实自治区第九次党代会、区党委九届三次全会和市委一届六次全会精神，贯彻落实国家、区、市教育规划纲要，以办人民满意的教育为目标，始终坚持“兴教为先、重教为本、教育强县、科教兴县”的理念，坚持以全面提高教育教学质量为核心，以优化教育机构为主线，以提高教育治理能力和水平为抓手，团结带领全系统教职工干部，求真务实、攻坚克难、锐意创新，各项工作有条不紊、有序进行、圆满完成，教育体育事业呈现持续健康发展态势。

2017年，波密县共有各级各类学校19所，其中初级中学1所，县级小学1所，乡（镇）小学10所，县级幼儿园2所，乡镇附设幼儿园5所。全县在校学生共4665人，其中中学学生1447人，入学率99.86%；小学学生2842人，入学率99.92%；在园幼儿881人，学前三年毛入园率为69.26%。全县专任教师共有478人，其中中学131人，小学314人，幼儿园33人；高级职称24人，中级职称130人，初级职称131人，本科及以上学历263名，专科210名，学历合格率100%。

【素质教育】 2017年，波密县委、县政府把素质教育工作放在重要位置，将巩固均衡发展成果、推进素质教育实施纳入当地经济社会发展规划和重要工作日程。在分管教育副县长马远的统一领导下，县教育局严格按照《波密县推进素质教育工作实施方案》的计划步骤，认真落实实施素质教育各项工作，于9月28日完成首次素质教育县级模拟验收；11月27日完成林芝市素质教育督导评估。

【学校办学条件】 2017年教育系统开工建设项目有3月建设6800平方米的10所村级幼儿园和4所附属幼儿园，投资2990万元，截至年底，已完工；6月开工建设县中学地下人行通道，投资500万元，截至年底，已完工；6月开工建设1260平方米的县中学教工周转房，投资352万元，截至年底，已完工；6月开工建设5000平方米的中学学生宿舍，投资1500万元。

【师资均衡配置】 年内，县教体局根据《西藏自治区人民政府实施〈 中华人民共和国教师法〉办法》和《西藏自治区教育厅关于印发教师调动管理办法（暂行）的通知》精神，结合波密实际，县委、县政府研究通过了《波密县教师调动管理办法（试行）》。该办法全面加强了波密县师资队伍建设，稳定了教师队伍，保障了全县各学校正常教育教学秩序，提高了教学质量。

【教研教改】 加大常规教育教学指导。年内，县教体局教研室制定教研员联系片区制度，教研员每月定期或不定期深入片区学校指导教育教学工作及教研活动开展。2017年，教研员深入14所学校，指导教师750人次。

加大素质教育工作指导。对全县14所学校常规教学及素质教育工作推进情况进行检查指导，共访谈师生203人，召开专题会议8次，反馈检查问题189个，督促整改问题103个，保证了常规教育教学工作的开展和素质教育工作的推进。

送教下乡，结对帮扶。安排县中学黎世川等8名教师进行“送教下乡”。“送教下乡”活动为乡镇学校送去了先进科学的教学理念和方法。

组织开展“观摩听评课”活动。根据2017年教研工作计划，每月不定期深入学校开展观摩听评课活动，深入全县各学校累计125次，听课（小学语文、小学数学、小学藏文、小学英语、中学语文）共148节，评课85节次。

【控辍保学】 年内，县教体局着力完善各乡（镇）、学校、家庭三位一体的“防辍”机制，落实地方政府、学校、家庭在义务教育中的法定责任，把政府下发的“控辍保学”类文件、通知、督办落到实处。县教体局与各乡（镇）签订了《2017年教育目标责任书》10份，并严格要求各乡（镇）抓好适龄儿童入学工作，做好控辍保学工作，取得了良好的效果。

【教育救济】 2017年，精准数据大平台中，全县各乡（镇）各学段建档立卡贫困户子女767名，义务教育阶段学生538名，高中学生135名，大学生94名。开展农村贫困家庭学生建档立卡工作，建立了229名（其中高中135名、大学生94名）学生的电子信息档案，构建起了从学前教育到大学教育到户、到人的教育精准资助体系，进一步明确资助项目及标准，确保所有贫困家庭子女不因经济困难而失学，落实资助金87.5万元。

【学前教育】 2017年，波密县有县级幼儿园2所，乡（镇）附属幼儿园5所，各园均有正确的办学方向和科学的学前教育发展规划，并认真贯彻落实《幼儿园教育指导纲要》和《3—6岁儿童学习与发展指南》；各项管理制度健全，有详细的保教、安全卫生、教研工作、队伍建设等学期工作计划，落实到位。为了进一步普及学前教育，全县在建幼儿园共24所。县教育局正在努力建立幼儿园包教质量评估监管体系和机制，开展保教质量监测评估工作，提高幼儿园管理水平，有效预防学前教育“小学化”倾向。

【职业教育】 波密县中学职教中心一直以来是波密县教育的排头兵与试验田，波密县教体局领导班子因地制宜进行职教中心的中长期规划，提出了相应的“波密有地位、地区有特色、全区有影响力”职教办学理念。2017年，县中学职教中心从往届职教毕业生中挑选了部分基础较好的学员，开办多期藏式绘画培训班，共培训学员400余人次，开办了数期木工培训班，先后培训学员320余人次。培训结束后在学校的统一协调下，他们分批到波密县的各乡镇进行了以藏式房屋建筑、装饰图案雕刻及室内外设计为主题内容的实习。2017年，县中学职教中心开设了卡垫编织培训班，主要进行藏式卡垫编织技术培训，共计培训学员203人。随着自治区旅游业的快速发展，民族手工艺品的市场需求也在逐年扩大，紧抓机遇，职教办开设了木器工艺品加工班，截至年底，该班已培训学员110余人。

【体育工作】 开展群众体育。4月26日至5月3日，成功举办了全县举办了第七届波密县帕龙河杯足球赛，各乡（镇）驻地军警部队、个体工商户等15支队伍参与比赛，极大地活跃了全县体育文化。提高竞技水平。波密县督促各校认真落实区、市有关文件精神及要求，积极组织学生参与阳光体育各项活动。2017年6月26—30日组织县完小学生参加U13青少年足球赛。

【党建工作】 为强化业务带党建、党建促业务，推动教育“五个100%”工作目标和素质教育考评工作落实到位，推进党员教师常规管理和党内生活管理，履行好领导班子“一岗双责”。8月14日，中共波密县委员会批准，成立了中共波密县教育体育局委员会。截至年底，波密县教育系统共有支部14个，其中教育体育局支部1个，中学、小学、幼儿园支部共13个，支部书记14个，支部副书记14个，均已配齐支部班子，各校党（团）组织健全，党（团）成员结构良好，科学合理。各学校支部狠抓党建工作，注重基层党建工作，坚持“三会一课”制度，加强党员思想教育，党建宣传、学习活动落实到位，成效明显。

（史旌剑）

【领导名录】

局　长　王作谦

副局长　邱育玲（援藏干部）

蔡廷婷（女，3月离任）

索朗罗布（藏族，3月离任）

白玛桑吉（藏族，3月任职）

张　亮（3月任职）

波密县各学校基本情况

表3

学校	中学在校生				小学在校生							幼儿人数	教师人数
	合计	一年级	二年级	三年级	合计	一年级	二年级	三年级	四年级	五年级	六年级		
合计	1447	487	427	533	2842	518	440	506	432	448	498	463	525
波密县完全小学	—	—	—	—	1085	211	185	183	150	167	189	—	93
波密县康玉乡小学	—	—	—	—	82	22	7	14	11	15	13	—	17
波密县松宗镇小学	—	—	—	—	132	23	16	26	20	22	25	—	21
波密县玉普乡小学	—	—	—	—	125	24	18	20	25	19	19	—	20
波密县多吉乡小学	—	—	—	—	219	36	30	47	36	34	36	—	27
波密县易贡乡小学	—	—	—	—	141	28	28	24	20	27	14	—	29
波密县茶场小学	—	—	—	—	58	7	9	13	8	9	12	—	
波密县古乡小学	—	—	—	—	85	14	15	5	15	15	21	—	22
波密县八盖乡小学	—	—	—	—	78	14	7	10	6	23	18	—	29
波密县倾多镇小学	—	—	—	—	359	41	54	66	70	53	75	—	33

续表3

学校	中学在校生				小学在校生							幼儿人数	教师人数
	合计	一年级	二年级	三年级	合计	一年级	二年级	三年级	四年级	五年级	六年级		
波密县玉许乡小学	—	—	—	—	248	43	32	37	24	36	76	—	26
波密县玉许乡第二小学	—	—	—	—	230	55	39	61	47	28	—	—	24
波密县第一幼儿园	—	—	—	—	—	—	—	—	—	—	—	261	23
波密县第二幼儿园	—	—	—	—	—	—	—	—	—	—	—	202	22
波密县中学	1447	487	427	533	—	—	—	—	—	—	—		139

波密县中学

【概况】 年内，在上级领导的正确领导下，在波中教师的共同努力下，紧紧围绕学校工作目标，秉承“抓全面发展、促民族团结、办幸福教育”的办学理念，以培养“依恋家乡、胸怀祖国、放眼世界”和“五会”“六能”的学生为培养目标，求真务实，开拓进取，通过转变工作作风，坚持创新驱动发展，优化教育教学环境，强化师资队伍建设，推动了各项工作健康快步发展，顺利通过了林芝市素质教育督导评估，取得了令人可喜的成绩。

【教学管理】 年内，波密县中学由教务处、教研室制定学期教学计划，追求工作条理性，日常教学中抓常规，确保正常的教学秩序。要求教师认真备课，撰写好教案，上课时使用小组合作探究模式进行教学，努力达到高效课堂的“六准则”要求；作业布置及作业批改，都做到了有针对性、有实效，批改作业形式灵活，并登记批改记录；各学科组定期按照要求和计划进行教研活动，交流教学经验，取长补短，共同进步；期中、期末考试后进行教学质量分析，查原因，定目标，不断提高教学质量；教师积极参与听课与评课活动，相互研讨以促进共同提高；实行随堂听课和跟踪听课相结合的听课制度，促进教师更新教学观念，丰富教学手段。县中学坚持周值班组、教学常规检查组、教务检查组“三位一体”的检查制度，致力于提升课堂教学质量。

为表扬先进，激励后进，县中学于教师节举行盛大的教师节表彰会，对优秀班主任、优秀教师、优秀教务工作者等47人次进行表彰；通过评优活动，广大教师学有榜样，赶有方向，充分调动了广大教师教书育人的积极性。

【教研兴教】 年内，县中学以课堂教学为主渠道，以教学活动为载体，开展了课堂教学研究，不断加强学科专题研究，组织各学科开展集体备课活动，进一步提高广大教师的教育科研水平；定期开展教育教研专题会议，总结问题，完善教学方式，不断开拓创新；开展学科说课、听课、评课、优质课展示、教学设计评比等教学研究活动，大大激发了广大教师学习教学理论的热情，增强了教学改革的意识，提高了广大教师的教学水平。此外，经过县中学教师的共同努力，县中学陆续编辑出版了37本校本教研书籍。

【提升教师素质】 年内，县中学先后邀请了广州大学、广州市教育局、广大附中老师来县中学作教育教学指导以及学术讲座活动，他山之石，可以攻玉，通过内地名师的指导和帮助，县中学教师的教学能力和教学水平得到了极大地提高。县中学为了增强广大教师的课堂效益意识和教改意识，探索优化课堂教学方法的新路子，充分发挥县中学骨干教师的带头和示范作用，县中学近年来积极委派教师参加各级各类培训和比赛，更新了教师的教学理念，提高教育教学水平，开阔了视野，为县中学的长远发展奠定了基础。

【党员教师思想建设】 年内，县中学继续广泛在党员教师中开展“三联三进一交友”，学习“三增强五护航”活动精神并落实到日常教学中；强化组织建设，增强党组织的凝聚力，认真落实“三会一课”制度、党费收缴制度、党员学习制度、党员发展制度等；进一步建立健全党建工作目标责任考核制度，年终进行民主评议党员工作，并在“七一”开展了评选“优秀党务工作者”和“优秀党员”活动；加强党员队伍的管理与教育，加强民族团结、爱国主义的教育；并不断发挥党员的先锋模范作用，教师党员争做教学能手、学科带头人，党员和入党积极分子积极承担高质量的公开课（示范课），并成为学习组、教研组交流发言的带头人。

【信息化教学】 年内，县中学建立健全教育信息化办公室的各项规章制度，加强学校电教工作管理力度，教育信息化功能室皆由专人按照相应的使用管理制度进行使用和管理；并加强校园网的使用与管理，为教师的教学工作保驾护航；并积极配合建设林芝教育城域网，提供云服务平台，为“智慧校园”和教育云平台建设奠定坚实基础；定期开展专任教师的信息技术培训，为全面落实素质教育和推进教育信息化建设打下了坚实的基础；开展网络安全宣传周活动、微课征集活动等，提升了教师的专业能力和业务素质。

【德育队伍建设】 年内，县中学狠抓德育队伍建设，提升德育队伍的管理水平、育人水平。县中学定期组织全体教师认真学习《中学生守则》和《中学生日常行规范》，组织班主任学习《班主任工作条例》《中华人民共和国预防未成年人犯罪法》，并积极传达上级文件精神，做好工作总结和工作布置，增强教师的责任感，使命感；定期开展班主任经验交流会、初三教师经验交流会，相互研讨，提升教师的专业素养和教学能力；组织开展评选“优秀班主任与优秀宿舍管理员”活动，在教师队伍中形成了一种积极向上的工作氛围，推动了教育工作的发展。

【德育工作】 年内，县中学规范升旗仪式，并通过“国旗下的一课”、爱国主义报告会、社会主义核心价值观进课堂、观看新闻联播等活动，着重对学生进行爱国主义教育、集体主义教育和文明行为教育等；开展新旧西藏对比故事会，让同学们坚定爱党、爱社会主义和维护民族团结的决心，珍惜现有的生活；并结合清明节、“一二·九”运动纪念、元旦等重大节日，先后举办征文比赛、演讲比赛和专题黑板报等活动，不断对学生进行革命传统和理想前途等教育。县中学全体师生于10月18日在操场观看了中共十九大会议的开幕式，坚定了广大师生爱党爱国爱社会主义的思想。

县中学不断强化常规管理，完善学生的日常行为规范，打造学生自主管理模式；开展开学第一课教育、青春期教育、新生入学教育等，达到答疑解惑的效果；加强学生仪容仪表检查，加大对违纪学生的教育管理力度；坚持日常纪律、卫生检查评比，在学生中认真开展“理想教育”“法制教育”“禁毒宣传教育”“行为养成教育”“安全教育”“健康教育”等为主题的德育班会，寓德育教育于日常教学中。

【提高团员素质】 年内，县中学不断加强团队组织建设，积极开展教育活动，坚持党建带团建，加强团队组织自身建设。县中学通过开展征文比赛、主题班会等方式，开展学习中共十九大会议精神活动、“四讲四爱”主题教育实践活动等，注重培养团、队员意识，加强团员发展管理和团属阵地建设；并依托波密县青少年校外活动中心开展丰富多彩的社团活动。一系列活动的开展，充分发挥了学生的主体作用，给学生提供了展现能力的舞台。

县中学团总支荣获“2017年度少先队工作优

秀奖”“林芝市优秀少先队集体”，县中学学生在参加波密县“中国梦文化知识竞赛、加强青少年爱国爱家教育”中小学知识竞赛中荣获二等奖。

【心理健康教育活动】 年内，县中学不断建立健全心理健康教育工作体系，实行多元组合，各人员根据自身特长从不同角度、不同渠道开展工作，实现中学生心理教育工作整体优化的目的。县中学根据中学生心理生理发育特点，开设心理健康辅导教育课，并设立心理咨询室，提高学生心理健康水平；并针对各年级学生特点，进行专项的集体心理辅导。

县中学不断建立健全社会、家庭与学校三位一体的德育工作体系，于9月成立了家长委员会，邀请家长参与学校管理，加强家校沟通，全方位监督学校运作，积极推进学校的发展。家校合作收到了良好的效果。

【提高学生综合素质】 年内，县中学为了充分发挥活动中心的优势，最大限度满足广大家长对孩子教育的需求，县中学活动中心积极配合校内教育。9月，活动中心陆续开设了男子篮球、女子篮球、男子足球、女子足球、美术、硬笔书法、藏文书法、舞蹈、波卓波央等兴趣小组；举办了以“讲团结爱祖国”为主题的演讲比赛、“第三届校园足球比赛开幕式”的文艺表演、“汉字书法比赛”“藏文书法比赛”“美术绘画作品展览”等丰富的活动。县中学于10月举行了第一届“藏式围棋棋王争霸赛”，藏式围棋是藏民族智慧的结晶，全校师生积极参与，感受对垒藏式围棋的乐趣。这些活动的开展，使得青少年学有所长、学有所乐，县中学活动中心的各项工作得到了各级领导、学生家长和社会的肯定。

【体育运动】 年内，县中学严格按照教育部和自治区教育厅要求，制定学校的课程表、作息时间表、具有民族特色的大课间活动安排表；开齐、开足、上好新课程要求的课程；继续组织学生开展“阳光体育活动”，保证体育课与体育活动课的足量，保证学生每天不少于一小时的体育锻炼；将学生课外体育活动纳入教育计划，并开展丰富多彩的体育竞赛活动。县中学于11月展开了第三届校园足球比赛，学生们热情高涨，积极投入到体育比赛中，锻炼身体，掌握健身技能。

县中学2013年成立男子校园足球队、女子足球队，并因地制宜的开发和编排了2套足球校本教材，实施了适合学生年龄特点和体质的足球教学和课外活动。球队建立以来，不断取得佳绩，荣获“林芝市U-15青少年足球”比赛冠亚军，“全国足球特色试点学校”荣誉称号。波密县中学的足球运动走在了各兄弟学校的前列。

【优秀传统文化进校园】 3月，县中学决定长期开展“践行四讲四爱，非物质文化遗产进校园、进课堂”活动，主要着眼于波密县本地的“波卓”的保护、传承和发展，让学生学会“波卓”“波央”，将本地的优秀传统文化传承下去。“波央”在波密本地一直是以口头传唱的形式继承着，没有形成曲谱，10月初，在“非遗进校园”活动小组的努力下，小组成员通过搜集、整理的方式，将“波央”的曲谱呈现在波密人民面前，完成了“波卓波央”校本教材的编排工作。“践行四讲四爱”活动开展以来，受到区、市的广泛认可。11月，中央电视台、新华网、西藏电视等八家媒体对县中学“四讲四爱”优秀传统文化进校园成果进行了联合采访，此次采访，宣传了县中学践行“四讲四爱”优秀传统文化进校园、进课堂活动，提升了县中学知名度。12月，县中学被评为“第二批全国中小学中华优秀文化传承学校”。

【后勤保障能力】 年内，县中学加强后勤职工的思想建设，树立管理育人，服务育人的思想。后勤人员认真学习和贯彻落实教职工例会对后勤工作的各项要求，增强服务意识，提高服务质量；认真学习学校的各项规章制度，提高自身修养，爱岗敬业，吃苦耐劳；会计出纳上，做到了账目清楚，账、款、物相符合；后勤常规服务工作完成到位，为教学工作提供完善的后勤保障；对医务室进行了规范管理，使得冬季流行感冒得到有效控制。

（范 梅）

【领导名录】

校　长　扎西多吉（藏族）

副校长　索朗旺堆（藏族）

　　　　黎 世 川（3月任职）

　　　　洪 长 风（3月任职）

波密县完全小学

【概况】 波密县完全小学属于六年义务教育的公办寄宿制小学，2017年，共有26个教学班，在校学生1088人，其中农牧学生821人，住校学生为371人，城镇学生267人，享受“三包”政策的学生（包括农牧民子女、城镇低保、养护段工人子女）846人；学校以“为学校的可持续发展奠定基础，为学生的终身幸福奠定基础”为办学理念，以“全面贯彻党的教育方针、政策，让孩子快乐成长，办人民满意的教育”为办学宗旨，大力推进素质教育，努力建设一所团结、勤奋、文明、创新的和谐校园。学校师资力量雄厚，学校现有教职工84人，专任教师83人，职工1人；校长1人，副校长2人，汉族20人，少数民族64人，藏汉比例为10∶3；教师职称结构中，高级教师10人，一级教师52人，二级教师13人，三级教师4人，员级教师4人，高级技工1人；教师学历情况为大学本科48人，大专35人，中专1人，学历合格率100%。

【党建工作】 2017年，县完小党支部有党员42名，其中男党员19名，女党员23名；少数民族党员29名；入党积极分子1名。县完小党支部积极宣传和贯彻执行党的路线、方针、政策，创设了良好的政治舆论氛围。发挥党员先锋模范作用，抓党建促教学教研，以丰富的党建活动为载体，抓好德育和思想政治工作，开展了“3·28”校园歌手大赛、诗歌诵读比赛、重温誓词、知识竞赛、主题班会、爱国主义影片进校园、“我身边的美德少年”评选活动、党员教师资助贫困学生、保护母亲河行动等。由于成绩突出，被林芝市教体局授予“先进基层党组织”荣誉称号、被中共波密县委员会授予“先进基层党组织”荣誉称号。

【德育工作】 学校是培养人才的基地，培养出什么样的人，这与德育教育分不开。因此，学校把德育工作放在学校工作的突出位置上。2017年，县完小开展了以“中华民族传统文化”“特色乡土文化”“民族文化”三大板块特色校园文化建设和班级文化建设，大力弘扬中华民族传统美德，结合养成教育，教育引导学生坚定“小雷锋永远跟党走”的信念，践行社会主义核心价值观的“六爱、五感恩”主题活动、深入开展“寻找雷锋足迹，弘扬雷锋精神”学雷锋系列活动、“缅怀革命先烈，争当四好少年”清明节祭扫烈士墓活动、参观县政府“红楼”、参观气象局等社会实践活动及“四讲四爱”手抄报作品展活动；同时，以“做一个有道德的人”主题实践活动为主线，以学生行为规范养成教育为主要内容，以学校少先队活动为载体，以重大节日、纪念日为契机，开展生动活泼的德育教育活动，加强对学生进行爱国主义、集体主义、社会主义思想教育和道德规范教育，让学生在丰富多彩的德育活动中愉快地接受教育，形成良好品德。

【教师队伍】 2017年，县完小师资队伍的变化情况较小，教师队伍比较稳定、整体素质有所提高。教师的服务意识，理想责任、形象、能力、为人师表意识，廉洁从教意识，教学质量意识，团结、协调、凝聚的意识有所增强。校领导重视教师素质提升工程，建立青年教师、骨干教师、新教师成长档案，以老带新，结对互助。认真组织校本培训和校本教研，举办波密县完全小学教师素质提升暨教师技能竞赛，20余名教师参加比赛。提升教师理论水平、专业素质和道德水平。做好教学工作计划，开展教科研提高教师驾驭教学、驾驭学生的能力。

【平安校园】2017年，县完小结合本校实际，对校园内外安全进行排查隐患，加强对校园周边的整治力度。开展多次安全疏散演练，以提高师生们的安全意识和警惕意识。学校贯彻落实了《中国教育与改革发展纲要》《中华人民共和国义务教育法》《中华人民共和国教师法》《中华人民共和国未成年人保护法》等有关教育法律、法规的宣讲。加强师生的法纪教育，学校始终把依法治校、依法治教贯施在平时的工作中。

【毕业班工作】2017年，县完小在全校教师的共同努力下，西藏班成绩优异，共录取西藏初中班10人。

【后勤管理】2017年，县完小校后勤加强对学生的养成教育，做到学生宿舍卫生管理科学化、常态化，努力为学生打造舒适之家；食堂管理制度明确化、竞争化，现食品卫生等级已提升为A级，得到了上级领导的一致好评。

（谭显涛）

【领导名录】

校　长　白玛拉珍（女，门巴族，3月任）

副校长　嘎玛罗布（藏族，3月任）

　　　　央　珍（女，门巴族）

波密县中心幼儿园

【概况】波密县中心幼儿园位于波密县县城中心波茂广场东北侧，前生为波密县完全小学幼儿园，创建于1996年9月。新校园由广东省揭阳市援藏投资250万元于2005年9月建成并投入使用。新园区总占地面积3500平方米，建筑面积1360平方米，户外活动场地2140平方米。2017年，园内设有小班、中班、大班3个年级，共6各班，有幼儿261人，共有教职工29人，教师27人（含聘用7人），专任教师20人。教师大专学历以上合格率为90%。

幼儿园坚持以游戏为平台，推进双语教育发展，结合孩子们爱玩的天性，教师们在游戏上下功夫，将幼儿园打造成“玩美教育”的乐园。种植区就像是一本孩子亲近自然、融入自然的“活教材”，不仅可以丰富幼儿的生活，开阔幼儿的视野，还可以培养幼儿科学探究的精神，并养成遇事耐心、细心、规则意识强的优良品质，通过一些配合类游戏使孩子们充分体验到团队协作的重要性，并在孩子幼小的心灵上播种一颗诚信的种子。

【教育教学】关注幼儿的活动过程。年内，为使所有孩子在不同层次上得到发展，县幼儿园要求教师根据不同年龄段幼儿接受能力，调动幼儿学习的主动性，注重幼儿的参与性，在课堂上充分调动孩子的积极性，并能关注到每一位幼儿，注重他们的个体差异，打造玩美教育特色，让孩子在玩中学、做中学、学中玩，在游戏中锻炼他们的动手能力、合作技巧，创新能力，注重他们的兴趣培养，个性张扬。

开展丰富多彩的活动。为促进幼儿的全面发展，县幼儿园利用传统节日开展的一系列主题教育活动，如“新生我不哭”为主题的开学典礼；“祖国多美丽”为主题的庆祝国庆节文艺活动；每月一次的防火，地震演练；“三八”国际妇女节的爱妈妈教育；大班幼儿的幼小链接活动；“3·28”西藏百万农奴解放纪念日活动，“五月保护环境、从我做起”四讲四爱教育实践活动，“六一”国际儿童节的幼儿才艺展示等活动；“学前教育宣传月”主题活动；“远离毒品、珍爱生命”主题教育活动，“七一”感党恩合唱比赛，“十一”歌唱祖国红歌比赛，“九九”重阳关爱老人活动。这些活动极大地丰富了孩子们的生活，既体验了节日的快乐，又陶冶道德情操。利用主题活动，游戏等形式启发和培养幼儿的环保意识，提倡“节约一滴水、一张纸、一粒米、一度电”，使幼儿从小养成良好的生活习惯和环保行为。2017年，县幼儿园组织了“幼儿自理能力”比赛、“我运动，我快乐”等大型亲子运动会活动，发展了幼儿各方面的能力，体验了成功的快乐，展现了幼儿园师幼良好的精神风采。

【德育工作】 加强师德建设，提高德育工作水平。9月，县幼儿园开展“师德师风建设月”主题活动。教师们撰写学习心得，进行学习讨论，对应该树立什么样的职业道德、树立什么样的价值观、教师观，建立什么样新型的师幼关系，都有了新的认识与提高。

创设环境、提供舞台，提高师德建设整体水平。县幼儿园注重为教师们创设正气、平等、宽松的心理环境。园领导以身垂范，起到了很好的模范榜样作用，园领导班子注重从自我做起，讲政治、讲学习、讲正气，弘扬正气，自觉抵制不良思想，并注重对教师进行前途理想、集体主义、社会主义的思想熏陶，引导教师树立远大理想和正确的世界观、人生观、价值观。

以主题活动为载体，丰富了幼儿德育活动的内涵。为了对幼儿进行爱国主义教育，萌发幼儿热爱祖国、尊敬国旗的情感，县幼儿园每周一进行升国旗仪式，并进行国旗下讲话。同时县幼儿园将德育教育渗透在各类主题、节庆活动中。如：“三八”国际妇女节以班级为单位开展了“感恩妈妈”庆祝活动；植树节我们带领幼儿进行护绿小卫士行动，教育他们要爱护环境；“五一”国际劳动节通过开展系列教育活动，激发幼儿爱劳动的情感；七月中旬，县幼儿园邀请了全体大班家长参加大班幼儿毕业典礼，给每个大班的孩子留下了一份深刻的回忆。幼儿园的德育工作不是单独的说教，它是渗透在幼儿一日生活的各个环节之中的，它每时每刻都影响着孩子们的成长。幼儿品德的形成是一个循序渐进，日积月累的过程，一日生活为幼儿行为的反复练习与实践提供机会，对不同年龄阶段的幼儿提出了不同的德育要求，教师注重为幼儿创造一切条件，让幼儿在日常生活中更多地与同伴及成人自由地接触和交往，在来园、游戏、盥洗、进餐、午睡、活动等各个环节贯穿德育教育，抓住有利的教育时机，有的放矢地进行教育。从而增加了幼儿对道德的理解和体验，培养了幼儿的社会责任感。

【教师队伍】 2017年，县幼儿园选派9名老师到林芝市参加粤藏同心教师培训；选派1名骨干教师参加市级公开课比赛，选派1名青年教师参加波密县组织的十九大演讲比赛，通过各种活动使园领导管理能力，教师的业务技能、保教水平均得到了提高。

【校园文化】 人文环境。年内，县幼儿园在人文环境方面教学楼走廊内均设立了幼儿美术作品和手工制作的展示台，孩子们互相欣赏、互相学习。根据班级的不同特点老师绘制了不同的游戏格式，既拓展了孩子的游戏空间，又开发了幼儿的智力。楼道里，班级内设计了不同的主题活动墙，活动室有适合儿童不同喜好的区域角，如娃娃家、小商店、小医院理发店等，融知识性、趣味性于一体，幼儿既动手又动脑，深受孩子的喜爱。

开展民族文化进校园活动，每周四县幼儿园组织师幼穿民族服装、跳民族舞蹈，进行民族文化教育、传承。

阳光体育活动。为响应教育部与国家体育总局的“人人参与，感受快乐”号召，进一步推动幼儿园体育锻炼氛围的形成，县幼儿园掀起全员参加体育锻炼的热潮，根据幼儿年龄的差异，开展跳绳、踢球、沙包等生动有趣的、形式多样的体育教育活动、游戏活动及户外活动，保证每天幼儿户外运动时间不少于2小时，让幼儿走向操场、走进大自然、走到阳光下，积极参加体育锻炼，培养幼儿对体育活动的兴趣，吸引幼儿的主动参与，让孩子们拥有一个健康快乐的身体。

【后勤工作】 加强后勤人员的培训，规范操作流程。年内，县幼儿园全体的后勤人员都能在各自的岗位上完成工作任务。熟悉每日工作操作程序，能在规定的时间段完成相应的工作。且每人的动作都很娴熟有序，排放整齐，无卫生死角。

落实各项安全制度，确保幼儿园安全工作正

常的运作。县幼儿园把安全卫生工作作为头等大事来抓，成立了安全领导小组，并与教师、幼儿家长签订安全责任书，增强责任感；食堂卫生安全工作常抓不懈，严把食品入口关和48小时食品留样制度；保教人员时刻关注孩子，消除班级事故隐患。2017年，县幼儿园未发生一例安全事故。加强对教职工、幼儿处置突发事故的应急能力，每月组织开展“地震疏散演练”“防火逃生演练”等各类安全应急演练，增强和提高了广大师幼应急处突能力；精心组织、严格要求，出色地完成了县委、县政府部署的节、假日期间的各类安保维稳工作。

（樊燕青）

【领导名录】

园　长　索朗央宗（女，藏族）

副园长　樊燕青（女，4月任职）

任寅娇（女，8月任职）

波密县第二幼儿园

【概况】 波密县第二幼儿园占地面积4223平方米，建筑面积3101平方米，共有幼儿203人。县二幼始终秉承着“尊重孩子的天性，激发孩子的灵性，塑造孩子的个性，玩中学、学中玩”的办园宗旨，坚持以“健康、快乐、自信、明礼”为培养目标，注重五大领域之间的相互渗透，突出双语教育特色，在一日生活中培养幼儿操作、探究、合作、自信的性格品质。

【教师队伍】 2017年，县二幼共有专任教师21名，其中本科学历14名，大专学历7名，幼师专业7名。教师之间相互交流沟通，积极参加教研工作，开展赛课活动。

【平安校园】 2017年，县二幼结合校园实际情况，定期结队对校园及校园周边环境进行安全隐患排查。县二幼每周对幼儿进行安全教育，加强幼儿的安全防患意识。

【后勤管理】 2017年，县二幼各硬件设施完善，且符合各阶段幼儿的年龄特征，开发幼儿的脑力和动手能力。县二幼手工室、阅读室设备齐全，各办公室电脑以及打印复印机等设施齐全。

【校园活动】 县二幼自开园以来，为丰富幼儿的在园生活，开展对幼儿身心有益的活动：庆祝百万农奴解放日；开展红歌诗歌比赛；组织大班母亲节、中班父亲节亲子活动；共度“五一”国际劳动节；庆祝“六一”国际儿童节；欢送大班毕业典礼；在教师节做教师节的礼物，共庆教师节；在大班年段选派幼儿当礼仪小标兵；庆祝中秋；欢度国庆；喜迎十九大红歌会；开展家长开放日：丰收的秋天；在感恩节时感恩所有帮助自己的人，在幼儿的心中种下感恩的种子；欢度工布节；开展首届亲子运动会等等。

（扎西拉珍）

【领导名录】

园　长　扎西拉珍（女，藏族）

副园长　巴桑曲杰（藏族，3月任职）

扎西措姆（女，藏族，3月任职）

波密县气象局

【概况】 波密县气象局机构性质为公益性事业单位，级别设置为正科，设有气象台、综合管理科、防灾减灾科，2017年，全局实有工作人员5人。

【基本气候概况】 气温。2017年波密平均气温为10.0℃，比历年平均气温偏高0.9℃。2017年年平均最高气温为17.7℃，年平均最低气温为1.9℃，年内最高气温为29.8℃，出现在7月15日，年内最低气温为-9.1℃，出现在1月15日。总体分析年平均气温呈上升趋势。

降水。2017年波密年总降水量为929.8毫米，较常年平均值（898.1毫米）基本正常。通麦、易贡一带降水量在1197—1592毫米之间，波密县东北部降水较少，在284—462毫米之间。从逐月降水距平百分率分析，1—3月各站降水偏少，4月以后降水逐渐增多，其中4月偏多9成以上；11月以后降水逐渐减少。

日照。2017年波密日照时数1472小时，与历年年平均值相比偏多24小时，属正常。

【主要气候事件及其影响】 无霜期。2017年无霜期为204天（3月31日终霜至10月21日初霜），与历年无霜期（173天）比较，偏多31天。

高温。2017年12月，波密月平均气温为3.6℃，突破了有气象资料以来的历史同期极值（2.6℃）。

雨季开始期。2017年波密4月9日（历年平均值3月16日）进入雨季，较历年推迟25天。

强降水过程频繁，时空分布不均。6月1日波密县出现19—28毫米的中到大雨；3日出现27—32毫米的大雨；7月4日易贡、通麦出现27—28毫米的大雨；5日通麦出现25毫米以上的大雨；29日易贡乡、通麦出现30毫米的大雨，8月10日波密县大部乡镇出现36—42毫米的大雨。

山洪、泥石流、塌方等次生灾害多发。2017年8月3日夜间，波密县倾多镇栋曲村卓布沟爆发冰川溃决型、黏性型大型泥石流，历时约3小时、先后5次爆发，规模大、冲击强，冲出量约30万立方米。下游房屋、公路、农田、草场、围墙、水渠取水口、砼渠道、人饮蓄水池、农用机械等设施不同程度损毁。

【气象服务】 2017年，波密县气象局制作发布春运专题预报43期；制作发布桃花节专题预报3期，强降水预警短信及天气实况消息61期，元旦专题预报2期，清明节专题预报1期，“五一”国际劳动节专题预报1期，“十一”国庆节专题1期，通过形式多样、内容通俗易懂的专题精细化预报服务，全方位保障了社会各界的气象服务需求，有效构建了“预防为主”的气象灾害防御机制。

做好了“3·28”中国最大桃花谷开谷典礼专项服务，向县委、县政府主要领导做了3次专题汇报，开幕式前一天制作了精细化预报服务产品，报送到相关部门和各大宾馆客房，开幕式当天预报准确，得到了社会各界的好评。

时刻绷紧气象服务这根弦，做到一年四季不放松，每个过程不放过。每日通过手机短信、微信公众平台、电子显示屏、电视多媒体系统发布气象信息，全年共发布各类气象服务信息14余万条，全面扩大了气象服务面，提高了气象服务影响力。截至年底，短信用户共有330人，微信关注用户共有334人，涵盖县、乡、村各级负责人，实现了气象信息全覆盖发布，有效构建了“县、乡、村”三级气象灾害应急联动防灾减灾机制。在2017年8月和10月波密县境内连续出现大范围强降水期间，加强了24小时值班制度，密切监测天气变化，准确及时向社会各界发布预警信息，为波密县防御气象灾害提供了坚强的气象服务保障，尽管多地发生了山洪泥石流灾害，但由于预报准确，各乡镇防御、救灾措施到位，有效减轻和避免了气象灾害损失。

在关键农时季节，与农牧局涉农专家开展了3次田间调查。深入古乡、倾多镇、玉许乡等乡镇的田间地头，查看庄稼生长情况，与涉农专家会商后给乡（镇）政府提供生产建议。通过与涉农专家行之有效的共享合作，进一步提高了农业气象服务的质量和科学合理性，为各乡镇依据气象条件合理安排农牧业工作提供了强有力的气象服务保障。

多次免费为易贡、古乡茶叶种植、易贡湖水利资源开发和扶贫项目、邦达至林芝高速公路规划、山洪泥石流综合治理规划和县域规划等项目提供气象服务和气象资料，为项目建设保驾护航，发挥了实实在在的作用。

开展了15期灾害调查、存档、上报工作，同时为受灾的农牧民群众出具了15份保险理赔气象证明。在处理灾情工作中严格执行灾情调查制度，以客观事实为依据，结合多点的气象资料综合分析得出结论后上报和出具证明，在具体工作中，热情细心向受灾群众讲解手续办理流程，杜绝了“门难进、脸难看、事难办”的不正之风，得到了农牧民群众的一致好评。

向县机要局申请安装了“西藏自治区县乡党

政信息网”。安装完成后邀请县机要局工作人员对党政网的维护操作进行了授课、讲解，使每一位业务人员都学会了操作。党政网的开通使用，便捷了与县委、县政府、各单位、乡镇的信息共享和文件报送，同时县气象局开始在党政网上向各部门、各单位发布气象服务信息，更方便、更快捷地实现了气象服务信息的报送和传播，开辟了气象服务的新途径。

【基础业务】 年内，波密县气象局多次组织了业务学习，特别是自动站维修维护方面的学习实践，截至年底，大多数同志都能熟练进行自动站维护。选派了7人次到区内外参加学习培训，返回单位后均进行了2次培训工作，有力地提高了全局的业务水平。

加强了一体化平台的学习和运用，所有业务人员均能熟悉运用一体化平台进行预报制作和调阅指导产品，提高了工作效率。通过不断的学习实践和探索，县气象局的天气预报制作水平得到了全面提高，Micaps等预报平台广泛运用于预报制作，预报准确率大幅度提升，带动了气象服务效果，预报预警服务产品越来越得到社会各界的认可和肯定，知名度越来越高，气象服务效果越来越明显。

完成了降水现象仪和串口服务器的安装、调试，并投入使用，多次组织业务人员对软件安装调试和维护讲解，确保了业务正常运行。8月31日成功进行了业务切换，正式使用ISOS（ver2.0.0.0）版本，同时标准数据传输端、时钟同步软件和降水现象平行观测软件（ver2.0.0.0）一并投入使用。

加强了对辖区内的2个国家级无人自动站，9个区域自动站，5个雨量单站和嘎隆拉交通站进行维护，出现故障及时赶赴现场维修，更换了古乡比通自动站和玉普乡自动站的主采集器，确保了运行正常。10月完成了17个自动站维修改造，平整了观测场、修复了损坏的围栏并重新喷漆、围栏四周加装了防护钢丝网，所有自动站焕然一新，确保了安全、正常运行，并于11月通过了项目验收。

【防灾减灾和气象科普宣传】 年内，波密县气象局遇有灾害性、关键性、转折性天气系统时主动加强同市局气象台的预报会商，及时向县委、县政府领导汇报预报结论，同时通过手机短信，微信和显示屏发布气象信息，第一时间通过电话通知灾害落区乡镇的主要领导、气象协理员、乡镇信息服务站负责人和气象信息员落实预警和防御机制，有效地利用“县、乡、村”三级预警信息传播机制进行预警信息传播，为各乡镇主动防御气象灾害和应急救援提供了高效优质的气象保障，降低了气象灾害风险和灾害损失，保障了农牧民群众的生命财产安全。

防雷改革工作有序推进，和县住建局的行政审批权交接工作已完成。在工作中严格按照规范进行，同时采取老同志带新同志的方式，不断提高全局的防雷管理水平，年初，全局人员签订在防雷工作中不收受红包、礼品承诺书，将全面从严治党的要求贯彻到了具体的防雷工作中。

气象科普宣传深入开展。分别在3.23世界日、法制宣传月等时间节点组织了4次气象法律法规、气象灾害防御知识、气象科普宣传，在宣传活动中，组织全局工作人员深入县小学，人员密集场所进行了广泛的宣传，发放宣传单3000余份，特别是针对小学生的科普宣传，得到了县小学师生的热烈欢迎。9月18日，组织了县小学160余名学生到县气象局进行参观和学习，通过讲解气象观测项目和演练气象灾害防御，有力地推进了气象科普和气象灾害防御进校园机制，取得了良好的效果。

为保障在虫草采挖季节农牧民群众、乡镇干部的人身、财产安全，减少或降低雷电事故造成的损失，4月中旬至5月初，针对波密县实际情况，制作了藏汉双语的雷电防御宣传册到各乡镇开展宣传、通过实地讲解、演练和集中培训的方式，使各个乡镇至少有3至5名干部全面掌握了野外防雷知识和急救知识，通过该名干部深入各虫草采挖点向每一位上山的群众和干部做细致讲解，确保虫草采挖期间野外防雷人身、财产安全，在2017年虫草采挖期间，未发生一起雷击伤亡事故。

【制度建设】 2017年，波密县气象局为不断加强工作执行力和规范工作流程，起草并制定了《业务应急预案》《灾情调查上报制度》《气象服务管理制度》《财务制度》《岗位学习制度》《培训制度》《业务服务流程》《安全生产方案》《重大灾害和重大活动服务方案》等规章制度，完善了气象服务、业务流程和制度，有效地规范了单位的各项工作；多次对工作进行细致分工并经常性强调团结协作，逐渐形成了局长负总责，干部职工齐抓共管的良好局面。

【党建、精神文明建设和其他工作】 2017年，波密县气象局将党建工作融入具体业务工作中，紧紧围绕迎接、学习宣传贯彻中共十九大精神、切实履行党建工作主体责任、推进“两学一做”学习教育常态化制度化、落实党内组织生活相关制度、严格落实重要会议和重要文件精神”等方面扎实开展好了全年的党建工作，“四个意识”得到了明显加强，思想观念得到了明显改善，工作执行力了得到明显加强，气象服务意识和能力得到了明显提升。全年紧紧围绕学习宣传贯彻中共十九大精神和“两学一做”教育为主线，在提高思想认识、政治立场、认真履行“一岗双责”、加强自身修养，严于律己、严肃工作纪律，加强作风建设、反腐倡廉等方面进行了全面的学习和提高，为气象事业良好发展提供了坚强的政治保障。

完成了“全国精神文明单位”复查申报，并于11月复查确认，成功保留了“全国文明单位”荣誉称号。

对上级部门在党建、业务、服务、财务等工作中提出的意见或建议全盘接收，严格按照要求落实整改，在整改中理清了工作机制，增强了工作能力，提升了综合素质。

6月，建成了职工食堂，全年运营良好，全面改善了全局的生活条件，同时也带动了工作效率。

（李 波）

【领导名录】

局　　长 李 波

气象台台长 德 吉（女，藏族）

波密县粮食局

【概况】 波密县粮食局（以下简称县粮食局）坐落在县委、县政府对面，东邻波密县中心广场和沿江公路交之处，地理位置十分优越，是波密县城的第一黄金地段。县粮食局成立于1956年2月，总占地面积达9351平方米，其中粮食局宾馆（局部六层）占地面积为5000平方米，新、旧两幢商品楼占地面积为2200平方米，粮油仓库4栋占地面积为900平方米，沿江路办公楼及商品楼占地面积为520平方米。固定资产达1280余万元。2017年，在职职工24人（其中企业干部4人、大中专学历7人、党员8人）。

波密县粮油加工厂是粮食局的属下单位，成立于1956年，位于县城驻地扎木镇政府对面，占地面积36040平方米，厂内有占地面积2000平方米的职工住宿区（2008年新修建），占地420平方米的榨油车间，现有2003年国家投资897万元修建的3栋地方储备粮库，仓容量为0.05亿公斤。2017年，仓内储存自治区储备粮220万公斤、县级储备粮10万公斤。

【各项指标完成情况】 商品粮销售。2017年，县粮食局销售易贡菜籽油10.08万公斤、大米6.85万公斤、面粉5.25、糌粑1.9万公斤。完成“放心粮油进学校”工程85.56万公斤。收购易贡油菜籽15.1万公斤，易贡乡老百姓增收106万元；自治区储备粮销售。大米20万公斤、面粉10万公斤、青稞195万公斤；县级应急储备粮销售。大米5万公斤；“放心粮食”进学校工程完成。大米14.29万公斤、面粉8.06万公斤、易贡菜籽油1.57万公斤、糌粑0.26万公斤。

【储备粮管理】 年内，县粮食局按照自治区、市粮食局及县政府关于安全生产的有关要求，加强对储粮的日常巡查、防汛度夏检查及节假日重点抽查，确保储粮安全；要求各库保管员按照《自治区储备粮管理办法》及签订的保管员责任书，加强了对自己所保管的储备粮日常管理和检查，确保了各级储备粮数量真实、质量良好，储存安全和安全生产零事故；加强对各级储备粮轮换工作的监督检查和入库验收工作。

【“放心粮油”工程】 年内，县粮食局制定《波密县粮食局放心粮油工程进学校的实施方案》《放心粮油示范店责任承诺书》。并积极和县教育局沟通，与全县13所学校签订了“放心粮油”进学校协议。在“放心粮油”工程的建设中，县粮食局认真把握市局的要求，积极完成了“放心粮油”工程的申报工作。年初通过上级的审批，并能实现“放心粮油”店挂牌，为全县居民提供放心的粮油消费场所。粮油质检功能的提升情况。积极选派粮油检化人员到内地、自治区学习粮油质检专业知识，并利用国家投资的配套设施，完成县粮食局日常的粮油检测，确保县粮食局粮油安全。同时，加强对承储的各级储备粮轮换期间出入库粮食的抽检工作，确保不合格的粮食不流入口粮市场和入库的粮食必须合格。

【党建工作】 年内，县粮食局按照县委的有关精神，认真开展“两学一做”“四讲四爱”活动，通过教育实践活动的开展，特别是通过“我是谁、依靠谁、为了谁”“勇于担当”的大学习、大讨论，广大干部职工进一步提升了全心全意为人民服务的本领和认识，工作积极性增高，办事效率加快，工作能力提升，全局呈现出务实、高效、清廉的良好氛围。为建立学习型、廉洁型、服务型机关奠定了坚实的基础。县粮食局创建“自治区级平安企业”，召开了创建动员会，在活动中，局领导班子以身作则，带头学习，带头树正气，带头抓整改，工作效率有所提高，补充完善局内部管理办法。按照县委组织部《关于开展“基层党建建设年”活动的实施方案》要求精心组织，开展创建活动，丰富活动内容，促进党支部和党员“两个作用”的有效发挥。配合党建和科学发展观活动，开展谈心交心活动。在领导与职工、党员与党员、党员与职工之间广泛开展谈心交心活动，努力使党组织与党员、党员与党员、党员与职工之间的思想交流不受时间和空间的限制，增强工作的责任感和服务意识；并积极开展党建活动各项工作，全年共有13余次、50余人来支部参观学习。

【特色产业】 年内，县粮食局紧密结合波密县“两产业一平台”发展战略，发挥特色优势，稳步推进特色产业发展，重点发展的“易贡菜籽油”“岗云杉糌粑”“藏密咔赛饼干”3大粮油品牌，市场前景广阔，销售供不应求；企业全年实现利润30.6万元。截至年底，前期的投入工作已完毕。

（韩月飞）

【领导名录】

粮食局局长　陈银平

粮油加工厂厂长

才旺索朗（藏族）

农牧林水电

波密县农牧（科技）局

【概况】 年内，在波密县委、县政府的坚强领导和上级农牧部门的精心指导下，县农牧局深入贯彻落实市委、市政府关于农牧业农村工作的各项部署要求，以农牧业增效、农牧民增收为中心，建立健全目标管理责任制，强化各项工作措施，通过不懈努力，农牧业工作取得了较好的成绩。波密县农牧（科技）局下辖推广站、兽防站、草原监理站3个全额拨款事业单位，2017年共有干部职工42人，其中，行政人员6人，农业专业技术人员15人，畜牧及草业专业技术人员16人，推广站事业领导干部3人，兽防站事业领导干部2人，草原监理站事业领导干部1人，工人5人。

【农业生产】 波密县总耕地面积6.2万亩，2017年农作物播种面积6.49万亩（春播面积2.73万亩，冬播面积3.76万亩），较2016年增加0.29万亩。全年调运春冬播良种18.325万公斤、化肥1114吨、各类农药20吨，组织群众自制农家肥10.79万吨，有效保证了春冬播工作的顺利开展。2017年粮油总产量21553.79吨（粮食产量19954.42吨，油菜产量1599.37吨），蔬菜产量6600吨，总体完成生产目标。

【畜牧业】 2017年，各类牲畜禽年末总存栏数为99967头（只、羽、匹），其中牛62647头、猪35000头、禽类2320羽。全年新生仔畜9262头、新生仔畜成活数9077头、成活率98%，成畜死亡906头、死亡率0.01%，奶产量达到0.91万吨，蛋产量9.45吨。全县春秋两季累计进行重大动物疫病免疫接种22.23万头（只、羽），其中牛12.66万头、猪9.1万头、鸡0.47万羽；疫苗种类主要有O型-亚洲Ⅰ型口蹄疫双价灭活疫苗、牛口蹄疫-A型-亚洲Ⅰ型口蹄疫三价灭活疫苗、猪口蹄疫O型双组灭火苗、猪瘟脾淋疫苗、禽流感疫苗等，免疫接种率达100%。全年检疫生猪7296头、牛羊1044头、家禽19456羽，其中检疫不合格的猪2头，不合格的猪当场没收并进行无害化处理；共采集牛血清样品292份、猪20份、禽20分、犬粪340份，并认真填写登记表、流行病学调查登记表，圆满完成了包虫病监测采样任务，样品按照要求送到上级监测部门进行检测，所有样品均呈阴性。

【项目建设】 2017年，县农牧局实施波密县县级防抗灾仓库建设等14个农牧业项目，其中续建项目7个，新建项目7个，项目总投资约为4146万元。项目实施时，实行跟踪问效，多次组织督查组下乡督查项目建设，项目管理工作得到进一步加强。

【特色产业】 天麻产业。天麻产业已形成“公司+基地+农户”模式，千金方投资5000万元建成天麻GMP厂房，截至年底，处于设备安装调试阶段；注重发挥波密县藏利天麻有限责任公司推动作用，全年提供天麻麻种2.5万公斤，密环菌25万瓶；加快推进天麻产业化进程，全县天麻种植规模达50000平方米。

藏猪产业。研究制定出台《波密县藏猪产业发展规划》，拟建设藏猪资源保护原种场1个、扩繁场6个，在20个村发展藏猪养殖集体经济，培养养殖示范户100户，培育专业合作社10家。同时，采取“村集体+养殖大户+合作社+企业”养殖模式，以集中养殖与散养相结合，不断扩大藏猪养殖规模。第一批藏猪养殖项目中，倾多镇热西村核心扩繁场、玉许乡棠木村扩繁点已完成选址、设计、评审等前置手续，并着手筹建倾多镇巴康村藏猪养殖村集体经济，在全县范围内遴选5户养殖大户，辐射带动农牧民群众藏猪养殖的积极性。

茶产业。充分利用易贡优质地理环境和气候特点，按照万亩茶田建设目标，坚持构建以易贡为核心的茶叶优势产业带。投资3000万元在易贡乡沙玛村、江拉村大力开展茶叶种植，2017年，完成1100亩种植任务，茶树长势良好，并完成2000亩茶叶种植用地土地平整和改良工作。

特色养殖业。2017年，多吉、倾多、玉许犏奶牛养殖基地规模已达近9000头，年产值1800余万元；古乡蜂蜜养殖规模达近1700桶，年产值约200万元；藏猪养殖规模达5万头，年出栏1.3万头，年产值1000余万元。

特色种植业。易贡油菜种植达到2800亩，县粮油加工厂每年以保护价格（3.5元/斤）进行收购，实现年产值392万元；易贡辣椒种植规模已达500亩，年产量7.5万公斤，产值187.5万元；灵芝菌种植规模达25万袋，种植面积1.5万平方米，年产值405万元；新增波棱瓜种植面积274亩，产值82.2万元；羊肚菌推广种植面积45亩，产值81万元。

【合作社发展】 为规范合作社经营管理和提升各合作社综合水平，印发了《波密县农牧民合作社县级示范社监测及认定管理办法（暂行）》等规范性文件，指导群众不断提高合作社现代化、集约化水平。年初，通过合作社申请、乡镇推荐、县农牧局审核、县政府研究确定的方式，评定易贡乡江拉村易贡藏刀打制农牧民专业合作社等4家县级示范合作社，同时，成功申报贡乡江拉村易贡藏刀打制农牧民专业合作社、倾多镇巴康村藏王桃园良种繁育农牧民专业合作社2家合作社为市级示范合作社。

【虫草采集管理】 年内，县农牧局在虫草采挖前，做好县、乡、村虫草采挖隐患排查，加大《西藏自治区冬虫夏草采集管理暂行办法》等法律法规宣传力度。组织召开辖区内虫草采集工作动员会议，与乡（镇）签订《虫草采集管理目标责任书》；虫草采挖期间，加强上山设卡、有证采集管理工作，坚持24小时值班制度和日报信息制度，形成了有问题及时发现，发现问题及时处理的良好工作秩序。7月下旬，波密县虫草采集管理工作全面结束。虫草产区内未发生违法违规采集和纠纷事件。据统计，2017年波密县虫草产量约583.75公斤，虫草销售收入约6582.5万元。

【惠农资金落实】 年内，县农牧局坚持大力宣传党和政府的一系列支农惠农优惠政策，使广大农牧民群众充分了解各项惠农政策。据统计，全年累计悬挂横幅20余幅，发放各类宣传手册300余份，宣传资料近3万份，发动宣传车辆20余辆，走村入户宣传政策70余人次。全年累计兑现各类惠农资金共计2757.5余万元：兑现2015年涉农保险赔款585余万元（其中种植业赔款258.63万元、养殖业赔款287.28万元、农房赔款23万元、能繁母猪赔款16.5万元）；兑现2016年度农机购置补贴642万元；兑现2016年度粮食直接补贴和农资综合补贴194余万元；兑现2016年、2017年草补奖资金1336.5余万元。国家惠农补贴项目的扩大和补贴资金的及时发放，进一步激励了农牧民发展农牧业的积极性。

【农作物良种推广与高产创建】 2017年，共推广良种4.108万亩，春播作物共推广7081亩，其中春青稞“喜拉22”5803亩，“山青9号”130亩，“山油4号”1148亩。春播期间，“喜拉22”良种为波密县自供，“山青9号”和“山油4号”为外调良种；冬播作物共推广3.4万亩，其中冬小麦“山冬7号”2.9万亩，“冬青18”为0.5万亩。冬播期间，“山冬7号”良种为波密县自供，“冬青18”为外调良种；2017年，建设绿色粮油高产高效创建面积3.5万亩，其中小麦绿色高产高效创建面积2.3万亩，品种为“山冬7号”，春青稞绿色高产高效创建面积1万亩，品种为“喜拉22”，油菜绿色高产高效创建面积0.2万亩，经县推广站技术人员实地测产，小麦绿色高产高效创建平均产量为563公斤，青稞绿色高产高效创建平均产量为364公斤，油菜绿色高产高效创建平均产量为221公斤。

（潘 雲）

【领导名录】

副 局 长 白玛央宗（女，藏族，主持工作）
何 彬（3月任职）
农技推广服务站站长
郝建伟
兽防站站长 白玛玉珍（女，藏族）
草原监理站副站长
央 青（女，藏族）
兽防站副站长
伦 珠（藏族）
农技推广服务站副站长
白玛旺扎（藏族）
达瓦扎西（藏族）

波密县扶贫开发（农业综合开发）办公室

【概况】 年内，波密县扶贫开发（农业综合开发）办公室（以下简称县扶贫办）在县委、县政府的正确领导下，按照区、市扶贫（农发）办的工作部署，以提高贫困人口收入、减少贫困人口为目标，以产业扶贫为抓手，全力打赢脱贫攻坚战，大力发展养殖、种植、旅游等特色优势生态产业。2017年顺利完成减贫595户2244人，退出贫困村79个，未脱贫建档立卡户64户180人，贫困发生率下降到0.68%，达到国家和自治区脱贫标准和要求。波密县扶贫开发（农业综合开发）办公室为正科级参公单位，2017年，共有编制3名，干部6人。

【扶贫资金投入与使用】 2017年，县扶贫办积极整合各方力量，共整合资金33907.38万元（含扶贫项目建设1893.356万元）。其中市级配套14846万元（产业资金1亿元，易地扶贫搬迁资金2346万元，天保搬迁房屋改造资金2500万元）；县级整合资金1893.356万元，1397.08万元用于产业扶贫资金，496.276万元用于查漏补缺资金。

【产业扶贫】 年内，县扶贫办紧紧围绕“两产业一平台”发展战略，充分利用本地产业资源优势，规划见效快、周期短、收益有保障的产业项目，使特色农业、藏医藏药、水电能源、文化四大产业与生态旅游深度整合，共同发展。截至年底，通过产业扶贫，带动脱贫221户1012人。

【教育扶贫】 年内，县扶贫办实施教育脱贫“321”工程，落实“三包”、营养餐和交通补助政策，狠抓“两后生”职业教育，及时兑现区、市贫困学生资助资金，并进一步加大县级财政教育扶持力度，每年为贫困高中生、大学生分别资助3000元、5000元，累计支付兑现县级财政教育帮扶资金166万元。同时，重点对品学兼优、生活特困的家庭进行再资助，不使一人因贫辍学。截至年底，建档立卡贫困户高中生人均每年能领取教育补助资金3840元、非免补大学生人均每年领取教育资助资金13400元（免补大学生6400元），初中入学率98.9%，小学入学率100%。实现贫困家庭教育资助政策全覆盖。

【易地搬迁扶贫】 年内，波密县易地搬迁安置群众共64户391人，其中，倾多镇扎西村31户、多吉乡角落村14户和古乡索通村21户已全部入住完成，3个配套产业项目正在实施建设中。

【社会兜底】 年内，在抓好五保供养的基础上，制定出台《波密县散居特困对象轮流看护制度方案》，实现散居五保户有人管、有人看、有人照理。同时，将符合低保条件贫困对象全部纳入最低生活保障范围，确保扶贫政策与低保制度相互衔接、不漏一人，并大力实施全民参保计划，贫困群众社会保险参保费用由政府补贴，参保率达100%。同时，成功开出全区首单“脱贫保”，为1075户建档立卡户和城镇低保户、临界贫困家庭购买人寿保险，有效防范因灾因病和意外事故等造成的返贫风险。

【援藏扶贫】 年内，在全区第一个搭建广州市各区对口支援乡（镇）的“区乡对接”、携手脱贫奔小康扶贫框架，为粤藏扶贫协作、助推波密县脱贫攻坚打下坚实基础。波密县用援藏资金，为1075户建档立卡户和城镇低保户、临界贫困家庭购买“脱贫保”，并广泛动员广州社会各界筹集600余万元物资开展帮扶工作，发动比音勒芬（中国高尔夫球队赞助品牌）捐赠价值365万元的防寒衣物2500余件，覆盖全县所有建档立卡户；发动广州五羊摩托有限公司捐赠130辆摩托车，有效改善贫困群众生产生活条件，助推波密贫困人口“三不愁”。

【医疗扶贫】 年内，制定出台《波密县医疗保障精准扶贫工作实施方案》，完善和推行医疗保障模式，全面实行“农牧区医疗制度+农牧民大病商业保险+民政救助+特大病补充保险+政策兜底”医疗保障套餐，推行分级医疗救助，安排医疗救助资金110万元开辟绿色通道，实行住院就医免交押金、先住院后结算模式，实现了建档立卡贫困户看病“四不”标准（不愁钱、不垫钱、不报销、不跑路），累计救助453人，其中因病致贫群众288人。县政府安排专项资金200万元解决农牧区医疗报销缺口资金，确保贫困群众医疗有保障。

【社会帮扶】 年内，波密县深化干部“四对一”结对帮扶，采取正县级干部每人包3户、副县级干部每人包2户、正科级干部每人包1.5户、副科级干部每人包1户的帮扶机制，深入开展“讲党恩”、扶志扶智、送衣送物、送钱送技能送思路等帮扶活动，做到结对帮扶全覆盖。截至年底，干部结对帮扶972户，企业结对帮扶65户，累计投入资金247万元；藏立、奇正藏药等企业主动伸出援助之手，以送衣送钱送思路等形式开展集中慰问活动。同时，搭建扶贫济困平台，建立扶贫济困基金，先期已募捐资金50余万元，初步探索构建起专项扶贫、行业扶贫、社会扶贫互为补充的大扶贫格局。

【能力提升】 年内，波密县累计投入资金90余万元，组织开展旅游、餐饮等实用技能培训30期1445人，实现贫困人口就业336人，并建立健全建档立卡贫困人口转移就业激励奖励机制，对波密籍贫困人口就业满半年、一年及以上的，分别按照500元/月/人、1000元/月/人的标准予以补贴；加大培植全域旅游、民宿旅游业，引进藏核、千金方等公司投资建设林下资源加工厂，实现旅游资源共同开发、群众广泛参与、林下资源销售有渠道，确保了贫困人口不离乡不离土也能就近就便就业。

【生态补偿就业岗位】 年内，积极争取区、市贫困人口生态就业岗位4992个，坚持设岗定责，强化岗前培训，加强监督考核，并严格按照考核结果兑现生态就业补助资金。

【农业开发】 年内，波密县实施农业开发项目一个——扎木镇农业综合开发高标准土地治理项目，项目总投资905万元，其中国家投资875万元，群众投劳折资30万元。覆盖娘那村、通木村、东绕村、康木村、卡达村、岗巴村6个行政村。

（刘晓玲）

【领导名录】

主　　任　江　村（藏族）
副 主 任　刘晓玲（女，3月任）
主任科员　于晓华（女，藏族）

波密县林业局

【概况】 年内，波密县林业局（以下简称县林业局）新一届领导班子在县委、县政府的坚强领导下，在上级业务部门的大力支持下，牢牢把握“发展现代林业、建设生态文明、突出科学发展”主题，以生态立县为发展战略，以建设活力、美丽、法制、祥和、幸福波密为目标，以“重点区域造林、生态安全屏障”等国家重点项目为依托，克服冬春季降雨偏少，风干物燥，火险等级持续偏高，各项林业工作任务繁重，工作人员少等不利因素，认真调研，统筹安排，大胆改革，锐意进取，扎实开展各项林业工作，努力开创波密县林业工作新局面。

县林业局（自然保护区管理局）为正科级单位，内设林业局、森林公安局、森防指挥部办公室、大峡谷自然保护区管理局、嘎朗国家湿地公园管理局、林业工作站6个部门。其中设有13个股、站、室，分别为局办公室、营林股、林政股、财务室、森防办、手续室、退耕办、生态办、普法办、档案室、后勤办、项目办、玉普一级木材检查站；森林公安局设有3个办公室，分别为森林公安局办公室、治安股、刑警队；大峡谷自然保护区管理局设有3个办公室，分别为森林病虫害防疫办、野生动植物救护站、宣教办；嘎朗国家湿地公园管理局设1个办公室，为湿地办；林业工作站下设9个公益林专业管护站、5个木材检查站。2017年，县林业局共有干部职工49人，其中干部22人，工人3人，公益性岗位10人，协警7人，临时性工人7人。科级领导9人，其中正科2人，正科实职1人、虚职1人；副科7人，副科实职4人、虚职3人。

【园林绿化】 2017年，波密县完成义务植树造林370亩，19750株。其中，县直机关栽植70亩，850株，树种为光核桃；各乡镇栽植300亩，18900株，树种为苹果。实施2016年防沙治沙（封山育林）项目3850亩，防护林体系建设项目19800亩，森林抚育（封沙育草）项目5000亩。

【林业重点工程】 2017年，县林业局共有5个建设项目，其中1个续建项目，4个新建项目。

续建项目：西藏嘎朗国家湿地公园湿地保护与恢复建设项目，该项目2015年12月开工，截至年底，该项目正在建设中；新建项目：2016年防沙治沙、2016年防护林体系建设、2015年嘎朗国家湿地公园补助资金3个项目已完工并完成验收，国道318补植复绿景观工程正在建设中。

【森林资源管理保护】 及时修订完善波密县公益林管理办法。《波密县公益林管理办法》经报请县人大审议通过，2017年4月17日，波密县人民政府正式下发了《波密县公益林管理办法（试行）》，这对波密县公益林管护工作有着里程碑式的意义，标志着波密县公益林管护工作正向着正规化、法制化迈进。

及时兑现2016年及2017年上半年公益林补偿金。截至年底，波密县共有生态公益林面积5949915亩。2016年，森林生态效益补偿金标准从原来的3元/亩/年提高到4.85元/亩/年。2016年以前，波密县公益林补偿金每年为1785万元，户均年收入为3324元；2016年以后，波密县公益林补偿金每年为2888.81万元，仅此一项，户均年收入为5380元，户均增加现金收入2060元，增收61.85%。

加强公益林队伍建设。在原有公益林专业管护队49人的基础上，在全县设县级监护员50人、乡级监护员10人、村级监护员168人。并制订了详细的考勤制度、巡山制度、请销假制度，责任落实到人，切实实现了人有制度管、林有人员看，全力加强波密县森林资源保护工作。

【林业执法】 2017年，县林业局开展了春雷行动、高原绿盾行动、亮剑行动，并联合各有关单位开展了保护森林资源严打专项整治活动，重点打击盗伐、滥伐、故意损害林木的违法行为，非法经营（加工）木材、非法占用林地、毁林开荒的违法行为，破坏、贩卖野生动植物的违法行为等。全年受理各类涉林案件42起，破42起，破案率100%。其中，刑事案件12起，林业行政案件14起，治安案件16起。与上年同期相比，涉林案件发案率明显降低，涉林案件破案率大幅提升，2—12月，全县无盗伐林木案件发生，乱砍滥伐、非法经营（加工）木材、非法占用林地、毁林开荒等违法行为得到有效遏制。

【护林防火】 年内，县林业局认真贯彻“预防为主、积极消灭”的工作方针，全面推行森林防火责任制，积极落实各项措施。全年未发生森林火灾。

完善制度建设，严格落实责任。年初，县林业局结合工作实际，修订完善了《波密县森林防火应急预案》《波密县森林火灾扑救演练预案》《波密县森林防火宣传方案》《波密县森林防火隐患排查方案》，明确了各单位、各部门职责。为落实森林防火责任，与各乡镇、森工企业签订了《波密县森林防火目标责任书》《波密县重点公益林管护目标责任书》。

加大森林防火隐患排查力度。春季、秋冬季为全县重点防火期，县林业局严格执行24小时值班制度。县森防指挥部多次派出检查组，全面了解各乡镇森防工作开展情况，随时掌握林区森防动态，切实做到了提前部署、措施得力、监控有效。截至年底，县林业局共下发整改通知书3份，限时整改。

加强宣传，营造良好的社会环境和舆论氛围。2017年，县林业局与波密县森警中队联合开展了5次森林防火宣传活动，共计出动车辆17台次，人员70余人次，发放宣传单2300余份。

进一步强化火源管理。严格管控重点部位。火灾多发地段，通过增设临时防火检查站，加大巡护密度，做到路口有人把、山头有人看；严格火源管理。各乡镇组织护林员及民兵全天候巡逻，严查野外违章用火，确保火种不上山，火源不入林；严格管控高危人员。对痴呆傻及精神病人加强管控，逐一排查登记，明确监管责任人，落实监护责任；严格管控林区内各施工单位的用火安全。对于国家、区内重点工程建设项目，凡需要在林区施工的，施工单位必须与县林业局签订森防责任书，交纳保证金。各施工单位与施工人员也要签订责任书，并交纳保证金；加强各森工企业伐区管理。及时开展伐区清林工作，并对清林材进行安全、无污染处理；加强对朝佛人员用火管理。318国道沿线各乡镇按属地原则对朝佛人员进行管理，让朝佛人员在临时留宿点烧茶做饭，安排专人监管，并负责将朝佛人员送出本乡镇属地移交给下一乡镇。七是实行联保联防制度。对享受重点公益林的群众实行联保联防制度，对管护责任区内发生林火的坚决按照管护合同不予发放管护费，以制度落实责任，以责任倒逼群众的联防意识，做到管好自家山、看好自家林。

【森林病虫害防治检疫】 年内，县林业局不断加强林业有害生物监测、病虫害防治，充分发挥公益林专业管护员作用，将林区有害生物监控列为专业管护员日常巡查工作中的重要内容，加强了各林区、沟口的检测。2017年，波密县未出现规模性森林病虫害。

【湿地和山体公园】 2016年，波密县正式成立嘎朗国家湿地公园管理局，2017年落实了人员编制、办公场所。争取嘎朗国家湿地公园湿地保护与恢复、湿地公园补助资金2个项目，开展湿地公园基础建设与恢复保护工作。

【国土绿化】 波密县高度重视国土绿化工作，2017年11月2日，波密县召开了全县国土绿化专题会议，安排部署了全县国土绿化工作，成立了由县长任组长，分管副县长任副组长，全县各单位为成员的国土绿化工作领导小组，全面加强了对全县国土绿化工作的领导。并结合全县实际，印发了《波密县大力开展植树造林推进国土绿化工作督查办法（试行）》《波密县大力开展植树造林推进国土绿化工作考核办法》和《关于贯彻落实〈 西藏自治区人民政府关于大力开展植树造林推进国土绿化的决定〉的实施意见》的通知，与各成员单位签订了《波密县开展“五消除”任务量化标准及目标责任书》。

【318国道美化绿化】 2017年2月，由县林业局牵头，按照“不同风景”“宜草宜花”“层次分明”“全县、全时、全景”的理念，结合318国道

两旁原生态植被、高山栎、松树等乔木特点，利用国道两侧的裸露地块、斜坡、边沟见缝插绿，在318国道两侧播种了美国兰草、波斯菊、张大人花、杜鹃、三角梅、塔柏、红花槐等14种景观苗木、花卉，共种植绿化苗木2980株，播撒花卉种子10800千克，折合面积398亩，力争把318国道（波密县段）打造成景观大道、生态大道、文化大道，让318国道成为波密县旅游的一张名片。

【野生动物保护】 严格管理。县林业局森林公安、野生动物保护办向社会公布了举报电话，加大对破坏野生动植物资源违法犯罪案件的查处力度，并不定期对县城菜市、餐馆饭店、土特产店进行清理检查。

积极兑现野生动物肇事损失补偿资金。积极兑现2016年野生动物肇事损失补偿资金168.7万元，其中，牲畜死亡1073头（匹、只），补偿166.4万元；农作物损失46.5亩，补偿2.3万元。2017年野生动物肇事损失补偿资金正在统计上报中。

【林区安全管理】 严格林区施工管理。对于国家、区内重点工程建设项目，凡在林区施工的，必须逐级上报，经批准，缴纳保证金、签订责任书、办理入林证后，方可进入林区施工。

加大林地使用情况核查。县林业局对全县林地使用情况进行跟踪检查，实行全过程监管。坚决杜绝未批先占，不批就占、少批多占等情况，切实保护好林地资源。

开展清山、查山、夜间巡逻。根据实际情况，县林业局不定期对各重点林区、沟口开展清山、查山活动，实现了每月开展1—2次清山查山，并在森防期开展夜间巡逻值班，每日夜间由局领导班子成员轮流带班巡逻，有效震慑了违法犯罪分子。

规范木材经营、加工、运输管理。县林业局定期、不定期开展木材经营加工专项整治活动，依法严厉打击无证经营、证照不齐、非法经营、超核准范围经营等违法犯罪行为，并严格执行木材凭证运输制度，年内，检查木材经营加工场所4次，督查木材检查站工作50余次。2017年签订林区施工项目合同7份，承诺书10份，办理入林证2100份。登记建档涉林重点行业家具店6家，森工企业2家，土特产专卖店22家，沙、土、矿石场14家。

【集体林权制度改革】 根据《西藏自治区集体林权制度改革实施方案》的要求，为切实加强对波密县集体林权制度改革工作的组织领导，探索建立“集体林地、国家投入、林权共有”和“集体林地、个人承包、国家补助、林权自有”机制，明细产权，理清国家、集体、个人的利益边界，调动全社会力量促进绿色增长，经县政府同意，成立了波密县集体林权制度改革领导小组，对全县集体林权制度改革工作进行宏观指导。领导小组下设办公室，办公室设在县林业局。2017年，县林业局已厘清退耕还林地亩数、地点，完成全县林地的摸底调查工作，正为林地确权、颁证做准备。

【精准扶贫】 波密县生态补偿脱贫组将生态岗位名额分配到各乡（镇），由各乡（镇）和驻村工作队在建档立卡户中挑选符合条件的村民，经县脱贫攻坚指挥部、生态补偿脱贫组审核通过后逐级上报审定，不存在不实事求是、弄虚作假、优亲厚友等问题。

根据区、市脱贫攻坚指挥部关于下《2017年脱贫攻坚生态补偿政策原则三年不变》精神，2017年在波密全县10个乡（镇）内招聘建档立卡贫困人员3231名安排生态扶贫就业岗位上，根据区、市脱贫攻坚指挥部关于下达2017年新增生态脱贫岗位指标的通知精神要求，波密县生态补偿组及时联系波密县脱贫攻坚指挥部，严格按照文件要求，将2017年新增生态补偿脱贫岗位人员1761名（林业生态岗位1200名；草原监督员550名；水资源管护员11名），分配到各乡（镇），由各乡镇在建档立卡户中挑选符合条件的贫困户农牧民群众，经县脱贫攻坚指挥部、生态补偿组审核通过后，逐级上报审定后，将2017年生态补偿脱贫岗位人员共计4992名安排至生态补偿脱贫岗位上。

2017年兑现生态扶贫资金969.3万元，岗位人员落实到位，生态岗位资金已全部兑现。

根据区、市脱贫攻坚指挥部关于下达2017年新增生态脱贫岗位指标的通知文件精神，2017年波密县新增生态补偿脱贫转移就业岗位人员1761名，兑现增加生态补偿转移就业岗位资金528.3万元，岗位人员落实到位，资金发放到位。2017年，波密县累计生态补偿脱贫转移就业人员4992名，累计兑现生态脱贫转移就业补助资金共计1497.6万元。

【森林公安】 2017年按照上级部门的安排部署，波密县森林公安局在全县范围内组织继续开展了以打击破坏林地和野生动物资源违法犯罪活动为主要内容的“春雷”“利剑”“绿盾”“野生动物”及林业严打专项行动。

全年波密县森林公安局共立案26起，其中，刑事案件11起，涉案人员24人（已宣判9起，刑期3—7年不等；2起已起诉至波密县人民检察院），治安案件15起，治安拘留19人，为国家、集体和个人挽回经济损失150余万元。

【支部建设】 完成班子述职述廉报告。年内，县林业局班子各成员完成了个人述职述廉报告，客观总结2017年党风廉政建设和工作开展情况；及时完成党费缴纳。6月、12月县林业局完成全部22名党员（含1名预备党员）的党费收缴工作，共缴纳党费8540元；组织召开了“两学一做”专题组织生活会。支部22名党员参会提出批评与自我批评，气氛热烈；执行学习制度，每周五开展集中学习，学习各项规章政策、文件会议精神。

2017年，县林业局落实党风廉政主体责任和纪检监督责任，明确党支部书记负总责，支部成员实行“一岗双责”、纪检委员加强监督、党员干部人人参与；切实执行民主集中制，对“三重一大”一律经党支部会议民主决策，不搞临时动议；局班子成员带头执行“八项规定”“约法十章”。严格遵守财务管理制度，坚持“一支笔”审批。自觉纠正和抵制“四风”，严格执行公务接待、办公用房及车辆使用等有关规定。

【思想政治教育】 年内，县林业局召开班子会议，认真传达学习习近平总书记关于开展“两学一做”学习教育重要指示和区市县“两学一做”学习会议精神，扎实推进“两学一做”学习教育常态化制度化；认真贯彻民主集中制，不断完善党内监督，注重调查研究，尊重和反映客观规律，广泛听取各方面意见，把法律法规贯穿于决策全过程、涵盖决策各方面，实现决策于法有据，确保决策贴近波密实际，符合波密经济社会发展规律；以“四讲四爱”学习活动为契机，严格上下班考勤制度，制订学习制度，把每周五下午定为全局理论学习时间，通过学习会，教育干部职工、党员调整状态，转作风、提效能，激发干部职工的工作积极性和创造性，全局干部职工精神面貌焕然一新。

（曾小毛）

【领导名录】

局　长　柳军力（藏族）

副局长　扎西达瓦（藏族）

　　　　朱　广

森林公安局局长

　　　　次仁罗杰（藏族，11月离任）

森林公安局政委

　　　　柳军力（藏族）

森林公安局副局长

　　　　达娃扎西（藏族）

波密县水利局

【概况】 年内，在县委、县政府的正确领导下，在县人大、政协的监督下，在上级业务主管部门的悉心指导下，波密县水利局（以下简称县水利局）全面贯彻中共十八大、十九大精神，以科学发展观为指导，以加快水利改革发展，实现“安全发展”“绿色发展”为目标，以解决群众最关心、最现实、最直接利益的民生水利需求为重点，全力推进“安全水利、资源水利、民生水利、绿色水利、廉洁水利”五个建设，逐步推进波密从水利大县向水利强县转变，实现人人共享水利发展改革成果，进而形成保障民生、服务民生、改善民生的水利格局。全年计划投资12034.07万元，共完成水利建设投资8464.17万元，较好地完成了全年水利建设任务，全县水利工作呈现出良好发展局面。县水利局为正科级行政机关，2017年编制3人，内设机构1个（水利服务站），为副科级事业单位，编制3名。

【党建工作】 年内，县水利局加强组织领导，改选党支部，全面落实主体责任。坚持把管党治党与水利业务工作一同谋划、一同部署、一同检查、一同考核，着力强化从严治党主体责任；制定了“两学一做”学习常态化、制度化实施方案、学习计划表等。结合“两学一做”学习常态化、制度化教育的开展，认真落实从严管理党员的工作。做好党员发展工作，壮大党员队伍，2017年，培养入党积极分子1名，预备党员1名；认真贯彻民主集中制，严肃党的纪律，严格党内政治生活。开展积极的党内思想斗争，大力倡导勇于批评与自我批评的优良作风。全年共召开了2次组织生活会；严明纪律规矩，筑牢崇德守纪根基。坚持把政治纪律和政治规矩摆在首位，牢固树立政治意识。加强党组织和党员队伍建设，提升党的执政能力，坚持“三会一课”制度和党务公开制度，共召开党员大会6次、领导讲党课4次。严格落实党组主体责任和党组书记第一责任人责任。在“三重一大”事项的研究决定中，严格遵守议事规则，实行“末位表态”制度；加大宣传报道力度，及时完成了党报党刊征订任务。

2017年，县水利局始终把党风廉政建设、作风建设提上重要议程，使之贯穿于水利建设全过程。认真学习贯彻中共十八大和十八届三中、四中、五中、六中全会精神及十九大精神，深入学习习近平总书记系列重要讲话精神，在思想上、政治上、行动上同以习近平总书记为核心的党中央保持高度一致。严格执行水利规划、项目前期工作、投资计划管理、设计变更、概算调整、竣工验收、财务决算等有关规定，不违规审批水利项目，不擅自调整水利建设资金，不提供虚假统计数据。积极转变作风，加强廉政建设。按照相关要求，严格落实“一岗双责”制，强化责任考核，健全、完善、落实责任制、监督考核机制和责任追究机制，完善机关内部管理制度，弘扬“献身、负责、求实”的行业精神，努力提高水利干部队伍素质，加强机关效能建设和党务政务公开工作，进一步推进水利系统作风持续良性转变。发挥领导带头的表率作用，带头遵守纪律，带头勤俭节约，带头执行党风廉政建设的各项规定，严格管理家属和身边的工作人员，凡是要求别人做到的自己先做到，凡是禁止别人做的自己坚决不做，自觉抵制拜金主义、享乐主义、个人主义的影响，始终保持共产党员本色。2017年，县水利局未发生一起违纪违规事件。

【机关工作】 年内，严格按照县委统一部署安排，按照“办好自己的事，看好自己的门，管好自己的人”的原则，县水利局认真抓好信访和领导包案的交办工作；坚持安全与质量、效率并重的原则，严格落实安全生产相关制度和规定，杜绝了安全生产事故的发生，抓好了各乡镇安全生产的督查汇报工作；结合专业普法、法制宣传日及平时执法工作，大力加强了相关行业专业法律法规的宣传教育工作，做到了宣法与执法效果并进；全面排查整治、完善预案，加强机关内部安全保卫管理，整改效果明显；深入实施水利人才战略，加大干部教育培训工作。有计划、有针对性地提高专业技术人才的业务素质，加强水利工程管理类及其他必需类专业人才的培养和引进。多渠道、多途径地培养开发水利管理人才，不断提高队伍的业务能力。2017年，县水利局共6人参加业务培训8次。

【防汛度汛】 2017年，县水利局与各乡镇签订了《2017年防汛抗旱责任书》，确保防汛抗旱层层落实。同时，向各乡镇印发了4份文件，转发

3份加强防汛应急值守的文件及10余份山洪气象预警信息等文件。要求各乡镇加强组织领导，强化应急值守，严格落实24小时值班制度、领导带班制度和重要情况报告制度；落实防汛责任制，特别是第一责任人和主要责任人负责制。始终坚持把人民生命安全放在第一位，重点抓好在建工程、大唐波堆电站等水电工程度汛措施的落实，把各项防范措施制定到位、落实到位；在汛前、汛中、汛后及时开展水利工程安全大检查，认真排查存在的安全隐患，采取切实有效安全度汛措施；提前修订完善防汛抗旱预案，使各乡镇领导和防汛抗旱成员做到心中有数。

落实防汛储备物资、落实抢险队伍，有灾无灾按有灾准备，大灾小灾按大灾准备，努力做到有备无患。充分储备防汛物资，统一调度和使用，2017年，新采购50万元的防汛物资，在汛期来临之前分发到各乡镇，确保各乡镇安全度汛；落实全天候24小时值班制，确保汛情指令畅通，确保安全度汛；组织10个乡镇30人次参加防汛业务培训，重点培训了有关山洪的基础知识，在扎木镇卡达村进行山洪灾害防御预案演练，为防汛抢险救灾积累了实战经验，提升全县防汛抢险应急处理工作的总体水平；加强巡堤，保障安全度汛。进入汛期，实行24小时值班制度，工作人员全天在岗，派专人对县城防洪堤进行巡堤。建立防汛工作微信群，便于乡镇出现汛情时及时上报，确保安全度汛。

【水生态保护】 年内，县水利局深入贯彻落实习近平总书记系列重要讲话精神和治国理政新理念新思想新战略，牢固树立新发展理念，认真落实党中央、国务院决策部署，贯彻落实自治区第九次党代会精神，坚持节水优先、空间均衡、系统治理、两手发力，以保护水资源、防治水污染、改善水环境、修复水生态为主要任务，成立了县级河长制办公室，全面建立了县、乡（镇）、村三级河长制管理体系，明确层级管理责任，加快县城生态和环境基础设施建设，确立了22名县级河长，237名乡（镇）、村级河长，加强河道管理和保护，保障群众饮水安全，促进全县水环境质量持续好转，流域内水生态系统走向良性循环。积极落实最严格水资源管理制度，及时督促电力公司和自来水厂办理取水许可证书，缴纳水资源费共125750元。

【脱贫攻坚】 年内，县水利局积极开展“四对一”结对帮扶，帮扶物资共1万余元。立足实际，为精准扶贫户提供就业岗位，2017年，共为387名精准扶贫户解决了就业岗位。加强水利灌溉和小型农田水利建设，努力争取为贫困村提供坚实的水利保障和安全。

【新建项目】 2017年，县水利局根据国家对水利的投资导向，积极争取水利项目资金，不断推进水利项目建设。全年共实施水利项目10个，其中，续建项目1个，新建项目9个，共计投资8623.09万元。

【农田灌溉项目】 2017年，全县农田灌溉项目共2个，总投资4303.19万元。波密县玉普灌区工程，总投资1812.01万元，该工程于2017年3月开工，2017年12月完工，已通过由县基建领导小组组织的合同完工验收。该工程惠及玉普乡8个自然村共计273户，1026人口，新增、改善灌溉面积为4884亩。2017年小型农田水利重点县建设项目，总投资2491.18万元，于2017年10月23日完成技术交底，已完成进度23%。该项目建成后将改善工程区内10032亩耕地的灌溉需求，解决6个乡镇，19个行政村，1203户、6305人（其中精准扶贫建档立卡190户、746人）的灌溉问题。

【饮水工程】 2017年，全县饮水工程共2个项目，总投资750万元。波密县2016年农村饮水安全巩固提升工程，总投资400万元，6月开工，已完成总工程量的98%，工程建成后将解决波密县7个乡镇17个自然村，共计576户5332人（其中精准扶贫建档立卡121户、550人）的安全用水问题；波密县2017年农村饮水安全巩固提升工程，总投资

350万元，于2017年10月23日完成技术交底，已完成进度32%。

【乡镇供排水项目】 2017年，全县乡镇供排水项目共4项，总投资为1826万元。波密县玉普乡、易贡乡、松宗镇、玉许乡4个乡镇供排水工程，总投资1826万元。其中玉普乡供排水工程，总投资493万元，9月开工，年底已完成基建部分；易贡乡供排水工程，总投资433万元，10月开工，年底已完成总投资的50%；松宗镇供排水工程，总投资445万元，9月开工，年底已完成总投资的66%；玉许乡供排水工程，总投资455万元，11月开工，年底已完成总投资的4%。

【中小河流治理项目】 2017年，全县中小河流治理项目1项，总投资1743.9万元。波密县扎木镇巴琼山洪沟治理工程，总投资1743.9万元，2017年11月开工，年底已完成形象工程的48%。

【续建项目开展情况】 波密县新城区防洪堤工程，工程总投资2998.21万元，资金来源为中央预算内投资。建设内容及规模：新建堤防总长3.747公里，其中左岸段0.992公里，右岸段2.755公里。加固扎木吊桥到扎木大桥段右岸防洪堤基础1.364公里；新建C25钢筋砼下河梯步6座，新建C25素砼排雨涵管6座。2016年5月底进场开工，总工期12个月，2017年12月完工。

【项目验收】 2017年验收6个项目，分别为波密县局域网工程、波密县2015年小型农田水利重点县建设工程、波密县玉普水土保持综合治理工程、波密县八盖乡供排水工程、波密县多吉乡供排水工程、波密县2015年小水电维修项目。项目完成验收后均移交给相关运行管理单位进行后期运行管护。

（王　涵）

【领导名录】

局　长　尼玛顿珠（藏族，3月任）

副局长　张 昱 文（女）

　　　　候　　建（女，3月任）

水利服务站站长

　　　　李 建 军

波密县供电有限公司

【概况】 波密县电力有限公司成立于2014年7月，由波密县尼足电厂变更而来，属于国有独资企业。2017年11月2日，波密县电力有限公司更名为波密县供电有限公司，由国家电网林芝公司代管波密县供电公司，内设3个部门，有正式员工66人。公司在县委、县政府以及上级公司的正确领导下，按照年初确定的工作思路、奋斗目标和重点工作、狠抓安全生产、强化经营管理，坚持以安全生产为前提、以经济效益为中心，不断建立健全各项规章制度，注重安全教育培训，坚持以人为本，科学管理，在安全生产上下功夫，在经营管理上做文章，大力强化规范管理，提高员工素质，不断深化夯实优质服务。扎实开展各项工作。

【指标完成情况】 县电力公司2017年全年总发电量1087.80万度，比上年同期减少30.2万度，下降率为2.7%。全年供电量1624.80万度。比上年同期下降573.2万度，下降率为26%。营业总收入1658.53万元。比上年同期增长65.13万元，增长率为4%。生产成本939.39万元比上年同期增长208.1万元。增长率为28.5%。管理费用412.06元比上年同期增长81.87元，增长率为24.7%。利润总额307.08万元。比上年同期下降224.82万元，下降率为42.3%。

【工作措施】 年内，县电力公司始终坚持“安全第一，预防为主，综合治理”的指导思想，合理安排波密县局域网供电方式，重视局域网设备缺陷，薄弱环节，重大设备检修及变电运行管理工作，认真做好事故预防、危险点分析及管控工作；编制的各种事故应急预案操作性强、措施具体，有效的指导发供电人员的操作，保证公司的安全、稳定运行。公司认真开展防外力破坏整治工作，针对波密县范围内城建过程中对输电线路、地下沟道开挖现场，采取经常巡视检查，下发隐患整改通知等手段，有效防止城市居民建设对电力线路的破坏和危险，保证输配电线路的安全运行。认真执行《中华人民共和国电力法》，严格用电安全管理，积极开展用电安全监督检查，确保用电安全。加强对员工培训力度，有计划针对薄弱环节定期对员工进行规章制度、业务技能、法律法规、安全规程等相关知识的培训。确保提高发供电服务质量。加大对电力市场的偷漏电巡查力度，确保用电户安全用电，及时追缴违规用电的相关费用。在尼足电站及各变电站张贴安全标识牌和铺设绝缘地板胶，做好电度统计工作和运行日志记录台账。加强汇报制度，主要是各部门汇报一个月以来各项工作的开展情况。加强安全防范意识，杜绝习惯性违章事故的发生，为确保机组安全平稳运行，加强对安全设备的检查，在尼足电站及县城供电所及时配备和增设消防安全设施。确保安全工作长效运行。截至年底，公司供电面积覆盖3个镇7个乡84个行政村，183个自然村，受益群众达4268户、21681人。

【工作亮点和经验】 年内，对公司各项工作进行具体分工，强化职责，明确责任，责任到人，形成团结一致，高效运行的氛围，根据每个人的特点，专长、工作能力与水平，充分发挥每个人的特点，挖掘每个人的工作潜力，强化每个人职责和责任。对每个工作要点都指定专人负责，做到事事有人管，人人有专长，从而使公司的各项工作有了质与量的提高。

（次仁嘎吉）

【领导名录】

董事长兼经理、支部书记
刘明辉
支部副书记　巴桑扎西（藏族）
副　经　理　次仁平措（藏族）
次　松（藏族）
工会主席　巴桑扎西（藏族）

中国大唐集团西藏波堆水电站

【概况】 中国大唐电力援藏项目波堆水电站位于西藏林芝地区波密县境内，坝址位于通多村上游约1千米左右的峡谷出口处，距波得藏布第一大支流亚龙藏布河口约10.6千米，距倾多镇12千米，距波密县45千米。波堆水电站是波得藏布流域梯级开发的第三级电站，坝址控制流域面积2453平方千米，年平均流量132立方米/秒；电站由拦河大坝、左岸导流（兼泄洪）洞、左岸洞式溢洪道、左岸引水隧洞、发电厂房及开关站组成；拦河大坝为碾压式混凝土沥青心墙土坝，坝顶高程EL2793.15米，最大坝高为44.65米；水库正常蓄水位为2788米，死水位2784米，水库总库容1087.52万立方米，调节库容226万立方米，回水长度5.75千米；电站装机为9600千瓦（3×3200千瓦），年利用小时6994小时，是以水力发电为任务的单目标水电工程。（电站单机引用流量11.09立方米/秒，最大水头39.04米，额定水头35.0米，最小水头27.38米，年利用小时数6994小时，多年平均发电量6714万千瓦时），电站总投资59698.6万元。

波堆水电工程于2012年3月开工建设，2015年4月6日实现下闸蓄水，同年7月6日，波堆水电站1号机组顺利通过72小时试运行，并正式投产发电。2号、3号机组分别于2015年12月31日、2016年5月22日投产发电。2017年，波堆水电站发电量4943.9万千瓦时。波堆电站的投产发电，彻底改善了波密县缺电的现状，从根本上解决了波密县3.5万农牧民用电问题，为波密县农牧民脱贫攻坚和经济发展做出积极的贡献。

【安全生产】 2017年，波堆水电站未发生轻伤及以上人身伤亡事故，未发生设备事故及涉网事故，未发生水保、环保事件，未发生人为的误操作事故，全面完成了年初制定的安全生产任务指标。通过各类安全检查活动的开展，查出安全隐患240项，完成235项整改并结案。3—10月，先后完成了安全阀校验、油样和电气安全工器具的送检，厂房桥机、压力容器的报备，取得了所有特种设备的使用合格证。公司自成立以来，安全生产工作一直保持了良好局面，截至2017年年底，电站已连续安全运行873天。

【创一流工作】 按照上级公司“一流牵引、机制驱动、对标推进、持续改善、全面提升”的要求，公司积极开展创一流工作，1—9月，在大唐国际所属9家水电企业“创一流”得分中，波堆水电站名列第一。

【支部工作】 波堆水电站党支部积极宣传和执行党的路线、方针、政策，贯彻落实上级党委的指示精神，在思想上、政治上团结和凝聚广大员工，充分发挥了战斗堡垒作用。在中共十九大召开期间，第一时间组织全员学习贯彻了十九大精神。

【攻坚工作】 年内，波堆水电站为减轻经营压力，减少亏损，公司成立了攻坚领导小组，专门协调各级政府给予政策支持，寻找各种优惠政策。在攻坚小组的努力下，波堆水电站上报并取得关于波堆水电站2017年小水电维修基金的批复文件。公司已于2017年4月将调整上网电价函送至波密县电力公司和波密县政府，公司将进一步跟踪电价审批情况。

【取证工作】 2017年6月，波堆水电站取得华中监管局颁发的电力业务许可证。

【驻村工作】 年内，在波堆水电站人员异常紧缺的情况下，积极响应集团公司号召，抽调总经济师带队参加西藏林芝市察隅县第六批驻村工作，驻村工作队在上半年精准扶贫工作考评中荣获全县18个驻村工作队第一名，驻村信息考评第三名。

（杨 勋）

【领导名录】

总 经 理 安 钢（土家族）

总经济师 马洪中

总工程师兼站长

柏 沁

综合管理部主任

王秀君

波堆水电站副站长

石乐刚

安全环保部副主任

杨 勋

波密县自来水有限公司

【概况】 年内，在县委，政府及主管部门的正确领导下，波密县自来水有限公司紧紧围绕供水服务这个中心工作，抓重点求突破，抓实干，不断创新，各项工作取得显著成果。2017年，公司实有工作人员13人。

【生产经营】 2017年，波密县自来水有限公司总收入70余万元，圆满完成全年各项任务。

【为民服务新形象】 由于城市建设的不断发展，用水户增加，波密县自来水有限公司改进服务方式，真正做到为民解忧，为民办实事。

【完善制度】 波密县自来水有限公司以公司章程和作风建设为指导，补充完善波密县自来水有限公司的各项规章制度，认真贯彻落实上级有关文件精神，把创建活动纳入到日常服务工作中，通过波密县自来水有限公司各项制度的落实，员工服务态度，工作质量有根本的改变，公司严格按承诺进行服务，急用户所需，特事特办，为用户解决一些问题及突发事件，受到用户的肯定。

【队伍建设】 年内，波密县自来水有限公司不断提高干部职工队伍素质，牢牢抓住队伍建设不放松，始终把提高干部职工的素质教育放在首位。

（旺 堆）

【领导名录】

经 理 次仁巴登（藏族）

副经理 安 定（女，藏族）

城市建设·环保

波密县住房和城乡建设局

【概况】 年内，在县委、县政府的正确领导和上级业务部门正确指导下，在援藏工作组的无私援助下，波密县住房和城乡建设局（以下简称县住建局）继续围绕“两产业一平台”战略部署，结合“一核四心”发展布局，努力发挥部门职能，整合资源，统筹谋划，着力推进新型城镇化建设。2017年，县住建局核定行政编制3名，实有5名。内设工程质量监督检查站，核定事业编制人数6名，实有人数6名。城管监察大队核定事业编制人数6名，实有人数15名（包含行政编制1名，工人6名，公益性岗位1名，临时工7名）。

【2016年周转房建设项目】 2016年保障性安居工程建设进程继续推进，其中2016年周转房建设项目新建县直周转房30套，总投资659.55万元，截至2017年年底，已竣工并通过验收。

【2016年公租房建设项目】 2016年公租房建设项目共新建公租房36套，总投资569.98万元，截至2017年年底，已完成投资527万元。

【2017年棚户区改造建设项目】 年内，县住建局积极实施2017年保障性安居工程，松宗镇棚户区改造项目共改造65户，改造工程投资260万元，附属工程资金3640万元，已完成投资427万元；倾多镇棚户区改造项目共改造32户，其中改造工程投资128万元，附属工程投资1850万元，已完成投资240.7万元；易贡乡棚户区改造项目共改造35户，其中改造工程投资140万元，附属工程投资2100万元，已完成投资326万元。

【城镇低收入家庭住房租赁补贴项目】 2017年，县住建局积极落实城镇低收入家庭住房租赁补贴相关政策，发放2017年城镇低收入家庭住房租赁补贴资金25.398万元，申请2018年城镇低收入家庭住房租赁补贴资金19.89万元。

【2017年城乡建设管理工作】 年内，县住建局继续推进波密县县城供水项目，项目总投资2200万元，截至年底，已竣工；积极开展波密县污水处理及收集系统工程，项目总投资6433.99万元，于9月16日开工建设，截至年底，已完成投资715万元；全力推进波密县松宗镇、古乡、倾多镇三个先行启动建设乡镇的项目建设，其中，松宗镇新型城镇化建设项目（一期）总投资1496.21万元，已完成投资1115万元，二期总投资3510.02万元，已完成投资775万元；古乡基础设施建设项目总投资1700万元，已完成投资1020万元；倾多镇基础设施建设项目总投资993万元，已完成投资893.7万元；积极推进通麦特色小城镇建设工作，完成通麦特色小城镇规划设计，并组织实施总投资1.34亿

元的通麦小集镇一期基础设施建设项目初步设计的编制及前置手续的办理；组织实施乡镇及景区共11个污水处理设施建设项目，项目总投资8000万元，截至年底，项目可行性研究报告已编制完成，项目规划选址、节能登记、风评已办理完毕；积极推进松宗镇栋曲村、古乡巴卡村、索通村3个试点村共108户民房屋顶改造工作，截至年底，已完成69户。

【乡镇建设】 2017年，县住建局全力推进波密县松宗镇、古乡、倾多镇3个先行启动建设乡镇的项目建设，其中，松宗镇新型城镇化建设项目（一期）总投资1496.21万元，已完成投资1115万元，二期总投资3510.02万元，已完成投资775万元；古乡基础设施建设项目总投资1700万元，已完成投资1020万元；倾多镇基础设施建设项目总投资993万元，已完成投资893.7万元；

【业务工作】 年内，县住建局加强建设工程领域管理工作，严格执行投资项目审批、核准、备案管理程序，科学确定项目工程造价和标准，认真落实开工报告制度、施工许可证制度和竣工验收备案制度，确保工程项目审批和建设依法合规、公开透明运行。2017年累计核发施工许可证43套，开展建设工程领域执法检查20余次。切实加强全县建设领域市场管理，特别是砂石场、预制混凝土构件生产企业及建筑施工现场扬尘治理工作，制定了《波密县建筑施工现场环境治理工作方案》《波密县工程建设领域市场环境整治工作实施方案》等实施方案。按要求落实全区建筑工程诚信一体化平台相关制度规定，全面加强项目招投标及施工、监理企业专业人员监督管理。

为进一步管理好波密县范围内的建设项目，县住建局严格按照程序审查施工单位“一书两证”（《选址意见书》、建设用地规划许可证、建设工程规划许可证）的办理，规范“一书两证”的核发与管理，并认真审查施工单位在办理施工许可证时所递交材料，确保建设项目报建程序合法；为进一步规范波密县房屋管理登记工作保护权利人的合法权益。2017年，共办理施工许可证43份，共办理“一书三证”144套。

【工程质量监督管理】 年内，为确保全县建设工程质量安全，县住建局积极落实一系列关于加强工程质量监管的法规、政策、文件及相关会议精神，狠抓从项目施工许可到竣工验收备案中的每一个环节，累计办理《工程质量监督告知书》《工程质量安全告知书》43份，开展全县范围内工程质量执法检查20余次，下发整改通知50余份。同时，努力提高干部职工专业知识和业务能力，建立健全工程质量监督检查机制，规范建设工程审批、验收程序，切实确保全县建设工程质量安全。

（边巴卓玛）

【领导名录】

局　　长　白玛泽成（藏族）
主任科员　克　　珠（藏族）
副 局 长　杨　　帆（援藏）

波密县环境保护局

【概况】 年内，波密县环境保护局（以下简称县环保局）在县委、县政府的坚强领导下，在上级业务部门的关心帮助下，紧紧围绕区、市、县下达的各项环保目标任务，深入开展环境保护宣传，大力实施城乡环境综合整治，狠抓大气、水、土壤污染防治，加强环境监管，全县环境质量进一步改善，环保管理能力得到进一步提升。

县环保局是波密县人民政府主管全县环境保护工作的直属机构，2017年，全局有干部职工13人，其中行政编7人，事业编5人，驾驶员1人，党员11名。波密县环保局行政机构为科级设置，直属事业单位有环境监察大队和环境监测站。

【环境保护宣传】 年内，县环保局以“波密县环境日”“3·15”宣传等活动为契机，积极开展环保宣传。通过开展现场咨询、设立展板、发放藏汉双语宣传资料、宣传册等方式宣传《中华人民共和国环境保护法》《中华人民共和国大气污染防治法》《中华人民共和国水污染防治法》《中华人民共和国环境影响评价法》等环保法律法规。截至年底，县环保局共参与环保宣传活动12次，开展环保下基层5次。提高了广大群众的环保意识，巩固了“百日会战”城乡环境综合整治成果，为迎接中央环保督查营造了浓厚的环保氛围。

组织开展“6·5”世界环境日环保宣传周活动。在为期5天的宣传活动中，县环保局悬挂宣传横幅18条，发放藏汉双语宣传资料10余种、3000余份，接受群众现场咨询500余人次，发放宣传布袋500余个，环保纪念水杯100余个，发送手机短信1800余条。开展环保讲座4场，环保“进工地”3次，“进校园”3次，“进机关”2次，“县、乡、村”三级联动，网格化、全覆盖地开展宣传活动，充分调动了群众参与环保活动的积极性。

制作生态环境保护专题宣传片。8月委托专业人士制作波密县生态环境保护主题宣传片，全面介绍了波密县近几年环境保护工作取得的成果，让各行各业人士对波密县环保工作有了详细的了解和认识。

【项目环境影响评价】 年内，县环保局坚持项目准入条件，严格环评审批程序。严格贯彻落实《中华人民共和国环境影响评价法》，按照《建设项目环境影响评价分类管理名录》相关规定要求，认证贯彻执行环境影响评价制度和环保“三同时”制度，严格落实环保“一票否决”制，确保“三高”企业和项目零审批、零引进。严守生态安全的红线，严禁“三高”“十五小”“新六小”企业落户波密，从源头上控制环境污染和生态破坏。对满足环保准入条件的项目，开辟环保审批“绿色通道”，为推动项目尽快落地、尽快开工、尽快建成提供更好、更快捷的服务。认真执行建设项目环境影响登记表备案制度，把好建设项目准入关。全年，西藏自治区环保厅环评登记表备案系统波密县备案项目81个，出具环评预审26个。

【生态创建】 2017年，已完成扎木镇娘那村、康玉乡通堆村、八盖乡雄吉村创建自治区级生态村材料编制工作，并获得自治区级生态村命名。

【环境监察执法】 年内，县环保局坚持“预防为主”的原则，县环保局全力做好环境监察执法工作。波密县无工业企业，环保监管工作的对象主要为“辖区内的重点建设项目、县城生活垃圾填埋场、集中式饮用水水源地、易贡国家地质公园、岗云杉林自然保护区、嘎朗湖国家湿地公园、大唐波堆电站水电开发、医院”等。县环保局采取“一企一档”的方式，按照环境影响评价和“三同时”制度，对辖区内的监管对象定期开展环境监察，认真填写现场检查笔录，对发现的问题下发整改通知书，要求项目单位限期完成整改，及时上报整改方案和整改后的图片、影像等资料，建立完善的项目监管工作台账。2017年，县环保局对违规企业作出行政处罚2次，罚款4.008万元。检查中共出动280余人次，80余车次，填写现场笔录70余份，下发限期整改通知书70余份。

【白色污染】 年内，县环保局开展“白色污染”治理工作。按照属地管理原则，以交通干线、县城、旅游景区、公共场所等为重点，全面治理白色污染。严格控制销售和使用一次性不可降解的发泡塑料餐具、塑料袋、农用薄膜等塑料制品，加强不可降解农用薄膜回收和综合利用。派出联合工作组在全县范围内进行了3次执法检查，共收缴一次性塑料袋、塑料餐盒6000个，并集中予以销毁。对全县医院、乡镇卫生院、个体药店和诊所医疗用品“禁白”工作进行了专项执法检查，做到废弃医疗用品集中暂存，统一运送至林芝市医废中心销毁。

【水污染防治】 年内，与10个乡镇人民政府签订了《波密县乡（镇）水污染防治目标责任书》

（2016—2020年），落实责任；委托四川省地质工程勘查院编制了《西藏自治区波密县扎木镇卓龙沟集中式饮用水水源保护区划分技术报告》，已获得卓龙沟饮用水水源地保护区批复；进一步加强排污费征收工作，排污收费采取“一年一收”制，全年收取133户商家缴纳的排污费143860.4元，并向县国税局移交排污收费相关数据，以确保2018年1月1日起顺利开征环境保护税。

【大气污染治理】 2017年，县环保局制定了《波密县重污染天气应急预案》，划定了波密县高污染燃料禁燃区，与各乡镇签订了《波密县十三五大气污染防治目标责任书》，在县城开展油烟治理、锅炉淘汰专项行动，对主城区7家大中型餐饮服务场所进行了油烟净化改造工作，完成县城5家燃薪锅炉淘汰工作。波密县300平方米以上餐饮单位7家，均安装了油烟净化装置，安装率达到100%。按照禁燃区划定方案要求，已对县城洗浴场所进行了执法检查4次，下发整改通知书7份，截至年底，更换清洁能源单位3家，淘汰关停2家。

【土壤污染防治】 开展土壤污染点位前期核查工作。年内，县环保局根据自治区环保厅要求，7月21—25日，会同县国土局、农牧局及乡镇工作人员，按照上级环保部门下发的波密县土壤污染点位卫星图，参照县国土局二调数据，共核查出波密县土壤污染突出问题区域九块，划定详查单元3个，农用地详查点位53个，为下步农用地污染点位现场取样工作做好了准备；对区环保厅确定的涉及波密县的4个土壤例行监测点位进行核查。7月26日，指导乡镇工作人员分别对扎木镇、古乡耕地点位，易贡乡、多吉乡林地点位信息进行现场复核，已将核查信息及时报送上级环保部门；协同区环保厅、市环保局，已于10月26日完成除农产品及相应土壤点位外的53个点位的土壤污染点位取样工作。

【环境监测】 年初，波密县制定《波密县2017年环境质量监测方案》报市环境保护局审批、备案，并委托四川天晟源环保有限公司对县域空气、地表水、集中式生活饮用水水源地水质每年监测四次，每季度监测一次；对农村环境质量试点（松宗镇格尼村、古乡古村）空气、饮用水、土壤环境质量和全县的县域环境质量进行定期监测，首次对垃圾填埋场渗滤液开展监测。监测结果显示波密县环境质量符合国家标准。

【迎接中央环保督察工作】 年内，波密县按照区、市迎接中央环保督察工作电视电话会议精神，结合波密县迎检工作安排、部署，成立了迎接中央环保督察工作领导小组，按照《关于开展环境保护督察档案资料收集工作的通知》文件精神，起草并下发了《波密县迎接中央环保督察档案资料收集任务详细清单》，细化工作任务，明确工作责任，按照时间节点，落实环保措施，推进问题整改。县迎检资料、各单位迎检资料均建立了档案目录，并扫描电子版存档。截至年底，中央第六批环境保护督察组反馈7个转办案件，已全部整改完成。

【完善城乡环保基础设施】 2017年，县环保局投资360余万元，采购垃圾清运车、垃圾箱体、洒水车、垃圾压缩车，进一步提升波密县基层环境治理能力，健全完善“户集、村收、乡转运、县处理”的垃圾处置模式。

1月，县环保局对全县10个乡镇城乡环境综合整治工作进行考评，按照考评结果对各乡镇予以奖励，发放奖励资金82万元，用于乡镇环境保护工作。

实施环境监管网格化管理。成立了波密县环境监管网格化工作领导小组，实行“县、乡（镇）、村”三级网格化管理，落实责任人96名，解决网格化管理经费20万元。

（卓　玛）

【领导名录】

局　长　拥青卓嘎（女，藏族）

副局长　张　鑫

　　　　张洪涛

波密县城管监察大队

【概况】 年内，在县委、县政府的统一部署下，在县住建局的亲切关心和具体指导下，在县环保局的业务指导下，波密县城管监察大队（以下简称城管大队）结合实际，狠抓各项工作的落实，在市政管理、环境卫生、综合执法等方面取得了较好的成绩。2017年，城管大队执法人员增至15人，其中干部1人、工人6人、公益性岗位1人、临时工7人，环卫工人39人（公益性岗位14人，临时工20人，长期临时工5人）；办公地点从菜市场搬至便民服务中心一楼。

【工作分工】 年内，根据工作的实际情况，城管大队将工作进行分工细化，在工作中严格落实责任制，成立了执法一中队、执法二中队和环卫中队分别管理城西和城东市政“六乱”现象及环境卫生整治工作，让每位工作人员都能找到自己的工作岗位，明确自己的工作任务并规定完成时限，做到分工不分家，上下一条心，从而提高工作效益。

【网格化管理】 2017年，城管大队将城区卫生区域分为四大块，对每块卫生区域安排相应人数的环保人员和区域卫生监管人员，主要对主次街道地面卫生、张贴小广告和垃圾桶等进行清理，每个月环卫人员对不同的卫生区域进行相互交换一次，自己的卫生区域自己负责清扫干净，并落实卫生区域责任承包制度，各区域监管人员除了对自己负责的卫生区域进行检查、负责，还要相互之间交叉检查进行打分评比，建立每月评星制度，并落实奖惩制度，从而形成了一套完整的网格化管理，确保责任区市容整洁，保持良好的环境卫生，在此基础上市政环境卫生区域从城西广场至老油库警务站路段进行了拓展。

【城管执法】 年内，城管大队对城区主次街道乱摆摊设点、非法占道、非法悬挂张贴、乱扔垃圾等破坏城市形象行为进行巡逻执法，共拆除不规范广告牌53个、横幅64条、整治非法占道经营156起，治理乱摆摊设点170余次，收缴大小物品300余件，对27家违章经营现象进行了相应的处罚；对24家乱倒垃圾现象进行处罚；对45家违章者开展学习《波密县环境卫生管理条例》，从而提升违章者的相关法律意识。

【县城停车场管理】 年内，城管大队为加强城西广场停车场的管理，规范城区车辆有序停放，减轻城区停车压力，杜绝停车场脏、乱差现象。城管大队经会议研究决定启用西广场停车场，并实行市场化管理。根据城市规划，承包方修建的临时建筑不符合城市规划，并违反了承包合同相关规定。城管大队责令承包方拆除违章建筑并取消承包合同，同时收回所有停车场，并将停车场承包给白玛物流公司经营管理，城管大队进一步加强对该公司的监督，切实发挥好停车场停车作用。

【铁器、铁艺搬迁工作】 年内，城管大队为落实政府决策，加快城镇化建设的步伐，根据县政府文件内容要求，对城区铁器、铁艺加工商搬迁事宜进行通知，于2017年3月4日，组织人员对城区铁器加工商进行摸底调查，涉及铁器、铁艺搬迁户共有34家（范围：昌运四队至悠悠道片区、沿江两岸），对部分钉子户开展思想动员工作，对商户提出的一些尖锐的要求，逐一梳理问题，认真破解，逐条向商户解释疏通，并按照县政府的要求于4月10日前全部搬迁完毕，与商户达成一致，全部搬迁完毕并移交至城投公司进行管理。经过城管大队的共同努力，整个搬迁过程未出现任何经济赔偿和人员上访情况。

【城区牲畜的管理】 县城区周边村民饲养猪、牛、马等都属于放养，进入城区的现象比较普遍，严重影响市容市貌，12月8日，根据县政府文件关于印发《波密县城区家禽家畜专项整治方案》的通知精神，由城管大队实施依法强制管理，对入城的猪、牛、马开展了依法强制捕捉，捕捉的牲畜运输离波密县城30公里以外的山上进行放生处理。通过依法强制，牲畜随意入城现象这一历史性课题得到颠覆。

【基础设施】 年内，城管大队严格按照县环保局对垃圾填埋的要求，对垃圾填埋场进行维修整改，更换和维修受损防渗膜和渗滤液及监测井、规范处理垃圾填埋场周边的废旧汽车轮胎2000余条，协调建设城区施工垃圾堆放点4000立方米，开展了垃圾填埋场的监测工作，已完成对污水、河流、空气、噪音等四个季度的监测，修建了4000立方米的城区施工垃圾堆放点。

【清理垃圾】 年内，在政府的全力支持下，城管大队继《百日会战》之际，按照中央环保督查的要求，开展“军民共建环保波密”为主题的环境卫生大扫除活动。与武警交通二支队进行接洽，联合做好开展城区及城乡接合部重点卫生死角和环境卫生综合整治工作，联合二支队官兵共同清理城区重点卫生死角共12处，开展的环境卫生综合整治工作中，部队官兵思想积极共出动60余人并以积极主动高标准高效率的工作方式共同清理12吨垃圾，进一步提升了城市整洁度和干净度并充分表现了军民鱼水之情。3月5—10日，由政府副县长白玛旺扎带队，联合县住建局、环保局利用6天时间，出动人力120余人次，车辆12台次，对帕隆藏布河流两岸、四桥之间开展垃圾清理工作，经过努力共清理各类垃圾约8吨，从一定程度上对清澈的河流起到保护作用，从而极大提高了一江两岸的卫生质量。全年共清理垃圾7200吨，运输垃圾7200吨，扣土填埋垃圾7200吨，处理率达100%。

（刘仕林）

【领导名录】

大 队 长　刘 仕 林

副大队长　洛桑江村（藏族）

交通·通信

波密县交通运输局

【概况】 波密县交通运输局是波密县正科级行政机关，内设道路运输管理所（海事局，副科级），2017年，实有工作人员9人。全县国道241公里，省道340公里，县道140公里，乡道21公里，村道316公里，专用公路35公里，油路（硬化）路面乡道21公里、村道151公里。全县共有桥梁98座（不含通往牧场桥），波密县全县共10个乡镇，84个行政村，2017年，全县乡镇通畅率为90%，行政村通畅率为83%。

【交通项目后续建设情况】 2017年全县交通项目13个，全年累计完成总投资11.3425亿元。完成率96%。

318国道松宗至古乡段整治改建工程，2月复工，7月底已完工并投入使用；省道303线嘉黎县忠玉乡至八盖乡公路波密县段工程公路，3月份复工，截至年底，已完工并投入使用；倾多镇巴康村公路改建工程，总投资1426万元，3月复工，截至年底，累计完成1214万元，占总工程量85%；多吉乡武巴至帕雄村公路，总投资6842万元，3月复工，截至年底，完工并投入使用；倾多镇古通至叶巴村改建工程，3月复工，11月完工并投入使用；波密县松绕桥至松绕村公路硬化工程，总投资1934万元，3月复工，截至年底，累计完成1933万元，占总工程量99%；波密县318国道线K4002+700至桑登村公路改建工程，总投资1657万元，3月复工，截至年底，累计完成1475万元，占总工程量89%；波密县玉许乡达拉至则普村公路改建工程，总投资2466万元，3月复工，截至年底，累计完成1972万元，占总工程量80%；波密县玉许乡帮肯至则热村公路改建工程，总投资4363万元，3月复工，截至年底，累计完成4266万元，占总工程量98%；波密县玉许乡布拉桥至沙仁村公路改建工程，总投资1075万元，3月复工，截至年底，累计完成1027万元，占总工程量96%；波密县康玉公路改造工程，总投资17798.0792万元，3月复工，截至年底，完工并投入使用；波密县桑登村市政道路改扩建工程，3月复工，9月完工，已投入使用；波密县康玉乡德热至拉瓦西公路，总投资8400万元，3月复工，年底完工。至此，全县84个行政村1个居委会全部通硬化路面。

【2017年新建项目建设情况】 2017年，全县新（改）建道路项目3个，分别为康玉乡通堆村至宗热村公路改建工程，总投资4200万元；波密县多吉乡角落村集中安置点道路改建工程，总投资300.83万元；波密县古乡索通村村道易地扶贫搬迁集中安置点道路新建工程，总投资227.86万元。

危桥改造工程项目5个，分别为波密县古乡索通村乔那大桥改造工程，总投资947.58万元；波密县玉普乡达巴桥改造工程，总投资668.58万元；波密县318国道线然拉桥改造工程，总投资360万元；波密县易贡乡巴玉中桥改造工程，总投资456万元；玉许乡布拉中桥改造工程，总投资499万元。

【路网规划工作】 年内，县交通运输局根据2016年农村公路路网普查数据，积极与上级业部门协调，制定出《波密县农村路网规划（2016—2025）》，通过此项工作，为上级部门对波密县交通投资发展提供坚实可靠的基础数据。

【农村公路养护】 2017年，县交通运输局认真落实养管责任主体，综合利用上级下达专项养护资金，根据道路通达水平和实际需求安排乡村道路养护。全年，共清理路面32公里，涵洞清理60座，维修桥梁4座，挡墙修整5000立方米，边沟清理40公里，塌方清理1500立方米，投入养护资金78万元，完成年初目标任务100%。

1月10—11日，波密政府副县长阿朗带领交通运输局对318国道项目沿线重点路段、桥梁和重要场所进行交通安全检查，经检查发现松古项目中共10处存在安全隐患问题，18处存在建筑垃圾等问题。县交通运输局要求各施工标段高度重视安全隐患、环境治理工作，及时组织人员进行整改，在春节和藏历新年来临之际营造良好道路运行的环境。

4月21—22日，县交通运输局对318国道线松古改建项目进行环境检查，检查过程中发现各标段存在随挖随弃现象，施工存在的垃圾及生活垃圾需清理，要求存在的问题责任单位及时进行整改，加强检查，对建设中相关生态环境情况追踪掌握。

5月10—11日，县交通运输局工作人员陪同自治区交通设计院人员及项目施工单位前往波密县各乡镇开展11条道路安防设施建设交桩工作，并要求施工单位要保证质量、文明施工，安全施工，施工过程中零死亡，加强宣传森林防火意识，尊重当地群众风俗、宗教信仰，广泛听取群众意见，杜绝发生群体性事件，积极争取当地群众和政府的大力支持配合。

7月9日上午，岗巴村巴岗线[路线编码（C066540424）] K2+860处岗巴桥上游发生泥石流，导致岗巴桥河水上涨，河水越过岗巴桥上游两侧导流堤，距离0号桥台70米处路基路面损毁，1座涵洞垮塌。波密县政府副县长索朗平措带领县交通运输局、县水利局、县财政局、县国土局、扎木镇等部门前往现场查看灾情，同时安排交通运输局及时抢通路段。

因雨季期间波密县连续下雨，8月3日，卡玉线（路线编码X416540424）K7+500处发生泥石流灾害，县交通运输局第一时间组织人员赶往现场了解灾情，拨付10余万元资金，及时组织人员、机械，进行抢修，截至8月6日，已恢复通车。

【路政管理】 年内，县交通运输局组织干部前往各个村宣传公路的重要性，并给村民讲解公路建筑控制区的法律知识，并依法加强对乡道公路用地、建筑控制区公路沿线附属设施的保护，及时制止占用公路、挖掘公路、倾倒淤泥垃圾及公路两侧挖沙、取土、乱搭乱建等违法行为，加强超限运输车辆的治理等工作，维护公路完好畅通，使县境公路的路产路权得到有效的保护。全年开展路检路查50余次，出动执法人员150人次。同时加强路政管理相关政策法规的宣传教育工作，提高广大群众的知法行为，遵守道路交通规则，全年共开展宣传活动4次，散发宣传材料800余份。

【交通安全生产】 年内，县交通运输局安全生产工作始终坚持“安全第一、预防为主、综合治理”的方针，从源头上加强道路交通安全监督管理，进一步落实安全生产主体责任，切实做好安全生产工作，加大对安全生产和安保工作的检查力度，特别在春节、藏历年、“两会”“五一”汛期、国庆等重点时段，定期或不定期对施工现场进行安全生产检查，对发现不合生产要求的施工单位，要求立即整改。同时，把道路安全作为工作的重中之重，牢牢把握安全红线意识，加强隐患路段、桥梁的巡查和排险，消除安全隐患，保障道路畅通，避免重特大安全事故的发生，保障广大人民群众生命财产的安全。2017年，共巡查乡村公路50次，投入车辆50次，巡查人员260人次，完成玉许公路、多吉公路山体滑坡等10个隐患点清理。

【交通运输行业管理】 2017年，根据林芝市道路运输管理局总体安排部署，县交通运输局积极与县国土局、县住建局等部门沟通，申请在波密县城内建设一个占地15亩的农村客运场站，截至年底，该项目前置手续已办理完成。同时积极组织安排人员前往拉萨市参加道路运输管理培训，为下一步客运改革实施提供人力资源保障。

【党建工作】 年内，县交通运输局党支部始终发挥“基层党支部战斗堡垒”的作用，把党员队伍建设成为推进全县交通行业发展的骨干力量，重视党费收缴，做好民主评议工作，全面加强党支部的凝聚力与战斗力。截至年底，全局共有正式党员8名，积极分子1名。

持续深化“两学一做”学习教育，进一步推进“四讲四爱”主题教育实践活动向纵深发展，为确保取得实际成效，制定严格的学习计划，采取集中学习、自学和听党课的方式，把开展主题教育实践活动与迎接中共十九大胜利召开结合起来，与贯彻落实十八届六中全会和自治区第九次党代会精神结合起来，全年共开展党支部学习34次。

2017年，县交通运输局紧紧围绕发展党执政兴国的第一要务，加强党的执政能力建设，严格落实“一岗双责”制，强化责任考核。严格“三公”经费使用管理，坚持把反腐败工作纳入重要议事日程，使局党风廉政建设工作进一步得到加强。全年，县交通局干部职工无一起违法、违纪现象。

（杨　强）

【领导名录】

局　　长　次仁加措（藏族）
副 局 长　吴 禾 玉（女，11月离任）
主任科员　白 勇 平（藏族，9月任职）
副 所 长　白　　拉（女，藏族）

扎墨公路养护管理段

【概况】 年内，扎墨公路养护段在市交通运输局的正确领导和大力支持下，以“养护公路，保障畅通”为宗旨，本着畅、安、绿、美的养护原则，全面加强养护管理工作，在全段干部职工的共同努力下，在保障“安全畅通”的前提下，较好完成2017年各项工作。扎墨公路养护段负责S305通那线的抢修保通及养护任务，里程为100.527公里，桥梁16座（其中永久性桥梁10座，半永久性桥梁6座；大桥1座，中桥1座，小桥14座），涵洞157道（其中板涵131道，管涵20道，暗涵6道）。S305线通麦至八盖乡总里程为100.527公里，由扎墨公路养护段分2个工区养护，K0—K22新建油路为2017年新建油路。

【机械设备】 2017年，扎墨公路养护段有机械设备22台，正常使用机械13台，9台机械属无法使用待报废。

【抢险保通】 扎墨公路养护段管辖的S303线（原S305）雨季多，持续时间长，水毁、塌方、较严重。为确保汛期公路安全畅通，快速处置公路发生的各种灾害，养护股精心制定抢险保通预案，组织抢险队进行应急演练，轮流安排汛期道路值班人员，储备抢险应急物资：柴油8000公升、汽油1000公升、修路工具、钢丝绳20米、编织袋100条、尼龙绳50米、铁丝2圈、铁锹15把、铅丝笼10困、保通机械4台。全年清理坍塌方45710立方米，投入使用装载机19台次、车辆19台次、挖掘机10台次、油锯2台次、木料40根、柴油13430公升、汽油1900公升、人工工日220人次，累计清理水毁7处13次。

【小修保养和日常维护】 年内，扎墨公路养护段加强日常养护力度，按养护技术规范化进行养护管理，重点加强公路自检自查，找出公路的病害，及时处理，工区按照养护股每月下达的养护任务进行养护生产。全年完成小修、日常保养工作备路面料8790立方米；铺路面料7036立方米；修补路面73527平方米；整修路肩9390平方米；新挖边沟245米；清理边沟121340米；清除杂草47821平方米；疏通涵洞349道/74次；清扫桥面52941米/20座；疏通泄水孔392个；清理小型泥石流、碎落物1271立方米；设置危险标志牌35块；设置临时警示标志牌18块；清洗标志牌174块；清理河床2842立方米；处理翻浆沉陷150平方米；植树100株；粉刷围墙100平方米；检查库房2次；打扫院内卫生950平方米。

【桥涵养护管理】 年内，扎墨公路养护段为建立健全公路桥涵应急机制，提高扎墨公路养护段公路桥涵通行能力，制定《桥梁养护管理制度》，安排工区（道班）对桥梁进行经常巡查养护，并对桥涵进行经常性不定期检查，确保公路桥涵的安全通行能力。全年累计疏通涵洞309道/68次，清扫桥面4741米/18座，疏通泄水孔293个，桥栏杆粉刷油漆165平方米，清理河床3600立方米，修复K61+950（塔鲁钢架桥）导流堤420立方米。

【管理工作】 年内，扎墨公路养护段日常工作中坚持以制度管人，依制度办事，不断完善运行机制。不同股室不同业务，总规不变，细则更细。让大家在遵规守矩的同时，结合实际工作灵活变通，提高工作效率，激发工作积极性。积极组织参加各项学习培训会，通过走出去、请进来、互相交流等方式相结合不断提高全段职工文化素养和业务水平。

【安全生产】 扎实开展安全生产工作。2017年7月，扎墨公路养护段段部、工区组织开展安全生产大检查。对扎墨公路养护段管养的路线、桥梁、涵洞、危险路段、乱挖、乱占及路产路权进行全面安全检查；检查仓库是否存有危险物品，油料储备是否存在安全隐患；重点对养护设备完好情况、应急物资储备情况、机械操作手安全操作技能进行检查；大检查发现段部、工区电线零乱、老化，消防设施不齐，部分应急物资失效，通过更改线路、更换老化电线、增设消防栓、补备应急物资等措施进行整改，并对一线养护人员进行养护作业安全培训。

不定期检查安全隐患，发现隐患及时排除。安全生产小组经常对公路水毁、塌方等安全隐患进行排查，机械的安全性能等进行排查，对机械操作手进行安全生产培训，发现问题及时整改。2017年9月30日，安全生产小组对S303线K22——100.527路线进行安全隐患排查，排查发现K47路基下塌较严重、K69山体滑坡、K82+50米路基下塌、K82+900米下挡墙变形路基下沉开裂，针对以上问题，扎墨公路养护段及时设置危险标志牌、警示牌，并从10月1日起对S303线K43至八盖乡实行交通管制，限载通行，书面通知易贡茶厂和易贡乡，并向波密县政府作出书面报告，从源头上杜绝安全事故的发生。

【路政工作】 年内，扎墨公路养护段加强对涉及公路沿线的各类乱堆乱放、破坏公路、非法占用公路的打击力度。扎墨公路养护段管养路线乱堆乱放情况尤为突出，对一些堆积物数量小能及时清除的路政人员都当场清除，无法找到当事人或当事人拒绝清除的，设置警示标志，开展公路环境集中整治强制清除。全年治理乱堆乱放7次，清除堆积物192立方米，制止违法设置广告牌2次，实施强制拆除临时违法摊点2处。

加强隐患排查，做好提前预防。认真检查路面沉陷、路基坍塌、公路缺口、警示牌设置。2017年，安全专项巡查8次，自然灾害提醒过往车辆及人员注意安全5次，疏导交通5次，发现公路安全隐患10次，配合养护股排除涵洞堵塞冲毁公路隐患1次。

开展路政宣传，增强社会公众的爱路护路意识。路政所6月份开展路政宣传活动，宣传路政法律法规知识。在S303线悬挂宣传横幅4幅，在易贡乡和八盖乡沿线村庄宣讲《中华人民共和国公路法》《公路安全保护条例》，向过往司乘人员讲解超载超限法规，接受咨询12次，发放宣传单52份、宣传册21册。日常公路巡查，路政人员随身携带宣传册、宣传单，人到哪，宣传工作做到哪。全年累计发放宣传单180份、宣传册50份。

【组织学习】 年内，扎墨公路养护段开展“四讲四爱”专题活动，并将“四讲四爱”和“两学一做”教育实践活动有机结合，以学“党章党规”“系列讲话”深化讲党恩、爱核心意识；以“做合格党员”践行“四讲四爱”意义，教育引导全体党员干部职工牢固树立劳动最光荣、劳动最崇高、劳动最伟大、劳动最美丽的观念，攻坚克难，养好公路。全年召开学习会13次，专题会1次，座谈会2次。

深入学习宣传贯彻落实中共十九大精神，深刻解读十九大精神，精心部署各项工作。要求大家坚持以马克思列宁主义、毛泽东思想、邓小平理论、“三个代表”重要思想、科学发展观为指导，以习近平新时代中国特色社会主义思想武装头脑、指导实践、推动工作，教育引导党员干部，牢固树立“四个意识”，以饱满的工作热情、良好的精神风貌，为推进新时代各项工作全面发展贡献力量。在学习中，采取支部带动党员、党员带动群众的方式，利用集中学习和专题辅导相结合、集中学习和个人学习相结合的方式，从班子成员、支部委员、党员、群众四个层面层层渗透。将学习成效转化为实际行动，着力解决党员干部思想上的认识模糊、干部员工关注的热点难点问题，教育引导广大党员干部边学习边实践，在干事创业、岗位建功上下功夫。

2017年8月份党支部编排一册《扎墨段党支部规章制度汇编》，全体党员干部按照党支部编排的汇编严明政治纪律，从遵守和维护党章入手，遵守条例、准则和各项规章制度。落实党建工作责任制和党风廉政建设责任制。建立党支部书记切实履行第一责任人职责，班子成员带头履行工作责任的制度，签订党建工作责任书、党风廉政工作责任书，形成工作明确、责任明确，齐抓共管的工作格局；积极开展廉洁教育。组织党员职工观看廉洁警示教育片，作风建设上通过座谈、民主生活会，找出不足，加以整改，要求机关办事人员做事“勤、俭、快”；加大监督力度，使权利在监督下运行。对财务管理制度、公务用车制度、工作制度的执行情况进行监督检查，段部设置意见箱接受广大群众监督。

（邓丽佳）

【领导名录】

党支部书记　旺　　杰（藏族）
段　　　长　益西旦增（藏族，4月任职）
副　段　长　佐　　落（藏族）
　　　　　　覃　　淋（4月任职）

西藏公路局林芝公路分局扎木机械化养护队

【概况】 西藏公路局林芝公路分局扎木机械化养护队下设4个股室、1个路政所、1个行政办公室、3个工区，2017年，共有在职职工150人，其中一线聘用人员90人。负责管养共183.137公里G559线和G219线的任务，砂土路134.960公里，沥青路面18.716公里，水泥路29.461公里。桥梁2020.85米/48座，涵洞372道，隧道1座共3360米。

【日常养护工作】 2017年，养护队共清扫路面112474平方米，收集白色垃圾1598.71千克，疏通涵洞200道/66次，清理边沟207940米，清理路面飞石1862.7立方米，备路面养护料9655立方米，清理挡墙杂草14455平方米，清理边坡杂草37825平方米，清理边沟杂物909.9立方米，清理桥面杂物17.3立方米，清理泄水孔84个，排除路面积水214.3平方米，清洗交通安全设施716块，设立临时警示标志12块。

【小修项目】 2017年，养护队共修补路面坑槽460069平方米，加铺砂石路面面砂51600平方米，处理翻浆788平方米，清理小型塌方1376.5立方米，清理小型泥石流558.1立方米，新修防撞墙40

米，修复路肩墙498.6立方米。隧道内增刷反光环12道，增刷亮白漆13440平方米，增画震荡中心线504平方米，补齐隧道反光标500个、隧道两端增设警示标志牌14块；新扎木大桥（墨脱岸）引道增设限速标志7块、增设爆闪灯4个、增画桥面文字标识4处；冰雪路段新增警示牌8块，爆闪灯8个；新增灭火器132个。维修加固钢架桥23座、更换钢架桥各类零件850个，增设水马220个、增设防撞桶8个。

【水雪毁抢险保通】 年内，由于墨脱公路气候异常，泥石流、塌方、路面积雪及雪崩等自然灾害频发，灾害发生后，养护队发扬“不等、不靠”的优良作风，积极开展抢险保通工作，及时完成各项抢险保通任务。全年累计清理雪崩堆积物168074.9立方米/15次，清理路面积雪797885.5立方米/34次，铺撒融雪剂42吨，铺撒防滑料478立方米，清理塌方5210立方米/18次，清理泥石流13791.05立方米/33次，下铁丝笼48立方米，挖方1755立方米，土方回填659.5立方米，恢复路基路面300米，破除岩石16.2立方米，恢复路基缺口80立方米，救助社会车辆70余台。

【路政执法】 学习培训情况。2017年，养护队路政所开展路政管理工作相关专业知识培训共计15次，组织路政执法人员开展路政执法培训及交通指挥培训2次，为期4天。将路政管理中存在的问题纳入每周四下午的学习交流活动中，对其进行研讨，并将研讨结果作出书面报告纳入下一步工作计划。

路域环境专项整治情况。为进一步确保扎墨公路路况良好、路容整洁、绿化完整，公路范围内无抛洒物存留、无乱堆乱放、无违法建筑及未经公路管理部门批准的非公路标志标牌，全年共治理非法占用公路洗车、加水点11处、非公路标志标牌29块、非公路广告贴纸8张、非公路构造物3处、清理经幡2公里，恢复涂写非公路广告字符挡墙70平方米。

路政宣传教育情况。以“路政宣传月”为契机，积极部署、精心安排，紧扣“爱护公路，服务出行”的宣传主题，开展形式多样的宣传活动，向公路沿线村庄（村委会）和公安检查站发放宣传单、向沿线过往大型车辆运输人员进行现场讲解《超限运输车辆行驶公路管理规定》。各类宣传活动先后共发放宣传材料300份，悬挂宣传横幅15条，设立咨询点9次，增强路政宣传实效，在扎墨公路沿线形成了解公路、关心公路、爱护公路的良好氛围。

车辆超限运输治理工作。推行治超工作常态化，有效预防和减少安全责任事故的发生。全年累计出动执法人员64余人次，治理超限运输车辆5辆次，出动路政巡查车32余台次，专项检查4次，当场纠正不规范行为5次。全年共办理大件运输83起，收取超限运输赔（补）偿费2507元；查处损坏公路路产案件3起，破案3起，结案率100%，收取公路路产损坏赔（补）偿费3723元；受理非公路标志标牌行政许可1起，收取公路路产占用费5000元/年；查处未办理大件运输通行证1起，收取赔（补）偿费858元。

涉路行为的事中事后监管工作。加大问题路段的巡查力度，加强对涉路行为整改的监督指导，完善事中监管机制，严格规范整改事项标准，做好相应记录，确保涉路许可项目达到规定的设置标准，提高事后监管水平，保证道路畅洁安通。增设共监管平交道口8处、车辆停放场所3处，非公路标志2块。

（宫晓琴）

【领导名录】

党支部书记、副队长

扎西格松（藏族，6月待退）

加　　措（藏族，7月任职）

党支部副书记、队长

张　　建（6月离任）

汤 刚 旦（7月任职）

中国电信集团公司波密县电信局

【概况】 年内，中国电信集团公司波密县电信局

（以下简称县电信局）在市公司各级领导的关心支持下，在区公司财务部及市公司网建部的大力对口帮扶下，在全体员工奋力拼搏下，按照市公司的各项工作部署，林芝分公司的各项工作，切实做好“内强素质、外强形象”基础管理工作。在竞争激烈的严峻形势下，各项工作稳步推进，取得较好的成效。2017年，县电信局主营收入完成990万元。

【业务经营】 2017年，分公司下达以提升双份额为核心、以存量保有做好回头看和欠费控制在规定值内、以增量发展和新型业务为拉动的总体工作思想。年内，“不限量”“毕业季购机盛会”“厅店开业周年庆”营销活动取得好成绩；新型业务发展稳步推进；欠费呈逐月下降趋势。

【运维工作】 2017年，县电信局通讯维稳保通全员参与；城乡光纤改造工程陆续启动；公安监控网络免费升级、政府视频会议、林业监控等单位光纤上网完成。

【基础管理】 2017年，县电信局成立整改实施领导小组，制定实施方案，召开全体工作大会动员，分阶段实施、检查、整改、考核、通报。年内，县电信局营业厅、大楼、各办公室现场整洁有序，服务提升、员工主动营销能力增强；装移修及时率、障碍历时达标，客户满意度上升3%；安全生产警钟长鸣，全年无事故。

2017年，县电信局定制《2017年绩效考核办法方案》《KPI指标分解》《岗位说明书》。根据工作业绩有效拉开档次，做到奖勤惩懒，任务明确，职责明确。2017年，县电信局成立内控团队，每月到电信所检查，每周回访大客户一次，每周业务学习一次，每月经营分析一次。

（次仁德吉）

【领导名录】

局　长　马志刚

副局长　次仁德吉（女，藏族）

中国移动通信集团西藏有限公司林芝波密县分公司

【概况】 2017年，中国移动通信集团西藏有限公司林芝波密县分公司（以下简称县移动分公司）在自治区、市公司以及波密县委县府的正确领导下，在全体员工的奋力拼搏下，以客户为中心，以市场为导向，以执行力提升为保障，面向流量经营转型时代，打造可持续发展新能力，推动公司可持续健康发展。

【业务完成】 2017年，县移动分公司以市场掌控为导向，以客户发展为动力，提升市场发展空间。按照市公司的总体安排和部署，坚持品牌发展，通过细分市场促进全面发展。截至年底，累计收入2500余万元，宽带用户数达3000余户。

【网络覆盖】 网络能力是公司的核心竞争力，充分发挥四网协同效应，在满足当前语音和数据业务需求下，做好发展规划，保障长远发展和未来竞争优势，提升客户感知。2017年，县移动分公司新增2G基站12个，4G基站36个，4G信号覆盖率达70%，新建宽带预覆盖资源6000余端口，实现全县70%行政村通宽带、4G网络覆盖。

【服务提升】 持续提升客户服务管理，重点关注客户感知。以不断提升客户感知为导向，以建立健全服务质量管理体系为核心，以解决服务中的热点、难点问题为突破口，全面推行优质、规范服务。2017年1—12月，县移动分公司完成四次三方服务暗访工作，分数均为90分以上，在投诉处理上，解决率达到100%，投诉处理满意率为98%。

【其他工作】 年内，县移动分公司紧紧围绕中国移动“正德厚生 臻于至善”的企业核心价值观，打造以“正身之德”承担社会责任的团队。2017年，县移动分公司完成重大节日节点国家应急通信保障3次，完成11.18地震灾后应急通信保障等重大通信保障任务。

响应团县委的号召，多次派遣志愿者队伍参与各类社会公益性服务，积极开展环卫保卫捡拾垃圾等，每年3至4月学习雷锋月组织公司全体职工看望慰问福利院孤寡老人，送温暖、献爱心，帮助老人打扫卫生、洗衣服、包饺子、拉家常、互动演出、庆祝集体生日等陪同老人度过美好的一天。

强基惠民驻村点结对帮扶工作持续推进，精准扶贫易地搬迁点两通（通4G、通宽带）工作完成100%。

（王盈盈）

【领导名录】

总经理 洛松旺堆

中国联合网络通信有限公司林芝市分公司波密县营业部

【概况】 2017年，是波密联通实施战略转型的关键之年，实施战略转型打造工程，以客户为中心，以市场为导向，以执行力提升为保障，面向流量经营时代转型，打造可持续发展新能力，推动公司可持续健康发展。联通波密县营业部认真贯彻落实区公司及市公司业务拓展指导精神，本着服务一方百姓、助力一方经济的业务拓展目标。以4G为契机，结合区域特点大力组织开展品牌宣传、产品营销活动，下乡销售服务窗口，提高业务受理的便捷性，充分挖掘群众的基础通信需求，推出4G全国套餐、腾讯大王卡、冰激凌套餐及宽带互联网等业务，满足广大群众不断增长的物质文化需求。充分整合社会资源，携手终端厂商、产品代理商，深入县域、农村、工地开展主题营销活动，切实助力推进波密县农村信息化建设。截至年底，全县联通用户达2800余户。

【市场经营】 年内，联通波密县营业部夯实服务基础，以保有中高端市场为基准，以拓展潜在市场为动力，以效益增长为目标，全面推进各项工作。在业务拓展上，立足群众、服务群众，将企业产品，资源与群众需求有机结合。将服务送到家门口，使消费、服务更便捷。按照市公司的总体安排部署，坚持品牌发展，通过细分客户群，按业务类型细分市场，积极执行各项营销活动，通过开展“惠民下乡”等营销组合方式，大力发展客户规模。

【强化运营能力】 年内，联通波密县营业部在满足当前语音和数据业务的需求下，做好发展规划，保障长远发展和未来竞争优势，立足网络整体竞争优势，实现网络对市场的有力支撑。

按照市公司统一安排，加速提升网络能力，及时完成二干传输线路工程及割接入网。2017年，联通波密县营业部顺利开通4G数据业务，取得良好的客户感知度。

【基础管理】 2017年，县联通公司在日常生产经营中，抓好收入增长的同时，始终坚持维稳保通工作为第一任务，对县境内网络覆盖区域的各基站故障维修及设备维护，严格按照基站巡检流程和制度进行巡检，做到一周一小查，一月一大查，保证基站隐患的发现和基站故障的排除。

（补卫刚）

【领导名录】

经 理 补卫刚

金 融

中国农业银行股份有限公司波密县支行

【概况】 2017年，中国农业银行股份有限公司波密县支行（以下简称农行县支行）辖内直属营业部1个，营业所9个。在职员工63人，其中研究生2人，本科30人，大学专科学历15人，高中（含中专）及以下16人。基层党支部1个，全辖党员36名，其中在职党员29名，离退休党员7名，在职党员占全行在职员工的46.03%，全行平均年龄为32.6岁。

【业务发展指标】 负债业务。截至年底，农行县支行各项存款达193515万元，较年初增加40320万元，增幅达26.32%。

资产业务。资产质量继续保持高效，无不良新增贷款，信贷支农工作力度进一步增强。截至年底，农行县支行各项贷款历史新高，贷款翻倍增长，余额152031万元，较年初增加77874万元，增幅达103.95%。全年累放涉农贷款81561万元，余额达96769万元，较年初增加31049万元，其中三农到户贷款累放17510万元，余额达31330万元，增幅达31.07%，各项指标创历史做好水平。截至年底，全年发放贷款4453笔，金额134354万元，其中发放个人贷款4470万元、涉农贷款17510万元、法人贷款112374万元（其中落地贷款111474万元），经营效益成绩显著。

中间业务持续快速发展，财务贡献率进一步加强。截至年底，农行县支行已布放助农机具94台，覆盖全县80%的行政村，实现累计交易量达32756笔，其中取现20632笔，转账12124笔，交易金额达8064万元，其中取现金额1960万元，转账金额6104万元。

【工作举措】 2017年，农行县支行以“两学一做”学习教育常态化制度化为契机，强化队伍建设。突出“三个结合”，推进“两学一做”学习教育常态化制度化。根据党员“两学一做”学习教育培训的要求，将党员教育与制度建设相结合、与党员活动相结合、与多媒体教育相结合，制定《农行波密县支行“两学一做”教育活动学习计划》1份，将每周周四定为党员学习日，开展22次集中学习，撰写心得体会46篇，农行县支行员工积极参加支部组织的每周周四的党员学习活动，在学习过程中，坚持政治学习与业务学习并重，参加党支部组织的“如何立足岗位发挥党员的先锋模范作用，切实解决党建工作与业务经营两张皮的问题”“加强队伍建设、强化基础管理、推进业务经营”大讨论活动，并做重点发言，实现学习工作“两不误、两促进”；积极参加林芝分行组织的“迎七一”党章党规知识竞赛、“见微知著”微党课竞赛，并获得良好的成绩；年内，农行县支行先后制定《农行波密县支行2017年党支部学习计划》《农行波密县支行2017年党小组学习计划》2份；创新党日活动，以趣味活动、歌咏比赛、篮球比赛等形式组织员工每月开展减压活动，极大地丰富员工业余生活，得到广大员工的一致好评。

积极贯彻落实中共十九大以及全国国有企业党的建设工作会议精神。将学习十九大精神与工作实际相结合，2017年10月27日起农行县支行党委书记、行长桑杰分别前往辖内营业所组织开展十九大精神进营业所、进乡村宣讲活动3次，参加总行、区分行、林芝分行组织的专题辅导5次；扎实推进金融精准扶贫工作，截至年底，累计为全县建档立卡贫困户发卡691张，精准扶贫贷款余额1344万元；做实“产业扶贫”项目对接工作，与县扶贫开发有限公司成功签订《政府风险补偿基金+贷款对象合作协议书》；加强服务“三农”渠道建设，截至年底，共设立助农服务点94个，覆盖辖内10个乡镇，全年实现累计交易笔数32840笔，交易金额达8065万元，为服务点发放劳务补助22.75万元。

【金融精准扶贫】 年内，在开展金融精准扶贫过程中，农行县支行信贷客户部以“农户四卡（钻石、金、银、铜）贷款”“精准扶贫贷款”“惠农 e 贷”等贷款方式为平台，积极支持当地特色旅游产业、传统工艺的发展，为推进地方产业经济发展，打好金融精准扶贫攻坚战，助民发展共赴小康建立强大的金融后盾力量。创新服务模式，构建良好的农村信用体系，营造诚实信用的金融环境。增加按揭贷款、汽车分期等多种贷款种类。

【基层党建】 年内，农行县支行以挖掘内部潜力、释放经营活力、增强发展后劲为原则，不断解放思想，更新观念，创新机制，积极实施多项制度改革。严格落实“三会一课”制度，按要求召开以总行巡视整改为主题的支部民主生活会，认真开展批评与自我批评，全年共审议事项28项，召开党员大会4次，农行县支行党委书记5月12日为全行员工上党课一次。因支部人员调动，及时改选支部委员1次。根据人员调动及时完成支部成员补选工作；按照上级要求成立营业所5个党学习小组。严格落实“三重一大”集体决策制度，通过考核共提拔股级干部5名。通过讲问题、找原因、谋发展，进一步统一思想，坚定信念，理清思路和努力方向。为着力优化党员队伍结构，有计划地发展党员，规范党员发展工作，发展积极分子1名；1名发展对象吸收为预备党员；1名预备党员转正事宜；严格执行党费收缴制度，建立党费收缴台账。培养良好的职业道德。在本职岗位上奉献出一份光和热，变被动为主动，自觉维护全行的形象和荣誉，使优质服务上一个新台阶。强调每个员工服务必须真诚、细致、周到、为了拓展业务，根据不同情况为客户提供差别化服务，使客户在感到高效的同时，进一步感受服务内涵，做客户的真诚的朋友。规范服务礼仪。农行县支行组织大堂经理对礼仪知识、文明用语和仪容仪表等进行规范化培训，实行集中式、正规化、全方位的强化训练。在每日晨会上，要求员工学习用藏语服务。为了员工劳逸结合、丰富业余生活，扎实开展各项党、团活动。2017年，先后举办庆祝“三八”篮球比赛活动、关爱员工月减压等活动，进一步推行支行与营业所员工交流制度，营业所的业务操作进一步得到规范，还开展送金融知识下乡、科级干部主动联系帮扶对象、员工业务技能比赛等活动，通过开展员工减压活动，进一步提升工作效能，在活动中，大家聚集在一起谈家风谈家事聊工作话心事赏节目，为员工增进感情。放飞心情提供良好的平台，有效强化农行县支行员工的凝聚力和向心力，受到大家的普遍好评。

【安全保卫】 年内，农行县支行加强安防设施建设，不断提升技防工作管理水平。认真落实上级行有关要求，提高营业网点、重要场所防范设施整体防范能力，确保安全防范设施全部达标。对超期限使用、故障频出达不到要求的监控报警设备，积极与分行相关部门沟通汇报，及时维修和更新。高度重视节日期间的安全防范工作，不定期对营业网点、ATM机、重点部位进行检查，对检查发现的问题和隐患，现场督导落实整改。2017年农行县支行分别组织开展防抢劫、地震演练、消防演练活动，特别邀请波密县公安局治安大队对农行县支行员工进行枪支弹药培训，有效防范和打击针对银行外部侵害犯罪，提高员工对突发事件的处置能力。

加强内部控制，提升内控管理水平。对在内、外部检查中，存在问题较多、内部管理薄弱的营业所要求限期整改，及时发现和堵塞漏洞，并将责任具体到岗位和人员，确保各项管理制度落实到位。通过对整改情况开展回头看，提升农行县支行内控管理水平。利用“三线一网格”系统管理模式，加大监督检查力度，积极落实员工行为排查制度，年初成立由副行长担任组长，运营、信贷、综合、保卫等人员为成员的排查小组，对全行员工进行有针对性地排查，及时了解员工思想动态，家庭关系状况，以及“八小时以外”的交友、活动等情况。上半年共组织排查活动2次，全方位，多角度的排查，堵塞漏洞，有力推动案防工作。

【企业文化】 年内，农行县支行秉承面向“三农”的宗旨，积极探索服务“三农”新途径，着力实施县域发展战略，促进农牧区金融发展，以惠农卡为载体，以农牧户为重点，以农牧户小额贷款为突破口，深入推进惠农卡和农牧户小额贷款工作，扩大农牧户贷款覆盖面，全力支持“三农”经济发展，取得突出成效。加强企业文化建设，完善意识形态管理制度，突出抓好中共十九大精神的学习宣传工作，组织开展十九大精神进营业所、进乡村示范宣讲活动。

（杨佳佳）

【领导名录】

党支部书记、行长

桑　杰（藏族）

纪检书记　巴　宗（藏族）

副 行 长　刘　康

中国邮政集团公司林芝市波密县分公司

【概况】 波密县邮政分公司隶属林芝市邮政分公司，2017年，波密县邮政分公司在中国邮政集团公司西藏自治区分公司、林芝市分公司及波密县委、县政府的正确指导和关怀下，县分公司认真学习贯彻林芝市分公司2017年全年工作会议的精神要求，以“突出重点抓经营、持续健康促发展、做大做强代理金融业务、坚持规范化运作”为工作方针，各项工作取得平稳、较快、可持续发展。2017年，公司从业员工人数共11名，5名合同工，6名劳务派遣工，12名乡邮员工。

【块业务完成情况】 截至年底，波密县邮政分公司完成市、县分公司业务总收入共完成274.62万元，同比增长11.84%，完成公司预算的82.72%。其中邮务类业务收入完成49.74万元，完成预算58.52%；代理金融类业务收入完成155.5万元，完成预算96.6%；速递物流类业务收入完成43.6万元，完成预算88.58%。

【邮务类】 2017年，波密县邮政分公司“以普遍服务为基础，切实做好服务与发展两不误”的理念，自年初开始，密切与县委宣传部，公安局，旅游局，扶贫办等单位沟通，达成制作宣传资料及宣传手册，另外，为县文广局配发“农家书屋”书报杂志。充实公益性文化服务设施。同时，积极配合宣传部做好党报党刊收订工作，配合教育局做好各乡镇小学春季和秋季教辅图书的订阅，截至年底，报刊大收订工作共收订报刊流转额83.5万元，顺利完成市分公司下达的指标。

【代理金融】 年内，为切实做好邮政金融普惠服务，波密县邮政分公司组建外拓工作队伍，由一把手任组长，多次组织人员对县城商户、农牧民家庭、部队、寺庙进行走访，发放小礼品，向客户推荐及介绍普惠金融服务。例如2017年手机银行行内、跨行异地转账免收手续费，办理定期协议存款等业务。另外对县城附近的村庄进行金融知识宣讲活动，为村民介绍最新的银行利率，介绍如何识别假币，如何防范金融短信诈骗等。活动期间，可现场为村民办理发卡业务，赢得村民的一致好评。

【代理速递业务】 年内，发展寄递业务是集团公司“一体两翼”的重要举措，波密县邮政分公司在做好服务的同时加大揽收力度，在激烈的市场竞争中获得客户认可。2017年，波密县邮政分公司共收寄标准特快9190件，实现业务收入32.26万元；收寄快递包裹6421件，实现收入28.35元。同时，波密县邮政分公司重视投递服务工作，及时回复客户查询邮件情况，给予客户良好的服务体验。波密县邮政分公司全年共妥投标准快递23541件，快递包裹52132件，普通包裹31256件，挂信1026件，挂刷1024件。

【安全生产】 年内，波密县邮政分公司把储汇资金的安全工作为工作重点，勤检查，详记录，多询问，严格要求按章办事，认真做好交接班手续，从而确保储汇资金安全。对现有资金及时上划，加强夜间值班制度，提高全体职工风险防范意识，加强运钞押运的安全、严格要求运钞送钞人员务必高度警惕。对邮运驾驶员、乡邮驾驶员随时进行安全教育，定期检查邮运车辆，并认真开展道路交通安全专项检查活动，确保邮运工作和邮件安全。

（尼玛扎西）

【领导名录】

经　理　巴　　桑（藏族）

副经理　尼玛扎西（藏族）

乡（镇）概况

扎木镇

【概况】 年内，在县委、县政府的坚强领导下，在广东省援藏工作队的大力帮助下，在各级领导关心和支持下，扎木镇党委、政府以中共十九大、十八大、十八届三、四中、五中、六中全会精神为指导，以“两产业一平台”建设工作为主线，以“城乡环境综合治理”为契机，积极创新工作机制，脚踏实地的开展各项工作。扎木镇政府位于波密县政府驻地，是波密县政治、经济、文化中心，平均海拔2720米。扎木镇农村经济以农为主，以牧为辅。扎木镇林下资源丰富，是波密天麻、灵芝等名贵林下资源的主产区；旅游资源得天独厚，有嘎瓦龙风景区、卓龙风景区、中国最美原始森林——岗云杉林、多东寺等以及丰富独特的民俗文化资源。

2017年，扎木镇下辖11个村（居）委会，共有1196户3841人（其中农牧民713户2875人）。境内居住有藏族、汉族、回族等民族。扎木镇机关在编干部职工58名，其中行政编制29人，事业编制29人，工人2人，公益性岗位4人，临时工2人。全镇下辖13个党支部，其中机关党支部1个，寺管会党支部1个，11个村（居）党支部，村（居）党支部下辖党小组61个；下辖11个村（居）委会。该镇内设党群综合办公室、政务综合办公室、维护稳定和综合治理办公室、经济发展和社会事务办公室、财政所、农牧综合服务中心、文化服务中心、后勤服务中心和便民服务中心。

【经济发展】 2017年，全镇农作物播种面积8264亩，牲畜存栏5296头（匹、头、只）。农村经济总收入完成12755.01万元，同比增长27.3%。农牧民人均纯收入达20519.33元，其中现金收入15184.30元，分别同比增长1.79%和1.32%。人均纯收入1万元以上的村有7个。全镇农村实现通水、通电、通信、通邮、通广播电视，11个村（居）均实现道路硬化。

【基础设施】 2017年，扎木镇在县旅游局、扶贫办的大力帮助下，投资350万元的岗村旅游示范村建设项目已完成，为进一步整治县城周边村（居）的村容村貌，切实改善人居环境。镇党委、政府积极争取援藏资金400万元，先后对桑登村、巴琼村、扎木村进行村容村貌整治，主要进行道路维修、庭院美化和人畜分离等整治工作。截至年底，项目已全部完成。

【生态旅游业】 2017年，扎木镇投入营运的家庭旅馆达59家，群众通过开办家庭旅馆纯收入达2115.70万元，较2016年同比增加68.45%；参与人员285人，较2016年增加70人；人均纯收入达74235.36元，较2016年同比增长20%。2017年，扎木镇组织农牧民参加旅游服务技能和藏餐培训200

余人次，切实提高扎木镇旅游业服务水平。

【特色产业】 年内，扎木镇本着尊重群众意愿的原则，深入全镇11个村（居）进行调研，统计天麻种植户数、面积，制定扎木镇“一线三点”（318国道沿线、卡达村、达兴村、东绕村）天麻种植格局，同时充分利用巴琼村生物研究所天麻种植技术优势、天麻种植大户、科技特派员的示范引领作用，大力推广天麻、灵芝等野生菌类人工栽培种植技术。截至年底，全镇天麻种植面积达6000多平方米，灵芝种植面积达1000多平方米。总投资80万元的达兴村天麻种植合作社，种植天麻面积3000平方米，受益群众70户（其中14户精准扶贫户）。东若村生态采摘园总投资16.8万元，占地面积12亩（其中温室大棚10亩、经济林木试验地2亩），受益群众50户240人（其中8户精准扶贫户）。

特色养殖方面。2017年，牲畜存栏5296头（匹、头、只）。养殖业项目7个，其中养猪项目1个，养牛项目6个。

【基层党建】 2017年，扎木镇结合实际及时制订“两学一做”学习教育常态化制度化学习计划，以“两学一做”学习交流微信公众平台为载体，不断统筹推进学习教育各项工作。截至年底，扎木镇共开展集中学习会议10次，上报两学一做信息简报30余篇，微信转发学习资料300多篇。对两学一做教育活动进行全方位、多角度、多层次的宣传报道，扩大活动的影响，形成强大的舆论声势，在全镇营造出浓厚的舆论氛围。

深入贯彻《关于新形势下党内政治生活的若干规定》，认真开展“党员固定活动日”和“主题党日”活动，严格落实“三会一课”、民主生活会和组织生活会、党员干部组织生活、民主评议党员等制度，进一步严肃和规范党内政治生活。将每月的25日定为“党员固定活动日”和“主题党日”，各村（居）党支部制订翔实的活动计划表，结合“三会一课”“两学一做”等，按照计划积极开展党组织活动。活动采取签到制，以便及时了解每位党员参与活动情况，严禁出现党员脱离党组织活动的现象。截至年底，各党支部共开展党组织活动130次，党员参与率达100%。

提高党组织“双覆盖”质量。深化在职党员干部到社区服务、党员干部进村入户结对认亲交朋友、党员公开承诺等活动，认真落实推广“五星党员、十星农户”创建评选活动，积极探索党员发挥作用的新机制，构建党员联系和服务群众工作体系，密切党群干群关系，确保党的工作有效覆盖。

软弱涣散党组织排查情况。5月3日，对全镇11个村（居）党组织及“两委”班子成员进行逐一排查。主要对村（居）干部工作作风、工作实绩、党建工作开展情况、班子发挥作用、组织制度、矛盾纠纷整顿等方面进行全面深入调研摸底。通过此次排查，扎木镇无软弱涣散基层党组织，为下步村（居）组织换届工作做好充足准备。圆满完成村（居）组织换届选举工作。自村（居）组织换届选举工作开展以来，镇党委、政府高度重视，成立村（居）组织换届工作领导小组，由镇党委书记任组长。通过前期动员部署、摸底调查、离任审计、换届人事方案制定等工作，切实把政治可靠、威信高、带富能力强的优秀人才选进班子。截至年底，全镇共产生60名村（居）班子成员，其中党支部书记11名，副书记11名，委员30名；村（居）民委员会主任11名，副主任14名，委员28名；村（居）务监督委员会主任11名，委员22名；团支部书记11名；妇代会主任11人。换届后，为确保新任职村（居）干部主动作为、发挥更大作用，镇党委及时组织新任职村（居）干部进行业务知识培训。

高度重视党员发展情况，不断深化拓展“三个培养”，做好农牧区党员发展工作。2017年，共发展党员28名。

加大党建经费投入。全镇将各村（居）2万元党建经费进行整合使用，着力打造桑登村、巴琼村、岗巴村党建示范村建设。同时督促指导村（居）第一书记用好1.5万元办实事经费。

层层落实责任。年内，扎木镇及时调整充实由党委书记任组长的党风廉政建设责任制领导小组。按照集体领导与个人分工负责相结合，谁主管、谁负责，一级抓一级，层层抓落实的工作原则，明确在抓党风廉政建设中的各项责任目标、责任范围。分别与各村党支部签订《党风廉政建设目标责任书》，将党风廉政建设目标责任细化到人；将脱贫攻坚监督检查与作风纪律建设监督检查工作同安排、同部署、同检查、同落实，把查处扶贫领域违纪问题与查处基层“微腐败”问题同步考虑、统筹推进。同时开展整治党员和国家工作人员参与赌博或带有赌博性质博彩活动。截至年底，未发现一例违纪行为；严格落实“两个责任”要求，强化党委抓党风廉政建设主体责任和纪委监督责任，积极支持纪委“三转”；加强党员干部的思想认识。特别是抓好“两准则四条例”等党内法规的学习。进一步树牢“四个意识”；严格按照中央《党政机关厉行节约反对浪费条例》等有关规定要求，完善乡镇“三公”经费使用管理和公开、精文简会等制度；积极开展党务、政务公开工作，健全公开制度，设置固定公开栏。推进“三务”公开常态化和“三资”管理规范化，成立专门监督小组，加强监督工作。

【民政工作】 年内，扎木镇对全镇低保户（32户120人）、五保户（16户）、残疾人（102人），开展多次慰问活动。同时积极争取资金为26名贫困生进行资助，资助金额达12万元。

【扶贫工作】 年内，扎木镇认真贯彻落实县委、县政府关于脱贫攻坚的一系列决策、部署，以脱贫攻坚统揽经济社会发展全局，坚持开发式扶贫方针，大力发展主导产业，着力改善贫困群众生产生活条件，不断加强农村基本公共服务体系建设，全镇农民收入稳步提高，扶贫开发工作取得显著成效。经深入各村、户开展精准扶贫摸底调研，调动村两委、驻村工作队的力量，全面精确识别扶贫对象。经群众测评及公示，最终核定扎木镇建档立卡贫困户75户279人。扎木镇与县扶贫办组成调查工作再次走村入户，最终确定扎木镇精准扶贫“九项措施”的具体数据，其中产业扶持脱贫的有17户，异地产业脱贫的有28户、需能力提升脱贫的有7户，需助学脱贫的有26户、需医疗救助的有16户、需社会兜底的有13户。根据扎木镇实际情况，明确2016年实现建档立卡贫困户31户109人脱贫，2017年，实现建档立卡贫困户44户170人脱贫，分2年实现全镇75户279名贫困群众如期脱贫攻坚目标任务，为率先全面建成小康社会奠定坚实基础。

【科技工作】 年内，扎木镇坚持以农牧业科技普及为基础，围绕提升特色产业发展质量，积极引进新技术，积极组织农牧民参加各类科技培训，提高群众科技素质。邀请巴琼村技术人员对扎木镇精准扶贫建档立卡户进行天麻种植技术的培训，参加培训145人；积极开展科普知识宣传和日常科技知识普及，提高扎木镇农牧民科技兴农、科技创业意识。全年共发放科技宣传资料580册，宣传板报27期，下村宣传科技知识10场次；加大科技投入，立足优势资源开发，围绕特色产业发展，围绕精准扶贫任务，积极引进新技术，积极申报、实施重大科技专项、重点科技项目；积极推广农牧业生产机械化，认真落实配套资金，完善服务体系，基本实现农业机械化。

【教育体育】 年内，扎木镇认真落实教育工作领导责任制，成立以镇长为组长，分管教育工作领导为副组长的领导小组。把教育工作列入镇政府重要议事日程，定期召开教育专题会议10次，层层签订教育工作目标责任书，完善“控辍保学”责任追究制、“控辍保学”奖惩制度和“一把手”亲自抓教育制度，持续保持小学、初中入学率100%，巩固率100%。

【文化工作】 年内，扎木镇落实文化产业发展专项资金9万元，比2017年增长32%。全镇11个村（居）配备图书室，图书管理员，农家书屋建设覆盖率达100%。全镇广播电视、农村电影放映、西新工程、文化信息资源共享等文化惠民工程覆盖率达100%。

【医疗卫生】年内，扎木镇建立居民健康档案，城乡居民免费健康体检完成98%以上，在编僧尼免费健康体检完成100%。实施“两个”制度，积极推进农牧区合作医疗制度和基本药物制度。为进一步提高服务能力，方便群众医疗报销工作，下派财政所工作人员走村入户报销合作医疗1897人，报销金额259767元。截至年底，扎木镇镇农村新型合作医疗参保人数2643人，实现参合率、筹资率和报销率达到100%。免费孕前优生健康检查项目目标任务完成率和系统录入率100%，准确率100%；从业人员体检率、“五病”调离率和持证上岗率达100%，从业人员卫生知识培训率85%；认真做好强化免疫、常规免疫接种工作、接种率不低于90%；卫生院藏医病例、处方规范率达到80%以上；乡镇藏药品种达160余种，并开展5种以上藏医外治技术。

【环境保护】年内，扎木镇积极开展“环境优美乡镇”和“生态村”创建活动，调整充实创建领导小组，配备设立专职环境保护督导员，建立健全创建工作相应的工作制度，将各项创建工作逐项分解到人到村，确保创建自治区级环境优美乡镇工作取得实实在在的成效。截至年底，全镇11个村（居）被评为自治区级生态村，岗巴村荣获国家级生态文明村，自治区级生态镇已获批准。

【强基惠民活动】年内，根据自治区“创先争优强基惠民”活动的要求，扎木镇党委、政府及时调整充实强基惠民活动领导小组，成立以镇党委书记为组长的领导小组。全体驻村队员扎根基层，与群众同吃、同住、同学习、同劳动，表现出极高的工作热情，得到群众的一致好评。各驻村工作队结合本村实际，共争取600多万元项目资金。积极帮助所驻村理清发展思路，撰写基层党建、社会管理、经济发展和教育等方面的报告，为镇党委、政府决策，提供强有力的保障。扎木镇1个驻村工作队荣获自治区级表彰，5名驻村工作队员荣获自治区级表彰；1个驻村工作队荣获市级表彰，5名驻村工作队员荣获市级表彰；1个驻村工作队荣获县级表彰，5名驻村工作队员荣获县级表彰；市公安局荣获优秀组织单位。

【“四讲四爱”主题教育实践活动】加强组织领导。年内，扎木镇按照各级部门要求成立党委书记任“四讲四爱”活动领导小组组长，组长对“四讲四爱”活动亲自过问、亲自指导、亲自部署，带头调研、带头宣讲。同时成立镇、村两级宣讲队伍：镇级宣讲队由镇党委委员，组宣委员任组长，村级宣讲队伍由各村宣传委员任组长，组织开展宣讲活动；开展主题宣讲。由宣讲队赴各村、寺庙进行巡回宣讲，共开展50场次宣讲活动，受众人数达2800人次，群众知晓率达100%；开展实践活动。组织广大农牧民群众开展“讲团结、爱祖国”文艺汇演、“七一”红歌比赛、“新旧西藏对比故事会”“四讲四爱知识竞赛”“美丽波密，清洁扎木”清洁环保行动及“移风易俗、破迷信、改陋习”大讨论活动。同时积极利用秋收季节，组织镇级宣讲员到田间地头进行宣讲，让主题教育活动不断深入民心；加大宣传力度。通过悬挂横幅、发放宣传册、挂历等方式，积极营造良好的活动氛围。2017年，全镇共悬挂横幅13条，发放宣传册及“四讲四爱”挂历3000余份，并充分利用LED电子屏及户外大型广告牌不间断展示“四讲四爱”主要内容。

【民族团结】加强组织领导。年内，扎木镇及时成立民族团结工作机构，制定民族团结工作计划，对工作开展进行全面部署，将民族团结工作纳入理论学习计划中，做到同安排、同部署、同检查、同总结，为维护全镇稳定提供有力保障；组织实施民族团结示范点建设，并对民族团结工作进行定期或不定期自查。结合乡镇工作实际，将扎木社区创建为市级民族团结示范点；组织开展加强民族团结主题大讨论活动，组织实施民族团结进步创建“七进”活动。以民族团结宣传月活动为契机，积极宣传加强民族团结、维护社会稳定和“三个牢固树立”“三个离不开”思想教育。同时将民族团结工作与“四讲四爱”“创先争优”等主题活动相结合，广泛开展丰富多彩的活动。扎木镇荣获县级民族团结进步奖。

【武装工作】 年内，扎木镇认真贯彻中央关于武装力量建设的相关方针政策，坚决把思想政治建设放在民兵预备役建设的首要位置来抓，充分利用整组、训练、执勤、巡逻等时机开展民兵教育工作。截至年底，共出动民兵400人次进行日常执勤巡逻。

（徐　靖）

【领导名录】

党委书记　杨　帆

党委副书记、镇长

大次仁（藏族）

党委委员、人大主席

拉巴次仁（藏族）

党委副书记、常务副镇长

朱思敏（援藏）

党委副书记　罗布次仁（藏族，3月离任）

党委委员　永　彩（藏族）

白玛四朗（藏族）

党委委员、副镇长

扎西卓玛（女，藏族）

党委委员、政法委员

松　杰（女，藏族，3月离任）

梅贞平（3月任职）

党委委员、人武部长、统战委员

贡秋次成（藏族）

党委委员、纪委书记

彭　寻

党委委员、组织宣传委员

德吉卓嘎（女，藏族）

党委委员、副镇长、财务所所长

徐　靖（8月任职）

倾多镇

【概况】 倾多镇，曾名曲多、波堆，倾多，按地形成名，意为河岔口，地处北纬30° 17′，东经95° 33′。位于西藏自治区波密县西北36公里处，帕隆藏布北岸，中国最大野生桃花谷中心地带，辖区面积1756平方公里，其中耕地面积776公顷、林地面积224085亩、草场面积695600亩。镇政府所在地巴康村海拔2800米。区内景点有：桃花谷、朱西冰川、倾多寺、普龙寺等，是第一代藏王聂赤赞普出生地，享有“藏王故里，桃花世界”美誉。

倾多镇下辖巴康、达龙、古通、如纳、扎西、栋曲、朱西、叶巴、德吉、顶仲、热西、康达、曲西13个行政村，25个自然村。辖区内有西藏自治区第二监狱、倾多寺管委会、普龙寺管委会、镇中心小学、派出所、卫生院、邮政所、人民法庭、中国农业银行倾多营业所等单位。2017年，镇机关及镇直单位共有干部职工94人（其中镇机关45人，镇小学32人，卫生院6人，派出所8人，农行营业所3人）。全镇有基层党支部17个，党员490名，其中农牧民党员431名，双联户99个、团员341人、建档立卡户178户793人。全镇大学生数量171人、中学生数量281人、小学生数量436人。全镇宗教活动场所数量2个，为倾多寺（格鲁派）和普龙寺（嘎玛派）。

截至年底，倾多镇共有925户4843人，劳动力人数2140人，人口以藏族为主。居民经济收入主要来源农牧业，农作物以小麦和青稞为主，牲畜以奶牛、犏牛、牦牛、藏香猪为主，同时采集虫草、松茸等菌类也是居民一大收入来源。随着近年西藏旅游热潮的到来，开始大力发展旅游业，旅游收入逐年上升。

【经济发展】 2017年，全镇农村经济总收入完成9117.291万元，同比增长10.996%；粮油总产量达到3578.85吨，同比增长0.5%；劳务收入1341.98万元；农牧民人均纯收入达到14031元，现金收入达到10241.6元，分别同比增长3.2%、6.6%、6.5%。牲畜存栏17000头（匹、只），同比减少0.45%，出栏4687头（匹、只），同比增长12.86%。

【文化产业】 年内，倾多镇抓好舆论引导，及时报送简报，及时收集舆情信息，报送相关信息50余条。积极开展各项文化活动，2017年康达村结合“四讲四爱”教育实践活动，举办第二届民俗文化艺术节；朱西村和巴康村先后组建朱西村文化演出队和巴康村农牧民波卓民俗文化演出队，在重大节日和活动为村民及周边群众表演节目10余次。

【优势产业】 全力打造巴康优质粮食种子生产专业村，2017年，巴康村共计出售优质小麦种子30余万斤，直接增加群众收入60余万元；争取资金建成叶巴村核桃皮加工厂，进一步发挥地理优势，做强做大优势产业，为群众增收提供坚强保障；康达村藏鸡养殖专业合作社通过支部引导、私人承包集体分红的形式，发展前景良好，2017年村集体经济分红2万元，并呈逐年增长趋势；热西村4个集体经济项目，红利共计发放129万元，72户家庭直接受益。

【社会保障】 加大培训力度，实现就业再就业。年内，倾多镇积极争取上级培训机会，组织农牧民参加技能培训，包括农业科技、牲畜防疫、电工技术、挖掘机驾驶、旅游管理、烹饪等，参加培训200余人次，转移就业30余人次。

社会保障体系不断完善。认真做好农村养老保险日常工作和农村养老保险续保、参保工作，进一步加大小额人身意外保险宣传和收缴力度。全镇2017年参保人数为2157人，适龄参加新农保率达到100%；60周岁以上农牧民参保率达100%，基本养老金发放率达100%，足额发放低保、五保等保障金，发放率100%。

【食品药品安全】 年内，倾多镇安排1名班子成员分管食药工作，配备食药干事，各村配备食药协管员。完善食品药品安全应急管理预案，不定期开展食品药品大检查，对违规产品予以没收集中销毁。全年倾多镇未发生一起食品药品安全事故。

【防灾救灾】 年内，制订倾多镇地质灾害应急预案，每个村均设立应急避难场所，成立14支救灾队伍，开展突发性地质灾害应急演练。2017年倾多镇栋曲村“8·3”特大泥石流灾害中，镇党委、政府及时启动应急预案，疏散、安置群众，开展灾后自救，将经济损失降到最低，未出现任何人员伤亡。

【林政管理】 2017年，倾多镇配合县林业、司法部门到13个村进行法律法规宣讲4次，发放宣传资料1000余份，张贴横幅4条，走村入户30余次，受教育群众5000余人次，宣传覆盖率100%；对各村公益林管护工作进行不定期检查，抽查护林员的巡山日志和每日巡山工作的上报情况，对责任心不强的管护员进行严肃批评教育。对辖区内出现的林政问题及时向上级部门汇报，积极配合林业主管部门开展调查工作；结合“争当生态战士，共建生态家园”“环境优美乡镇”活动，全镇累计开展主题活动宣讲26次，开展主题培训会3次，巡查20余次，明确工作目标，统筹工作部署。

【生态环保】 年内，倾多镇严格坚持落实环境保护“党政同责”“一岗双责”责任制，大力实施“美丽乡村”计划。投入资金8万余元，组织各村对公路沿线、卫生死角、河道周边进行全面清理；积极开展迎中央环保督查工作。成立迎检工作领导小组，全力整治环境方面问题，下大功夫治理辖区内非法营运砂石厂。针对各级督察组反馈的问题第一时间进行整改，完善各类资料；充分发挥精准扶贫生态岗位人员作用，制定工作台账，对辖区内建设项目严格监督，发现问题及时向上级部门汇报并对相关责任人提出整改意见；加大生态文明建设。建立健全相关机制和领导机构，将城乡环境卫生综合整治作为一项常态工作来抓；开展国土绿化工作。镇党委、政府每年初召开一次国土绿化工作会议，安排部署相关工作，与各村签订工作责任书。与林业部门协调，争取树苗，开展义务植树活动。

【精准扶贫】 年内，倾多镇紧密结合县委、县政府工作部署，以精准扶贫工作“13934”工作思路为指导，制定《倾多镇精准扶贫工作实施方案》，并成立“倾多镇精准扶贫工作专班”，配备扶贫专干4名。多次组织召开精准扶贫工作推进会，研究部署相关工作。层层签订脱贫攻坚目标责任书；通过实地调研，精准掌握倾多镇扶贫户基本信息，理清致贫原因，制定脱贫措施。全镇共有精准扶贫户178户、793人，2016年脱贫41户、136人，2017年脱贫128户、630人；认真落实县委、县政府“九项举措”，通过扶持就业、组织培训、结对帮扶、产业扶持、医疗救助、社会兜底等措施，稳步推进脱贫攻坚各项工作；完善各类信息档案，走村入户向群众宣讲各类政策，及时报送相关信息材料。

【科教文卫】 科技工作。年内，倾多镇积极向上级部门争取培训机会，提高群众科技素质。加强各村科技特派员、农业技术员、村医兽医管理，组织专人开展科技知识宣传，发挥驻村工作队作用，推广机械化生产。

教育事业。镇党委、政府高度重视教育发展工作，把教育工作列入政府重要议事日程，建立一把手负总责，分管领导具体抓工作机制，层层签订教育工作目标责任书；抓经费投入，为教育发展提供资金保障，提供资金3万元用于镇小学党支部建设；抓“控辍保学”，组织镇领导干部下村10余次，宣讲政策，转变农牧民思想，截至年底，倾多镇适龄儿童入学率、巩固率均达100%；抓校园周边环境，经常性地开展安全隐患排查活动，加强校园周边巡逻，为学生提供平安和谐环境。

文化工作。严格制定文化工作计划，配备文化干事2名，充分发挥镇文化服务中心作用，开展各类文体活动。认真实施广播电视“户户通”工作，进一步规范农家（寺庙）书屋建设。加强文化遗产保护，2017年，倾多镇巴康村发现的“拉坡遗址”被评为自治区级文物保护单位。

医疗卫生。2017年，倾多镇农村新型合作医疗制度参保率、报销率均达100%；给全镇适龄妇女宣传“两降一升”有关政策，2017年孕产妇定期到医院检查次数明显增多，孕妇到医院分娩意识增强；继续实施藏医药“三进”工程，积极促进藏医藏药的发展和推广；配合上级部门开展包虫病筛查，大力宣传包虫病防治工作。

【基层党建】 干部队伍建设。2017年，全镇培养入党积极分子48名，从严选优，发展预备党员22名，严格执行按月收缴党费制度。另外，与所有党员签订不信仰宗教责任书，进一步严明组织纪律，永葆党员队伍先进性和纯洁性。积极做好老干部工作。镇党委、政府严格落实上级部门关于老干部工作的各项政策措施，多次利用各大节日契机组织慰问离退休干部及“三老”人员，关心其生产生活状况，让老干部无后顾之忧，切实感受到党和国家的温暖。

扩大党建工作覆盖面。各党支部以联户为单位，3名以上党员单独建立党小组，不足3名党员以联合创建的方式建立党小组，进一步增强党组织的凝聚力；继续深入开展“五星党员”“十星农户”创建评选活动，聘请1名退休干部为党建指导员，指导各村党建工作，严格按照程序结合村情制定村规民约。将村规民约内容与双星创建相结合，村“两委”班子威信进一步增强，村级组织战斗力得到进一步提升。

筑牢基层组织。圆满完成村级组织换届工作。镇村两级均成立换届工作领导小组，制定实施方案和突发事件应急预案，召开换届工作动员部署会议，组织相关工作人员进行业务培训。累计走访群众500余户、2000余人次，收集征求意见400余条，选举出新一届各村党支部、村民委员会、妇代会和团支部成员69名，新任村干部7人，连任或转任村干部62人，选举村务监督委员会成员39名，其中新任干部7人，连任或转任32人。换届中认真结合“三个培养”，把5名党员致富带头人培养成村干部。

基层组织阵地建设。在总结巴康、康达2个党建示范点成功经验的基础上，整合资金和人力打造热西、朱西党建示范点；打造镇党员活动室、党员学习室，构建党建特色走廊。探索“党建+”工作模式，基层组织战斗堡垒和党员先锋模范作风得到充分发挥；全面细致地开展村级组织活动场所摸底调查，结合实际制定村级活动场所标准化建设计划，上报相关部门。

党风廉政建设。年内，倾多镇始终把开展党风廉政建设和落实“两个责任”工作作为“一把手”工程，切实抓好抓实，把责任制全面落实贯穿到党风廉政建设和反腐败各项工作之中。与13个行政村签订党风廉政建设责任书，进一步明确责任，制定各类管理制度10项。每半年听取班子成员报告个人事项。支持纪委“三转”工作，听取纪委专题工作汇报3次，新增纪检干事1名。认真履行“一岗双责”，做到警钟长鸣、常抓不懈；做到政令畅通，令行禁止；无论面对干部群众，还是亲属朋友，坚持按规定程序处理具体问题；勤俭节约，杜绝公款消费。制定纪委廉政谈话约谈制度，提醒谈话4人，廉政谈话13人次；将2017年党风廉政和反腐败工作进行任务分解，明确任务职责；对各行政村、镇直各单位，灵活运用“四种形态”做好日常监督和常态化管理工作，做到每月至少1次。

【强基惠民】 深入宣传党的方针政策。2017年，驻村工作队组织群众宣讲学习贯彻党的十九大精神43场次；举办党员培训班39期，培训党员1210人次；党支部召开“三会一课”215次。先后召开村民大会121次，进行感恩教育，宣讲党的路线、方针、政策，用通俗的语言、鲜活的事例，深入浅出地宣传党的路线方针政策，切实把中央、自治区党委和市委的决策部署宣传到群众、贯彻到基层。组织村民在村文化广场开展唱红歌、感党恩文体活动，开展感恩教育大会74场次，举办文体活动共计59场次。

寻找致富门路。各工作队实地开展调研，体民情察民意，认真了解群众所思、所想、所盼、所需，帮助所在村发展集体经济组织实体6个，合作经济组织实体3个，另外帮助农牧民群众分别到区内培训18期34人次。同时，通过全面摸底调查，理清发展思路7条。其中林芝市检察院第六批驻巴康村工作队在继承过去五批工作队优秀成果的基础上，开拓进取，结合波密县2017年完成脱贫攻坚任务的总体要求，突出惠民与造血，慰问与技能培训并进的方式打好脱贫攻坚战。

办实事解难事。开展慰问活动。在元旦、春节、藏历新年“三大节日”期间，工作队慰问“五保户”、困难低保户以及困难群众，并发放慰问金或慰问品价值共计172470元，慰问“三老”人员并发放慰问金或慰问品价值共计20005元；建立民情档案164个，撰写民情日记1070篇，帮助村解决民生方面的突出问题9件，为群众办实事好事40件，共投入资金420000元；帮助群众解决就业、再就业12人，开展送科技、送技术、送卫生、送信息、送服务、送法律活动19次，共投入资金23800元。

2017年，倾多镇13个工作队中评选出5名自治区级优秀驻村工作队员、6名市级优秀驻村工作队员、7名县级优秀驻村工作队员，区、市、县级优秀驻村工作队各1个。

【安全生产】 加强森林防火工作。年内，倾多镇成立森林防火工作领导小组，逐级签订责任书，各村成立突发性森林火灾义务扑救队。充分发挥各村监护员作用，开展日常巡逻。每年召开森林防火工作专题会议，安排部署相关工作。特别是在森林防火期内，实行日报告制度，全天候监控林区动向，禁止任何人员携带火源进入林区，从源头上防止森林火灾的发生；严格落实安全生产监管措施。通过制定计划、召开部署会议、宣传学习相关法律法规，增强群众安全生产意识。多次开展安全生产大排查工作，把各类安全隐患消除在萌芽状态；扎实推进消防安全工作。逐级签订消防安全责任书，不定期对学校、卫生院、餐馆、旅馆等场所进行消防安全检查。组织专人对消防器材的使用进行培训学习，定期检查消防器材是否完好；强化交通安全管理。多次组织精干力量排查交通安全隐患，坚决杜绝道路违章行为发生。

【十九大精神宣讲】 2017年，倾多镇把党的十九大精神武装头脑、指导实践、推动工作作为学习的出发点和落脚点，以正面宣传、团结鼓劲为主线，在全镇开展一系列活动，确保将十九大精神学习好、宣传好、贯彻好。成立学习宣传十九大工作领导小组，制定学习宣传党的十九大精神实施方案，分主题，分阶段开展十九大的学习宣传工作，同时将十九大的学习宣传工作列入驻村工作考评办法，严格落实责任，层层传导压力。截至2017年底，全镇共计开展十九大学习宣讲50余次，撰写理论文章5篇，心得体会60余篇。

（黄进茂）

【领导名录】

县人大常委会副主任、镇党委书记
普　琼（藏族，9月离任）
党委书记　拉　巴（藏族，9月任职）
党委副书记、镇长
米海成
党委副书记、人大主席
索朗仁青（藏族，1—3月任党委委员，人大主席）
党委副书记、主任科员
杨　利（女，3月离任）
党委副书记　王烈川（1—3月任党委宣传委员、人武部长）
党委委员、纪委书记
杨　波
党委委员、统战政法委员
益西珍嘎（女，藏族，9月离任）
党委委员、组织委员、副镇长
尼玛次仁（藏族，3月免组织委员，5月离任）
党委委员、组织宣传委员
郝文靖（女，3月任职）
党委委员、副镇长
央　宗（女，藏族）
副镇长　更　宗（女，藏族）
副主任科员　卓　玛（女，藏族，3月任职）

松宗镇

【概况】 松宗镇地处北纬29°44′42″，东经96°6′18″，平均海拔3100米。藏语“松”为三之意，“宗”为聚集之意，松宗之名有三岔口交汇而来之说，亦有因松宗寺为三座小庙合并而来之说。松宗镇位于波密县东南部，318国道旁，镇政府所在地距县城41公里，属高原温带湿润季风气候。全镇辖9个行政村20个自然村，2017年，有农牧民418户2069人，其中劳动力797人。林地面积321555亩，草场面积134846.61亩，耕地面积6383.34亩。2017年，全镇经济总收入5445.99万元，人均可支配收入15859.05元。镇内林下资源极为丰富，名贵藏药材和野生食用菌种类繁多，特别是天麻、松茸享有很高的知名度。

2017年，全镇共有干部职工54名，其中男干部26名，女干部28名，党员干部46名，行政干部28名（含专招生5人），事业干部25人，工人1名。30岁以下干部39人，汉族干部17人，藏族干部34人，珞巴族干部1人，僜人干部1人，土家族干部1人。全镇共有10个党支部，党员333名（预备党员17名），其中镇机关党支部党员41名，农牧民党员292名，共青团员61名。“三老”人员24人（老党员23人、老干部1人）。

【三大产业】 2017年，全镇农村经济总收入达5445.99万元，同比增长17.7%；粮油总产量达到1687.81吨，同比增长1.04%；农牧民人均纯收入同比增长12.9%，其中现金收入达到11418.52元，同比增长11.4%。

生态旅游业。松宗镇依托便利的交通及优越的自然条件，宣传生态旅游，大力发展乡村旅游，加强对国道沿线村的环境整治管理工作；同时充分利用林芝市举办的“桃花节”及松宗“赛马节”活动开展文化旅游，积极组织群众参与旅游经营活动，大力宣传境内朗秋冰川、栋亚喊泉、姊妹温泉、盔甲山等景点。同时结合实际，制定完善《旅游突发事件应急处置预案》，进一步规范旅游市场管理，加大执法检查力度，积极开展旅游服务行业人员培训，提高服务质量。

特色农牧产业。松宗镇始终坚持县委、县政府提出的“两产业一平台”发展战略，对农牧业特色产业发展给予大量的支持帮扶，持续对栋亚藏鸡养殖、角达村果蔬种植、角达村波棱瓜种植、多格村灵芝菌种植、栋曲村仿野生天麻种植等特色产业加大扶持力度。其中，栋曲仿野生天麻种植基地，2017年收入达15万元，种植天麻面积增加至9000平方米。栋亚藏鸡养殖基地共出售432只藏鸡，22000余枚藏鸡蛋，收益16万元。

非公有制经济。松宗镇党委按照“非公有制经济发展到哪里，党组织就建在哪里，党员的作用就发挥在哪里”的总体要求，加强非公有制经济党建工作全覆盖。2017年，全镇有非公有制单位（合作社）共8家，其中新增1家，为松宗镇丁扎西综合维修部。

【干部队伍】 年内，松宗镇深入推进“两学一做”学习教育常态化制度化，制定《2017年松宗镇“两学一做”学习教育常态化制度化工作方案》，并将“两学一做”学习教育纳入镇党委理论学习中心组必学内容，严格按照《2017年松宗镇“两学一做”学习教育常态化制度化学习计划表》开展学习教育。通过系列理论学习，广大党员干部进一步坚定政治立场和政治方向；认真贯彻落实《关于进一步加强领导班子建设的意见》，及时向班子成员印发《关于强化松宗镇科级干部工作责任的意见》，经常开展调研工作，及时同离任、新任人员谈心谈话；切实发挥党委领导核心作用，强化“一把手”制度，注重“传帮带”，为专招大学生配备导师；加强制度建设，建立健全各项管理规章制度，建立完善《岗位责任制》《松宗镇分工协作制度》《松宗镇干部考核激励奖惩制度》《干部职工学习制度》《请休假制度》《值班制度》《考勤制度》等相关制度；做好干部选拔任用工作，加强干部交流，积极向上级推荐优秀人才。

【基层党组织】 松宗镇党委于年初组织召开松宗镇2017年党建工作部署会议，总结2016年的工作成绩及不足，安排部署2017年基层党建工作，制定并发放《松宗镇2017年党建工作实施方案》《松宗镇2017年党建工作计划》，与各党支部书记签订《松宗镇2017年基层党建工作目标责任书》，要求各党支部对照要求，严格落实，建好、建强各个基层党组织。在2016年完成栋曲村、角达村2个党建示范点的基础上，2017年再次打造岗巴村、格尼村、纳玉村等3个党建示范点，规范党员活动室、农家书屋、村干部办公室等场所的设置，规范“三会一课”“四议两公开”“三务公开”和村干部量化考核、坐班制度等方面的资料台账，健全各村村规民约等各项制度。为每村配备1名副科级“党建+”和农村工作指导员，构建党员联系点，定期检查村“两委”工作开展情况，细心指导驻村工作队关于党建、精准扶贫、维稳等各方面的农村工作，确保其熟悉农村工作、会干农村工作、干好农村工作，切实发挥工作队应有作用，切实提升村党支部的凝聚力和战斗力，发挥战斗堡垒作用。

【保密工作】 2月、7月，松宗镇专门召开保密工作专题会议，深入贯彻落实习近平总书记关于保密工作提出的“五个坚持”重要讲话精神，严格落实政府信息公开保密审查工作，建立健全保密工作责任体系和保密长效机制，镇党委坚持定期组织专干检查保密工作情况，全体干部签订《保密承诺书》，完善保密档案管理，对全镇办公计算机进行统计登记，尤其是重点加强对涉密计算机、档案资料管理。不定期开展全镇保密工作自查，及时发现并整改问题，按时上报相关保密信息。同时，根据自查报告及市、县保密办的有关要求开展保密整改工作。

【强基惠民活动】 2017年，松宗镇先后开展各类宣传活动组织156次，入户宣传1400余人次；着力提高村“两委”履职能力，驻村工作队与“两委”班子积极沟通、多商量、多出谋划策，多种形式帮助所驻村改进工作方式方法；包片领导、包村干部时时下村指导驻村工作队近期主要工作任务和可能存在的安全隐患，始终做到工作队熟悉镇村各阶段工作，镇党委、政府时时了解工作队工作状况、驻村点存在问题和困难。

【宣传思想】 2017年，松宗镇以中共十九大精神为根本遵循，以十九大报告为主要内容，坚持目标引导、统筹推进；坚持骨干带头、以上率下；坚持载体推动、突出特色；坚持问题导向、注重实效。广泛举行党委理论中心组学习，开展“书记讲党课”“习近平教育思想”大学习，开展贯彻十九大建言献策，开展大走访大调研等系列活动，精心组织，周密安排，加大学习宣传力度，营造良好氛围，切实把思想和行动统一到中共十九大精神上来，把力量凝聚到实现中共十九大确定的各项目标任务上来。

松宗镇以高度的政治自觉、有力的政策措施落实意识形态工作的各项任务，成立党委书记为第一责任人，组宣委员为直接责任人的工作领导小组，旗帜鲜明地站在意识形态工作第一线，形成党委统一领导，党政齐抓共管、部门分工负责的意识形态工作格局。领导小组带头抓意识形态工作，定期分析研判意识形态领域情况，对重大事件、重要情况、重要村情民意中的倾向性苗头问题，有针对性地进行引导，做出工作安排，维护意识形态安全。加强对镇党员干部、村党支部成员意识形态工作的教育培训，增强责任意识，提高政治鉴别力，牢牢掌握意识形态的领导权主动权，把意识形态工作同经济工作同安排同部署，纳入年终绩效考核的主要内容，设立微信工作群，不断增强干部职工特别是领导干部的责任意识。全面落实意识形态工作责任制要求，把意识形态工作纳入党建工作责任制，纳入领导班子、领导干部目标管理的重要内容，纳入领导班子成员民主生活会和述职报告的重要内容，坚持意识形态工作原则，全力打好意识形态工作主动战。

【“四讲四爱”主题教育实践活动】 年内，松宗镇按照县“四讲四爱”活动办要求，镇宣讲队和村宣讲员按时保质开展“四讲四爱”各阶段宣讲工作，各宣讲专题先由松宗镇宣讲队到各村、各单位进行宣讲，随后各村、各单位完成该专题的宣讲任务。松宗镇党委结合松宗赛马活动，开展“四讲四爱”专场文艺活动，并在节目中穿插“四讲四爱”宣传内容，切实把“四讲四爱”宣传工作提升到一个高度。2017年，镇党委书记带队，各班子成员组成宣讲组深入各村开展宣讲累计13场次，松宗镇宣讲队、各村、各单位宣讲队平均每月宣讲30余场次、受众1500余人次。

【十九大精神宣讲】 自中共十九大胜利召开以来，松宗镇切实把学习宣传贯彻习近平新时代中国特色社会主义思想和中共十九大精神作为当前和今后一个时期的重要政治任务来抓，领导干部带头学、带头讲，发挥党委政治引领示范作用，干部群众座谈交流谈体会、谈感受，全镇逐步营造浓厚的学习氛围，确保干部群众坚决拥护党的领导，在思想上拥戴核心、政治上信赖核心、组织上忠诚核心、行动上捍卫核心。镇党委和各村党支部及寺庙学校通过升国旗唱国歌、党员重温入党誓词、邀请“三老”人员讲党课、观看新旧西藏对比影片、发放十九大学习笔记本等办法，不断创新宣讲形式，深入学习宣传贯彻中共十九大精神。充分发挥党政领导班子、包村干部、驻村工作队、驻寺干部、小学教师等宣讲队伍作用，盘活用好镇村宣讲团“轻骑兵”力量，合理构建镇村两级网格化宣讲体系。采取集中宣讲和深入田间地头、农户庭院、僧舍学校系统宣讲相结合等方式，全方位、深层次宣传中共十九大精神，确保宣讲工作开展无死角、全覆盖、零遗漏。针对不同的人群，分类施教、因人施策，确保中共十九大精神人尽皆知、入脑入心。面向党员干部，侧重于宣讲习近平新时代中国特色社会主义思想、我国主要矛盾转变等内容；面向农牧民群众，侧重于宣讲共产党人的初心和使命、十九大中提出的土地承包等惠农政策内容；面向寺庙僧尼，侧重于宣讲习近平是党中央的核心、全党的核心及党的民族宗教政策等内容。

【基层党建】 年内，松宗镇深入推进学习型党组织建设，建立和完善党委理论中心组学习计划，结合“两学一做”“四讲四爱”主题教育实践活动认真组织学习，同时结合新形势新任务，及时组织学习党的路线方针政策以及区、市、县重要文件精神，将理论学习与贯彻落实县委、县政府重要工作部署相结合。镇党委中心组还联系实际，积极开展调研，在特色产业发展、小集镇规划建设、基础设施建设等方面形成新的工作思路，推动工作上取得新成效。

松宗镇签订《党风廉政建设目标责任书》。严格落实“两个责任”，强化党委抓党风廉政建设主体责任和纪委监督责任。镇纪委按时组织学习各项违规违纪通报案例，并定期监督检查各村作风建设情况，严肃查处干部作风方面存在的突出问题，2017年共检查35次；镇领导干部严格执行“一岗双责”要求，落实中央八项规定、区党委“约法十章”“九项要求”、县委“五个作为”和中央、区、市、县关于领导干部廉洁自律有关规定，按季度向镇党委做“一岗双责”履职情况汇报。2017年，未发生一起公车私用、公款吃喝事件。

【就业再就业】 年内，松宗镇积极开展就业再就业工作，加大培训力度。组织农牧民群众参加各级组织的有关挖机培训、生态种养殖培训、藏餐培训等，切实提高农牧民群众的生产技能，同时联系镇致富带头人解决部分贫困户的就业问题。2017年，农牧区转移就业培训目标和劳动力转移就业目标均已完成。

【城乡居民养老保险】 为全面做好城乡居民社会养老保险工作，保障全镇群众特别是老年人的基本生活，实现全镇群众人人“老有所养”的目标，经过镇、村干部和驻村工作队的共同努力，2017年，松宗镇共919人参保，完成参保任务的94.3%，总缴费88700元。

【社会救助】 年内，松宗镇全面落实社会救助体系中各项政策措施，扎实做好松宗镇社会救助工作，积极开展扶贫帮困活动，全面推进社救事业发展，促进松宗镇构建和谐社会。在便民服务中心设有民政救助窗口，2017年，医疗救助20人次、临时救助1人次。截至年底，共有残疾人75人。

【防抗救灾】 年内，松宗镇为了加强防灾抗灾救灾能力，专门成立应急领导小组，制定应急方案、预案，加强理论学习，提高干部群众的防抗灾意识和自救能力，及时上报灾情信息，聚集多方力量全力确保松宗镇农牧民群众生命财产安全。2017年，松宗镇组织防灾演练1次，在松宗镇中心小学进行1场地震逃生演练。

【耕地保护】 年内，松宗镇成立耕地保护领导小组、土地确权领导小组，加强领导，落实责任，狠抓管理，较好地完成区、市、县下达的耕地保护目标任务。松宗镇共3个村设有基本农田保护区，树立相应的农田保护牌，根据《土地利用总体规划》《土地开发整理规划》，制定完善《松宗镇基本农田保护制度》，积极开展保护耕地宣传工作。

【林地保护】 年内，松宗镇结合“五个一”活动认真开展“争当生态战士 共建生态家园”主题活动，制定宣传方案，充分发挥专业管护队的作用，加大巡逻检查力度，对于发现的乱砍滥伐现象及时进行制止，并严肃处理，除责令其恢复植被外并处以一定的罚金处罚。同时，扎实稳步推进林权改革各项工作，2017年，镇林权改革已完成前期摸底调查工作，并对格尼村、纳玉村2个村集体防护林进行实地测量。

【草原保护】 年内，松宗镇及时调整充实草原划定领导小组开展基本草原划定工作。主要开展广泛宣传、制定下发《松宗镇开展基本草原划定工作实施方案》、制定完善《松宗镇草原生态保护补奖机制》、划定基本草原、制作各村基本草原划定登记表、绘制各村基本草原地图等工作，切实增强农牧民参与草原生态保护的自觉性、积极性和主动性，提高农牧民保护草原生态的意识。

【生态环保】 为建立健全环境卫生保洁长效管理机制，实现治理与管理并重，全面落实环境综合整治目标，改善城乡人居环境和生态环境，年初，成立松宗镇环境监管网格化领导小组，制定《松宗镇农村人居环境建设工作实施方案》《松宗镇城乡环境综合治理工作实施方案》，镇政府与各村签订《松宗镇环境卫生综合整治目标责任书》，与各施工方签订《松宗镇各施工单位环境保护目标责任书》《水资源管护员目标管理责任书》《林业生态岗位人员目标管理责任书》，与小集镇各店铺签订《城乡环境综合整治门前五包目标责任书》，明确各村支部书记为环境卫生综合整治第一责任人，按月对各村环境卫生进行检查评比打分，公示评比结果，评选环境卫生优秀之星。2017年，着重加强对镇小学和国道沿线村庄的环境整治、管理工作，制定印发《松宗镇治理校园周边环境的实施意见》，并多次组织镇干部在节假日期间清理小集镇垃圾，违规建设砂石厂均已关闭。

【脱贫攻坚】 年内，为全力打赢脱贫攻坚战，松宗镇成立工作领导小组，党委书记任组长，并指定3名扶贫专干。及时召开扶贫专题会议，研究讨论工作进程，签订脱贫目标责任书，层层分工，确保顺利完成精准扶贫工作脱贫任务。松宗镇共有418户2069人，其中建档立卡户91户，372人（低保户29户、134人，五保户7户、7人，一般户55户、231人），占总人口的15.88%。2017年55户218人实现脱贫。

【科教文卫】 科技工作。年内，松宗镇联系县科技局开展农业种植、农业机械、化肥、农药的正确使用以及种植养殖专项培训工作，尤其是对科技特派员的培训，共培训500余人次。松宗镇特别重视各村科技特派员的日常管理培训工作，充分发挥科技特派员的作用，使科技工作稳步提升。

教育体育工作。2017年，松宗镇中心小学在职专任教师18人，本科学历10人，专科学历8人；现有学生总数174人，“三包”生174人。根据《松宗镇控辍保学实施方案》，分别与各学生家长签订“控辍保学”目标责任书，确保适龄儿童的入学率、巩固率，实现所有适龄儿童全部入学；突出抓好校园安全和学生安全管理工作，以创建“平安校园”活动为主题开展安全隐患检查与排查4次，积极推进平安校园、文明校园创建工作，2017年，松宗镇政府拿出10000元，对校园其周边环境进行整治美化。

文化工作。2017年年初，召开松宗镇宣传思想文化工作专题会议，安排部署全年工作重点，设立专项资金，指定2名文化干事负责全镇宣传思想文化工作。2017年，在镇文化服务中心举办3场大型文体活动，同时开放农家书屋，“户户通”实现全覆盖，积极开展“扫黄打非”，发掘民间艺术资源等工作。截至年底，松宗镇各村均组建文艺演出队。

医疗卫生。2017年，松宗镇卫生院已全面落实基本药物制度，积极推进农牧区医疗卫生制度改革，全镇农牧民合作医疗参保率达100%。认真开展免疫规划疫苗接种和疫苗查漏补种工作，免疫规划接种率达100%。镇卫生院和北京专家团免费为群众体检达2069人次，完成免费健康体检100%。镇卫生院2017年门诊人数达2800余人次，其中藏医就医人员达1000余人次，西医就诊人数达1800余人次，住院人数400余人次，新生儿22个。2017年投资125万元建设的卫生院业务门诊大楼，已通过验收并投入使用。同时不断加强医疗卫生宣教预防工作，共发放日常生活健康小知识宣传册2200余份，健康读本10本，受众比例100%，发放犬类驱虫药品345份，认真开展包虫病筛查1499人，疑似病例4起，已及时安排复查等后续相关工作。

【安全生产】 森林防火。年内，松宗镇指定专人分管森防工作，并通过张贴标语、发放宣传册、召开村民大会等方式大力宣传森防工作，建立完善《松宗镇森林防火制度》《松宗镇森林防火工作应急预案》《松宗镇2017年度森林火灾扑火预案》等，与全镇需要入林作业的施工队签订《松宗镇各施工单位森林防火责任书》，严格管理野外用火。成立松宗镇森防突击队，加强对森林防火突击队的理论培训和救火演练。

安全生产监管。成立安全生产领导小组，制定《松宗镇安全生产大检查实施方案》，通过召开大会、组织包村干部深入各村宣传以及张贴安全生产标语等方式进行安全生产宣传，按规定及时与全镇境内施工方签订安全生产目标责任书43份（行政村9份、小集镇个体户26份、施工方8份）。加大安全生产检查力度，在排查中做到镇不漏村、村不漏户、户不漏人，平均每月组织安全生产检查1—2次。同时积极组织学习宣传法律法规，开展“安全生产月”“119”全国消防日“12・2”全国交通安全日等活动。截至年底，未发生人员伤亡等重特大安全生产事故。

消防工作。镇综治办会同镇派出所对小集镇、各行政村不定期进行安全用火、用电和消防器材配备情况检查，在镇中心小学组织消防知识宣传、安全教育，并张贴消防宣传海报和逃生示意图，进行消防演练。签订《消防安全责任书》，定期召开专题会议，定期组织人员进行消防演练，2017年，镇政府共组织消防演练3次，大大提高应对火灾的能力。

道路交通安全。针对2017年松宗镇实施国道整治工程，道路交通问题和矛盾纠纷比较突出，镇政府协同镇派出所对道路交通进行重点管理，深入各村扎实开展交通法规和交通运输安全知识宣传教育，全年未发生重大交通事故。

食品药品安全。为加强食品、药品安全管理，松宗镇及时成立领导小组，并制定工作方案、应急预案等。同时，与小集镇各商铺、松宗镇中心小学签订《食品、药品安全管理责任书》，充分发挥食药信息员作用，定期不定期对松宗镇中心小学、小集镇商店、餐饮等行业进行检查，全年开展检查13次，没收过期商品10多种，价值1000余元，并要求其中部分卫生不达标的饭馆限期整改。2017年，松宗镇荣获波密县食品安全考核一等奖。

【双联户工作】 2017年，松宗镇共组建57个联户单位，推选“双联户”协管员11名，户长57名，评选2017年村级“先进双联户”11个，镇级2个，县级1个，镇级先进集体3个，县级1个，市级平安村居1个，县级平安家庭2个。

【信访工作】 根据2017年年初建立完善的《松宗镇信访工作责任制》《松宗镇2017年信访工作目标责任实施方案》和《党政领导定期接访制度》，松宗镇设立信访接待室。建立信访登记台账，统一制作、规范装订各村信访举报箱，不定期下村查看、收集农牧民群众各项意见建议。为确保村组织换届工作顺利开展，专门制定《松宗镇村组织换届期间信访稳控工作应急预案》。2017年，帮助国家电网藏中联网工程14标段参与2人合同纠纷1起。2017年无越级上访和非正常上访事件发生。

（陈　梅）

【领导名录】

党委书记　吉美才邓（藏族）

党委副书记、镇长

牛海燕（女）

党委委员、人大主席

达嘎巴珠（藏族）

党委副书记　李　辉（3月离职）

松　杰（女，藏族，3月任职）

党委委员、纪委书记

次仁拉宗（女，藏族）

党委委员、政法委员、人武部部长

丹增赤来（藏族）

党委委员、统战委员

德青旺堆（藏族）

党委委员、副镇长

白玛措姆（女，藏族，3月任职）

党委委员、组宣委员

刘 晓 玲（女，3月离职）

武　　义（3月任职）

副　镇　长　次仁卓玛（女，藏族）

古　乡

【概况】 古乡是波密的西大门，318国道贯穿全境，距县城32公里，与波密县的扎木镇、倾多、玉许、易贡等4个乡镇和墨脱县接壤，总面积890平方公里。乡政府所在地海拔2516米。古乡气候温暖湿润，阳光水气充足，是川藏线沿线甚至整个西藏气候条件最为优越的乡。古乡林下资源非常丰富，是波密天麻、灵芝菌等名贵林下资源的主产区；旅游资源得天独厚，古乡被誉为中国最美景观大道精华段中的精华段，有岗云杉林景区、嘎朗湖景区、古乡湖景区。农村经济以农为主，以牧为辅，耕地面积3693.75亩，人均2.44亩，牲畜总数为3960头（只、匹）。农作物以小麦、青稞、玉米、土豆、油菜、蔬菜等为主，牧业以饲养犏奶牛、黄牛、牦牛、藏猪等为主。古乡林下资源非常丰富，是波密天麻、灵芝菌等名贵林下资源的主产区；旅游资源得天独厚，古乡被誉为中国最美景观大道精华段中的精华段，有岗云杉林景区、嘎朗湖景区、古乡湖景区等奇特的自然景观，还拥有西藏历史上著名的嘎朗王朝等历史遗迹，以及被评为2016年中国美丽休闲乡村之特色民俗村—巴卡村和丰富独特的民俗文化资源。

2017年，全乡共有农牧民299户、1408人，共辖6个行政村，乡机关在编干部职工41名，卫生院有医务人员7名，乡完小有教职工16名，派出所干警5名，有寺庙1座。有党支部8个，党员291名（农牧民党员252名）。

【经济发展】 紧紧围绕“242”发展战略，以“农牧业增产，农牧民增收，农牧区稳定”为主要任务，结合区、市、县各级对于农牧民的政策扶持，不断拓宽新农村建设的渠道，有力促进农牧业的快速发展。2017年，古乡农村经济总收入达3555万元，同比增长20%；农牧民人均纯收入达1.75万元，同比增长19%；其中现金收入达1.265万元，同比增长20%。

【基础设施】 新农村建设。2017年，嘎朗村、古村、索通村318及卡倾公路沿线的环境整治项目建设完成，索通小康示范村建设文化广场已完工，投资404万元的扶贫整村推进古村集体农家乐项目基本完工；交通工作。松绕村通村水泥路已顺利开工建设，乔那水泥桥项目完成前期设计工作；农田水利方面。完成索通村农田灌溉延伸项目、索通村柏通自然村人畜饮水水毁恢复工程、松绕村土地改良、农田围栏建设等项目；电力设施建设。小集镇、古村、雪瓦卡、巴卡村均已接入波堆电站的电力网络中，彻底改善在枯水季电力差、电压不稳定的状况；通讯工作。6个村均覆盖手机信号，巴卡、古村等部分家庭旅馆和部分村文化室均架设网络宽带专线；小集镇基础设施建设。已完成建设由援藏投资的小集镇农家乐项目；职工周转房等项目已建设完成并投入使用，乡小集镇建设征地项目、政策宣传等前期准备工作已完成。

【生态建设】 年内，古乡按照市县生态乡村创建工作的部署，积极开展生态创建工作，成立专门的生态创建领导小组，配备办公室和专职人员。2017年，古乡松绕村已成功创建自治区级生态文明村，古乡6个村均为自治区级生态村。林政管理方面，古乡积极同县林业局和法院协调，邀请林业工作人员到古乡进行森防培训，并与各村层层签订责任书，有效制止乱砍滥伐现象发生。督促林业管护队人员在318国道沿线和帕龙藏布江南北两侧实行24小时巡防，尤其进入冬季更是增加巡逻人员，有力保护森林资源和生态资源。

【惠民政策】 年内，古乡加大宣传力度，使惠民政策家喻户晓，采取召开村民现场会、利用宣传栏、张贴标语、发放明白卡和宣传资料等方式，使各项惠民政策家喻户晓。由分管领导亲自抓，各班子成员协助抓，以包村干部和村干部具体落实，明确自身责任，严格执行兑现程序，各村村民监督委员会成员严格履行监督责任，确保各项惠农政策不折不扣落实。各类惠农资金领取到乡以后，都及时发放到位，及早给群众兑现。2017年，全乡发放生态公益林补偿金2389110.18元，草原生态保护奖励机制补助金225893.8元，“三老”人员补贴93180元，村干部工资及补贴315107.95元，其他惠农资金1878160.6元，以上各类惠农资金共计4901452.53元。

【教育工作】 年内，古乡全面实施“科教兴乡”战略，扎实推动教育科技持续发展。进一步巩固并扩大古乡“两基”工作成果，采取主要领导亲自抓，各包村干部、村干部具体抓的举措，切实抓好“控辍保学”工作，小学适龄儿童入学率、巩固率达到100%，初中适龄入学率达100%，巩固率达99%以上。

【医疗卫生】 年内，古乡认真落实基本药物制度，合作医疗覆盖率和个人筹资率达100%，农牧民住院费用和门诊报销比例达到100%；加强医疗业务培训，联合乡卫生院组织6个行政村村医参加培训，共举办2期培训班，培训人数达24人次，使古乡的医务水平得到有效的提升；2017年，安排组织乡卫生院下村巡诊6次，为农牧民群众进行医务巡诊，并广泛宣传妇幼保健、优生优育、卫生保健等知识，提高群众的健康水平；联合派出所、卫生院还有小学，开展食品卫生大检查4次，共没收过期商品种类3种，价值2000多元，全年未发生一起食品安全事故。

【社会保障】 积极引导农牧民群众富余劳动力转移，积极发展特色产业，并向劳务输出、旅游业和交通运输业等方向转移，2017年，共转移劳动力240人，实现收入650余万元。

【文化工作】 年内，古乡加强对非物质文化遗产的保护，丰富群众的日常文化活动。充分挖掘民族文化资源，加大对古村扎西古措、雪瓦卡波卓和波央的扶持力度。购置120套农牧民演出队服装，并邀请县文广局舞蹈队进行授课，强化日常歌舞训练，并引导其在仁青家庭旅馆、青年旅社及县城参与旅游活动，与游客进行节目互动，提高其演出水平。

【发展旅游业】 年内，古乡按照县委、县政府“两产业一平台”的战略部署，以及乡党委提出的“打造两个旅游品牌”的发展战略，认真实施“四点四村一线全动员”的旅游产业发展布局。四点即嘎朗湖景区、桃花沟口景区、岗云杉林景区、古乡湖景区四个景点的开发；四村即重点打造巴卡、嘎朗、古村和雪瓦卡四个旅游示范村，将这四个村打造成为在全市范围内都有一定知名度的旅游名村；一线即积极引导318国道沿线有经济基础、有能力的人民群众发展家庭旅馆；全动员即动员古乡农牧民群众依托旅游业发展的大环境，广泛参与旅游运输、旅游产品销售、文艺演出、住宿餐饮服务等，推动旅游业成为古乡的主导产业。

2017年，乡党委政府多方争取资金，加大对旅游业的投入，通过争取项目资金、贴息扶贫贷款、援藏资金、群众自筹资金等方式，积极鼓励农牧民群众开办家庭旅馆，截至年底，古乡投入使用的家庭旅馆已达46家，古乡旅游业发展势头强硬，古乡群众通过开办家庭旅馆、参与客运服务、出售旅游产品、文艺演出、餐饮服务等创收1293余万元，直接受益群众达120余人，古乡2017年已接待游客65000余人次，旅游业已成为古乡的主导产业。特别是仁青家庭旅馆收入达240多万元，发展成为全县规模最大、设施最齐全、档次最高、收益最高的家庭旅馆。2017年，乡党委、政府已引导巴卡村家庭旅馆成立“波密县古乡巴卡村藏家乐民俗旅游协会”，推动各家庭旅馆开展标准化服务、抱团发展。2017年，古乡推动其他村以带动力强的家庭旅馆为中心，成立家庭旅馆协会，规范旅游市场管理，壮大发展古乡旅游品牌。

【农牧特色产业】 名贵林下资源产品产业。年内，古乡不断规范天麻、松茸、灵芝菌等野生林下资源采集秩序，保持野生资源的可持续利用，鼓励扶持农牧民群众种植天麻。

蔬菜产业。聘请蔬菜种植“土专家”常年与群众共同种植蔬菜，手把手教群众种植技术；通过土地流转方式在雪瓦卡村进行机械化集中种植土豆160余亩。

蜂蜜产业。古乡蜂蜜品牌优势进一步发展壮大，形成以索通为重点，覆盖多个村庄的养殖格局，养殖规模达到4吨左右。

干果、水果产业。乡政府进行土地、气候资源调研和市场分析，并对古乡以李子、桃子为主的水果种植，以花椒、核桃为主的干果种植进行初步规划。

【交通运输业】 利用交通优势和旅游业的发展，年内，古乡支持和鼓励农牧民群众发展交通运输业。2017年，古乡有各类大中型运输车辆143辆，小型车辆119辆。农牧民群众中的车辆拥有率达到70%以上。积极引导古乡群众参与旅游客运服务，在波密至八一的营运车辆中，古乡就有14辆车，全年古乡群众参与旅游客运收入达300余万元。

【安全生产】 古乡作为重要林区之一，地处318国道沿线，乡党委、政府十分重视以道路交通安全、森防、工程领域为主的安全生产工作。在道路交通安全方面，2017年，联合派出所在318国道急转弯及交通事故多发地段设立警示牌2处，设立警示标志牌2处。根据区、市、县关于交通整治工作的部署，加大交通检查，检查各类车辆8000余台次，查处违章车辆20起，批评教育30人。在森林防火方面，调整充实乡森防领导小组，制定完善森林火情应急预案。乡与村、村与户、村与护林员分别层层签订《森林防火目标责任书》，签订率达100%。在工程领域，与乡境内各施工单位层层签订《安全生产目标责任书》，实行安全生产责任追究制，乡综治办人员和派出所干警，定期、不定期对各施工单位、行政村进行安全大排查，确保古乡全年安全生产顺利进行。调整充实乡消防领导小组，制定完善《消防安全应急预案》。乡与村、乡与商户、乡与施工单位分别层层签订《消防安全目标责任书》，签订率达100%。乡领导小组和派出所干警，定期、不定期对各村、各施工单位进行安全大排查，确保古乡全年消防安全。加强组织领导，落实目标责任，及时调整充实防灾减灾领导小组，由主要领导任组长，负责协调解决防灾减灾应急工作的重大问题。完善应急预案，储备防灾救灾物资，加强日常巡逻与值班，畅通信息渠道，确保灾险情能够及时上传下达。

【保密工作】 年内，乡党委政府认真贯彻落实保密工作领导机制，成立保密领导小组，定期召开保密工作专题会议，要求古乡干部签订《保密承诺书》，组织古乡干部学习保密守则和保密制度，对保密人员进行专门的业务培训。同时，加强计算机、存储介质保密管理、消除泄密隐患、确保保密设施、设备到位，责任到人。

【精准扶贫工作】 做到“三个明确”，落实好精准扶贫责任任务。明确每户帮扶责任。年内，古乡按照“四对一”帮扶措施和乡领导包村、干部包户责任，将贫困户的脱贫任务逐一落实到乡班子成员、包村干部、驻村工作队、村干部头上，使每个村的脱贫工作、每个户的脱贫工作都有4名以上的干部具体承担脱贫责任，并将脱贫情况与干部考核、评优挂钩；明确每户脱贫措施。通过深入调研，精准确定每户的国家扶持措施，其中新建家庭旅馆14户、易地产业开发52户、助学19人、医疗救助13人、产业扶持20户、社会兜底9户、易地搬迁安置19户。包村班子成员、驻村工作队、村干部集思广益，根据贫困户自身实际情况为每户制定脱贫方案；明确每户脱贫时限。组织乡班子成员、包村干部、扶贫专干、驻村工作队、各村两委班子成员，对贫困户贫困程度、致富技能等情况进行逐户分析、研究，确定脱贫时限，2017年，古乡共有精准扶贫户59户、229人。全年脱贫39户142人。在具体工作中，帮扶责任干部根据脱贫时限对各村、每户扶贫工作进度进行跟踪、推进，保证如期脱贫。

坚持“三个盯住”，把牢精准扶贫重点难点。盯住古乡重点村。根据各村贫困户基数、贫困程度、脱贫难易度的分析，将嘎朗村、古村、索通3个村列为古乡精准扶贫重点村，由书记、乡长、副书记主抓，安排精干的班子成员、包村干部具体负责；盯住各村难点户。将10户贫困户确定为难点户，由乡主要领导、各驻村工作队队长、各村支部书记包户负责，制定、落实各项扶贫举措，重点跟进各项举措落实情况；盯住各户关键人。对脱贫工作中起关键作用的家庭成员思想认识、劳动技能、知识层次等情况逐一分析，“对症下药”，通过加强思想教育引导、树立脱贫信心、引导参加培训等有效措施带动整个家庭脱贫。

把握“三个结合”，充分调动贫困户的主观能动性。国家扶持与自主创业相结合。在为每户群众准确制定国家扶持措施的同时，确定1—2项自主创业措施。如：依托2017年古乡境内工程项目多的契机，安排39名精准扶贫户的壮劳力积极参与500千伏电网建设等项目，贫困群众通过参与这两项重大项目建设，增收达39万元；脱贫措施与产业优势相结合。依托古乡丰富的旅游资源优势，积极申报建设古村藏家乐、嘎朗村藏家乐等旅游扶贫项目，其中古村集体扶贫项目已建成。引导贫困户子女到仁青等家庭旅馆和县城宾馆、饭店参与旅游服务，由村干部组织贫困户采集天麻、松茸等林下资源增加收入等；结对帮扶与能力提升相结合。结对帮扶的乡村干部、驻村队员在帮资金、出点子、定举措的同时，在能力培养、技能提升上下功夫，引导贫困户解放思想、提升劳动技能，动员17户55人贫困群众报名参加藏餐制作等技术培训。

抓好“三个落实”，确保扶贫政策措施落到实处。落实好每一项政策。对精准扶贫工作的每项政策，乡党委、政府都认真研究分析，确保将每项扶贫政策都不折不扣的、准确的落实到村、落实到户、落实到人，政策性岗位也优先安排精准扶贫户；落实好每一项举措。乡党委、政府对每项精准扶贫举措在落实、督办上狠下功夫，确保责任到位。特别是将索通易地搬迁、精准扶贫户房屋新建两项举措作为重点，由主要领导亲自参与谋划、协调、督办。截至年底，14户建房户中已全部完成；落实好每一笔资金。乡党委、政府专门成立精准扶贫资金管理领导小组，每一笔资金都安排专人负责，确保每一笔资金都用对地方、落到实处，2017年建房户30%的资金已由贫困群众、村干部、驻村工作队长、包村班子成员层层签字后兑现到群众手中，2017学年的助学资金也已全部兑现。

【组织建设】 年内，古乡积极认真抓实“两学一做”学习教育。年内，乡党委按照中央和区党委、市委、县委部署要求，以组织生活会为基本形式，扎实开展“两学一做”学习教育。成立由乡党委书记为组长的领导小组并设立“两学一做”办公室，制订各党支部学习计划、机关支部专题研讨会及观看影视教育片计划，召开两学一做动员部署会议，要求古乡党员深入学习，并做好笔记，成立协调小组和督导小组，督导小组共深入各支部检查6次。2017年，古乡围绕学党章党规、学系列讲话和党的治藏方略共召开专题研讨会5次。

夯实基础抓规范。针对党建工作中一些工作程序简易化、一些基本制度流于形式制约党建工作推动的问题，在研究制定的《中共古乡委员会关于全面贯彻落实从严治党的战略部署推动党建工作规范化科学化水平的意见》基础上，细化抓规范要求。规范乡党委议事决策规则、民主生活会制度、“三会一课”制度等基本制度，极大地推动班子的民主决策、党内组织生活和党建工作的规范化。

强化核心抓班子。根据自治区党委、市委和县委关于村级组织换届的统一部署和安排，在县

换届办的悉心指导下，古乡村级组织换届工作于2017年10月全面完成，选举产生的村级新一届班子成员，多层次实现优势互补

注重质量抓入口。针对近年来新吸纳党员素质参差不齐的问题，根据《中国共产党发展党员工作细则》，严格按照“控制总量、优化结构、提高质量、发挥作用”的总要求，提出并推行“七个不吸纳”原则。严格把关党员发展工作流程，2017年，共发展正式党员7名。

提升素质抓教育。坚持利用召开电视电话会议或其他会议的机会，对各支部书记、村第一支部书记和其他村班子成员进行培训。结合县委、县政府“两产业一平台”的战略部署，充分发挥党支部和党员在产业发展中的战斗堡垒作用和先锋模范作用，建设党员示范田120亩，党员家庭旅馆示范户5家，党员天麻种植示范户5户，使党员在发展产业中得到锻炼。

创新党建载体，抓党建促发展。大力实施“三个培养”工程，2017年，把18名致富能手培养成党员，把23名党员培养成致富能手。继续深化“五星党员”“十星农户”“红旗灯塔创建”“党员干部结对认亲交朋友”“党员示范田”“党员家庭旅馆示范户”等创建活动，总结巴卡村成立家庭旅馆协会建立党支部的经验，抓好在产业链上建立党组织工作。

壮大集体经济，提升服务能力。按照市委、市政府和县委、县政府关于壮大村集体经济的部署要求，将培育各村集体经济作为古乡党建工作的一项重要任务来抓，切实抓好古乡6个村的集体经济建设，提升村“两委”为群众服务的能力。对古乡6个村的资源特点、产业优势进行深入调研分析，依托古乡丰富的旅游资源优势和区、市、县旅游业大发展的大好环境，发展壮大以乡村旅游、城郊农牧业为主的村集体经济。

从严治党抓作风。年内，古乡认真落实乡党委主体责任，深入贯彻落实中央八项规定精神和区党委“约法十章”“九项要求”，持之以恒的反对和纠正“四风”“两问题”“一薄弱”等的问题，认真对待群众来访工作，积极开展下访活动。认真组织干部进行学习各类案例通报，提高干部纪律意识，

落实主体责任，抓作风提效率。认真落实党委主体责任，将党风廉政建设和反腐败工作列入重要工作日程，同部署、同安排、同落实。深入贯彻落实中央“八项规定”、区党委“约法十章”“九项要求”，持之以恒地反对和纠正“四风”“两问题”“一薄弱”，巩固党的群众路线教育实践活动成果，坚持从严管理、制度管人。扎实推进各村“三资”管理常态化、规范化，有效预防微腐败的发生。

强化督查，确保各项措施落到实处。乡党委严格按照《波密县党风廉政建设“两个责任”清单》规定，落实“两个责任”要求，强化党委抓党风廉政建设主体责任和纪委监督责任，积极支持纪委“三转”工作的持续深化；扎实推进惩治和预防腐败体系建设，建成一套完善的日常监督指导体系，坚持每季度对各支部党建工作督查、考核一次，对各村两委班子成员、第一支部书记、驻村工作队、科技特派员、农业技术员、兽医、双联户户长等人员进行考评打分，考核结果与业绩考核工资、“五星党员”“十星农户”“双联户创建”等工作有机结合，切实严格对党员的监督管理，严肃处置不合格党员、违纪党员。

【强基惠民活动】 年内，乡党委高度重视创先争优强基惠民活动，及时调整充实活动领导小组，由乡党委书记担任组长，副书记担任副组长。在第六批驻村工作中，乡党委、政府共安排3名科级干部和9名综合能力强的干部入驻5个村。主要领导经常深入各驻村工作队检查指导工作，认真听取其困难，及时解决。组织各驻村工作队每季度召开工作推进会议，听取各工作队汇报，交流工作经验。积极配合县强基办做好相关工作的安排和落实。各驻村工作队认真落实好“5+2+3”任务，积极配合各村“两委”班子，做好服务群众的工作，为群众排忧解难，化解矛盾，为村理清发展思路，积极争取项目，强化基层组织力量，确保基层的绝对稳定。帮助各村解决村容村貌整治、安全饮水、道

路交通等，受到群众的欢迎。

（卓 玛）

【领导名录】

党委书记 张旋坤
党委副书记、乡长
旦 增（藏族）
党委委员、人大主席
西 洛（女，藏族，3月任职）
党委副书记 吉尼玛（藏族）
党委委员、派出所所长
黄炳勇
党委委员、副乡长
次仁拉姆（女，藏族）
党委委员、副乡长
白 珍（女，藏族，8月任职）
党委委员、纪委书记
常利伟（女）
党委委员、统战委员
樊西豫（女，藏族）
党委委员、政法委员、人武部部长
伍金次仁（藏族）
党委委员、副乡长
刘君勇（3月任职）
党委委员、组宣委员
王国栋（8月任职）
主任科员 扎西卓玛（女，藏族，3月任职）
农牧综合服务中心主任
伟 色（藏族，3月任职）

玉许乡

【概况】 玉许乡，位于波密县西北部，是波密县典型的半农半牧地区，波堆藏布从乡境内流经。有著名的则普冰川、冰碛丘陵等自然景观。乡政府所在地海拔3000米，距县城74公里，全乡总面积约2600平方公里，辖14个行政村，32个自然村，依次为白玉村、林琼村、热西村、玉沙村、棠木村、亚它村、沙仁村、麦差村、扎西岗村、海定村、达拉村、则普村、帮肯村、普热村。2017年，全乡共有农牧民1118户、6085人，总耕地面积23000亩，粮食播种面积15672亩，主要种植青稞、小麦、油菜等。有草场面积870897.6亩。境内野生动植物资源丰富，有獐子、熊、狼、鹦鹉、鹿等野生动物80余种。有树种28科，64属，174种；药材植物品种200余种。

【产业发展】 立足生态旅游活乡，旅游产业欣欣向荣。2017年，玉许乡以生态玉许建设为突破口，大力推进生态旅游业发展，以桃花沟、许木鱼庄、则普冰川、冰碛丘陵、林珠藏布沟等为品牌，通过网络、西藏地理杂志等大力宣传玉许，同时借助黄埔区对口帮扶之际，与区旅游部门合作开发旅游。积极组织群众参与旅游经营，支持和引导农家乐、家庭旅馆、旅游马匹建设，鼓励群众积极参与旅游经营，探索开发玉许乡鸡血藤、奶渣、林下资源等特色旅游产品。2017年，经营旅馆共21家，从业人员28人，实现收入70多万元，人均收入2.5万元。投资200万元的麦差村农家乐和120万元的海定农家乐已建成，麦差村农家乐已营业。

立足特色农牧稳乡，优势产业前景大好。继续狠抓特色农牧业发展。投资80万元，种植核桃树、苹果树、桃树共计702亩，成活率90%以上；投入资金240余万元开展人工饲草项目2800亩；投入资金50万元，新建白玉村奶制品加工厂；投入15万元建立羊肚菌种植大棚和灵芝种植大棚，实现收入10多万元；组织乡特色农牧产品及林下资源产品参加广州国际食品食材博览会，提高知名度。投资320万元的产业示范园区正在建设中。亚它村1000亩经济林木种植及养鸡产业和棠木村100亩集中藏香猪养殖产业正在积极商谈中。

立足藏医藏药利乡，藏医药产业大有可为。依托得天独厚的气候、资源优势，大力发展灵芝、波棱瓜药材种植，积极打造特色藏药材种植加工集散基地。全乡种植灵芝菌210平方米，种植波棱瓜280余亩，建立藏药材种植合作社2家，引领群众发展藏药材规模化、标准化、产业化种植，采取“合作社+农户+基地”发展模式，实行统一购种、统一播种、统一管理、统一收获、统一价格、统一销售，有力促进农业增效、群众增收；乡卫生院完成藏医门诊楼建设、藏医药浴室建设，配备基础藏药及部分藏医器械，实现藏医药全覆盖。

【经济建设】 2017年，全乡农村经济总收入完成11017.2万元，同比增长8.38%；粮油总产量完成5370.5吨，同比增长2.69%；农牧民人均纯收入完成14727.6元，同比增长6.89%。农牧民现金收入完成10738.8元，同比增长11.16%；牲畜存栏27968头（匹），同比增加3.79%。

【城乡建设】 2017年，玉许乡党委、政府紧紧围绕“党建强乡、文化兴乡、生态立乡、产业富乡、惠民稳乡”的发展思路，不断加大基础设施投入力度，扎实稳步推进社会主义新农村建设。乡党委、政府积极沟通协调，创造有利条件，不断加大基础设施建设力度，改善人居环境。积极优化人居环境整治。完善小康示范村和人居环境整治建设工作机制，认真落实乡、村、户三级工作责任制，签订人居环境整治目标责任书14份；深入开展“清洁家园、美丽乡村”人居环境综合整治宣传工作，引导广大农牧民群众参与建设和后期管理；投入资金为全乡729户群众解决每户1000元，共计72.9万元用于庭院整治，为190户困难群众每户解决5000元，共计95万元用于庭院整治。安排人居环境整治项目338万元，用于房屋危房改造、修缮、购置家具，改善居住条件。深入开展环境卫生综合整治工作。成立乡村环境卫生综合整治领导小组，建立村环境卫生综合整治工作机制，按照“乡村道路干净、庭院整治、屋内整齐、个人洁净”四个干净标准，加强领导，落实责任；14个村均设立垃圾处理场和垃圾桶，截至年底，共有垃圾处理场14个，垃圾桶130个；投资800余万元的垃圾填埋场正式运行；在小集镇安排2人专人负责卫生清扫工作；每个村配备环境保洁人员62名。

【项目建设】 2017年，玉许乡依托丰富的水能资源，积极协助上级部门完成玉许乡局域网和农网升级改造，不断改善水电基础设施。投资150万元，新建17公里引水工程；投入20万元，对乡内低压线路进行改造；投资384万元的白玉灌区项目完工并投入使用；扎西岗村、棠木村小型农田重点县建设项目投入使用。投资100万元在广州开发区建设光伏电站，使用年限25年，每年可实现增收20万元。

【基础设施】 2017年，在县委、县政府的亲切关心和上级业务部门的大力支持下，乡村道路交通建设日趋完善，群众出行条件大幅提高。投资3000余万元的则普道路开工建设，投资4000余万元的普拉道路开工建设，投资1000多万元的沙仁村道路开工建设，帮肯村钢架桥改造及道路硬化准备开工。截至年底，全乡14个村水泥硬化道路全覆盖。

【基层组织】 2017年，玉许乡党委下设党支部19个，其中农区党支部14个，机关、事业党支部5个，党员585名（其中农牧民党员515人）；团支部17个，团员267名。年内，乡党委以“抓队伍建设、抓阵地建设、抓示范引导、抓经济发展”为抓手，推进党建工作有序发展。圆满完成2017年村级组织换届工作，配齐配强村级各组织。投入42万元，打造6个党建示范村，规范各项工作制度。14个村村级组织成员任前培训全部完成。

【基层党建】 贯彻从严治党要求，严格落实党建工作责任制。年初，乡党委印发《玉许乡党委、党委书记、党委班子成员、村党支部、党支部书记、党支部第一书记抓党建工作责任清单》，确定2017年党建工作目标任务，乡党委书记同全乡19个党支部书记层层签订党建目标责任书，让全乡各级党组织书记明责知责，形成“书记抓、抓书记，一级抓一级、层层抓落实”的党建工作格局。健全履行责任机制。健全“党政双责一肩挑”履行党建责任机制，乡党委书记负总责全力抓，分管领导和班子成员负全责直接抓，各党支部书记具体负责带头抓。统筹结合抓党建，坚持把抓党建和抓发展有机结合起来，把党的建设置于经济社会发展大局中去谋划，摆在全乡重点工作中去跟进，放到解决人民群众关注的热点问题上去突破，着力创新工作思路、打造工作亮点，切实把党的组织资源转化为发展资源，把党的组织优势转化为发展优势。建立责任考核体系。充分发挥责任制落实考核的导向作用，把党建责任落实情况作为联述联评联考的重要内容，进行全面督查考核评价，并将考核考评结果作为乡班子成员、机关干部和村干部考核评优的重要依据，形成“考核考党建、述职述党建、评议评党建”的专责问责激励约束体系。

抓好五个建设，促进党建工作不断规范化。抓班子建设。抓班子团结和干部团结，认真坚持民主集中制原则，严格按照乡党委议事规则议事，形成了识大体、顾大局、创新作为的党委班子，形成了想干事、能干事、会干事、干成事、不出事的干部队伍；抓思想建设。不断提高党员干部队伍的整体素质。把加强干部思想建设放在重要位置，采取多种形式开展教育活动。2017年，研究生学习2人，专升本6人，参加党校学习及各类培训15人，组织到广州考察交流学习11人，按照玉许乡干部培训挂职交流计划，安排培训挂职学习经费40万元，截至年底，实现干部赴广州黄埔区各街道社区挂职锻炼交流学习全覆盖；抓组织建设。增强党组织的凝聚力和战斗力。做好党建工作，关键是抓好支部建设、带好党员队伍。实施软弱涣散村党支部集中整顿工程，4名乡领导班子“包整”、8名驻村工作队员及第一书记“驻整”、4名党建干部“跟整”和11名村“两委”班子“自整”相结合的工作合力。建立玉许乡党性锻炼服务中心，将乡党建办、便民服务中心、培训室、群众接待室、办公楼三楼办公室等进行整合，统一纳入玉许乡党性锻炼服务中心统筹内部设置、合理分工；抓制度建设。保证党建工作经常化规范化。认真坚持党内民主集中制、党员学习制度、“三会一课”、民主评议党员、“三重一大”决策机制、“四议两公开”“党员固定日”活动、“按月收缴党费”、党组织书记上党课、“两学一做”学习教育常态化制度化等各项规章制度，以党建标准化制度化推进党建规范化科学化，使各项工作得到有效落实。完善考评制度，解决经费1万元对各村党组织工作优秀组织、优秀党务工作者、优秀党员进行表彰；抓作风建设。树立党员良好形象。乡党委及班子成员认真落实抓党建和党风廉政建设“一岗双责”主体责任，做到廉洁自律、公平公正，带头团结担当作为。各村党支部经常性开展党员教育，组织实施党员素质提升工程。利用党性锻炼服务中心对全乡党员开展教育、管理、服务工作，对无法定期参加党组织活动的党员进行“补课”教育，组织党员进行党性“体检”，对警示党员、不合格党员进行集体教育整转，充分发挥党员的先锋模范带头作用。

【脱贫攻坚】 2017年，玉许乡落实“五个转变”。大力推进脱贫攻坚由常规性重点工作向全局性中心工作转变；由精放式面上扶持向精准式到户扶贫转变；由短期性突击增收向长效性稳定增收脱贫转变；由“输血式”扶贫向“造血式”扶贫转变；贫困户由主要依靠帮扶向自力更生转变。

明确“四项要求”。做到全村帮扶。工作力量和工作落实实现全村覆盖，确保整村脱贫、不落一户、不落一人；做到全面帮扶。按照“扶上马、送一程”的要求，举全乡之力，细化各项措施，确保帮扶工作扎实有效；做到全责帮扶。乡党委书记、乡长对全乡脱贫攻坚工作负总责负主体责任，各分管领导对各村脱贫攻坚工作负全责，各驻村工作队、第一书记、包村干部和村班子负直接责任，包户到人。

【教科文卫】 2017年，玉许乡推进科技特派员工作，每个村指定1名干部为本村科技服务员，同时做到每个行政村至少有1名农牧民科技人员，每户有1名科技明白人，村村都有致富带头人。

始终坚持教育优先发展战略，认真落实教育

工作领导责任制，年初乡与村、村与户签订教育工作目标责任书。广泛开展家长和学生思想政治教育工作，突出抓好校园安全和学生安全管理工作，积极推进平安校园、和谐校园、文明校园创建工作。全乡共有2所小学，13个教学班，502名在校生。小学适龄儿童入学率100%、巩固率100%。加强学校党建工作，积极指导学校党支部规范化建设。建立以乡政府、包村干部、驻村工作队、村“两委”班子网格化教育机制展。积极与黄埔区教育局对接，开展帮扶工作。为2所小学解决帮扶资金6万元。

2017年，乡卫生院已全面落实基本药物制度，积极推进农牧区医疗卫生制度改革，合作医疗参合率100%。健全医疗卫生服务体系，开展乡卫生院、村卫生室医务人员轮训14人次；积极开展“两降一升”宣传教育引导工作，普及健康知识，提高人口素质。制定和完善《玉许乡突发公共卫生事件应急预案》，认真开展免疫规划单苗接种和疫苗查漏补种工作，免疫规划接种率达100%。加强食品、药品安全管理，建立健全组织领导机构，乡政府与各村、单位签订《食品药品安全管理责任书》，进一步明确职责和责任人。

积极开展“新农村、新文化”示范村创建活动，加强村文化室管理，充分发挥文化室功能作用，在14个行政村、3个寺庙全部建立农家书屋、寺庙书屋，并配备图书管理员15名；配备农业知识、科技培训、历史、小说等各类图书。在乡政府及14个村建设14个群众文化广场，充分发挥示范带动作用。大力弘扬传统民族文化，以“玉许文化”为品牌，开展“干部文化、群众文化”等建设，成立乡文艺演出队1个，村文艺演出队2个，建立图书室、电子阅览室、健身房、感恩教育室等，并利用这些平台积极组织开展各类活动。2017年，共开展文艺演出15场，不断丰富广大农牧民群众的文化生活。

【社会保障】 2017年，乡党委、政府和各驻村工作队共同协助县人社局、扶贫办，组织农牧民参加种植业、旅游服务、藏式壁画、农用器械维修等技能培训，积极帮助农牧民参与工程建设，同时引导和扶持农牧民开展灵芝、羊肚菌、藏药材波棱瓜等特色种植，增加收入。务工人员达1083人，实现收入980多万元。深入落实党的支农惠农政策，完善补贴办法，健全补贴制度。截至年底，共兑现各类支农惠农资金15394930.74元。

【生态环保】 2017年，为加强农村环境综合整治，乡政府与14个村委会签订《农村环境综合整治责任书》，建立领导机构，明确责任人。加大对小康示范村建设和人居环境整治村建设宣传力度，建立健全小康示范村和人居环境整治村管理工作机制。对交通道路、河道沿线、水源地、垃圾填埋场等地域积极开展环境综合检查，共开展督导检查26次。制定环境整治工作方案，并将每周星期一和星期五为全乡及各村集中开展环境整治日，其他时间安排环境卫生生态岗位，设岗定责开展工作。在乡小集镇聘请2名环卫工作人员，负责小集镇日常卫生维护工作。乡党委、政府高度重视生态乡、村创建工作。成立乡、村两级创建领导小组，明确责任人。充分利用世界环境日、波密县环境整治日，通过悬挂横幅35条、发放宣传材料1500余份等。

【安全生产】 2017年，玉许乡政府狠抓政府监管主体责任和企业安全生产主体责任的落实。调整和完善乡、村安全生产工作机制15项，配备安全生产干事15名。签订安全目标管理责任书31份，签订森林防火目标责任书14份，签订安全生产责任书31份，发放各类安全生产工作宣传单（册）1500余份。安排巡逻车沿路巡逻检查12次，排查各类车辆400余台次，设立各类安全指示牌200余个，发放交通安全宣传单（册）500余份。组织各村负责人和驾驶员集中开展道路交通安全培训2次。开展消防安全检查5次，配备灭火器24个。对辖区各餐馆、旅店、学校食堂等进行检查6次，出动车辆11台次，出动人员50余人次，检查各食品经营个体工商户60余次，销毁过期、假冒商品价值1500余元。

【人民武装】 2017年，组织全乡民兵参与到日常巡逻、森林防火巡查等行动中。多举措施圆满完成2017年夏季征兵工作，3名政治立场坚定的优秀青年应征入伍。

【干部队伍】 2017年，玉许乡开展机关干部、乡直单位干部“强素质、树形象、转作风、敢担当、勇作为”活动，不断增强责任意识，激发队伍活力。结合2017年村级换届及时调整不能胜任工作的村“两委”班子，加大对村干部的问责力度。加强党员教育管理，规范党内政治生活，提高新发展党员质量。强化村干部轮训工作，2017年，乡党委举办四期村干部培训班，培训率达100%，同时组织村干部外出参观学习，增强综合素质，结合村“两委”班子成员分工，开展专题业务培训，确保人人发挥作用。

【思想宣传】 2017年，玉许乡成立乡、村宣讲队15个，共开展系列学习、宣传等64场次，悬挂横幅宣传80次，利用“3·28”西藏百万农奴解放纪念日、自治区成立50周年等纪念日开展群众文化活动14场，在14个村建立14个新旧西藏对比专栏。

【强基惠民】 2017年，玉许乡及时调整充实活动领导小组，完善工作机制。相关负责人到各村检查指导、协调问题20余次，陆续开展“驻村经验交流会”4场次，相互观摩6次，走村入户宣传合作医疗、学习、就业、养老保险等一系列惠民政策累计达6000余次，开展“四讲四爱”主题教育实践活动470余次。通过一系列驻村活动的开展，各村基础设施建设得到加强，群众思想教育得到较大提高，乡村面貌发生根本性改变。

（张宇飞）

【领导名录】

党委书记 王 斌

党委副书记、乡长
索朗次仁（藏族，3月任）

党委委员、人大主席
朗色森格（藏族，3月任）

党委副书记 李振华

党委委员、纪委书记
龙 珍（女，藏族，3月任）

党委委员、人武部长
扎西顿珠（藏族）

党委委员、副乡长
德 吉（女，藏族，5月离任）

党委委员、组织委员
次仁德吉（女，藏族，8月离任）

主任科员 央 珍（女，藏族，3月任）

副乡长 李 杨（6月离任）

副主任科员 郭建明

八盖乡

【概况】 八盖乡地处波密县西北部，东接波密县易贡乡，北与昌都地区边巴县相连，西接那曲地区嘉黎县，南与工布江达县、林芝县接壤。八盖乡属于藏东南温带半湿润高原季风区，全年较湿润，年最高气温22℃，最低气温-5℃，昼夜温差较大，年平均无霜期162天左右。雨季集中在每年4月份到10月份，占全年降水量的90%以上，年平均降雨量1250毫米，年平均蒸发量1437毫米。八盖乡下辖7个行政村（塔鲁村、巴瑞村、卧普村、竹玉村、雄吉村、日卡村、龙普村），共有农牧民242户1318人（其中农业人口209户1102人，半农半牧业人口33户216人）。境内居住有藏、汉等民族。群众主要信仰藏传佛教。乡政府驻地雄吉村，距波密县城193公里，距八一乡236公里，平均海拔2882米，全乡区划面积2101.8平方公里，耕地面积3149.25亩，有效灌溉面积2414亩，旱涝保收670.5亩，草场面积42.13万亩，已利用草场面积40.12万亩。适宜种植小麦、青稞、荞麦、玉米、油菜等农作物和核桃、苹果、桃子等果树。林下资源主要有天麻、松茸、灵芝菌、手掌参、丹参、三七、五味子、猴头菌等；境内野生动植物资源十分丰富，纯种的藏香猪远近闻名。属藏东南温带半湿润高原气候，森林覆盖率为40.7%，整个森林全属原始森林，树种丰富、景色迷人，属波密县最完整、最原始的森林之一。

2017年，八盖乡直机关共有干部职工36人（其中1人借调），乡中心小学有教职工有23人；在校学生108人，适龄儿童入学率100%，巩固率98%。初中在校生70人，毛入学率100%，巩固率96%，乡卫生院有医生5人，拥有床位8张，新型医疗制度参合率达100%。派出所干警2名，辅警2名；7个行政村村“两委”班子均配备齐全，每村配备5名村干部，每村村务监督委员会配备3名村干部。

【三大产业】 第一产业持续发展。2017年，全乡有粮食播种面积为209.97公顷，其中，小麦101.9公顷，青稞99.07公顷，其他作物9公顷；牲畜存栏9967头（匹、只），出栏4483头（匹、只）。积极争取在日卡村抚育林项目，有效改善群众生产环境，为下一步实现增收提供有利条件。第二产业稳步发展。进一步扶持发展雄吉村和塔鲁村粮油加工厂，工厂水电已完成，截至年底，正在招商阶段。第三产业起步稳健。进一步建立和完善农牧民创业工作机制，积极引导八盖乡运输车队，参与运输促进增收，2017年总收入650万元，其中建档立卡户收入达39万元，每户均3万元。积极引导开展劳务输出工作，全年共输出务工人员600人次，实现收入30余万元；依托八盖乡“莲花生大师”瀑布、杜鹃花、原始森林等旅游资源，积极兴办家庭旅馆、藏家乐等。截至年底，八盖乡有家庭旅馆11个，有营业执照的2个，实现旅游收入20余万元；加大农牧民集体经济建设。乡党委政府积极宣传动员，大力鼓励群众参与集体经济发展。截至年底，八盖乡有1个藏香猪养殖集体经济，且运行情况良好。

【经济运行】 2017年，八盖乡各项事业均处于稳步健康的发展状态，社会持续稳定，经济指标再次迈上新台阶，截至年底，八盖乡农村经济总收入达到1846.39万元，同比增长14.94%；粮油产量829.09吨；农牧民纯收入达到10462.97元，同比增长11.2%，现金收入8370.43元，同比增长33.22%，农作物产量829.09吨；牲畜总数9967头，家禽藏鸡485只；商业收入共计36.79万元；运输业650万元。

【优势资源】 八盖乡有树种28科、64属、174种，广泛分布着白桦、紫桦、云彬；药材植物品种200余种，主要出产天麻、松茸、灵芝、手掌参、三七、五味子等。适宜种植的农作物有青稞、小麦、马铃薯、油菜、玉米、荞麦、豌豆等，果树有苹果、桃子、木瓜等。野生动物主要有黑熊、棕熊、獐子、小熊猫，主要牲畜有牦牛、犏牛、马、藏香猪等。此外，易贡藏布自西北向东南纵贯八盖乡全境，水能资源丰富；全乡各村水源充足，主要来自易贡藏布上游各大支流，每村都有饮用和灌溉水源多处。境内冰川广布，雪山连绵，河流纵横，沟谷幽深，森林茂密，野生动物时常出没于公路两旁，且有珍贵树种红豆杉、漫山遍野的野杜鹃花、八盖木锁、乃龙瀑布等一系列旅游景观。

【公路交通】 八盖乡公路于2010年4月建成通车。2017年，八盖乡政府借助国家力量，联合公路养护队，积极组织广大村民筹工筹劳，对路基进行加固，道路扩宽，修建滑坡防护挡墙，对水毁严重路段架设钢架桥，大大增强道路的保通能力，方便群众出行和生产。2017年，自治区交通厅对省道S303进行规划设计，并于2017年10月动工，省道的改造升级，将大力改善八盖乡的出行条件，将大大促进八盖乡的经济发展。

【教育事业】 2017年，八盖乡乡干部督导教学活动组发挥重要作用，乡干部长期协助县中学管理本乡中学生，加强对适龄儿童、初中生入学管理督导，对学生进行学校、家庭、政府、社会四位一体跟踪管理机制，促使全乡教育事业更上一层楼。八盖乡形成“党委重视教育、政府狠抓教育，全乡关注教育”的良好局面，采取说服和处罚相结合的方式，逐步引导农牧民思想开放，形成积极送子女上学的习惯，确保全乡教育事业健康快速发展。截至年底，八盖乡适龄儿童小学入学率达到100%，巩固率达99%，初中入学率达100%，巩固率达99%，教育均衡发展已顺利通过验收。

【文化工作】 2017年，八盖乡加强文化服务站及村文化室管理，按要求配齐文化干事，对图书进行分类、制档、编号，并制定完善图书借阅制度。加强文化遗产保护力度，大力支持农牧民特色文化活动，保持寺庙主体建筑及周围环境原貌。各村组建农牧民演出队，在重大节日期间，开展“民心向党、歌颂党恩”等文体活动13余次，充分展现广大农牧民群众在党的惠民政策下，生产生活发生的巨大变化。

【医疗卫生】 2017年，八盖乡卫生院共有医务人员5人，具备西医和藏医药诊治能力。乡卫生院按照卫生工作要求定时定期安排卫生人员到各村出诊，并组织医务人员进行专业技术培训，年内，八盖乡卫生院参加医务技术培训10人次。同时，定期做好卫生疾病控防治的宣传教育工作，进行疾控卫生防治疫苗接种，年内，八盖乡卫生院下村接种疫苗110次。继续加大新型农村合作医疗的宣传和收缴力度，截至年底，八盖乡新型农合已完成收缴任务，参合率达到100%，有效地解决农牧民就医难、看病贵的问题。八盖乡定期组织乡有关人员进村入户，做好合作医疗工作，为农牧民群众及时报销，并按规定进行公示公开，增加工作透明度。截至年底，全乡合作医疗报销金额为112450.4元。同时，加大科技扶持力度，积极引导农牧民群众参加医务巡诊，加大妇幼保健、优生优育、卫生保健等知识的宣传力度，提高群众的健康水平。

【社会保障】 八盖乡继续巩固农村养老保险工作，巩固民生保障工作，做好全乡养老保险各项工作，安排包村干部深入各村进行资料收集、数据统计，并归纳整理，纳入档册中。2017年，全乡参与养老保险正常缴费的人数为735人。

【新农村建设】 八盖乡紧紧围绕“242”发展战略，以“农牧业增产，农牧民增收，农牧区稳定”为主要任务，利用区、市、县各级对于农牧民的政策扶持为契机，不断拓宽新农村建设的渠道，有力促进农牧业的快速发展。2017年，投资72万元的扶贫家庭旅馆建设项目已投入使用；上级部门投资440万元，用于美丽乡村建设和房屋改造升级；塔鲁村幼儿教学点已经建成，下一步将投入使用。

【生态建设】 年内，八盖乡积极开展植树造林、重点区域造林、退耕还林等工作，组织各村以村“两委”活动场所为重点，开展植绿活动，同时与村、户层层签订耕地保护责任书。深入开展《森林防火条例》《中华人民共和国野生动物保护法》等法律法规的宣传教育活动；积极组织开展清山查山，划分护林责任区，将管护区域明确到村、到户；与村、户层层签订地质灾害防灾减灾目标责任书。

积极开展“环境优美乡”和“生态村”创建活动，2017年，全乡有7个村通过验收并命名；公路沿线行政村每月清理打扫卫生，保持道路整洁。做好草场各项工作，严格控制草场载畜量；按照《波密县开展基本草原划定工作实施方案》，完成全乡7个行政村的基本草原划定工作，定坐标、制图纸。

【安全生产】 年内，乡政府成立安全生产领导小组，与各村签订安全生产目标责任书，与乡派出所、卫生院联合检查食品安全10余次，对于发生的过期、“三无”产品进行集中销毁，截至年底，共销毁2吨的收缴产品；乡政府联合派出所开展道路检查20余次，2017年，全年无重大事故发生。

加强矛盾纠纷排查调处力度，积极稳妥调处当地群众的矛盾纠纷和群众生产生活纠纷多起。充分发挥治安防范领导小组和治安联防大队的联防联动作用，加大重点目标、场所的24小时巡逻和管控力度，严防各种破坏活动发生。有效妥善解决群众热点、难点问题，有效开展信访“大排查、大接访、大调处、大化解”活动，全年未发生越级上访事件。

【精准扶贫】 2017年，八盖乡全面开展贫困家庭的调查摸底，建立贫困家庭档案95户385人，完善扶贫对象动态识别机制，通过项目规划到户、资金扶持到户、产业发展到户、素质提升到人、帮扶责任到人、档案建立到人，确保扶贫到户政策全面落实。为实施分类扶贫、制定帮扶计划和措施、确定扶贫内容、方法、途径和落实各项惠农政策提供可靠依据。组织乡机关、中心小学、卫生院、派出所干部职工帮扶34户低保贫困户。截至年底，八盖乡退出贫困户87户362人。

【党建工作】 抓“两学一做”活动，树立干部形象。2017年，八盖乡按照县委的部署，深入开展“学习党章党规、学系列讲话、做合格党员”的学习教育活动。乡党委按照县委安排，加强党员队伍管理，组织党员干部每月开展2次“两学一做”学习活动，坚持把党员队伍思想建设放在首位，签订《党员不信仰宗教目标责任书》，严明共产党员不得信仰宗教，必须旗帜鲜明的反对达赖集团，加大处置不合格党员力度，保持共产党员的纯洁性。活动开展以来，各驻村工作队、村干部采取多种形式，深入所驻村走访调研、体察民情，排查矛盾和问题，落实党的惠民政策，推进扶贫开发，打赢脱贫攻坚战，并把感情、资金、技术带到基层，帮助所驻村解决实际问题。通过干部下基层调查研究，为群众解决生产生活中遇到的热点难点问题，干部的宗旨意识进一步增强，融洽党群干群关系，树立干部的良好形象。

抓村（居）组织换届，夯实执政基础。根据县委的安排，2017年4月至10月19日村（居）组织换届。此次换届选举过程中，乡里加强对候选人资格审查，严把候选人入口关，通过依法民主、公开选举，把一批政治素质好、廉洁奉公、年富力强、能带领群众致富奔小康的优秀党员选进村领导班子，配强村里领导班子，为各项工作的开展提供强有力的组织保证。

【党的十九大精神宣讲】 2017年，八盖乡按照县委、县政府决策和部署，根据县宣传部统一安排，乡党委将每周五定为理论中心组学习日，组织党员干部深入学习中共十九大、十九届二中、三中全会、第六次西藏工作座谈会精神、习近平新时代中国特色社会主义思想和自治区九次党代会、九届三次全会精神。成立以乡党委书记为团长的宣讲团，带领乡组织委员、组织干事、宣传干事，赴全乡7个行政村以群众通俗易懂的语言和群众喜闻乐见的方式进行宣传，宣讲团开展宣讲活动达50余次，受教育群众2000余人次。以“四讲四爱”群众教育实践活动为抓手，乡强基办定期不定期对全乡7个行政村驻村工作队开展十九大精神宣讲情况进行督导。

【强基惠民活动】 2017年，八盖乡党委、政府高度重视，根据干部人事变动及时调整充实以乡党委书记为组长的强基惠民活动领导小组，研究制定具体工作意见、活动方案，选强配优驻村（居）干部，精心选派17名作风硬、能力强、责任心强的乡干部派驻村（居）开展工作，鼓励年轻干部在基层锻炼成才成长。八盖乡派驻的三个驻村点，其中两点的队长为副科级领导干部担任，为活动的深入开展奠定坚实基础。乡强基办要求各驻村（居）工作队坚持做到身入基层、心入基层、情入基层，工作日程要透明、资金项目要透明、生活学习要透明。

以驻村点为重点，统筹兼顾全乡各个村（居），将加强基层组织建设、密切党群干群关系贯穿始终；将为牧民群众办实事、解难事贯穿始终；将学习、宣教、培训贯穿始终；将维护牧区社会局势稳定贯穿始终，与强基层建设年活动紧密结合。

落实责任上下功夫，在“规定动作”上下功夫，在“自选动作”上下功夫，着力在舆论导向上下功夫，突出解决三个问题，提升四个水平（“为什么下基层”“下基层干什么”“在基层怎么干”，发展能力上水平、基层稳定上水平、干群关系上水平、群众实惠上水平）。四是督导考评严要求，采取日常考核及敏感日强化督查相结合的方式，开展“7+3”工作任务落实情况、经费运行情况、在岗在位情况等专项督查6次。

【人民武装】 2017年，八盖乡坚持把党管武装工作作为加强党的全面建设、关心国防建设，配合县武装部做好夏秋季征兵工作，对符合征兵条件的人员进行逐一排查，思想教育，鼓励参军。支持武装工作，切实把民兵工作放在重要的位置。

（韩梅梅）

【领导名录】

党委书记 尼玛次仁（藏族）

党委副书记、乡长

赵 和 林

党委委员、人大主席

扎西多吉（藏族）

党委副书记

赵 一 冬

党委委员、人武部部长

索 朗（藏族，8月离任）

党委委员、纪委书记

扎西白珍（女，藏族）

党委委员、统战政法委员

米玛德吉（女，藏族）

党委委员、组织委员

措 姆（女，藏族）

党委委员、副乡长

次仁尼玛（藏族）

副 乡 长 扎西旺杰（藏族）

多吉乡

【概况】 多吉藏语意为“金刚”，设立于1989年，位于北纬29° 59'7"，东经96° 5'17"，波密县城东北部，距县城75公里，总面积1384平方公里，平均海拔3600米，乡政府驻地海拔3402米；下辖通参、扩拉、德吉、西巴、达大、帕雄、角落、毛江、木古9个行政村，637户3108人，12个党支部，9个农村党支部，全乡党员369人（农牧民党员331人）；多吉乡有2座寺庙，1座拉康。多吉乡为半农半牧区，是全县乃至全区的牧业大乡。全乡耕地面积7738.6亩，人均2.48亩，农业以种植青稞、小麦、油菜、豌豆、蔬菜等为主；牧业以饲养犏奶牛、牦牛、藏香猪等为主，尤其是犏奶牛养殖为区域特色畜牧业，规模达8240头，特产“多吉酥油”品质优、口感好，颇受青睐，深受市场欢迎；森林覆盖率34.2%，生态公益林管护面积47.97万亩，草场面积49.82万亩，可利用草场47.35万亩。盛产松茸、冬虫夏草、贝母、丹参、羊肚菌、黑蘑菇、藏红花、蕨菜等林下资源；矿产资源有铅矿和锌矿；受国家保护的动物有獐子、狗熊、盘羊、黄鸭等。

2017年，全乡共有干部职工41人，党员24名，平均年龄为27.8岁。行政人员30人，事业编制11人；正科级干部3人，副科级干部6人，科员技术员32人；男性23人，女性18人；研究生2人，本科28人，专科9人，高中2人，其中驻村17名，借调10名。

【经济发展】 2017年，全乡农村经济总收入5734.88万元，同比增长14%。农牧民人均纯收入13762.09元，同比增长14%。其中现金收入9908.71元，同比增长12.6%。截至年底，全乡耕地面积7738.6亩，牲畜总头数16443头（匹、只），其中牛11980头（牦牛3988头、犏奶牛4252头，黄牛3350头、奶牛390头），马436头、猪3977头。

扎实做好备耕春播冬播工作。2017年，在确保农作物春播面积2556亩的基础上，积极发展优质青稞种植，完成优质青稞生产基地建设项目，并在3月完成2200.2亩优质青稞生产基地的良种筹备工作，调运优质青稞良种（“喜拉22号”）46087公斤，调运化肥31.79吨，积造农家肥135吨。

农田水利基本建设。为使多吉乡农业生产水平不断提高，全乡7738.6亩耕地能够得到灌溉，在上级部门的帮助下，已经实现村村通水渠，有效灌溉面积达6578亩，占总面积的85%，由于2017年洪涝灾害，造成多吉乡帕雄村防洪堤受损，乡政府积极组织帕雄村村委会修补受损堤坝，截至年底，已修复完成。

特色农牧业快速发展。加快推进犏奶牛养殖项目，通参村犏奶牛养殖基地建设项目购置优质犏奶牛200头，在1月全部发放到户，犏奶牛每天产奶量高达1公斤，而普通奶牛每天只能产0.5公斤多一点，犏奶牛产的牛奶每10公斤便可以制作0.5公斤酥油，而普通奶牛产的奶则需要15公斤才能制作0.5公斤酥油，所以犏奶牛深受群众欢迎。

土地平整项目持续进行。2017年，投入资金495.9万元的通参、扩拉、德吉、毛江4个行政村高产田建设项目已全部完成建设，投入资金392.64万元，修建土地平整及客土改良2454亩。投入资金103.3279万元，修建农田石砌围墙13030米，已完成总投资的100%。

稳步推进专业合作社项目。通参村酥油加工合作社项目建设已完成80%，筹措资金90.8万元已完成注册登记，截至年底，通参村酥油加工营销农牧民专业合作社注册商标已被国家工商行政管理总局受理。

春季牲畜防疫工作。全乡9个行政村牲畜防疫疫苗已于4月发放完毕，完成注苗11995头，其中牛7988头，猪4007头，注射率达100%，免疫率达100%。

【党的建设】 多吉乡基层党建工作思路简称“123”，即“1”是深入开展“一心向党、一心为民”意识教育活动，主要解决“脑瓜子”要听指挥的思想认识问题；“2”是深入创建“标杆党组织和标兵党员”活动，主要解决“向谁看齐”的示范引领问题；“3”是实施“三个传帮带”工程，主要解决“理论与实践结合”的自觉行动问题。这个工作思路得到市委组织部的充分肯定。

实施“双标”创建工程，活班子强队伍，充分发挥标杆党组织和标兵党员的示范引领作用。制定完善《波密县多吉乡“双标”示范创建实施方案》，根据推动科学发展、维护农村稳定、加强民主管理、抓好班子建设等4个方面内容，细化翔实标杆党支部评选具体内容23项，按照支部推荐提名，乡党委组织党小组会、支部委员会和党员大会研讨、评选和测评程序，及时评选出达大村党支部、学校党支部2个标杆党支部；并建立“红绿灯”预警系统，对标杆党支部给予奖励、宣传和推广；对表现较差党支部予以通报批评，并限期按标进行整改，累计组织集中宣传和推广7次、“取经授业”9次、受教育人数达526余人次。评选标兵党员优队伍。根据服务人民、带领群众、促进乡风文明建设、宣传农牧政策等4个方面，细化翔实标杆党员评选具体内容24项，按照群众推荐、村支部提名、民主评议、党委审议、名单公示递进措施，及时评选出次旦卓玛、央青次仁等19名群众服务能力强、带动本领高、村级建设想法新、政策宣传推广好的标杆党员，在全乡范围内进行奖励、宣传与推广，以实际行动示范带动全乡党员优素质、创先进、争标杆，累计组织标杆党员现身讲课25场（次）、标杆党员间学习交流11次。

【基础教育】 2017年，全乡共有1所中心小学，占地面积14603.01平方米，小学在校学生222人。幼儿园1所，幼儿园在校生20人，截至年底，小学适龄儿童入学率100%，小学在校生巩固率100%，“三包”经费到位率100%。

【文化工作】 多吉乡在2016年、2017年波密县举行的“七一”红歌比赛中取得连续卫冕第一的优异成绩；2017年，筹资30万元建成多吉乡非遗文化展示厅，培养2支非遗文化传承队伍，建成特色民俗文化广场、打造特色文化宣传广角、规范旅游市场管理；全乡共有9个村文化室，各村与寺庙各设置农家书屋1间；乡文化站1栋，一楼为非遗展示厅，二楼为乡图书馆，全乡藏书约上万册，涵盖科技、文化、历史、小说、管理等类别。

【医疗卫生】 2017年，全乡共有1所卫生院，医护人员共4人，村卫生室9个，村医18名。有西医科药品203种、藏医科药品126种，病房3间，病床

12个，急救车1辆。2017年，全乡农牧区免费医疗参保率达100%、个人筹资率达100%。认真开展疾病预防工作，建立健全农牧民个人健康档案。乡卫生院医护人员每月月初深入各村，定期为新生儿、农牧民群众打疫苗，免疫接种率达100%。农牧民健康档案建立率达100%，包虫病筛查率达100%；层层签订责任书，明确落实责任。年内，乡卫生院联合乡政府和派出所在多吉乡范围内的商铺、饭店进行不定期的卫生检查，共检查26次。截至年底，多吉乡未发生一起食品药品安全事故。

【扶贫工作】 多吉乡2016年建档立卡贫困户95户358人，其中精准扶贫易地搬迁11户54人，根据相关文件及贫困户自身脱贫意愿，2016年共脱贫19户80人，2017年新增贫困户4户13人，2017年，剩余建档立卡贫困户75户278人（包括天保搬迁低保户1户5人户口转移，户口迁出2人，户口迁入1人，新生3个，去世3人，出嫁3人，离婚1人），截至年底，多吉乡建档立卡户共94户354人。2017年，全乡安置贫困户生态岗位186个，生态岗位补偿资金每名3000元已全部兑现。

【产业扶持】 2017年，多吉乡按照“宜农则农、宜牧则牧、宜游则游”的要求，产业扶持开商店6户，每户2万元扶持资金用于进购货物，已兑现全部资金的30%；产业扶持农机具购置5户，每户补贴2万元，其中自行购置拖拉机1户，财政统一购置拖拉机2户已完成，购置面包车出租补贴2万元1户；产业扶持养牛3户，已由政府统一购买并发放给贫困户；家庭旅馆建设19户（其中2016年13户，2017年新增6户），每户8万元（主体工程补贴6万元，配套设施补贴2万元），14户（包括2017年新增的1户）已完成建设，其中2016年家庭旅馆建设13户已兑现30%的扶持资金。2016年购置家庭旅馆配套设施39户（包括家庭旅馆建设13户），每户资助2万元，截至2017年底，已全部完成。集体经济农家乐项目建设，主体工程已完成；集体经济粮油加工厂已开工建设。

【社会帮扶】 年内，多吉乡达大村驻村工作队深入开展“四对一”结对帮扶，对有富余劳动力的2家贫困户，帮助他们开餐馆、盖温室，实现稳定增收，对有一定劳动力的1家贫困户，通过解决就业实现增收，其余相对缺乏劳动力的3家贫困户通过购买奶牛、藏香猪等手段扩大养殖规模，实现增收；利用行业优势，对6户扶贫户，申办金融精准扶贫贷款卡，并制定详细的贷款使用方案；通过申请派驻单位的配电设施，改造村民用电设备；邀请林芝市健民医院医疗团队到达大村开展以“健康万里行”为主题的精准扶贫义诊活动，为村民诊断病情和发放价值1万元的药物。

【易地搬迁】 2017年，角落村易地搬迁安置14户，截至年底，14户易地搬迁房屋主体已基本完成；易地搬迁到八一的4户已全部分到安置费。

【教育助学】 2017年，全乡有贫困户大学生4人，高中生2人，截至年底，全乡已完成2017年助学资金兑现26000元。近年来，多吉乡利用“微信平台”“网络平台”和“教育平台”三大信息平台全方位多渠道筹资，引进深圳雷诺表业有限公司等7家单位81位爱心人士筹集善款46.87万元，为多吉乡37个建档立卡户贫困学生购买急需的文具、体育用品、书籍、衣物鞋等，帮助多吉乡改善办学条件，对贫困家庭幼儿特别是留守儿童给予特殊关爱。

【医疗救助】 年内，多吉乡加强与县卫生局沟通协调，为全乡有医疗救助的贫困户进行免费体检，并按病情对贫困户进行市、县、乡三级分类，其大病3人、中一类21人、二类14人、三类25人，自愿放弃治疗的有6人。

【耕地保护】 年内，多吉乡切实加强耕地保护，全面落实耕地保护责任制，落实土地违法责任追究制度，乡、村、户层层签订《耕地保护目标责任书》，明确耕地保有量和基本农田保护面积，达到县委、县政府年初确定的面积。以“地球日”“土地日”等为契机，开展形式多样的土地法律法规的宣传，加大对《中华人民共和国土地管理法》和《基本农田保护条例》的学习和宣传，提高全民保护耕地的法律意识，不断提高人民政府领导依法行政、依法用地和保护耕地的意识和自觉性。年内，无非法侵占或破坏耕地和基本农田情况，无破坏耕地和基本农田情况，无乱签土地协议、乱搭乱建、乱圈乱占行为。

【基础设施】 2017年，全乡9个行政村村级组织活动场所、基础设施配套项目建设已基本完成，基本实现乡村通路、通电、通水、通电视、通邮、通电话，9个行政村均已完成应急避难安置场所布局规划，按照规定设置标识牌以及逃生路线图；除德吉贡通、毛江登普2个自然村外，其余自然村均实现村村通硬化路面；9个村的人畜饮水工程已完成，供水普及率达100%；广播电视“村村通”工程覆盖率达100%；邮政站点覆盖到乡，设立乡级邮政营业所，配备农牧民邮递员，解决“最后一公里”问题；全乡9个行政村早已实现通讯讯号全覆盖，实现乡通宽带，西巴、达大、扩拉、德吉4个村实现村通宽带，其余村正在建设中。

投资720万元的52套干部职工周转房已建成入住；投资550万元多吉乡供水工程已投入使用；8个村10条农田灌溉水渠建设项目已完工；投资112万元卫生院医技楼及附属设施已建成；投资700万元多吉乡中心小学D级危房改造工程已完成，建成幼儿园、教师办公楼及宿舍楼；投资50万元森林管护站已投入使用；投资99万元党政大院整治项目已建设完成；投资8000万元康玉公路角落村（多吉—康玉段）公路建设项目进入收尾阶段、即将竣工；角落村精准扶贫易地搬迁项目已完成总项目的97%；多吉乡人居环境整治工作已全面启动，截至年底，已完成35%；投资750万元帕雄村村道已完工；通参村奶制品加工厂和投资120万元家庭旅馆建设项目已建设完成，等待验收。援藏投资100万元的藏式家庭旅馆连锁店已建成。

【社会保障】 2017年，多吉乡积极组织开展就业再就业和农牧民转移就业培训，培训达180余人次；开展餐饮、旅游、电脑技能、挖掘机等方面技能培训6期，培训人员达208人次，其中贫困群众3人次；成立就业服务队，引导组建“藏式绘画班”“运输服务队”“餐饮宾馆服务组”。广泛宣传五大社会保险，使更多的人了解政策，提高参保意识，逐步扩大社会保险覆盖面，以实现应保尽保目标；扎实做好新农保工作，采取召开专题讲座、张贴标语、发放宣传册、宣传画等多种形式，组织村干部以走村入户的方式，开展新农保政策宣传，入户率达100%，同时为参保人员建档、立柜，便于今后核查，2017年，多吉乡新农保参保率为100%，基本养老金发放率达100%。同时严格按照区、市部署要求，推进农村低保与精准脱贫有效衔接，逐步实现农村低保标准与扶贫标准“两线合一”，将贫困户和贫困对象全部纳入社会保障范围，做到应扶尽扶、应保尽保。加强与县民政局的沟通配合，全面落实好有意愿的五保户、残疾人和孤儿100%集中供养。

（王东东）

【领导名录】

党委书记　陶长能

党委副书记、乡长
　　于云波（藏族）

党委委员、人大主席
　　冯　勇（3月任职）

党委副书记
　　陈　颖

党委委员、派出所所长
　　刘金明

党委委员、统战委员、人武部长
　　陈　银

党委委员、纪委书记
　　次　央（女，藏族）

党委委员、副乡长
　　次仁措姆（女，藏族）

康玉乡

【概况】 康玉乡地处怒江流域，东临昌都八宿县，北接昌都洛隆县，距县城143公里，平均海拔3900余米，全乡下辖通堆、乌那、达曲、宗热、拉瓦西5个行政村以及1座拉康。全乡共计304户1873人，现有党支部6个，其中村级党支部5个，机关党支部1个，党员175人，预备党员5人。2017年，全乡共有24户建档立卡贫困户，共计80人，其中低保户17户，五保户7户。全乡初中生98名，小学生112名，残疾人94人，孤儿3人。乡政府实有干部职工17名，其中党政领导班子9人，干部7人，驾驶员1名。乡卫生院共有医生4人，派出所3人，乡中心小学教师16人（其中生活老师2人，厨师2人，教师12人）。乡境内有拉康1座。康玉乡属于半农半牧地区，耕地3729亩，主要种植小麦、青稞、豌豆以及油菜，粮食作物总产量473.545吨；草场686700亩，牛、马、骡、猪、羊等牲畜9066头，是农牧民生活的保障。

【经济指标】 2017年，全乡农村经济总收入达3699.9万元，同比增长6.49%；人均纯收入12680.4元，同比增长1.04%；人均现金收入7887元，同比增长1.22%。

【特色产业】 年内，宗热村坚持支部引路、党员带路、产业铺路的党建促脱贫思路，以发展“一村一品”、壮大培育新型集体经济为突破口，深入推行“党建+合作社+建档立卡户”的精准扶贫模式，在乡政府、驻村工作队和村“两委”班子的指导帮助下，经过召开村民大会表决通过成立宗热村蔬菜温室大棚村集体经济。宗热村温室大棚蔬菜种植初见成效，种植的有白菜、萝卜、莴笋、菜瓜、西瓜、黄瓜，大小葱等。在满足本村村民全年吃菜需求的基础上，驻村工作队积极联系乡政府、学校进行出售，截至年底，项目总收入达1.18万元（其中除去自身消耗，净收入为0.6万元）。

达曲村坚持支部引路、党员带路、产业铺路的党建促脱贫思路，以发展“一村一品”、壮大培育新型集体经济为突破口，深入推行“党建+合作社/企业+建档立卡户”的精准扶贫模式，于2016年7月在乡政府与市质监局驻村工作队的帮助下，成立昂思拉农牧民商贸有限公司，主要经营日用品批发、零售。公司于2016年8月初正式运营，聘用达曲村贫困户闲置劳动力7名，负责公司日常事务的经营，为贫困户增加就业和经济收入，早日实现脱贫。昂思拉商贸有限公司采取群众集资入股分红的盈利模式，按出资比例进行所得分配，多投多分。2017年3月28日，公司对全村入股村民进行首次分红，公司在短短半年的运营以来创收7.6万元，分红最高达25000元，最低有253元，群众收益达到20%；公司开办以来全乡73户300余名群众入股200万元资金，2017年12月，争取到县委、县政府60万元扶贫资金注入，为全乡24户建档立卡户每户2万元入股昂思拉公司进行分红增收助脱贫，剩余资金用于发展壮大公司。既实现“输血”更实现“造血”功能。

【耕地保护】 2017年，全乡耕地保有量达到3729亩，基本农田保护面积达3551亩，乡政府与各村各户签订《耕地保护责任书》，并成立相应的耕地保护工作领导小组，将责任落实到人，经查，全乡各村2017年无非法侵占或破坏耕地和基本农田情况发生。

【基本草原划定】 年内，按照县农牧局关于草原奖励与保护机制的相关工作规定，成立康玉乡基本草原划定工作领导小组，为落实草原承包责任制和惠农补贴，乡分管领导和部分乡干部通过近半年的努力，完成基本草原划定的相关工作，全乡可利用草场面积686700亩。

【产业发展】 2017年，在县农牧局、国土局和市农牧局驻乌那村工作队的大力协调支持下，康玉乡建设宗热、达曲、通堆农田改造项目及乌那、拉瓦西千亩农田改造项目。为促进经济持续健康增长，2017年乡政府积极探索促进全乡经济快速增长的新的经济增长点，尝试利用农业积累下的经济基础优势，积极促进产业发展，为此引导宗热村群众将9座温室大棚变为村集体所有，以“党建+合作社+农户”、助推精准扶贫、精准脱贫的新模式，探索做好宗热蔬菜、瓜果的种植，逐步积累市场经济发展经验，为推动全乡的农牧产业发展奠定一定的基础，宗热村温室大棚种植的有白菜、萝卜、莴笋、菜瓜、黄瓜、葱等蔬菜，在满足本村群众全年吃蔬菜需求的基础上，驻村工作队积极联系乡政府、乡中心小学等进行出售，出售总量达2075公斤，收入达11000多元。

【教育工作】 学校规模变化明显，师资力量不断增强。2017年，康玉乡有小学1座，有112名学生，小学适龄儿童入学率达99%、巩固率达98%；学校占地总面积25000平方米，其中建筑面积2035平方米。学校配专职教师12名，临聘人员4名，本科学历教师2名，占1/3，大专学历教师10名，占2/3；基础设施日趋完善。建立塑胶足球场、塑胶篮球场，校园绿化、食堂、厕所修建与维护等多项设施，极大改变康玉乡中心小学的环境面貌；走访劝学工作常抓不懈。乡政府全力抓好学生家长的思想工作，增强劝学工作的责任感和紧迫感；抓好宣传工作，普及《中华人民共和国宪法》和《中华人民共和国义务教育法》。建立灵活的反馈机制。实现乡党委政府与教育局、县中学、乡小学、各村委会互通信息，及时了解情况等长效机制，随时掌握学校学生入学情况、辍学情况、学生学习成绩、家庭情况等，为劝学工作提供方便。县教育局、县中学通过微信平台及时通知乡政府，2017年，全乡共劝回学生18余人，出动人力60余人次，劝学成功率达100%。

【文化创建】 3月28日，为发扬体育精神，团结群众，康玉开展第二届康玉乡全民运动会。7月1日，在康玉乡隆重举行“七一”中国共产党建党节的系列活动，采取召开座谈会、重温入党誓词、书法比赛、篮球赛等多种形式活动。

【医疗卫生】 2017年，康玉乡卫生院有4人，其中工勤人员1名，每个行政村均配备2名村医，各类药品、设备相对齐全，药品共计200余种，可以治疗一般疾病，其中藏药76种，西药95种；B超、镜检、常规检查等设备基本齐全，但部分先进设备和医护人员相对缺乏。

2017年，全乡新生儿疫苗接种率达100%，共接受疾病预防群众620余人次，接受治疗群众300余人次，转移重病患20余人次。开展包虫病和大骨节病筛查工作，接受筛查治疗共计2200余人次。

基础设施得到有力保障。药房、医疗室、救助室、藏医门诊和产房得到全面分开和隔离，大大提高农牧民就医治疗环境。投资350余万元的康玉乡医技综合大楼新建项目正在紧张有序的施工当中，建成后将极大提升全乡农牧民就医环境。

【社会保障】 2017年，康玉乡有建档立卡户24户，共计80人，其中五保户7户7人，低保户17户73人，及时足额把五保金、低保金发放至低五保户手中。同时，定期不定期对五保户、低保户、“三老”人员进行慰问。

【精准扶贫】 年内，乡政府深入各村、户开展调研，调动村两委、驻村工作队的力量，采取进村入户、全面查看、仔细核算、认真对比、民主评议、张榜公示、逐级确认七个步骤精准识别扶贫对象，截至年底，最终确定建档立卡贫困户为24户80人。

*产业扶持工作。*宗热村、达曲村以本村实际情况打造以“党建+合作社+农户”、助推精准扶贫、精准脱贫的集体经济发展新模式，截至年底，宗热村温室大棚种植初见成效，达曲村昂司拉农牧民商贸有限公司经营稳定，可带动全乡建档立卡户24户80人脱贫致富。

*庭院整治工作。*拨付96.5万元开展人居环境整治，2017年，危房改造6户群众，已完成6户，旧

房改造5户，已全部完成。17户低保建档户群众，人居环境整治已全部完成。

转移就业安置。康玉乡积极与县相关部门协调优先安置有一定劳动能力的贫困家庭成员担任生态宣传员、护林员、环境监督员等生态就业岗位81个。3月，为81个生态就业岗位人员发放资金243000元，并与每个就业岗位签订责任书。7月12日，为全乡建档立卡户42人兑现2017年度政策性补贴资金共计52290元。

社会帮扶。通过“四对一”帮扶措施，开展结对认亲帮扶活动，2017年，共为困难群众发放物品、慰问金等合计资金达30900元。10月17日，乡政府组织全体干部职工和学校教职工为建档立卡户群众开展献爱心扶贫捐款，共计捐款4000余元，为困难群众添置家庭急需用品。

医疗救助和助学帮扶。6月15日，陕西纵横自驾游服务有限公司、西藏阿玛羌玛酒业、陕西东平建筑公益服务中心、中国平安豫南谌昌强课和林芝汽车摩托车运动俱乐部等5家企业代表为师生捐赠价值4万元的物品，其中包括橡皮2010个、足球5个、篮球5个、跳棋5个、五子棋5个、铅笔2000支、跳绳5个、羽毛球拍5副、羽毛球5桶、作业本2100本、衣服3箱和大米20袋；医疗救助。加强与县卫生局的沟通协调，为全乡有医疗救助的贫困户18人进行免费体检，并按病情对贫困户进行市、县、乡三级分类，一一救助治疗。

政策兜底。2017年，全乡共有五保7户7人，残疾人94人、孤儿3人，同时，积极与县民政局的沟通配合，全面落实好有意愿的五保户、残疾人和孤儿100%集中供养。

脱贫工作。康玉乡根据建档立卡户群众2017年经济收支情况、水电路讯和“三有、三不愁和五享有”等综合情况统计，3户4人未达到脱贫标准，余下25户79名群众达到脱贫标准，并自愿退出。

【生态文明建设】 坚守环保底线，加强生态环境建设。认真做好环保督查迎检工作。年内，成立由乡党委任组长的迎检工作领导小组和以乡党委副书记、乡长任组长的环境督查工作领导小组，配齐、配强办公室工作人员、设备，进一步落实领导责任，并把责任层层分解到各村“两委”、各双联户，把相关责任细化到个人。按照相关规定，制作2013—2017年环境保护工作5套资料；建立环境保护综合督察制度。成立环境保护督察领导小组，重点督察各村和乡直机关部门履行环境保护职责、贯彻执行环境保护法律法规情况，环境保护“党政同责”和“一岗双责”主体责任落实情况。针对环境保护中的突出问题，不定期开展环境保护专项督察，督促及时整改到位；积极加强生态村创建工作。2017年在县环保局的大力指导和帮助下，积极申报生态村创建工作，截至年底，康玉乡通堆村成功申报。

开展辖区内环境卫生综合整治。按照康玉乡环境卫生综合治理实施方案和工作计划，每周五为康玉乡环境卫生清洁日，组织全乡5个行政村村“两委”、党员、双联户户长和农牧民群众，对公路沿线以及河道的周边垃圾，卫生死角进行集中整治清理30余次，清扫和处理垃圾20车。同时加强乡集中居所的清扫保洁，补设垃圾桶，整修好通往垃圾填埋场的道路等环卫设施，制作宣传标语、横幅达100余份，参与人数达2000多人次。

【安全生产】 年内，康玉乡建立“山火家火联防联控”机制，成立农牧区义务森林消防队5支，开展护林员责任培训、森林防火宣传工作5次100余人；层层签订《森林防火目标责任书》，不断加大森林防火力度，定期组织专人检查森防、消防设施，组织森防救火演练2次，完善森防物资储备，年内未发生一起森林火灾；定期、不定期深入林区，进一步加大森林巡逻力度和密度，同时在进出乡道路口设置检查站。逐级签订《安全生产目标责任书》，深化落实安全生产目标责任制。开展“安全生产月”和“安全生产林芝行”活动，深入田间地头开展农机具安全使用宣传16次，年内未发生任何安全生产事故。每月深入辖区各餐馆、娱乐场所、建筑施工工地以及各村进行安全生产宣传1200余人次，发放安全生产宣传单1000余份。年内，组织2次灭火应急疏散演练，归置应急救援储备物资，全年未发生火灾。签订《道路交通安全目标责任书》，联合乡派出所开展道路安全集中整治5次，查处无证驾驶和摩托车无佩戴头盔30起，超员超载6起，批评教育农牧民群众30余人，2017年未出现道路交通安全事故。

【保密工作】 落实各项措施，确保秘密安全。年内，康玉乡严格计算机管理，康玉乡所有办公室都配备计算机，每台电脑均未联网，每台电脑上都安装网络防火墙和360杀毒软件；严格工作U盘管理，乡政府严格对每一个工作U盘进行定期杀毒，并禁止U盘在保密计算机上办公，防止信息外泄；严格文件管理，设立1名专职人员，负责文件的管理和电子文档的管理。具体做好文件资料的收发、分放、整理、归档、销毁等。

【基层组织】 绘好党建蓝图。年内，康玉乡研究制定全年基层党建规划，并以市委组织部“五着力抓党建”工作举措为指引，分领域明确和细化基层党建目标任务、责任主体、推进措施等具体要求，全乡基层党建工作逐步形成“一盘棋”的良好局面。

落实主体责任。乡党委与各支部签订基层党建工作目标责任书，坚持把基层党建工作摆上重要议事日程，将党建工作与发展稳定各项工作同部署、同落实、同考核，有效传导压力、压实责任，让各基层党组织书记牢固树立“抓好党建是本职，不抓党建是失职，抓不好党建是不称职”的正确政绩观。

推进“两学一做”学习教育常态化制度化。制订“两学一做”学习计划，坚持理论联系实际，有目的、有计划的学习理论知识，2017年，全乡共发放各类学习教材、宣传资料2000余份，乡党委带头开展学习讨论13次，各党支部开展专题研讨90余次，党组织书记带头讲党课、开展专题辅导50余场次。其次是开展“户户悬挂国旗、党员佩戴党徽活动”。

抓干部队伍建设。完善《干部周例会制度》《早操制度》《干部工作点评会议制度》《工作日志制度》等，并将周例会制度延伸到村一级，每月开展一次村干部点评工作。

软弱涣散党组织整顿工作。结合2016年末各支部基层党建考核结果，把排名最末的定为后进党组织，逐一分析问题，建立整改台账，明确具体整改内容、整改时限及责任人。后进党组织书记“挂帅”主抓，采取“一问题一对策”和“不转化、不脱钩”办法，限时开展整顿工作。

抓好村“两委”班子换届工作。8月25日，顺利召开村组织换届选举工作动员部署会议、村组织换届选举工作业务培训会议。9月20日，召开村组织换届选举工作部署会，详细部署换届选举工作。9月29—30日，全乡5个村顺利召开村组织换届选举党员大会，完成村支部委员会选举工作，共选出党支部书记5名，副书记5名，支部委员会委员5名。10月7日，召开村民委员会、村务监督委员会、共青团支部书记、妇代会主任选举工作选举大会，完成村民委员会选举工作，选举出新一届村委会主任5名，副主任5名，委员16名，村务监督委员会主任5名，成员10名，共青团支部书记5名，妇代会主任5名。

村两委班子建设情况。加大村干部培训工作力度，在乡里自行举办2期村干部培训班，并积极组织村干部参加市、县两级组织的培训班次，实现村“两委”班子培训全覆盖；进一步深化干部驻村驻寺、虫草采集期间成立临时党支部，发挥基层组织领导作用和党员先锋模范作用，在2017年虫草采集期间共处理10起矛盾纠纷；深入推广“村干部例会制度”“五星党员、十星农户”“优秀共产党员”“优秀党务工作者”创建评选。全乡党员干部、驻村队员共拿出6万余元为24户贫困户开展送温暖等活动。

“四讲四爱”开展情况。及时成立康玉乡“四讲四爱”活动办公室，积极开展宣讲工作。全乡共开展“四讲四爱”群众教育实践活动专题宣讲132场次，受教育群众、学生、僧侣达4938人次；组织各类活动48场次，参与群众1163人次；悬挂横幅10条，LED显示屏1个，宣传栏8张，宣传展板2块，发放宣传手册350册，挂历700张，张贴宣传标语7套，自制宣传标语（单）300余张，电视台播出新闻1条，上报简报信息25期。

党风廉政建设工作。康玉乡严格用制度管权管事管人，健全完善乡政府议事决策制度、明确大额资金使用、重大决策等重要事项的研究决定步骤，全面提升乡领导班子决策科学化、民主化、规范化水平。乡党委政府班子严格遵守中央“八项规定”和区党委“约法十章”“十项要求”，严格执行《波密县公务接待办法》《波密县公车管理试行办法》，细化公车配备使用管理、公车接待等工作，确保“三公”经费支出稳步下降，确保反对“四风”彻底到位。

【强基惠民活动】 2017年，康玉乡1个驻村工作队获得自治区级“优秀工作队”称号、1个驻村工作获得地区级“优秀工作队”称号、1个县级“优秀工作队”，1名驻村工作队队员荣获自治区级“先进个人”荣誉称号、3名工作队队员荣获市级“先进工作队员”荣誉称号、5名工作队队员荣获县级“先进工作队员”荣誉称号。各驻村工作队为民办实事经费花销预计30万元；积极开展送温暖、送祝福慰问活动，累计发放慰问金5.5万元，多次组织农牧民群众开展一系列红歌合唱、锅庄、拔河、田径等文体活动，使“民心向党，歌颂党恩”主题活动真正深入人心。

（陈　亮）

【领导名录】

党委书记　古桑朗杰（藏族）

党委副书记、乡长
　　陈　亮

党委委员、人大主席
　　阿旺索朗（藏族）

党委委员、纪委书记
　　次仁卓嘎（女，藏族，9月离任）

党委委员、宣传委员、人武部长
　　赤列坚参（藏族，9月离任）

党委副书记　刘丙康

党委委员、组织委员
　　索朗扎西（藏族）

党委委员、政法委员
　　央　措（女，藏族）

党委委员、副乡长
　　罗银吉（3月任职）

副乡长　单增洛桑（藏族）

人大专职副主席
　　赤　列（藏族，9月任职）

玉普乡

【概况】 玉普乡位于波密县东南方向，318国道北侧，距县城65公里，地处北纬29°38′，东经96°15′，东邻昌都市八宿县然乌镇，南接察隅县上察隅镇，西毗墨脱县格当乡，北通波密县松宗镇，地理位置颇为重要，是波密县乃至林芝市的东大门。当地气候属高原温暖半湿润气候，夏季凉爽湿润，冬季寒冷干燥，林下资源丰富，其中冬虫夏草、松茸、羊肚菌、贝母等林下资源为全乡农牧民群众收入提供重要途径。全乡以山地地貌为主，平原较少，辖域面积约2000平方公里，下辖6个行政村（达巴、阿西、格巴、宗坝、米美、米堆）17个自然村，共有452户1664人，其中建档立卡贫困户共有71户226人（一般贫困户34户123人；低保贫困户28户92人；五保贫困户9户11人）。截至2017年底，玉普乡共有行政编公务员20人，事业编公务员15人（其中男性16人，女性19人）。2017年，脱贫40户129人，剩余8户15人未脱贫，均控制在各村总人数的3%之内。全乡共有8个党支部，193名党员，其中机关事业单位党员21名，农牧民党员172名。截至年底，全乡耕地面积2429.3亩。

【经济指标】 2017年，玉普乡农村经济总收入完成3402.42万元，同比增长14.12%，其中第一产业经济总收入661.97万元，第二产业经济总收入15.04万元，第三产业经济总收入2725.41万元；粮油总产量完成918.86吨，同比增长1.16%；农牧民人均纯收入15579.36元，同比增长14.36%；其中现金收入10905.55元，同比增长13.64%，牲畜7025头（匹、只）。

【经济建设】 年内，玉普乡认真贯彻落实区、市、县经济工作会议精神，深入贯彻落实县委“两产业一平台”发展战略，乡党委、政府按照“一村一品”发展格局使各项产业发展取得显著突破。米堆村党支部成功走出一条抓党建促旅游发展和农牧民增收致富的新路子，2017年户均收入实现5万元以上；米美村已成功完成非金属矿选址和开发工作，并建立砖厂、组建施工企业，2017年，收入实现30余万元；宗坝村充分利用外部市场条件，组建运输队伍，2017年收入实现20余万元；阿西村积极申请村集体经济项目资金28万元，完成种植苹果树3000余株120亩，并实现年成活率85%以上；格巴村充分利用精准扶贫产业项目资金，于2017年6月建成农产品加工厂；达巴村完成波棱瓜（藏药材）种植12亩，为群众增收8万余元。在玉普乡党委、政府的坚强引领下，在各村“两委”密切配合下，在广大农牧民党员群众的积极参与下，“一村一品”集体经济发展格局初步形成。

【项目建设】 玉普乡党委、政府于2016年申请28万元项目资金用于玉普乡阿西果园各类建设工作，于2017年4月建成阿西果园水渠、管道铺设和围墙等相关配套设施，同月完成种植苹果树和梨树共3500余株，整个项目总面积120亩。总投资60万元修建玉普乡粮油加工厂，地点位于玉普乡格巴村，项目在2017年3月15日开工，于2017年6月15日竣工，整个项目包含加工厂房建设面积200.86平方米及其附属工程（硬化路面152.7平方米、绿化89.3平方米、围墙及大门工程60.5米）。总投资120万元，修建玉普乡农家乐，地点位于玉普乡阿西村，该项目以玉普乡集体经济方式扶持修建，集住宿、餐饮、娱乐于一体，在2017年4月25日开工建设，于2017年10月25日竣工。

【基础设施】 2017年，国家投资1300万元的玉普乡达巴村、格巴村、阿西村、米堆村4个行政村灌溉水渠修建工作灌区项目全部完成，解决农田灌溉难等问题。12月19日，玉普乡6个行政村全部接通移动4G网络。

【基层党组织】 2017年，乡党委理论学习中心组成员先后召开5次专题会议，研究部署“两学一做”常态化建设工作和“四讲四爱”宣传教育工作，并制定切实可行和符合全乡工作实际的实施方案及学习、宣传计划安排表，充分利用“三会一课”、党员固定活动日和党内组织生活会的形式，组织全乡干部职工开展学习讨论，并要求周周有学习笔记、月月有心得体会，不断强化学习的实际效果。在“四讲四爱”宣传教育工作中，乡党委主要领导、乡“四讲四爱”宣讲员和驻村工作队先后深入乡小学、日昂寺和农牧区以通俗易懂的语言和受众喜闻乐见的方式开展宣讲40余次，受众达2000余人次，实现宣讲面全覆盖。

玉普乡党委严格落实党建工作经费和第一书记办实事经费，进一步规范党费收缴制度、党员发展教育制度、“三会一课”制度、“三务公开”制度和“四议两公开”制度，认真履行好党管意识形态工作，积极开展村干部文化素质提升、村干部坐班、在职党员到农牧区服务、党员干部结对认亲交友、“五星党员、十星农户”创建评选活动、党员公开承诺、党员固定活动日和“主题党日”活动等常规党建工作，并在双联户上建立党小组，有效确保党的组织和党的工作“双覆盖”的目标，乡党委先后组织召开党建专题会议6次，及时整改市巡查组、考核组的反馈意见和县委书记朱正辉指出的问题。全年深入各村督查指导党建工作8次，并完成格巴村、米美村党建示范村建设，研究制定米堆村旅游景区党建示范创建方案和对米堆村文化室建设进行选址。

2017年作为村组织换届之年，玉普乡党委在完成摸底调查工作和后备干部推荐工作的基础上，先后组织乡纪委和乡财务负责人等精干力量开展软弱涣散党组织整顿工作、村“两委”干部届末考核工作和村干部离任审计工作，对全乡30

名村干部3年履职工作情况进行全盘掌握，玉普乡严格按照组织要求，经法定程序，圆满完成村组织换届选举工作，其中村党组织换届于9月28—29日召开，大会成功选举产生6个行政村党支部委员会；第九届村民委员会换届、村务监督委员会和其他配套组织选举大会于10月6—7日召开，成功选举产生新一届村组织班子。

玉普乡党委调整充实党风廉政建设责任制领导小组和反腐败工作协调小组，并制定2017年廉政工作计划，把党风廉政建设工作纳入党委、政府日常工作来抓。2017年制定新制度4个、党委书记与班子成员和新选派的第一书记谈话1次，举行党风廉政宣传教育月活动1次，开展学习7次，召开专题会议9次，听取班子成员和纪委汇报各4次，主要领导下村调研指导工作6次，召开“两学一做”专题民主生活会1次，系统剖析干部职工特别是领导干部存在的问题和不足，让“红红脸、出出汗”成为常态；先后召开5次专题会议传达学习党章党规以及各类违纪典型案例的通报精神，召开党风廉政深化建设专题会议4次，党委书记上廉政党课2次，把中央八项规定和区党委“约法十章”“九项要求”作为全乡开展各项工作的戒尺和高压线；乡党政班子成员深入各自分管领域开展监督检查6次，乡党委、纪委联合督查组到乡各部门特别是财务部门及各村“两委”检查资金使用情况及党务政务、财务及村务公开情况开展督导检查4次，有效检查并督促落实各项规章制度，切实让上墙的制度“走出来”并落实到位。

【基层团组织】 年内，玉普乡党委认真落实各级党委的群团工作会议精神，并结合实际制定工作计划，年内召开专题会议1次，听取共青团工作汇报1次，在“五四”青年节、“六一”儿童节、“七一”中国共产党建党节和“十一”国庆节等重要节点开展升国旗、唱国歌、法律进课堂、重温入党誓词等重要活动，有效将基层团组织建设工作引向深入。

【强基惠民活动】 2017年，玉普乡党委、政府紧紧围绕驻村“5+2+3”工作任务，先后组织各驻村工作队召开7次工作会议，听取各驻村工作队长工作汇报4次，乡强基办开展工作督查6次，对于群众反映强烈、驻村工作队立改立办的事项，要求限期整改和办理，并完善队员请假和轮休工作制度，确保在重大节点全员在岗和日常工作2人以上在岗的工作目标。

【保密工作】 玉普乡严格落实保密工作领导机制，由党委书记主抓，严格加强计算机、U盘和涉密文件等保密管理，消除泄密隐患、确保保密设施、设备到位，责任到人，乡政府与涉密人员签订《保密承诺书》，建立保密工作台账，全年共开展保密专题会议2次，领导专项检查7次，2017年玉普乡保密工作良好，未出现任何泄密事件。

【人民武装】 玉普乡武装部设部长1名，武装专职干事1人，武装工作严格贯彻落实上级关于武装力量建设的各项方针政策，完成2017年征兵工作和民兵教育的整组、训练、执勤和巡逻等工作。在部门管理方面，严格按照党管武装的要求，完成对单位武装力量的检查考核。

【耕地保护】 2017年，玉普乡共有耕地面积2429.3亩，年初，玉普乡与各村签订《波密县玉普乡2017年耕地保护目标责任书》，明确责任人、责任单位、考核标准、奖惩措施，进一步加强土地管理，并对目标责任书落实情况进行验收，切实保护耕地，确保实现全乡耕地占补平衡目标，进一步改善农田基础设施条件，全年耕地保护良好。

【基本草原划定】 2017年，玉普乡成立基本草原划定领导小组，严格按照《波密县开展基本草原划定工作实施方案》的文件要求进行划定工作，年底圆满完成草地地块权属界限清晰明确、草地坐标和图件与实际面积一致的工作目标。全年开展6次集体宣讲、召开4次座谈会对村民进行草原保护法律法规的宣传教育，有效提高群众保护林草的自觉性，使全乡41.95万亩草场面积发挥应有的效益。

【科技工作】 2017年，玉普乡开展5次科技培训，积极宣传、指导和引导群众科学种植，以此提高粮食产量；在农牧民技能培训上，共开展挖掘机驾驶员培训15人次，餐饮服务培训20人次，生态岗位培训100余人次；在农业发展方面，及时为农牧民购置化肥、农药和种子等物资。

【教育工作】 全面实施“科教兴乡”战略，扎实推动教育科技持续发展。2017年，玉普乡政府与6个行政村签订《教育工作目标责任书》，采取主要领导亲自抓，各包村干部、村干部具体抓的举措，切实抓好“控辍保学”工作。截至2017年底，玉普乡有1所小学和正在筹建的1所幼儿园，在校生共178名，“三包”生178人，寄宿生143人，义务教育阶段适龄儿童入学率、巩固率达100%。中学在校生67人，毛入学率达100%，巩固率达98.5%。玉普乡党委、政府还开展慰问大学生活动，为2017年新录取的25名大学生献哈达，并发放慰问金共15000元，为全乡教育事业的发展起到促进作用。

【宣传文化】 年内，玉普乡制定民族团结创建活动实施方案，在民族团结教育月和各类节庆活动开展丰富多彩的活动，参与群众达500余人次，米美村被评为县级民族团结模范先进集体；通过积极发挥乡文化站的服务作用，配备4名专职文化干事负责全乡文化建设，2017年，成功举办阿西村赛马节和波卓、波央表演等多场文化娱乐活动，宗坝村糌粑桶加工技艺被评为县级非物质文化遗产。

【卫生食药】 2017年，玉普乡积极推进农牧区医疗卫生制度改革，认真落实基本药物制度，玉普乡参加合作医疗比率达100%，群众能看得起病；新农保参与比率达100%，实现老有所依。在疾病预防方面，玉普乡认真开展疫苗接种工作，接种率达95%以上。食品药品安全方面，玉普乡年初成立食品药品安全工作领导小组，明确职责分工，并与乡卫生院、商店、饭店签订《食品药品安全责任书》，并积极会同乡卫生院，定期与不定期地开展食品药品安全联合专项整治工作，玉普乡全年未发生一起食品药品安全事故。

【社会保障】 玉普乡始终把就业和再就业工作作为社会保障的重要一环，2017年没有出现新登记的失业人员。通过开展波棱瓜种植培训、精准扶贫生态岗位培训等，培训人员达300余人次，农村剩余劳动力转移就业得到有效落实。通过积极开展“低保”和“五保”核查工作，实现应保尽保和集中供养的工作目标，残疾人动态管理目标全面落实，玉普乡救助体系全面建成。全年农牧民参加合作医疗比率达100%，新农保参与比率达100%，参保率和参保缴费人数完成全年既定目标。在养老金发放方面，实现办理存折和未办理存折人员的全覆盖并完成系统录入工作。

【防抗救灾体系】 年内，玉普乡制定《玉普乡2017年地质灾害应急预案》，开展灾情应急演练2次，政策宣传4次，及时上报灾情3次，妥善处置米堆村泥石流灾害2次，及时核查并上报“11.18”地震受灾民房信息。

【生态环境保护】 玉普乡党委、政府高度重视城乡环境综合治理工作，成立专门领导机构，明确职责分工，制定实施方案，建立长效机制。在开展“清洁家园 美丽林芝 波密在行动”百日会战城乡环境卫生综合整治主题活动的基础上，充分调动驻村工作队、村“两委”班子、党员和人大代表的工作力量，主动作为、全力攻坚，重点抓好暴露垃圾、乱搭乱建、乱堆乱放、河道淤塞等现象的集中整治。2017年，全乡共开展环境综合整治工作52次，同时开展农村集中式饮用水水源清理工作15次，有效促进全乡生态文明建设持续开展。

【脱贫攻坚】 2017年，玉普乡在县直各相关单位的大力支持下，乡村两级干部群众立足产业基础和资源优势，紧紧围绕波密县“13934”精准扶贫工作思路，紧扣全面脱贫目标任务，调整充实精准扶贫工作领导小组，多次召开脱贫攻坚专项工作会议，签订《脱贫攻坚责任书》，完善建立驻村工作队派出单位包村、领导包片和驻村工作队到村、第一书记到岗、村干部党员到户的“两包三到”工作机制，形成网格化责任分工模式，逐级压实责任、层层传导压力，确保工作安排部署及时到位。同时，乡党委组织党政班子成员及扶贫办工作人员，深入各村建档立卡户实地了解精准扶贫工作存在的问题，召开专题会议分析研判，明确工作重点和努力方向，有针对性地制定工作计划和措施，逐一攻破工作难题，扎实开展精准扶贫相关工作。结合乡村实际，构建家庭旅馆、养殖、农机具购置、小型商店等4个产业扶贫板块。在乡党委、政府的强有力指导下，全乡已完成2016年所有到户产业及项目，2017年初新建房屋15户，完成15户，完成率100%；2017年启动人居环境整治项目，其中危房改造10户，完成10户，完成率100%；旧房修缮9户，完成9户，完成率100%；家具家电购置13户，完成13户，完成率100%；庭院改造56户，截至年底，已基本完成。截至2017年底，2016年已脱贫的23户82人未返贫；剩余的40户129人达到脱贫标准，已经按期脱贫；8户15人未能脱贫，均控制在本村总人数的3%以内，符合脱贫摘帽政策要求。

【道路交通】 2017年，乡政府联合派出所在318国道流水处及交通事故多发地段设立警示牌2处，设立警示标志牌2处。根据区、市、县关于交通整治工作的部署，联合派出所和玉普一级公安检查站加大交通检查，检查各类车辆8000余台次，对违章车辆进行有效查处。

【普法教育】 年内，玉普乡党委、政府积极成立普法领导小组，对干部群众做好法律教育工作；以3月的综治宣传教育月、6月的综治宣传周和“9·16”平安西藏宣传日为平台，2017年全乡机关干部共开展集体和自学法律知识活动8次，开展群众普法宣传7次，深入推进依法治国各项工作和政府依法行政工作，极大增强全乡干部群众学法、懂法和守法意识。

（邓彪权）

【领导名录】

党委书记　拉巴桑珠（藏族）

党委副书记、乡长
　　邹　谋

党委委员、人大主席
　　次仁顿珠（藏族）

党委副书记、主任科员
　　杨　凡（8月免去党委副书记职务）

主任科员　米　玛（藏族，3月任职）

党委委员、组织委员
　　巴桑布芝（女，藏族）

党委委员、宣传委员、人武部长
　　王晓龙（藏族）

党委委员、副乡长
　　西绕尊珠（女，藏族，5月离任）

党委委员、政法统战委员
　　达娃拉姆（女，藏族，12月离任）

党委委员、纪委书记
　　郭海东（3月任职）

人大专职副主席
　　次仁卓嘎（女，藏族，3月任职）

副乡长　乔德吉（女，藏族，3月任职）

易贡乡

【概况】 易贡乡位于波密县西北方向，临近318国道，坐落于易贡湖畔，距县城所在地136公里。全乡总面积2800平方公里，平均海拔2100米。西接八盖乡，东邻玉许乡。易贡乡下辖5个行政村11个自然村；2017年，易贡乡有7个党支部259名党员（农牧民党员221人），共373户1409人；有桑林寺、成色寺2座寺庙。境内森林密布，河流纵横交错，受印度海洋性季风气候影响，冬无严寒，夏无酷暑，雨量充沛，气候温润。全乡有耕地511.02公顷，草场27560公顷，林地99254.9公顷，属于半农半牧区；以种植青稞、小麦、玉米、荞麦等为主，特色种植有辣椒、油菜、柴胡等，牲畜以牛、猪、马为主。全乡各村基本实现“十通”。

【经济指标】 2017年，易贡乡农村经济总收入4489.64万元，同比增长9.98%，农牧民人均收入19593.33元，同比增长4.45%，人均现金收入14185.56元，同比增长5.69%，粮油总产量1933.06吨（冬小麦222.65吨，玉米741.04吨，青稞91.36吨，荞麦102.66吨，油菜籽718.16吨，其他作物57.19吨），同比减少16.5%，牲畜总头数6402头（牛1928头，猪4051头，马423头），同比增长2.58%。

【公路交通】 通易公路2014年开建，2016年7月完工，投资1.67亿元，长45公里，宽4.5米，覆盖5个行政村。2017年易贡乡11个自然村除巴玉自然村外其余全部通水泥路。组织对通易公路、村道日常养护，及时清除铁山脚下落石，硬化修复部分塌陷路面。组织学习交通安全宣传片，讲解法律法规，提高交通安全意识、确保出行安全。乡综治办、乡派出所组织道路交通安全检查11次，专题讲座3次，强调未成年人、返乡学生假期出行安全。严禁酒驾、无证驾驶、不戴头盔驾驶摩托车，2017年未发生交通安全事件。

【特色产业】 2017年，种植易贡辣椒531.75亩，产量177.53吨，产值213.04万元；油菜种植面积2992.65亩，产量718.16吨。积极协调第一批2000亩茶叶种植精准扶贫项目落地生根，已种植1000余亩，转移剩余劳动力300余人，创造劳务收入180.3万元。引导农牧民群众种植果树，扩宽增收渠道，初步完成190.1亩集体林权确权工作。格通村驻村工作队沟通山西省农科院，引进矮化果树9种429棵，约8.14亩。江拉村协调县农牧局种植车厘子4000棵，180亩。县林业局发放苹果树苗628棵。新发展经济果树、茶叶种植村集体5个，粮油、辣椒加工厂3处。开展藏医药天然资源普查工作，共有野生藏药材10余种，合理采集野生藏药材，有效开发保护藏药材价值，2017年共采集野生天麻189.5公斤、灵芝136.5公斤。易贡藏刀合作社共成员29人，打制藏刀2425把，出售2000把，纯利润75万元。为促进易贡藏刀进一步发展，2017年，投资80万元修建集设计、生产加工、展销一体的藏刀体验馆，截至年底，厂房、办公楼已完工。

【项目建设】 2017年，易贡乡实施贡仲村集体经济种植项目300亩辣椒，实现增收72万元。全年完成危房改造32户（含2016年6户，2017年16户新修；10户维修），投资2800万元组织实施贡仲村35户棚户区改造；协调360万元修建巴玉桥项目，投资64万元完成通麦小集镇人畜饮水工程。投入64万元完成巴玉河清淤4.3万立方米，协调12万元完成巴玉沟人畜饮水工程。实地排查沙贡灌渠塌陷损毁段，联系水利部门及时修复整治。完成环易贡湖生态修复综合治理工程淹没区实物统计登记工作。

【耕地保护】 2017年，易贡乡加大耕地保护宣传力度，建立健全基本农田保护制度，组织373户签订耕地保护责任书，树7块土地基本农田保护牌。严格管理570亩土地流转承包用途。全年易贡乡无非法侵占或破坏耕地及基本农田行为、无乱签土地流转协议、乱搭乱建、乱圈乱占行为。

【基本草原划定】 2017年，易贡乡开展草场定位、测量等工作，做好基本草原划定归档工作。进一步核实数据，确保界线清晰明确，坐标与实地面积一致，图件与实地面积一致，全乡草场27560公顷。

【农村土地制度】 2017年，易贡乡组织5次党委会专题研究土地确权相关事宜。召开土地确权登记颁证动员宣传会，开展土地（耕地）确权政策宣讲5次1200余人次，张贴标语100余条、发放宣传手册500余份，营造出人人参与、村村支持的良好局面，确保全乡土地（耕地）确权登记工作扎实有序开展。截至年底，各村土地（耕地）确权工作处于公示核实阶段，无误后确权颁证。

【技能培训】 2017年，易贡乡组织5个村科技特派员学习果树、天麻种植技术，发挥新分2名专招生园林设计、植物等专业特长，开展技术指导培训工作。组织农牧民群众参加市、县果蔬种植、家畜养殖等培训145人次，帮助解决就业36人次。江拉村餐饮48人参培颁证48张。组织10人到日喀则拉孜藏刀参观学习藏刀的设计、生产、销售、管理过程，加强易贡藏刀与日喀则拉孜藏刀合作；县人社局牵头启动乡基层就业服务平台协调拉萨方圆培训学院对40余人培训20天；县文广局安排2名社员到拉萨培训1月。

【教育工作】 2017年，易贡乡把教育工作列入重要议事日程，大力宣传义务教育均衡发展，层层签订《教育工作目标责任书》。易贡乡中心小学学生入学率100%，巩固率100%，达到义务教育均衡发展各项指标。党政主要领导深入学校检查指导工作，调研教学和支部党建工作，为学校解决5000元环境保护经费，改善教学基础设施，营造良好教育环境。2017年，新建2所幼儿园，预设5个教学班。全面推进易贡乡“平安校园、和谐校园、文明校园”创建工作，进一步增强校园安全工作的责任感、紧迫感。积极营造安全稳定、健康文明、和谐有序的育人环境，共组织地震逃生、消防安全、山洪暴发应急疏散演练2次534人次，开展法制宣传教育13次400余人次，组织4次法制安全教育主题班会。定期不定期组织食品安全监督检查12次，2017年，学校未发生食品安全事故。

【文化创建】 2017年，易贡乡开展“新农村、新文化”示范村创建工作，加强对村文化室的管理使用，充分发挥农家书屋、寺庙书屋的作用，丰富广大群众、寺庙僧尼的精神文化生活。组织200名群众观看波密县喜迎党的十九大暨民族团结文化“三下乡”基层巡演活动。非物质文化传承人、藏刀合作社法人代表西洛上镜中央电视台中文国际频道、七彩林芝和西藏诱惑栏目录制拉嘎藏刀打制工艺，进一步对外宣传易贡。通过加强易贡藏刀、“波卓”非物质文化遗产的保护，有利于易贡乡传承民族文化，积淀文化底蕴。年内，协助自治区文联、宣传部完成对易贡辖区旅游资源、文物资源的普查。

【医疗卫生】 2017年，乡卫生院藏医药由30种增加到80余种，藏医门诊800多人次，理疗70多人次；易贡茶场藏医院投入使用。联系类乌齐利美藏医院为精准扶贫户义诊近200人。宣传优生优育政策，落实农牧民孕产妇全免奖励和生活救助政策。全乡育龄妇女343人，孕产妇24人，新生儿17人，住院分娩率100%，新生儿免疫疫苗接种率100%，儿童基础免疫接种率达90%。认真落实农牧区5户“一孩双女”困难家庭扶助政策、“西藏特殊子女家庭特别扶助制度”，政策落实率100%。建立居民健康档案，全年体检1369人，60岁以上106人，在编僧尼免费健康体检率100%。建立健全慢性病筛查管理制度，高血压124人，糖尿病4人，包虫病筛查可疑病人3人，确诊2人。对发现的5例可疑结核病及时联系县疾控中心。

【社会保障】 2017年，易贡乡新农保、医保参保1386人，投保27720元，参保率100%；内拨入医疗款152292.02元，报销119353.92元，实现基本养老保险覆盖全体职工和适龄城乡居民，基本医疗保险全民覆盖，失业保险、工伤保险、生育保险基本覆盖所有法定群体。建立健全71名持证残疾人数据库，新增精神残疾持证2人。

【支农惠农】 2017年，易贡乡兑现支农资金896.85余万元，其中2016年、2017年草补奖124.02万元，2016年种粮补贴和2017年农资综合补贴资金17.13万元，2016年涉农保险赔偿35.76万元。

【精准扶贫】 2017年，易贡乡召开专题部署推进会10次，层层签订脱贫攻坚目标责任书65份，采取集中宣讲、入户走访、悬挂横幅、张贴宣传标语、发放宣传手册等方式，确保群众在知晓扶贫政策上不走样，注重引导贫困户树立干事创业的信心决心，做好扶贫扶志。组织建档立卡“四对一”帮扶活动，累计定向结对78对、慰问物资10.4万元；兑现产业扶持资金111.8万元，通麦易地产业扶贫项目成功招租，年底收入20.64万元；医疗救助扶持共20人；教育扶持累计23名高中生和23名大学生，兑现扶持资金24.264万元；危房改造新建8户，兑现项目资金14.4万元；人居环境整治扶持8户房屋重建，兑现资金30.5万元；庭院整治50户，兑现资金12.5万元；安排生态岗位163人，兑现资金81.5万元，实现易地就业14人。乡扶贫办跟踪项目落实，动态掌握贫困数据、贫困户满意度，为贫困户进退提供依据。乡党政主要负责人多次走村入户督查，逐户排查“三率一度”，全面掌握人民群众对精准扶贫的满意度，建立健全脱贫攻坚考核机制。乡民政、纪检、财务积极监督政策落实、项目实施资金兑现情况。通过努力易贡乡精准扶贫建档立卡户58户202人，2016年完成脱贫摘帽17户69人，2017年完成39户124人，另有2户9人不脱贫。

【环境整治】 2017年，易贡乡每月1日、15日开展村容村貌大整治，开展棚户区改造、道路硬化，通加小康示范村改造，实施庭院整治和人居环境整治，督导精准扶贫户50户按要求实施庭院整治，实施人畜分离，美化乡村环境，构建宜居的美丽易贡。先期兑现50%的整治启动资金，验收合格后将兑现25万元资金。为各村配备垃圾转运车5辆，垃圾箱体10个。投入生态创建专项经费27700元，集中清理整治通麦小集镇环境卫生。清理境内违规悬挂的经幡、佛塔等宗教象征物8处。制定印发《易贡乡全面推行河长制工作方案》，严格推行“河长制”，将责任落实到人；积极排查15处饮用水源地现状，协调15万元对通麦、加拉、江拉村水源地进行保护。完成巴玉沟人畜饮水工程，从源头上确保广大群众饮用水安全。争取29.2万元整治违规砂场，在全县率先完成9处违规砂场整治工作。全乡新沙场储备、选址、平整工作已完成，将巴玉河清淤砂石作为新砂石场原料合理利用。动用工程机械143台次，投入79410元恢复治理破坏的植被、土地表层，完成河道平整绿化，恢复原有地表面貌，确保生态环境得到有效恢复。

【国土绿化】 2017年，易贡乡坚持“见缝插绿，见空种树”的原则，专题部署推进国土绿化工作，各村签订国土绿化工作目标责任书、生态公益林管护合同。组织党员群众植树造林5100余棵。规范落实申请、审核、登记安居工程。检查公益林管护点及公益林管护队伍尽责情况，切实推动“争当生态战士·共建生态家园”，形成植树造林护林大格局。坚持执法教育并重，严格查处林业违法行为，杜绝乱砍滥伐现象的发生，年内，未发生林政事（案）件。

【防灾减灾】 2017年，易贡乡完善《易贡乡防灾减灾应急预案》，签订《防灾减灾目标责任书》，发放“避险明白卡”400余张，组建防灾减灾应急小队11支，联络员5个，完成5个村11处应急避难安置场所布局规划。贡仲村组建一支拥有130人、各类机械30台的救灾队伍。及时启动应急处置预案，妥善处理巴玉拦河坝和掌龙突发山洪泥石流险情，申请6万元重建掌龙沟木桥。熟悉应急机制应急流程，熟练操作民政救灾仓库各种器械设备，开展帐篷搭建技能大练兵150余人次。积极排查“11·18”灾后房屋受损及时上报相关部门。组织地震、自然灾害防御演练活动3次，加大自救常识宣传，教育引导提高群众防抗灾意识和自救互救能力。完善日常巡逻和重点时间节点巡逻机制，健全巡逻台账。集中组织林业、国土、湿地保护等相关人员参加业务培训2次，上报灾情研判9次。

【安全生产】 2017年，易贡乡层层签订《安全生产目标责任书》，深化落实安全生产目标责任制，强化安全生产各项措施。专项排查全乡线路安全及存在安全隐患，更换不达标电路，开展用电安全知识宣传，引导农牧民群众树立正确的用电习惯，确保农牧民群众用电安全。加大消防安全宣传教育力度，指导各村、乡直机关单位安全生产检查和消防宣传讲解工作。在敏感节点综治办、安委办、乡派出所、卫生院，深入辖区餐馆、娱乐场所、建筑施工场所，排查可燃易燃物使用管理。加强2处幼儿园、巴玉沟钢架桥等施工领域安全监查力度，建立日常监督检查机制，加强对危险源管控力度，确保施工领域整体安全。

【森林防火】 年内，易贡乡重视森防工作，制定《易贡乡森林防火应急预案》，层层签订《森林防火目标责任书》，建立“山火家火联防联控”机制，成立农牧区义务森林消防队11支，开展森林防火宣传，加强防火知识技能培训以及普及林火补救安全知识和紧急避险技能。开展消防、森防实战演练。学习区、市、县相关文件，宣传学习讨论15场843人次，悬挂横幅、张贴标语、宣传画22张（条），营造良好氛围。精心组织讲身边农牧民群众的真实案例，开展警示教育活动7次。2017年，未发生森林火灾。

【人民武装】 2017年，易贡乡党委、政府把人民武装工作纳入政治责任，建立健全制度，明确职责分工，配齐基层武装专职干部，认真贯彻中央关于武装力量建设方针政策，坚决把思想政治建设放在民兵预备役建设的首位来抓，集中训练或日常巡逻时开展国防宣传教育。为纪念建军90周年开辟征兵宣传栏6处、发放标语120余条，各村组织观看《建军大业》《战狼2》，开展唱军歌讲军旅故事活动，动员适龄青年向往军营、保家卫国，为人民武装建设营造良好氛围。

【保密工作】 年内，易贡乡严格落实保密工作领导机制，健全保密工作责任制，加强计算机、存储介质管理，加强机要秘书管理，严格涉密人员签订《保密承诺书》建立健全涉密载体销毁、维修（报废）、借阅等方法流程，建立涉密人员管理台账。组织学习《涉密人员保密管理指南》《关于进一步加强涉密人员保密管理工作的意见》等加强保密两识活动教育5次，召开专题保密会4次。落实每季度小结、每半年保密自查等相关要求，如实登记检查结果，2017年，未发生泄密事件。

【宣传工作】 2017年，易贡乡将意识形态工作纳入重要议事议程，层层签订《意识形态目标责任书》，每半年组织一次意识形态工作专题研究会议；切实履行好意识形态“四个责任”，形成党委书记为意识形态工作第一责任人，分管领导为直接责任人，其他班子成员切实履行“一岗双责”的工作格局。开展“四讲四爱”主题教育实践活动，除集中宣传外，主动进寺庙、学校，深入田间地头开展宣讲100场次受教5021人次。截至年底，培训乡村两级宣讲员24人次，悬挂横幅35幅，张贴海报300张，标语825张，LED滚动播放45条，微信共享“四讲四爱”相关内容120余条，建章立制8条。组织观看十九大开幕式356人次，组织观看视频资料489人次，组织党的十九大精神宣讲15场次1624人次。进一步加强新形势下民族团结工作，把民族理论政策、统一战线等纳入党委理论中心组学习内容。加强民族团结宣传月活动，收集加强民族团结新闻线索4条，宣传报道民族团结典型事例2篇，引导各族党员干部群众牢固树立“三个离不开”思想。

【换届工作】 2017年，易贡乡制定完善村级组织换届工作实施方案，党政主要负责人带队开展走村入户摸底调研工作，党委委员包村联系指导村级换届工作合法有序进行。集中座谈与个别谈话相结合，广泛征求群众代表、驻村工作队、“两代表一委员”意见，谈话1120人次，征集到共性问题6个方面37条意见，研究制定初步人事方案。选优配强新一届村级组织成员41名，新入选

10名，其中女性5名，致富能手9名，技术能手16名，户长8名。组织15人次参与任前培训，推动村干部量化管理，完善村“两委”年度目标任务清单，用好村干部绩效考核机制，激发干事创业激情。开展“老中青”互帮互助活动，深入学习贯彻十九大精神，继续推进村干部文化素质提升工程。

【党建工作】 2017年，易贡乡深入推进“两学一做”学习教育常态化制度化，促进党内生活常态化、规范化。撰写学习心得体会27篇，组织党员干部观看红色电影，警示教育片《将改革进行到底》《榜样2》等专题片15场次，组织讨论观后感42人次，提高党员干部思想觉悟。加强理想信念教育，严格落实“三会一课”制度，严肃党内生活、加强党内监督，引导党员干部树立“四个意识”、时刻保持“四个自信”，严守党的政治纪律政治规矩。注重强班子带队伍建设，着力打造忠诚型、学习型、服务型、实干型、创新型、活力型、团结型、廉洁型党组织。建立健全领导班子谈话谈心制度，组织督查党员领导干部点评党支部、党员活动。组织党员义务劳动，植树造林1600棵，815人次参与清洁家园行动，帮助10户精准扶贫户修建房屋，组织全乡干部32人参加波密县中国共产党建党96周年红歌比赛。参加县“两学一做”知识竞赛，荣获二等奖。组织参与百万农奴纪念日活动、清明缅怀川藏线十英雄、“八一”拥军爱民联欢等活动6次，慰问离世乡干部家属2000元，帮助办理抚恤金相关手续。坚持“三严三实”“四讲四有”标准培养新时期好干部，树立正确选人用人导向，营造良好的政治生态。根据人员变动及时调整设岗定责，确保人人有事做、事事有人管。注重后备干部、选派第一书记培养工作，定期听取工作汇报，组织谈心谈话，随时掌握干部思想动态。提拔1名副科推荐2名后备，调整班子成员4人、开展任前谈话7人次，优先考虑推荐驻寺、驻村、扶贫专干。在“三大节日”及重要节点开展走访慰问“三老”人员活动，机关党支部重阳节慰问4名离退休老干部，特邀老干部出席易贡乡庆“双节”暨喜迎十九大座谈会。在村级组织换届工作中走访征求“三老”人员意见建议，落实好老干部“两项待遇”。撰写老干部、老党员“四讲四爱”先进事迹2篇，树立学习楷模。

认真贯彻落实党要管党，全面从严治党要求，围绕基层党建“七项重点任务”，召开2017年易贡乡党建工作部署会议，确保年初有部署、年中有督查、年末有总结，切实推动党建工作。在上级党委及组织部的指导下，正视存在的问题，严肃限期整改，改进村级组织活动场所和整体推进党建示范点建设。指导完成4个党支部规范化建设，1个正在建设中。统计上报村级组织活动场所标准化建设，首个实施的江拉村已完成选址。沙玛村组织党员投工投劳建成特色党建走廊。推进党建制度化建设，制定完善《易贡乡党支部标准化建设实施方案》，整合党建经费，严格审查经费使用计划，督查项目经费公开公示情况。各党支部党建指导员定期听取支部书记、第一书记汇报党建工作，帮助解决经费、分类指导党建工作。专题研究市委巡察组“两个责任”落实及“三重一大”专项督查中提出的整改意见，积极支持纪委“三转”，督查驻村工作经费、党建经费使用及公示情况。深入贯彻《关于新形势下党内政治生活的若干规定》，完善“三会一课”、民主评议党员制度，严肃党内政治监督，按期组织召开民主生活会和组织生活会。坚持分级分类指导“党员固定活动日”“主题党日”活动，把教学课堂延伸到田间地头，创新载体、丰富性、大众化。引导成立党小组41个，其中联户党小组38个，拉嘎藏刀合作社党小组1个、易贡乡商务运输队党小组2个，推动党组织“两个覆盖”工作。深化创新党员干部结对认亲交朋友活动13次。结合“四讲四爱”活动，深入推进“双星”创建工作，涌现出爱党爱国、民族团结、勤劳致富、技术能手、环境整治等典型人物25名。严把党员“入口关”“程序关”，根据《易贡乡发展党员五年规划（2016—2020）》，细化2017年党员发展计划，坚持党员发展“十六字方针”，原则上不接受学生在村党支部入党，畅通党员退出机制。完成各党支部和党员信息采集工作。加强党员队伍管理，认真执行党费收缴标准。抓好农村党员干部现代化远程教育工作，组织乡村6名管理员参加培训。为便利开展宣传培训工作，联系中国移动逐村排查网络故障，着手更换损坏的硬件设施，加强视频会议设备的维护管理使用。检修全乡4处多媒体设备。严格落实村干部待遇，全面评价合理兑现绩效考核激励资金。认真落实好党内激励帮扶，严格落实党内激励帮扶制度，凸现激励、救助、帮扶作用，促进党员干事创业、解决实际困难。

2017年，易贡乡严格按照《波密县落实党风廉政建设“两个责任”责任清单》规定，健全“党委书记负总责，分管领导具体抓，班子成员齐抓共管，纪委协调督查”的良好格局，层层签订《党风廉政目标责任书》7份，形成一级抓一级，层层抓落实的良好格局。高度重视党风廉政建设和反腐败工作，坚持“纪委书记总负责，支部书记具体抓”的工作原则，与维护社会稳定、社会经济发展同部署、同落实。认真贯彻落实林芝市第22个党风廉政建设宣传教育月活动要求，着力督查“三资”管理、扶贫资金、民政救灾、为民办实事经费监管，向上级纪委报送扶贫政策落实，资金使用、项目管理情况1篇，开展党员干部在脱贫攻坚中履职尽责问责谈话线索2条，加强作风建设。纪委会同财务听取扶贫工作汇报，监督扶贫领域项目资金落实情况，基本解决账目不清、管理混乱等方面问题。选好配强村务监督委员会，加强监督党务村务公开。完成易贡乡党风廉政建设走廊设计。组织党员干部学习“两准则四条例”等党内法规廉洁自律七项规定，中央《党政机关厉行节约反对浪费条例》等规章制度。开展2个专题警示教育120人次，引导党员干部牢固树立防腐拒变的思想防线，着力营造风清气正的良好政治生态。完善“三公”经费管理使用相关规定，制定“三公”经费使用计划，未发生违规发放津贴补贴、收送礼金、公务车辆违规配备使用、大操大办婚丧喜庆事宜收敛钱财、公款旅游、公款吃喝和参与赌博等违规违纪现象。严格执行党务、村务、财务公开，充分发挥村务监督委员会作用，做到“三资”公开透明，规范有序，按要求填写惠农政策及资金“明白卡”群众清楚明白。根据县纪委、市巡察组“两个责任”落实中存在不足限期完成整改，向党委提出党风廉政建设和反腐败的建议和措施3条。在重大节日期间加强中共中央“八项规定”、自治区“约法十章”“九项要求”精神督查力度，严明党员不信教、不参与赌博纪律要求，先后督查公开承诺落实情况7次，发现党员干部参与赌博的行为绝不姑息，对发现的1起违纪行为依规依纪严肃批评教育。督导新一届村级组织换届工作风气，确保换届工作严肃、公正、合规合法，乡党委、纪委对新任41名村干部开展任前廉政谈话。

【党建带团建】 2017年，易贡乡认真贯彻落实中央《关于加强和改进党的群团工作的意见》和中央群团工作会议精神，加强党建带团建工作，创新活动载体，以“五四”青年节、“六一”国际儿童节、“七一”中国共产党建党节、“十一”国庆节为契机，组织开展形式多样内容丰富的文体活动，激发青少年的内在潜力，引导树立核心意识、看齐意识。制定教育帮助闲散青少年工作方案，坚持教育引导，分层分类教育，帮助扶持闲散青少年融入社会。设立“青少年维权岗”，扎实开展法制教育，预防青少年犯罪工作取得一定成效。

【强基惠民活动】 2017年，推进驻村工作顺利开展，工作队紧紧围绕“7+3”项任务开展日常工作。2017年村级组织换届中，密切配合乡党委、政府工作，努力建设一支听党话、感党恩、跟党走、敢担当、会作为、有威望的村干部队伍；充分发挥驻村工作队“传、帮、带”作用，有序组织、合理安排村干部“双语”学习220余次，推进“双育”工程，组织法律、政策、民族团结宣传9场次受教育318人次；召开综治、法制、感恩宣讲大会153场次受教育群众3259人次。结合“四讲四爱”创新“三会一课”形式，将党课送进田间地头，引导党员发挥先锋模范作用。严格落实村级八大组织制度要求，着力打造村级党支部示范点，改善组织活动场所，采用多媒体组织学习宣讲活动。积极促进村集体发展，凝聚人心、帮贫济困。深化结对认亲交朋友活动，帮助解决生产生活困难35件。沙玛村发挥业务优势提供免费医疗服务500余人次，发放药品价值4万元，体检200余人次，联系医疗服务140余人次。认真落实区党委十项维稳措施，建立健全维稳工作机制，完善应急预案、社会治安防控体系、积极开展“三个排查”。畅通信访渠道、科学设置举报箱、严格落实领导接访机制，加大矛盾纠纷调处力度，积极化解各类社会矛盾25件。十九大期间落实包村包户包人，充分利用“双联户”服务管理及网格化管理在巡逻、森防、矛盾纠纷排查等方面发挥积极作用。邀请林芝市妇幼保健院主治医师入村宣讲妇幼保健知识，组织乡卫生院医务人员入村宣讲“两降一升”23场956人次。帮助制定“两降一升”工作制度，跟踪24名孕产妇健康状况，住院分娩100%。组织防电信诈骗宣讲15场465人次。多措并举，动态揭露花样繁多的诈骗手段，不断提高农牧民群众防诈骗、防传销的意识。乡综治办协助派出所追办假驾照诈骗案1起；引导农牧民群众树立良好的环保习惯和意识，每月例行2次的环境卫生整治、管护树苗等纳入村规民约，引导农牧民群众转变为生态战士。

加强对各驻村工作队的管理工作，推动驻村工作走向正轨。建立健全严格落实请销假制度、督导检查制度等，组织专项督导、随机检查28次，发现驻村工作中的问题和困难8条，限时整改。协助解决生活保障用品4万元，坚持向基层倾斜的原则，做到合理分配、最大限度满足各驻村工作队需求。组织驻村工作交流会2次，取长补短，整体推进驻村工作。总结上报驻村故事及约稿，发掘驻村亮点和特色。及时调整因产假、长期病假等不适宜驻村干部。开辟驻村工作宣传栏，利用微信公众平台、美篇等积极宣传驻村亮点和特色、感人故事4篇，点击阅读200余人次。

（张　芸）

【领导名录】

党委书记　陆文刚

党委副书记、乡长

益西江成（藏族）

党委委员、乡人大主席

卓玛拉姆（女，藏族，8月离任）

党委副书记、主任科员

张太荣（8月离任）

党委委员、纪委书记

白玛群措（女，藏族，8月离任）

党委委员、组织委员

贾芳丽（女，8月离任）

党委委员、纪委书记

贾芳丽（女，9月任）

党委委员、统战委员、人武部长

西热江措（藏族）

党委委员、副乡长

邬志强

党委委员、宣传委员

尼　玛（门巴族）

党委委员、副乡长

旦增罗布（藏族，7月任）

副乡长　陈兰兰（女）

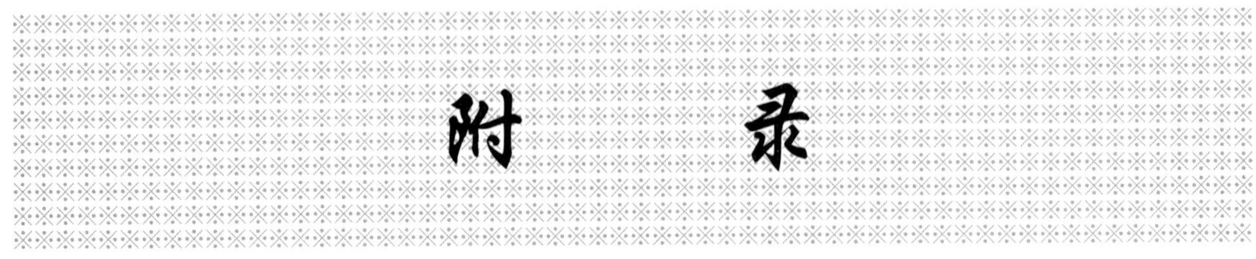

受区（县）级以上表彰的先进集体名录

表 4

获奖单位	获奖名称	表彰时间	授予单位
波密县民间艺术团	第七届全国服务农民、服务基层文化建设先进集体	2018年	中共中央宣传部、文化部、国家新闻出版广电总局
波密县气象局	全国文明单位	2017年	中央文明委
波密县委、波密县政府	平安创建县	2017年	中央综治委
波密县委、波密县政府	长安杯	2017年	中央综治委
波密县委政法委员会	全国综治最高褒奖“长安杯”	2017年	中央综治委
扎木机械化养护队	2017情满旅途先进集体	2017年	交通部
波密县环境保护局	2017年全国环保系统先进集体	2017年	国家环境保护部
波密县工商联	全国“五好”工商业联合会	2017年	中华全国工商业联合会
波密县工商业联合会	全国“五好”工商联	2017年	中华全国工商业联合会
波密县中学	第二批全国中小学中华优秀文化传承学校	2017年	中华人民共和国教育部体育卫生与艺术教育司
波密县中学	第二批全国中小学中华优秀文化传承学校	2017年	中华人民共和国教育部体育卫生与艺术教育司
波密县易贡乡江拉村第六联户单位	自治区“先进双联户”创建评选工作“先进双联户”	2017年	中共西藏自治区委员会、西藏自治区人民政府
玉普乡	全区“先进双联户”创建活动先进乡镇（街道办）	2017年	中共西藏自治区委员会、西藏自治区人民政府
多吉乡曲宗寺	2017年西藏自治区民族团结进步模范集体	2017年	中共西藏自治区委员会、西藏自治区人民政府
自治区林业厅驻八盖乡日卡村工作队	自治区创先争优强基础惠民生活动第六批自治区级先进驻（居）村工作队	2017年	中共西藏自治区委员会、西藏自治区人民政府
自治区发改委驻玉许乡亚它村工作队	自治区创先争优强基础惠民生活动第六批自治区级先进驻（居）村工作队	2017年	中共西藏自治区委员会、西藏自治区人民政府

续表4

获奖单位	获奖名称	表彰时间	授予单位
市政协办驻倾多镇康达村工作队	自治区创先争优强基础惠民生活动第六批自治区级先进驻（居）村工作队	2017年	中共西藏自治区委员会、西藏自治区人民政府
市公安局驻扎木镇扎木村工作队	自治区创先争优强基础惠民生活动第六批自治区级先进驻（居）村工作队	2017年	中共西藏自治区委员会、西藏自治区人民政府
中国人民银行林芝市中心支行驻多吉乡达大村工作队	自治区创先争优强基础惠民生活动第六批自治区级先进驻（居）村工作队	2017年	中共西藏自治区委员会、西藏自治区人民政府
波密县驻古乡嘎朗村工作队	自治区创先争优强基础惠民生活动第六批自治区级先进驻（居）村工作队	2017年	中共西藏自治区委员会、西藏自治区人民政府
波密县驻松宗镇角达村工作队	自治区创先争优强基础惠民生活动第六批自治区级先进驻（居）村工作队	2017年	中共西藏自治区委员会、西藏自治区人民政府
波密县驻玉普乡米美村工作队	自治区创先争优强基础惠民生活动第六批自治区级先进驻（居）村工作队	2017年	中共西藏自治区委员会、西藏自治区人民政府
波密县玉许乡人民政府	自治区创先争优强基础惠民生活动第六批自治区级优秀组织单位	2017年	中共西藏自治区委员会、西藏自治区人民政府
波密县环境保护局	2017年西藏自治区环境保护考核优秀	2017年	西藏自治区人民政府
波密县民政局	爱国拥军模范单位	2017年	西藏自治区双拥工作领导小组、西藏自治区人力资源和社会保障厅、西藏自治区民政厅、西藏军区政治工作部
多吉乡人民政府	2011-2015年全区法制宣传教育先进集体	2017年	西藏自治区党委宣传部、西藏自治区司法厅、西藏自治区普法办
波密县民宗局	《波密县民宗局关于“宗教热”的问题的调研报告》被评为2017年度调研报告三等奖	2018年	西藏自治区民族宗教事务局
波密县民宗局	《提高寺庙自养能力 引导宗教一社会主义社会相适应》被评为2017年度调研报告一等奖	2018年	西藏自治区民族宗教事务局
波密县文化局	书香之县	2017年	西藏自治区广电局
波密县扎木镇	书香之镇	2018年	西藏自治区广电局、西藏自治区全民阅读活动领导小组
波密县扎木镇巴琼村	书香之村	2018年	西藏自治区广电局、西藏自治区全民阅读活动领导小组
波密县残疾人联合会	信息报送工作先进集体	2017年	西藏自治区残疾人联合会
林芝市支队二大队五中队	先进标兵中队	2017年	中国人民武装警察部队西藏总队
林芝市支队二大队五中队	集体三等功	2017年	中国人民武装警察部队西藏总队
林芝市支队二大队五中队	先进党支部	2017年	中共武警西藏总队委员会
波密县公安局刑事侦查大队	全区优秀公安基层单位	2017年	西藏自治区公安厅

续表4

获奖单位	获奖名称	表彰时间	授予单位
波密县公安局刑事侦查大队	全区优秀公安基层单位	2017年	西藏自治区公安厅
西藏波密监狱	西藏自治区司法厅系统先进基层团组织	2017年	西藏自治区司法厅
西藏波密监狱卫生所	集体三等功	2018年	西藏自治区司法厅
西藏波密监狱狱政科	集体嘉奖	2018年	西藏自治区监狱管理局
西藏波密监狱生活卫生科	2017年度全区监狱生活卫生工作先进集体；	2018年	西藏自治区监狱管理局
波密县公安局波茂广场便民警务站	西藏自治区文明便民警务站	2017年	西藏自治区精神文明建设指导委员会办公室、西藏自治区公安厅
波密县工商局	全区工商系统2016年度民族团结进步模范集体	2017年	中共西藏自治区工商行政管理局委员会
波密县民政局	爱国拥军模范单位	2017年	西藏自治区双拥工作领导小组、西藏自治区民政厅、西藏军区政治部
波密县粮食局	西藏自治区2017年度储备粮管理先进代储单位	2018年	西藏自治区粮食局
波密县推广站	“十二五”期间全区农科教工作先进集体	2017年	西藏自治区农牧厅
波密县森林公安局	集体三等功	2017年	西藏自治区林业厅森林公安局
波密县互联网信息办公室	西藏自治区舆情信息先进单位	2017年	西藏自治区党委网信办
农行波密县支行	2017年“春天行动”对公业务营销奖	2017年	中国农业银行西藏自治区分行
农行波密县支行	2017年“激情仲夏”对公业务营销奖	2017年	中国农业银行西藏自治区分行
农行波密县支行信贷客户部	巾帼标兵岗	2017年	中国农业银行西藏自治区分行
波密县民宗局	民族团结进步奖	2017年	林芝市委、市政府
波密县扎木镇岗巴村	林芝市级平安村（居）	2018年	林芝市委、市政府
波密县扎木镇桑登村	林芝市“先进双联户”创建评选工作先进村（居）	2017年	林芝市委、市政府
玉普乡	平安乡镇（街道）	2017年	林芝市委、市政府
玉普乡	林芝市“先进双联户”创建活动先进乡镇（街道办）	2017年	林芝市委、市政府
八盖乡	平安乡镇（街道）	2017年	林芝市委、市政府
八盖乡雄吉村	平安村（居）	2017年	林芝市委、市政府
玉许乡	林芝市平安乡镇（街道）	2017年	林芝市委、市政府
易贡乡桑林寺	和谐模范寺庙	2017年	林芝市委、市政府

续表4

获奖单位	获奖名称	表彰时间	授予单位
易贡乡桑林寺管理委员会	2017年下半年林芝市先进寺管会	2017年	林芝市委、市政府
易贡乡通加村	林芝市“先进双联户”创建评选工作先进村	2017年	林芝市委、市政府
易贡乡江拉村第六联户单位	林芝市“先进双联户”创建评选工作“先进双联户”	2017年	林芝市委、市政府
波密县民宗局	2017年林芝市民族团结进步模范集体	2018年	林芝市委、市政府
波密县总工会	平安单位	2017年	林芝市委、市政府
波密县税务局	2017年林芝市市级平安创建先进单位	2018年	林芝市委、市政府
波密县民政局	平安单位	2017年	林芝市委、市政府
波密县文广局	平安单位	2017年	林芝市委、市政府
波密县水利局	平安单位	2017年	林芝市委、市政府
八盖乡	平安乡镇（街道）	2017年	林芝市委、市政府
雄吉村	平安村（居）	2017年	林芝市委、市政府
多吉乡达大村	林芝市平安村（居）	2017年	林芝市委、市政府
多吉乡木古村	林芝市平安村（居）	2017年	林芝市委、市政府
多吉乡曲宗寺	林芝市平安寺庙	2017年	林芝市委、市政府
多吉乡曲宗寺寺管会	2017年上半年林芝市先进寺庙管理委员会	2017年	林芝市委、市政府
玉普乡	平安乡镇	2017年	林芝市委、市政府
玉普乡	林芝市“先进双联户”创建活动先进乡镇（街道办）	2017年	林芝市委、市政府
玉许乡人民政府	林芝市先进平安乡（镇）	2017年	林芝市委、市政府
市检察院驻倾多镇巴康村工作队	林芝市创先争优强基础惠民生活动第六批市级先进驻村（居）工作队	2017年	林芝市委、市政府
市公安局驻扎木镇巴琼村工作队	林芝市创先争优强基础惠民生活动第六批市级先进驻村（居）工作队	2017年	林芝市委、市政府
市质监局驻康玉乡达曲村工作队	林芝市创先争优强基础惠民生活动第六批市级先进驻村（居）工作队	2017年	林芝市委、市政府
市林业局驻多吉乡西巴村工作队	林芝市创先争优强基础惠民生活动第六批市级先进驻村（居）工作队	2017年	林芝市委、市政府
市国土局驻玉许乡普热村工作队	林芝市创先争优强基础惠民生活动第六批市级先进驻村（居）工作队	2017年	林芝市委、市政府
市藏医院驻玉普乡格巴村工作队	林芝市创先争优强基础惠民生活动第六批市级先进驻村（居）工作队	2017年	林芝市委、市政府
波密县卫生局、食药局驻易贡乡沙玛村工作队	林芝市创先争优强基础惠民生活动第六批市级先进驻村（居）工作队	2017年	林芝市委、市政府

续表4

获奖单位	获奖名称	表彰时间	授予单位
波密县易贡乡人民政府驻易贡乡江拉村工作队	林芝市创先争优强基础惠民生活动第六批市级先进驻村（居）工作队	2017年	林芝市委、市政府
波密县多吉乡人民政府	林芝市创先争优强基础惠民生活动第六批市级优秀组织单位	2017年	林芝市委、市政府
易贡乡桑林寺	和谐模范寺庙	2017年	中共林芝市委员会
桑林寺管理委员会	2017年下半年林芝市先进寺管会	2017年	中共林芝市委员会
易贡乡通加村	林芝市“先进双联户”创建评选工作先进村	2017年	中共林芝市委员会
易贡乡江拉村第六联户单位	林芝市“先进双联户”创建评选工作“先进双联户”	2017年	中共林芝市委员会
粮油加工厂	林芝市农牧业产业化经营龙头企业	2018年	林芝市人民政府
波密县残疾人联合会	残疾人就业保障金征缴工作先进单位	2017年	林芝市人民政府、林芝市残疾人工作委员会
波密县人大常委会	创建“人大代表之家”先进单位	2018年	林芝市人大常委会
波密县扎木镇	创建“人大代表之家”先进单位	2018年	林芝市人大常委会
康玉乡人民政府	创建“人大代表之家”先进单位	2017年	林芝市人大常委会
政协波密县委员会	林芝市2017年度提案工作先进单位	2018年	政协林芝市委员会
波密县委组织部	林芝市2017年度组织系统信息工作一等奖	2018年	林芝市委组织部
波密县委组织部	林芝市2017年度公务员统计工作三等奖	2018年	林芝市委组织部
波密县委组织部	林芝市2017年度网宣工作一等奖	2018年	林芝市委组织部
波密县委组织部	林芝市信息工作先进单位	2017年	林芝市委组织部
波密县委组织部	林芝市编制工作先进集体	2017年	林芝市委组织部
波密县文化局	2017年度宣传思想文化工作先进单位	2018年	中共林芝市委宣传部
波密县委统战部	《关于如何在宗教领域进一步推动法制建设的调研报告》荣获2017年度全市统战理论政策研究优秀成果二等奖	2018年	林芝市委统战部
波密县委统战部	2017年度全市统战理论政策研究优秀组织奖	2018年	林芝市委统战部
波密县委统战部	2017年度全市统战信息报送工作先进集体一等奖	2018年	林芝市委统战部
波密县民宗局	2017年林芝市民宗委系统信息工作二等奖	2018年	林芝市民族宗教事务局党组、林芝市民族宗教事务局
团县委	2017年度林芝市五四红旗团委	2017年	共青团林芝市委员会
波密县易贡乡团委	先进集体	2017年	共青团林芝市委员会
波密县中学	林芝市优秀少先队集体	2017年	共青团林芝市委员会、林芝市教育体育局、少先队林芝市工作委员会

续表4

获奖单位	获奖名称	表彰时间	授予单位
波密县中学	林芝市2017年度少先队工作优秀奖	2017年	共青团林芝市委员会、林芝市教育体育局、少先队林芝市工作委员会
波密县财政局	2017年度“书香飘万家”爱心书包捐赠公益活动“爱心单位”	2017年	林芝市妇女联合会
波密县工妇委	2017年度“书香飘万家”爱心书包捐赠公益活动爱心单位	2017年	林芝市妇女联合会
波密县妇联	2017年度林芝市妇联系统信息工作三等奖	2017年	林芝市妇女联合会
波密县妇联	林芝市捐赠爱心书包工会活动爱心单位	2017年	林芝市妇女联合会
波密县妇联	2017年度林芝市妇联系统信息工作三等奖	2018年	林芝市妇女联合会
波密县妇联	2017年度全市妇联工作目标责任考核三等奖	2018年	林芝市妇女联合会
波密县工商联	平安单位	2017年	林芝市妇女联合会
波密县工商业联合会	爱心单位	2017年	林芝市妇女联合会
波密县总工会	2017年度全市工会信息报送第一名	2018年	林芝市总工会
波密县总工会	2017年度全市工会工作目标责任考核三等奖	2018年	林芝市总工会
波密县民间艺术团	在林芝市工商业联合会组织的全区“新藏商 中国梦”文艺汇演中表现突出	2017年	林芝市工商联
波密县民间艺术团	林芝市工商业联合会组织的全区“新藏商·中国梦”文艺汇演表现突出奖	2017年	林芝市工商联
松宗镇派出所	全市公安工作先进单位（记集体嘉奖）	2017年	林芝市公安局
波密县检察院	2017年林芝市检察机关公诉岗位练兵第一名	2017年	林芝市人民检察院
波密县旅发委	林芝市旅游产业发展三等奖	2017年	林芝市旅游发展委员会
波密县国土资源局	先进集体	2017年	林芝市国土资源局
波密县税务局	先进基层党组织	2017年	林芝市国家税务局
波密县教育体育局	2017年教育管理年工作先进单位	2018年	林芝市教育体育局
波密县完全小学	林芝市中小学足球联赛暨第十七届小学生足球赛优秀组织奖	2017年	林芝市教育体育局
波密县完全小学	先进基层党组织	2017年	中共林芝市教育体育局委员会
波密县广播电视台	2017年度林芝新闻栏目供稿第三名	2018年	林芝市广播电视台
波密县文化局	2017年度林芝市基层服务工作先进集体	2018年	林芝市文化局
波密县人力资源和社会保障局	林芝市就（创）业工作先进集体	2017年	林芝市人力资源和社会保障局

续表4

获奖单位	获奖名称	表彰时间	授予单位
波密县人力资源和社会保障局	林芝市党建和劳动关系工作先进单位	2017年	林芝市人力资源和社会保障局
波密县藏医院	最佳职称结构奖	2017年	林芝市卫计委
波密县卫生和计划生育委员会	医疗卫生业务综合考评三等奖	2017年	林芝市卫生计生委党组
波密县卫生和计划生育委员会	基层卫生工作三等奖	2017年	林芝市卫生计生委党组
波密县卫生和计划生育委员会	医疗管理与行风建设三等奖	2017年	林芝市卫生计生委党组
波密县卫生和计划生育委员会	疾病控制工作二等奖	2017年	林芝市卫生计生委党组
波密县卫生和计划生育委员会	妇幼卫生工作二等奖	2017年	林芝市卫生计生委党组
波密县农牧局	2017年度畜牧业良种推广及防疫工作二等奖	2018年	林芝市农牧局
波密县水利局	2016年度综合目标管理考核第二名	2017年	林芝市水利局
扎木机械化养护队二工区	先进集体	2018年	林芝公路分局
扎木机械化养护队三工区	先进集体	2018年	林芝公路分局
扎木机械化养护队	机务管理先进单位	2018年	林芝公路分局
扎木机械化养护队	应急抢险先进单位	2018年	林芝公路分局
扎木机械化养护队	安全生产先进单位	2018年	林芝公路分局
农行波密县支行	2017年金钥匙春天行动卓越网点	2017年	中国农业银行林芝分行
农行波密县支行	2016—2017年度先进基层党组织	2017年	中共中国农业银行林芝分行委员会
团县委	2017年度林芝市综治委预防青少年犯罪工作先进集体	2017年	林芝市综治委预防青少年违法犯罪专项组
波密县工商局	2017年度林芝市推进商标品牌战略实施先进集体	2017年	林芝市实施商标品牌战略工作领导小组
波密县人民政府	2017年度重点项目建设工作先进集体	2018年	林芝市重点项目建设协调领导小组
多吉乡	林芝市2017年“四讲四爱”主题教育实践活动先进集体	2017年	林芝市“四讲四爱”主题教育实践活动领导小组办公室
多吉乡小学	“中国好老师”公益行动计划项目校	2017年	北京师范大学基础教育质量办
波密县政府办	2017年度波密县社会治安综合治理工作先进单位	2018年	波密县委、县政府
波密县政府办	2017年度民族团结进步模范集体	2017年	波密县委、县政府
波密县民宗局	2017年波密县社会综合治理工作先进单位	2018年	波密县委、县政府

续表4

获奖单位	获奖名称	表彰时间	授予单位
波密县委组织部	波密县社会治安综合治理先进单位	2017年	波密县委、县政府
波密县委统战部	2017年度波密县民族团结进步模范集体	2017年	波密县委、县政府
波密县委统战部	2017年波密县社会治安综合治理工作先进单位	2018年	波密县委、县政府
波密县工商业联合会	平安单位	2017年	波密县委、县政府
波密县人民检察院	2017年波密县社会治安综合治理工作先进单位	2018年	波密县委、县政府
玉普一级公安检查站	2017年度民族团结进步模范集体	2017年	波密县委、县政府
波密县发展和改革委员会	2017年度先进集体	2018年	波密县委、县政府
波密县食药监局	波密县推进县域义务教育均衡发展工作先进单位	2017年	波密县委、县政府
波密县财政局	波密县2017年度先进单位	2018年	波密县委、县政府
波密县教育体育局	“四讲四爱”主题教育实践活动先进单位	2017年	波密县委、县政府
波密县中学	波密县推进县域义务教育均衡发展工作先进单位	2017年	波密县委、县政府
波密县中学	波密县七一爱国歌曲大家唱歌咏比赛优秀组织奖	2017年	波密县委、县政府
波密县环境保护局	2017年年终考评先进单位	2017年	波密县委、县政府
波密县环境保护局	波密县2017年度民族团结进步模范集体	2017年	波密县委、县政府
古乡人民政府	波密县“四讲四爱”主题教育实践活动先进集体	2017年	波密县委、县政府
“四讲四爱”活动办	“四讲四爱”先进集体	2017年	波密县委、县政府
栋曲村	先进集体	2017年	波密县委、县政府
松宗镇	波密县“七一”爱国歌曲大家唱比赛三等奖	2017年	波密县委、县政府
米美村	民族团结进步结模范集体	2017年	波密县委、县政府
米美村	波密县“四讲四爱”主题教育实践活动先进集体	2017年	波密县委、县政府
玉普乡	波密县“先进双联户”创建活动先进乡（镇）	2017年	波密县委、县政府
玉许乡人民政府	波密县“四讲四爱”主题教育实践活动先进集体	2017年	波密县委、县政府
玉许乡中心小学	青年兴则国家兴、青年强则国家强”主题知识竞赛第一名	2017年	波密县委、县政府
自治区林业厅驻八盖乡雄吉村工作队	波密县创先争优强基础惠民生活动第六批县级先进驻村（居）工作队	2017年	波密县委、县政府
市外侨办驻多吉乡扎拉村工作队	波密县创先争优强基础惠民生活动第六批县级先进驻村（居）工作队	2017年	波密县委、县政府
市公安局驻松宗镇格尼村工作队	波密县创先争优强基础惠民生活动第六批县级先进驻村（居）工作队	2017年	波密县委、县政府

续表4

获奖单位	获奖名称	表彰时间	授予单位
市公安局驻扎木镇岗巴村工作队	波密县创先争优强基础惠民生活动第六批县级先进驻村（居）工作队	2017年	波密县委、县政府
市农牧民驻康玉乡乌那村工作队	波密县创先争优强基础惠民生活动第六批县级先进驻村（居）工作队	2017年	波密县委、县政府
市人民法院驻玉许乡林琼村工作队	波密县创先争优强基础惠民生活动第六批县级先进驻村（居）工作队	2017年	波密县委、县政府
团市委驻倾多镇德吉村工作队	波密县创先争优强基础惠民生活动第六批县级先进驻村（居）工作队	2017年	波密县委、县政府
波密县财政局、松宗镇人民政府驻松宗镇岗巴村工作队	波密县创先争优强基础惠民生活动第六批县级先进驻村（居）工作队	2017年	波密县委、县政府
波密县古乡人民政府驻古村工作队	波密县创先争优强基础惠民生活动第六批县级先进驻村（居）工作队	2017年	波密县委、县政府
波密县卫生和计划生育委员会	波密县创先争优强基础惠民生活动优秀组织单位	2017年	波密县委、县政府
波密县卫生局	波密县创先争优强基础惠民生活动第六批县级优秀组织单位	2017年	波密县委、县政府
波密县古乡人民政府	波密县创先争优强基础惠民生活动第六批县级优秀组织单位	2017年	波密县委、县政府
倾多镇卫生院	2016年度综合卫生工作一等奖	2017年	波密县委、县政府
多吉乡卫生院	2016年度综合卫生工作二等奖	2017年	波密县委、县政府
扎木镇卫生院	2016年度综合卫生工作三等奖	2017年	波密县委、县政府
古乡卫生院	2016年度综合卫生工作三等奖	2017年	波密县委、县政府
松宗镇卫生院	2016年度医疗管理进步奖	2017年	波密县委、县政府
康玉乡卫生院	2016年度医疗管理进步奖	2017年	波密县委、县政府
易贡茶场卫生院	2016年度综合卫生工作鼓励奖	2017年	波密县委、县政府
八盖乡卫生院	2016年度综合卫生工作鼓励奖	2017年	波密县委、县政府
多吉乡卫生院	2016年度医院管理及行风建设工作优秀集体	2017年	波密县委、县政府
扎木镇卫生院	2016年度医院管理及行风建设工作优秀集体	2017年	波密县委、县政府
八盖乡人民政府	2016年度农牧区医疗管理工作先进集体	2017年	波密县委、县政府
倾多镇人民政府	2016年度农牧区医疗管理工作先进集体	2017年	波密县委、县政府
八盖乡卫生院	2016年度计生工作先进集体	2017年	波密县委、县政府
松宗镇卫生院	2016年度农牧民健康体检工作先进集体	2017年	波密县委、县政府
松宗镇卫生院	2016年度藏医工作先进集体	2017年	波密县委、县政府

续表4

获奖单位	获奖名称	表彰时间	授予单位
易贡乡卫生院	2016年度卫生监督工作先进集体	2017年	波密县委、县政府
玉普卫生院	2016年度村医管理工作先进集体	2017年	波密县委、县政府
玉许乡卫生院	2016年度卫生统计工作先进集体	2017年	波密县委、县政府
扎木镇卫生院	2016年度计划免疫工作先进集体	2017年	波密县委、县政府
易贡乡卫生院	2016年度计划免疫工作先进集体	2017年	波密县委、县政府
多吉乡卫生院	2016年度传染病防治工作先进集体	2017年	波密县委、县政府
倾多镇卫生院	2016年度传染病防治工作先进集体	2017年	波密县委、县政府
扎木镇卫生院	2016年度艾滋病防治工作先进集体	2017年	波密县委、县政府
多吉乡卫生院	2016年度艾滋病防治工作先进集体	2017年	波密县委、县政府
多吉乡卫生院	2016年度结核病防治工作先进集体	2017年	波密县委、县政府
扎木镇卫生院	2016年度结核病防治工作先进集体	2017年	波密县委、县政府
玉许乡卫生院	2016年度慢性病防治工作先进集体	2017年	波密县委、县政府
古乡卫生院	2016年度慢性病防治工作先进集体	2017年	波密县委、县政府
扎木镇卫生院	2016年度地方病防治工作先进集体	2017年	波密县委、县政府
玉普乡卫生院	2016年度地方病防治工作先进集体	2017年	波密县委、县政府
倾多镇卫生院	2016年度卫生监测工作先进集体	2017年	波密县委、县政府
松宗镇卫生院	2016年度卫生监测工作先进集体	2017年	波密县委、县政府
桑林寺管理委员会	县级先进寺管会	2017年	中共波密县委员会
波密县完全小学	先进基层党组织	2017年	中共波密县委员会
八盖乡党委	先进基层党组织	2017年	中共波密县委员会
古乡	先进基层党组织	2017年	中共波密县委员会
玉许乡林琼村党支部	先进基层党组织	2017年	中共波密县委员会
易贡乡沙玛村党支部	先进基层党组织	2017年	中共波密县委员会
波密县人力资源和社会保障局	先进基层党组织	2017年	中共波密县委员会
米美村党支部	先进基层党组织	2017年	中共波密县委员会
玉许乡	先进基层党组织	2017年	中共波密县委员会
波密县粮食局	四讲四爱主题实践活动先进集体	2017年	中共波密县委员会

续表4

获奖单位	获奖名称	表彰时间	授予单位
波密县粮食局	先进基层党组织	2017年	中共波密县委员会
波密县政府办	2017年度森林防火工作先进集体	2017年	波密县人民政府、波密县森林防火指挥部
波密县纪委（监察局）	2017年度波密县森林防火先进集体	2017年	波密县人民政府、波密县森林防火指挥部
波密中队	先进集体	2017年	波密县人民政府、波密县森林防火指挥部
波密县人民检察院	2017年度森林防火工作先进集体	2017年	波密县人民政府、波密县森林防火指挥部
波密县财政局	2017年度森林防火工作先进集体	2017年	波密县人民政府、波密县森林防火指挥部
波密县气象局	森林防火工作先进集体	2017年	波密县人民政府
波密县完全小学	2016—2017学年波密县小考成绩贡献奖	2017年	波密县人民政府
波密县完全小学	2016年度食品安全诚信单位	2017年	波密县人民政府
波密县中学	2016-2017学年波密县中考成绩优秀单位	2017年	波密县人民政府
康玉乡中心小学	贡献奖	2017年	波密县人民政府

说明：由于各单位资料提供不全，可能有遗漏

受区（县）级以上表彰的先进个人名录

表5

姓名	性别	民族	工作单位	获奖名称	表彰时间	授予单位
阿旺仁青	男	藏	波密县文化局	作品“望果路上”入选中国西南六省区市第十届摄影联展	2017年	中国西南摄影联展组委会
桑　杰	男	藏	中国农业银行股份有限公司波密县支行	县域青年英才开发工程先进工作者	2017年	中国农业银行
普　布	男	藏	玉许乡小学	TCL希望工程烛光奖	2017年	青少年发展基金会
杨彩霞	女	汉	松宗镇中心小学	马云乡村教师奖	2017年	马云公益基金会
四郎次仁	男	藏	八盖乡雄吉村村民委员会	2017年自治区民族团结进步模范个人	2017年	中共西藏自治区委员会、西藏自治区人民政府
达　珍	女	藏	波密县委办	自治区创先争优强基础惠民活动第六批自治区级先进驻村（居）工作队员	2017年	中共西藏自治区委员会、西藏自治区人民政府
赵明军	男	汉	波密县纪检委	自治区创先争优强基础惠民活动第六批自治区级先进驻村（居）工作队员	2017年	中共西藏自治区委员会、西藏自治区人民政府
次仁旺姆	女	藏	波密县人力资源和社会保障局	自治区创先争优强基础惠民活动第六批自治区级先进驻村（居）工作队员	2017年	中共西藏自治区委员会、西藏自治区人民政府
索朗旺堆	男	藏	波密县卫生局	自治区创先争优强基础惠民活动第六批自治区级先进驻村（居）工作队员	2017年	中共西藏自治区委员会、西藏自治区人民政府
樊西豫	女	藏	波密县古乡人民政府	自治区创先争优强基础惠民活动第六批自治区级先进驻村（居）工作队员	2017年	中共西藏自治区委员会、西藏自治区人民政府
扎西顿珠	男	藏	波密县古乡人民政府	自治区创先争优强基础惠民活动第六批自治区级先进驻村（居）工作队员	2017年	中共西藏自治区委员会、西藏自治区人民政府
张　恒	男	汉	波密县八盖乡人民政府	自治区创先争优强基础惠民活动第六批自治区级先进驻村（居）工作队员	2017年	中共西藏自治区委员会、西藏自治区人民政府
普　尺	女	藏	波密县多吉乡人民政府	自治区创先争优强基础惠民活动第六批自治区级先进驻村（居）工作队员	2017年	中共西藏自治区委员会、西藏自治区人民政府
次　央	女	藏	波密县多吉乡人民政府	自治区创先争优强基础惠民活动第六批自治区级先进驻村（居）工作队员	2017年	中共西藏自治区委员会、西藏自治区人民政府
周　建	男	汉	波密县倾多镇人民政府	自治区创先争优强基础惠民活动第六批自治区级先进驻村（居）工作队员	2017年	中共西藏自治区委员会、西藏自治区人民政府
郑　斐	男	汉	波密县倾多镇人民政府	自治区创先争优强基础惠民活动第六批自治区级先进驻村（居）工作队员	2017年	中共西藏自治区委员会、西藏自治区人民政府
仁青顿珠	男	藏	波密县松宗镇人民政府	自治区创先争优强基础惠民活动第六批自治区级先进驻村（居）工作队员	2017年	中共西藏自治区委员会、西藏自治区人民政府
扎西旺秋	男	藏	波密县扎木镇人民政府	自治区创先争优强基础惠民活动第六批自治区级先进驻村（居）工作队员	2017年	中共西藏自治区委员会、西藏自治区人民政府
刘松松	男	汉	波密县易贡乡人民政府	自治区创先争优强基础惠民活动第六批自治区级先进驻村（居）工作队员	2017年	中共西藏自治区委员会、西藏自治区人民政府
旺杰旦增	男	藏	波密县玉普乡人民政府	自治区创先争优强基础惠民活动第六批自治区级先进驻村（居）工作队员	2017年	中共西藏自治区委员会、西藏自治区人民政府
拉巴卓玛	女	藏	波密县玉普乡人民政府	自治区创先争优强基础惠民活动第六批自治区级先进驻村（居）工作队员	2017年	中共西藏自治区委员会、西藏自治区人民政府

续表5

姓名	性别	民族	工作单位	获奖名称	表彰时间	授予单位
赤　列	男	藏	波密县康玉乡人民政府	自治区创先争优强基础惠民活动第六批自治区级先进驻村（居）工作队员	2017年	中共西藏自治区委员会、西藏自治区人民政府
普布次仁	男	藏	波密县公安局禁毒大队	西藏自治区“高原扫毒”专项行动先进个人/西藏自治区优秀校外辅导员	2017年	西藏自治区人民政府、区党委、区禁毒办、自治区禁毒委员会
阿旺仁青	男	藏	波密县文化局	喜迎党的十九大西藏摄影作品展，作品“雪山下的村庄”特邀入展	2017年	西藏自治区人民政府、中国文学艺术联合会、西藏自治区文学艺术界联合会、西藏摄影家协会
大扎西	男	藏	波密县中学	2011—2016全区法制荣获先进个人	2017年	西藏自治区党委宣传部、西藏自治区司法厅、西藏自治区普法办
央青次仁	男	藏	多吉乡	西藏自治区“四讲四爱”主题教育实践活动宣讲员	2017年	中共西藏自治区委员会宣传部
付文莹	男	藏	波密县委统战部	2017年度全区统战信息工作优秀信息员	2018年	西藏自治区委员会统一战线工作部
大巴桑	男	藏	县纪委（监察局）	2017年全区纪检监察系统嘉奖	2017年	西藏自治区纪委办公厅
边巴次仁	男	藏	政府办	自治区优秀工作者	2017年	西藏自治区强基办
陈　艳	女	汉	西藏波密监狱	巾帼建功标兵	2017年	西藏自治区妇联、西藏自治区直机关工委
王平英	女	汉	西藏波密监狱	巾帼建功标兵	2017年	西藏自治区妇联、西藏自治区直机关工委
仓　曲	女	藏	西藏波密监狱	巾帼建功标兵	2017年	西藏自治区妇联、西藏自治区直机关工委
多吉次仁	男	藏	波密县公安局交警大队	文明交警	2017年	西藏自治区公安厅、西藏自治区文明办
德吉卓嘎	女	藏	扎木镇	优秀社区消防宣传大使	2017年	西藏自治区公安厅、西藏自治区民政厅
达瓦次仁	男	藏	波密县林业局	三等功	2017年	西藏自治区林业厅森林公安局
赵兴佳	男	白	波密县人民法院	全区法院办案标兵	2017年	西藏自治区高级人民法院
唐　弘	男	汉	西藏波密监狱	优秀青年民警	2017年	西藏自治区监狱、司法厅
达瓦次仁	男	藏	西藏波密监狱	优秀共青团员	2017年	西藏自治区监狱、司法厅
张亚军	男	汉	西藏波密监狱	个人嘉奖	2018年	西藏自治区监狱管理局
索朗多吉	男	藏	西藏波密监狱	个人嘉奖	2018年	西藏自治区监狱管理局
卓　嘎	女	藏	松宗镇栋亚村	西藏自治区基层科普行动计划带头人	2017年	西藏自治区科协、财政厅
干尹超	男	汉	波密中波台	2016—2017年度优秀共产党员	2017年	西藏自治区新闻出版广电局

续表5

姓名	性别	民族	工作单位	获奖名称	表彰时间	授予单位
大扎西	男	藏	波密县中学	第二届文化系列活动暨全区中小学教师藏汉书法大赛荣获三等奖	2018年	西藏自治区文化厅、西藏自治区书法家协会
次宗卓玛	女	藏	多吉乡	第二批西藏最自治区非物质文化遗产“十佳传承人”	2017年	西藏自治区文化厅
白玛旺堆	男	藏	波密县完全小学	自治区教育系统优秀党员	2017年	西藏自治区教育工作委员会
次旺曲珍	女	藏	波密县完全小学	《体育运动技能 基本身体活动—站立式起跑与反应联系游戏》在2016—2017年度“一师一优课、一课一名师”评审活动中荣获自治区级优课	2017年	西藏自治区教育厅
白玛旺堆	男	藏	波密县完全小学	2017年度全区教育系统优秀共产党员	2017年	西藏自治区教育工作委员会
拉姆	女	藏	波密县完全小学	2017年第三届全区少先队辅导员专业技能大赛一等奖	2017年	共青团西藏自治区委员会、西藏自治区教育厅、少先队西藏自治区工作委员会
方晓丽	女	藏	波密县完全小学	参加教育部“国培计划2016”——西藏自治区林芝、那曲市中小学幼儿园教师网络研修与校本研修整合网络培训中被评为优秀学员	2017年	西藏自治区教育厅师资管理处
任寅娇	女	汉	波密县中心幼儿园	粤藏同心幼教工程优秀学员	2017年	西藏自治区教育厅、粤藏工程领导小组办公室
樊燕青	女	汉	波密县中心幼儿园	粤藏同心幼教工程优秀学员	2017年	西藏自治区教育厅、粤藏工程领导小组办公室
哈桑	男	回	波密县中学	“一师一优课、一课一名师”自治区优课	2017年	西藏自治区教育厅
范艳娇	女	汉	波密县中学	“一师一优课、一课一名师”自治区优课	2017年	西藏自治区教育厅
侯春兰	女	藏	波密县中学	“一师一优课、一课一名师”自治区优课	2017年	西藏自治区教育厅
刘超	男	汉	波密县中学	“一师一优课、一课一名师”自治区优课	2017年	西藏自治区教育厅
袁文军	男	汉	波密县中学	2017年全区初中教师教学竞赛决赛二等奖	2017年	西藏自治区教育厅
张瑞举	男	土家	波密县中学	“一师一优课、一课一名师”自治区优课	2017年	西藏自治区教育厅
郑洪涛	男	汉	波密县中学	“一师一优课、一课一名师”自治区优课	2017年	西藏自治区教育厅
石惠	女	汉	波密县中学	“一师一优课、一课一名师”自治区优课	2017年	西藏自治区教育厅
杨彩霞	女	汉	松宗镇中心小学	优秀学员	2017年	西藏自治区教育科学研究院
路雅婷	女	汉	波密县完全小学	参加教育部“国培计划2017”——西藏自治区中小学教师信息技术应用能力提升工程远程培训中被评为优秀学员	2017年	西藏自治区教育厅师资管理处

续表5

姓名	性别	民族	工作单位	获奖名称	表彰时间	授予单位
索朗央西	女	藏	波密县完全小学	2017年度西藏自治区小学德育精彩一课评选活动获三等奖	2017年	西藏自治区小学德育研究中心
巴桑拉姆	女	藏	波密县完全小学	2017年度西藏自治区小学德育精彩一课评选活动获二等奖	2017年	西藏自治区小学德育研究中心
白玛旺扎	男	藏	波密县农牧局	“十二五”期间全区农科教工作先进个人	2017年	西藏自治区农牧厅
翁　秋	男	藏	扎木机械化养护队	优秀机械操作手	2017年	西藏自治区公路局
四郎扎西	男	藏	扎木机械化养护队	公路应急保障先进工作者	2018年	西藏自治区公路局
顿珠才旺	男	藏	许木寺管会	自治区级优秀驻寺干部	2017年	西藏自治区民族宗教事务委员会
纳　仁	男	藏	扎木村	书香之家	2017年	西藏自治区广电局、西藏自治区全民阅读活动领导小组
普扎西	男	藏	波密县中学	“祖国的花朵 民族的希望”全区首届少儿藏文书法展览暨少儿藏文书法大赛中评为优秀指导老师	2017年	西藏自治区书法家协会、西藏自治区群艺馆
益西桑布	男	藏	波密县完全小学	作品《金色的南迦巴瓦》荣获“喜迎十九大雪域情第二届西藏油画展”优秀奖	2017年	西藏自治区文学艺术界联合会、西藏大学艺术学院
尹　舵	男	汉	古乡	“喜迎十九大 雪域情第二届西藏油画展”优秀奖	2017年	西藏自治区文学艺术界联合会
黎世川	男	汉	波密县中学	“一师一优课、一课一名师”部级优课	2017年	中央电化教育馆
段新刚	男	汉	波密县中学	《云校-让我欢喜让我忧》第八届“中国移动和教育杯全国教育技术论文活动”三等奖	2017年	中央电化教育馆
益西桑布	男	藏	波密县完全小学	在2016年度四川美术学院2016年度国家艺术基金人才培养项目：“丝路新语--西部少数艺术骨干培训提升计划”中被评为优秀学员	2017年	四川美术学院
强巴平措	男	藏	玉许农行营业所	先进个人	2017年	农行自治区分行
黄开团	男	汉	波密县农牧局	2017年度优秀网评员	2018年	西藏自治区网信办
张　荣	男	汉	县委政法委（综治办）	林芝市级平安创建先进个人	2017年	林芝市委、市政府
边巴参拉	女	藏	县委政法委（综治办）	林芝市级平安创建先进个人	2017年	林芝市委、市政府
次仁卓嘎	女	藏	波密县财政局	2017年市级先进双联户	2017年	林芝市委、市政府
才央卓玛	女	藏	波密县财政局	2017年市级先进双联户	2017年	林芝市委、市政府
王　慧	女	汉	波密县财政局	2017年市级先进双联户	2017年	林芝市委、市政府
李　根	男	汉	波密县财政局	2017年市级先进双联户	2017年	林芝市委、市政府

续表5

姓名	性别	民族	工作单位	获奖名称	表彰时间	授予单位
次仁曲吉	女	藏	波密县财政局	2017年市级先进双联户	2017年	林芝市委、市政府
冉加玉	女	汉	波密县财政局	2017年市级先进双联户	2017年	林芝市委、市政府
普布旺堆	男	藏	波密县完全小学	林芝市第33个教师节表彰活动中荣获模范职工	2017年	林芝市委、市政府
索朗央宗	女	藏	波密县中心幼儿园	骨干教师	2017年	林芝市委、市政府
扎穷	男	藏	玉许乡小学	市级骨干教师	2017年	林芝市委、市政府
索朗卓玛	女	藏	玉许乡小学	市级骨干教师	2017年	林芝市委、市政府
次仁多杰	男	藏	松宗镇中心小学	最美乡村教师	2017年	林芝市委、市政府
赤列	男	藏	阿西村	林芝市民族团结进步先进个人	2018年	林芝市委、市政府
贡觉次旺	男	藏	波密县中学	林芝市第33个教师节表彰活动中荣获模范班主任	2017年	林芝市委、市政府
洛松旺堆	男	藏	中国移动通信集团西藏有限公司林芝波密县分公司	2017年度林芝市委市政府民族团结进步模范个人	2017年	林芝市委、市政府
候国聪	男	汉	波密县政协办	林芝市创先争优强基础惠民活动第六批市级先进驻村（居）工作队员	2017年	林芝市委、市政府
杨成洪	男	汉	波密县政协办	林芝市创先争优强基础惠民活动第六批市级先进驻村（居）工作队员	2017年	林芝市委、市政府
扎西次仁	男	藏	波密县检察院	林芝市创先争优强基础惠民活动第六批市级先进驻村（居）工作队员	2017年	林芝市委、市政府
巴桑旺堆	男	藏	波密县公安局	林芝市创先争优强基础惠民活动第六批市级先进驻村（居）工作队员	2017年	林芝市委、市政府
四郎拉姆	女	藏	波密县公安局	林芝市创先争优强基础惠民活动第六批市级先进驻村（居）工作队员	2017年	林芝市委、市政府
吴明帅	男	汉	波密县旅游局	林芝市创先争优强基础惠民活动第六批市级先进驻村（居）工作队员	2017年	林芝市委、市政府
白拉	女	藏	波密县交通运输局	林芝市创先争优强基础惠民活动第六批市级先进驻村（居）工作队员	2017年	林芝市委、市政府
尼玛卓玛	女	藏	波密县商务局	林芝市创先争优强基础惠民活动第六批市级先进驻村（居）工作队员	2017年	林芝市委、市政府
米玛德吉	女	藏	波密县八盖乡人民政府	林芝市创先争优强基础惠民活动第六批市级先进驻村（居）工作队员	2017年	林芝市委、市政府
其美玉珍	女	藏	波密县松宗镇人民政府	林芝市创先争优强基础惠民活动第六批市级先进驻村（居）工作队员	2017年	林芝市委、市政府
白玛拉姆	女	藏	波密县易贡乡人民政府	林芝市创先争优强基础惠民活动第六批市级先进驻村（居）工作队员	2017年	林芝市委、市政府
乔德吉	女	藏	波密县玉普乡人民政府	林芝市创先争优强基础惠民活动第六批市级先进驻村（居）工作队员	2017年	林芝市委、市政府

续表5

姓名	性别	民族	工作单位	获奖名称	表彰时间	授予单位
扎西次旦	男	藏	县卫生服务中心	医德医术模范奖	2017年	林芝市委、市政府
布　穷	男	藏	县卫生服务中心	医德医术模范奖	2017年	林芝市委、市政府
次　拥	女	藏	县卫生服务中心	医德医术先进奖	2017年	林芝市委、市政府
张向宇	女	汉	县卫生服务中心	医德医术先进奖	2017年	林芝市委、市政府
泽旦旺姆	女	藏	县卫生服务中心	白衣天使模范奖	2017年	林芝市委、市政府
卓　嘎	女	藏	县卫生服务中心	白衣天使模范奖	2017年	林芝市委、市政府
旦增卓嘎	女	藏	县卫生服务中心	白衣天使先进奖	2017年	林芝市委、市政府
扎西达宗	女	藏	县卫生服务中心	白衣天使先进奖	2017年	林芝市委、市政府
扎西拉姆	女	藏	县疾控中心	医德医术模范奖	2017年	林芝市委、市政府
杜桂梅	女	汉	县疾控中心	医德医术先进奖	2017年	林芝市委、市政府
格日才旦	男	藏	县藏医院	医德医术模范奖	2017年	林芝市委、市政府
梁玖灿	男	汉	县藏医院	医德医术先进奖	2017年	林芝市委、市政府
珠鲁平措	男	藏	玉许乡亚它村	百名优秀村医	2017年	林芝市委、市政府
明　珠	女	藏	玉许乡沙仁村	百名优秀村医	2017年	林芝市委、市政府
央　青	女	藏	倾多镇热西村	百名优秀村医	2017年	林芝市委、市政府
普　巴	男	藏	倾多镇栋曲村	百名优秀村医	2017年	林芝市委、市政府
白玛拉姆	女	藏	多吉乡扩拉村	百名优秀村医	2017年	林芝市委、市政府
四朗才旺	男	藏	扎木镇达兴村	百名优秀村医	2017年	林芝市委、市政府
土　吉	男	藏	康玉乡拉瓦西村	百名优秀村医	2017年	林芝市委、市政府
斯朗次仁	男	藏	松宗镇角通村	百名优秀村医	2017年	林芝市委、市政府
尼玛江村	男	藏	松宗镇格尼村	百名优秀村医	2017年	林芝市委、市政府
次仁曲卡	女	藏	玉普乡格巴村	百名优秀村医	2017年	林芝市委、市政府
多吉玉珍	女	藏	玉普乡阿西村	百名优秀村医	2017年	林芝市委、市政府
白玛玉珍	女	藏	古乡雪瓦村	百名优秀村医	2017年	林芝市委、市政府
扎西罗布	男	藏	古乡索通村	百名优秀村医	2017年	林芝市委、市政府
觉阿旺姆	女	藏	八盖乡雄吉村	百名优秀村医	2017年	林芝市委、市政府

续表5

姓名	性别	民族	工作单位	获奖名称	表彰时间	授予单位
仁增曲珍	女	藏	八盖乡塔鲁村	百名优秀村医	2017年	林芝市委、市政府
加央卓玛	女	藏	易贡乡格尼村	百名优秀村医	2017年	林芝市委、市政府
索朗拉姆	女	藏	易贡乡仲贝村	百名优秀村医	2017年	林芝市委、市政府
米　玛		藏	倾多镇卫生院	优秀乡镇医务工作者	2017年	林芝市委、市政府
次仁曲宗	女	藏	八盖乡卫生院	优秀乡镇医务工作者	2017年	林芝市委、市政府
阿旺贡桑	男	藏	康玉乡卫生院	优秀乡镇医务工作者	2017年	林芝市委、市政府
次　珍	女	藏	多吉乡卫生院	优秀乡镇医务工作者	2017年	林芝市委、市政府
扎西顿旦	男	藏	松宗镇卫生院	优秀乡镇医务工作者	2017年	林芝市委、市政府
德　吉	女	藏	易贡茶厂卫生院	优秀乡镇医务工作者	2017年	林芝市委、市政府
旦增拉珍	女	藏	玉普乡卫生院	最美乡村医生（村医）	2017年	林芝市委、市政府
其美玉珍	女	藏	扎木镇卫生院	最美乡村医生（村医）	2017年	林芝市委、市政府
索朗旺堆	男	藏	玉许乡卫生院	最美乡村医生（村医）	2017年	林芝市委、市政府
洛　桑	男	藏	易贡乡卫生院	最美乡村医生（村医）	2017年	林芝市委、市政府
多吉占堆	男	藏	古乡卫生院	最美乡村医生（村医）	2017年	林芝市委、市政府
巴　珍	女	藏	倾多镇巴康村	最美乡村医生（村医）	2017年	林芝市委、市政府
其美仁增	男	藏	易贡乡江色岗村	最美乡村医生（村医）	2017年	林芝市委、市政府
边　巴	男	藏	八盖乡巴瑞村	最美乡村医生（村医）	2017年	林芝市委、市政府
拉　珍	女	藏	松宗镇多格村	最美乡村医生（村医）	2017年	林芝市委、市政府
次仁顿珠	男	藏	玉普乡达巴村	最美乡村医生（村医）	2017年	林芝市委、市政府
索朗旺秋	男	藏	松宗镇岗巴村	林芝市文明卫生家庭奖	2017年	林芝市委、市政府
洛布占堆	男	藏	松宗镇栋曲村	林芝市文明卫生家庭奖	2017年	林芝市委、市政府
卓玛旺姆	女	藏	松宗镇角达村	林芝市文明卫生家庭奖	2017年	林芝市委、市政府
桑杰贡布	男	藏	松宗镇角通村	林芝市文明卫生家庭奖	2017年	林芝市委、市政府
嘎　觉	男	藏	松宗镇栋亚村	林芝市文明卫生家庭奖	2017年	林芝市委、市政府
其美仁增	男	藏	松宗镇纳玉村	林芝市文明卫生家庭奖	2017年	林芝市委、市政府
尼玛江村	男	藏	松宗镇格尼村	林芝市文明卫生家庭奖	2017年	林芝市委、市政府

续表5

姓名	性别	民族	工作单位	获奖名称	表彰时间	授予单位
次仁卓玛	女	藏	松宗镇多格村	林芝市文明卫生家庭奖	2017年	林芝市委、市政府
斯朗才旺	男	藏	松宗镇德巴村	林芝市文明卫生家庭奖	2017年	林芝市委、市政府
顿　　珠	男	藏	玉普乡格巴村	林芝市文明卫生家庭奖	2017年	林芝市委、市政府
卓 玛 措	女	藏	玉普乡米堆村	林芝市文明卫生家庭奖	2017年	林芝市委、市政府
旺　　堆	男	藏	玉普乡米麦村	林芝市文明卫生家庭奖	2017年	林芝市委、市政府
才旺索朗	男	藏	玉普乡阿西村	林芝市文明卫生家庭奖	2017年	林芝市委、市政府
小 加 多	男	藏	玉普乡达巴村	林芝市文明卫生家庭奖	2017年	林芝市委、市政府
贡桑曲珍	女	藏	玉普乡仲呗村	林芝市文明卫生家庭奖	2017年	林芝市委、市政府
其　　美	男	藏	倾多镇朱西村	林芝市文明卫生家庭奖	2017年	林芝市委、市政府
阿旺卓玛	女	藏	倾多镇康达村	林芝市文明卫生家庭奖	2017年	林芝市委、市政府
阿　　朱	男	藏	倾多镇古通村	林芝市文明卫生家庭奖	2017年	林芝市委、市政府
索朗罗布	男	藏	倾多镇顶仲村	林芝市文明卫生家庭奖	2017年	林芝市委、市政府
扎　　朱	男	藏	倾多镇巴康村	林芝市文明卫生家庭奖	2017年	林芝市委、市政府
来 果 玛	女	藏	倾多镇叶巴村	林芝市文明卫生家庭奖	2017年	林芝市委、市政府
朱 嘎 玛	男	藏	倾多镇热西村	林芝市文明卫生家庭奖	2017年	林芝市委、市政府
白玛朗加	男	藏	倾多镇达龙村	林芝市文明卫生家庭奖	2017年	林芝市委、市政府
才　　旺	男	藏	倾多镇栋曲村	林芝市文明卫生家庭奖	2017年	林芝市委、市政府
泽 仁 措	女	藏	倾多镇德吉村	林芝市文明卫生家庭奖	2017年	林芝市委、市政府
次旺多吉	男	藏	倾多镇扎西村	林芝市文明卫生家庭奖	2017年	林芝市委、市政府
次　　多	男	藏	倾多镇如纳村	林芝市文明卫生家庭奖	2017年	林芝市委、市政府
多　　杰	男	藏	倾多镇曲西村	林芝市文明卫生家庭奖	2017年	林芝市委、市政府
罗布次仁	男	藏	易贡乡仲贝村	林芝市文明卫生家庭奖	2017年	林芝市委、市政府
次仁卓嘎	女	藏	易贡乡玛古通村	林芝市文明卫生家庭奖	2017年	林芝市委、市政府
古　　如	男	藏	易贡乡拉嘎村	林芝市文明卫生家庭奖	2017年	林芝市委、市政府
阿　　杜	男	藏	易贡乡沙玛村	林芝市文明卫生家庭奖	2017年	林芝市委、市政府
军　　琼	男	藏	易贡乡加拉村	林芝市文明卫生家庭奖	2017年	林芝市委、市政府

续表5

姓名	性别	民族	工作单位	获奖名称	表彰时间	授予单位
土邓扎西	男	藏	扎木镇娘那村	林芝市文明卫生家庭奖	2017年	林芝市委、市政府
嘎玛旺堆	男	藏	扎木镇东绕村	林芝市文明卫生家庭奖	2017年	林芝市委、市政府
加色玛	男	藏	扎木镇扎木村	林芝市文明卫生家庭奖	2017年	林芝市委、市政府
嘎玛泽丁	男	藏	扎木镇达兴村	林芝市文明卫生家庭奖	2017年	林芝市委、市政府
才　央	女	藏	扎木镇通木村	林芝市文明卫生家庭奖	2017年	林芝市委、市政府
玉　珍	女	藏	扎木镇康木村	林芝市文明卫生家庭奖	2017年	林芝市委、市政府
益　西	女	藏	扎木镇岗巴村	林芝市文明卫生家庭奖	2017年	林芝市委、市政府
白玛桑登	男	藏	扎木镇巴琼村	林芝市文明卫生家庭奖	2017年	林芝市委、市政府
平措次仁	男	藏	扎木镇卡达村	林芝市文明卫生家庭奖	2017年	林芝市委、市政府
向秋四朗	男	藏	扎木镇桑登村	林芝市文明卫生家庭奖	2017年	林芝市委、市政府
索朗罗布	男	藏	八盖乡卧普村	林芝市文明卫生家庭奖	2017年	林芝市委、市政府
白玛措姆	女	藏	八盖乡巴瑞村	林芝市文明卫生家庭奖	2017年	林芝市委、市政府
觉　阿	女	藏	八盖乡塔鲁村	林芝市文明卫生家庭奖	2017年	林芝市委、市政府
多杰仁青	男	藏	八盖乡龙普村	林芝市文明卫生家庭奖	2017年	林芝市委、市政府
普布次仁	男	藏	八盖乡日卡村	林芝市文明卫生家庭奖	2017年	林芝市委、市政府
索朗次仁	男	藏	八盖乡雄金村	林芝市文明卫生家庭奖	2017年	林芝市委、市政府
扎西旺杰	男	藏	八盖乡木玉村	林芝市文明卫生家庭奖	2017年	林芝市委、市政府
江安罗布	男	藏	古乡索通村	林芝市文明卫生家庭奖	2017年	林芝市委、市政府
德庆旺姆	女	藏	古乡嘎朗村	林芝市文明卫生家庭奖	2017年	林芝市委、市政府
尼玛多吉	男	藏	古乡巴卡村	林芝市文明卫生家庭奖	2017年	林芝市委、市政府
卓玛次仁	男	藏	古乡松绕村	林芝市文明卫生家庭奖	2017年	林芝市委、市政府
次仁卓玛	女	藏	古乡雪瓦卡村	林芝市文明卫生家庭奖	2017年	林芝市委、市政府
觉　群	女	藏	古乡古村	林芝市文明卫生家庭奖	2017年	林芝市委、市政府
德青旺久	男	藏	多吉乡通层村	林芝市文明卫生家庭奖	2017年	林芝市委、市政府
洛　久	女	藏	多吉乡扩拉村	林芝市文明卫生家庭奖	2017年	林芝市委、市政府
嘎　玛	女	藏	多吉乡角落村	林芝市文明卫生家庭奖	2017年	林芝市委、市政府

续表5

姓名	性别	民族	工作单位	获奖名称	表彰时间	授予单位
久　安	男	藏	多吉乡毛江村	林芝市文明卫生家庭奖	2017年	林芝市委、市政府
大珠略	男	藏	多吉乡木古村	林芝市文明卫生家庭奖	2017年	林芝市委、市政府
索朗旺堆	男	藏	多吉乡帕雄村	林芝市文明卫生家庭奖	2017年	林芝市委、市政府
卓　玛	女	藏	多吉乡达大村	林芝市文明卫生家庭奖	2017年	林芝市委、市政府
旺　姆	女	藏	多吉乡德吉村	林芝市文明卫生家庭奖	2017年	林芝市委、市政府
德西措姆	女	藏	多吉乡西巴村	林芝市文明卫生家庭奖	2017年	林芝市委、市政府
阿旺尼玛	男	藏	康玉乡达曲村	林芝市文明卫生家庭奖	2017年	林芝市委、市政府
次旺多吉	男	藏	康玉乡拉瓦西村	林芝市文明卫生家庭奖	2017年	林芝市委、市政府
格桑多吉	男	藏	康玉乡宗热村	林芝市文明卫生家庭奖	2017年	林芝市委、市政府
次仁尼玛	男	藏	康玉乡乌那村	林芝市文明卫生家庭奖	2017年	林芝市委、市政府
罗　次	男	藏	康玉乡通堆村	林芝市文明卫生家庭奖	2017年	林芝市委、市政府
次仁罗布	男	藏	玉许乡白玉村	林芝市文明卫生家庭奖	2017年	林芝市委、市政府
巴　桑	女	藏	玉许乡玉沙村	林芝市文明卫生家庭奖	2017年	林芝市委、市政府
其美次仁	男	藏	玉许乡亚它村	林芝市文明卫生家庭奖	2017年	林芝市委、市政府
次　久	男	藏	玉许乡棠木村	林芝市文明卫生家庭奖	2017年	林芝市委、市政府
扎西多吉	男	藏	玉许乡沙仁村	林芝市文明卫生家庭奖	2017年	林芝市委、市政府
次旺卓玛	女	藏	玉许乡热西村	林芝市文明卫生家庭奖	2017年	林芝市委、市政府
次　央	女	藏	玉许乡普拉村	林芝市文明卫生家庭奖	2017年	林芝市委、市政府
旦增罗布	男	藏	玉许乡麦差村	林芝市文明卫生家庭奖	2017年	林芝市委、市政府
尼玛次仁	男	藏	玉许乡林琼村	林芝市文明卫生家庭奖	2017年	林芝市委、市政府
大洛桑	男	藏	玉许乡海定村	林芝市文明卫生家庭奖	2017年	林芝市委、市政府
央金措姆	女	藏	玉许乡达拉村	林芝市文明卫生家庭奖	2017年	林芝市委、市政府
朗　贡	男	藏	玉许乡邦肯村	林芝市文明卫生家庭奖	2017年	林芝市委、市政府
格　郭	男	藏	玉许乡则普村	林芝市文明卫生家庭奖	2017年	林芝市委、市政府
顿　珠	男	藏	玉许乡扎西岗村	林芝市文明卫生家庭奖	2017年	林芝市委、市政府
嘎桑久美	男	藏	易贡乡桑林寺	爱国守法先进僧尼	2017年	林芝市委、市政府

续表5

姓名	性别	民族	工作单位	获奖名称	表彰时间	授予单位
嘎　加	男	藏	易贡乡桑林寺	爱国守法先进僧尼	2017年	中共林芝市委员会
张庆冲	男	汉	古乡	“两学一做”学习教育主题演讲比赛一等奖	2017年	中共林芝市委员会
扎西巴旦	男	藏	易贡乡桑林寺	爱国守法先进僧人	2017年	中共林芝市委员会
米玛扎西	男	藏	易贡乡中心小学	市级师德标兵	2017年	中共林芝市委员会
格桑顿珠	男	藏	易贡乡江拉村	市级先进双联户户长	2017年	中共林芝市委员会
索朗次旺	男	藏	桑林寺管理委员会	优秀驻寺干部	2017年	中共林芝市委员会
达嘎巴珠	男	藏	松宗镇人民政府	“四讲四爱”先进个人	2017年	中共林芝市委员会、林芝市“四讲四爱”主题教育实践活动领导小组
罗布顿珠	男	藏	波密县公安局松宗镇派出所	林芝市优秀驻寺民警	2017年	林芝市人民政府
益西桑布	男	藏	波密县完全小学	美术作品在林芝市“喜迎党的十九大书法美术（唐卡）作品展”中荣获优秀	2017年	林芝市委组织部
益西桑布	男	藏	波密县完全小学	藏文书法作品在林芝市“喜迎党的十九大书法美术（唐卡）作品展”中荣获优秀	2017年	林芝市委宣传部
白玛南加	男	藏	易贡乡中心小学	市级“藏文书法”优秀荣誉称号	2017年	林芝市委宣传部
王乐乐	女	汉	波密县文化局	2017年度林芝市宣传思想文化工作先进工作者	2018年	林芝市委宣传部
罗布次仁	男	藏	波密县委统战部	2017年度优秀宗教干部	2017年	林芝市委统战部
旦增秋朗	男	藏	波密县委统战部	2017年度全市统战系统优秀信息员	2018年	林芝市委统战部
拉巴卓玛	女	藏	波密县民宗局	2017年度林芝市民宗系统信息工作先进个人	2018年	林芝市民族宗教事务局党组、林芝市民族宗教事务局
益西桑布	男	藏	波密县完全小学	2017年度林芝市“喜迎党的十九大--智慧笔尖”主题的藏文书法比赛中簇伊体荣获一等奖	2017年	林芝市藏语委办（编译局）
白玛南加	男	藏	易贡乡中心小学	市级藏文书法比赛乌金体三等奖	2017年	林芝市藏语委办（编译局）
边巴卓玛	女	藏	波密县人力资源和社会保障局	波密县首届“冰川王子 桃花仙子”选拔赛三等奖	2017年	林芝市旅发委
曹开建	男	汉	波密县公安局玉普一级公安检查站	十九大维稳工作个人三等功	2017年	公安部昆明警犬基地、林芝市公安局
曹开建	男	汉	波密县公安局玉普一级公安检查站	个案侦破奖励	2017年	公安部昆明警犬基地、林芝市公安局
杨利军	男	汉	波密县公安局玉普一级公安检查站	个人三等功	2017年	林芝市公安局

续表5

姓名	性别	民族	工作单位	获奖名称	表彰时间	授予单位
巴桑玉杰	男	藏	波密县公安局刑警大队	十九大维稳工作个人三等功	2017年	林芝市公安局
普布泽仁	男	藏	波密县公安局松宗镇派出所	十九大维稳工作个人三等功	2017年	林芝市公安局
张关朝	男	汉	波密县公安局办公室	十九大维稳工作嘉奖	2017年	林芝市公安局
陈卓	男	汉	波密县公安局城西便民警务站	十九大维稳工作嘉奖	2017年	林芝市公安局
次旺欧珠	男	藏	波密县公安局古乡派出所	十九大维稳工作嘉奖	2017年	林芝市公安局
李衡	男	汉	波密县公安局国保大队	十九大维稳工作嘉奖	2017年	林芝市公安局
马彪	男	汉	波密县公安局督察大队	十九大维稳工作嘉奖	2017年	林芝市公安局
斯朗玉珍	女	藏	波密县公安局警务保障室	十九大维稳工作嘉奖	2017年	林芝市公安局
晋美	男	藏	波密县公安局交警大队	十九大维稳工作嘉奖	2017年	林芝市公安局
杨春建	男	汉	波密县公安局办公室	林芝市公安局“迎接十九大 忠诚保平安”暨“欢度国庆”主题书画摄影作品展优秀奖	2017年	林芝市公安局
杨春建	男	汉	波密县公安局办公室	2017年度保密工作先进个人	2017年	林芝市公安局
拉巴次仁	男	藏	波密县公安局玉普一级公安检查站	2017年全市优秀人民警察（记三等功）	2017年	林芝市公安局
桑旦加措	男	藏	波密县公安局玉许乡派出所	2017年全市优秀人民警察（记三等功）	2017年	林芝市公安局
次旺欧珠	男	藏	波密县公安局易贡乡派出所	2017年全市优秀人民警察（记三等功）	2017年	林芝市公安局
泽旺扎西	男	藏	波密县公安局梅州路便民警务站	2017年全市优秀人民警察（记三等功）	2017年	林芝市公安局
高奇山	男	汉	波密县公安局玉普一级公安检查站	2017年全市优秀人民警察（记三等功）	2017年	林芝市公安局
索朗加措	男	藏	波密县公安局郭保大队	2017年全市优秀人民警察（记三等功）	2017年	林芝市公安局
普布次仁	男	藏	波密县公安局警务保障室	2017年度全市公安工作先进个人(个人嘉奖)	2017年	林芝市公安局
白马单增	男	藏	波密县公安局法制（督查）室	2017年度全市公安工作先进个人(个人嘉奖)	2017年	林芝市公安局
次培多吉	男	藏	易贡茶场便民警务站	2017年度全市公安工作先进个人(个人嘉奖)	2017年	林芝市公安局
袁霄龙	男	汉	波密县公安局办公室	2017年度全市公安工作先进个人(个人嘉奖)	2017年	林芝市公安局
李仕强	男	汉	波密县公安局警务保障室	2017年度全市公安工作先进个人(个人嘉奖)	2017年	林芝市公安局

续表5

姓名	性别	民族	工作单位	获奖名称	表彰时间	授予单位
王亚南	男	汉	波密县公安局治安大队	2017年度全市公安工作先进个人(个人嘉奖)	2017年	林芝市公安局
陈　鹏	男	汉	松宗镇派出所	2017年度全市公安工作先进个人(个人嘉奖)	2017年	林芝市公安局
仁青桑布	男	藏	波密县公安局刑事侦查大队	2017年度全市公安工作先进个人(个人嘉奖)	2017年	林芝市公安局
达瓦拉姆	女	藏	古乡派出所	2017年度全市公安工作先进个人(个人嘉奖)	2017年	林芝市公安局
旦增晋美	男	藏	玉普乡派出所	2017年度全市公安工作先进个人(个人嘉奖)	2017年	林芝市公安局
索朗卓玛	女	藏	老油库便民警务站	2017年度全市公安工作先进个人(个人嘉奖)	2017年	林芝市公安局
多吉欧珠	男	藏	城西便民警务站	2017年度全市公安工作先进个人(个人嘉奖)	2017年	林芝市公安局
刘　强	男	汉	多吉乡派出所	2017年度全市公安工作先进个人(个人嘉奖)	2017年	林芝市公安局
洛松多吉	男	藏	松宗镇派出所	2017年度全市公安工作先进个人(个人嘉奖)	2017年	林芝市公安局
桑　邓	男	藏	县城派出所	2017年度全市公安工作先进个人(个人嘉奖)	2017年	林芝市公安局
金　京	男	汉	波密县公安局特警大队	2017年度全市公安工作先进个人(个人嘉奖)	2017年	林芝市公安局
杨利军	男	汉	玉普一级公安检查站	个人三等功	2017年	林芝市公安局
曹开建	男	汉	玉普一级公安检查站	个人三等功	2017年	林芝市公安局
余玲玲	女	汉	波密县人民法院	全市优秀法官	2017年	林芝市中级人民法院
赵兴佳	男	白	波密县人民法院	全市法院办案标兵	2017年	林芝市中级人民法院
次　旺	男	藏	波密县藏医院	2017年度林芝市第三届藏药辨认大赛个人第二名	2017年	林芝市卫计委、林芝市藏医院
索朗卓嘎	女	藏	波密县藏医院	2017年度林芝市第三届藏药辨认大赛个人第三名	2017年	林芝市卫计委、林芝市藏医院
德　庆	女	藏	波密县文化局	公共文化服务工作先进个人	2017年	林芝市文化局党组
索朗多点	男	藏	波密县文化局	2017年度林芝市文物工作先进个人	2018年	林芝市文化局
扎西多吉	男	藏	波密县中学	第一届林芝市优秀校长	2017年	共青团林芝市委员会、林芝市教育局体育局、少先队林芝市工作委员会
索朗央西	女	藏	波密县完全小学	2016-2017年度林芝市"一师一优课、一课一名师"活动中荣获市级优课	2017年	林芝市教育体育局、林芝市教育学会
次旺曲珍	女	藏	波密县完全小学	体育课《站立式起跑》，在2016—2017年度林芝市"一师一优课、一课一名师"中获得市级优课	2017年	林芝市教育体育局、林芝市教育学会

续表5

姓名	性别	民族	工作单位	获奖名称	表彰时间	授予单位
次旺曲珍	女	藏	波密县完全小学	《体育运动技能 基本身体活动—站立式起跑与反应联系游戏》在2016—2017年度“一师一优课、一课一名师”评审活动中荣获自治区级优课	2017年	林芝市教育体育局、林芝市教育学会
杨赵龙	男	汉	波密县中学	林芝市2017年初中教师生物教学大赛二等奖	2017年	林芝市教育体育局、林芝市教育学会
杨雪梅	女	汉	波密县中学	林芝市2017年初中教师地理教学大赛三等奖	2017年	林芝市教育体育局、林芝市教育学会
解安旭	男	汉	波密县中学	林芝市2017年初中教师物理教学大赛三等奖	2017年	林芝市教育体育局、林芝市教育学会
袁文军	男	汉	波密县中学	林芝市2017年初中教师生物教学大赛二等奖	2017年	林芝市教育体育局、林芝市教育学会
罗超	男	汉	波密县中学	“一师一优课、一课一名师”自治区优课	2017年	林芝市教育体育局、林芝市教育学会
普珍	女	藏	波密县中学	林芝市2017年初中教师历史教学大赛三等奖	2017年	林芝市教育体育局、林芝市教育学会
李春兰	女	汉	波密县中学	林芝市2017年初中教师物理教学大赛三等奖	2017年	林芝市教育体育局、林芝市教育学会
鱼行涛	男	汉	波密县中学	林芝市2017年初中教师化学教学大赛三等奖	2017年	林芝市教育体育局、林芝市教育学会
张宇飞	女	汉	波密县中学	林芝市2017年初中教师地理教学大赛二等奖	2017年	林芝市教育体育局、林芝市教育学会
刘彦军	男	汉	波密县中学	“一师一优课、一课一名师”市级优课	2017年	林芝市教育体育局、林芝市教育学会
朱晨光	男	汉	波密县中学	林芝市2017年初中教师历史教学大赛三等奖	2017年	林芝市教育体育局、林芝市教育学会
朱晨光	男	汉	波密县中学	“一师一优课、一课一名师”市级优课	2017年	林芝市教育体育局、林芝市教育学会
罗桑	男	藏	玉许乡小学	林芝市小学教师教学大赛藏文三等奖	2017年	林芝市教育体育局、林芝市教育学会
杨亚垒	男	汉	波密县中学	2017年林芝市中学电脑制作活动中评为优秀指导老师	2017年	林芝市教育体育局
周万年	男	汉	波密县中学	“2017年林芝市首届中小学微课作品征集活动”优秀作品	2017年	林芝市教育体育局
赵昆	男	汉	波密县中学	“一师一优课、一课一名师”市级优课	2017年	林芝市教育体育局、林芝市教育学会
其美卓玛	女	藏	波密县中学	“一师一优课、一课一名师”市级优课	2017年	林芝市教育体育局、林芝市教育学会
措姆	女	藏	波密县中学	“2017年林芝市首届中小学微课作品征集活动”优秀作品	2017年	林芝市教育体育局
边巴卓玛	女	藏	波密县中学	“2017年林芝市首届中小学微课作品征集活动”优秀作品	2017年	林芝市教育体育局

续表5

姓名	性别	民族	工作单位	获奖名称	表彰时间	授予单位
索朗央西	女	藏	波密县完全小学	微课作品《拟人句》在“2017年林芝市首届中小学微课作品征集活动”中被评为优秀作品	2017年	林芝市教育体育局
郑洪涛	男	汉	波密县中学	“2017年林芝市首届中小学微课作品征集活动”优秀作品	2017年	林芝市教育体育局
德吉	女	藏	波密县中心幼儿园	第二届学前教育教学大赛二等奖	2017年	林芝市教育体育局
范艳娇	女	汉	波密县中学	“2017年林芝市首届中小学微课作品征集活动”优秀作品	2017年	林芝市教育体育局
曲永卓玛	女	藏	玉许乡小学	林芝市教育体育局优秀学员	2017年	林芝市教育体育局
段新刚	男	汉	波密县中学	中共林芝市教育体育委员会评为林芝市教育体育系统2017年度优秀共产党员	2017年	林芝市教育体育局委员会
白玛央宗	女	藏	波密县农牧局	2017年度农牧业工作先进个人	2018年	林芝市农牧局
洛松泽培	男	藏	扎木机械化养护队	先进工作者	2018年	林芝公路分局
段新刚	男	汉	波密县中学	《我的中国梦 我的西藏行》被评为“讲好四讲四爱林芝故事”网络征文优秀作品	2017年	林芝市互联网信息办公室
王乐乐	女	汉	波密县文化局	林芝优秀新闻作品二等奖	2017年	林芝优秀新闻作品评审委员会
桑杰	男	藏	中国农业银行股份有限公司波密县支行	优秀支行行长	2017年	中国农业银行林芝分行
刘康	男	汉	中国农业银行股份有限公司波密县支行	优秀党务工作者	2017年	中国农业银行林芝分行委员会
罗倩	女	汉	中国农业银行股份有限公司波密县支行	优秀党员	2017年	中国农业银行林芝分行委员会
堆桑次仁	男	藏	中国农业银行股份有限公司波密县支行	优秀网点负责人	2017年	中国农业银行林芝分行
四郎丁增	男	藏	中国农业银行股份有限公司波密县支行	优秀干部员工	2017年	中国农业银行林芝分行
向巴平措	男	藏	中国农业银行股份有限公司波密县支行	优秀经济民警	2017年	中国农业银行林芝分行
索朗央西	女	藏	波密县完全小学	区培计划（2017）—拉萨师专小学教务主任组织管理能力培训学习优秀学员	2017年	拉萨师范高等专科学校
阿旺仁青	男	藏	波密县文化局	2017年巅峰梦想“拉萨交通产业集团”首届围棋汽车拉力赛-摄影大赛金质收藏奖	2017年	围棋汽车拉力赛组委会
罗布次仁	男	藏	波密县委统战部	波密县2017年度民族团结进步先进个人	2017年	波密县委、县政府
蔡廷婷	女	汉	波密县工商业联合会	文明家庭	2017年	波密县委、县政府

续表5

姓名	性别	民族	工作单位	获奖名称	表彰时间	授予单位
多吉次仁	男	藏	波密县工商行政管理局	波密县2017年度社会治安综合治理先进个人	2017年	波密县委、县政府
涂晓军	男	汉	波密县旅发委	优秀公务员	2017年	波密县委、县政府
嘎玛罗布	男	藏	波密县完全小学	波密县推进县域义务教育均衡发展工作先进个人	2017年	波密县委、县政府
央珍	女	门巴	波密县完全小学	波密县民族团结进步模范个人	2017年	波密县委、县政府
次成久美	男	藏	波密县完全小学	波密县推进县域义务教育均衡发展工作先进个人	2017年	波密县委、县政府
任寅娇	女	汉	波密县中心幼儿园	推进县域义务教育均衡发展先进个人	2017年	波密县委、县政府
扎西多吉	男	藏	波密县中学	波密县推进县域义务教育均衡发展工作先进个人	2017年	波密县委、县政府
拥青卓嘎	女	藏	波密县环保局	优秀公务员	2017年	波密县委、县政府
张鑫	男	汉	波密县环保局	优秀公务员	2017年	波密县委、县政府
卓玛	女	藏	波密县环保局	优秀公务员	2017年	波密县委、县政府
张宇飞	男	汉	玉许乡人民政府	波密县“四讲四爱”主题教育实践活动先进个人	2017年	波密县委、县政府
尼玛顿珠	男	藏	松宗镇角达村	先进双联户户长	2017年	波密县委、县政府
索朗平措	男	藏	松宗镇栋曲村	先进双联户户长	2017年	波密县委、县政府
旺扎	男	藏	松宗镇德巴村	县级平安家庭	2017年	波密县委、县政府
顿堆	男	藏	松宗镇栋亚村	县级平安家庭	2017年	波密县委、县政府
洛桑	男	藏	松宗镇德巴村	波密县“四讲四爱”优秀宣讲员	2017年	波密县委、县政府
多吉占堆	男	藏	松宗镇岗巴村	文明家庭	2017年	波密县委、县政府
张豪杰	男	藏	波密县人大办	波密县创先争优强基础惠民生活动第六批县级先进驻村（居）工作队员	2017年	波密县委、县政府
高寒	男	汉	波密县人大办	波密县创先争优强基础惠民生活动第六批县级先进驻村（居）工作队员	2017年	波密县委、县政府
吴光岩	男	汉	波密县政法委	波密县创先争优强基础惠民生活动第六批县级先进驻村（居）工作队员	2017年	波密县委、县政府
尼玛曲珍	女	藏	波密县人民法院	波密县创先争优强基础惠民生活动第六批县级先进驻村（居）工作队员	2017年	波密县委、县政府
邓行翔	男	汉	波密县农牧科技局	波密县创先争优强基础惠民生活动第六批县级先进驻村（居）工作队员	2017年	波密县委、县政府
郭永全	男	汉	波密县人力资源和社会保障局	波密县创先争优强基础惠民生活动第六批县级先进驻村（居）工作队员	2017年	波密县委、县政府
蔡林雁	男	汉	波密县林业局	波密县创先争优强基础惠民生活动第六批县级先进驻村（居）工作队员	2017年	波密县委、县政府

续表5

姓名	性别	民族	工作单位	获奖名称	表彰时间	授予单位
洛 松	男	藏	波密县教体局	波密县创先争优强基础惠民生活动第六批县级先进驻村（居）工作队员	2017年	波密县委、县政府
旦增卓玛	女	藏	波密县人民医院	波密县创先争优强基础惠民生活动第六批县级先进驻村（居）工作队员	2017年	波密县委、县政府
赵树兵	男	汉	波密县古乡人民政府	波密县创先争优强基础惠民生活动第六批县级先进驻村（居）工作队员	2017年	波密县委、县政府
珠阿措姆	女	藏	波密县古乡人民政府	波密县创先争优强基础惠民生活动第六批县级先进驻村（居）工作队员	2017年	波密县委、县政府
朗嘎加措	男	藏	波密县古乡人民政府	波密县创先争优强基础惠民生活动第六批县级先进驻村（居）工作队员	2017年	波密县委、县政府
措 姆	女	藏	波密县八盖乡人民政府	波密县创先争优强基础惠民生活动第六批县级先进驻村（居）工作队员	2017年	波密县委、县政府
嘎玛占堆	男	藏	波密县八盖乡人民政府	波密县创先争优强基础惠民生活动第六批县级先进驻村（居）工作队员	2017年	波密县委、县政府
陈 银	男	汉	波密县多吉乡人民政府	波密县创先争优强基础惠民生活动第六批县级先进驻村（居）工作队员	2017年	波密县委、县政府
白玛卓嘎	女	藏	波密县多吉乡人民政府	波密县创先争优强基础惠民生活动第六批县级先进驻村（居）工作队员	2017年	波密县委、县政府
巴桑曲珍	女	藏	波密县倾多镇人民政府	波密县创先争优强基础惠民生活动第六批县级先进驻村（居）工作队员	2017年	波密县委、县政府
白玛曲宗	女	藏	波密县倾多镇人民政府	波密县创先争优强基础惠民生活动第六批县级先进驻村（居）工作队员	2017年	波密县委、县政府
坚 增	男	藏	波密县倾多镇人民政府	波密县创先争优强基础惠民生活动第六批县级先进驻村（居）工作队员	2017年	波密县委、县政府
杨珍梅	女	纳西	波密县倾多镇人民政府	波密县创先争优强基础惠民生活动第六批县级先进驻村（居）工作队员	2017年	波密县委、县政府
卫 东	女	藏	波密县松宗镇人民政府	波密县创先争优强基础惠民生活动第六批县级先进驻村（居）工作队员	2017年	波密县委、县政府
白 玛	男	藏	波密县易贡乡人民政府	波密县创先争优强基础惠民生活动第六批县级先进驻村（居）工作队员	2017年	波密县委、县政府
格桑卓嘎	女	藏	波密县易贡乡人民政府	波密县创先争优强基础惠民生活动第六批县级先进驻村（居）工作队员	2017年	波密县委、县政府
次仁顿珠	男	藏	波密县玉普乡人民政府	波密县创先争优强基础惠民生活动第六批县级先进驻村（居）工作队员	2017年	波密县委、县政府
次仁卓嘎	女	藏	波密县扎木镇人民政府	波密县创先争优强基础惠民生活动第六批县级先进驻村（居）工作队员	2017年	波密县委、县政府
德吉卓嘎	女	藏	波密县扎木镇人民政府	波密县创先争优强基础惠民生活动第六批县级先进驻村（居）工作队员	2017年	波密县委、县政府
次仁扎西	男	藏	波密县玉许乡人民政府	波密县创先争优强基础惠民生活动第六批县级先进驻村（居）工作队员	2017年	波密县委、县政府
单增洛桑	男	藏	波密县康玉乡人民政府	波密县创先争优强基础惠民生活动第六批县级先进驻村（居）工作队员	2017年	波密县委、县政府

续表5

姓名	性别	民族	工作单位	获奖名称	表彰时间	授予单位
侯 玉 辉	男	汉	波密县卫生局	2016年度卫生工作优秀个人	2017年	波密县委、县政府
次仁曲珍	女	藏	波密县卫生局	2016年度卫生工作优秀个人	2017年	波密县委、县政府
索朗多布杰	男	藏	波密县人民医院	2016年度卫生工作优秀个人	2017年	波密县委、县政府
次来彭措	男	藏	波密县人民医院	2016年度卫生工作优秀个人	2017年	波密县委、县政府
赖 朋	男	汉	波密县人民医院	2016年度卫生工作优秀个人	2017年	波密县委、县政府
平 措	男	藏	波密县人民医院	2016年度卫生工作优秀个人	2017年	波密县委、县政府
卓 嘎	女	藏	波密县藏医院	2016年度卫生工作优秀个人	2017年	波密县委、县政府
索朗旺堆	男	藏	波密县疾控中心	2016年度卫生工作优秀个人	2017年	波密县委、县政府
多吉欧珠	男	藏	波密县疾控中心	2016年度卫生工作优秀个人	2017年	波密县委、县政府
松 措	女	藏	扎木镇卫生院	2016年度卫生工作优秀个人	2017年	波密县委、县政府
鲁 生	女	藏	松宗镇卫生院	2016年度卫生工作优秀个人	2017年	波密县委、县政府
瞿 菊 芳	女	汉	倾多镇卫生院	2016年度卫生工作优秀个人	2017年	波密县委、县政府
仓 决	女	藏	古乡卫生院	2016年度卫生工作优秀个人	2017年	波密县委、县政府
尼玛丁增	男	藏	多吉乡卫生院	2016年度卫生工作优秀个人	2017年	波密县委、县政府
次仁拉姆	女	藏	玉许乡卫生院	2016年度卫生工作优秀个人	2017年	波密县委、县政府
桑吉多吉	男	藏	玉许乡卫生院	2016年度卫生工作优秀个人	2017年	波密县委、县政府
拉 姆	女	藏	玉普乡卫生院	2016年度卫生工作优秀个人	2017年	波密县委、县政府
强巴央珍	女	藏	易贡乡卫生院	2016年度卫生工作优秀个人	2017年	波密县委、县政府
德 吉	女	藏	茶场卫生院	2016年度卫生工作优秀个人	2017年	波密县委、县政府
次仁德吉	女	藏	八盖乡卫生院	2016年度卫生工作优秀个人	2017年	波密县委、县政府
阿旺贡松	男	藏	八盖乡卫生院	2016年度卫生工作优秀个人	2017年	波密县委、县政府
益西江层	男	藏	扎木镇桑登村	2016年度卫生工作优秀村医	2017年	波密县委、县政府
旦增热杰	男	藏	松宗镇角达村	2016年度卫生工作优秀村医	2017年	波密县委、县政府
央 青	女	藏	倾多镇热西村	2016年度卫生工作优秀村医	2017年	波密县委、县政府
德庆旺姆	女	藏	古乡嘎朗村	2016年度卫生工作优秀村医	2017年	波密县委、县政府
布 尼 玛	男	藏	多吉乡达大村	2016年度卫生工作优秀村医	2017年	波密县委、县政府

续表5

姓名	性别	民族	工作单位	获奖名称	表彰时间	授予单位
西绕尼玛	男	藏	玉许乡亚塔村	2016年度卫生工作优秀村医	2017年	波密县委、县政府
次旦平措	男	藏	玉许乡堂木村	2016年度卫生工作优秀村医	2017年	波密县委、县政府
次仁顿珠	男	藏	玉普乡达巴村	2016年度卫生工作优秀村医	2017年	波密县委、县政府
央　珍	女	藏	易贡乡贡扎村	2016年度卫生工作优秀村医	2017年	波密县委、县政府
泽旺达杰	男	藏	八盖乡木玉村	2016年度卫生工作优秀村医	2017年	波密县委、县政府
落松益西	男	藏	康玉乡达秋村	2016年度卫生工作优秀村医	2017年	波密县委、县政府
张豪杰	男	藏	县人大常委会	2017年度优秀公务员	2018年	中共波密县委员会
方　宪	男	汉	县人大常委会办公室	2017年度优秀公务员	2018年	中共波密县委员会
李伟成	男	汉	波密县人民政府	2017年度优秀公务员	2018年	中共波密县委员会
唐小华	男	汉	县人民政府办公室	2017年度优秀公务员	2018年	中共波密县委员会
刘仁宗	男	土家	县人民政府办公室	2017年度优秀公务员	2018年	中共波密县委员会
刘红华	男	傣	县人民政府办公室	2017年度优秀公务员	2018年	中共波密县委员会
何梦静	女	汉	县人民政府办公室	2017年度优秀公务员	2018年	中共波密县委员会
刘　丽	女	汉	波密中波台	2016—2017年度优秀党务工作着	2017年	中共波密县委员会
干尹超	男	汉	波密中波台	“喜迎十九大，争做合格党员”征文比赛第一名	2017年	中共波密县委员会
周　毅	男	彝	武警波密县森林中队	先进个人	2017年	中共波密县委员会
贡布扎西	男	藏	波密县人民法院	2016年政法维稳工作先进个人	2017年	中共波密县委员会
贡秋曲珍	女	藏	波密县人民法院	2016年政法维稳工作先进个人	2017年	中共波密县委员会
田　峰	男	汉	波密县人民法院	2016-2017年度优秀共产党员	2017年	中共波密县委员会
次仁占堆	男	藏	波密县人民检察院	2016—2017年度优秀共产党员	2017年	中共波密县委员会
常公德	男	汉	波密县人民检察院	2016—2017年度优秀党务工作者	2017年	中共波密县委员会
宗扎西	男	藏	波密县人民检察院	政法维稳工作先进个人	2017年	中共波密县委员会
陈　俊	男	黎	波密县工商行政管理局	优秀共产党员	2017年	中共波密县委员会
华　措	女	汉	波密县国土资源局	优秀公务员	2017年	中共波密县委员会
嘎松拉姆	女	藏	波密县国土资源局	优秀工作者	2017年	中共波密县委员会
阳雨庆	男	汉	波密县人力资源和社会保障局	波密县综治先进个人	2017年	中共波密县委员会

续表5

姓名	性别	民族	工作单位	获奖名称	表彰时间	授予单位
边巴卓玛	女	藏	波密县人力资源和社会保障局	林芝市旅游形象大使暨第三届桃花仙子大赛选拔赛入围奖	2017年	中共波密县委员会
扎西平措	男	藏	阿西村委员会	优秀共产党员	2017年	中共波密县委员会
白玛南加	男	藏	易贡乡中心小学	优秀共产党员	2017年	中共波密县委员会
索朗次仁	男	藏	易贡乡通加村党支部副书记、村委会主任	优秀共产党员	2017年	中共波密县委员会
索朗旺堆	男	藏	易贡乡沙玛村党支部第一书记、驻村工作队队长	优秀共产党员	2017年	中共波密县委员会
扎西巴旦	男	藏	易贡乡桑林寺	2017年下半年爱国守法先进僧人	2017年	中共波密县委员会
索朗扎西	男	藏	康玉乡人民政府	2017年度“七一”表彰优秀党员	2017年	中共波密县委员会
索朗扎西	男	藏	康玉乡人民政府	2017年度优秀公务员	2017年	中共波密县委员会
罗银吉	男	汉	康玉乡人民政府	2017年度优秀公务员	2017年	中共波密县委员会
次仁	女	藏	康玉乡人民政府	2017年度优秀公务员	2017年	中共波密县委员会
尼玛次仁	男	藏	八盖乡人民政府	2017年优秀党务工作者	2017年	中共波密县委员会
鲁健	女	汉	八盖乡人民政府	2017年优秀共产党员	2017年	中共波密县委员会
杨昆	男	汉	古乡	优秀共产党员	2017年	中共波密县委员会
张旋坤	男	汉	古乡	优秀党务工作者	2017年	中共波密县委员会
樊银波	男	汉	玉许乡人民政府	2017年度“七一”表彰优秀共产党员	2017年	中共波密县委员会
巴桑卓玛	女	藏	波密县财政局	波密县森林防火工作先进个人	2017年	波密县人民政府、波密县森林防火指挥部
石俊	男	汉	玉普乡人民政府	波密县森林防火工作先进个人	2017年	波密人民政府、县森防指挥部
罗兴	女	壮	波密县人力资源和社会保障局	波密县森林工作先进个人	2017年	波密县人民政府
卓嘎	女	藏	波密县藏医院	2017年度先进个人	2017年	波密县人民政府
索朗卓嘎	女	藏	波密县藏医院	2017年度先进个人	2017年	波密县人民政府
扎西多吉	男	藏	波密县中学	2016-2017学年波密县中考工作中荣获先进个人	2017年	波密县人民政府
白玛拉珍	女	藏	波密县完全小学	2016—2017学年波密县小考工作中，荣获先进个人	2017年	波密县人民政府
白玛拉珍	女	门巴	波密县完全小学	2016—2017学年波密县小考工作中，荣获先进个人	2017年	波密县人民政府

续表5

姓名	性别	民族	工作单位	获奖名称	表彰时间	授予单位
达　娃	男	藏	康玉乡人民政府	2017年度波密县森林防火工作先进个人	2017年	波密县人民政府
仓巴扎西	男	藏	康玉乡中心小学	2017年度先进个人	2017年	波密县人民政府
旦增曲珠	男	藏	康玉乡卫生院	2017年度先进个人	2017年	波密县人民政府
桑吉多吉	男	藏	玉许乡卫生院	卫生工作先进个人	2017年	波密县人民政府
央　珍	女	藏	易贡乡贡仲村	优秀村医	2017年	波密县人民政府
次巴扎西	男	藏	易贡乡中心小学	先进个人	2017年	波密县人民政府

说明：由于各单位资料提供不全，可能有遗漏

在波密县“四讲四爱”主题教育实践活动领导小组第一次会议暨活动推进会上的讲话

波密县委书记 朱正辉

（2017年5月17日）

经县委研究同意，今天召开“四讲四爱”主题教育实践活动领导小组第一次会议暨活动推进会，主要目的是推动“四讲四爱”主题教育实践活动进一步扎实、有序、有效开展，大家要强化思想认识，认真落实各项举措，共同推动各项活动开展工作。4月6日，县委召开了动员大会，李锋同志代表县委作了安排部署，推动了活动按时、有序、顺利地开展。

应该说，这项活动自4月6日到现在的40多天时间里，全县各级各部门党委（党组、党支部）对此项工作高度重视，县委常委、宣传部部长马海蕴同志带领县活动办成员深入乡（镇）开展宣讲的同时对活动开展情况进行了督促指导，相关单位结合各自实际扎实推进工作，取得了初步成效。刚才，各乡（镇）、县教育局、民宗局、强基办也作了交流发言，讲得都很好，各自介绍了工作情况，相互介绍了工作经验，同时也发现了工作中的一些问题，在下一步活动开展中，希望各级各部门以此次会议为契机，充分借鉴经验，针对问题制定措施，鼓足干劲，振奋精神，继续推动活动扎实、深入、有效的开展。下面，为进一步贯彻落实好区党委和市委的要求，我就开展好“四讲四爱”主题教育实践活动再讲几点意见。

一、强化思想认识

“四讲四爱”主题教育实践活动是区党委深化“两学一做”学习教育制度化、常态化作出的重要部署，是进一步推进“两学一做”学习教育的延伸和拓展，是着眼于喜迎党的十九大胜利召开作出的安排，对于全区上下坚决拥戴、信赖、忠诚、捍卫习近平总书记这个核心，进一步筑牢西藏长治久安和长足发展的政治基础、思想基础、群众基础，打赢脱贫攻坚战，更好地树立社会主义核心价值观，追求现代文明生活方式，实现全面建成小康社会都具有十分重要的意义。对此，我们在思想上必须有明确而清醒的认识，就我县而言，大家要深刻认识到开展“四讲四爱”主题教育实践活动不是空喊口号，是我县实实在在的一项重要工作和一项重要的政治任务，全县党员干部要牢固树立“四个意识”，对“四讲四爱”进行深入、系统地学习，做到入脑、入心，这样才能在对农牧民群众、青少年学生、寺庙僧尼作宣讲时思路清晰、主题鲜明、目的明确。同时要正确认识“四讲四爱”与“两学一做”和“五个波密”建设之间的关系。“四讲四爱”是“两学一做”常态化、制度化下的进一步拓展和延伸，“两学一做”学习教育的主体是全体党员，“四讲四爱”是通过党员干部把“两学一做”学习教育的成果向基层的进一步延伸；“四讲四爱”是与“五个波密”建设是高度契合的，“五个波密”既是“四讲四爱”的客观需要和必然要求，同时，又是“四讲四爱”的具体体现，也为“四讲四爱”注入了丰富的实践内涵。反之，开展好“四讲四爱”活动，同样也会为“五个波密”建设注入强大的精神支撑和动力源泉，激发全县各级、各界、各族干部群众共推发展、共创和谐、共建美丽家园、共谋美好幸福生活的无限热情，推动我县长足发展和长治久安。“四讲四爱”中“讲党恩爱核心”就是我们今年的重点，针对这一块要大讲特讲；“讲团结爱祖国”要以加强民族团结为主题；“讲贡献爱家园”要以社会主义核心价值观为主题；“讲文明爱生活”要以崇尚科学、移风易俗、破除迷信和陈规陋习为主题。

全县上下都树立了核心意识，认识到惠在何处、惠从何来，自觉坚定地拥戴核心、政治上信赖核心、组织上忠诚核心、行动上捍卫核心，自觉地感党恩、听党话、跟党走；也牢固树立了“三个认同”和“五个离不开”的意识，自觉加强民族团结，自觉反对分裂，牢固树立法制意识、法制思维，自觉遵法、守法；也树立了生态保护意识，自觉加入到环境卫生综合整治等各项工作；同时，也牢固树立了靠自己的双手勤劳致富，实现精准脱贫的目标，“五个波密”建设就有了强大的思想基础和基层群众的基础。

谈到这个问题，在这里特别强调一下环境保护工作，自治区环保督查组近期就要来我县，7月份，国家环保巡查组对我县进行巡查，生态环境保护意识强不强、我们做得怎么样，也是我们面临的一个考验。刚才，教育局的也发了言，希望教育局在学校这一方面引起重视，对我们的学生加强教育引导，树立环保意识。各乡（镇）群众的环保意识要进一步加强，这也是一种文明的生活方式，一定要养成良好习惯。

二、强化导向引领

一要树立正确的政治导向。自治区党委要求宣讲中“讲正确的”，“正确的”不仅内容要准确，政治导向更要准确。我县宣讲人员对涉及反分裂、民族宗教、意识形态安全等问题，一定要严格政治导向、坚守政治规矩、牢固树立“四个意识”，任何时候都要同党中央、区党委和市委保持高度一致，传播党的声音，维护党的权威，守住宣讲底线。必须严格按照区党委、市委和县委印发的《宣讲提纲》内容讲，防止片面性、简单化。要坚持正面宣传、唱响主旋律。二要树立正确的思想导向。宣讲人员要深刻认识区党委在全区开展“四讲四爱”主题教育实践活动是绝对忠诚核心的必然要求，是维护社会稳定的必然要求，是营造十九大召开喜庆氛围的迫切需要，从思想深处正确理解和体会“四讲四爱”主题教育实践活动开展的重要性和紧迫性，并以此为“思想导向”，牢牢把握宣讲的“思想旋律”，精确把握群众思想实际，提高群众思想认识。还是要做到思想引领，更新观念，解放思想，树立核心意识。三要树立正确的目标导向。要以使广大群众核心意识更加坚定，发展动能更加强劲，保护生态更加自觉，基层基础更加牢固，社会风尚更加文明，宗教与社会主义社会更加适应，接班人队伍更加纯洁，进一步夯实长足发展和长治久安的思想基础、群众基础、基层基础等目标作为宣讲任务的导向。无论是宣讲内容的细化，还是活动载体的创新，都要核准目标，体现目标对宣讲工作的引领性、激励性，同时以目标为参照，检验宣讲的实际效果。

三、强化组织推动

一是全县各级各部门要把活动开展作为今年的一项重大政治任务，列入重要日程，纳入总体工作，认真谋划、周密部署。各级各部门党委（党组、党支部）要严格落实主体责任，书记要切实发挥第一责任人责任，切实做到认识到位、人员到位、组织实施到位，切实担负起宣传教育、开展实践、建章立制等各项工作任务，真正把这项工作抓实、抓细、抓出成效。活动的主要对象十分明确，农牧民群众、青少年学生、寺庙僧尼，都是我们最需要依赖的对象，而且是必须要依赖好的对象，我们在宣讲时要针对不同的受讲对象制定不同的宣讲方案，要注重特点和方式方法。二是按照分级实施、分工负责的原则，县活动办、领导小组要根据工作安排和进展情况，坚持定期、不定期明察暗访，扑下身子搜集素材，每月定期汇总，对落实不力的单位进行通报，对开展效果明显的做法进行推广。同时，县教育局、民宗局、强基办相关牵头单位，要认真履行职责，发挥要牵头抓总的作用，做好统筹安排，安排部署好，督促检查好。三是加大宣传报道力度。目前，我县在这方面取得了初步成效，宣传栏、宣传展板、横幅标语、LED显示屏、微信、微博、电视台播出新闻等方面的工作也都体现了取得的成效。下一步，希望宣传部门继续做好指导协调、组织督导、细化教材、宣讲培训、营造氛围等各项工作，在抓好“规定动作”的同时，鼓励基层创新形式、丰富内容。要以农牧民群众、青少年学生和寺庙僧尼喜闻乐见的形式，绘声绘色、图文并茂的宣传好“四讲四爱”相关内容，在全县营造人人了解、人人关注的浓厚氛围。可以结合文艺演出，文化下乡，穿插一些歌舞的形式、艺术的形式，增强“四讲四爱”宣讲的生动性和亲民性。

四、强化活动实效

一是准确把握好宣讲对象的需求特点求实效。要强化对象特点分析的“精准意识”。习近平总书记指出“讲好故事，事半功倍”，说明了以深入浅出的方式进行群众思想教育的重要性。为了开展好“四讲四爱”主题教育实践活动，要按照群众思想教育的特点和规律，根据群众思想教育的思想性和通俗性、教育性和生动性有机结合的要求，实现宣讲方式的创新和精准。对此，在宣讲中，宣讲人员要注重用群众熟悉的话语体系进行宣讲，要采取通俗化、大众化的语言，使群众听得懂、记得牢。要用群众易懂的方式讲道理，要把群众的民生需求和中国梦、依法治藏、精准脱贫、全面建成小康社会和建设“五个波密”等结合起来，要在宣讲中多用政策示例、对比手法、图片图表等。在这方面，我县有些乡镇做得很有特色，成效也较为明显。比如，多吉乡以“十式法则”（宣讲式、传单式、授课式、家常式、文艺式、案例式、实体式、法治式、辩论式、网络式）与多吉特色“四讲四爱+”（“四讲四爱”+强基础惠民生活动、“四讲四爱”+“两学一做”学习教育、“四讲四爱”+农牧民生产生活和“四讲四爱”+非遗文化）宣讲新模式紧密结合。这种方式就很好，也是一种创新。倾多镇康达村以“四讲四爱”为主线举办了康达村第二届旅游文化节暨3·28农奴解放纪念日活动，以“寓教于乐”的方式，引导广大群众讲党恩爱核心、团结奋进，做遵法懂法守法、勤劳致富的好群众。松宗镇以赛马节暨民俗文化节为契机，大力宣传“四讲四爱”主题教育实践活动。玉许乡开展模范典型评选活动，每月评选出模范典型进行表彰，树立典型，讲好身边故事，以身边事教育好身边人，以身边事激励身边人。这些都是值得借鉴的，群众的智慧是无穷的。在下步工作中，要充分借鉴各乡（镇）好的做法，加强相互交流，共同推动此项活动的有效开展。同时，各乡镇、学校、寺管会、驻村工作队也要继续发挥好带动作用，进一步创新工作方式方法，对不同的受教育群体进行持续深入的宣讲。

二是紧密联系稳定发展各项工作求实效。在开展“四讲四爱”主题教育实践活动中，要结合当前我县的各项重点工作来推进。当前，我们面临维护社会稳定、全力脱贫攻坚、加快产业发展、加强生态保护、建强基层组织等诸多任务，在工作推进中，我们也会遇到各种困难和问题，我们要以“四讲四爱”活动为契机，来进一步了解基层实际，夯实基层组织建设，让群众信赖基层组织，充分发挥基层组织的战斗堡垒作用，化解一线各项工作任务在推进中存在困难和问题。各乡（镇）、各单位要充分发挥主观能动性，抓住各自工作特点、把基层工作与“四讲四爱”活动要求结合起来，创新工作方式，推动工作落实。

同志们，思想是行动的先导，让我们通过入心入脑的持续宣讲，使广大农牧民群众、青少年学习、寺庙僧尼牢固树立“讲党恩爱核心、讲团结爱祖国、讲贡献爱家园、讲文明爱生活”的思想意识，为谱写中国梦波密篇章、奋力实现“五个波密”发展目标打下坚实的群众基础。

在波密县推进“两学一做”学习教育常态化制度化工作座谈会上的讲话

波密县委书记　朱正辉

（2017年5月17日）

今天，我们在这里召开波密县推进“两学一做”学习教育常态化制度化工作座谈会，主要任务是深入学习贯彻习近平总书记关于推进“两学一做”学习教育常态化制度化的重要指示精神和中央、区党委及市委推进“两学一做”学习教育常态化制度化工作座谈会精神，安排部署我县下阶段“两学一做”学习教育各项工作，切实推进我县“两学一做”学习教育常态化制度化。

下面，我就做好当前和下一步“两学一做”学习教育工作，谈几点意见。

一、认真领会精神，切实增强推进“两学一做”学习教育常态化制度化工作的责任感

在全体党员中开展“两学一做”学习教育，是以习近平同志为核心的党中央继党的群众路线教育实践活动和“三严三实”专题教育之后，推动党内教育从“关键少数”向广大党员拓展，从集中性教育向经常性教育延伸的重大部署，体现了我们党环环相扣、步步深入推进全面从严治党的政治定力，彰显了我们党真管真严、长管长严的优良传统。2月21日，中共中央政治局召开会议，审议通过了《关于推进“两学一做”学习教育常态化制度化的意见》，把“两学一做”学习教育提升到了全面从严治党的战略性、基础性工程的高度。近期，区党委和市委相继召开了推进“两学一做”学习教育常态化制度化工作座谈会，区党委吴英杰书记、市委马升昌书记都作了重要讲话，这充分体现了区党委和市委坚定不移落实全面从严治党要求的政治定力和坚定决心，对我们推进“两学一做”学习教育常态化制度化具有重要指导意义，为我们继续深化“两学一做”学习教育指明了前进方向、提供了根本遵循。全县各级党组织和广大党员必须把思想和行动统一到中央和区党委、市委的决策部署上来，牢固树立“四个意识”，打牢“学”这个基础、扭住“做”这个关键，认真学习，深刻领会，以高度的政治责任感，扎实推进“两学一做”学习教育常态化制度化，在巩固深化拓展上下功夫，抓长抓细抓常，扎实推动各项工作。

二、聚焦关键环节，抓细抓实“两学一做”学习教育工作任务

习近平总书记在对“两学一做”作出重要指示时强调：“两学一做”学习教育是推进思想建党、组织建党、制度治党的有力抓手，是全面从严治党的基础性工程，要坚持不懈抓下去。要把思想政治建设摆在首位，坚持用党章党规规范党员、干部言行，用党的创新理论武装全党，引导全体党员做合格党员。要抓住“关键少数”，抓实基层支部，坚持问题导向，发挥先进典型示范作用。要落实各级党委（党组、党支部）主体责任，落实好“两学一做”学习教育常态化制度化各项举措，保证党的组织履行职能、发挥核心作用，保证领导干部忠诚干净担当、发挥表率作用，保证广大党员以身作则、发挥先锋模范作用，为统筹推进“五位一体”总体布局和协调推进“四个全面”战略布局提供坚强组织保证。我们要紧紧把握总书记重要指示这一根本遵循，坚持把总书记重要指示作为灵魂和主线，贯穿到学习教育的全过程和各方面，确保总书记重要指示在波密落地生根、开花结果。

（一）坚持思想引领，强化理论学习。“学习是共产党人战胜艰难的法宝”。在推动“两学一做”学习教育常态化制度化过程中，我们要坚持读原著、学原文、悟原理，系统学习领会习近平总书记系列重要讲话的基本精神、基本内容、基本要求，把握好蕴含其中的治国理政新理念新思想新战略，系统学习《中共共产党章程》等有关党内法规条例，要在去年学习的基础上自觉做到“温故知新”。同时要带着问题学、带着思考学、联系实际学，力求把零散的东西变成系统的、理论的东西变为实践的，把学到的知识运用于改革发展稳定的工作实际，做到学以增智、学以创业，杜绝教条主义和本本主义。

（二）坚持真抓实干，凸显工作实绩。从我们日常工作开展情况来看，我县的干部队伍在作风建设、精神状态和真抓实干等方面表现还不错，但也存在一定的问题。如：个别党员干部认为党建工作、理论学习过于务虚，与经济社会发展工作缺乏联系，重视程度不高；一些党组织和党员干部工作缺乏主动精神，面对棘手问题或者难度稍大一点的工作，瞻前顾后、求稳怕乱，不敢、不愿、不会担当；有的党组织和党员对自身工作职责底数不清、思路不明，在全县发展稳定大局中没找准工作定位，只停留在“喊口号、走形式”上，为官不为，没有提出切实可行的工作思路；有的缺乏大局意识、协作意识和服务意识，在推进“五个波密”建设过程中，存在“条块分割”现象，只关心自已的“一亩三分地”，对于如何推进全县经济社会全面发展，配合做好各项工作的大局意识不强。一些突出问题，如县城周边的砂石采挖、牲畜入城、土地整治等工作，县里多次开会要求相关部门积极研究对策，及早落实，但收效不大。近期，中央和自治区环保督察组将要来我县开展督察工作，希望各级、各部门高度重视，密切配合，各主要负责人切实强化担当意识和服务意识，制定措施，认真整改，推动工作落实。在自治区“两会”期间，区党委吴英杰书记、齐扎拉主席就做好林芝工作作出了“五个方面走在前列”“四个着力”的重要指示和殷切期望，从全市范围来看，波密县地域位置独特，资源禀赋优越，也要力争在推进各项工作中走在全市前列。为此，全县各级党组织和党员干部要以此次推进“两学一做”学习教育常态化制度化为契机，认真落实思想建党和制度建党，在学与做上争当表率、敢于担当，坚持在学习上有担当，在履职尽责上有担当，在化解矛盾纠纷、解决问题上有担当，在维护稳定上有担当，在奋力推进“五个波密”建设上有担当。各县级领导、部门领导、乡镇领导、党员干部要带头争当表率，在全域旅游、脱贫攻坚、维护稳定、环境综合整治、安全生产、林业专项整治、项目建设、草场纠纷、道路交通运输整治等工作方面，谋思路、定措施，敢担当、善作为，扎实推动工作落实，为全面建成小康社会奠定坚实基础。广大党员要自觉践行党的宗旨、始终保持为民本色，努力争做合格党员，在推进改革发展稳定中当标兵做模范，主动把握机遇，应对风险挑战，做到问题面前不回避、责任面前不推脱、困难面前不退步，用实干激发热情，以担当排除阻力，切实推动波密经济社会长足发展和长治久安。

（三）坚持问题导向，注重整改提升。要深入查摆问题。各级党组织要扎实开展“回头看”，查找分析是否认真落实全面从严治党主体责任，是否坚决执行党的理论和路线方针政策，是否认真坚持民主集中制，党内组织生活是否经常、认真、严肃，党员教育管理监督是否严格、规范等问题；广大党员干部要自觉进行“党性体检”，查找分析理想信念是否坚定、对党是否忠诚老实、大是大非面前是否旗帜鲜明、是否做到在思想上政治上行动上同以习近平同志为核心的党中央保持高度一致，着力解决党的意识不强、组织观念不强、发挥作用不够等问题。要聚焦解决问题。抓好基层党建7项重点任务的贯彻落实，把推进基层党建7项重点任务与开展学习教育紧密结合起来，严格政策规定，严格时间节点，加大推进力度，确保按期完成。要抓好建章立制。注重制度的刚性约束，在制度的“废、改、立”上下功夫，切实做到问题出在哪里、制度就完善到哪里，着力构建系统完备、科学规范、运行有效的制度体系。同时，要狠抓制度的贯彻执行，不能让制度孤零零地贴在墙上、挂在嘴上，而要充分释放制度效应，真正做到用制度管权管事管人。

（四）坚持示范引领，抓住关键少数。推动“两学一做”学习教育常态化制度化，既要面向全体党员干部，更好地抓住党员领导干部这个“关键少数”。全县各级党员领导干部要坚持学在前、做在先，从“一把手”做起，以身作则、做好表率，形成层层示范、上下联动、整体推进的生动局面：要带头担当负责，树立正确的政绩观、事业观，努力创造经得起实践、人民、历史检验的实绩；要带头强化党性修养，切实增强政治定力、纪律定力、道德定力、抵腐定力，筑牢为官从政的思想堤坝和行为底线；要注重家庭、家教、家风，始终保持清正廉洁的政治本色。

（五）坚持支部为重，夯实基层基础。推进“两学一做”学习教育常态化制度化，必须树立党的一切工作落到支部的鲜明导向，指导党支部履行好党章规定的职责任务。要以深入开展“四讲四爱”主题教育实践活动为抓手，推动“两学一做”学习教育从党内学习向党外实践延伸，使农牧区群众、青少年学生、寺庙僧尼、企业职工等群体同样受到教育、得到提高，真正凝聚起推动波密长足发展和长治久安的广泛共识和智慧力量。要把“两学一做”作为党组织“三会一课”的基本内容固定下来、坚持下去，以学党章党规、学系列讲话为主要内容，制定年度“三会一课”计划，使之成为党员政治学习的阵地、思想交流的平台。要以村（居）“两委”换届为契机，选好配强“两委”班子，将党的领导贯穿于全过程，真正把党性观念牢、群众基础好、维稳能力强、致富本领高的党员选进村（居）“两委”班子，切实发挥党员的先锋模范作用。要优化党组织设置，加大在便民警务站、寺管会、专合组织和“双联户”单位等建立党组织工作力度，充分发挥党组织的战斗堡垒作用，推动“两学一做”学习教育深入开展。

三、加强组织领导，为推进“两学一做”学习教育常态化制度化提供坚强保障

（一）强化责任落实。各级党组织要切实履行主体责任，把推进学习教育常态化制度化纳入管党治党的责任清单，纳入年底述职评议考核和综合考核的重要内容，定期研究部署相关工作，研判分析工作进展情况。主要负责同志要切实将责任扛在肩上、抓在手上、落实到行动上，亲自抓好谋划部署，亲自抓好推动落实，亲自抓好督促检查。各班子成员要密切配合，抓好具体工作。县“两学一做”学习教育协调小组办公室要统筹做好整体谋划、组织协调、督查指导等工作。

（二）强化分类指导。县“两学一做”学习教育协调小组办公室要抓紧制定全县推进“两学一做”学习教育常态化制度化的实施方案，要坚持从实际出发，分类指导，精准施策，准确把握农村、居委会、企业、学校、机关以及非公经济组织等不同地域、不同类型党组织的特点，根据不同群体党员的实际情况，有针对性地提出要求、确定措施，把学习教育的任务具体化、精准化、差异化。要调动好基层党组织的主动性和创造性，要在抓好“规定动作”的同时，鼓励探索创新、丰富内容，选好“自选动作”，充分利用各种阵地设施、资源手段来开展学习教育，既不能影响群众生产生活，又要保证学习效果。

（三）强化督促检查。督促检查是推动工作落实的一个重要手段，要坚持经常性督查和集中督查相结合，通过明察、暗访、通报等方式，加强具体指导、政策指导和现场把关，帮助基层党组织抓好整改落实，不断改进工作。对督查中发现的典型经验和有效做法，要做好总结推广，用基层经验指导基层实践；对存在的问题，要及时进行督促整改，对整改过程中走过场、敷衍了事的，将对主要负责同志进行约谈并在全县范围内通报。

（四）强化典型引路。把选树、宣传、学习先进典型作为推进学习教育常态化制度化的重要抓手，积极培植提供一批可复制、可借鉴的样板经验，加大对先进典型的宣传。在学习教育活动中既要有“学”的典型，又要有“做”的典型，既要树立优秀领导干部的榜样，又要宣传好基层优秀党员和党务工作者，引导广大党员干部见贤思齐，努力营造比学赶超的浓厚氛围。

（五）强化统筹兼顾。各级党组织要把抓学习教育和做好当前各项工作有机结合，准确把握两者之间的内在联系，坚持做好“结合”文章、下足“结合”功夫，注重发挥“两学一做”的引领带动效应，与中心工作深度融合，切实做到两手抓、两促进，坚决避免“空对空”“两张皮”，真正把广大党员干部在学习教育中激发出来的工作热情，转化为忠诚干净担当的具体实践，转化为打赢脱贫攻坚战、努力建设“五个波密”、决胜全面小康的实际成果。

同志们，推进“两学一做”学习教育常态化制度化，意义重大、影响深远。让我们紧密团结在习近平同志为核心的党中央周围，在区党委和市委的坚强领导下，以高度的政治自觉、思想自觉和行动自觉，扎实推进“两学一做”学习教育常态化制度化，以学习教育的新成效来推动波密工作开创新局面，以优异成绩迎接党的十九大胜利召开！

在波密县2017年“七一”表彰暨基层党建与党风廉政建设工作推进会上的讲话

波密县委书记 朱正辉

（2017年7月4日）

今天，我们召开波密县2017年“七一”表彰暨基层党建与党风廉政建设工作推进会议，表彰全县先进基层党组织、优秀党务工作者和优秀共产党员，对我县基层党建和党风廉政建设工作进行总结并就下步工作作出安排部署。

刚才，18个先进基层党组织、10名优秀党务工作者和55名优秀共产党员分别受到了表彰，这些都是在基层党建中取得了优异成绩、做出了突出贡献的集体和个人。在此，我代表县委向受到表彰的单位和个人表示衷心的祝贺，向奋战在基层一线的广大党员致以节日的问候和崇高的敬意！同时也希望全县各级党组织和广大党员，以先进为榜样，进一步坚定信念、解放思想、敢于担当，更好地发挥战斗堡垒和先锋模范作用。表彰会后，王芳和张斌两位同志分别就今年以来的党风廉政建设和基层党建进行了总结和部署，总结客观全面、实事求是，部署思路清晰、切合实际，我完全赞同。希望各乡镇、各部门认真按照部署抓好落实。下面，我就下一步如何抓好基层党建和党风廉政建设工作讲几点意见：

一、凝心聚力，砥砺前行，共创党建工作新局面

各级党组织和党员干部要深刻认识加强基层党建工作的重要性，进一步加强抓党建就是抓发展、抓发展必须抓党建的原则意识，强化抓党建出效益、抓党建出政绩、抓党建出动力的产出意识，坚持从战略和全局的高度来谋划和推进基层党建工作，为波密事业发展提供坚强的组织保证。

（一）思想认识务必到位。党的十八大以来，党中央先后提出了“五位一体”总体布局、“四个全面”战略布局和五大发展理念，县委也提出了建设“五个波密”发展目标。面对这些新形势、新任务、新目标，基层党建工作只能加强、不能削弱；只能改进提高，不能停滞不前。基层党组织是党的全部工作和战斗力的基础，基层党建工作始终具有基础性、全局性、战略性的地位和作用。我们经常讲：“乡（镇）治，则县域安”。乡（镇）和广大农牧区想要达到“治”，靠的就是基层党组织和基层党建工作的加强。近年来，全县各级党组织和广大党员干部，自觉围绕中心、服务大局，认真履职尽责、强化担当。我县在基层党建工作方面，无论是从思想认识还是工作力度，无论是投入保障还是党建氛围，在基层党组织的战斗堡垒作用和基层党员的先锋模范作用等各个方面，都取得了明显成效。但是，也要看到在体制改革、经济发展和社会稳定等方面的任务异常繁重，在基层党建工作中还面临一些需要克服的问题和困难。比如，个别乡（镇）抓党建的办法不多、创新不足，部分单位对党建工作重视程度不够、措施不细，基层农牧民党员学习薄弱、能力不高等。面对这些问题和挑战，各级党组织和党员干部要勇于担当、攻坚克难，自觉做到党建与中心工作同谋划、同部署、同考核，不断推动基层党建工作取得新成效，更好地把党建优势转化为发展优势，把组织活力转化为发展活力，为波密各项事业发展提供坚强的组织保障。

（二）重点工作务必用力。要在强化基层党组织的政治引领上下功夫。基层党组织的根本属性是政治属性，基本功能是政治功能。工作中，各级党组织要始终绷紧强化政治引领、把握政治方向这根弦，要教育引导广大基层党员不断强化“四个意识”和吴英杰书记提出的“看家意识”。作为党员，我们要坚决做到在思想上拥戴核心、政治上信赖核心、组织上忠诚核心、行动上捍卫核心，一切向党中央看齐，坚决拥护和执行中央、区党委、市委和县委的决策部署。要牢固树立“党员意识”，作为党员，不能让他人代缴党费，更不能几个月不缴党费，个人重大事项要向党组织请示、汇报，要履行党员“八项义务”，做到个人服从组织，讲政治、讲规矩；要牢固树立“创新意识”，做到解放思想、更新观念，引导群众创新发展、扩宽思维、转变思维方式，增强群众的市场意识、商品意识和理财意识；要牢固树立“带头意识”，结合“两学一做”学习教育常态化制度化和“四讲四爱”主题教育实践活动，在理论学习、发展村集体经济、严肃党内政治生活和严格党内学习制度等各个方面发挥好基层党组织的带头示范作用；要牢固树立“纪律意识”，严肃组织生活、严明组织纪律，教育引导党员干部增强纪律意识、规矩意识、责任意识，严格落实党员干部不得信仰宗教这条底线，自觉维护党的形象和权威，敢于为党说话，做到平时看得出来，关键时刻站得出来，真正成为群众的主心骨和领路人；要牢固树立“服务意识”，寓服务于管理，把“立党为公、执政为民”“全心全意为人民服务”的宗旨意识树在心上、落实到行动上。在教育引导群众坚定不移听党话、跟党走的同时，旗帜鲜明、理直气壮地淡化宗教的消极影响，旗帜鲜明、态度坚决地拥护和执行党的路线方针政策，把党的声音传到群众中去。各乡（镇）、农牧区基层党组织要擅于做群众工作，正确处理人民内部矛盾，坚持以人民为中心的理念，合情、合理、合法的解决群众的利益诉求。要在建设素质优良的带头人上下功夫。做好基层党建工作，必须有一支坚强有力的党员干部队伍，最关键的是选好配好基层党组织书记。结合今年的村（居）“两委”班子换届工作，坚持把党的领导贯穿换届选举全过程，严把政治关、品行关、作风关、廉洁关，把政治觉悟高、群众威信高、服务能力强、作风纪律强的“双高双强”型优秀人才选上来；把不干事、乱作为的干部换下去。充分发挥驻村工作队、村党支部第一书记的“三帮一带”作用，坚持“到位”不“越位”“指导”不“指挥”的原则，强化对村（居）“两委”班子的“传、帮、带”，继续扎实做好村干部素质提升工程、党员致富技能提升工程，不断提升村（居）“两委”班子的工作能力和水平。要在制度建设上下功夫。一是结合“两学一做”学习教育，健全完善党内学习制度；二是健全组织生活制度，例如，上党课、“三会一课”“四评议两公开”和公示制度等。对于基层群众的一些反应，要从两方面分析：一方面暴露了基层党组织在开展工作过程中征求意见不够、程序不规范等问题；另一方面也反映了群众有利益诉求问题，也不排除个别别有用心的人裹挟群众以达到自己的目的。对这些方面的问题，要客观、全面、准确地分析，采取相应的应对措施，其中一个重要方面就是通过制度的进一步完善，有效抵消一些不必要的误解，化解一些矛盾纠纷，融洽党群关系。要在打造基层党建工作阵地上下功夫。党建工作场所和阵地是基层党组织形成战斗力的物质基础和重要保障。场所和阵地建设重点把握好三个方面。一要建好。在抓好基层活动场所建设的同时，注重做好以往已修建但无法满足需要活动场所的改造提升，确保村（居）“两委”办公有场所、群众办事有去处、党员活动有阵地。二要用好。围绕群众需求设置功能分区，配套服务设施，发挥便民服务、党员活动、文化宣传、信息传播作用，提高综合利用率。三要管好。建好是前提，用好是目的，管好是保障。在调研中我们发现，一些基层党组织的硬件设施建设得是比较完善的，但管理比较粗放。比如，有的宣传栏内容更新不及时，有的展板随意堆放，有的活动室长期没有使用等。因此，各基层党组织要采取有力措施，切实发挥好活动阵地的功能。

（三）组织领导务必加强。做好基层党建工作，需要各基层党组织高度重视、各方付诸行动。各基层党组织和党员干部要切实增强管党治党意识，以更严格的标准、更务实的作风抓好基层党建工作各项任务落实。要坚持抓书记、书记抓，这是职责所系。各级党组织书记是抓党建工作的第一责任人，实际工作中要做到“三个到位”：一是主体责任要到位。要把抓好党建作为最大政绩、作为基本职责，时刻把党建工作放在心上、扛在肩上、抓在手上，对党建工作真正用脑、用心、用力，履行好“第一责任人”的责任。二是示范表率要到位。各基层党组织书记对重大问题要亲自抓在手上，对重点难点问题要亲自研究解决，对经常出现的问题要亲自研究部署、把握规律，以上率下、示范带动。三是推动落实要到位。及时研究解决工作推进中的困难和问题，及时发现和总结典型经验，推动基层党组织建设全面进步、全面过硬。尤其是要多到基础薄弱、工作难度大、问题反复出现的地方去调查研究，对本村、本单位党建情况知根知底，对存在的突出问题了然于胸，牢牢把握工作主动权，增强工作预见性和针对性。要坚持抓科学、科学抓，这是方法所在。党建工作是一门科学，有其自身的特点和规律。各基层党组织在工作实践中，要突出工作重点，抓住主要矛盾，明确主攻方向，掌握科学方法。一是结合活动抓党建。“两学一做”学习教育是今年乃至今后一个时期党建工作的鲜明主题，必须做到抓“常”抓“实”。二是结合专题抓党建。积极探索“党建+”工作模式，以“党建+产业发展”“党建+脱贫攻坚”“党建+基层治理”“党建+生态保护”等，将党建工作融入日常工作上，融合在各项事业建设中。三是结合特色抓党建。一个先进典型就是一面旗帜，一个精品点位就是一扇窗口，一项特色工作就是一处亮点，如：县委组织部打造的“一点一轴三线”党建示范点，建设的村（居）标准化活动场所等。下一步要注意挖掘、总结、提升和推广基层的创新创造，在不同层次、不同领域、不同行业，分别选树一批特色鲜明、带动力强、示范作用突出的基层党建典型，引领带动面上工作实现新的突破。

二、统筹推进，坚持不懈，全面落实党风廉政建设“两个责任”

党风廉政建设和反腐败工作是党建的重要内容，在全面从严治党的全局中具有基础性地位。各级党组织和全体党员要切实增强政治责任感和工作紧迫感，提高工作的自觉性和主动性，狠抓基层党风廉政建设工作落实，为推进全县各项事业发展提供坚强的政治、纪律和作风保证。

（一）深化廉政教育，打好拒腐防变的“预防针”。只有警钟长鸣，才能警笛不响。要把党员干部廉政教育摆在突出位置，结合林芝市和波密县即将开展的第二十二个党风廉政教育宣传月活动，丰富宣教内容，灵活创新宣教载体，扩展宣教群体，切实加强理想信念、党风党纪和廉洁从政等方面的教育，筑牢基层党员干部服务群众、廉洁自律的思想基础。以各乡（镇）、各单位领导班子为重点教育对象，把党风廉政内容纳入党员干部学习计划中，纳入责任制进行考核。并针对当前基层党员干部的思想实际，重点加强党纪党规和法律知识教育，增强党员干部党纪党规意识，使基层党员干部明白哪些纪律红线不能踩，哪些法律高压线不能碰，为基层党员干部履职用权划出“警戒线”。在“两学一做”学习教育常态化制度化推进过程中，还要加强对《准则》《条例》的学习，突出红线意识和底线意识。今天上午林芝市召开了第二十二个党风廉政建设宣教月动员会，下一步工作中县纪委也会针对我县活动的开展做出安排部署，希望各乡（镇）、各单位贯彻落实好。基层廉政教育要突出实效性，紧密结合基层党员干部的工作实际，采取针对性和实效性强的教育方式。比如，要更多地运用警示教育，通过深刻剖析区、市、县查出的各类典型案件，用身边事教育身边人；要更多地采取通报曝光的方式，及时公布查处的基层党员干部违纪案件情况，发挥其宣传、教育、警示的多元效应。我们也一直在强调，对党员干部的处理不是目的，处分只是一种手段，目的是教育本人，警示一片。

（二）建立健全制度，筑牢廉洁从政的“防火墙”。加强制度建设是反腐倡廉的治本之策，要紧紧抓住规范权力运行这个重点，让制度立起来、严起来、执行到位，努力形成靠制度管人、管事、管钱的有效机制，靠制度的力量正党风、纯政风、刹歪风、树新风。当前，要重点完善两个方面的制度：一是健全完善议事决策制度。严格用制度管权管事管人，健全完善各级党组织议事决策、“三重一大”决策、党风廉政建设主体责任等制度，明确大额资金使用、干部人事推荐、重大决策等重要事项的研究决策步骤，全面提升各级党组织领导班子决策的科学化、民主化、规范化。二是健全完善“三公经费”管理制度。各级党组织要严格遵守中央八项规定精神和区党委“约法十章”“九项要求”，制定细化本乡（镇）、本单位的公车管理、公务接待、固定资产管理等制度，确保“三公”经费支出稳步下降，防止公用经费浪费和固定资产流失。

（三）严格监督检查，架设惠农政策的“高压线”。近年来，中央和自治区、市、县出台了一系列惠农政策。能否将这些政策落实好，发挥出最大效用，直接关系到广大群众的切身利益，直接关系到农牧区的改革发展稳定大局。各级党组织要紧紧围绕扶贫攻坚、帮扶救助、义务教育、生态补偿资金、危房改造等群众关注的热点敏感问题，加大监督检查力度，坚决纠正损害群众利益的不正之风和突出问题，保障惠农政策真正落到实处。要完善以制度保障惠农资金落实、推动惠农资金监管的工作机制，明确惠农政策落实的职责范围、检查程序、绩效管理等内容，做到政策落实和资金监管到位。要拓展惠农政策落实和资金监管渠道，建立暗访督查、检查情况汇报等制度，对惠农政策落实情况开展专项检查，实现检查项目、农户、整改、追究“四个全覆盖”。在这里，我提醒一下各乡（镇）、各部门，尤其是基层党组织书记，一定要注意惠农资金、党建资金等资金的管理和使用，切不可触碰高压线。还要注意重大项目资金的使用管理，要按照程序进行审批。

（四）加强作风建设，凝聚加快发展的“向心力”。中央八项规定精神和区党委“约法十章”“九项要求”实施以来，县委狠抓党员干部作风建设，并把整肃“四风”问题向基层延伸，全县党员干部作风建设取得明显成效。但是，作风问题具有顽固性、反复性和变异性，稍一放松就反弹回潮，必须一鼓作气、坚持不懈地把作风建设抓下去。还是那句话：作风建设永远在路上，作风建设只有起点，没有终点。县、乡两级纪检监察机关要按照中央、区党委和市委要求，把基层作为整治“四风”的主战场，把推动解决发生在群众身边的“四风”和违纪问题作为当前的工作重点，今年中央反腐的重点就是基层腐败，在查处基层腐败问题上要切实做到“两个坚决”：一是坚决查处党员干部公车私用、公款吃喝、参与赌博等问题。二是坚决防止和纠正党员干部作风粗暴、态度生硬、欺压群众以及对群众不闻不问、冷漠视之、办事拖拉等“不作为、慢作为、乱作为”问题。在这里，我想谈一下举报问题，去年的警示教育大会上也提到过这个问题，政治有规矩，举报也要讲纪律，不要一到干部任免等敏感时段举报信、小纸片满天飞，有一些是实事求是的，但是也有很多是没有依据的，只是单纯的道听途说。我们欢迎举报，举报也是一种监督的方式，但是，举报要有依据，不要凭空猜想，希望大家认真对待，希望今后不要再出现这类情况。乡（镇）党委书记要教育好各村（居）党支部书记，严格执行基层党组织和村（居）“两委”班子的一些程序和制度，该商量就商量，该公示就公示，要广泛征求群众的意见。项目怎么实施，要让他们知道。一些资金怎么使用的，多商量、多沟通、多公开。基层党支部书记要教育好农牧民群众，举报内容要实事求是，信访也要依照程序进行。包括党员干部，也要有这种意识。

（五）压实“两个责任”，打造党风廉政“助推器”。要坚决落实全面从严治党要求，认真落实党委（党组、党支部）主体责任和纪委监督责任。各级党组织一定要牢固树立抓业务必须抓党风廉政建设，管行业必须管党治党，治党务必从严的意识。各级党组织领导班子必须严格落实“一岗双责”、党政同责、失职追责的意识，牢固树立“抓党风廉政建设是本职，不抓党风廉政建设是失职，抓不好党风廉政建设是渎职”的意识，牢固树立“有权必有责、有责必担当、失责必追究”的意识。同时要严格自律，坚持用纪律规矩约束自身。准确把握“两准则、三条例”的重要意义和精神实质，坚持学深悟透、融会贯通，增强贯彻执行的自觉性和坚定性，真正做到知纪、明纪、守纪、不违纪。

同志们，做好新形势基层党的建设和党风廉政建设工作是一项长期艰巨而复杂的工作，提高党员的政治素养和拒腐防变的能力既需要纪律的约束，更需要每位党员干部的自警自省、自重自觉。让我们更加紧密地团结在以习近平总书记为核心的党中央周围，在区党委和市委的坚强领导下，以高度的政治责任感和使命感，坚持科学谋划，稳步推进、严格落实，努力推动我县基层党建和党风廉政建设工作再上新台阶，为率先全面建成小康社会和奋力实现“五个波密”建设发展目标提供坚强保障，以优异成绩喜迎党的十九大胜利召开。

在波密县2017—2018年度森林防火工作暨集体林地承包经营纠纷调处工作会议的讲话

波密县委副书记、人民政府县长 边 巴

（2017年12月5日）

同志们：

森林防火责任重于泰山，不能有丝毫麻痹懈怠。这次召开森林防火工作会议非常重要、必要、及时。下面，结合我县今冬明春森林防火工作实际和柳军力同志做的安排部署再提出几点建议。

一、强化责任体系落实

做好森林防火工作关键在领导、在责任、在落实。今天县政府和各乡（镇）、各部门签定订了《森林防火目标管理责任书》，要把责任书任务目标逐级分解，抓牢森林防火责任体系，重点落实三级责任：一是落实县级责任，县森林防火指挥部要在县委、县政府的领导下，进一步加强全县森林防火的组织协调和指挥调度，强化森林火灾研判预警，督促各乡（镇）、相关单位落实森林防火措施，成员单位要认真履行职责，深入基层单位检查指导各项预防和扑救措施，发现问题及时解决。二是落实乡（镇）责任。森林防火实行行政首长负责制，政府主要负责人是第一责任人，分管负责人是主要责任人。各乡（镇）要认真落实森林防火属地责任，把森林防火列入议事日程，作为一项特别重要的工作牢牢抓在手上，各乡（镇）人民政府的主要领导同志要亲自研究部署落实情况，分管领导要具体负责，靠前指挥。三是落实村（居）责任，这是最后一道防线，要求村（居）两委班子任森防组长，组织当地干部群众看好林，把森林防火各项措施落实到最基层，打通最后一公里，落实到最后一百米。

二、落实源头管控措施

森林防火重在源头，重在预防，重点在防。“封住山”：针对容易发生火灾的山头或林区，组织发动基层干部和当地群众看山护林，对主要进山路口和野路口要设卡拦截，重点区域要有防火提示，切实做到“十个严禁”，特别是对高风险的林区要依靠当地群众严防死守，封闭管理，每个路口都要有人守，每个山头都要有人看，对不听劝阻的有关人员要依法依规严肃处理。“管住人”：管好当地居民、进山驴友、施工人员、重点人群等四类人群，要落实分级分类的管理措施。加强对各乡（镇）农牧民生活用电用火的安全管理，要制定详细严格的防火责任制度和村规民约，使大家相互约束相互监督；对进山驴友，要落实进山登记制度，严格检查，对吸烟的人员要重点提醒，并严格限定进山旅游路线；对林区施工人员要开展防火培训，增强防火意识，消除安全隐患；对重点人群要提前摸排，预防管控。“巡好山”：乡（镇）干部和护林员，按照网格化要求，做好巡查工作，对进山人员要重点盘查火源，坚决把火患控制在山下、林外。

三、落实应急处置储备

一是布阵靠前。科学布兵，靠前驻防是做好森林防火应急处置的前提。在重要时间节点，县森林防火指挥部要实行24小时值班带班制度，针对容易发生火灾的每一处林区都要制定完备的驻勤计划。森林消防专业队伍要集中管理、统一指挥，确保一旦发生火情，要迅速形成扑火力量，就近出动，快速处置。二是强化保障。在重点山头及林区周边储备足够数量的灭火救援物资，加强装备、车辆、机具以及通信设备的维护保养，确保关键时刻能够发挥作用。要统筹全县的森林消防精干力量，除森林防火专业队伍外，消防、部队、武警以及各方应急救援力量都要做好救援准备，确保一旦需要，能够在最短时间内形成作战能力。三是做实预案。县政府印发了《波密县森林防火扑火应急预案》，各乡（镇）、各部门都要结合实际制定各自的预案，形成完备的预案体系，要制定简明实用的操作手册，把应急处置的基本规范、主要环节、注意事项写清楚，让所有人员熟悉预案内容，明确自身任务，明白工作流程，按照手册就能迅速处置。要按照预案开展防火演练，锻炼队伍，提升处置能力。四是科学处置。森林火灾扑救需要科学的方法和战术。火灾发生后，主要领导要立即赶赴现场，建立前线指挥部，查明火情，尽快组织老百姓撤离到安全区域，确保人员安全，这是第一位的。要根据风向、地形、地貌等火场情况，有针对性地制定灭火突击方案，坚持早出动、多上人，把小火当作大火打，集中力量、物资和装备，在最短时间内把明火处理掉。根据以往经验，森林火灾处置中，既要注意明火的处置，更要重视暗火的处理，打掉明火后，要立即组织力量对暗火进行地毯式的排查处理，要安排足够的人员现场值守，如果连续24小时没有发生新的火警，才可以考虑撤离人员。在火情处置过程中，要高度重视做好舆情处置工作。有关部门要及时发布有关信息，重点通报政府采取的措施和防火安全提示，及时回应社会关切，正确引导社会舆论，防止因发布不及时失去话语权，应对不当引发炒作，影响社会大局的稳定。

四、务必落实宣传教育

加强宣传教育是森林防火工作一项重要的基础性工作，各乡（镇）、各部门要深入开展森林防火宣传，真正做到家喻户晓，人人皆知。一是要全面营造氛围，充分利用广播，电视、网络、手机等媒体，采取设置宣传牌、张贴悬挂宣传标语，发放宣传手册等多种手段，加大森林防火法律法规宣传力度，全面普及森林防火常识，特别是元旦、春节、清明等时间节点，要在新闻媒体的黄金时段播出森林防火专题报道、公益广告，并组织干部深入社区农村、田间地头，通过典型案例和法制宣传，让老百姓认识到人为引发森林火灾是要负法律责任的，增强群众森林防火意识。二是要加强预警提示，要时刻关注天气的变化，加强预警和预测预报提示。在重要时间节点，气象部门要加播森林火险预报，第一时间发布森林火险信息和高火险警报，遇有高火险天气，要通过手机短信、网络等信息平台，及时向社会发布预警。各乡（镇）要组织干部深入基层，通过走村入户的方式，向群众告知森林防火安全提示。三是强化依法治理。要把宣传教育和依法治理结合起来，更加注重运用法治思维、法治方式做好森林防火工作。山区林区要依法从严审批野外用火，深入开展查处违法违规野外用火专项行动，加大处理力度，一旦发现，从严处理，涉嫌违法犯罪的，依法追究刑事责任。

五、务必强化基础设施建设

森林防火工作既要抓当前，又要抓长远。要按照区市县党委政府的部署要求，坚持向投入要安全、向科技要安全，加强森林防火基础设施建设，切实提高森林防火工作能力。一是抓好重点项目建设，各乡（镇）人民政府要把森林防火基础设施建设纳入工作规划，加大投入保障力度，抓好林区道路、生物防火隔离带、瞭望设施等建设，打造森林消防专业队伍半小时作业圈，扑火队员徒步3公里作业圈，1公里防火水源取水圈和百公里物资调拨增援圈。要建立完善重点林区建设项目森林防火审批验收制度，促进森林防火与项目规划同步设计、同步实施。二是抓好信息化科技手段建设和应用。要加大森林防火科技项目投入力度，重点加强高火险区域监控，林火监测等信息化建设，合理布局监测点，提高火情预警监测能力，同时要加快推进森林防火指挥平台的升级改造，提高指挥调度和快速反应能力。三是加强专业队伍建设，县森防指挥部充实力量，强化培训，大力推进森林消防专业队伍实战化建设，提升森林火灾扑救能力。各乡（镇）、各部门要做好基层一线的服务保障工作，有条件的地方可以适当提高护林员的待遇，提高防火队伍的战斗力。

同志们，森林防火责任重大，任务艰巨，我们一定要在习近平新时代中国特色社会主义思想的引领下，在县委、县政府的坚强领导下，牢记初心、不忘使命，振奋精神、扎实工作，全力抓好森林防火各项工作，力争今冬明春不发生森林火灾，为建设“五个”波密做出新的更大的贡献。

波密县脱贫攻坚工作汇报材料

波密县委副书记、人民政府县长、县脱贫攻坚指挥部总指挥长　边　巴

（2017年12月10日）

一、基本情况

波密下辖10个乡镇85个村居，总人口3.8万人，农牧民26659人，2016年农村居民人均可支配收入13034元，2017年农村居民人均可支配收入预计达到14989元，同比增长15%，贫困人口人均可支配收入增长超过16%。全县共有建档立卡贫困户972户3778人，2016年贫困发生率14.4%（2016年年底农牧民总人口26298人）。自脱贫攻坚工作启动以来，波密县委、县政府严格贯彻落实“六个精准”“五个一批”“八个到位”“六个结合”“五个享有”决策部署，紧扣“13934”精准扶贫总体思路，始终把脱贫攻坚作为当前经济社会发展的头等大事和第一民生工程，务实创新、真抓实干，2016年、2017年顺利完成减贫908户3598人，截至年底，全县未脱贫建档立卡贫困户64户180人，贫困发生率下降到0.68%，达到国家和自治区脱贫标准和要求，能如期实现脱贫摘帽。

二、主要做法

（一）注重压力传导，健全责任体系。始终坚持把党的领导贯穿脱贫攻坚全过程，建立健全扶贫开发书记负责制，县乡村三级书记均挂帅担任组长，采取定期调度分析和召开现场交流会、工作推进会及领导小组专题会议研究部署工作。县委书记、县长以上率下，县四大班子领导主动跟进，先后多次到各乡镇特别是最艰苦、最复杂、条件最差、任务最重的地方深入调查研究、认真分析研判、精心商讨解决办法。30余名县级领导全员担当，每人定点联系1个乡镇，推动脱贫各项举措落到实处。在县级层面设置脱贫攻坚指挥部，下设11个专项组，抽调14名精干人员充实办公室力量实施集中办公；在乡级层面成立不少于5人的扶贫专班，并配备3名以上扶贫专干；在村级层面注重发挥“两委”班子作用，将驻村工作队长、第一书记充实到村级扶贫专班。县乡村层层签订脱贫攻坚责任书，立下“军令状”，构建了党委统一领导、政府牵头主抓、部门齐抓共管、社会广泛参与的大扶贫格局，上下贯通、横向到边、纵向到底的责任体系全面形成。

（二）注重党建统领，夯实组织保障。充分发挥党的政治优势、组织优势和基层党组织战斗堡垒、党员先锋模范作用，推进基层党建“主业”与脱贫攻坚“主责”有机统一。一是配强乡镇领导班子助力脱贫攻坚。抓住2016年县乡领导班子换届契机，在保证县乡党政正职“稳定”的基础上，选优配强乡镇领导班子，在干部考核中突出脱贫攻坚实绩，真正把文化素质高、敢于攻坚克难、想干事、能干事、干成事的干部调整充实到乡镇领导班子中来，为脱贫攻坚奠定坚实的组织基础。二是深化“领头雁”工程和“能人治村”举措。结合2017年村级组织换届，将171名致富带头人、203名技术能手选进村级“两委”班子，加强教育培训，对全县84个村级党组织进行全面提档升级，真正打造本领过硬、素质过强、带不走、打不垮的脱贫攻坚战斗堡垒。新一届乡镇党委和各村党支部围绕脱贫攻坚目标任务，进一步理清思路、细化举措，在精准识别、精准施策、精准退出等环节中勇挑重担，充分发挥了主力军作用，特别是在人居环境整治、产业发展、

稳定就业等各项扶贫举措落实过程中，坚决贯彻执行县委、县政府决策部署，走村入户与贫困群众谈心交朋友、合力谋发展，切实打通脱贫攻坚“最后一公里”。三是强化组织引领。丰富基层党组织工作内容，创新实施“党小组+贫困户”帮扶机制，教育引导贫困群众解放思想、转变观念，鼓励贫困群众借助党的优惠政策靠双手勤劳致富，知道惠从何来、惠在何处，知党恩、感党恩，听党话、跟党走。如，松宗镇探索镇党委带支部、支部带党员、党员带建档立卡户“三带”思路，将脱贫攻坚工作进一步聚焦，形成党委负总责、支部具体抓、党员定任务、贫困群众主动参与的扶贫模式。

（三）注重精准识别，明确重点对象。坚持脱贫攻坚路上“一个都不能少、一个都不掉队”要求，采取“七步工作法”精准识别贫困户。第一步进村入户，由县级领导干部带队，先后4次逐户开展摸底调查；第二步全面查看，看房、看粮、看劳动力强不强，看家中有没有读书郎，看家中有没有灾和难，看基础设施完善不完善，看自然环境差不差；第三步仔细计算，算农牧民人均纯收入、家庭开支等情况，算清每户明白账；第四步认真比对，召开村民大会，逐户比对生产、生活等情况，排除不符合标准的非贫困户，推荐出贫困户初选名单。第五步民主评议，村“两委”会同驻村工作队，逐户进行评议，综合考量，确定初选名单；第六步张榜公示，在乡、村进行公示，接收群众、社会监督。第七步逐级确认，公示无异议后，贫困户名单经由村居签字盖章，县乡进行认定，在全县进行公告。经七步程序，全县精准识别的贫困户得到群众公认。同时，抓实动态调整，2016年—2017年累计清退21人、新增识别建档立卡贫困户7户28人，补录建档立卡贫困户25户48人，确保应进当进不漏一人，并规范建档立卡台账，实现县有电子档案，乡有薄，村有册，户有卡。

（四）注重分析研判，坚持因人施策。始终坚持找准穷根、把准穷脉，通过贫困户自身“查”、乡村干部帮助“找”、县脱贫攻坚指挥部统一把关“审”三步走，切实找准贫困户致贫原因。一是贫困户自身“查”。鼓励让贫困群众找差距、寻不足，表达自己的诉求和期盼，反映自己亟待解决的热点、难点问题，并结合自身特长和实际提出帮扶举措。二是乡村干部帮助“找”。积极整合包片包村干部、扶贫专干、驻村工作队、第一书记等各方力量，在深入调研、全面掌握贫困村、贫困户基本情况的基础上，联合教育、民政、卫计、农牧等相关单位，逐村逐户进行深入分析，并量身制定帮扶计划，确保一户一本台账、一个脱贫计划、一套帮扶措施。三是县脱贫攻坚指挥部统一把关“审”。县脱贫攻坚指挥部充分发挥牵头抓总作用，对各乡镇、各行业部门制定的帮扶措施进行详细审核，并及时对部分错位、缺位的帮扶措施进行了集中调整，有效确保全县扶贫资源和帮扶措施精准“滴灌”，做到因人施策，不落一人。全县共有生态就业岗位4992个，金融扶贫691户，实施产业脱贫1483人、转移就业336人，易地搬迁391人，教育救助229人，医疗救助288人，政策兜底1426人（其中，五保户193人，低保户1233人）。

（五）注重精准发力，确保扶贫成效。积极整合上级拨付、本级财政投入、对口支援和金融扶持等各类资金3.9亿元，因地制宜推行靶向治疗，稳步推进13项扶贫措施，实现建档立卡贫困户“三不愁”“三有”“三保障”。

坚持夯实基础，全面实现“三不愁”。以人居环境整治为主抓手，加快实施易地扶贫搬迁，推行农牧业提升工程，实现全县贫困人口不愁住、不愁吃、不愁穿。

在不愁住方面，突出美丽家园行动。集中实施以贫困人口为重点的人居环境整治工程，两年累计整合市、县资金5000余万元新建房屋243户、旧房修缮171户、购置家具家电216户、庭院整治754户，对3个“天保”搬迁村实施整村推进，极大改善了农牧区人居环境质量。如，八盖乡地处偏远、通车时间晚、交通条件差，县委、县政府选派基层经验丰富、善做群众工作的县级领导蹲点督导，有力破除人畜混居陈规陋习，实现了过去住牛棚、住旧的伙房到如今人人都能住进宽敞明亮、干净舒适民房的巨大转变。突出易地搬迁工程。按照“搬得出、稳得住、能致富”原则，充分利用林芝市下达的2346万元易地扶贫搬迁专项资金，配套县级资金700余万元，抓好3村64户391人因灾易地扶贫搬迁，确保搬迁群众都能住进安全新房，并配套温室大棚、苗圃、犏奶牛产业，为搬迁户后继发展和稳定增收注入强劲动力。

在不愁吃方面，突出农牧业提升工程。立足波密实际，按照“优质、高产、生态、安全”原则，推行土地改良、良种推广和完善农田灌溉功能等举措，实施牦牛、黄牛改良，坚持走精细化道路，全面提升农牧业经济效益，从根本上解决靠天吃饭现象。连续7年稳步推进国家级农发县建设，连续3年每年投入资金2000余万元扎实推进水利重点县项目建设，2年来累计完成土地改良5000余亩，建设良种繁育基地16个9465亩，投入资金6610余万元建成玉普灌区等大型农田水利设施。2017年，全县牦牛、犏牛4.1万头，藏香猪4.9万头，粮油产量达到2.16万吨，蔬菜产量达到6600吨，酥油产量达到607吨，在满足基本生活所需之外，农牧民还以出售良种、藏香猪、酥油等形式实现农牧业增收。

在不愁穿方面：突出提高生活质量。紧随时代发展步伐，坚持收入水平和生活质量“双提升”，教育引导贫困群众转变思想观念，追求美好生活，提升自身衣着穿戴水平，逐步实现“穿暖”到“穿好”的转变。

增强造血功能，稳步推进“三有”。积极探索“输血式”扶贫向“造血式”扶贫转变，以产业带动、扩大就业实现贫困群众持续稳步增收。

大力开展产业扶贫。紧紧围绕“两产业一平台”发展战略，制定“十三五”产业扶贫规划5大类62个项目，预计资金7亿元，构建了产业扶贫新格局。目前，第 批见效快、周期短、收益有保障的涉及旅游、特色种养、粮油加工和商贸流通业的13个项目已基本完成。其中：波密县城、通麦小集镇和巴宜永久片区3个异地扶贫产业已完成签约，实现年均增收650余万元，覆盖全县所有建档立卡贫困户；天麻、辣椒、羊肚菌等种植业项目覆盖建档立卡贫困户71户273人；牦牛、犏奶牛、藏香猪等养殖业项目覆盖建档立卡贫困户135户630 人；粮油加工业项目覆盖建档立卡贫困户258户923人；小商铺项目覆盖建档立卡贫困户148户511人；扶持建设家庭旅馆、农家乐100余家，覆盖建档立卡贫困户401户1604人，实现了旅游资源丰富地区贫困户人人都能吃上一口旅游饭。拟投入5.48亿元的第二批项目，将以“旅游+”模式推动特色农牧、藏医藏药、水电能源、文化四大产业与生态旅游深度融合、共同发展。如，旅游业将以国道318线和易贡沟、桃花沟、多吉沟建设，加快构建“一轴三线”全域旅游发展格局；特色农牧业将以2万亩茶田、10万头藏猪、500亩天麻带动农牧产业更上新台阶。

大力抓好金融扶贫。注资3000万元成立扶贫开发公司，建立风险基金，为产业扶贫提供有力资金支撑。会同中国人民银行林芝分行将多吉乡达大村打造成林芝市首个金融扶贫村，以点带面，引导贫困户转变观念，通过小额免担保、免抵押贷款发展小产业，自主脱贫致富，累计发放金融扶贫绿卡691张，贷款1344万元。

大力培育村集体经济。用好用活市委、市政府每年1000万元村集体经济发展资金，积极探索“乡镇统建、村级联建” “支部+合作社+党员+基地”富民模式，不断释放党组织和党员在产业链上的富民效应。两年来，市、县累计投入资金1503.5万元，新建村集体经济18个，实现了全县46个行政村均有不同规模的村集体经济，有力推动了农牧民群众增收。如，康玉乡达曲村立足村情实际，打造“党支部+公司+农户”脱贫攻坚新模式，鼓励群众融资200万元成立昂司拉农牧民商贸有限公司，仅半年成功创收7.6万余元，实现建档立卡贫困户6户24人户均增收2000元，近期按照每股2万元标准注入资金60万元，将全面覆盖康玉乡24户建档立卡贫困户，届时将为每户增收2000元。

大力推行“家门口”就业。累计投入资金90余万元，组织开展旅游、餐饮等实用技能培训30期1445人，实现贫困人口就业336人，并建立健全建档立卡贫困人口转移就业激励奖励机制，对波密籍贫困人口就业满半年、一年及以上的，分别按照500元/月/人、1000元/月/人的标准予以补贴。加大培植全域旅游、民宿旅游业，引进藏核、千金方等公司投资建设林下资源加工厂，实现了旅游资源共同开发、群众广泛参与、林下资源销售有渠道，确保了贫困人口不离乡不离土也能就近就便就业。

大力拓宽就业渠道。积极争取区、市贫困人口生态就业岗位4992个，坚持设岗定责，强化岗前培训，加强监督考核，并严格按照考核结果兑现生态就业补助资金。同时，在贯彻落实自治区生态就业岗位和兑现生活补贴的基础上，改变过去产业收益单纯分红模式，坚决不养懒汉，制定出台政府购买服务性岗位及生产生活扶持办法，从2017年起，每年从异地扶贫产业收益中拿出400余万元购买服务性岗位和发放生产生活扶持资金，有效确保了除五保户政策兜底以外的贫困家庭每人每年都有3000元现金收入，实现了建档立卡贫困户和和临界贫困家庭劳动力全覆盖。

释放政策效应，切实做到“三保障”。借助中央对西藏特殊扶持政策，用足区市党委、政府一系列强农支农惠农政策，注重县级财政投入，加大社会帮扶，全力提高科教文卫保基本公共服务水平。

积极抓好教育帮扶。深化巩固“两基”迎国检成果，深入推进九年义务教育均衡发展，努力提升素质教育水平，不断完善教育基础设施，有效保障适龄儿童上学需求。全县共有中小学14所，乡级附属幼儿园5所，在建乡镇小学附属幼儿园、村级幼儿园24所。大力实施教育脱贫“321”工程（即：推进基础教育均衡发展、职业教育富民行动、高等教育人才支持3个计划；完善学生资助政策保障、脱贫攻坚全面支撑2个体系；落实教育结对帮扶1个实施方案），落实“三包”、营养餐和交通补助政策，狠抓“两后生”职业教育，及时兑现区、市贫困学生资助资金，并进一步加大县级财政教育扶持力度，每年为贫困高中生、大学生分别资助3000元、5000元，累计支付兑现县级财政教育帮扶资金166万元。同时，重点对品学兼优、生活特困的家庭进行再资助，不使一人因贫辍学。目前，建档立卡贫困户高中生人均每年能领取教育资助资金3840元、非免补大学生人均每年领取教育资助资金13400元（免补大学生6400元），初中入学率98.9%，小学入学率100%。如，多吉乡利用“微信”“网络”“教育”三大信息平台筹集资金51余万元，有效解决了37户建档立卡贫困学生急需的文具、体育用品、书籍和衣物等突出困难，改善了乡小学办学条件。

积极抓好医疗帮扶。坚持夯实医疗卫生服务基础，发展壮大医疗人才队伍，着力在医疗卫生保障上下足功夫，全县共有公立医院2所、私立医院1所、乡镇卫生院11所，县人民医院于2017年成功通过自治区“二级乙等”综合性医院创建评审，为医疗扶贫打下坚实基础。制定出台《波密县医疗保障精准扶贫工作实施方案》，完善和推行医疗脱贫保障模式，全面实行“农牧区医疗制度+农牧民大病商业保险+民政救助+特大病补充保险+政策兜底”医疗保障套餐，推行分级医疗救助，安排医疗救助资金110万元开辟绿色通道，实行住院就医免交押金、先住院后结算模式，实现了建档立卡贫困户看病“四不”标准（不愁钱、不垫钱、不报销、不跑路），累计救助453人，其中因病致贫群众288人。2017年，县政府安排专项资金200万元解决农牧区医疗报销缺口资金，确保贫困群众医疗有保障。

积极抓好政策兜底。在抓好五保供养的基础上，将符合低保条件的317户1233人贫困对象全部纳入最低生活保障范围，确保扶贫政策与低保制度相互衔接、不漏一人，并大力实施全民参保计划，贫困群众社会保险参保费用由政府补贴，参保率达100%。同时，成功开出全区首单“脱贫保”，从2017年到2020年，每年为972户建档立卡贫困户和53户城镇低保户、临界贫困家庭购买人寿保险，有效防范因灾因病和意外事故等造成的返贫风险。

积极抓好社会帮扶。深化干部“四对一”结对帮扶，落实企业帮扶责任，做到结对帮扶全覆盖。目前，干部结对帮扶972户，企业结对帮扶65

户，累计投入资金247万元，藏立、奇正藏药等企业主动伸出援助之手，以送衣送钱送思路等形式开展集中慰问活动。同时，搭建扶贫济困平台，建立一支扶贫济困基金，先期已募捐资金51万元，初步探索构建起专项扶贫、行业扶贫、社会扶贫互为补充的大扶贫格局。

着眼服务功能，大力推进“十项提升工程”。坚持增强农牧区基本公共服务功能，大力推进水电路讯网、科教文卫保“十项提升”工程，加快农田灌溉、道路交通、光纤网络等项目建设步伐，加强山洪和地质灾害防治体系建设力度，加紧农网改造升级，累计投入资金2125万元，完成7个小康示范村建设。目前，全县有线互联网已覆盖全县10个乡镇所在地，行政村通网率71.2%，公路通畅率和通电、通水、通讯率达到100%，每个行政村都有活动场所、卫生室，每个行政村均配备1–2名村医，每户困难家庭文化活动都能得到基本满足。

（六）注重援藏扶贫，壮大攻坚力量。认真贯彻落实东西部扶贫协作座谈会精神，积极构建广州对口援藏参与和支持扶贫开发工作格局。一是创新援藏扶贫新模式。在全区第一个搭建广州市各区对口支援乡（镇）的“区乡对接”、携手脱贫奔小康扶贫框架，为粤藏扶贫协作、助推波密县脱贫攻坚打下坚实基础。如，广州市黄埔区积极对接玉许乡，制定对口支援方案，每年预算列支200万元用于扶持产业发展和人才培养等；投入资金100万元用于扶持玉许乡建设特色产品加工厂，并在黄埔区优势地段开设高原特色农牧林产品实体店；推进异地光伏发电项目，将连续25年年均为玉许乡分红20余万元，将覆盖全乡建档立卡贫困户。扎木镇、古乡、多吉乡、易贡乡“区乡对接”合作共建框架正在相继形成。二是开辟医疗援藏新途径。广州市第一人民医院与波密县医院签订五年帮扶协议，持续深入探索“院院对口、科科对应、医生对接”的“三对”组团式医疗援藏新机制；每年选派2批14名优秀医务人员对口支援，同时组织开展医务人员技能培训870余人次，正在积极筹建网络远程诊疗系统，不断提升我县医技水平。三是搭建教育援藏新平台。广州大学与波密县签订五年帮扶协议，每学期选派14名优秀专业师范生进驻县中小学开展教育帮扶；探索实施广州部分学校对口支援波密县中小学帮扶模式，目前，县中学、县完小、古乡中心小学已结成帮扶对子；积极探索优质教学资源共享，已向县中小学和幼儿园免费开放“启智星”和“班班通”网络教学资源平台，为全县素质教育打下了坚实的基础，坚决以教育和知识斩断“穷根”，决不让贫困代际相传。

（七）注重退出机制，实现应退则退。严格按照退出标准和程序，突出“严”的标准、“实”的要求，采取“一申请、二查看，三评议、四审核、五公示、六审定”方式，有序推进贫困人口退出工作。即：贫困户填写脱贫申请表，乡村负责人、驻村工作队、第一书记等通过进村入户查看贫困户稳定收入、庭院整治、精神面貌及观念转变情况，提出初步意见。通过召开村民大会进行民主评议，结果报村、乡两级审核通过后，在村、乡、县三级按规定公示，并报请县脱贫攻坚指挥部审定。已退出的908户建档立卡户均进行了全面核实，确保了不漏一户、不走过场，坚决防止和杜绝了“假脱贫”“数字脱贫”和“被脱贫”；退出贫困户全部实现了“三不愁”“三有”“三保障”。

（八）注重宣传督查，营造良好氛围。注重舆论宣传，在全县上下营造人人关心、人人参与、人人支持脱贫攻坚的良好氛围。2016年以来，累计举办扶贫领域专项培训3次，发放宣传资料3000余份，制作宣传栏、广告牌100余个，编订下发藏汉“双语”扶贫政策汇编1200余册，拍摄宣传片2部，建立县乡微信群11个。同时，严格按照“四查四看”要求，加大督查力度，县四大班子主要领导和县脱贫攻坚指挥部督导考核组定期赴乡镇进行全面督导，对脱贫工作中重视程度不够、整改不到位的，及时下发整改清单、严肃通报批评，约谈党政主官，并追究相关单位及责任人责任。两年来，全县共计开展督导检查48次400余人次，实现了行政村和建档立卡户全覆盖，并注重结果运用，累计约谈党政主官4人次、扶贫专干7人次。

（九）注重查漏补缺，狠抓整改落实。始终坚持问题导向，端正态度，正视区、市、县扶贫领域督导检查、专项巡察、交叉考核反馈的意见和建议，采取县级领导干部挂乡镇定点督导、乡镇干部包村到户等形式，扎实开展自查自纠和“回头看”工作，对存在的问题，逐项加以整改，确保不留死角、不留盲区。如，针对“基层干部特别是扶贫专干、村干部对扶贫领域政策掌握不深”的问题，县脱贫攻坚指挥部组织11个专项组系统梳理扶贫政策，汇总编印藏汉“双语”政策汇编，组织基层干部以自学、集中学习培训等形式，确保扶贫政策入脑入心；针对“贫困户档案资料不够规范”的问题，统一制定户卡、村册、乡簿，先后2次召开业务培训会议，确保资料档案填写规范；针对“水、电、路等‘十项提升工程’仍需进一步完善”“各乡镇发展不平衡”的问题，加大调研、摸排力度，先后向市委、市政府和上级业务部门报送《关于进一步加快八盖、康玉两乡经济社会发展的请示》《关于解决农村水电基础设施建设所需经费的请示》《关于解决部分自然村村道硬化所需经费的请示》，力争将扶贫资源更多向偏远地区倾斜。同时，整合各方资金，加快水电路等基础设施建设，投资1.5亿元的康玉公路已建成通车；预计投资17亿元的八盖乡三级油路已进入招投标阶段，将于年底开工建设。

三、存在的主要问题

脱贫攻坚开展以来，虽然取得了一定成绩，但也存在以下突出问题和工作短板：一是政策性扶贫仍然占比较高，生态就业补助、国家公益林生态补偿、草原生态保护补助和低保政策兜底等在贫困群众收入中占比较大。如，地处偏远的八盖乡人均每年能领取公益林生态补偿和草原生态保护补助资金2700多元，占人均可支配收入的40%左右。二是部分贫困户内生动力不足，主动脱贫意识不强，生产生活方式有待改善，“等、靠、要”思想和“干部干、群众看”现象仍然存在。三是在产业、就业等“造血”式扶贫帮困方面有待加强，受道路交通、地理环境和自然条件瓶颈制约，全县产业规模仍较小、发展水平不高，效益未能充分显现，不能更好带动贫困人口脱贫致富。同时，贫困户受传统就业观念影响，不愿外出就业，片面认为只有公务员才是好岗位，加之本地市场经济总量不大，提供的岗位多限于服务行业，贫困群众不愿离乡离土，也不愿受约束，不愿上岗就业。四是各乡镇发展不平衡现象依然存在，加之受地理环境和历史欠账等原因，个别自然村水、电、路、讯、网等基础设备和公共服务基础设施还有待进一步提升。

四、下步工作计划

下一步，我们将认真贯彻落实党的十九大、中央第六次西藏工作座谈会、自治区第九次党代会精神，以此次交叉考核为有利契机，科学制定脱贫攻坚巩固提升规划，重点抓好以下几个方面重点工作：一是结合党的十九大精神宣讲活动，坚持扶贫与扶志、扶智相结合，采取干部“走亲”“帮亲”等方式，教育引导贫困群众解放思想、改变观念，知道惠从何来、惠在何处，知党恩、感党恩，听党话、跟党走，实现“要我脱贫”到“我要脱贫”的转变。二是持续落实教育帮扶、产业扶持、政策兜底和金融扶贫等优惠政策，对贫困群众，采取“摘帽”不摘政策，继续扶上马、送一程，做深做细做实防返贫工作，巩固脱贫攻坚成果。三是突出统筹谋划，丰富“旅游+”产业发展内容，加快以茶叶、天麻和藏香猪为重点的“十三五”产业扶贫规划第二批项目建设进度，壮大产业规模、提升产业效益，建立健全利益联结机制，让贫困群众和临界贫困群众最大程度享受改革发展红利。四是紧盯“保就业、促增收”目标任务，教育引导群众改变就业观念，拓宽就业渠道，搭建就业平台，注重抓好贫困人口就业技能培训，并提供更多更优质就业岗位，实现贫困人口就业有意愿、有技能、有岗位。五是以此次交叉考核反馈问题为导向，用钉钉子精神和绣花功夫，突出重点领域和关键环节，进一步抓好查漏补缺各项工作，全力迎接国务院第三方评估验收，确保波密县顺利脱贫摘帽。

在波密县“四讲四爱”主题教育实践活动第一节点总结会上的讲话

波密县委副书记、人大常委会主任 郑 都

（2017年6月6日）

经请示县委同意，今天我们在这里召开“四讲四爱”主题教育实践活动第一节点总结会议，主要目的是：统一思想、提高认识，进一步推动我县“四讲四爱”主题教育实践活动扎实有序有效开展。

自教育实践活动开展以来，各级党组织高度重视，周密统筹谋划、精心组织实施，各级党组织书记始终将“四讲四爱”主题教育实践活动的责任扛在肩上、抓在手上、落实到行动上，取得了显著了成绩。刚才，倾多镇、易贡乡、多吉乡、玉许乡、民宗局、波密县中学分别作了交流发言，讲得都很好，不仅介绍了工作开展中的好经验、好做法，也指出了工作中存在的一些问题，在今后的工作中，希望大家对症下药、精准发力，补齐工作“短板”。下面，受朱正辉书记委托，我就进一步贯彻落实好区党委和市委要求，开展好下一节点教育实践活动提几点建议。

一、强化组织领导、加大检查力度。一要充分认识“四讲四爱”主题教育实践活动的重要意义，把活动开展作为今年的一项重大政治任务，列入重要日程，纳入总体工作，认真谋划、周密部署。各级党组织书记要切实落实好第一责任人职责，切实做到认识到位、人员到位、组织实施到位，切实担负起组织动员、宣传教育、开展实践、建章立制等各项工作任务，要在抓好“规定动作”的同时，鼓励所辖党组织创新形式、丰富内容，做好“自选动作”。二要按照分级实施、分工负责的原则，将主题教育实践活动开展情况纳入县委督导组重要内容，作为意识形态工作责任制考核的重点，采取定期、不定期明察暗访等方式，推动活动深入开展，原则上每月不少于2次督导检查。各乡镇、成员单位要在营造“四讲四爱”宣传氛围、加大宣讲力度上下功夫，努力形成齐抓共管工作格局。三要坚持纠建并举，一边抓教育实践，一边抓建章立制。结合主题教育实践活动修订完善村规民约、寺规僧约、学生守则、校规校纪等制度规范，巩固提高活动中的好做法、好习惯，使之常态化制度化。四要突出分类指导、讲求方式方法。要坚持正面宣传、团结鼓劲，分类施教、因地制宜，通俗易懂、简明扼要，创新方法、活化形式，寓教于乐、寓教于艺，区别不同受众、采取多种方式，深入家庭院落、田间地头、牧场帐篷、学校教室、寺庙僧舍，推动教育实践进农村、进社区、进学校、进课堂、进家庭、进企业、进寺庙、进僧舍。

二、严格落实各项工作要求。

（一）主题不能变。紧扣“四讲四爱”主题，突出“讲团结爱祖国”这个重点，不能自行其是、另搞一套。

（二）内容不能省。宣讲任务坚持时间服从质量，注重把握活动节奏，按计划分专题系统宣讲，四讲十四节的内容不能简省，讲清讲透，真正做到家喻户晓、人人皆知。

（三）步骤不能减。按照《总体方案》要求，认真完成各项规定动作；宣讲教育、实践活动的内容、阶段、要求必须足时保质，不得以一次性宣讲和集中实践代替阶段任务，不得以自选动作代替规定动作。

（四）要求不能降。各乡镇、成员单位要严格落实党委一把手组建活动领导小组、成立宣讲团，坚持深入一线、靠前指挥，将“四讲四爱”摆上重要议事日程。

（五）活动不能走过场。要坚决克服以形式主义方式应付活动开展的错误思想，加强分层分类指导，由上而下压茬推进，严格过程管理和结果控制，量化考核，定期抽查，把强化督导、确保实效作为活动不走过场的核心要求，细化任务、明确分工、落实责任，科学安排活动时间和进度。

三、加强示范宣讲，确保宣讲实效。第二节点“讲团结爱祖国”宣讲要深入宣讲习近平总书记加强民族团结、建设美丽西藏的重要指示精神的深刻内涵，重点宣讲中华人民共和国是一个统一的多民族国家，西藏自古以来就是伟大祖国不可分割的一部分；党的民族政策光辉照耀各族人民走向繁荣富强，依法治理民族事务促进民族团结，民族团结是西藏各族人民的生命线；十四世达赖祸藏乱教、分裂祖国的反动本质，开展党史、国史、西藏地方与祖国关系史、社会主义发展史、改革开放史教育，开展爱国主义、民族团结、反分裂斗争宣传教育，教育引导广大群众永做坚决反对分裂、自觉维护祖国统一、维护民族团结、维护社会稳定的好群众、好学生、好僧尼。宣讲要参考《西藏“四观”“两论”读本》《西藏反分裂斗争简史》《岁月记忆—从历史人物看西藏地方与祖国关系》《民族团结教育知识问答》等资料。

四、做好节点总结、节点培训工作。一要明确节点时间。对照自治区印发的《宣讲工作方案》和《宣讲提纲》，明确宣讲时间节点，加大督导检查力度，把握好宣讲进度，不跨节、不越段，确保覆盖率的同时，提高群众知晓率。二要细化节点任务。每逢节点，各乡镇、成员单位要积极主动开展节点总结、节点培训工作，并对节点总结、节点培训、创新形式、收集资料等各项任务进行细化。三要及时开展“回头看”。在“讲团结爱祖国”宣讲结束前，及时召开好总结会，总结好做法好经验好典型，树立问题导向，查漏补缺，对工作开展不力不实不真的要开展“回头看”和补课。四要及时上报总结。各乡镇、县直成员单位要在下一节点工作开始后四天之内向县“四讲四爱”活动办汇总上报节点总结、节点培训工作的情况报告和意见建议，以及下一节点工作计划。

五、创新形式，确保宣讲入脑入心。一要准确把握好宣讲对象的需求特点。找准主题教育实践活动与群众利益结合点，丰富内涵、创新载体，增强活动吸引力、感召力和影响力。二要紧密联系稳定发展各项工作，坚持两手抓、两不误、两促进。把开展主题教育实践活动与迎接党的十九大胜利召开结合起来，与贯彻落实十八届六中全会和自治区第九次党代会精神结合起来，与推动改革发展稳定各项工作结合起来，与实施“十三五”规划、打赢脱贫攻坚战、干部驻村驻寺、先进双联户创建、文明家庭建设、美丽西藏建设等结合起来，科学安排活动时间和进度，确保活动不虚不空不偏、不走过场，取得实效，进一步夯实西藏长足发展和长治久安的思想基础、群众基础、基层基础，凝聚起各族群众感党恩、听党话、跟党走的广泛共识，汇聚办好西藏事情、做好西藏工作的强大正能量。三要宣讲结束后要求组织群众开展学习心得讨论会，确保宣讲效果。

同志们，思想是行动的先导，让我们通过入心入脑的持续宣讲，使广大农牧民群众、青少年学习、寺庙僧尼牢固树立“讲党恩爱核心、讲团结爱祖国、讲贡献爱家园、讲文明爱生活”的思想意识，为谱写中国梦波密篇章、奋力推进“五个波密”建设打下坚实的思想基础。

2017年波密县国民经济和社会发展统计公报

波密县统计局

2017年，县委、县政府团结带领全县各族干部群众，深入贯彻落实习近平总书记系列重要讲话精神和治国理政新理念新思想新战略、特别是治边稳藏重要战略思想，按照自治区第九次党代会和自治区、林芝市经济工作会议要求，正确处理好“十三对关系”，始终坚持以人民为中心，坚持以供给侧结构性改革为主线，坚持稳中求进、进中求好、补齐短板的工作总基调，主动树牢新理念，适应新常态，引领新发展，扎实做好稳增长、强支撑、调结构、促改革、惠民生、保稳定、防风险等各项工作，国民经济稳中有进、进中向好，县域经济总体保持平稳发展态势。

一、综　合

初步核算，2017年波密县实现地区生产总值（GDP）19.53亿元，可比增长10.1%。其中，第一产业增加值2.53亿元，增长4.5%，第二产业增加值6.27亿元，增长9.1%，第三产业增加值10.73亿元，增长12.60%。三次产业的比例为13：32：55。

全县公共预算收入0.62亿元，增长12.2%。公共财政预算收入占GDP比重为3.2%。波密县财政八项支出完成5.49亿元，增长27.2%。

金融机构存贷款余额由2016年238455万元增长至2017年360600万元，增长51.2%。其中，存款余额由2016年163479万元增长至2017年208600万元，增长27.6%。贷款余额由2016年74976万元增长至2017年152000万元。增长103.0%。

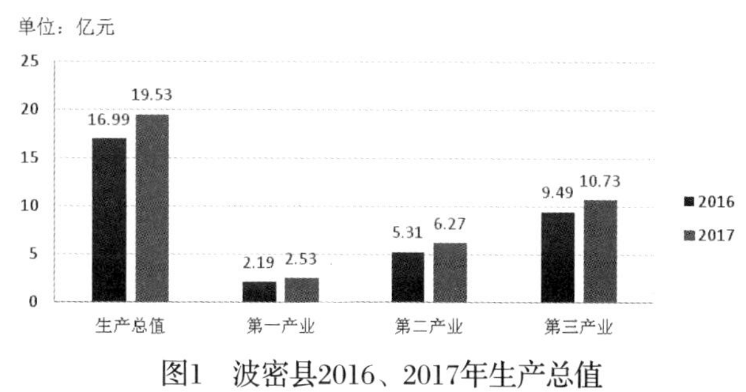

图1　波密县2016、2017年生产总值

二、农林牧渔业

农林牧渔业总产值完成27141万元，增长7.2%。其中，农业产值15930万元，增长15.8%；林业产值359万元，下降68%；牧业产值10080万元，增长3.9%；渔业产值1.37万元，增长10.5%；农林牧渔服务业产值771万元，增长6.2%。

全年农作物播种面积4798公顷，比上年减少92公顷。其中，粮食作物播种面积4258公顷，比上年增加178公顷；油料种植面积358公顷，比上年增加10公顷；蔬菜种植面积129公顷，与上年持平。

全年粮食总产量19436吨，增长1.4%。其中，青稞5474吨，增长2.6%；小麦11791吨，增长0.4%；油料1290吨，增长3.0%；蔬菜3069吨，减少3.1%。

全年肉类总产量1759吨，增长9.4%。其中，牛肉产量915吨，减少5.5%；羊肉产量10吨，增长66.7%；猪肉产量832吨，增长31.2%。全年奶类产量4231吨，增长15.55%；禽蛋产量15吨，减少25%。

三、第二产业

2017年，全县第二产业增加值为62700万元，同比增长9.1%。完成工业总产值2040万元，同比增长14.7%。实现工业增加值1800万元，比上年可比减少14.3%。实现建筑业增加值60900万元，比上年可比增长11.4%。全县发电量为2585万度，同比增长34.6%。

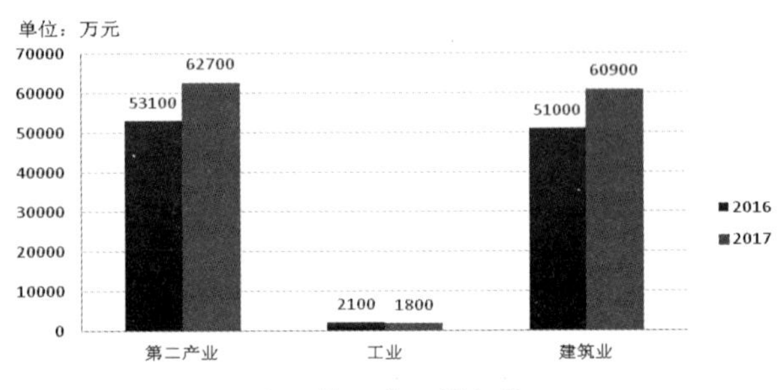

图2 第二产业增加值

四、第三产业

我县产业结构比为13∶32∶55。可以看出第三产业在我县属于重点发展产业。通过打造重点景区和完善景区服务配套，旅游业迈上发展新台阶。2017年，全县接待游客人数由2016年的56万人次增长至2017年76万人次，同比增长35.71%。旅游收入由2016年的3.6亿元增长至2017年的6.7亿元，同比增长45%。

全县，家庭旅馆总数达241家。全年，农牧民家庭旅馆共接待旅游者8万人次，同比增长95%，实现旅游收入1198.2万元，同比增长90%。全县星级宾馆饭店2家（四星级1家，三星级0家，二星级1家），拥有客房2024间，床位4050张，年接待能力达150万人次；全县家庭旅馆、星级饭店、其他住宿接待单位年总接待能力达到20万人次。2017年，全县对外营运景区（点）共有3家。分别为米堆冰川景区、岗云杉林景区、嘎朗湖景区。

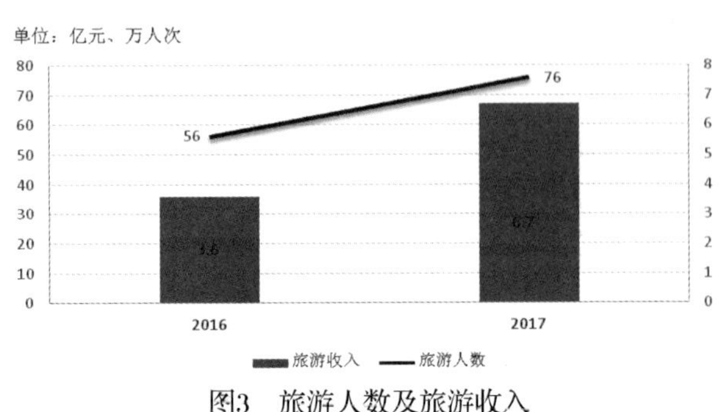

图3 旅游人数及旅游收入

五、固定资产投资

2017年，全县完成固定资产投资22.88亿元，比上年同期增长22.3%。其中，民间投资3.4亿元，增长14.9%，国家投资19.48亿元。占总投资的85.1%。全县施工项目个数156个，其中，50–5000万元以下项目140个，5000万元以上联网直报项目16个。1–12月5000万元以上项目完成投资15.25亿元，占总投资比重的66.6%。

六、教育体育

表6

指标	单位	2016年	2017年	同比增长（%）
普通中学	所	1	1	持平
招生人数	人	443	487	9.93
在校生数	人	1622	1447	10.79
教职工数	人	127	134	5.51
小学	所	12	12	持平
招生人数	人	450	518	15.11
在校生数	人	2861	2842	–0.66
教职工数	人	323	303	–6.19
学龄儿童	%	99.83	99.86	0.03

七、文化、广播和卫生

2017年，全县拥有艺术表演团体1个。文化馆1个。公共图书馆1个。博物馆0个，电影放映单位1个。

拥有县级电视台1个，广播综合覆盖率100%，电视综合人口覆盖率为100%，有线电视覆盖用户达1500户。

2017年，农牧区医疗制度覆盖率99.9%，全年资金到位率100%。在编僧尼和城乡居民免费健康体检常态化，2017年体检率分别为100%和100%。农牧区孕产妇住院分娩率92%，高危产妇管理率100%、住院分娩率100%，孕产妇死亡率0人，婴儿死亡率6.6‰。全县医疗机构年门诊量121894人次，住院2295人次。

2017年，波密县、乡拥有卫生机构13个，其中医院2个，卫生院11个。卫生防疫机构1个。全县拥有床位数148张，其中医院55张，卫生院93张。卫生技术人员134名，每千人拥有卫生技术人员3.47人，每千人床位数3.83张。

八、人口、人民生活和社会保障

2017年末，全县常住人口37926人，其中，城镇人口13309人；乡村人口24617人。农村居民人均可支配收入14777元，增长13.4%。城镇居民人均可支配收入26946元，增长10.2%。

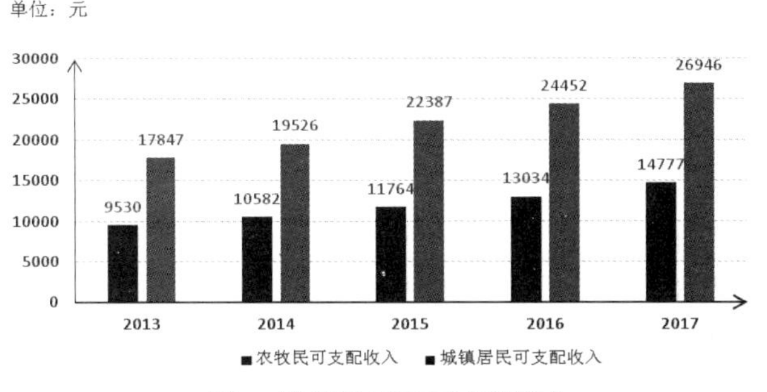

图4　波密县居民可支配收入

全年各类社会保障参保人员中：城镇职工基本养老保险参保人数647人（缴费人数522人，退休人数125人）；城镇职工基本医疗保险参保人数2412人（在职2019人，退休393人）；城镇居民基本医疗保险参保人数1544人；失业保险参保人数1290人，征缴失业保险金116.24万元。城乡居民基本养老保险参保缴费人数12233人，享受待遇2222人。2017年，全县城镇新增就业403人；农村劳动力转移就业4930人；全县共有公益性岗位191个。

九、安全生产

2017年，全县发生各类安全生产事故0起，死亡0人、受伤0人，直接经济损失0万元，与去年同期相比，事故起数减少10起，下降100%，死亡人数减少3人，下降100%，受伤人数减少5人，下降100%，直接经济损失减少80万元，下降100%。

十、交通

2017年，我县民用车辆拥有量累计达18000余辆（包括摩托车），比上年同期增加50辆。总计中，营运车辆数为36辆。2017年末公路通车里程达到1093公里。10个乡镇基本实现通车，乡镇通达率100%，10个乡镇中，康玉乡、八盖乡为季节性通车，通畅率90%。全县共有85个行政村（居委会），85个行政村（居委会）通公路，通达率100%。

波密县2017年主要经济指标

表7

指　标	单位	2016年	2017年	同比增长（%）
一、全县常住人口数	人	36947	37926	
其中：农村人口	人	24543	24617	
二、农村户数	户	5358	5453	1.8
二、农村劳动力	人	14190	15633	10.2
四、国内生产总值	亿元	16.99	19.53	10.1
五、财政收入	万元	5525	6200	12.2

续表7

指　标	单位	2016年	2017年	同比增长（%）
六、社会消费品零售总额	万元	19872.1	22800	15
七、工业总产值	万元	1779.3	2040.27	14.8
八、耕地面积	公顷	4478.47	4605.87	2.8
九、粮食总产量	吨	19160.97	19436.37	1.4
十、油菜籽产量	吨	1251.54	1289.55	3.0
十一、农村经济总收入	万元	54872.6	61572.46	12.2
其中：第一产业收入	万元	28264.9	30777.68	8.9
1、农业收入	万元	14748.13	11867.06	19.5
2、林业收入	万元	6789.14	10390.51	53
3.牧业收入	万元	6714.83	8510.71	2637
4.渔业收入	万元	12.8	9.40	–26.6
第二产业收入	万元	6667.54	7466.91	12
第三产业收入	万元	19940.16	23327.86	17
1、交通运输收入	万元	7036	8591.66	22.1
2、商业、饮食收入	万元	2908.92	3502.23	20.4
3、服务业收入	万元	4651.46	5858.28	25.9
4、其他收入	万元	5343.78	5375.69	0.6
十二、农村居民可支配收入	元/人	13034	14777	13.4
十三、城镇居民可支配收入	元/人	24452	26946	10.2
十四、牲畜总头数	头匹只	106969	108501	1.4
其中：大牲畜	头匹	69141	70783	2.4
牛	头	61801	64035	3.6
马	匹	6864	6408	–6.6
骡	匹	476	339	–28.8
猪	头	36671	37058	1.1

农林牧渔业主要经济指标

表8

指　标	单位	2016年	2017年	同比增长（%）
农林牧渔业总产值	万元	25308	27141.06	7.24
农业	万元	13755.65	15930.17	15.81
林业	万元	1122.14	358.98	68.01
牧业	万元	9703.37	10079.9	3.88
渔业	万元	1.24	1.37	10.48
农林牧渔业服务业	万元	725.6	770.64	6.21
农作物播种面积				
粮食作物	公顷	4189.77	4258.07	1.63
青稞	公顷	1095.48	998.14	-8.89
小麦	公顷	2559.15	2693.65	5.26
玉米	公顷	232.91	231.83	-0.03
荞麦	公顷	117.54	119.67	1.81
豆类	公顷	148.51	163.02	9.77
薯类	公顷	36.18	51.75	43.03
油料	公顷	347.65	358.21	3.04
蔬菜	公顷	129.72	128.8	-0.71
主要农产品产量				
粮食产量	吨	19160.97	19436.37	1.44
#青稞	吨	5336.34	5473.76	2.58
小麦	吨	11740.62	11791.06	0.43
玉米	吨	1256.65	1225.46	-2.48
荞麦	吨	224.39	229.24	2.16

续表8

指 标	单 位	2016年	2017年	同比增长（%）
豆类	吨	336.38	334.05	0.69
薯类	吨	266.59	382.81	43.60
油料	吨	1251.54	1289.55	3.04
蔬菜	吨	3166.16	3069.17	–3.06
牲畜存栏				
年末牲畜存栏总头数	头只	106969	108501	1.43
大牲畜	头	69141	70783	2.37
#牛	头	61801	64035	3.61
羊	只	1157	660	–42.96
绵羊	只	627	230	63.32
山羊	只	530	430	–18.87
猪	头	36671	37058	1.06
当年出售和自宰				
牛	头	5864	5720	–2.46
羊	只	160	285	78.13
猪	头	9759	13313	36.42
畜禽产品产量				
肉类总产量	吨	1608.08	1758.86	9.38
猪牛羊肉产量	吨	1607.78	1757.74	9.33
牛肉	吨	967.56	915.2	–5.41
羊肉	吨	5.88	10.47	78.06
猪肉	吨	634.34	832.07	31.17
奶类产量	吨	3661.87	4231.27	15.55
禽蛋产量	吨	19.6	14.83	–24.34

农林牧渔业分乡指标

表9

指标	单位	扎木镇	松宗镇	倾多镇	玉普乡	多吉乡	康玉乡	玉许乡	古乡	易贡乡	八盖乡
农作物播种面积											
粮食作物	公顷	323.07	321.98	690.8	237.14	581.45	218.24	1046.79	189.72	419.58	229.3
#青稞	公顷	44.39	24.94	122.39	64.49	256.8	117.19	170.93	50.74	58.3	87.98
小麦	公顷	229.65	292.74	512.39	144.13	280.51	65.56	875.86	102.29	107.01	83.51
玉米	公顷	1.35		23.25					23.12	167.86	16.25
荞麦	公顷								2.12	78.25	39.3
豆类	公顷	25.38	0.8	25.92	28.52	44.14	35.49		0.6	2.17	
薯类	公顷	22.3	3.5	6.85					10.85	5.99	2.26
油料	公顷	14.94	23.96	65.75	1.48	12.75	15.44	8.72	15.66	199.51	
蔬菜	公顷	24.57	18.78	11.61		19.13	2.8	11.8	15.02	23.13	1.96
主要农产品产量											
粮食产量	吨	1560.38	1730.93	3504.98	918.86	2621.6	644.34	5154.72	1256.76	1214.72	829.09
青稞	吨	388.07	118.33	1018.12	288.73	1230.6	358.33	1461.58	254.7	91.36	263.94
小麦	吨	1032.78	1585.13	2232.97	593.98	1229.92	209.33	3693.14	678	222.65	313.16
玉米	吨	31.5		169.65					169.52	741.04	113.75
荞麦	吨								8.86	102.48	117.9
豆类	吨	30.84	1.21	23.56	36.15	161.08	76.68		1.63	2.9	
薯类	吨	77.19	26.26	60.68					144.05	54.29	20.34
油料	吨	53.79	86.26	236.73	5.33	45.89	55.61	31.4	56.38	718.16	
蔬菜	吨	514.7	494.81	332.96		487.25	69.17	326.83	330	475.69	37.76

《波密年鉴（2017）》勘误表

页数	位置	误	正
	数字波密2017	耕地面积：11939.048公顷	耕地面积：3840公顷
	数字波密2017	林地面积：441219.992公顷	林地面积：630329.999公顷
	公益编纂委员会	丹增尼玛	旦增尼玛
151	领导名录	党组成员、审制监督庭庭长	党组成员、审判监督庭庭长
152	左列第九行	工人1人，	工人1人。
152	左列第22行	批转	批准
152	右列第十三行	作风建设。	作风建设，
152	右列倒数第四行	各项工作有进一步提高	各项工作进一步提高
154	左列第二行	发出《检察建议书》共计1份	发出《检察建议书》1份
154	右列第五行	办公室主任	办公室（检察委员会办公室、人民监督员办公室、计划财务装备科）主任（科长）
283	第8行	取长补断	取长补短

索 引

说 明

一、本索引采用主题分析法编制。索引范围包括篇目、类目、部（门）目、条目等。

二、本索引按主题词首字汉语拼音音序（同音按音调）排列，若首字拼音相同则按第二字音序排列，以此类推。

三、索引款目后的数字表示内容所在的页码，数字后的拉丁字母（a、b）表示栏别（从左至右）。

四、篇目、类目、部（门）目用黑体字。

A

B

C

D

E

F

G

H

J

K

L

R

S

T

W

X

Y

Z

中共波密县委员会

2017年10月2日，西藏自治区党委书记吴英杰（右二）在波密县扎木镇巴琼村看望慰问结对群众

① 2017年5月24日，西藏自治区党委常委、组织部部长（前排右三）在波密县古乡嘎朗村检查指导工作

② 2017年10月15日，西藏自治区党委常委、组织部部长曾万明（左二）在波密县考察调研基层党组织标准化建设情况。波密县委书记朱正辉（右三），县委常委、组织部部长张斌（右一）等陪同

③ 2017年5月23日，支援西藏工作总领队、西藏自治区党委组织部副部长郭强（中）在波密县调研广州市对口支援波密工作开展情况

2017年9月14日，林芝市委书记马升昌（右二）在波密县公安局玉普一级公安检查站检查指导中共十九大维稳安保工作

2017年12月23日，林芝市委书记马升昌（前排左二）在波密县玉普乡调研指导基层党建和精准扶贫工作

2017年5月18日，林芝市委副书记、市长旺堆（左五）在波密县公安局玉普一级公安检查站检查指导工作

2017年3月30日，广东省第八批援藏工作队领队、林芝市委副书记、常务副市长许典辉（右一）在波密县倾多镇调研精准扶贫工作

2017年3月30日，林芝市委副书记、常务副市长许典辉（中）一行在扎木镇达兴村调研精准扶贫工作

2017年10月10日，波密县委书记朱正辉（左四），县委常委、常务副县长李伟成，县委常委、组织部部长张斌在康玉乡调研

2017年3月7日，波密县委书记朱正辉（中）在中石油加油站检查督导安全生产工作

2017年10月10日，波密县委书记朱正辉（右二）在多吉乡角落村考察调研易地搬迁工作

2017年6月9日，波密县委书记朱正辉（右二）在县中学校调研

2017年8月25日，波密县委副书记、常务副县长李伟成（右三），县委常委、政府副县长沈光银（左五）带队县商务局工作人员一行参加第25届广博会

波密县人民代表大会常务委员会

2017年10月14日，西藏自治区人大常委会副主任李文汉（中）在波密县中学检查指导维稳工作

2017年6月15日，林芝市人大常委会副主任旺扎多吉（左二）一行在波密县食药监局办证大厅现场观摩

2017年12月16日，波密县委副书记、人大常委会主任郑都（右二），县人大常委会副主任旺青罗布（左二）开展代表家访活动

2017年12月20日，波密县委副书记、人大常委会主任郑都（右二）在多吉乡开展精准扶贫督导检查工作

2017年12月19日，波密县人大常委会副主任旺青罗布（右一）在扎木镇开展代表家访活动

2017年12月19日，波密县人大常委会副主任旺青罗布（中）、小普琼（右一）开展代表家访活动

2017年12月19日，波密县人大常委会副主任张豪杰（左一）在八盖乡开展代表家访活动

2017年12月19日，波密县人大常委会副主任小普琼（右一）在多吉乡开展代表家访活动

2017年12月27日，波密县人大常委会副主任张豪杰（左一）为受评单位颁发奖牌

2017年11月2日，波密县人大常委会组织新任职人员进行宪法宣誓

2017年12月27日，波密县人大常委会召开2017年度民主评议工作会议

2017年12月29日，波密县召开十二届人大常委会第九次全体会议

波密县人民政府

2017年11月23日，西藏自治区副主席其美仁增（前排左二）一行在波密县栋曲村调研天麻种植基地发展现状

2017年4月10日，西藏自治区副主席、自治区公安厅厅长刘江（前排右一）在波密县调研政法工作。波密县委副书记、政府县长边巴（右三）陪同

2017年4月22日，林芝市委书记马升昌（左三）在波密县调研产业发展情况。波密县委副书记、政府县长边巴（左四）陪同

2017年6月11日，林芝市委副书记、市长旺堆（右二）一行在波密县易贡调研乡村集体经济建设情况

2017年4月18日，广州市副市长黎明（中）一行在波密县扎木镇岗村调研家庭旅馆建设情况。波密县委常务副书记李锋（左二）及援藏工作队队员陪同

2017年3月30日，林芝市委副书记、常委副市长许典辉（右二）在波密县扎木镇调研。波密县委副书记、政府县长边巴（左三），县委常务副书记李锋（左一）等陪同

2017年4月26日，林芝市委副书记、常务副市长赵树明（前排右一）在波密县检查安全生产工作。波密县委副书记、政府县长边巴（前排右二）陪同调研

2017年6月12日，林芝市政府副市长肖鹤（中）一行在波密县检查环保督察工作落实情况

2017年4月20日，拉萨市公安消防支队支队长扎西多吉（右二）在波密县检查消防安全工作。波密县委副书记、政府县长边巴（左一）陪同

2017年6月29日，广东省第八批援藏工作队波密工作组支持县敬老院温室改造项目通过验收并投入使用。图为波密县委副书记、常务副县长李伟成（左一），县委常务副书记李锋（左二），县政协办主任田伦华，县发改委副主任付新河在温室大棚前合影留念

2017年3月4日，波密县政府副县长马远（主席台左三）在多吉乡开展维稳督导工作并主持召开多吉乡维护稳定工作会议

中国人民政治协商会议
波密县委员会

2017年7月19日，西藏自治区政协副主席金世洵（左二）在波密县检查安全生产工作。波密县委副书记、政府县长边巴（右一）陪同

2017年7月20日，西藏自治区政协副主席金世洵（右五）在波密县调研

2017年3月8日，西藏自治区政协副主席、自治区驻林芝督导组副组长次旺多布杰（左二）一行在波密县检查指导工作

2017年10月20日，西藏自治区政协副主席、自治区驻林芝督导组副组长次旺多布杰（左一）一行在波密县公安局玉普一级公安检查站督导检查工作

2017年6月6日，林芝市政协副主席王军（右排左二）在波密县调研教育教学工作并主持召开座谈会

2017年8月16日，波密县政协主席巴桑（右一）慰问易贡乡结对帮扶户

2017年2月21日，中国人民政治协商会议第九届波密县委员会第二次会议召开，图为县政协委员认真听取常委会工作报告

2017年2月22日，波密县召开政协九届三次常委会。图为县政协常委在审议会议议程

2017年8月3日，波密县政协召开九届四次常委会。图为县政协常委在审议会议议程

2017年6月25日，波密县人大代表、政协委员在湖南省凤凰县学习考察旅游产业发展工作

2017年7月25日，波密县政协举办第二期委员学习培训班

2017年7月10日，波密县政协办党支部在民族会议室召开专题组织生活会

2017年11月17日，波密县政协办公室深入学习贯彻党的十九大会议精神

中共波密县纪律检查委员会（波密县监察局）

2017年10月19日，西藏自治区纪委常委、党风政风监督室主任党万军（左三）在波密县古乡索通村了解扶贫工作进展情况

2017年3月16日，波密县委常委、纪委书记王芳（左一）检查玉普乡宗坝村驻村工作队台账

2017年5月2日，波密县纪委（监察局）开展监督执纪工作规则知识测试

2017年6月2日，波密县纪委（监察局）召开2017年反腐败工作协调小组会议

2017年6月6日，波密县纪委（监察局）召开扶贫资金项目“三公”经费惠民资金和换届风气整改部署会

2017年8月11日，波密县举办落实全面从严治党“两个责任”专题讲座

2017年12月20日，波密县纪委（监察局）召开2017年度各乡镇纪委书记述职述责会议

2017年8月25日，波密县纪委（监察局）开展“两学一做”学习教育理论知识测试活动

2017年7月1日，波密县纪检监察机关党支部召开庆祝建党96周年专题学习会

2017年4月1日，波密县纪检监察机关召开业务素质提升月活动动员大会

中共波密县委组织部（编办、老干部局）

2017年10月14日，西藏自治区党委常委、组织部部长曾万明（右二）一行在波密县考察指导党建工作。波密县委常委、组织部部长张斌（右一）陪同

2017年10月16日，西藏自治区党委常委、组织部部长曾万明（前排左六）一行在波密县与2017年专招生合影留念

2017年5月3日，西藏自治区党委办公厅党组成员、纪检组组长黄东升（右排右三）在波密县古乡检查指导工作

2017年4月15日，西藏自治区党委组织部体改处副处长加措（左二）在波密县松宗镇检查指导工作

2017年9月3日，林芝市委组织部副部长扎西洛布（前排右二）一行在扎木镇娘那村检查指导工作

2017年9月3日，林芝市委组织部常务副部长扎西洛布（右二）一行在扎木镇通木村调研党建促脱贫工作

2017年4月7日，波密县委常委、组织部部长张斌（左二）组织各乡镇党委书记召开基层党建座谈会

2017年5月10日，波密县委常委、组织部部长张斌（右二）一行调研松宗镇栋亚村驻村工作队工作开展情况

2017年1月6日，波密县委常委、组织部部长张斌（右二）主持召开组织部机关党支部2017年度组织生活会

2017年1月25日，波密县委组织部副部长拉巴次仁（右二）在扎木镇东若村走访慰问驻村干部

2017年5月11日，波密县举办2017年基层党建、脱贫攻坚、保护环境和其他相关业务知识学习培训班，县直机关工委书记尼玛次仁（左三）授课

中共波密县委宣传部

2017年7月2日，波密县委书记朱正辉（左二），波密县委常委、宣传部部长马海蕴（左一）一行在波茂广场检查指导民族团结、网络安全宣传活动

2017年12月9日，波密县委书记朱正辉（正面右二），县委常委、宣传部部长马海蕴（正面右三）在扎木镇卡达村宣讲党的十九大精神

2017年1月20日，波密县委常委、宣传部部长马海蕴（右一）在松宗镇走访慰问贫困群众

2017年11月17日，川藏兵站部扎木大站举行重温入党誓词活动

2017年8月21日，波密县委宣传部在松宗镇开展“互动式”宣传教育活动

2017年10月5日，玉许乡召开迎接党的十九大动员部署会，波密县委常委、政府副县长沈光银出席会议

中共波密县委政法委员会（综治办）

2017年10月6日，林芝市政协副主席、波密县督导组组长扎西达瓦，波密县委书记朱正辉，波密县委副书记、政府县长边巴等参加波密县110指挥中心维稳视频会议

2017年12月30日，波密县委常委、政法委书记、公安局局长阿旺朗加（中）带队走访慰问驻地部队官兵

2017年9月25日，波密县委常委、政法委书记、公安局局长阿旺朗加（前排左一）在县人民法院调研

2017年11月7日，波密县委常委、政法委书记、公安局局长阿旺朗加组织政法各部门主要负责人研究解决疑难案件

2017年2月6日，波密县政法委副书记拉桑下乡调解矛盾纠纷

2017年3月20日，波密县综治办组织县公安局、司法局、林业局等8家单位深入基层开展综治宣传月活动

2017年9月14日，波密县综治办组织综治委成员单位开展综治宣传活动

2017年11月30日，波密县政法系统在家干部学习党的十九大精神

中共波密县委统战部

2017年8月10日，西藏自治区党委统战部常务副部长叶银川（中）在波密县委统战部检查指导工作

2017年8月8日，林芝市委常委、统战部部长达瓦（前）在波密县委统战部检查指导工作

2017年7月22日，西藏佛学院副院长达穷（中）带队自治区涉宗部门及寺庙“四讲四爱”督导组在古乡巴卡寺督导检查工作并与寺庙僧人及驻寺干部交流座谈

2017年8月2日，波密县委常委、统战部部长加布（右一）在倾多镇倾多寺调研

2017年12月15日，波密县委常委、统战部部长加布（中）带队在日喀则市谢通门县扎西吉培寺管委会考察学习

2017年7月14日，波密县召开驻寺干部业务培训暨2017年下半年工作部署会议

2017年11月15日，波密县召开波密县2017年下半年和谐模范寺庙暨爱国守法先进僧人表彰大会

中共波密县委巡察办（组）

2017年9月12日，林芝市委巡察办主任姚鹤忠（右排右三）一行调研指导波密县巡察办工作

2017年12月17日，波密县委召开书记专题会，听取首轮巡察工作情况汇报会

2017年10月16日，波密县委常委、纪委书记王芳（右三）看望慰问派驻在多吉乡的县委首轮巡察一组全体成员

2017年9月5日，波密县委召开九届县委第一轮巡察工作动员部署会

2017年9月18日，波密县委巡察一组在多吉乡召开巡察进驻动员会

2017年12月5日，九届波密县委召开第一轮巡察工作情况领导小组汇报会

共青团波密县委员会

2017年11月5日，团市委书记多吉旺扎（前排中）一行在波密县调研基层团建工作

2017年5月4日，波密县中学开展优秀团员表彰活动

2017年5月4日，团县委在县中学开展新团员入团培训活动

2017年5月4日，团县委、工妇委联合举办庆“五·四”拔河比赛，图为与获奖选手合影留念

2017年9月14日，团县委召开西部计划志愿者学习会

2017年7月3日，团县委组织县小学生开展参观红楼爱国主义教育活动

波密县工会妇女委员会

2017年3月9日，波密县总工会联系县政府副县长达娃卓嘎慰问警务站干警

2017年1月20日，波密县总工会主席毛卫林慰问环卫工人

2017年3月8日，波密县工妇委组织开展庆“三八”文体活动

2017年5月1日，波密县工妇委与县卫生局联合开展送医送药活动

2017年5月1日，波密县工妇委组织开展“喜迎十九大工会服务在基层”拔河比赛

2017年8月11日，波密县总工会成立帮扶中心

2017年10月27日，波密县工妇委举办“安康杯”知识竞赛

波密县工商业联合会

2017年8月10日，西藏自治区党委统战部常务副部长叶银川（右一）在波密县检查指导工商联工作

2017年3月24日，全国政协委员、西藏自治区工商联兼职副主席、西藏奇正藏药股份有限公司董事长雷菊芳（左三），波密县委常委、统战部部长加布（右一）一行在玉许乡海定村开展义诊调研和医疗帮扶

2017年4月20日，林芝市委统战部副部长、市工商联党组书记、副主席、市非公党工委副书记余水（中）出席并指导波密县工商联第三届一次会员代表大会工作

文明家庭

中共波密县委员会 波密县人民政府

二〇一七年十二月

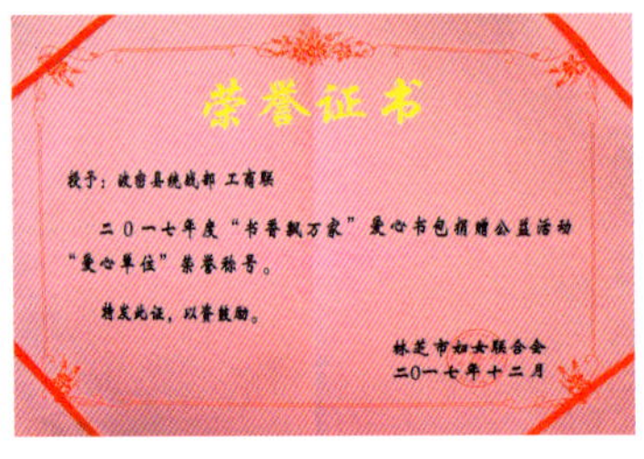

荣誉证书

授予：波密县统战部 工商联

二〇一七年度“书香飘万家”爱心书包捐赠公益活动“爱心单位”荣誉称号。

特发此证，以资鼓励。

林芝市妇女联合会

二〇一七年十二月

2017年9月28日，波密县工商业联合会组织会员企业举行爱心书包捐赠活动，筹集爱心捐款2880元

2017年12月27日，波密县工商联会员企业驷维科技电子有限公司负责人罗长春在波密县敬老院看望慰问敬老院老人，为老人们送去生活用品及慰问金1500元

波密县残疾人联合会

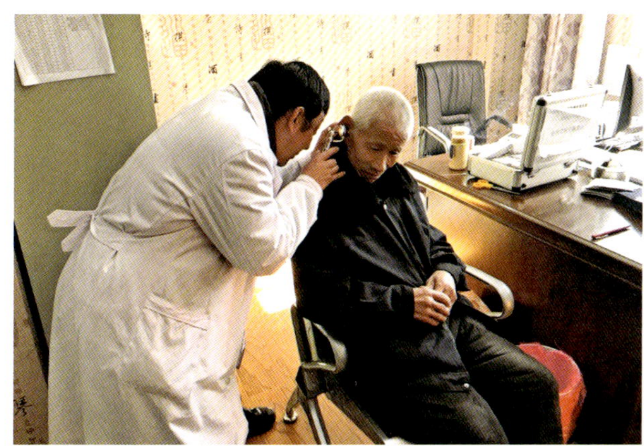

2017年11月3日，西藏自治区残疾人康复中心工作组一行在波密县福利院开展残疾筛查和辅助器具适配

2017年7月5—7日，波密县残联在玉许乡、倾多镇为残疾人现场适配辅助器具

2017年7月25—30日，波密县各乡镇民政助理员在县残联录入残疾人动态更新系统

2017年5月22日，波密县残联在波茂广场开展第27次全国助残日主题活动

2017年12月15日，波密县残联在教育局三楼会议室举办农村贫困残疾人实用技术培训班

2017年6月28—30日，波密县残联在民政局会议室举办残疾人数据动态更新暨精准康复服务培训班

中共波密县直属机关工作委员会

2017年3月15日，波密县直机关工委组织党员干部参观学习

2017年5月8日，波密县机关工委组织入党积极分子开展培训

2017年4月19日，波密县机关工委书记尼玛次仁检查机关党支部党建情况

2017年5月10日，波密县召开机关党支部学习会

2017年3月14日，波密县机关工委组织党务工作者开展培训

波密县创先争优强基础惠民生活动领导小组办公室

2017年3月19日，西藏自治区政协副主席次旺多布杰（左四）一行在波密县松宗镇角达村检查指导工作

2017年1月20日，西巴村第六批工作队为学生补习功课

2017年1月22日，雪瓦卡村第六批工作队向村民发放春节慰问品

2017年2月27日，格巴村第六批工作队为群众免费检查身体

2017年7月2日，雄吉村第六批工作队邀请医疗队为群众看病治病

2017年7月8日，龙普村第六批工作队为村里抢修水渠

2017年9月15日，达大村第六批工作队向村民普及金融知识

波密县人民武装部

2017年9月26日，波密县举办十九大维稳安保武装巡逻誓师大会

2017年11月15日，波密县人武部官兵走访慰问退役老战士

2017年11月30日，波密县人武部官兵向县敬老院老人宣讲十九大精神

2017年11月25日，波密县人武部官兵在县敬老院开展大扫除

波密县人武部住宿楼、招待所

波密县人武部组织民兵连开展防爆操训练

中国人民解放军78536部队

2017年10月7日，西藏自治区党委副书记，自治区政府党组副书记、常务副主席庄严（前）在78536部队调研慰问

2017年12月31日，波密县委书记朱正辉在78536部队开展慰问活动

2017年7月23日，78536部队组织官兵开展卫生救护训练

2017年10月18日，78536部队组织官兵观看党的十九大开幕式

2017年10月1日，78536部队举行升国旗仪式

2017年11月17日，78536部队举行重温入党誓词活动

2017年11月18日，78536部队在扎木镇医疗所开展巡诊活动

武警交通第二支队

2017年1月5日，武警交通二支队开展军事训练

2017年2月13日，武警交通二支队开展军事训练考核

2017年2月22日，武警交通二支队官兵走访友邻驻军单位

2017年3月5日，武警交通二支队官兵在牛踏沟开展救援，图为官兵正在抛撒融雪剂

2017年4月27日，武警交通二支队党委机关开展理论测试

2017年6月19日，武警交通二支队参加驻地七一红歌比赛，并荣获一等奖

2017年4月12日，武警交通二支队开展“维护核心，听从指挥”主题教育动员部署会

武警林芝支队二大队

2017年4月14日，武警西藏总队参谋长姜波（右一）在波密县中队检查指导工作

2017年2月26日，五中队中队长陈佑东和指导员姜大钊慰问驻地孤寡老人

2017年3月10日，波密县中队组织三互小组开展演讲活动

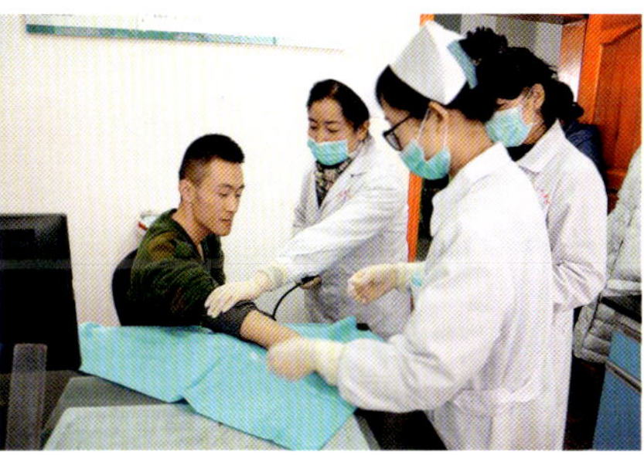

2017年3月10日，波密县中队组织官兵义务献血

2017年3月，波密县中队参加武装巡逻

2017年4月10日，波密县中队开展军事考核

2017年6月15日，波密县中队队列训练

波密县公安消防大队

2017年1月1日，波密县委书记朱正辉（横排左二）在元旦节期间看望慰问消防官兵

2017年1月，波密县政府副县长阿朗（前左一）带队县公安、安监、工商、商务、消防、食药等多部门组成的联合检查组，先后深入波密县易燃易爆场所、公共聚焦场所、歌舞娱乐场所和各类九小场所开展消防安全联合检查

2017年9月，波密县人大常委会副主任张豪杰带队在县城开展十九大期间消防安全检查工作

2017年3月31日，波密公安消防大队参加“清明扫墓 缅怀先烈”活动

2017年3月，波密县公安消防大队圆满完成桃波密县桃花节开幕式消防安保任务

2017年5月8日，波密县公安消防大队在一起事故中救助的群众为大队送来锦旗

2017年11月，波密县公安消防大队第一时间奔赴林芝市米林县派镇地震救援一线开展救援工作

西藏林芝军区77550部队

2017年12月31日，波密县委书记朱正辉（左四）带队一行在77550部队开展慰问并送上节日祝福

2017年10月19日，77550部队学习贯彻党的十九精神，确保人人领会精神

2017年6月4日，77550部队全体党员在党旗下宣誓，戍边卫国，扎根边防

2017年10月1日，77550部队举行升国旗仪式

2017年12月27日，77550部队在抗寒训练中开展徒步武装训练，检验官兵近期训练情况

武警波密县森林中队

2017年10月31日，武警波密县森林中队参加森林防火执勤

2017年6月20日，武警波密县森林中队开展军事比武训练

2017年11月16日，武警波密县森林中队官兵开展防火宣传

2017年3月31日，武警波密县森林中队官兵参加烈士陵园扫墓活动

2017年8月4日，武警波密县森林中队官兵参加泥石流抢险救援

篮球比赛

波密县公安局

2017年10月4日，西藏自治区党委常委、组织部部长曾万明（右一）一行在波密县玉普一级公安检查站指导工作

2017年5月8日，波密县公安局开展业务技能培训

2017年8月22日，波密县公安局民警深入辖区工地进行法律宣传

2017年11月9日，波密县公安局民警检查寺庙消防安全

2017年12月27日，全区政法系统党的十九大精神宣讲团在波密县开展宣讲

波密县人民法院

2017年4月24日，西藏自治区高级人民法院副院长郝银钟（左四）一行调研组在波密县人民法院调研，图为调研组听取县法院工作汇报

2017年6月28日，广东省东莞市中级人民法院院长王海清（左二）调研组一行在波密县人民法院开展对口支援调研，图为调研组与县法院召开座谈会

2017年9月25日，波密县委常委、政法委书记、公安局局长阿旺朗加（左一）在县人民法院检查指导工作

2017年5月20日，波密县人民法院组织全院干警开展禁毒知识测试

2017年7月14日，波密县人民法院执行局与昌都八宿县执行局两地人民法院联合现场执行一起案件

2017年1月23日，波密县人民法院开展春节节前慰问退休老干部活动

2017年12月4日，波密县人民法院在县波茂广场开展“法院公众开放日”法制宣传活动

波密县人民检察院

2017年8月24日，西藏自治区第五巡察组在波密县人民检察院召开座谈会，听取波密县人民检察院工作汇报

2017年9月25日，波密县委常委、政法委书记阿旺朗加（左二）在波密县人民检察院检查指导工作

2017年12月27日，林芝市政法系统党的十九大精神宣讲团波密县专题报告会在波密县人民检察院四楼会议室举行

2017年3月14日，波密县人民检察院积极参加波密县2017年春季义务植树活动

2017年2月10日，波密县人民检察院开展法制进乡村活动

2017年9月8日，波密县中学为县人民检察院送来感谢锦旗

波密县司法局（社区矫正大队）

2017年9月，西藏自治区司法厅基层处副处长次珍（左二）一行在波密县古乡司法所检查工作

2017年6月27日，波密县司法局局长、社矫大队队长义盾（右四）带领工作人员下乡对社区服刑人员开展谈心活动

2017年8月4日，波密县司法局工作人员为县敬老院送来慰问用品

2017年6月20日，波密县司法局工作人员在波密县中学举办“法律进校园—解读国旗法、国歌法、国徽法、国防动员法”专题讲座

2017年10月6日，波密县开展寺庙法制宣传教育活动

2017年8月，波密县司法局在县政府二楼举办乡司法助理员培训会

波密监狱

2017年12月16日，西藏自治区副主席、区党委政法委副书记，区公安厅党委书记、厅长、督察长刘江（前右二）深入波密监狱调研

2017年10月6日，西藏自治区政协副主席参木群（前右一）一行在波密监狱开展维稳督导工作

2017年10月6日，西藏自治区政协副主席参木群（右二）在波密监狱开展维稳督导工作。图为检查工作日志情况

2017年12月15日，西藏自治区司法厅党委委员、政治部主任陈京涛（前排中）在波密监狱调研

2017年11月27日，林芝市委政法委书记王纯丁（右三）一行在波密监狱调研

玉普一级公安检查站

2017年6月21日，西藏自治区党委政法委副书记万超岐（中）一行在波密县公安局玉普一级公安检查站检查指导工作

2017年5月19日，西藏自治区公安厅副厅长柯磊（左一）在波密县公安局玉普一级公安检查站检查指导工作

2017年12月9日，林芝市政府副秘书长安来天（左三）在波密县公安局玉普一级公安检查站检查指导工作

2017年4月29日，林芝市公安局党委副书记、局长、督察长马胜才（左一）在波密县公安局玉普一级公安检查站检查指导工作

2017年7月23日，波密县委书记朱正辉（右二）在波密县公安局玉普一级公安检查站检查指导工作，并慰问检查站民辅警

2017年1月25日，波密县公安局玉普一级公安检查站站长王炳旺带领检查站民警深入玉普乡米美村，看望慰问村里两家结队帮扶特困户，为特难户各送上1000元慰问金，并诚挚送上节日问候、祝福

波密县发展和改革委员会（工信局）

2017年12月5日，林芝市工信局在波密县举办农村综合信息服务站暨电子商务培训会

2017年6月14日，波密县委副书记、政府县长边巴（右一），县委常委、组织部部长张斌（右二）在县发改委调研指导工作

2017年7月13日，波密县政府副县长马远（左一）带队县发改、住建等单位组成稽查组，对波密县2017年重点项目建设进展情况和投资落实情况进行专项稽查

2017年4月14日，波密县召开2017年第二季度重点项目推进工作会议

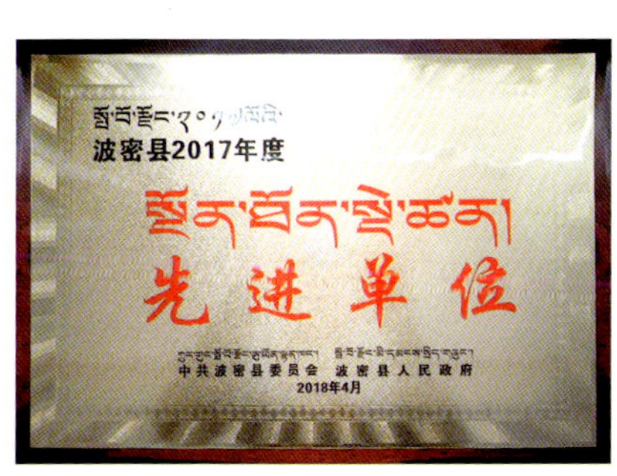

2017年7月14日，波密县召开2017年第三季度经济运行暨重点项目推进工作会议

波密县财政局

2017年10月9日，波密县委书记朱正辉（右三）在县财政局检查指导维稳值班工作

2017年6月14日，波密县委副书记、政府县长边巴（左排左二），县委常委、组织部部长张斌（左排左一）在县财政局检查指导工作

2017年3月7日，波密县财政局副局长白玛四朗带队在松宗镇岗巴村实地指导帮扶对象脱贫

2017年3月13日，波密县财政局干部职工在倾多镇开展义务植树活动

2017年7月1日，波密县财政局党支部举行重温入党誓词宣誓仪式

2017年7月7日，波密县财政局召开“第二十二个党风廉政建设宣传教育月活动”动员会

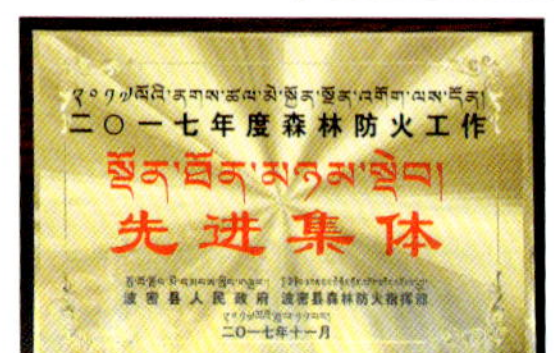

波密县旅游发展委员会
（外事侨务办公室）

2017年5月18日，林芝市委副书记、市长旺堆（前排右二）调研米堆冰川景区工作。波密县委副书记、政府县长边巴（前排左一）陪同

2017年4月28日，西藏自治区旅发委监管处处长原晓嵘（右二）指导检查波密县旅游安全生产工作。波密县委常委、副县长沈光银（右一）陪同

2017年5月13—14日，西藏自治区旅发产业处处长梁春银（右一）指导考察米堆冰川创AAAA工作。波密县政府副县长马远（左三）陪同

2017年5月9日，波密县委书记朱正辉（中），县委副书记、政府县长边巴（右一），县政协主席巴桑（左一）出席波密县旅游发展小组第二次会议

2017年5月8日，波密县委副书记、政府县长边巴（右二），县人大常委会主任郑都（左二），县政协主席巴桑（左一）实地考察岗云杉林景区项目变更事宜

嘎朗湖

波密县商务局

2017年9月6日，林芝市商务局党组副书记、副局长华彬（右二）参观波密县招商引资企业（藏核农业科技有限公司）

2017年7月18日，林芝市供销合作社主任刘勇强（右一）在波密县了解县供销合作社发展情况

2017年4月21日，波密县县委常委、政府副县长沈光银组织召开关于加油站搬迁选址工作会议，县商务局、县环保局、县国土局、波密县中石油和波密县顺达加油站的相关负责人参加会议

2017年5月23日，波密县商务局局长金珠（右一）组织企业召开安全生产工作会议

2017年4月21日，波密县商务局牵头组织相关企业对易贡茶厂加油站进行检查

2017年7月24日，波密县商务局认真开展“书记讲党课”活动

波密县安全生产监督管理局

2017年6月16日，波密县委书记朱正辉（右二）在波茂广场检查指导“落实企业主体责任、安全生产波密行”安全生产咨询日活动开展情况

2017年8月16日，波密县安全生产监督管理局局长陈东带队在易贡加油站检查危险化学品安全生产工作

2017年4月26日，波密县安全生产监督管理局副局长德庆带队在波茂广场组织开展职业病宣传周活动

2017年5月12日，波密县召开县委九届七次扩大会议，专题学习《中共中央 国务院关于推进安全生产领域改革发展的意见》

2017年9月10日，波密县召开安全生产工作会议，研究部署安全生产工作

2017年4月16日，波密县安全生产监督管理局工作人员在波茂广场组织开展国家安全宣传教育日活动

波密县工商行政管理局

2017年7月8日，波密县工商局局长旦增尼玛在老党员家中开展慰问活动

2017年5月15日，波密县工商局副局长陈俊在易贡茶场调研

2017年7月5日，波密县工商局召开综治工作会

2017年10月18日，波密县工商局组织“双联户”户长开展十九大期间维稳安全巡逻工作

2017年11月9日，波密县工商局开展老年消费教育宣传活动

2017年10月17日，波密县工商局插国旗喜迎党的十九大

波密县国家税务局

2017年6月2日，西藏自治区国税局局长董涛（右二）深入波密县国家税务局调研指导工作

2017年12月26日，波密县国税局工作人员看望退休老干部

2017年8月16日，波密县国税局在波茂广场开展宣传活动

波密县国税局党建室

波密县民政局

2017年6月12日，西藏自治区民政厅副厅长牛玉枝（右二）一行在波密县督导检查民政业务工作开展情况

2017年5月19日，波密县民政局工作人员在县敬老院食堂为老人庆祝生日

2017年7月5日，波密县某部队官兵为农牧民群众义务献血

2017年2月28日，波密县民政局在局三楼会议室召开维稳会议

2017年7月25日，波密县民政局组织党员干部举办提升业务水平培训会议

波密县人力资源和社会保障局（公务员局）

2017年9月，波密县人社局开展易贡藏刀制作与销售培训。图为县人社局副局长夏东升与林芝市方圆培训学校教师、参训学员合影留念

2017年1月24日，波密县人社局工作人员在扎木镇娘那村看望慰问贫困户

2017年3月17日，波密县人社局召开高校毕业生座谈会

2017年12月底，波密县举办聘用高校毕业生考试招聘工作

2017年3月30日，墨脱县党建工作调研组在波密县人社局参观党建示范点

2017年12月22日，波密县召开未就业高校毕业生就业创业座谈会

波密县卫生和计划生育委员会

2017年7月22日，波密县委书记朱正辉（右三），县委常委、常务副县长全保卫（右二）等一行在县卫计委检查医疗精准扶贫档案资料

2017年5月8日，波密县召开卫生、食药暨党风廉政工作会议，县委副书记、人大常委会主任郑都（左四），县政协主席巴桑（右三），县委常委、纪委书记王芳（左三），县政府副县长马远（右二），县政府副县长达娃卓嘎（左二）出席会议

2017年11月12日，波密县政府副县长达娃卓嘎（左二）在八盖乡卫生院检查指导工作并与卫生院工作人员合影留念

2017年10月11日，波密县卫计委主任张斌（右三）督导检查康玉乡卫生院建设项目

2017年5月2日，波密县各部门开展包虫病综合防治宣传工作。图为波密县政府副县长达娃卓嘎（左二）在宣传现场指导工作

2017年5月5日，广州市医疗组团式援藏专家在波密县中学宣传包虫病防治知识

2017年10月15日，波密县充分发挥援藏医疗队作用，开展应急培训工作。图为医疗队与参加培训的基层医务人员合影留念

波密县食品药品监督管理局

2017年12月25日，林芝市食药监局党组副书记、副局长杨德忠（前排中）带队考核组一行在波密县小学开展食品安全检查

2017年9月25日，波密县政府副县长达娃卓嘎（中）在波密县食药监局会议室主持召开“明厨亮灶”电子监控项目验收会

2017年12月5日，波密县政府副县长张广住（左四）参加2017年食品药品安全综合知识培训开班仪式

2017年3月16日，波密县食安办牵头组织公安、工商等部门执法人员在学校及学校周边开展食品安全检查

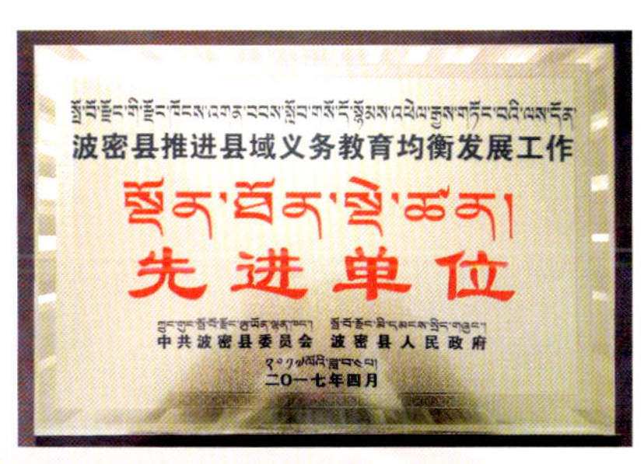

2017年9月28日，波密食安办牵头组织公安、物价、商务等9部门执法人员在农贸市场开展联合大检查

波密县农牧（科技）局

2017年3月30日，林芝市委副书记、常务副市长许典辉（左三）在波密县农牧局驻达兴村工作队调研精准扶贫工作

2017年4月17日，西藏自治区农牧学院专家在波密县农牧局调研畜牧业发展前景及各类疾病防治方法开展情况

2017年10月9日，波密县农牧局副局长林保银带队在松宗镇督导土地确权工作

2017年10月11日，波密县农牧局副局长白玛央宗带队在项目工地进行安全生产隐患排查

2017年6月5日，波密县推广站副站长白玛旺扎在松宗镇查看良种繁育基地

2017年11月6日，波密县农牧局组织村级兽防员开展业务培训

波密县扶贫开发（农业综合开发）办公室

2017年12月24日，林芝市副市长达瓦（中）、市扶贫办主任阎新航（右一）一行在波密县多吉乡检查精准扶贫工作。波密县委常委、常务副县长全保卫（左一）陪同

2017年11月27日，波密县委书记朱正辉（中），县委常委、常务副县长全保卫（左）检查指导脱贫攻坚工作

2017年7月9日，波密县第七批援藏工作组为全县1075户贫困人口购买脱贫险

2017年11月19日，波密县兑现全区首批购买服务性岗位资金

波密县古乡古村集体农家乐项目

2017年9月13日，波密县易地搬迁项目——倾多镇扎西村

波密县水利局

2017年9月15日，中国科学院院士一行在波密县索通村考察波密县山洪地质灾害

水利部工作组一行在波密县检查河湖管理工作

2017年7月，西藏农牧学院工作组一行在波密县玉普乡检查波密县农田水利建设情况

2017年9月13日，林芝市政府副市长肖鹤（前）、市环保局局长雷增炎调研康玉乡全面推行河长制工作

2017年1月6日，林芝市水利局工作组一行在波密县多吉乡验收2015年重点县建设项目工程

2017年12月25日，波密县召开易贡湖生态修复与综合治理工程第二次项目前期工作协调会

2017年12月29日，波密县召开落实最严格水资源制度考核汇报会

波密县林业局

2017年11月2日，波密县召开国土绿化工作专题会议，县委常委、副县长沈光银，县人大常委会副主任张豪杰参加会议

2017年7月，波密县森林公安局查获非法运输木材案件

2017年10月，波密县林业局执法人员在全县范围内开展林政巡逻

2017年11月，波密县林业局工作人员在318国道沿线开展森林防火工作

2017年10月，波密县林业局工作人员在林区开展森林病虫害防治工作

318国道最美景观大道成效图

波密县 教育体育局

2017年9月22日，广州市教育局党组书记、局长樊群（右二），广州市教育局副局长林治生（右一）在波密县中学调研教育现状

2017年7月6日，西藏自治区教育厅副厅长吴爱珍（右一）在波密县玉普乡中心小学检查学生营养餐

2017年9月24日，西藏自治区人大教科文卫委员会副主任委员扎西次仁在波密县督导《中华人民共和国教师法》和《西藏自治区实施中华人民共和国教师法办法》实施情况，并召开座谈会

2017年3月27日，波密县教体局局长王作谦在波密县完全小学主持召开教研专题研讨会

2017年10月10日，波密县委书记朱正辉（中）在康玉乡中心小学检查指导工作

2017年12月27日，波密县政府副县长马远（左四）、县教体局局长王作谦（左二）一行在广东省广州大学与大学党委副书记、纪委书记张强（左五）洽商教育结对事宜

波密县文化局

2017年7月31日，西藏自治区党委宣传部副部长、区新闻出版广电局党组书记、副局长德吉卓嘎（左一）在波密县广播电视台播控中心考察指导机房安全消防设施、线路、监控设施等情况

2017年5月30日，西藏自治区文物鉴定专家娘吉加博士（左一）、索朗杰布（中）一行在波密县八盖乡日卡村吴金曲林拉康开展文物鉴定工作

2017年11月8日，波密县委宣传部副部长、网信办主任米玛（右一），县文化局局长卓玛央金（左一）在一年一度的记者节当天为波密县广播电视台记者献哈达并留念合影

2017年11月29日，波密县多吉乡民间文艺队在深圳市南山书城和盐田紫禁书院进行“乡土曲艺进深圳”林芝行展演后合影留念

2017年10月，波密县综合文化活动中心一楼书吧正式向公众开放，书吧分为儿童阅览区与成人阅览区

2017年7月25日，在波密县综合文化活动中心举办践行“四讲四爱·番波蜜韵”民俗歌曲大赛，图为波密县委副书记、常务副县长李伟成（二排左五），县委常委、宣传部部长马海蕴（二排左三），县委常委、纪委书记王芳（二排右五），县委常委、常务副县长全保卫（二排左二）与参赛选手合影留念

波密县民族宗教事务局

2017年10月24日，林芝市政府副市长肖鹤（右五）在波密县曲宗寺督导检查十九大维稳安保工作落实情况

2017年7月22日，西藏佛学院副院长达穷（右二）同西藏自治区寺庙“四讲四爱”主题教育实践活动督导组在波密县督导检查工作。林芝市统战部副部长、宗教办主任次久（右一），波密县委常委、统战部部长加布（左三）陪同

2017年4月14日，广州市民宗局局长汪茂铸（左一）一行在波密县多东寺调研。林芝市政协副主席布珠（右一），林芝市委统战部副部长、市民宗局局长兰建伟（中）陪同

2017年9月16日，林芝市委统战部副部长、市民宗局局长兰军伟（中）在波密县玉仁寺开展维稳督导调研

2017年4月23日，波密县委常委、统战部部长加布（左二）主持召开波密县宗教领域“四讲四爱”主题教育实践活动动员部署会

2017年9月1日，波密县召开2017年度民族团结进步模范表彰大会，波密县委书记朱正辉（主席台右四）、县委常务副书记李峰（主席台右三）、县政协主席巴桑（主席台左三）等出席会议

波密县气象局

2017年10月11日，西藏自治区气象局党组书记拉卓（左一）、林芝市气象局党组书记翁海卿（右一）一行在波密县气象局检查指导工作

2017年3月13日，波密县气象局与县农牧局联合开展田间调查和现场气象服务

2017年3月23日，波密县气象局开展世界气象日科普宣传活动

2017年4月7日，波密县气象局工作人员在嘎隆拉交通气象站开展维护工作

2017年8月9日，波密气象局工作人员学习党政网操作应用

升级改造后的县气象局办公场所

波密县粮食局

2017年6月23日，西藏自治区粮食局局长郭晓红（右三）带领储备粮验收组一行在波密县验收“自治区储备粮轮换”工作

2017年6月15日，林芝市人大常委会副主任旺扎多吉（右一）率领检查组在波密县粮油加工厂检查指导工作

2017年3月28—29日，波密县粮食局举办“感恩社会、回馈大众”粮油产品优惠活动并开展“放心粮油”宣传活动

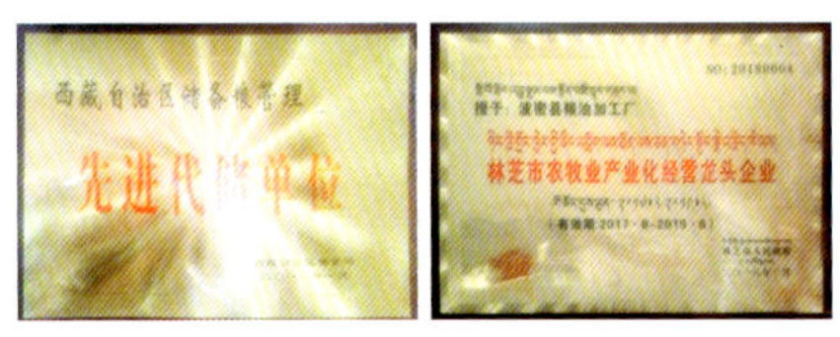

2017年10月19—23日，波密县粮油加工厂工作人员在易贡乡开展油菜籽原料收购工作

收购油菜籽

波密县中学

2017年10月14日，西藏自治区人大常委会副主任李文汉（左二）在波密县中学检查维稳工作

2017年10月14日，林芝市政府副市长梅家奎（中）一行在波密县中学检查指导工作

2017年11月4日，林芝市教育局局长雷振鹏（前排左二）一行在波密县中学检查工作

2017年6月2日，波密县中学校长扎西多吉在古乡小学开展责任督学

2017年9月12日，波密县中学师生参加消防应急演练

2017年10月18日，波密县中学全体师生在操场观看十九大开幕式

波密县完全小学

2017年7月7日，西藏自治区教育厅副厅长吴爱珍（前排左二）在波密县完小参观指导工作

2017年10月13日，林芝市政府副市长梅家奎（右五）一行在波密县完小检查指导工作

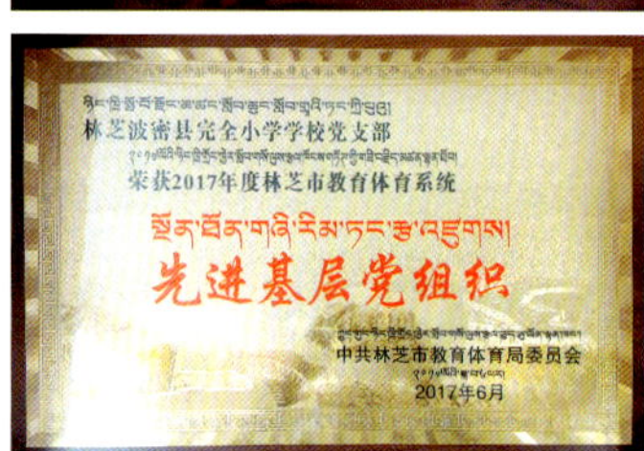

2017年3月27日，波密县教体局局长王作谦在波密县完小作毕业班工作指导

2017年5月31日，波密县教体局副局长白玛桑吉在“六一”活动中致辞

2017年7月27日，波密县素质教育督导组在县完小检查指导工作

2017年7月17日，波密县完小与广东大学附属小学结队座谈会后合影留念

波密县中心幼儿园

2017年10月14日，林芝市政府副市长梅家奎（左排左三）带队工作组一行在波密县幼儿园检查指导工作。波密县政府副县长马远陪同

2017年6月1日，波密县教体局副局长邱育琳出席园庆“六一”文艺汇演活动并讲话

2017年12月8日，林芝市教育体育局教研室主任徐斯亮携工作组一行在波密县幼儿园检查指导工作

2017年8月17日，波密县教体局副局长张亮在县幼儿园安排实习生工作

波密县食品药品监督管理局工作人员在波密县幼儿园检查工作

学校全景

波密县第二幼儿园

2017年9月30日，波密县第二幼儿园举办喜迎国庆暨十九大会议红歌会

2017年6月8日，波密县第二幼儿园举办“守护我们身边的金山银山”活动

2017年6月18日，波密县第二幼儿园举办父亲节亲子活动

2017年5月14日，波密县第二幼儿园举办母亲节亲子活动

2017年10月26日，波密县第二幼儿园举办“九九重阳颂党恩”活动

2017年6月30日，波密县第二幼儿园举办大班毕业典礼活动

波密县卫生服务中心

2017年10月4日，西藏自治区党委常委、组织部部长曾万明（中）一行在波密县人民医院调研

2017年4月18日，广州市政府副市长黎明（左一）在波密县人民医院考察工作

2017年6月21日，广东省卫计委工作组一行在波密县人民医院考察指导工作。波密县政府副县长达瓦卓嘎陪同

2017年6月21日，广东省卫计委工作组一行在波密县人民医院考察。图为工作组与波密县人民医院医务人员合影留念

2017年6月27日，第三批援藏医疗队开展医疗业务用车捐赠

2017年10月27日，波密县人民医院创建“二级”乙等医院评审汇报会

波密县藏医院

2017年9月16日，西藏藏医学院院长尼玛次仁（右四）在波密县藏医院检查指导工作期间同县藏医院干部职工合影留念

2017年10月31日，林芝市藏医院副院长格桑群培（右一）在波密县藏医院检查指导工作

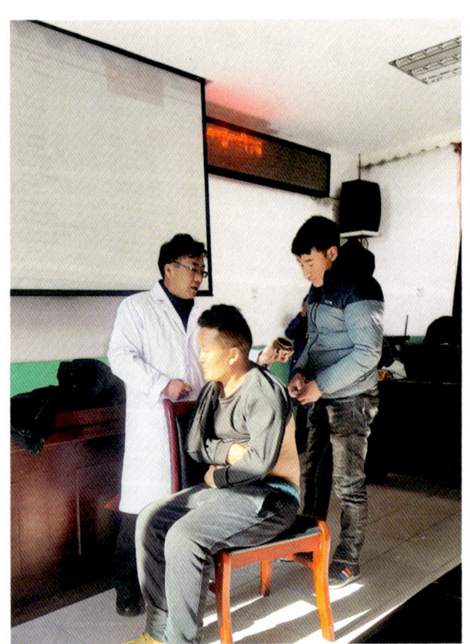

2018年2月9日，林芝市藏医院专家在波密县为乡镇人员授课

2017年1月25日，波密县藏医院院长梁玖灿看望慰问帮扶对象

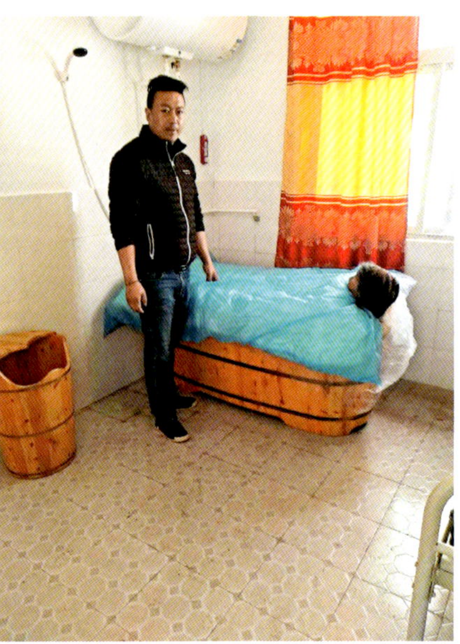

2018年2月9日，波密县藏医院医生下乡指导药浴过程

波密县自来水有限公司

波密县自来水公司沉淀池

波密县自来水公司清水池

波密县自来水公司沉压池

新建大门

波密县自来水公司厂房

中国大唐集团 西藏波堆水电站

2017年6月15日，中国大唐集团公司规划部主任、大唐西藏波堆水电开发有限公司董事长王琪瑛（左四）在波堆水电站检查工作时合影留念

2017年12月30日，大唐四川公司董事长潘明（中）一行在波堆水电站检查指导工作

2017年1月10日，怒江水电公司党委书记兼工会主席杨伟（左三）在波堆水电站检查指导工作

2017年3月22日，怒江水电公司总经理刘辉（中）在波堆水电站检查指导工作

2017年8月24日，波密县政府副县长（左二）在波堆水电站检查指导工作

2017年4月19日，波堆水电站开展机组日常检查

波密县供电有限公司

2017年11月2日，波密县供电有限公司举行挂牌仪式

2017年11月2日，波密县政府副县长索朗平措（前排左二）参加波密县电力公司更名为波密县供电有限公司签字仪式

2017年11月2日，波密县供电有限公司董事长刘明辉（右一）参加波密县供电有限公司揭牌暨代管签字仪式。图为同工作人员合影留念

2017年11月3日，波密县供电有限公司董事长刘明辉（左二）向上级公司领导汇报110变电站运行情况

2017年9月16日，波密县电力有限公司召开农电代管工作动员会

2017年10月2日，波密县电力有限公司农电代管任命

波密县住房和城乡建设局

2017年9月11日，西藏自治区住建厅厕所革命领导小组成员在波密县调研新建厕所选址情况

2017年7月20日，林芝市安监局、市交通局、市政局等单位组成的安全生产联合检查组一行，在波密县对建筑施工领域和城镇燃气领域安全生产工作进行检查

2017年3月31日，林芝市燃气办安全生产检查组在波密县对雪成燃气销售有限公司和安达液化气站进行安全生产专项大检查

2017年11月13日，波密县住建局局长白玛泽成（左二）带队验收工程项目

2017年10月20日，波密县住建局副局长克珠主持召开项目推进会

波密县环境保护局

2017年9月8日，波密县政府副县长白玛旺扎等一行检查县医院危险废物处置情况

2017年6月8日，波密县环保局局长拥青卓嘎、副局长张洪涛一行在波密县产业园区松茸加工厂开展执法检查

2017年6月19日，波密县环保局局长拥青卓嘎对国家级自然保护遥感监测设备开展实地核查

2017年6月1日，波密县环保局执法人员检查加油站环保措施落实情况

2017年9月11日，波密县环保局、林业局负责人陪同林芝市环保局局长雷增炎检查环保督查组反馈问题整改情况

2017年6月8日，波密县环保局开展“6·5”环境日进企业宣传活动

2017年3月14日，波密县环保局执法人员对县域餐饮业油烟进化装置安装情况开展监察执法

波密县国土资源局

2017年8月13日，西藏自治区国土厅党组成员、总工程师刘鸿飞（左一）在波密县检查地震灾害工作

2017年4月18日，林芝市国土局党组副书记、局长琼吉（左一）在波密县检查集体土地确权工作开展情况

2017年4月28日，波密县政府副县长白玛旺扎（左二）验收玉许乡土地整治项目

2017年9月9日，波密县国土局局长普布慰问驻村队员

2017年4月7日，波密县国土局召开工作部署会议

2017年3月20日，波密县召开集体土地确权登记颁证工作动员部署会议

波密县 交通运输局

2017年10月22日，西藏自治区交通运输厅厅长永吉（左二）、副厅长陈朝（左一）一行在波密县检查扎墨公路（波密段）工程项目

2017年7月10日，林芝市交通运输局“四好”农村公路检查组在波密县检查工作

2017年10月11日，波密县政府副县长阿朗（右一）检查波密县达巴桥改建工程项目

2017年10月8日，波密县交通运输局局长次仁加措（左一）一行在玉普乡对然金桥修改用道进行商议

2017年5月17日，波密县交通运输局工作人员在318标段开展安全生产检查工作

2017年8月4日，波密县交通运输局组织机械人员清理倾多镇栋曲村泥石流水毁路面

2017年4月15日，波密县交通运输局工作人员在波茂广场开展法制宣传活动

西藏公路局林芝公路分局扎木机械化养护队

2017年4月，西藏自治区交通厅工作组一行慰问波密县路政执法人员

2017年12月7日，扎木机械化养护队组织全体干部职工观看《作风建设永远在路上》专题片

2017年11月9日，扎木机械化养护队、机化队党支部书记加措，队长汤刚旦、副队长盛杰参加消防演练

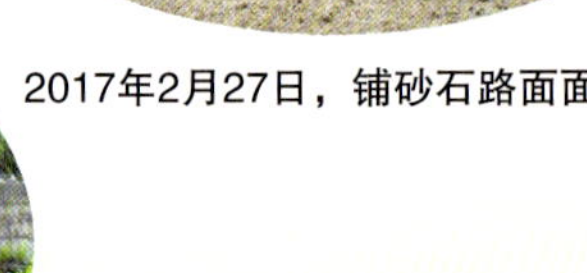

2017年2月27日，铺砂石路面面砂

2017年8月12日，G559线K113+300处清理泥石流

2017年3月5日，G559线清理积雪，抢险保通

中国邮政集团公司
林芝市波密县分公司

波密县邮政分公司全体员工

优质服务

邮包装车

流动服务

中国邮储波密县分行外景

中国移动通信集团西藏有限公司
林芝波密县分公司

2017年11月，波密县移动分公司经理洛松旺堆在县教育局验收信息化项目

2017年5月17日，波密县移动分公司成立青年突击队

2017年9月20日，波密县移动分公司完成营业厅门头整改

2017年11月18日，波密县移动分公司开展“11·18”地震网络应急保障

2017年10月11日，波密县移动分公司开展惠民营销活动

2017年5月，波密县移动分公司开展送服务到农村活动

2017年5月17日，波密县移动分公司在电信日当天举办大型惠民活动

中国联合网络通信有限公司林芝市分公司波密县营业部

波密联通营业部工作日例会

2017年5月17日，波密县联通营业部经理补卫刚在全国电信日当天带领员工开展营销活动现场

2017年9月20日，波密联通营业部为某部队新兵办理通信需求

2017年3月8日，波密县联通营业部在妇女节当天开展优惠促销

波密县联通营业部办公楼

中国电信集团公司波密县电信局

2017年8月28日，中国电信林芝市分公司党支部书记应敏等一行在波密县开展帮扶工作

2017年9月9日，中国电信林芝分公司总经理布次仁、分公司总经理助理拉巴卓玛陪同西藏分公司副总经理莫刚莫在波密县了解信联合作厅手机卖场开业情况

2017年10月9日，波密县局长助理次仁德吉向银佳通讯店长宣贯实名制相关政策和注意事项

波密县电信局员工合照

2017年8月19日，波密电信局春战促销营业员统一考试

2017年11月9日，波密县电信局与银佳通讯合作开通天翼智慧家庭体验卖场

西藏自治区新闻出版广电局
波密中波转播台

2017年7月31日，西藏新闻出版广电局党组书记德吉卓嘎（左一）、副局长晋美多吉（左四）在波密中波台检查指导工作

2017年10月，西藏新闻出版广电局副局长明珍（左三）在波密中波台检查指导工作

2017年9月26日，波密中波台台长干尹超（前排中间）讲解操作技巧

2017年7月11日，陕西咸阳广通电子科技有限公司技术人员在波密中波台为干部职工讲解专业知识

2017年10月27日，波密中波台干部职工学习党的十九大精神

2017年1月，波密中波台建成47米的自立式中波发射塔

中国农业银行股份有限公司
波密县支行

2017年2月18日，农行县支行经济民警在银行院内进行枪支弹药培训

2017年4月26日，农行县支行举办柜面业务技能比赛

2017年6月12日，农行县支行在波密县波茂广场开展金融知识宣传

2017年8月10日，农行县支行员工集中学习

农行县支行开展防爆演练

农行波密县支行全景图

波密县波隅旅游开发有限公司

2017年11月14日，林芝市政府副市长达瓦（左一）带领林芝市各县区负责人在公司考察工作

2017年11月11日，波密县委副书记、政府县长边巴（左二）在公司调研

2017年6月，波密县委常委、副县长沈光银在公司调研成立后筹备情况

公司建立健全各项企业规章制度，公开选聘

公司业务范围——少儿散打班

西藏林芝市波密县藏核农业科技有限公司

西藏自治区人大常委会副主任李文汉（右四）一行在西藏林芝市波密县藏核农业科技有限公司调研

2017年11月23日，西藏自治区副主席其美仁增（二排左一）在西藏林芝市波密县藏核农业科技有限公司调研

2017年6月22日，西藏自治区商务厅工作组一行在西藏林芝市波密县藏核农业科技有限公司指导工作

2017年9月17日，林芝市政府副市长、察隅县委书记扎西平措（左三）带队一行在西藏林芝市波密县藏核农业科技有限公司调研指导工作

2017年12月21日，林芝市政府副市长达瓦（右一）一行在西藏林芝市波密县藏核农业科技有限公司调研指导工作

2017年7月6日，波密县委书记朱正辉（右一）一行在西藏林芝市波密县藏核农业科技有限公司考察指导工作

波密县扎木镇

2017年11月12日，西藏自治区人大常委会副主任李文汉（横排左二）一行在扎木镇巴琼村检查指导工作

2017年12月7日，林芝市政府副秘书长安来天（右三）一行在扎木镇达兴村调研精准扶贫工作

2017年1月9日，波密县委书记朱正辉（右三）在扎木镇扎木村检查指导驻村工作

2017年1月1日，波密县委书记朱正辉（右二）在扎木镇达兴村走访慰问结对帮扶困难户家庭

2017年3月6日，波密县委常务副书记李锋（左三）在扎木镇卡达村检查指导驻村工作开展情况

2017年7月9日，波密县政府副县长索朗平措（左二）在扎木镇岗巴村受灾现场进行工作部署

波密县倾多镇

2017年3月27日，西藏自治区农牧厅党组成员、巡视员索朗罗布及市、县各级相关部门负责人在倾多镇康达村参加“2017年放心农资下乡进村宣传周”启动仪式

2017年12月11日，山南市政府副市长、市脱贫攻坚指挥部副总指挥长索朗曲巴（右一），西藏自治区教育厅副厅长、区脱贫攻坚指挥部教育脱贫组副组长朱赟带队自治区交叉考核组在倾多镇扎西村考察精准扶贫、精准脱贫情况

2017年8月3日，倾多镇栋曲村卓布沟发生泥石流，当晚，波密县委书记朱正辉（左四）率队前往栋曲村受灾村民临时安置点指导工作

2017年4月13日，倾多镇土地确权摸底调查工作在顶仲村正式拉开帷幕，各村包村干部、驻村工作队成员均到顶仲村进行协助，并学习相关经验

2017年7月10日，“同心·共筑中国心”专家团在倾多镇卫生院为倾多镇村民进行义诊，倾多镇有400余名村民从义诊中受惠

2017年10月15日，倾多镇扎西村开展“喜迎党的十九大活动暨易地搬迁项目乔迁”活动，波密县委常务副书记李峰（右一）向扎西村村民代表发放新房钥匙

2017年12月2日，倾多镇栋曲村村“两委”班子严格执行“四议两公开”制度，组织召开村民大会，就完善栋曲村村规民约进行讨论表决

波密县松宗镇

2017年3月9日，西藏自治区政协副主席次旺多布杰（中）一行在波密县松宗镇角达村检查指导工作

2017年11月13日，林芝市委组织部副部长、调研员徐继军（左二）带领各县区委组织部部长在波密县松宗镇检查指导党建工作

2017年11月10日，波密县委常委、宣传部长马海蕴（左二）在松宗镇指导宣传文化工作

松宗镇“四讲四爱”活动办被评为波密县“四讲四爱”主题教育实践活动

སྔོན་ཐོན་མཉམ་སྡེབ།

先进集体

中共波密县委员会　波密县人民政府

2017年12月

2017年9月27日，松宗镇开展村组织候选人选前集体讲话活动，波密县委常委、组织部部长张斌（左三），县政协副主席侯国聪（左四）出席活动

2017年4月18日，松宗镇在综合文化室召开“四讲四爱”喜迎党的十九大主题教育实践活动动员会

波密县古乡

2017年10月4日，西藏自治区党委常委、组织部部长曾万明（左二）一行在波密县古乡调研

2017年10月28日，波密县委书记朱正辉（右一）带领各乡镇党政主要负责人在古乡开展2017年重点工作考评

党建督查

2017年6月29日，古乡召开机关支部组织生活会

2017年7月1日，古乡开展庆“七一”重温入党誓词活动

2017年7月5日，古乡举办“四讲四爱”喜迎党的十九大爱国歌曲大家唱红歌比赛

2017年7月25日，古乡开展廉政党课活动

2017年12月22日，古乡召开2017年度各村支部书记抓基层党建述职评议考核工作会议

波密县玉许乡

2017年11月2日，西藏自治区康复中心主任丹培带队一行13人组成医疗队，在玉许乡为残疾人群做康复检查，并为贫困残疾家庭免费发放康复辅助器具

2017年11月20日，波密县委书记朱正辉（左三），县委常委、常务副县长全保卫（左二）在玉许乡贫困户家中督查脱贫攻坚工作开展情况

2017年9月30日，玉许乡党委书记王斌组织各村第一书记、党支部书记在麦差村参观交流党建工作并合影留念

2017年1月16日，玉许乡党委书记王斌主持召开玉许乡基层党支部书记（第一书记）抓基层党建工作述职会

2017年6月2日，玉许乡举办"四讲四爱"宣讲团培训班

波密县八盖乡

2017年6月1日，林芝市委书记马升昌（左五）一行在波密县八盖乡调研并合影留念。波密县委副书记、政府县长边巴（左三）陪同

2017年11月25日，波密县委副书记、政府县长边巴（中）在八盖乡调研脱贫攻坚工作

2017年2月，八盖乡党委副书记、乡长赵和林（左一）春节期间慰问五保户

2017年9月8日，八盖乡干部在巴瑞村开展“四讲四爱”入户宣讲活动

八盖乡景色

2017年8月15日，波密县委宣传部在八盖乡开展波密县喜迎“党的十九大”暨民族团结文化“三下乡”基层巡演活动

波密县 多吉乡

2017年3月9日，西藏自治区政协副主席次旺多布杰（右二）一行在多吉乡检查指导经济社会发展工作

2017年3月13日，西藏自治区强基办赴林芝巡回检查组副组长、哲蚌寺管委会副书记尼玛（右二）在多吉乡调研指导强基惠民工作

2017年7月19日，中国人民银行总行党委宣传部巡视员汪洋（左三）一行在波密县多吉乡考察指导工作

2017年5月27日，深圳雷诺表业公司代表一行在多吉乡开展“有温度的时间”捐赠活动

2017年6月16日，多吉乡组织开展“四讲四爱”喜迎党的十九大主题教育实践活动

2017年9月17日，多吉乡少儿波卓队表演

波密县康玉乡

2017年9月29日，林芝市扶贫办主任闫新航（左二）在波密县委常委、常务副县长全保卫的陪同下在康玉乡检查指导工作

2017年9月27日，波密县委常委、组织部部长张斌在达曲村昂思拉责任有限公司进行食品安全检查

2017年3月12日，康玉乡党委书记古桑朗杰深入乌那村走访群众

2017年9月30日，康玉乡党委副书记、乡长陈亮对拉瓦西村牛棚建设项目进行验收

2017年3月28日，康玉乡干部群众庆祝“3·28”西藏百万农奴解放纪念日

2017年11月2日，康玉乡通堆村新一任村“两委”班子合影留念

波密县 玉普乡

2017年12月22日，西藏自治区人大常委会副主任许雪光（前排中）在玉普乡米堆村调研指导旅游产业促精准扶贫工作

2017年12月30日，波密县委书记朱正辉（前排中）在玉普乡调研指导基层党建和产业发展工作

2017年10月7日，玉普乡党委书记拉巴桑珠（主席台中）在宗坝村检查指导组织换届选举工作

2017年4月13日，玉普乡召开九届人大四次会议

2017年8月24日，玉普乡召开村组织换届选举工作动员部署会

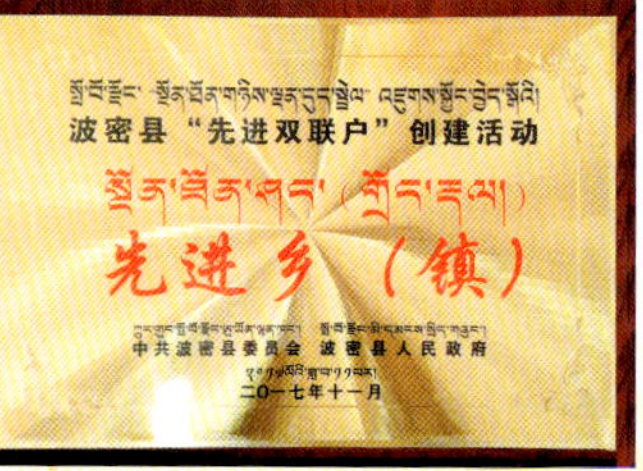

波密县易贡乡

2017年4月，波密县政府副县长索朗平措看望受灾群众

2017年1月10日，易贡乡党委书记陆文刚主持召开易贡乡党建工作部署会议

2017年2月26日，易贡乡党委书记陆文刚（左一）慰问老党员

2017年4月27日，易贡乡党委副书记、乡长益西江成带领干部帮助受灾群众搭帐篷，让受灾群众在苦难的时候感受到党的温暖

2017年1月5日，易贡乡人大主席卓玛拉姆为村两委班子上课

2017年1月10日，易贡乡组织驻村工作队、村干部观看《打铁还需自身硬》专题片